पेरियार ललई सिंह ग्रंथावली

खंड-2

उत्तर भारत के पेरियार

पेरियार ललई सिंह ग्रंथावली

[समाज, राजनीति, धर्म, दर्शन, संस्कृति, अर्थ, वर्ण, जाति आदि पर चिन्तन]

खंड-2

संकलन-सम्पादन

धर्मवीर यादव गगन

राधाकृष्ण प्रकाशन

ISBN : 978-93-91950-70-5

पेरियार ललई सिंह ग्रंथावली : खंड-2
© धर्मवीर यादव गगन

पहला संस्करण : 2024

मूल्य : ₹6000
पाँच खंडों का सम्पूर्ण सेट

प्रकाशक
राधाकृष्ण प्रकाशन प्राइवेट लिमिटेड
जी-17, जगतपुरी, दिल्ली-110 051
शाखाएँ : अशोक राजपथ, साइंस कॉलेज के सामने, पटना-800 006
पहली मंजिल, दरबारी बिल्डिंग, महात्मा गांधी मार्ग, प्रयागराज-211 001
1, अनमोल सोराबजी सन्तुक लेन, धोबी तलाव, मरीन लाइंस, मुम्बई-400 002
वेबसाइट : www.radhakrishnaprakashan.com
ई-मेल : info@radhakrishnaprakashan.com

मुद्रक
विकास कम्प्यूटर एंड प्रिंटर्स
ट्रॉनिका सिटी-201 102

PERIYAR LALAI SINGH GRANTHAWALI : Vol. 2
Edited by Dharam Beer Yadava Gagan

संविधान और राष्ट्र-निर्माण के
महानायक बाबा साहब डॉ. भीमराव अम्बेडकर को सादर!

अनुक्रम

राजनीतिक, सामाजिक, धार्मिक, सांस्कृतिक, आर्थिक, वर्ण, जाति आदि पर चिन्तन

परिशिष्ट

प्राक्कथन

यह 'पेरियार ललई सिंह ग्रंथावली' का दूसरा खंड है। इसमें मुख्यत: उनके चिन्तन का सामाजिक पक्ष है, जिसमें उनका सामाजिक, राजनीतिक, धार्मिक, आर्थिक, बुद्ध, अम्बेडकर और पेरियार आदि पर किया गया चिन्तन संकलित है।

पेरियार ललई सिंह की निम्नलिखित कृतियाँ हैं—शोषितो, सावधान!, शोषितों का डिब्बा गोल!, जय शोषित!, शोषितों पर राजनीतिक डकैती, शोषितों पर धार्मिक डकैती, सामाजिक विषमता कैसे दूर हो?, जाति-पाँति मिटाने व अछूतों की तरक्की के उपाय, ईश्वर पर प्रहार करती कुछ कृतियाँ हैं।

वे मुख्यत: बुद्ध, अम्बेडकर और पेरियार की वैचारिक चेतना को आधार बनाकर अपना साहित्य चिन्तन और बौद्धिक विमर्श प्रस्तुत करते हैं। साथ ही, वे अम्बेडकर और पेरियार के भाषणों को भी अनूदित कर उत्तर भारतीय जनता में चेतना निर्माण हेतु प्रस्तुत करते हैं।

इसमें कुछ महत्त्वपूर्ण लेख हैं, जैसे—बौद्ध दर्शन, बुद्ध की मानसिक परिवर्तन की अवधारणा, मानव प्रगति और सभ्यता का ऐतिहासिक विकास, ब्राह्मणी समाज रचना, पेरियार का लखनऊ का भाषण, डॉ. अम्बेडकर के भाषण आदि। इस खंड के परिशिष्ट में पेरियार ललई सिंह की किताबों पर उच्च न्यायालय और उच्चतम न्यायालय में चले मुकदमों के निर्णय को भी दिया जा रहा है।

पेरियार ललई सिंह की चिन्ता थी कि गोरों से स्वतंत्रता के बाद भूरों ने इस देश की स्वतंत्रता की सत्ता संरचना पर कब्जा कर लिया है। वे इस समाज, राजनीतिक, धर्म, अर्थ, पूँजी पर जनतांत्रिक समय में एकतांत्रिक वर्चस्व को प्रस्तुत करते हुए गहरी चिन्ता व्यक्त करते हैं। इस देश के ज्ञान और सत्ता संरचना पर किस प्रकार कुछ जातियों, समुदायों का वर्चस्व है, इसे वे उजागर करते हैं।

नवजागरण की चेतना को प्रचारित करने के अद्‌भुत प्रकार का उद्‌घाटन करते हैं। वे छोटे-छोटे पैम्फलेट से लेकर पतली-पतली किताबों तक का लेखन करते हैं। इस लेखन में समतावादी समाज और राष्ट्रनिर्माण की एक महान परियोजना है। एक महान विजन है। उनकी विश्वदृष्टि के केन्द्र में 'मनुष्यत्व' है। इसी कारण वे वर्ण और जाति से मुक्त मानवतावादी समाज और अन्तरराष्ट्रीय मनुष्य की परिकल्पना को साथ लेकर आगे बढ़ते हैं।

प्रस्तावना

यह ग्रंथ पेरियार ललई सिंह के दर्शन, सिद्धान्त एवं चिन्तन के संकलन की अनमोल निधि है। उनके ऐसे दुर्लभ लेखों, किताबों और आन्दोलनकारी दस्तावेजों का संग्रह है, जिसका अध्ययन किए बगैर बहुजन समाज एवं आन्दोलन दोनों अधूरे हैं।

वास्तव में, 'पेरियार ललई सिंह ग्रंथावली' उनके मौलिक चिन्तन दृष्टि से सम्पूर्ण भारत में न्याय, सामाजिक, राजनीतिक, धार्मिक, सांस्कृतिक, दार्शनिक एवं सैद्धान्तिक पक्षों को आकलन करते हुए, उनके चिन्तन के अनमोल पक्षों को उद्घाटित करती है और भारत में 1950 से 1980 के बीच सामाजिक न्याय और सामाजिक परिवर्तन की निर्मित होती जमीन को प्रस्तुत करती है।

अपनी समाजशास्त्रीय अध्ययन दृष्टि के आधार पर मैं यह कह सकता हूँ कि पेरियार ललई सिंह के चिन्तन में भारतीय समाज को समझने के लिए मौलिक दृष्टि है, उसकी व्याख्या के लिए मौलिक अवधारणा और सैद्धान्तिकी है। वास्तव में, यह 'ग्रंथावली' बौद्धिक एवं वैचारिक लेखों के माध्यम से उनके चिन्तन के विस्तृत फलक की व्याख्या करती है।

उनके लेख—वस्तुगत सामाजिक यथार्थ, तथ्यों एवं सामाजिक परिघटनाओं का उद्घाटन करते हैं। इससे भी आगे बढ़ते हुए उनकी कृति 'शोषितों पर धार्मिक डकैती' समाजशास्त्रीय दृष्टिकोण से व्याख्या और विश्लेषण के लिए हमें अपनी ओर सिद्दत से आकर्षित करती है, जिसमें वे भारतीय सामाजिक संरचना के समाज मनोविज्ञान को प्रतिबद्धता के साथ उकेरते हैं। उसके विश्लेषण के लिए वे समाज में व्याप्त एक समुदाय विशेष के ऊपर कही गई अपमानजनक कहावतों आदि को संकलित और सार्वजनिक करते हैं।

ऐसी आलोचना बुद्धि से उनकी समाजशास्त्रीय अध्येता की दृष्टि उद्घाटित होती है। इस व्याख्या से स्पष्ट होता है कि वर्चस्ववादी समाज कैसे समान मनुष्यों में हीनता बोध की भावना निर्मित करता है। कैसे बहुसंख्यक समाज को अलग-थलग करके उनका सामाजिक रूप से शोषण एवं दोहन शुरू करता है। अपनी इस मौलिक समाजशास्त्रीय दृष्टि को वे हिन्दू धर्म की अपमानजनक कहावतों के माध्यम से व्यक्त करते हैं।

अस्पृश्यों के प्रति ही नहीं बल्कि सभी स्पृश्यों (ओबीसी जातियों) का भी सनातनी सवर्णों द्वारा अनादर की मानसिकता की पराकाष्ठा को इन कहावतों के माध्यम से उकेरते हैं, जैसे—'भाग चमारिया-सियारिया कहीं का!', 'चमार सियार बड़ा हूँसियार!', 'जहाँ लूट पड़े वहाँ टूट पड़े!!', 'जहाँ मार पड़े वहाँ भाग पड़े!!!', 'भैंसा लोधी, भैंस चमार!', 'अहिरम गड़रम मल्लाहम बिना गुनाहम दस पंदाहम' आदि।

यदि किसी जाति, वर्ग या नस्ल को ऐसी मानसिकता के साथ अपमानित किया जाए तो सोचिए कि कैसी विभाजित मानसिकता की सामाजिक संरचना निर्मित होगी।

इसी कड़ी में वे सम्पूर्ण भारत में अस्पृष्यों के विरुद्ध होती हिंसक, अपमानजक और आपराधिक घटनाओं को संकलित करते हैं। इसमें वे अपनी समाज मनोविज्ञान की मौलिक दृष्टि को स्पष्ट करते हैं कि ऐसी हिंसक घटनाओं को अंजाम देने में इस देश की वर्चस्ववादी संस्कृति के सांस्कृतिक तत्त्व उत्तरदायी हैं। ये तत्त्व वर्चस्ववादी मनुष्यों को हिंसा के लिए प्रेरित करते हैं जिसमें इसका प्राण तत्त्व धर्म, वर्ण और जाति-व्यवस्था बनती है। ये सामाजिक मनोभाव के तत्त्व ऊँच-नीच की भावना को निर्मित, प्रत्यस्थापित और प्रबलित करते हैं।

वे इन घटनाओं का संज्ञान मात्र वर्णवादी-मनुवादी-सामन्तवादी मानसिकता को दर्शाने के लिए ही नहीं लेते वरन् इन सबके आमूल-चूल उन्मूलन, समतामूलक समाज और राष्ट्रनिर्माण की भावना हेतु इन सबको प्रस्तुत करते हैं।

उन्हीं के शब्दों में, 'आइए! हम सब सदियों के इन संकीर्ण धार्मिक भेदभाव को भुलाकर ऐसे समाज का निर्माण करें, जिसमें ऊँच-नीच व जाति-पाँति के झगड़े ही बाकी न रह जाएँ। सब मिलकर राष्ट्रनिर्माण कार्य में लग जाएँ।'

आज के समय में, मुख्य रूप से सामाजिक एवं राजनीतिक परिदृश्य में पेरियार ललई सिंह का व्यक्तित्व और चिन्तन हमें कुछ सन्देश दे रहा है। मुझे लगता है कि उनका जीवन और उनका बाबा साहब डॉ. अम्बेडकर, पेरियार और बुद्ध की ओर झुकाव अपने आप में दलित-पिछड़ों की एकता के लिए उत्कृष्ट मिसाल और सन्देश है।

बाबा साहब के प्रति उनका सम्बोधन बाबा साहब में अटूट विश्वास एवं समर्पण को प्रमाणित करता है। वे बाबा साहब को 'हमारे परम पूज्य बोधिसत्व बाबा साहब डॉ. भीमराव अम्बेडकर' रूप में सम्बोधित करते हैं। और उनके मार्ग का ही अनुसरण करते हैं। उनके ही शब्दों में, 'ऐसी दशा में हमें अपने परम पूज्य बाबा साहब डॉ. भीमराव अम्बेडकर के बताए मार्ग द्वारा बौद्ध धर्म स्वीकार कर, समानता प्राप्त कर, अपनी बुद्धि के अनुसार—संगठित रहकर अन्याय व अत्याचार का सामूहिक मुकाबला करना चाहिए।'

अपने लेखों को 'नमो बुद्धाय' से आरम्भ करनेवाले और 'सबका भला हो', 'सभी सुखी रहें', 'सब्बे सत्ता सुखी होन्तु', 'मानवता अमर रहे', 'स्वतंत्र भारत अमर रहे', 'जाति-पाँति, वर्ण-व्यवस्था, पुरोहितवाद का सर्वनाश हो!' आदि नारे उनकी मानवतावादी समतावादी दृष्टि का परिचायक हैं।

उनका व्यक्तिगत जीवन कितना कष्ट में था, यह तथ्य उनके इस 'ग्रंथावली' के 'सामाजिक विषमता कैसे सामाप्त हो?' पुस्तक के समर्पण से पता चलता है। वे समर्पण में लिखते हैं—'मेरी इकलौती बेटी शकुन्तला के लिए जो 11 वर्ष की उम्र में क्षय रोग (टीबी) से ग्रस्त होने के कारण मुझे सदा के लिए छोड़कर चली गई। साथ ही पत्नी 'दुलारी देवी' को भी जो क्षय रोग से ग्रस्त होने के कारण मुझे जल्द छोड़कर चली गईं। सप्रेम।'

मतलब वे अपनी व्यक्तिगत अपूर्णनीय क्षति होने के पश्चात् भी निराश न होकर बहुजन समाज निर्माण के लिए बहुजन आन्दोलन करते हुए सम्पूर्ण जीवन जीवटता के साथ समाज सेवा करते रहे। वे व्यक्ति से विचार को बड़ा मानते थे। इसी कारण वे अपने व्यक्तिगत दुखों को सहते हुए भी समतामूलक समाज निर्माण के लिए सतत मौलिक ज्ञान का उत्पादन करते रहे। अपना सम्पूर्ण जीवन वैचारिक एवं वैकल्पिक समाज निर्माण के लिए आन्दोलन करते हुए न्योछावर कर दिये।

पेरियार ललई सिंह के इस दस्तावेजी लेखन के सार्वजनिक हो जाने से उत्तर भारत में बहुजन आन्दोलन की विरासत जो बाबा साहब अम्बेडकर के आन्दोलन (1956) के बाद की और बहुजन समाज पार्टी के उभार (1984) के बीच की कड़ी, जो खो गई थी, को जोड़ने का दुर्लभ शोधपरक कार्य गगन ने किया है।

चन्द्रिका प्रसाद 'जिज्ञासु', पेरियार ललई सिंह ने बहुजन नवजागरण की उत्तर भारत में जो वैचारिक जमीन तैयार की और उस पर बहुजन वैचारिकी का जो बीज बोया, उसे कांसीराम ने कैडर लगाकर सींचा। आज तक जिस पर बहुजन समाज की उत्तर भारत में राजनीतिक फसल लहलहा रही है, जिसका प्रतिफल हम आज भी काट रहे हैं।

अनेक तथ्य एवं सिद्धान्त पेरियार ललई सिंह की इस 'ग्रंथावली' को कालजयी और समसामयिक बनाते हैं। मैं संकलन-सम्पादनकर्ता धर्मवीर यादव गगन को साधुवाद देता हूँ कि उन्होंने अपनी बौद्धिक, अकादमिक और आन्दोलनकारी दृष्टि के संगम से इतिहास के गर्भ में दबे बहुजन आन्दोलन के दस्तावेजी ऐतिहासिक अनछुए पहलुओं को खोदकर निकाला।

इसकी प्रस्तुति में उन्होंने जिस स्कॉलर मेधा का परिचय दिया है, वह अद्‌भुत है। इस कारण यह 'ग्रंथावली' पाँच खंड में संगृहीत-सम्पादित हो अर्थपूर्ण एवं प्रभावी बन गई है।

गगन अशेष बधाई के पात्र इसलिए भी हैं कि यदि वे अपने शोध के दौरान सम्पूर्ण भारत में दुर्गम स्थलों पर जाकर यह दस्तावेजी सामग्री संकलित नहीं करते तो बहुजन आन्दोलन की यह महान विरासत हमारा हिस्सा नहीं बन पाती। यह दुर्लभ दस्तावेज और परम्परा विलुप्त हो जाती।

हमें गगन के पेरियार ललई सिंह द्वारा बुद्ध, अम्बेडकर, पेरियार की परम्परा को उनके विचारों, उनके सिद्धान्तों पर ऐतिहासिक शोध के लिए गर्व है।

अत: मैं उनके अकादमिक जीवन के उज्ज्वल भविष्य की कामना करता हूँ।

26 जनवरी, 2022

—विवेक कुमार
समाजशास्त्र विभाग
जवाहरलाल नेहरू विश्वविद्यालय
नई दिल्ली

भूमिका

आधुनिक भारत के निर्माता डॉ. अम्बेडकर का समतामूलक समाज निर्माण का स्वप्न भारतीय संविधान में परिलक्षित होता है जो अपनी मूल भावना में बौद्ध दर्शन को समाहित किए हुए है।

उस दर्शन से अनुप्राणित होते भारतीय संविधान में 'एक मनुष्य—एक मूल्य', 'एक व्यक्ति—एक वोट' और 'एक वोट—एक मूल्य' जैसे मूलभूत मानवीय संवैधानिक अधिकार आदि राष्ट्र के सभी नागरिकों को समान रूप से मिले।

यही 'भारत का विचार' है अर्थात् 'आइडिया ऑफ इंडिया' जिसने इस देश के बहुसंख्य नागरिक समुदाय में प्रत्येक प्रकार के अधिकारों की, और समता की भावना को निर्मित किया। इस अधिकार बोध की चेतना के साथ देश की राजनीति, सत्ता प्रतिष्ठानों, संसाधनों, पूँजी और बौद्धिक केन्द्रों आदि में प्रतिनिधित्व के सवाल उठने शुरू हुए। ये सवाल राजनीति के केन्द्र में आए। इनको प्राप्त करने के लिए आन्दोलन शुरू हुए।

पेरियार ललई सिंह ने समाज, राजनीति, धर्म, सत्ता, कला, सभ्यता, संगीत, साहित्य और संस्कृति आदि पर जिस समय चिन्तन किया, वह आधुनिक भारत का साठ, सत्तर और अस्सी का दशक है। वे उस दौर में प्रतिनिधित्व के सवालों को चिह्नित करते हैं। उस पर चिन्तन करते हैं। उसे उजागर करते हैं। ये सवाल आज भी सवाल ही बने हुए हैं। इसलिए उनके चिन्तन की प्रासंगिकता भी आज तक बनी हुई है।

वे इस देश में प्रत्येक प्रकार की लूट को छोटे-छोटे पैम्फलेट पर लिखकर उजागर करते हैं। उसे जनता में बाँटते हैं। 'शोषितों का डिब्बा गोल!' शीर्षक से वे इस देश के सर्वहारा, शोषित-किसान मजदूर के सवाल को उठाते हैं। वे लिखते हैं—'शोषित किसान-मजदूर बन्धुओ! आपके सामने मैं उत्तर प्रदेश की आगे बढ़ी हुई जातियों की राजनीतिक पार्टियों की पोल खोल रहा हूँ। इसे पढ़कर आप खुद सोचिए कि आप और आपकी आनेवाली सन्तान की रोटी, कपड़ा और इज्जत की समस्या इस पूँजीवादी, पुरोहितवादी, जातिवादी देश में कैसे हल हो सकती है?' वास्तव में, वे यहाँ पूँजीवाद और ब्राह्मणवाद के गठजोड़ को प्रस्तुत करते हैं। यह किस प्रकार अघोषित रूप से साथ होकर जातीय आधार पर श्रम के शोषण को समेटे हुए है, इस बात को वे इंगित करते हैं।

इस देश की मजदूर-किसान-बहुजन जनता का किस प्रकार वर्णवाद, जातिवाद, पुरोहितवाद, पूँजीवाद शोषण करता है, उसे वे अपनी आलोचना दृष्टि से देखते हैं, लिखते हैं। यह लिखना, जनता को जागृत करना, मनुवादियों और पूँजीपतियों को एक साथ खटकता है। कारण कि वे सत्ता संरचना पर काबिज रत्तीभर लोगों को उजागर करते हैं। वे इस देश की पूँजी पर कुछ लोगों के एकच्छत्र वर्चस्व पर सवाल उठाते हैं। किस प्रकार जातिवादी आधार पर इस देश में कुछ ही लोगों का वर्चस्व है, इसे वे आँकड़ों द्वारा सत्यापित करते हैं। मुख्य रूप से उत्तर भारत में किस प्रकार वर्चस्ववादी जातियाँ कब्जा किए हुए हैं, इसका वे सप्रमाण उल्लेख करते हैं।

वे इस देश के जातीय चरित्र को दर्शाते हैं कि 'हमारे मुल्क में जैसा जातिवाद है, वैसा जातिवाद आपको दुनिया में कहीं रोशनी लेकर ढूँढ़े न मिलेगा। यहाँ हजारों वर्षों से अहीर का बेटा अहीर, चमार का बेटा चमार होता चला आ रहा है। यही वजह है कि देश में पूँजी, बुद्धि, राज्य का ठेका कुछ मुट्ठीभर जातियों के जिम्मे अभी तक चला आ रहा है। जब बनिया की रोटी-बेटी बनिया में और ब्राह्मण की रोटी-बेटी ब्राह्मण में होती आ रही है तो समाजवाद लानेवालों का यह नारा बिलकुल गलत है कि 'समाजवाद आएगा, देश बदल जाएगा।'

'यहाँ की जितनी भी पार्टियाँ हैं, उनके लीडर चन्द मुट्ठीभर जातियों के लोग हैं। पार्टी उनकी दिखावटी है।' यह पेरियार ललई सिंह की ऐतिहासिक दृष्टि है जिससे वे जाति की अवस्थिति और वर्चस्व की पहचान करते हैं। भारतीय राजनीति के दोहरे चरित्र को स्पष्ट करते हैं। इसमें समाजवाद भी निहित है।

वे इस देश में प्रत्येक महत्त्वपूर्ण जगह जैसे न्यायालय, राजदूत, मंत्रालय, राज्यपाल, अधिकारी आदि जगहों पर कुछ ही जातियों के वर्चस्व की नब्ज को पकड़ते हैं। उसे उद्घाटित करते हुए लिखते हैं कि—'अंग्रेज कहते थे कि भारतीय इस काबिल नहीं कि उन्हें गजेटेड ऑफिसर बनाया जाए, वही बात अब ब्राह्मणवादी सरकार कहती है कि पिछड़ी, अनुसूचित, अनुसूचित जनजाति इस काबिल नहीं कि उन्हें गजेटेड ऑफिसर बनाया जाए।'

इसके मूल कारण पर वे लिखते हैं कि 'वास्तविक कारण है भाई-भतीजावाद, जातिवाद-सवर्णवाद। नौकरियों में नई भर्ती करनेवाले तथाकथित उच्च जाति के गजेटेड ऑफिसर हैं।' वे नहीं चाहते कि लोकतांत्रिक, समाज और राष्ट्र का निर्माण हो। इसीलिए प्रतिनिधित्व के सवाल और उस दौर के सम्पूर्ण चिन्तक को लेकर आगे बढ़ते हैं। वे सर्वहारा-शोषित को इससे जागरूक करते हैं। उसे लड़ने के लिए तैयार करते हैं।

वे अपनी कृति 'शोषितों पर धार्मिक डकैती' में इस देश की शोषित-पीड़ित जनता का धर्म द्वारा हो रहे शोषण को उजागर करते हैं। 'धर्म अफीम है।'—कार्ल मार्क्स की इस बात को भारतीय जनमानस के सन्दर्भ में परखते हैं। धर्मान्ध मानसिक गुलाम जनता की ऐसी स्थिति का उत्तरदायी कारक वे मनु संहिताओं को मानते

हैं, जिसने साधारण जनता के शोषण का विधान रचा हुआ है। इन संहिताकारों ने मानवीय गरिमा को विध्वंस करने, गुलाम बनाए रखने के मन से ऐसा विधान रच दिया। अनेक प्रकार के साहित्य रचे। और ऐसी भाषा में रचे कि अन्य कोई उन्हें पढ़ ही न सके। वे ही पढ़ें और वे ही उन्हें प्रवाहित करें।

वे मानवता और समता विरोधी—वेद, पुराण और सभी स्मृतियों पर सवाल उठाते हैं। उनके सवालों के घेरे में मुख्य रूप से वेद, पुराण, मनु-स्मृति, अत्रि-स्मृति, पराशर-स्मृति, व्यास-स्मृति, विष्णु-स्मृति, विष्णु-रहस्य, स्मृति-वचन, गौतम-धर्म-सूत्र, वसिष्ठ, आपस्तम्ब, भाषा-धम्म-समाज, पतंजलि, शंकराचार्य का ब्रह्म-सूत्र, जैमिनी, वज्रसूचिकोपनिषद्, नारायण-सार-संग्रह, ब्राह्मण-ग्रंथ, ब्रह्मण-गुप्त-संहिता, पद्म-पुराण, गीता, महाभारत आदि हैं। इन ग्रंथों की मनुष्य विरोधी मानसिकता को उकेरते और खंडित करते हैं। प्रश्नांकित करते हैं।

हिन्दू धर्म ग्रंथों की हिंसात्मक और संहारक मनोभूमि के स्रोत पर विचार करते हैं। वह किस प्रकार मानव हिंसा और संहार के लिए मनुष्य को प्रबलित करता है। किस प्रकार प्राचीन समय से आधुनिक समय तक चला आ रहा है। आज किस प्रकार सम्पूर्ण देश में प्रभावी है। उसके इस वर्चस्ववादी मानस को सन्दर्भ सहित प्रस्तुत करते हैं। इस मनु मानसिकता की धर्म संहिता ने किस प्रकार साधारण मनुष्यों को निरुत्साहित और हतोत्साहित करने के मुहावरे गढ़ रखे हैं, उसे वे 'हिन्दू धर्म की अपमानजनक कहावतें' शीर्षक से संगृहीत करते हैं।

वे अपनी कृति 'शोषितों पर राजनीतिक डकैती' में शोषितों के राजनीति हक़मारी को सप्रमाण प्रस्तुत करते हैं। जनसंख्या के अनुपात में प्रतिनिधित्व के सवाल को उठाते हैं और लिखते हैं—'अपने सूबे में 431 एम.एल.ए. हैं जिसमें ब्राह्मण, ठाकुर, वैश्य, कायस्थ तथा खत्री आबादी के अनुपात में 85 एम.एल.ए. होने चाहिए। मगर लिखे मुताबिक 237 एम.एल.ए. हैं और पिछड़ी जातियों के 236 एम.एल.ए. आबादी के हिसाब से होने चाहिए। मगर केवल 41 एम.एल.ए. हैं।'

इसी प्रकार बड़े पदों पर बैठे ऑफिसरों की लिस्ट दिखाते हुए बताते हैं—'सिविल लिस्ट, 253-बी के अनुसार, 5144 बड़े ऑफिसर हैं जिनमें ब्राह्मण, ठाकुर, वैश्य, कायस्थ, खत्री, आबादी के हिसाब से 1040 होने चाहिए। मगर ऊपर लिखे मुताबिक 4450 ऑफिसर हैं। पिछड़े व अछूत तथा मुसलमान आदि के आबादी के हिसाब से 4104 बड़े ऑफिसर होने चाहिए। मगर नहीं के बराबर हैं।' इस राजनीतिक प्रतिनिधित्व की डकैती को उजागर करते हैं। वे जनसंख्या के अनुपात में प्रतिनिधित्व के सवाल को उठाते हैं। यही सवाल आगे चलकर उत्तर भारत में बहुजन आन्दोलन की वैचारिक नींव बना, जिससे उत्तर भारत में सामाजिक न्याय और सामाजिक परिवर्तन की सरकारें बनीं।

वे प्रतिनिधित्व के सवाल को शासन-प्रशासन में भी चिह्नित और प्रश्नांकित करते हैं। जिस क्रम में वे पुलिस डिपार्टमेंट के बड़े पदों पर कुछ ही जातियों के

बैठे होने को उजागर करते हैं। न्यायालय में सेशन जज, सिविल जज, डिस्ट्रिक्ट सेशन जज, अतिरिक्त सेशन जज, जुडिशियल विभाग, मुंसिफ आदि महत्त्वपूर्ण पदों पर 'कुछ' ही जातियों के वर्चस्व को उजागर करते हैं। इन सभी आँकड़ों से वे अधिकारों की चेतना को जगाना चाहते हैं।

इस पर वे लिखते हैं—'हमने आँकड़ों के अ-काट्य प्रमाण द्वारा शोषित व शोषक दोनों ही वर्ग के लोगों में विवेक, नैतिकता व जागरूकता पैदा करने का प्रयत्न-मात्र किया है।' वे ऐसी विषमता को दूर करने हेतु 'सामाजिक विषमता कैसे दूर हो?' शीर्षक से किताब लिखते हैं जिसमें वे डॉ. अम्बेडकर, संतराम बी.ए., वैद्य संत परमानन्द निर्वाणी, अब्दुल अजीम कादियाँ, रामस्वरूप वर्मा आदि चिन्तकों के विचारों को प्रस्तुत करते हैं।

इसी तरह 'जाति-पाँति मिटाने व अछूतों के तरक्की के उपाय' शीर्षक से पुस्तिका लिखते हैं। इसमें जाति-पाँति और अछूत समस्या को मिटाने के उपायों को सुझाते हैं। इसके बाद की कृति 'बौद्धिक और सामाजिक लेख' नाम से है। इसमें उन्होंने बुद्ध और बौद्ध दर्शन, बुद्ध के मानसिक परिवर्तन की अवधारणा, अम्बेडकर और उनका चिन्तन, मानव प्रगति और सभ्यता का विकास, ईश्वर, आत्मा एवं वेदों में विश्वास अधर्म है, आदि विषयों पर गम्भीरता से विचार करते हैं।

उनके लिए बौद्ध धर्म, दर्शन बौद्धिक और तर्कजन्य ज्ञान की अनुभूति के आधार हैं। वे बुद्ध के उस लोकतांत्रिक विचार को सर्वोपरि मानते हैं, जिसमें बुद्ध कहते हैं—'तुम्हारे तर्क से जो तुम्हें सत्य लगे, उसे ही सत्य मानो।' आगे उन्होंने पेरियारवाद पर विचार किया है। पेरियार के भाषण को प्रस्तुत किया है। किस प्रकार पेरियार ईश्वर को ध्वस्त करते हैं और नास्तिक पेरियारवादी चेतना का निर्माण करते हैं। उसे इस भाषणों के माध्यम से पेरियार ललई सिंह ने प्रस्तुत और व्याख्यायित किया है। साथ ही, डॉ. अम्बेडकर के कई भाषणों को अनूदित कर उन्होंने प्रस्तुत किया है। उसमें वे अपनी टिप्पणी भी देते हैं।

मुझे उनकी एक दुर्लभ डायरी प्राप्त हुई जो 04-04-1944 ई. की है। इस डायरी में एक लेख मिला। इस लम्बे लेख में वे संगीत की विभिन्न विधाओं पर विचार-विमर्श करते दिखते हैं। यह उनके संगीत प्रेमी होने को दर्शाता है। इस डायरी में मात्र एक यही लेख है। इस प्रकार पेरियार ललई सिंह अपने चिन्तन में सार्वजनिक मनुष्यता को प्रस्तुत करते हैं।

17 सितम्बर, 2022 **—धर्मवीर यादव गगन**

उत्तर भारत में प्रबोधन

[पेरियार ललई सिंह का विस्तृत जीवन-परिचय]

सावित्री बाई फुले,
फातिमा शेख और
वीरांगना फूलन दीदी
की स्मृति को!

अध्याय-1

एक बौद्धिक विभूति

अप्रतिहत पिता के अप्रतिहत पुत्र!

समता आधुनिक मनुष्य का सर्वोच्च मूल्य है। इस सोच का सामाजिक लोकतंत्रीय, समाज और राष्ट्रनिर्माण आधुनिक मनुष्य की वैध परिकल्पना रही है। भारत इस सोच और विचार का देश रहा है किन्तु समय-समय पर प्रतिक्रान्ति करनेवाली वर्चस्ववादी सांस्कृतिक शक्तियाँ उसे धार देती रही हैं, किन्तु उसका सतत प्रतिरोध भी होता रहा है। इस प्रतिरोध के बीच से मानवतावादी मूल्य सतत प्रवाहित होता रहा है। यह कृति इसी प्रतिरोधी संस्कृति की ऐतिहासिक प्रस्तुति है।

आधुनिक उत्तर भारत में सामाजिक और सांस्कृतिक लोकतंत्र के लिए अनेक महान विभूतियों ने आमूल-चूल परिवर्तन किया। ऐतिहासिक संघर्ष किए। इसी महान कड़ी की एक विभूति हैं—पेरियार ललई सिंह, जिन्हें मान-सम्मान की लड़ाई अपने पिता चौधरी गज्जू सिंह से विरासत में मिली थी। साथ ही, यह संघर्ष उन्हें अपने पुरखे—फुले, अम्बेडकर, पेरियार आदि से वैचारिक विरासत के रूप में मिला था। इसी कारण वे वर्ण-जाति व्यवस्था, पुरोहितवाद, सामन्तवाद, अन्धविश्वास, कर्मकांड के प्रबल विरोधी थे। वास्तव में, वे उसके खिलाफ लगातार लड़नेवाले एक अप्रतिहत योद्धा थे।

किसी व्यक्ति और समाज का नैतिक, सामाजिक और सांस्कृतिक निर्माण कई पीढ़ियाँ और प्रक्रियाओं में अति मद्धिम गति से होता है। चौधरी गज्जू सिंह की चेतना का निर्माण भी इसी गति से होता है। वे अपने प्रारम्भिक जीवन में 'आर्यसमाज' की समानता की भावना से जुड़ते हैं, जिसमें प्रत्येक व्यक्ति को सामाजिक-सांस्कृतिक रूप से मान-सम्मान समान रूप से दिया जाता है। उन्हें उस समय चल रहे 'आर्यसमाज' के हिन्दू समाज सुधार आन्दोलन से कुछ नई दिशा में समतावादी सामाजिक संरचना की किरण-सी दिखाई पड़ रही थी। वे शरीर से हृष्ट-पुष्ट, उज्ज्वल चरित्र के थे। अपने समाज ही नहीं वरन् आस-पास के दूर-दूर के गाँवों, जवार तक लोकप्रियता प्राप्त, वह अपने परिक्षेत्र में सम्पूर्ण ग्रामीण समाज के एक प्रमुख मार्ग निर्देशक,

निष्पक्ष न्यायकर्ता सरकारी व गैर-सरकारी तत्त्वों के बलात् शोषण के विरुद्ध हर संघर्ष के प्रमुख नायक[1] थे।

चौधरी श्री गज्जू सिंह 'आर्यसमाज' के लोगों द्वारा सम्मानजनक व्यवहार और समानता की बातों पर उनकी तरफ झुके। वे सोचने-समझनेवाले तार्किक व्यक्तित्व थे। वे आर्यसमाजियों के बीच देखते थे कि यहाँ जाति-अछूतपन के खिलाफ तो आन्दोलन किया जा रहा है किन्तु 'जाति' व्यवहार में जस की तस बनी हुई है। जब आर्यसमाजी लोग भोजन करते थे तो अनायास ही सही उसमें सबसे पहली पंक्ति में ब्राह्मण बैठकर भोजन करते थे। और वे सब कहते थे कि हम छुआछूत या जातिवाद नहीं करते हैं। इसके बाद थोड़ी दूर की पंक्ति में राजपूत-कायस्थ बैठकर भोजन करते थे। उसके बाद पिछड़ी जाति के लोग और फिर अछूत जातियाँ बैठकर भोजन करती थीं, जबकि चौधरी गज्जू सिंह—जात-भात-बात के भेद-भाव का आमूल-चूल उन्मूलन चाहते थे। वे जात-भात-बात की बराबरी के समर्थक थे।[2]

इस व्यवहार पर चाचा चौधरी गज्जू सिंह ने आर्यसमाजियों से सवाल किया। जिस पर आर्यसमाजियों का कहना था कि यह समाज की रीति है। इसे तो हमें करना ही पड़ेगा। तभी समाज बना रह पाएगा नहीं तो समाज टूट जाएगा। इस घटना के बाद चाचा जी के साथ जनेऊ तोड़े जाने की घटना हुई। इन दो घटनाओं के बाद चौधरी चाचा ने आर्यसमाज और जनेऊ को त्याग दिये।[3]

भारत में अंग्रेजों के आगमन से पहले की संस्कृति के बारे में कई गलत धारणाएँ स्थापित हैं। अन्ध-राष्ट्रवाद के समर्थक आर्यसमाज ने भारत के अतीत के हर पहलू को अति आदर्शवादी रूप देते हुए यह दावा किया कि आर्यों द्वारा वैज्ञानिक सामाजिक और आध्यात्मिक हर तरह का ज्ञान खोज के उसे वेदों में संचित कर दिया गया। आर्यसमाज ने यह दावा किया कि आधुनिक समय की सभी शानदार खोज और आविष्कार, आधुनिक भौतिक, रसायन विज्ञान, जीव विज्ञान, इंजीनियरिंग के सभी सिद्धान्त वेदों में निहित हैं।[4] इस मिथ्या को आर्यसमाजियों द्वारा समाज में खूब प्रचारित किया गया, जबकि आर्यसमाजियों का मूल उद्द्देश्य कुछ और ही था। वे जाति, अछूतपन, अस्पृश्यता का तो विरोध करते थे, उस पर हमला करते थे लेकिन वर्ण-व्यवस्था का पूर्ण समर्थन करते थे। वे अपने आन्दोलन के मूल में समाज में वर्ण-व्यवस्था को पुन: स्थापित करना चाहते थे जो अपने मूल चरित्र में समता की विरोधी है और यह वर्ण व्यवस्था ही वेदों की सार है। इसी आधार पर दयानन्द सरस्वती ने 'वेदों की ओर लौटो' का मुख्य स्लोगन दिया।

आर्यसमाज की ओर स्वामी अछूतानन्द भी अग्रसर हुए थे। सन् 1905 में आर्यसमाजी हुए। वे कानपुर के ही भूगोल के व्यक्ति थे। सन् 1912 तक आर्यसमाज की विचारधारा का प्रचार-प्रसार करते रहे[5] किन्तु वे इसके मूल चरित्र वर्णाश्रमी आस्था के समाज निर्माण की बात को जानने के बाद 1912 ई. में आर्यसमाज से अलग हो

गाए। इस तरह अपने जीवन के उत्तरार्ध में स्वामी अछूतानन्द ने आर्यसमाज को छोड़ दिया।[6] इसके बाद वे आर्यसमाज के वर्णाश्रमी संस्तरित सामाजिक संरचना के विरोध करते हुए, समतामूलक सामाजिक संरचना की प्रत्यस्थापना की ओर प्रवृत्त होते हैं। और अब अपना व्यक्तित्वान्तर हरिहर के रूप में करते हुए 'आदि हिन्दू आन्दोलन' की ओर प्रवृत्त होते हैं और यह दावा करते हैं कि दलित-आदिवासी इस देश (भारत) के मूलनिवासी हैं जो उन आर्यों द्वारा गुलाम बनाए गए जो मध्य एशिया से आए हुए हैं।[7]

डॉ. अम्बेडकर भी आर्यसमाजियों द्वारा हिन्दू धर्म की अपृश्यता, जाति व्यवस्था को खत्म करने और वर्ण-व्यवस्था प्रत्यस्थापित करने के अमानवीय सामाजिक विभाजन के चरित्र पर लिखते हैं,...समाज सुधारकों का एक समूह ऐसा है, जिसके आदर्श (मेरे आदर्शों से) भिन्न हैं। वे आर्यसमाजियों के नाम से जाने जाते हैं और फिलहाल प्रचलित चार हजार जातियों की बजाय चतुर्वर्ण्य या समाज का चार वर्गों में विभाजित करना उनकी आदर्श सामाजिक व्यवस्था है। अपनी कल्पना को और आकर्षक बनाने और विरोधियों को धराशायी करने के लिए चतुर्वर्ण्य के हिमायती बड़ी सावधानी से इस बात पर ज़ोर देते हैं कि उनका चतुर्वर्ण्य जन्म पर नहीं बल्कि गुण पर आधारित व्यवस्था है। मैं स्पष्ट कर दूँ कि इस चतुर्वर्ण्य के गुणों पर आधारित होने के दावे के बावजूद यह एक ऐसा आदर्श हैं। जिसको मैं खुद कभी स्वीकार नहीं कर सकता।[8] चौधरी गज्जू सिंह का भी यही देश-काल है। वे सरल, सहज मानव मानव की बराबरी के बोध के बुद्धिजीवी थे। अपनी सामाजिक अनुभव की ऐतिहासिक दृष्टि से वे वर्ण-व्यवस्था, जातीय असमानता और आर्यसमाज की स्थापना को खारिज करते हुए समतामूलक समाज की स्थापना हेतु गाँव, जवार, क्षेत्र में नई लड़ाई शुरू करते हैं, जो उनके जीवनपर्यन्त जारी रही, जिसे अखिल भारतीय स्तर पर ले जाने की कोशिश उनके पुत्र पेरियार ललई सिंह ने की।

चौधरी गज्जू सिंह समतामूलक समाज की स्थापना हेतु शोषित-दमित मनुष्यों की समस्याओं का देर रात्रि तक निराकरण कर सभी के सो जाने पर, मवेशियों तथा लगभग बीघे तक फैले मकान का पूरा निरीक्षण करने के पश्चात् सोते थे। प्रात: तड़के उठ मवेशियों का स्थान परिवर्तन कर, चौपाल की स्वयं झाड़ू-बुहारी कर, नियमित व्यायाम करना, उनकी दिनचर्या में प्रमुख अनुकरणीय तथ्य थे। शोषण के विरुद्ध संघर्ष, उनके पूर्वजों की विरासत थी। रामसेवक सिंह ने बताया कि हमारे गाँव में तथा साथ के दूसरे लगे गाँवों में दबंग ब्राह्मणों का बाहुल्य था। इन्हीं ब्राह्मणों की जमींदार से कठारा भी लगता था। ब्राह्मणों की इस जमींदारी के क्षेत्र में, किसी अछूत का नाड़ नहीं गाड़ा जा सकता था। अर्थात् उस क्षेत्र में किसी अछूत जाति की स्त्री प्रसव नहीं कर सकती थी।

चौधरी गज्जू सिंह के जीवन की एक घटना है कि एक ब्राह्मण के बारामासी (वर्षों से सेवारत) अछूत नौकर की बहन उससे मिलने उसी गाँव आ पहुँची। वह

बेचारी उन दिनों प्रसव के अन्तिम काल में थी। संयोग से उसी रात वह प्रसव वेदना से छटपटाने लगी। उसका भाई अपनी बहन की स्थिति देख रोने लगा। वह जानता था कि ब्राह्मण लोग उनकी बहन का प्रसव यहाँ कदापि सहन नहीं कर सकते। अचानक उसे चौधरी गज्जू सिंह की याद आई, वह अपनी बहन को झोपड़ी में रोता छोड़ चौधरी गज्जू सिंह की चौपाल की ओर रोता-बिलखता भागा।

चौधरी गज्जू सिंह अभी लेटे ही थे कि बाहर से चौधरी साहब दया करो, चौधरी साहब दया करो, हमारी गुहार है चौधरी साहब, हमारी रक्षा करो। चौधरी साहब उसकी आवाज सुन अविलम्ब उठ बैठे। चौधरी साहब और उनकी कुल्हाड़ी एक दूसरे के पर्याय होते थे। अपने चौड़े फलसे की कुल्हाड़ी कन्धे पर उठा, चौधरी साहब दरवाजे पर आ पहुँचे। अब तक पड़ोस के घरों से कुछ और लोग भी चौधरी साहब के बाहरी दरवाजे पर पहुँच चुके थे। चौधरी साहब ने एक क्षण बाहर की आहट ले, हर बाहरी संकट का दृढ़ता से सामना करने की भावना के साथ मजबूत हांथों में कुल्हाड़ी थामें दरवाजा खोल दिया। दरवाजा खुलते ही वह बेचारा अछूत चौधरी साहब के पैरों पर गिर पड़ा।[९]

चौधरी साहब ने ढाँढ़स बँधाया, उसे उठाते हुए, गले लगाया और रोने का कारण पूछा। अब तक, चौधरी साहब के परिवार के अतिरिक्त गाँव के पचासों युवा, वृद्ध वहाँ एकत्र होना शुरू हो गए थे। चौधरी साहब उस अछूत की सारी बात ध्यान से सुनने लगे, तभी उनकी पत्नी भी पहुँच गईं। वह अपनी पत्नी की ओर अर्थपूर्ण दृष्टि डालकर बोले, आवो देखें, क्या बात है? और चल दिए। उनके साथ उनकी पत्नी वही अछूत और लाठी-बल्लमों से लैस पचासों युवक और युवतियाँ भी चल पड़े।

उधर प्रसव पीड़ा से कराहती नारी रुदन को सुन बन्द कोठरी के बाहर ब्राह्मणों की भीड़ भी बढ़ने लगी। चौधरी गज्जू सिंह के साथ अपने अछूत नौकर और पीछे सैकड़ों की संख्या में युवा-युवतियों को देख सभी ब्राह्मण हत् प्रभ से रह गए। देखते-ही-देखते चौधरी साहब की पत्नी झोपड़ी खोल अन्दर घुस गईं। उनके पीछे कुछ और औरतें भीतर गईं किन्तु सकरी झोपड़ी होने के कारण शेष औरतों को बाहर दरवाजे पर ही रुकना पड़ा। स्थिति को भाँप एक बूढ़े ब्राह्मण ने आगे बढ़कर पूछा, 'काहे चौधरी, आप कैसे?'...'कछू नाहीं', अछूत की ओर देखकर, 'जाकी बहिनिया के बच्चा पैदा होवे वारो है, तई को लेने आए हैं।' बूढ़ा ब्राह्मण बोला! 'समझ लौ, समझ लौ, अरे चौधरी अब जमाना बदल गव, अब पुरानी बातें कहाँ?' इस पर काता बल्लम को थामे कुछ ब्राह्मण की ओर देख चौधरी बोले, 'तब भाई हिंया काता बल्लम का का काम?' वहाँ कुछ भी करने का अर्थ था करारी मात। विवश वह भी अपने बुजुर्ग बूढ़े की ओर ही देखने लगे। बूढ़ा कुछ कहनेवाला ही था कि चौधरी गज्जू सिंह की पत्नी ने बाहर आकर बताया कि अब प्रसव का अन्तिम समय है, अब उसे कहीं ले जाना सम्भव नहीं है। बूढ़ा स्थिति समझ चुका था। वह

बोल पड़ा। 'चौधरी, संघर्ष छोड़ो, (अन्य की ओर इंगित करते हुए) अब इ उई नाय जो आपु समझत हव।' आवौ चौधरी हमहुँ तुम्हँ भजन गइहैं, सब ठीक होइ जइहैं।' इतना कहते हुए उसने दो ब्राह्मण युवकों से ढोलक और मंजीरा लाने को कहा, और कुछ लोगों को शीघ्रता से दरी बिछाने का निर्देश दिया, और देखते-ही-देखते सारा माहौल एक बड़े भजन मंडली के रूप में बदल गया।

चौधरी गज्जू सिंह, उनकी पत्नी और सभी रात-भर जगते रहे। जच्चा-बच्चा की कुशलता से प्रसव होने के समाचार से भजन मंडली में और भी जोश आ गया। सारी रात स्त्री-पुरुषों ने इस अवसर को हर्षोल्लास के साथ बिताया। सुबह होने पर ब्राह्मणों की ओर से बतासे भी बाँटे गए। सभी प्रकार की सुरक्षा का आश्वासन मिल जाने पर ही चौधरी गज्जू सिंह अपने साथियों के साथ घर वापस लौटे। यहीं से उक्त गाँव में अछूतों के नाड़ न गड़ने की प्रथा समाप्त हुई।[10]

एक साक्षात्कार में रामकेवल सिंह ने बताया कि चौधरी गज्जू सिंह ने कई चली आ रही मनुवादी-सामन्तवादी प्रथाओं को बन्द कराया। उनके समय में निम्नवर्गीय बहू-बेटियों को विवाह आदि अवसरों पर सवर्ण घरों में पूड़ियाँ बेलने जाना पड़ता था। एक बार एक निम्नवर्गीय बहू को सवर्णों ने अपमानित कर दिया। यह बात चौधरी जी को पता चली। इस पर वे बहुत क्रोधित हुए। इसका उन्होंने प्रखर विरोध किया। गाँव-जवार की जनता को एकत्रित किया। एक बड़ी सभा की। और इस कु-प्रथा के खिलाफ आन्दोलन चलाया। उस आन्दोलन के दौरान उन्होंने इस बात का ऐलान किया, 'आज से हम सबकी महिला सवर्ण घरों में पूड़ी आदि बेलने नहीं जाएगी।' उसके बाद यह प्रथा सदा के लिए बन्द हो गई।

इसी तरह होली में सवर्ण पुरुष निम्न जातियों के घरों में घुसकर नई नवेली दुलहन को घर से बाहर निकालकर ढोल-मजीरे बजाते हुए उसके साथ होली खेलते थे। अपमानजनक व्यवहार करते। ये उनके जवानी के दिनों की बात होगी। गज्जू सिंह ने कहा कि इस बार हम सब चलेंगे बाभन घरों में होली खेलने। इस पर पूरे अहीर टोले के जवान लड़के तैयार हुए। होली के दिन वे निकले ब्राह्मण घरों में होली खेलने। इसका ब्राह्मणों ने विरोध किया। इस पर गज्जू सिंह ने कहा, 'अगर तुम सब अपने घरों में होली नहीं खेलने दे रहे हो तो तुम भी मत आना हमारे टोले में होली खेलने', और वहाँ से चले आए। इस प्रतिरोध से भयभीत होकर सवर्णों ने यह प्रथा बन्द कर दी।[11]

चौधरी गज्जू सिंह ने 'आर्यसमाज' को कुछ दिनों के लिए स्वीकार किया था। एक समय के बाद वे आर्यसमाजियों द्वारा चलाए जा रहे 'जाति-पाँति तोड़ो' आन्दोलन से जुड़ते हैं। आर्यसमाजियों ने 'बैक टू वेदाज' अर्थात् 'वेदों की ओर लौटो'[12] का नारा देते हुए, अछूत-सछूत जातियों का उपनयन संस्कार करते हुए 'जनेऊ' पहनाना शुरू किया और कहा कि सभी हिन्दू बराबर हैं। इस आर्यसमाजी

आन्दोलन से चौधरी गज्जू सिंह भी जुड़े थे। इसी क्रम में उनका आर्यसमाजी लोग 'जनेऊ संस्कार' किए। यह जनेऊ संस्कार ब्राह्मणों के बराबर होने का प्रतीक था, जो आस-पास परिवेश के ब्राह्मणों को खटकने लगा। ब्राह्मण-बच्चे, युवा और वृद्ध सभी इनके जनेऊ संस्कार से बहुत दुखी रहते थे।

चौधरी गज्जू सिंह यादव पूरे जवार में एक प्रतिष्ठित व्यक्ति थे। ये लघु जमींदार प्रकार के किसान थे। इस कारण कोई भी व्यक्ति कुछ कर नहीं पाता था। वे सामाजिक-आर्थिक रूप से बहुत सम्पन्न थे। मनुवादी-सामन्तवादियों को अन्दर ही अन्दर खूब जलन होती थी। एक साक्षात्कार में महावीर सिंह यादव ने बताया, इसकी प्रतिक्रियास्वरूप गाँव के ब्राह्मण अपने क्षेत्र के जमींदार उदय नारायण उपाध्याय से मिले। यह जमींदार भारामऊ, कानपुर का रहनेवाला था। इसके द्वार पर ब्राह्मणों ने एक सभा की, जिसमें जमींदार से कहा कि जनेऊ पहनने का जन्मना अधिकार सिर्फ ब्राह्मणों का है। अब अहीर गज्जू सिंह जनेऊ पहन कर घूम रहा है। अहीरों का जनेऊ संस्कार नहीं हो सकता। वो अहीर अनार्य कृष्ण का वंशज है। शास्त्रों में अनार्यों को यज्ञोपवीत धारण करने का कोई विधान नहीं है। यह वर्ण धर्म के विरुद्ध है। इस पर जमींदार ने कहा—आप सब चिन्ता न कीजिए और अब जाइए।

उसके बाद उसने तीसरे दिन मौका देख अपने कारिन्दों और कुछ लम्पट-लफंगे लड़कों के साथ अकेले जाते हुए चौधरी गज्जू सिंह का जनेऊ तोड़ दिया। इस पर चौधरी गज्जू सिंह ने उसे वहीं चुनौती दी कि तुम तो मेरा जनेऊ अकेले में तोड़वाए हो। एकान्त जगह पर अपमानित किए हो लेकिन मैं तुम्हारा जनेऊ सबके सामने तोड़ूँगा। तुम्हारी लहरापुर की भरी बाजार में। यह लहरापुर जिला—औरैया में पड़ता है। इधर यह बात हवा में घुलते हुए आग-सी गाँव, जवार और अहीरों के बीच फैल गई। अहीरों ने उसी रात चौधरी गज्जू सिंह के घर के सामने बड़ी सभा की। इस सभा में उस जमींदार का जनेऊ अगले दिन दिनदहाड़े तोड़ने का संकल्प लिया गया। उस रात सभा का निर्णय उस क्षेत्र के सभी अहीरों के गाँवों में हवा की तरह तेजी से फैल गई। अगले दिन सभी लोग लाठी, डंडा, बल्लम, भाला, गँड़ासा आदि के साथ लहरापुर पहुँचे।

चौधरी गज्जू सिंह कुल्हाड़ और 11 जवान लड़कों के साथ लहरापुर बाजार में जा खड़े हुए। यह खबर जमींदार तक पहुँची। जमींदार कुछ लफंगे लड़कों और सत्तर-अस्सी असमी-कारिन्दों के साथ 12 बजे घोड़े से लहारपुर बाजार पहुँचा और बोला—चौधरी, क्या कर लोगे, बोलो। जो करना है करो, नहीं तो अब मैं करना शुरू करूँगा। इस पर चौधरी जी के साथी युवाओं ने एक साथ जोर से आवाज लगाई, 'मौका आ गया है। पूरे बाजार को घेर लो अहीरो।' इस आवाज पर बाजार के चारों तरफ फसलों आदि में छिपे हजारों अहीर एक साथ पूरे बाजार और उस जमींदार को घेर लिया।

इसके बाद लम्बी-चौड़ी कद-काठी के चौधरी गज्जू सिंह ने उस जमींदार की गर्दन को पकड़ते हुए घोड़े से खींच जमीन पर पटक दिया और उसका जनेऊ तोड़ दिया। उसके मन और मान को सार्वजनिक रूप से मर्दित कर दिया। चौधरी साहब ने कहा, 'अब जाओ, तुमको जो करना हो कर लेना।' जमींदार ने उसी दिन थाने जाकर चौधरी गज्जू सिंह के खिलाफ चोरी, डकैती, हत्या आदि का केस लिखवा दिया। इस पर जवार के अहीर आदि लोग और बौखला गए। पूरे जवार के अहीरों के बीच डुग्गी बज गई—रात 9 बजे चौधरी साहब के घर पर सभा बुलाई गई है। पुनः सभी लोग वहीं एकत्रित हुए। अगली कार्यवाई पर सामूहिक निर्णय हुआ। उस घटना की प्रतिक्रियास्वरूप अगली रात को दस-ग्यारह हजार अहीरों ने उस जमींदार की 11 बीघे हरी खड़ी फसल काटकर जमीन पर सुता दी। उसी रात को सन्देशा भिजवा दिया कि अगर चौधरी जी पर लगाए गए सभी आरोप (केस) एक दिन के अन्दर नहीं हटाए गए तो अगली रात को तुम्हारा पाँच बीघे का बागीचा काटकर गिरा दिया जाएगा। वैसा ही हुआ। अगली रात 11 बजे 11 हजार अहीरों ने गँड़ासा, कुल्हाड़ी आदि के साथ बगीचे पर चढ़ाई कर दी। रात में पाँच बीघे आम, अमरूद, कटहल आदि के बागीचे को काट गिराया। इस पर घबराया, डरा, सहमे जमींदार ने दूसरे दिन सारे केस वापस ले लिए।[13] इस तरह से चौधरी साहब ने पुरोहितवादी-सामन्तवादी वर्चस्व के विरुद्ध संघर्ष किया।

इसके बाद चौधरी गज्जू सिंह ने गाँव-जवार के अहीरों के साथ सार्वजनिक रूप से जनेऊ धारण किया। इस बार इसका एक ही उद्देश्य था कि इस सवर्ण वर्चस्व की श्रेष्ठता की मानसिकता को इस जनेऊ धारण के माध्यम से ध्वस्त किया जाए। उसके कुछ समय बाद एक और घटना हुई। एक बार पुनः प्रतिक्रियास्वरूप ब्राह्मणों ने गाँव के ही एक लम्पट-लफंगे ब्राह्मण युवक को चुना और उसको उकसाते हुए सिखाया कि इस व्यक्ति को जनेऊ धारण करने का कोई अधिकार नहीं है। अतः मौका मिलते ही इसका जनेऊ तोड़ दो। उस युवक ने ऐसा ही किया। चौधरी गज्जू सिंह यादव एक दिन अपने खेत से आ रहे थे कि उस युवक ने चुपके से पीछे से जनेऊ पकड़कर खींचते हुए तोड़ दिया और तेजी से भाग गया।[14]

चौधरी गज्जू सिंह को यह अपमान बहुत खला। घर आए। कुल्हाड़ी के साथ-बल्लम लिया और स्थानीय बाजार की तरफ अकेले चलने लगे। कोई कुछ पूछे तो कुछ न बोलें। उनके पास कुल्हाड़ी के साथ बल्लम का होना जातिवाद-वर्णवाद और ब्राह्मणवाद से लड़ने का प्रतीक होता था। वे धीरे-धीरे बाजार की तरफ बढ़ रहे थे। तब तक पूरे गाँव में उनके जनेऊ तोड़े जाने की खबर हवा की तरह फैल गई। इस खबर के साथ ही पूरे गाँव-जवार के बच्चे, युवा, लड़कियाँ, महिलाएँ, वृद्ध सब-के-सब जो जहाँ से जो पाया, हाथ में लिये हुए तेजी से बाजार की ओर बढ़ने लगा। बच्चे, युवा, महिलाएँ और वृद्ध आदि सबके हाथ में डंडा-लाठी, बल्लम-

भाला, बरछी, गँड़ासा आदि था ये सभी लिये हजारों की संख्या में चौधरी जी के पीछे-पीछे बढ़े जा रहे हैं। चौधरी जी आगे आगे और सामाजिक परिवर्तन की जनता पीछे-पीछे चलती हुई बाजार के बीच चौराहे पर जा खड़ी हुई।

यह खबर तेजी से ब्राह्मणों के घरों में पहुँची। स्थिति को भाँपते हुए ब्राह्मण टोले के एक सबसे बुजुर्ग ब्राह्मण ने सभी ब्राह्मणों और उस युवक को बुलाया और इस भयानक अनहोनी से बचने के लिए तत्काल ब्राह्मणों से बात की। उसके बाद गाँव के सभी बुजुर्ग ब्राह्मण एक साथ बाजार की तरफ बढ़े। वह बुजुर्ग ब्राह्मण सबसे आगे था और सभी लोग दुबके-दुबके पीछे से चले आ रहे थे। युवक को उस झुंड के बीच में छुपाया गया था। बाजार के पिछले हिस्से से झट से वह बुजुर्ग ब्राह्मण और अपराधी युवक का पिता चौधरी गज्जू के सामने हाथ जोड़कर झुकते हुए बोला, गुनहगार तो मैं हूँ चौधरी साब जो ऐसो नालायकू पूत जनमावे हैं। लौ मेरी गर्दन आपनु कुल्हाड़ा से काट दो।[15] तभी दूसरे भी बोल पड़े, चौधरी साहब जब सन्तान ही ओछी होवे तो बस किसका। हम सब भी इस नालायक की नालायकी से शर्मिन्दा हैं जी[16] इस बीच एक ब्राह्मण उस ब्राह्मण युवक को बीच से गर्दन पकड़कर खींच लाया और उसे चौधरी साहब के पैरों पर पटक दिया और माफी माँगने को कहा। लम्पट ब्राह्मण युवक हाथ जोड़े बोला—गलती हो गई बाबूजी।[17] चौधरी साहब न्याय के लिए लड़नेवाले एक नेक और कारुणिक विभूति थे। उनका मन द्रवित हो गया। उन्होंने कन्धे से कुल्हाड़ा नीचे रख दिया और उस युवक को माफ कर दिया। इसी बीच एक ब्राह्मण ने अपनी जेब से जनेऊ निकालकर उन्हें पहनाना शुरू किया और दूसरे ब्राह्मण ने मंत्र जाप शुरू कर दिया। इस तरह चौधरी जी को पुन: जनेऊ पहना दिया गया।

अगर यह जातीय संघर्ष शुरू हो जाता तो गाँव, जवार, जिला, प्रदेश और देश इसकी चपेट में आ जाता। इससे देश को जन, धन आदि की बहुत बड़ी क्षति हो जाती। वैसे, चौधरी गज्जू सिंह ने उस समय तो जनेऊ पहन लिया लेकिन आगे चलकर उन्होंने जनेऊ तोड़ते हुए सदा के लिए त्याग दिया।[18]

जन्म

ऐसे सामन्ती, जातिवादी, वर्णवादी, मनुवादी परिवेश में 1 सितम्बर, 1911 को एक समाजसेवी कृषक परिवार, ग्राम—कठारा, नजदीक रेलवे स्टेशन झींझक, जिला—कानपुर उ.प्र. में पेरियार ललई सिंह का जन्म हुआ था।[19] माता का नाम 'मूला देवी' और पिता का नाम 'चौधरी गज्जू सिंह' था। इनके भतीजे सुरेन्द्र सिंह यादव ने बताया कि पेरियार ललई सिंह चाचा ने मुझे वंश के बारे में बताते हुए लिखवाया था कि मेरा परिवार एक 'माइग्रेट फेमिली' की तरह था। मेरे पुरखे मूल रूप से गाँव-बरकारी, तहसील-कोल, जिला—अलीगढ़, उत्तर प्रदेश के रहनेवाले

थे। यहाँ से बहुत पहले माइग्रेट होकर गाँव-तिरवा इंटखारी, जिला—कन्नौज, उत्तर प्रदेश में जा बसे। पुन: विस्थापित होकर इनके पुरखे 'खेरो का टीला' गाँव-कठारा, झींझक, कानपुर, उत्तर प्रदेश में जा बसे। यह ऊँचा टीला अभी भी है। बारिश के समय आज भी इस टीले की मिट्टी जब धुलती है तब वहाँ से मोठे ईंट, पुराने मृदभांड—मनके, मटके, घरों के सामान आदि मिलते हैं।[20]

रामसेवक सिंह यादव पेरियार ललई सिंह के चचेरे भाई हैं। उनके साथ स्कूल जाते थे। इनसे वे एक दर्जा आगे पढ़ते थे। अर्थात् पेरियार ललई सिंह जब कक्षा एक में थे तो रामसेवक सिंह यादव शिशु कक्षा में थे। उन्होंने बताया कि भइया ललई मतलब दीवान साहब मुझसे बड़े थे। जब मैं दर्जा सात में था तब दीवान साहब दर्जा नौ में थे। दीवान साहब वर्नाक्यूलर लैंग्वेज के साथ सातवीं पास किए। उसके बाद दीवान साहब सेना में भर्ती हो गए। मैंने आगे कॉलेज तक पढ़ाई की। जुलाई, 1939 में अध्यापक हो गया। मैं पूरी जिन्दगी शिक्षा से जुड़ा रहा। जून, 1980 में अध्यापन कार्य से सेवा निवृत्त हुआ।[21] रामसेवक सिंह यादव अभी जीवित हैं। वे 101 वर्ष की उम्र पार कर चुके हैं।

उनसे बातचीत में जो सन्दर्भ सामने आया वह यह कि हम सब 'कुल भू-माता' और 'भू-पिता' को याद करते हुए इसी तरह पीढ़ी-दर-पीढ़ी चले आ रहे हैं। इस 'कुल भू-माता' और 'भू-पिता' की पूजा में किसी भी प्रकार का अन्धविश्वास या कर्मकांड नहीं होता था। हम सब इस दिन एक खास मौसम में 'कुल भू-माता' और 'भू-पिता' की पूजा करते थे। इस पूजा में मौसम का ध्यान रखना होता था। उस दिन हम सब खूब उत्सव मनाते थे।[22]

उन्होंने बताया कि 'हमारे पुरखे नास्तिक स्वभाव के थे। हम थोड़ा-बहुत विश्वास अपने 'कुल भू-माता और भू-पिता' पर करते थे। उन्हीं को कभी-कभी याद करते हुए अनायास प्रकृति पूजा कर लेते थे। यह बात मुझे मेरे पितामह ने बताई थी। यह बात इसी तरह पीढ़ी-दर-पीढ़ी चली आती रही। उसके बाद आधुनिक समय में मेरे चाचा अर्थात् पेरियार ललई सिंह के पिता चौधरी श्री गज्जू सिंह यादव 'आर्यसमाज' के लोगों द्वारा सम्मानजनक व्यवहार और समानता की बातें करने के कारण 'आर्यसमाज' की तरफ झुके। किन्तु अघोषित हिन्दू आहार अधिनियम[23] को देख वे यहाँ से भी जल्दी ही विमुख हो गए। इस परिवार के लोगों का 'समाज सेवा' करना एक स्वाभाविक और नैतिक गुण था।[24]

नामकरण

भारत में नामकरण संस्कार की भी दिलचस्प दास्तान है। यह संस्कार अपने गहरे अर्थों में व्यक्ति के व्यक्तित्व की पहचान और सौन्दर्य बोध को अभिव्यक्त करता

है। इसमें उसकी सामाजिक सांस्कृतिक अवस्थिति भी परिलक्षित होती है। यह सम्मान, सौर्य, अपान आदि की भावना को अभिव्यक्त करती है। नामकरण के सन्दर्भ में भारत एक दिलचस्प देश है। यह नामकरण करने का सामाजिक अधिकार पुरोहित को है, जो इस संस्कार पर पूरी तरह वर्चस्व रखता है। उसे प्रत्येक प्रकार से अपने वर्चस्व को पुरोहितगीरी के मध्यम से नियंत्रित एवं संचालित करता है। इस पुरोहित की पोथी से नामकरण होता है। नामकरण के समाज मनोविज्ञान की सामाजिक संहिता की मानसिकता को मनुस्मृति के एक उद्धरण से साझा जा सकता है, 'मंगलयं ब्राह्मनस्य स्यात्क्षत्रियस्य बलान्वितम्। वैश्यम् धनसंयुक्ते शूद्रस्य तू जुगुप्सितम॥'[25] अर्थात् ब्राह्मण का नाम मंगलवाचक, क्षत्रिय का बलवाचक, वैश्य का धनवाचनक और शूद्र का अपमानवाचक रखना चाहिए। इस मानसिकता से भारत में पुरोहित मनुष्यों का नामकरण करता है। इस नामकरण संस्कार में भारत की बहुसंख्यक जनता को भी अपने आगोश में लिये हुए है। पेरियार ललई सिंह के नामकरण के सन्दर्भ में उनके साथ मिशनरी आन्दोलन में कुछ समय तक रहनेवाले, श्याम सिंह यादव ने एक साक्षात्कार में बताया, जब ललई कक्षा चार में पढ़ रहे थे तो एक दिन अपनी माँ मूला देवी से कहने लगे—'माँ, मुझे कोई 'लल्ला' बुलाता है, कोई 'लल्ली' बुलाता है, कोई 'लाला' बुलाता है, कोई 'लऊआ' बुलाता है, कोई 'ललईया' बुलाता है। यह मुझे ठीक नहीं लगता है। आप गाँव में सबको बोल दीजिए कि मेरा स्कूल का नाम कुँवर ललई सिंह यादव है। मुझे लोग सिर्फ 'ललई' नाम से ही बुलाएँ।' 'इस पर उनकी माँ ने गुड़ के साथ गाँव के हर घर में एक-एक गुड़ देते हुए बोलती गईं कि 'मेरे बेटे का नाम 'ललई' है। अब कोई उन्हें 'लल्ला', 'लल्ली', 'लाला', 'लऊआ', 'ललईया' आदि नामों से न पुकारे। अब मेरे बेटे को सभी लोग सिर्फ 'ललई' नाम से ही पुकारें।'[26]

पेरियार ललई सिंह 'नामकरण संस्कार' जैसे मिथक-अन्धविश्वास पर स्वयं लिखते हैं, 'मेरे पिताश्री ने मेरे पैदा होने पर पुरोहित से यह नहीं पूछा कि 'मूल' नक्षत्र में मेरे लड़के का जन्म हुआ है या नहीं। इस पर मेरे गाँव के अनेक परिवारों ने पुरोहितों से 'मूल' नक्षत्र पूछना बन्द कर दिया। 'मूल' नक्षत्र में बालक के पैदा होने पर माता-पिता के दुर्दिन आनेवाले हैं ऐसी पुरोहित की भविष्यवाणी हुआ करती थी। माता-पिता अपने बच्चों का मुँह सत्ताईस दिन तक नहीं देख सकते। सर के बाल सत्ताईस दिन तक नहीं बनवा सकते। कड़ा-जाड़ा या भारी गर्मी में भी सत्ताईस दिन तक जूते नहीं पहन सकते।...आदि आदि। सत्ताईस दिन पुरोहित 'मूल' शान्ति हेतु यज्ञ-होम आदि करता था। मंत्र पढ़ता-जपता फिर ब्राह्मण भोज, जातीय भोज भी उसी दिन होता। 'मूल' न पूछने से इन सभी आडम्बरों से छुटकारा पाया गया। 'मूल' कोई वस्तु नहीं है। आकाश में स्थित 'मूल' नक्षत्र लाखों किलोमीटर दूर है। इसका बच्चों से कोई सम्बन्ध नहीं।'[27]

इसी तरह के प्रचलित मिथकीय देवी-देवताओं के ऊपर पेरियार ललई सिंह ने तार्किक सवाल उठाया और उन्हें आमूल-चूल तरीके से खंडित करते हुए लिखा, 'जिन देवी-देवताओं की जीवनी से आपका शोषण होता है, आप नीच कहे जाते हैं, उनको पूजना बन्द कीजिए। मैंने उन्हें पूजना बन्द कर दिया है। इसका प्रभाव यह हुआ कि बहुसंख्यक लोगों ने पूजा-पाठ करना बन्द कर दिया।'[28] इस तरह वे अन्ध-रूढ़ियों पर करारा प्रहार करते थे। वे लिखते हैं, 'रूढ़ि के तौर पर लंकावासी अपने सर पर कंघी बाँधते थे। इन्होंने बन्द कर दिया। हम लोगों में जन्म से मरने तक तमाम ढोंग, व्यर्थ-संस्कार तथा अन्धविश्वास भरे पड़े हैं। उनका विरोध कीजिए।'[29] यह उनकी सामाजिक मिशन की चेतना सम्पन्न शैली थी। वे जहाँ भी रहते थे इन सब कथित मिथकीय मान्यताओं का खंडन किया करते थे।

स्कूल में जातिवादियों से संघर्ष

भारत दुनिया के लिए अनोखा देश है, जहाँ के मूल मनुष्यों को वर्णवादी औपनिवेशिक मानसिकता के मनुष्य शिक्षा, ज्ञान और सम्मान को प्राप्त करने से रोकते रहे हैं। इसी कारण भारत में वैज्ञानिक सोच और खोजें विकसित नहीं हो सकीं। पूरी दुनिया में अपने मनुष्यों को शिक्षित, ज्ञानवान, प्रतिभा-सम्पन्न बनाती है तो वहीं भारत के राष्ट्रनिर्माता पुरोहित भारत को अशिक्षित, अन्धविश्वासी, कर्मकांडी और पोंगापंथी बनाए रखना चाहते हैं। इस पुरोहित वर्ग को ऐसा करने के प्रेरणा—वेद, पुराण, स्मृतियाँ आदि देती रही हैं। ऐसा व्यवहार करने हेतु सतत उत्प्रेरित करती हैं। इसी कारण ऐसी भावना प्राचीन काल से आधुनिक काल तक चली आ रही है। जो इस देश के बहुसंख्यक मानव समुदाय को ज्ञान प्राप्ति की प्रक्रिया से पूरी तरह रोकती है। श्रुति-स्मृति कहती है, 'श्रवणे त्रपु जेतुभ्याँ स्त्रोत-परिपुराण। जिह्वाच्छेदो धारणे हृदयाविदारणम्।' अर्थात् शूद्र के वेद सुनने पर सीसा या लाख पिघलाकर कान में भर दें, बोलने पर जीभ काट दें और यदि हृदय में धारण कर ले तो छाती चीर दें।[30] यह ज्ञान के एकतंत्रीकरण के वर्णाश्रमी आस्था का वर्चस्ववादी मन है। ऐसी विकट स्थिति में इस देश के बहुसंख्यक समाज के लोग ज्ञान प्राप्ति की ओर प्रवृत्त होते हैं। शिक्षा अर्थात् विद्या किसी भी मानव समुदाय के लिए अत्यन्त आवश्यक है। भारत की दो महान विभूतियाँ ज्योतिबा फुले और डॉ. अम्बेडकर ने शिक्षा की चेतना को उकेरते हुए उसके ऐतिहासिक महत्त्व को मूल चेतना के मनुष्यों के समक्ष सार्वजनिक किया। ज्योतिबा फुले का स्पष्ट मत है, शिक्षा बिना मती गई।[31] अर्थात् शिक्षा के बिना बुद्धि चली जाती है। जिसके पास बुद्धि नहीं होती है उसका सब कुछ धीरे-धीरे चला जाता है। इसी प्रकार शिक्षा के महत्त्व को रेखांकित करते हुए अपने गुरु की बात को आगे बढ़ते हुए डॉ. अम्बेडकर लिखते हैं, अंग्रेजी विद्या अर्थात् 'शेरनी का

दूध' जिसे पीने को मिला, उसमें नया उत्साह, नया तेज, नई स्फूर्ति उत्पन्न हुई। जिनको अंग्रेजी विद्या सीखना आया उन्होंने यूरोपीय इतिहास का अध्ययन करके अनियंत्रित राज्य सत्ता के अधिकारों के कारण होनेवाली हानियों के बारे में जाना। और स्वतंत्रता की कल्पना उनके मन में उमड़ने लगी। अंग्रेजी शिक्षा की वजह से उन्हे राजा और प्रजा के अधिकार ज्ञात होने लगे।[32] औपनिवेशिक शासन में खुले नए अवसरों, राष्ट्रवादी एवं समाज सुधार आन्दोलनों एवं उनसे अनुप्राणित शिक्षा के प्रसार, आजादी के बाद भारतीय शिक्षा का उभरते एवं विकसित होते जनतांत्रिक स्वरूप के कारण धीरे-धीरे अनेक उपेक्षित दमित जातियाँ शिक्षा की परिधि में प्रवेश कर आगे बढ़ती गईं।[33] ऐसी ही स्थिति में पेरियार ललई सिंह और इनके चचेरे भाई रामसेवक सिंह यादव का श्रवण सफेद संस्कृति[34] में परवरिश के बाद स्कूल भेजे जाने का पारिवारिक निर्णय हुआ। 1 जुलाई, 1922 ई. में प्राथमिक विद्यालय, लहरापुर, जिला—औरैया, उ.प्र. में प्राथमिक शिक्षा के लिए उनका दाखिला हुआ। उस समय प्राथमिक शिक्षा कक्षा चार तक होती थी। इस जनतांत्रिक, समतावादी और मानवतावादी भूमि पर जब से आर्यों का वर्चस्व हुआ तब से यह भूमि जातिवादी, वर्णवादी और मनुवादी हो गई। इस कारण इस देश के प्रत्येक मनुष्य को आज तक जातिवाद और वर्णवाद का सामना करना पड़ता है। जब जुलाई, 1922 ई. में छूत-अछूत जातियों के लड़के स्कूल जाना शुरू करते हैं तो स्वाभाविक रूप से उन्हें जातिवादी-वर्णवादी मानसिकता के सवर्ण लड़कों और सवर्ण गुरु—'जी गुरु जी, जी पंडी जी, जी मुंशी जी, जी बाउ साहब' आदि मानसिकता के गुरुओं का सामना करना पड़ा। उस समय इन उपमाओं से युक्त गुरु क्रूरतम और भयानक जातिवादी, सामन्तवादी नफरत भरा व्यवहार करते हैं, जिसका सामना पेरियार ललई सिंह और उनके चचेरे भाई रामसेवक सिंह यादव को भी कई बार करना पड़ा। इस सन्दर्भ में भारत एक दिलचस्प देश है जहाँ ज्ञान देनेवाली विभूति का सम्मान वर्ण और जाति के अनुपात में तय होता है।[35]

भारत में अंग्रेजों ने गुरुकुल की अवधारणा को आमूल-चूल ध्वस्त करते हुए यूरोपीय 'स्कूल' जैसी जनतांत्रिक अवधारणा को स्थापित किया, जो वास्तव में, अंग्रेजी शासन द्वारा भारत में आधुनिक शिक्षा की शुरुआत करना प्रगतिशील कदम था।[36] मानुषत्व युक्त ईसाई मिशनरियों ने भारत में शिक्षा के प्रसार के क्षेत्र में बहुत विस्तृत काम किया।[37] इन स्कूलों में शिक्षा हेतु सबका प्रवेश सुनिश्चित हुआ जो अपने मूल चरित्र में धर्मनिरपेक्ष प्रक्रिया से होता है। डॉ. अम्बेडकर लिखते हैं, यह प्रजापक्ष जब से उभरा तब से ब्रिटिश सरकार ने शिक्षा के बाबत उदार नीति को स्वीकृत किया है। प्राथमिक शिक्षा मुफ्त और अनिवार्य करने का उपक्रम शुरू किया है। व्यावहारिक और सैद्धान्तिक (शास्त्रीय) शिक्षा के लिए छात्रवृत्तियाँ निर्मित की हैं। आरोग्य के बाबत पर सरकार की ओर से बड़े पैमाने पर धन व्यय किया जा

रहा है।[38] इसके बाद भी भारत के इन स्कूलों में गुरुकुलवादी व्यवहार अवचेतन मन से लगातार परिलक्षित होता है, जिसमें वह मन उसी गुरुकुली आचार्य की तरह गुलाम मन और व्यवहार चाहता है। इसी कारण आधुनिक स्कूलों में लम्बे समय तक गुलामों की तरह स्कूली बच्चों की जुबान पर 'जी गुरु जी', 'जी पंडी जी', 'जी मुंशी जी', 'जी बाऊ साहब', 'मौलबी साहब' आदि कथित आदरसूचक शब्दों का सवर्ण गुरुकुली आचार्यों ने अघोषित रूप से रटाया।

गाँव की पाठशाला में जहाँ पर ब्राह्मण शिक्षक-पंडित जी, ठाकुर शिक्षक बाबू साहब और अन्य जातियों के शिक्षक मुंशी जी कहकर सम्बोधित होते थे तथा उनके लिए अभिवादन भी क्रमिक भेद भावपूर्ण भावना के अलग-अलग होते थे जैसे—पंडित जी के लिए—'पंडित जी पाँ लागी।' बाबू साहब के लिए—'बाबू साहब जयशंकर' तथा मुंशी जी के लिए—'मुंशी जी नमस्ते'। यह नियम नहीं परम्परा थी, जो नियमों से भी अधिक मजबूत थी।'[39] यह 1980 और उसके पहले का भारत है। पुरोहित/ब्राह्मण अपनी श्रेष्ठता को सामाजिक स्थैतिकी में पूर्णरूप से प्रतिस्थापित किए हुए है। इस कारण वह सबसे पाँव छूने अर्थात् 'आओ मेरे पैरों में नतमस्त हो जाओ' की घोषणा करता है। इसी मानसिकता को वो बच्चों से लेकर समाज तक के व्यवहार में प्रवाहित होते हुए देखना चाहता है। राजपूत अर्थात् ठाकुर जातियों का सम्बोधन—'जयशंकर' के रूप में था। यह भी विचारणीय है। आखिर काले शंकर का ही अभिवादन उन्हें क्यों किया जा रहा था। इस देश के शेष सवर्णों के लिए नमस्कार का अभिवादन होता था। यह वास्तव में वर्ण संहिता की मानसिकता के अनुसार अभिवादन की प्रक्रिया थी।

एक दिलचस्प जीवनानुभव सुनिए कि मेरे गाँव की प्राथमिक पाठशाला में दो पंडित जी, तीन बाबू साहब, तीन मुंशी जी थे। इनके नाम भी यथाक्रम उनके परिवेश, स्थान और जाति आधारित थे। जैसे दुवाने के पंडित जी, पड़ावे के पंडित जी, झलिया वाले बाबू साहब बदलापुर वाले बाबू साहब तथा ललित मुंशी जी, नउवा मुंशी जी और चमरा मुंशी जी आदि। स्कूल में दिन-भर पान चबाने का काम बाबू साहबों का था। दिन-भर सोते रहने का काम दोनों पंडित जी लोगों का था। ताश खेलने के लिए तीनों बाबू साहब ही पर्याप्त थे। दोपहर में स्कूल की नजदीकी बस्ती के दूसरे अन्य ठाकुरों के आवारा और बेरोजगार लड़के भी आकर मजमा लगाते थे। ताश खेलने के साथ-साथ बाबू साहबों की तरह ही अछूतों और पिछड़े लड़कों से चरण सेवा भी करवाते थे। दुबे पंडित जी बचपन से सिरदर्द के मरीज थे। अत: एक लड़का उनका सर हमेशा दबाता रहता था और पड़ावे वाले पंडित जी चारपाई, स्टूल, कुर्सी, मेज हर जगह पर ऊँघते या सोते रहते थे। पढ़ाने का काम सिर्फ नउवा मुंशी जी का था, जो गाँव के नाई जाति के थे तथा ललित मुंशी जी, जो मौर्य जाति के थे। हेड मास्टर चमार जाति से थे। हेड मास्टरी चमरा मुंशी

जी के जिम्मे थी। हेड मास्टर साहब लोगों के लिए हेड मास्टर साहब थे लेकिन ब्राह्मणों-ठाकुरों के लिए प्रत्यक्ष रूप में हेड मास्टर साहब और अप्रत्यक्ष रूप से 'चमरा-सारा' थे।'[40]

मैं (लेखक) अपने शैक्षणिक अनुभव के आधार पर इस बात को प्रमाणित करने के लिए एक घटना सुनाऊँ जो मुझे याद है, जब मैं जूनियर हाई स्कूल में पढ़ रहा था, उस समय अध्यापक रामप्रसाद सिंह पटेल ने एक दिन प्रार्थना के बाद खड़े 550 से अधिक बच्चों और 15 अध्यापकों के समक्ष कहा था कि 'आज से कोई भी लड़का-लड़की किसी भी अध्यापक को जी पंडी जी, जी गुरु जी, मुंशी जी, जी बाऊ साहब, मास्टर साहब आदि सम्बोधनों से सम्बोधित नहीं करेगा। नाम के साथ आज से आप प्रत्येक अध्यापक को 'सर' कहकर सम्बोधित करेंगे। अमुक 'सर', अमुक 'सर' अमुक 'सर' आदि।' स्कूल में बच्चों ने अध्यापकों को 'सर' कहना शुरू कर दिया। इससे पहले ब्राह्मण जाति के अध्यापक को 'जी पंडित जी' क्षत्रिय जाति के अध्यापक को 'जी बाऊ साहब', भूमिहार और कायस्थ जाति के अध्यापक को 'मुंशी जी' कहकर सम्बोधन किया जाता था। दो बार 'जी' लगाकर—जैसे 'जी पंडित जी', सिर्फ ब्राह्मण जाति के अध्यापक को ही सम्बोधन किया जाता था।

जो अध्यापक बच्चों को अधिक मारते थे, बच्चे उन्हें 'मरकहवा बाऊ साहब' कहते थे अर्थात् मारने-पीटनेवाले बाऊ साहब थे। लेकिन कभी मरकहवा पंडित जी या मरकहवा मुंशी जी के रूप में नाम स्थापित नहीं हो पाया। और न ही कभी 'जी गुरु जी', 'जी पंडी जी' या 'जी मुंशी जी' के प्रति मरकहवा की जुबान और मानसिकता निर्मित की गई अर्थात् मारने-पीटने का काम सिर्फ राजपूतों अर्थात् बाऊ साहब के सिर पर मढ़ दिया गया। इस वर्णाश्रमी भूमिका का वे पूर्णत: निर्वहन करते थे। इसी कारण ब्राह्मण शिक्षकों की तुलना में ठाकुर शिक्षक अधिक क्रूर, क्रोधी और हठी थे। वे दंड देने में महारथी थे। एक अध्यापक ठाकुर अमर बहादुर सिंह थे, जो एक गलती पर छत्तीस डंडा, 2 गलती पर 72 डंडा, 3 गलती पर 108 डंडा...और अनुपस्थिति पर 200 डंडे गिनकर मारते थे।...मारने के बाद अमर बहादुर सिंह बच्चों से बोलते, ये साले यहाँ सरकारी वजीफा लेने आते हैं, पढ़ने नहीं...देख सारे क... डॉक्टर बने आयल हव...बाप खपड़ा छाए, मजदूरी करे अउर बेटा डॉक्टर बने... अरे साले चमारिया जाके हर जोत, खेत गोड़, डॉक्टरी चमारन के बस का ना हव। वजीफा ले घर जो...[41] ऐसे मनुवादी सामन्तवादी माहौल में भारत में ज्ञान प्राप्ति प्रतिक्रिया चलती रही। स्वतंत्रता के कई वर्षों बाद इन शब्दावलियों पर अघोषित प्रतिबन्ध लगाया गया। डंडे से छात्रों को पीटने पर रोक लगाई गई। इसका एक समाज मनोवैज्ञानिक कारण भी था कि आधुनिक स्वतंत्र भारत के प्रारम्भिक चरण में अध्यापक अमूमन निन्यानबे प्रतिशत सवर्ण ही हुए। इस स्थिति में इनके विद्यालय में दलित, पिछड़े, आदिवासी, मजदूर, किसानों के जो बच्चे पहले-पहल जाते थे उनके

साथ ये अध्यापक मनुवादी-सामन्तवादी व्यवहार करते थे, जिसमें इन बच्चों को खूब मारते-पीटते थे। जातीय आधार पर गालियाँ देते और कहते थे—'तुम लोग पढ़-लिख लोगे तो हम लोगों की चरवाही-हरवाही कौन करेगा।' इस मानसिकता को तोड़ने के लिए और अमानवीय मनुष्यों को मानवीय बनाने के लिए भारत सरकार को बच्चों पर मारने-पीटने पर प्रतिबन्ध लगाना पड़ा और एस.सी./एस.टी. एक्ट लाना पड़ा। खैर आज सरकारी स्कूलों में अध्यापकों को 'सर' कहकर सम्बोधित किया जाता है। उस समय यह बात मुझे समझ में नहीं आई थी। जब दिल्ली विश्वविद्यालय से शोध कर था उस दौरान भारत के समाज मनोविज्ञान की अवधारणा को समझा। तब यह वर्चस्ववादी मनोविज्ञान शब्द समझ में आए। इन सब स्थितियों को पेरियार ललई सिंह और उनके चचेरे भाई ने बहुत गहराई से जिया और महसूस किया था।

उनके भाई रामसेवक सिंह यादव ने स्कूली दिनों के अनुभव को सुनाते हुए बताया, हम सब जब शुरुआत में मदरसा गए तो सवर्ण लड़के और अध्यापक नीलगाय और ऊँट भरी नजरों से देख रहे थे। सभी लोगों को एकदम आश्चर्य हो रहा था। लोग आश्चर्य भरी नजरों से हम दोनों को देख रहे थे। लोग जैसे बोल रहे थे कि 'अहीर-गड़रिया के लड़के अब मदरसा में पढ़ेंगे। अब तक ये लोग भैंस चराते थे। अब कलम चलाएँगे।' चाचा चौधरी गज्जू सिंह का इलाके में बहुत प्रभाव था। इसलिए सवर्ण अध्यापक हम सबके मदरसे में दाखिले के समय कुछ बोले नहीं। चाचा जी जब मदरसा पहुँचे तो सवर्ण अध्यापकों ने उन्हें सादर कुर्सी पर बैठाया। बात-चीत हुई। हम सबका पहली गोल में दाखिला हुआ। इसके बाद हमने मदरसा आना-जाना शुरू किया। चौधरी चाचा के प्रभाव के कारण सवर्ण अध्यापक हमारे साथ प्रत्यक्ष रूप से तो कभी जातिवादी व्यवहार नहीं करते थे लेकिन उनके मन में छुपी नफरत चेहरे पर साफ झलकती थी।

सवर्ण लड़के खूब जातिवादी व्यवहार करते थे। इस पर कई बार भइया और मैं मिलकर उन सवर्ण लड़कों को कक्षा में ही पटरी-पटरी, पटक-पटककर पीटने लगते थे। भइया ललई मुझसे उम्र में बड़े थे। मार-पिटाई हो जाने पर 'जी, पंडी जी' के पास झगड़ते रोते बात पहुँचती। जिस पर 'जी पंडी जी' हम सबको डाँटते और कहते कि 'पढ़ने आए हो कि लड़ने आए हो।' इस पर भइया ललई बोल पड़ते कि 'ये हमें अहीर-गड़रिया बोलेगा तो मैं इसे मारूँगा।' इस पर अध्यापक कहते कि 'तू तो हो ही 'अहीर', ऐसा कहने पर लड़ने-झगड़ने की क्या बात है?' इस पर भइया ललई बोलते कि 'ये हमें अहीर-गड़रिया जाति का बोलेगा तो मैं तो मारूँगा।' इस पर 'जी, पंडी जी' कहते, 'अब लड़ना-झगड़ना नहीं, जाओ।' कुछ समय के बाद जो लड़के कक्षा में बोलते तो उस समय भइया और मैं चुप रहते लेकिन शाम को चार बजे छुट्टी होने के बाद रास्ते में आते हुए खूब हाथा-बाँही होती। उस लड़के को रास्ते में पटक-पटककर पटरी से मारते। हम दोनों कद-काठी से बहुत मजबूत

थे। इसलिए कोई मात नहीं दे पाता था। जो लड़का हमारे साथ जातिवादी व्यवहार करता था हम सब सिर्फ उसी को रास्ते में पटरी से पिटाई और धुनाई करते थे।

यह सब कुछ दिनों तक चलता रहा। इसके बाद यह बात चाचा चौधरी गज्जू सिंह को पता चली और उन्हें अध्यापकों ने स्कूल में बुलाया। सारी बातों को बताया। इन सब बातों पर चाचा जी, सोचते हुए हम सबको कुछ साल के लिए नानी के घर भेज दिया। लम्बे समय तक हम सब वहीं रहे। पढ़े। कुछ समय बाद हम लोग दोबारा घर आ गए। इसके बाद उनका दाखिला जूनियर हाई स्कूल, सहार, जिला—औरैया, उ.प्र. में हुआ और भैया वहीं रहने लगे।[42] यहाँ उनके पिता चौधरी गज्जू सिंह यादव हर दूसरे दिन उनसे मिलने जाते थे। एक तो स्कूल दूर होने से, दूसरे सुरक्षा कारणों से चौधरी गज्जू सिंह यादव ने भैया ललई को वहीं स्कूल के छात्रावास में रखकर पढ़ाई कराई। उन्होंने पाँचवीं से सातवीं तक की पढ़ाई वहीं रह कर की। चाचा चौधरी गज्जू सिंह हर तीसरे दिन रसद सामग्री के साथ भैया ललई से मिलने पहुँच जाते थे। कुशल-क्षेम पूछने के बाद शाम तक घर लौट आते थे। यहाँ से भैया ललई ने हिन्दी उर्दू वर्नाक्यूलर लैंग्वेज के साथ 1 जून, 1928 ई. को मिडिल पास किया। उस समय मिडिल अर्थात् जूनियर स्कूल कक्षा सात तक होता था। अब कक्षा आठ तक हो गया है। आगे चलकर जुलाई, 1939 ई. में मैं अध्यापक हो गया और भैया ललई मुझसे पहले ही सेना में स्टेनो टाइपिस्ट हो गए।[43]

बेटी, पत्नी, माँ और पिता

इसी बीच आपका विवाह सन् 1931 ई. में 'दुलारी देवी' से हुआ। दुलारी देवी के पिता जमींदार प्रकार के प्रभावशाली व्यक्तित्व के थे। दुलारी देवी से ग्वालियर नेशनल आर्मी की छावनी में 1935 ई. में एक पुत्री का जन्म हुआ।[44] आप दोनों ने इस बेटी का नाम 'शकुन्तला' रखा। पेरियार ललई सिंह जनता के हक के लिए लगातार आन्दोलन करते रहते थे जिस कारण परिवार का पूरा खयाल नहीं रख पाते थे। शाम और रात्रि को आन्दोलन के बाद अपने परिवार के साथ बैठकर आन्दोलन के बारे में बातें करते थे।

परिवार का पूरा खयाल न रख पाने के कारण पत्नी दुलारी देवी 1938 ई. में 'क्षय रोग' अर्थात् टी.बी. से ग्रस्त हो गईं, जिस कारण 6 फरवरी, 1939 ई. में उनका निर्वाण हो गया। आगे चलकर 1945 ई. में पुत्री शकुन्तला भी 'क्षय रोग' अर्थात् टी.बी. से ग्रस्त हो गई। जीवन-मृत्यु से संघर्ष करते हुए सन् 1946 ई. में 11 वर्षीय पुत्री की मृत्यु हो गई।[45] यह पेरियार ललई सिंह के जीवन की सबसे दुखदायक घटना थी। वे अपनी इकलौती पुत्री को बहुत स्नेह और प्यार से पाल-पोस रहे थे। पुत्री का इस तरह तिलतिलकर जाना उन्हें अन्दर से तोड़ गया। पुत्री या पुत्र मोह क्या

होता है? इस पर बाबा साहब डॉ. अम्बेडकर लिखते हैं, हमारे चार-चार बच्चे तीन बेटे और एक बेटी काल ग्रसित हो चुके हैं। हमारे ये सभी बच्चे कोमल, सुकुमार, शुभ और सुन्दर थे।...मेरा अन्तिम पुत्र अत्यन्त विलक्षण था, अद्वितीय था। उसकी मृत्यु के साथ ही मेरा जीवन वीरान हो गया।[46] इससे पेरियार ललई सिंह के पुत्री वात्सल्य के औदात्य प्रेम और दुख का अन्दाजा सहज ही लगाया जा सकता है। आपकी माँ मूला देवी का सन् 1925 में निर्वाण[47] हो गया और पिता चौधरी गज्जू सिंह का 1953 ई. में निर्वाण हो गया। पेरियार ललई सिंह अपने पिता की एकमात्र सन्तान थे। इनकी एकमात्र पुत्री 'शकुन्तला' थी। आगे उन्होंने विवाह नहीं किया। अपना सम्पूर्ण जीनव समतामूलक समाज बनाने के लिए लगा दिया।

डॉ. अम्बेडकर को सुनना

पेरियार ललई सिंह बचपन से ही गाँव-जवार में बाबा साहब डॉ. अम्बेडकर की चर्चा सुनते रहे थे। इस सुनने का उनके व्यक्तित्व और जीवन पर गहरा प्रभाव पड़ा। वे, डॉ. अम्बेडकर से ग्वालियर में सन् 1951 में प्रथम साक्षात्कार किए। मिले। बातें किए। डॉ. अम्बेडकर ग्वालियर में सिन्धिया राजपरिवार के अधिवक्ता के रूप में कानूनी सलाह देने आए थे। यह विवाद सिन्धिया राज्य बनाम भारत सरकार का था। आगे चलकर उन्होंने गौतम बुद्ध, जोतिबा फुले, बाबा साहब डॉ. अम्बेडकर और पेरियार ई.वी. रामास्वामी का गहन अध्ययन शुरू किया और समय के साथ ये महान मानवतावादी विभूतियाँ पेरियार ललई सिंह की वैचारिक हीरो हो गईं। ये डॉ. अम्बेडकर के महान व्यक्तित्व पर लिखते हैं, माताश्री भीमा बाई ने डॉ. अम्बेडकर नाम का सपूत पैदा किया जिन्होंने रामायण तथा महाभारत काल से दबे-पिसे, दलित, पिछड़े, पीड़ित, शोषित व अछूतों को समुद्री तूफान के भँवरों से उनकी उलझी नाव को निकालकर लहलहाती सरजमीन स्वतंत्र भारत की राजधानी नई दिल्ली का मालिक बहुसंख्यक वोट द्वारा बना दिया। दु:ख है, हम लोग आज तक उस तख्त के पूत कहलाने की परिभाषा में नहीं आ सके।[48]

अध्याय-2

क्रान्तिकारी सोल्जर हाई-कमांडर पेरियार ललई सिंह

हमें अंग्रेजी उपनिवेश और
आर्यों के वर्ण, जाति-व्यवस्था की
औपनिवेशिकता को आमूल-चूल उन्मूलित करना है!

पेरियार ललई सिंह ने जुलाई, 1929 ई. में 'सरकारी फॉरेस्ट गार्ड' की नौकरी शुरू की। इसे छोड़ते हुए 21-4-1933 ई. में 'सशस्त्र पुलिस कम्पनी' नम्बर 4 बावड़ी, जिला—मुरैना (म.प्र.) 'ग्वालियर नेशनल आर्मी' के अधीन 'कनिष्ठ लिपिक' के पद पर भर्ती हुए।[1] इसके बाद वे सेना में हाई-कमांडर होते हैं। इसके साथ ही उनकी अभिरुचि अंग्रेजी पढ़ने के प्रति प्रगाढ़ हो गई, कारण कि यहाँ अंग्रेजी का माहौल मिलने लगा। यहाँ इन्होंने अंग्रेजी भाषा पर सुव्यवस्थित पकड़ बनाई। साथ ही अंग्रेजी साहित्य, दर्शन का भी अध्ययन शुरू किया। उन्होंने अपने सैनिक साथी रमेश घाटे से मराठी लिखना-पढ़ना भी शुरू किया। 22-5-1934 में हेड कांस्टेबिल हो गए। इसके बाद इन्होंने 22 मई, 1935 ई. में सेना में स्वच्छ पानी की 'बावड़ी' को लेकर किए जानेवाले अछूत भेद-भाव के खिलाफ आन्दोलन कर दिया।[2] जिस कारण इन्हें पंडित दिनकर नारायण देव, सुपरिंटेंडेंट पुलिस जिला—मुरैना ने बरखास्त कर दिया। उसने लिखा, यह पुलिस जवानों को सिन्धिया गवर्नमेंट के विरुद्ध भड़काता है। कहता है कि उत्तर प्रदेश में कांग्रेस की सरकार बन गई है। यहाँ भी कांग्रेसी सरकार बननी चाहिए। श्रीमन्त माँ साहब सिन्धिया का इन्तजाम खराब है। यह कट्टर कांग्रेसी खयाल का है।[3] और इन्होंने सीनियर अंग्रेज अधिकारियों को बताया कि 'ललई सिंह' पुलिस और सेना में स्वतंत्रता आन्दोलनकारी कांग्रेस का विचार प्रचारित-प्रसारित करते हैं। ये उसके समर्थक हैं। इस आधार पर उन्हें सस्पेंड कर दिया गया।

इसके साथ ही उन्हें अपनी बात रखने का एक मौका दिया गया। जिसमें ललई सिंह ने इंस्पेक्टर जनरल एच.जी. वाटरफील्ड के समक्ष 23 मई, 1935 को

अपनी बातें अंग्रेजी में रखीं। उन्होंने इस मूल समस्या के पूरे प्रकरण को सामाजिक-सांस्कृतिक और अछूत भेदभाव के व्यवहार को जनरल वाटरफील्ड को सही से समझाया। बात पूरी तरह से अंग्रेज अधिकारी को समझ में आ गई। इसके बाद उन्हें पुन: नौकरी पर बहाल करने के साथ पदोन्नति भी दी गई। वैसे ललई सिंह स्वतंत्रता आन्दोलनकारी कांग्रेस के समर्थक-प्रचारक थे भी। वे स्वयं लिखते हैं, मैं कांग्रेस का विचारक प्रचारक था।[4] सन् 1936 में इनका स्थानान्तरण चीफ प्रोसिक्यूटिव इंस्पेक्टर, गवर्नमेंट ऑफ ग्वालियर, लश्कर में कॉन्स्टेबल ख्वादा के पद पर हो गया। यहीं पर रहते हुए 1937 में उच्च पदस्थ हेड कॉन्स्टेबल हुए। आगे चलकर पेरियार ललई सिंह 'ग्वालियर नेशनल आर्मी' के 'हाई-कमांडर' हुए।

क्रान्तिकारी पेरियार ललई सिंह और क्रान्तिकारी चे ग्वेरा

पेरियार ललई सिंह अपने क्रान्तिकारी व्यक्तित्व का परिचय इसी से देते थे कि वे अपने साथ पानी की बॉटल, दवा से भरा झोला, कुल्हाड़ और मिशनरी साहित्य लेकर अभियान पर निकलते थे। यही उनकी क्रान्तिकारी सामग्री होती थी। वे उक्त सामग्री और जनता के साथ कभी भी कहीं भी क्रान्ति हेतु निकल पड़ते थे। इस अचानक निकल पड़नेवाली अभियानी चेतना के कारण ही वे हर समय अपने साथ बाटल, दवा और कुल्हाड़ रखते थे। हाई-कमांडर इस क्रान्तिकारी व्यक्तित्व को देखकर दुनिया के महान क्रान्तिकारी चे ग्वेरा[5] की याद आ जाती है जिन्होंने जब क्रान्ति के रास्ते को चुना और निकले तब उनके पास तीन चीजें थीं—पानी का बोटल, दवाई और गोलियों से भरा हुआ रिवाल्वर। ये सब एक बॉक्स में लेकर निकले थे। हाई-कमांडर पेरियार ललई सिंह और महान क्रान्तिकारी चे ग्वेरा में यह एक सहज समानता दिखती है। दिलचस्प है दोनों का क्रान्तिकारी देश-काल भी एक ही है। 1960 से '65 का समय। दोनों सर्वहारा के लिए लड़ रहे थे किन्तु दोनों की क्रान्तिकारी भूमि की परिस्थितियाँ अलग थीं। एक बुर्जुआ स्टेट सामन्तवादी और पूँजीवादी सत्ता से लड़ रहा था तो दूसरा वर्ण, जाति, सामन्तवाद, पूँजीवाद औपनिवेशिक सत्ता से लड़ रहा था और दोनों अपने-अपने स्तर पर सफल भी रहे।

एक आन्दोलनकारी व्यक्तित्व

देशप्रेमी, मानवतावादी और स्वतंत्रतावादी पेरियार ललई सिंह में अंग्रेजों, देशी जमींदारों और सामन्तों से समाज और देश की मुक्ति की चेतना लगातार दौड़ रही थी। सन् 1942 में 'करो या मरो' के कांग्रेसी आन्दोलन को ब्रिटिश सरकार, ग्वालियर राज्य और अन्य राज्य सरकारों ने दमन कर दिया। साथ ही सन् 1946 ई. में मुम्बई

में हुए नेवी सैनिकों के विद्रोह की चिंगारी ने इन्हें पूरी तरह विद्रोही बना दिया। सन् 1946 में भिखम चाँद जैन के संयोजन में 'नॉन-गजेटेड मुलाजिमान पुलिस व आर्मी संघ' का गठन ग्वालियर में किया गया। इसमें उपस्थित प्रमुख पुलिस और आर्मी के 50-60 जवानों द्वारा सर्वसम्मति से पेरियार ललई सिंह को अध्यक्ष बनाया गया। उपाध्यक्ष तुलसी राम जाधव मराठा को बनाया गया। महामंत्री हेड कॉन्स्टेबल सी.आई.डी. विभाग के सुधाकर द्विवेदी को बनाया गया। इसके साथ 4 फौजी, 3 पुलिस के जवानों और 11 व्यक्तियों की कार्यकारिणी समिति चुनी गई। हाई-कमांडर पेरियार ललई सिंह की अध्यक्षता में इस संघ ने कई सारी माँगें करते हुए देश की स्वतंत्रता को प्रमुख माँग बनाया। यह कहा जाने लगा कि 'राज्य शासन जनता के हवाले किया जाए।' इस माँग को लेकर पेरियार ललई सिंह ने सिपाहियों और सैनिकों की एक बड़ी सभा की जिसमें उन्होंने सीधा नारा दिया कि 'अब जनता का जनता पर शासन होगा', 'कांग्रेस जिन्दाबाद', 'डाउन डाउन—ब्रिटिश इम्प्रिलिज़्म!' और 'डाउन डाउन—सिन्धिया फ्लैग।'[6] वे यहाँ मुख्यत: सिपाहियों और आर्मी के जवानों में देश-प्रेम, स्वतंत्रता और उपनिवेशी साम्राज्य से मुक्ति भावना का निर्माण कर रहे थे। उसे जगा रहे थे। उन्हें स्वतंत्रता आन्दोलन के लिए तैयार कर रहे थे।

क्रान्तिकारी पुस्तक 'सिपाही की तबाही'

इसी समय 1 दिसम्बर, 1946 ई. में ललई सिंह ने सिपाहियों और आर्मी के जवानों की दुर्दशा पर 'सिपाही की तबाही'[7] नाम से पुस्तक लिखी। यह पुस्तक वार्तालाप या कहिए कि संवाद शैली में लिखी गई है। यह पुस्तक एक सिपाही के पारिवारिक जीवन में आर्थिक संकट से जूझने की दास्तान की संचित अभिव्यक्ति है। और इसका कारण ब्रिटिश साम्राज्य द्वारा स्थापित उपनिवेश और ग्वालियर स्टेट द्वारा सिपाहियों का किया जा रहा शोषण है। इसलिए पुस्तक का नाम सुनते ही इंस्पेक्टर जनरल रेजीनॉल नॉर्मन मार्श स्मिथ और ग्वालियर स्टेट ने इसकी जब्ती का आदेश दे दिया। इस आदेश के साथ ही पुस्तक की तत्काल जब्ती शुरू हो गई। मगर उसी रात एकल दृश्य-एकांकी 'सिपाही की तबाही' टाइप कर छपवाकर हजारों प्रतियाँ सिपाहियों और आर्मी के जवानों में गुपचुप तरीके से बँटवा दी गईं। रातों-रात आर्मी जवानों के कई दस्तों के माध्यम से इसकी प्रतियाँ मन्दसौर, उज्जैन, शिवपुरी, मुरैना, भिंड की सिपाही सैनिक छावनियों में पहुँचा दीं, जिसे वहाँ के सिपाही और सैनिकों ने बहुत रोचकता के साथ पढ़ा और तत्काल हड़ताल कर दी।

हाई-कमांडर पेरियार ललई सिंह में क्रान्ति चेतना का निर्माण सबसे पहले 'सिपाही की तबाही' पुस्तक ने किया। इस निर्मित होती जनक्रान्ति चेतना पर वे स्वयं लिखते हैं, सन् 1946 में नान गजेटेड मुलाजिमान पुलिस एंड आर्मी संघ ग्वालियर कायम करके उसका मुझे अध्यक्ष चुना गया। उसके बाद मैंने 'सिपाही की तबाही'

किताब लिखी, जिसने मुलाजिम को क्रान्ति के पथ पर विशेष अग्रसर किया। किताब जब्त हुई।[8] इसे उस समय हाई-कमांडर ने लिखी थी जब देश स्वतंत्रता आन्दोलन कर रहा था। उसे आन्दोलनकारी जनता के साथ क्रान्तिकारी सिपाही, सैनिक आदि की जरूरत थी। जिसे वे इस पुस्तक के साथ पूरा करते हैं, जिससे सैकड़ों, हजारों, लाखों लोगों में जनक्रान्ति की चेतना का निर्माण होता है।

1 दिसम्बर, 1946 ई. में लिखी किताब छपी भी नहीं थी। नाम सुनकर ही महानिरीक्षक (इंस्पेक्टर जनरल) पुलिस श्री रेजीनॉल नार्मन मार्श स्मिथ (ग्वालियर राज्य) ने अपनी स्पेशल आज्ञा द्वारा जब्त कर लिया। मगर उसी समय स्वतंत्रता संग्राम सेनानी टाइपिस्टों ने गुप्त रूप से हजारों प्रतियाँ टाइप कर छाप डालीं। रातों-रात चुपके-चुपके बाँट डालीं।

सिपाहियो! ध्यान से पढ़ो, सुनो, मनन करो, विचारो, सही मालूम पड़े तब मानो। वर्ना मत मानो, लेकिन सुनो! अब जनता का जनता पर शासन होगा।

वास्तव में, पादरियों, मुल्ला-मौलवियों व पंडों-पुजारियों-पुरोहितों की अनदेखी कल्पना स्वर्ग तथा नरक नाम की बात बिलकुल झूठ है। यह है आँखों देखी हुई, सब पर बीती हुई सच्ची नरक की व्यवस्था सिपाही के घर की। इस नर्क की व्यवस्था का कारण है—सिन्धिया गवर्नमेन्ट की बदइन्तजामी और अंग्रेजी उपनिवेश।

अत: इसे प्रत्येक दशा में पलटना है। समाप्त करना है। जब जनता पर जनता का शासन होगा तब जनता की सब माँगें मंजूर होंगी।[9]

हाई-कमांडर का आन्दोलनकारी बहुरुपिया रूप

पेरियार ललई सिंह क्रान्तिकारी चेतना के प्रचार-प्रसार हेतु जरूरत के अनुसार भेस बदल कर रात में सैनिक शिविरों में जाते और जवानों को क्रान्ति हेतु तैयार करते। 29 मार्च, 1947 की शाम को सैनिकों के एक बड़े समूह में घुस कर उन्होंने कहा, 'ऑफिसरान हम सब फौजियों को बागी सैनिक समझते हैं। हाँ! हम बागी हैं।'[10] साथ में सभी जवानों ने कहा, 'हाँ! हम बागी हैं।'...'हम अब देश-प्रेम और राष्ट्र की सेवा हेतु आगे बढ़ेंगे। हम जीतेंगे। हमारी जीत निश्चित है।' सभी सैनिकों ने एक साथ कहा, 'हाई-कमांडर ललई सिंह जिन्दाबाद! जिन्दाबाद!! जिन्दाबाद!!!'[11] इस नारे के साथ मीटिंग समाप्त हुई।

इस स्थिति और घटना का प्रभाव विभिन्न इन्फेंटियों, लायसंस घरों, तोपखानों व ट्रांसपोर्टों के आर्मी के जवानों के ऊपर इतना जबरदस्त पड़ा कि ललई सिंह की एक अपील पर सारे जवानों ने इस्तीफा दे दिया। इस आन्दोलन को और तेज करते हुए 22 मार्च, सन् 1947 को सेकेंड इन्फेंट्री कम्पू ब्रिगेड ने सुबह से 'परेड बन्द' हड़ताल प्रारम्भ कर दी। जिसका भरपूर समर्थन ललई सिंह और सेना संघ ने किया।

इसे ब्रिटिश साम्राज्य और ग्वालियर स्टेट के खिलाफ सैनिकों में अपने साहित्य और भाषण के माध्यम से भावनात्मक रूप से स्वतंत्रता आन्दोलन की क्रान्ति को भड़काया। उसे मौन क्रान्ति के आन्दोलनकारी लहजे में प्रचारित-प्रसारित किया। इससे राज्य के सभी फौजी बेड़ों ने 23 मार्च, 1947 ई. से 'परेड बन्द' हड़ताल शुरू कर दी। यह उनका जादुई आन्दोलनकारी प्रभाव था। इस आन्दोलन की बातों को कोडवर्ड के माध्यम से दूसरे जेलों और राज्यों तक पहुँचाया जाता था जिससे वहाँ भी सभी कर्मचारियों ने 'परेड बन्द हड़ताल' शुरू कर दी।

जेल से बाहर ललई सिंह का क्रान्तिकारी सूचना भेजने का अन्दाज दिलचस्प था। जब कोई भी क्रान्ति की बात या रणनीति जेल से बाहर भेजनी होती थी तो वे पाखाना ढोनेवाली भैंसा-गाड़ी के चालक से मिलते, उससे बातें करते फिर उसमें देशप्रेम की भावना भरते हुए देश सेवा के लिए प्रेरित करते। उसके तैयार हो जाने पर वे क्रान्ति सूचना कागज पर लिखकर उसे मोड़कर पीपल के दो-तीन पत्तों में लपेट कर धागे से कई चक्कर लपेट देते। उसके बाद उसे मालवाहन चालक को देते। इस क्रान्ति सन्देश को बाहर ले जाने का दिलचस्प तरीका उसे बताते, कि 'इसे बैलगाड़ी खींचनेवाले भैंसे के मल द्वार में पीछे से डाल देना और धागा थोड़ा बाहर रखना। जब भैंसा गाड़ी चलाना तो उसके मल द्वार की पूँछ को अच्छे से पैर से दबाए रखना, हो सकता है वह बीच रास्ते में ही मल कर दे, जिससे चिट्ठी जेल में ही रह जाएगी।' वह चालक पैर से भैंसा के मल द्वार को दबाए हुए गाड़ी जेल से बाहर निकाल देता अर्थात् वह देश प्रेमी भैंसा-गाड़ी वाला व्यक्ति चिट्ठी को इस तरह बाहर निकाल देता। जो क्रान्तिकारी साथी जेल के बाहर क्रान्ति सूचना का इन्तजार कर रहे होते, उन्हें वह थोड़ा बाहर निकला हुआ धागा पकड़कर चिट्ठी खींच निकालकर दे देता था। इस तरह जेल के अन्दर की क्रान्तिकारी चेतना-सूचना बाहर आ जाती थी। और बाहर साधु भेस में बैठे क्रान्तिकारी साथी सूचना लेकर आगे क्रान्तिकारी साथियों तक पहुँचा देते।'[12]

हाई-कमांडर का सेना में विद्रोह और कारावास

29 मार्च, 1947 की शाम हाई-कमांडर सेना के बीचोबीच घुसकर सैनिकों को क्रान्तिकारी बातें समझाने लगे। अपनी क्रान्तिकारी बातों को समाप्त कर रात को ज्यों ही ललई सिंह अपने हेड क्वार्टर पहुँचे उन्हें अंग्रेजी साम्राज्य और ग्वालियर स्टेट ने स्वतंत्रता संग्राम के सिलसिले में पुलिस व आर्मी में हड़ताल व विद्रोह कराने के आरोप में धारा 119 ताजीरात ग्वालियर (धारा 131 ताजीरात हिन्द) सैनिक विद्रोह के अन्तर्गत पुलिस कोतवाली—लश्कर, जिला—गिर्द, ग्वालियर द्वारा गिरफ्तार कर सैनिक 'राजबन्दी' बना लिया। भारतीय दंड विधान (सैनिक विद्रोह) के अन्तर्गत

उनके साथ कई और साथियों को 'राजबन्दी' बनाया गया। उन्हें रातों-रात स्पेशल जेल शिवपुरी भेजवा दिया गया।[13]

हाई-कमांडर और साथियों को 6 नवम्बर, 1947 ई. को स्पेशल क्रिमिनल सेशन जज ग्वालियर ने 5 साल का सश्रम कारावास और पाँच रुपए का सर्वाधिक अर्थदंड दिया। ललई सिंह के 'हाई-कमांडर नेशनल आर्मी' होने के कारण अधिक सजा हुई। अन्य साथियों में रामसेवक गांधी, वकील, सदर बाजार, सेंवढ़ा, जिला—दतिया, मध्य प्रदेश को तीन साल की सख्त कैद व तीन रुपये जुर्माने की सजा हुई तथा श्री टीकम प्रसाद विश्वकर्मा, हेम सिंह परेस लश्कर, जिला—ग्वालियर, मध्य प्रदेश को एक साल की सख्त व एक रुपए जुर्माने की सजा हुई। इन लोगों में कीर्ति देव उर्फ अमर शुक्ला ने ट्रायल पीरियड में ही अंग्रेजों से माफी माँग ली[14] जिससे उन्हें छोड़ दिया गया। सजायाफ्ता सिविल और सशस्त्र जवानों में से 25 हेड कॉन्स्टेबलों को सेन्ट्रल जेल के पास 'लाइन पचासा' में रिफ्रेशर क्लास के नाम पर 30 अप्रैल, सन् 1947 ई. से 30 दिसम्बर, सन् 1947 ई. तक नजर कैद रखा गया।[15] इस दौरान वे किसी से मिल नहीं सकते थे। इन कैदियों को बहुत यातनाएँ दी जाती थीं। इसके साथ ही ललई सिंह और अन्य साथियों का शिवपुरी जेल के लिए सुपरिंटेंडेंट ट्रायल में ही चालान कर स्थानान्तरण केन्द्रीय जेल ग्वालियर के लिए तय कर रखा गया था। वहाँ के सुपरिंटेंडेंट को यह सूचना पहुँचा दी गई कि 'आपका जेल ललई सिंह तोड़वा सकता है। होशियार रहिए।' ललई सिंह साथियों सहित जैसे ही केन्द्रीय जेल ग्वालियर पहुँचे वहाँ के जेलर व डिप्टी जेलर के सामने जेल सुपरिंटेंडेंट ने ललई सिंह से सवाल किया कि 'क्या आप जेल तुड़वाना चाहते हैं? जेल तुड़वाकर नेपाल भागना चाहते हैं?' इस पर ललई सिंह ने कहा, 'नहीं! हम अपने देश में रहना चाहते हैं। हम उन्हें भगाना चाहते हैं जो इस देश के नहीं हैं।'[16]

हाई-कमांडर द्वारा जेल में कैदी महासभा का गठन

इस जेल में ललई सिंह ने 8 नवम्बर, 1947 ई. को 'कैदी महासभा' का गठन किया। वहाँ कैदियों में एकता और सांगठनिक क्षमता का उन्होंने विकास किया। साथ ही यहाँ पर कैंदियों की समस्या का समाधान और देश की स्वतंत्रता की माँग की। 15 नवम्बर, 1947 ई. को सरकार के समक्ष 'कैदी महासभा' ने निम्नलिखित माँगे रखीं—

(1) हम लोग कालीन बनाने का मसक्कत भरा काम करते हैं। उसके बदले में हमें केवल ज्वार की रोटी खाने को मिलती है जिस कारण करीब-करीब सभी कैदियों को रतौंधी हो रही है। अत: तीन हिस्सा गेहूँ व एक हिस्सा चना खाने को दिया जाए।

(2) किसी भी कैदी को, चाहे जितनी अधिक सजा हुई हो, यदि कैदी पाँच साल सजा भुगत चुका हो तो उसे छोड़ दिया जाए।
(3) चाहे कितनी कम सजा हुई हो, यदि कैदी आधी सजा भुगत चुका है तो उसे भी छोड़ दिया जाए।
(4) प्रति सप्ताह एक पोस्टकार्ड और एक सनलाइट साबुन की बट्टी नहाने-धोने के लिए दी जाए।
(5) घर वाले जब चाहें तब मिलें। घर वाले जो स्पेशल खाना देना चाहें, दें।
(6) हमें स्वतंत्र किया जाए। देश को स्वतंत्र किया जाए।[17]

हाई-कमांडर का दूसरी जेल में गुपचुप तरीके से भेजा जाना

इस माँग को सरकार द्वारा न माने जाने के बाद 1 दिसम्बर, 1947 ई. को मुकम्मल 'काम बन्द' शान्ति हड़ताल केन्द्रीय जेल ग्वालियार तथा सदर जेल उज्जैन में प्रारम्भ हो गई। इस हड़ताल के परचम और प्रदर्शन को देखकर जेल अधिकारी आदि एकदम घबरा गए। 1 दिसम्बर, 1947 को ही ग्वालियर सेन्ट्रल जेल से रात में चुपके से ललई सिंह का ट्रांसफर सरदारपुर, धार जिले की जेल में कर दिया गया। यहाँ पर ललई सिंह ने सुबह नास्ते से ही सभी कैदियों से बात शुरू कर दी और अगले राउंड की बात दोपहर और रात्रि के भोजन पर करते हुए उन्होंने सभी कैदियों को संगठित करते हुए यह तय कर दिया कि अगली सुबह 2 दिसम्बर, 1947 से 'भूख हड़ताल' शुरू कर दी जाए। वैसा ही हुआ 2 दिसम्बर, 1947 से एतिहासिक 'भूख हड़ताल' शुरू हो गई।

अन्तत: जेलर और अधिकारी 12 जनवरी, सन् 1948 को पेरियार ललई सिंह, रामसेवक गांधी और टीकम प्रसाद विश्वकर्मा आदि साथियों के 'महान भूख हड़ताल' के सामने झुकते हुए अंग्रेजी उपनिवेश और ग्वालियर सिन्धिया राज्य ने उन्हें बंधन मुक्त किया। यह भूख हड़ताल लगातार 40 दिन तक चली। वे और अन्य साथी लगभग नौ माह पन्द्रह दिन जेल में रहे। कुछ साथियों को सैन्य न्यायालय की सजा पूरी भुगतनी पड़ी। अंग्रेजों से देश 15 अगस्त, 1947 में स्वतंत्र हो गया। लेकिन ग्वालियर स्टेट के देशी उपनिवेश से देश 26 जनवरी, 1948 ई. को स्वतंत्र हुआ। इसके साथ ही भारत की जनता ने ग्वालियर स्टेट और अंग्रेजी उपनिवेश से स्वतंत्रता की साँस ली। लगातार भूख हड़ताल और आन्दोलन करने के कारण पेरियार ललई सिंह की आँखों की शक्ति क्षीण हो गई थी। जिस कारण इन्होंने 1 सितम्बर, 1950 ई. को सरकारी सेवा से पेंशन के साथ सेवानिवृत्ति ले ली।

देश की स्वतंत्रता दिनांक 26 जनवरी, सन् 1948 ई. के शुभ अवसर पर भी ग्वालियर राज्य के स्वतंत्रता संग्राम सेनानियों को नहीं छोड़ा गया। वह इसलिए कि

कहीं इनके बंधन मुक्त करने से सैनिक अनुशासन न बिगड़ जाए। सिविल और सशस्त्र पुलिस के 25 हेड कॉन्स्टेबलों को सेन्ट्रल जेल के पास 'लाइन पचासा' में रिफ्रेशर क्लास के नाम पर दिनांक 30 मार्च, सन् 1947 ई. से दिनांक 30 अप्रैल, सन् 1947 ई. तक नजर कैद रखा गया। यह किसी से मिल नहीं सकते थे। कोई घरैया (घर का सदस्य) इन लोगों से मिल नहीं सकता था। इनके साथ नाना प्रकार की सख्तियाँ की गईं। यही दशा अन्य जेलों में भी हुई।[18]

ग्वालियर स्टेट आर्मी का विलय—यह आर्मी ब्रिटिश भारत में ग्वालियर राज्य अर्थात् सिन्धिया स्टेट की थी जो 1947 ई. के पहले स्थापित हुई थी। यह स्वतंत्रता के बाद गुना में सन् 1956 तृतीय वाहिनी के नाम से खड़ी हुई। इसके बाद सन् 1960 में मुरैना में इसका नामान्तर 5वीं वाहिनी के रूप में किया गया। सन् 1960 में मुरैना कोतवाली में इसका कार्यालय था। किन्तु मैंने अपने जमीनी खोजपरक शोध में मुरैना में एक चिकित्सालय के निर्माण के सन्दर्भ में शिलापट्ट देखा। जिसमें लिखा है, 'यह चिकित्सालय तृतीय पल्टन वि.स.ब. के सैनिकों ने श्रमदान द्वारा निर्मित किया।' सन् 1961 में यहाँ जो वि.स.ब. है उसका फुल फॉर्म है—विशेष सशस्त्र बल। इस शिलापट्ट से सिद्ध होता है कि तृतीय पल्टन सन् 1961 तक थी। किन्तु सरकारी दस्तावेज लिखते हैं कि सन् 1960 में इसका विलय हो गया। यदि तृतीय वाहिनी के विलय की तिथि और चिकित्सालय की तिथि लिखी होती तो सारी स्थिति स्पष्ट हो जाती। इसमें सिर्फ सन् लिखा है। खैर हो सकता है यह चिकित्सालय सन् 1960 में निर्मित हुआ हो और उद्घाटन सन् 1961 में हुआ हो। इससे पहले ही चौथी वाहिनी निर्मित हो गई थी। इस तरह तृतीय और चौथी वाहिनी का विलय हो गया। कुछ का बी.एस.एफ. और कुछ का सी.आर.पी.एफ. में विलय हो गया। इसकी कुछ टुकड़ी वर्तमान में मुरैना में 'स्टेट आर्म फोर्स' (SAf) अर्थात् 'अर्द्ध सैनिक बल' 5वीं वाहिनी के रूप में है। अब आप सरकारी दस्तावेज को पढ़िए—

वाहिनी का संक्षिप्त इतिहास—भूतपूर्व ग्वालियर एवं इन्दौर स्टेट की सशस्त्र पुलिस व कुछ स्टेट तथा मध्य भारत की आर.ए.पी. की कुछ कम्पनियों को मिलाकर मई माह, 1956 में इस वाहिनी की स्थापना तीसरी वाहिनी के रूप में की गई थी जिसका सर्वप्रथम मुखयालय गुना जिले में रखा गया था। तत्समय इसके प्रथम सेनानी लेफ्टि. कर्नल श्री वी.जी. गायकवाड रहे। वहाँ इसे दस्यु अभियान के लिए प्रशिक्षण दिया गया, इसके उपरान्त सन् 1960 में इस वाहिनी का मुखयालय दस्यु अभियान के कारण मुरैना लाया गया। मुरैना आने पर इस वाहिनी को 5वीं वाहिनी वि.स. बल का नाम दिया गया। सन् 1960 से यह वाहिनी निरन्तर दस्यु उन्मूलन अभियान में एवं समय-समय पर उत्पन्न कानून व्यवस्था को बनाए रखने में गतिशील रही। इस वाहिनी ने जनता को

डकैतों के आतंक व जनता की जन/धनहानि से मुक्ति दिलाकर सराहनीय योगदान दिया।

सन् 1960 में इस वाहिनी को गुना जिले से स्थानान्तरित किया गया था। उस समय मुरैना में प्रशासकीय भवन एवं आवास व्यवस्था का नितांत अभाव था किन्तु तत्कालीन पुलिस अधीक्षक मुरैना के अटूट सहयोग एवं सद्भावना के फलस्वरूप मुरैना कोतवाली के नवनिर्मित भवन में इस वाहिनी का प्रशासकीय कार्य प्रारम्भ किया गया। इसके बाद इस वाहिनी का प्रशासकीय कार्यालय 27 अक्टूबर, 1975 को पुलिस कोतवाली से हस्तान्तरित कर नई जमीन पर लाया गया! जहाँ पर वाहिनी के अधिकारी/कर्मचारियों के असीम सहयोग एवं कठिन परिश्रम से सेनानी कार्यालय, प्रशासकीय कार्यालय एवं अन्य कार्यालयों तथा आवासीय बैरिक आदि का निर्माण किया गया।

इस वाहिनी को सन् 1963 में पुलिस मुखयालय के आदेश क्रमांक पु.मु./वि.स.बल/प्रशिक्षण/2772/63 दिनांक 10 मई, 1963 के अनुसार 'लाइट ग्रीन बैक ग्राउंड पर ब्लैक पैंथर हेड' के रूप में प्रतीक चिह्न प्रदाय किया गया। इस प्रकार यह वाहिनी तात्कालिक कारण से आसपास के क्षेत्रों में व्याप्त डकैतों के आतंक से मुक्ति दिलाने तथा जनता के जनधन की रक्षा कर व्यवस्था बनाए रखने के उद्‌देश्य से मुरैना स्थानान्तरित की गई थी। यह वाहिनी माह अप्रैल, 1988 ई. से जुलाई, 1995 ई. तक प्रतिनियुक्ति पर जम्मू में तैनात रही। इसके अतिरिक्त कानून व्यवस्था हेतु इस वाहिनी की कम्पनियाँ एशियाड खेल देहली, आसाम, पंजाब, गुजरात, उ.प्र., आन्ध्र प्रदेश आदि प्रान्तों में एवं म.प्र. के बस्तर जैसे नक्सल प्रभावी क्षेत्रों में भी शासन के आदेशानुसार भेजी जाती रही हैं, जहाँ सतर्कता एवं निष्ठापूर्वक ड्यूटी कर असामाजिक तत्त्वों के ऊपर कड़ा नियंत्रण रखकर अपनी ड्यूटी को सम्पादित करने पर वाहिनी के अधिकारी/कर्मचारी वरिष्ठ अधिकारियों द्वारा समय-समय पर प्रशंसा, नगद पुरस्कार एवं पदकों से भी अलंकृत होते रहे हैं।

इस वाहिनी के 12 अधिकारी एवं कर्मचारियों ने दस्यु अभियान में वीरतापूर्वक दस्युओं से मुठभेड़ कर अपने प्राणों की आहुति देकर वीरगति को प्राप्त होकर इस वाहिनी को गौरवान्वित किया। वाहिनी के 56 अधिकारियों/कर्मचारियों द्वारा इस दस्यु अभियानों के दौरान घायल होकर भी डकैतों को अपूर्णनीय क्षति पहुँचाई गई एवं भिंड, मुरैना के कई दुर्दान्त दस्युओं जैसे लाखन सिंह, गब्बर सिंह, मानसिंह, कल्ला एवं पुतलीबाई आदि डकैतों को धराशायी किया व माधो सिंह एवं मोहर सिंह तथा नाथू सिंह जैसे कुख्यात डकैतों को आत्मसमर्पण करने पर मजबूर किया। कर्तव्यपरायणता पर अधिकारी कर्मचारियों को शौर्य पदक, महामहिम राष्ट्रपति महोदय, भारत सरकार द्वारा समय-समय पर प्रदान किए जाते रहे हैं।'[19]

स्वतंत्रता संग्राम सेनानी सम्मान

देश की स्वतंत्रता के साथ ललई सिंह के स्वतंत्रता आन्दोलन में किए गए, महान आन्दोलनकारी संघर्ष को याद किया गया। उसके बाद ससम्मान भूतपूर्व हाई-कमांडर ललई सिंह को 15 अगस्त, 1972 को केन्द्र सरकार अर्थात् भारत सरकार नई दिल्ली और मध्य प्रदेश राज्य द्वारा 'स्वतंत्रता संग्रान सेनानी' की उपाधि से विभूषित किया गया और स्वतंत्रता संग्राम सेनानी पेंशन प्रदान की गई। इस उपाधि को देते हुए लिखा गया—

श्री लीलाधर जोशी
भूतपूर्व मुख्यमंत्री,
ग्वालियर, मध्य प्रदेश
द्वारा दिया गया प्रमाण पत्र।

प्रमाणित किया जाता है कि ललई सिंह यादव पिता का नाम श्री गज्जू सिंह यादव भूतपूर्व हेड कॉन्स्टेबल/हाई-कमांडर भूतपूर्व ग्वालियर राज्य, निवासी, कठारा (नहर के पुल के उत्तर में) झींझक जिला—कानपुर (उत्तर प्रदेश) को भली प्रकार जानता हूँ।

इन्होंने आजाद हिन्द फौज की तरह भूतपूर्व ग्वालियर राज्य की आजादी के लिए जनता तथा सरकारी मुलजिमान को संगठित करके पुलिस एवं फौज में हड़ताल कराई। इन्हें दिनांक 29-3-1947 ई. को धारा 199 ताजीरात ग्वालियर (धारा 131 ताजीरात हिन्द) फौजी बगावत के अन्तर्गत पुलिस कोतवाली लश्कर, जिला—गिर्द, ग्वालियर द्वारा गिरफ्तार किया गया।

इन्हें दिनांक 6-11-1947 ई. के स्पेशल जज लश्कर, जिला—गिर्द, ग्वालियर ने उपरोक्त धारा के अन्तर्गत पाँच साल सख्त कैद व पाँच रुपए जुर्माने की सजा दी।

इन्हें भूतपूर्व ग्वालियर राज्य की स्वतंत्रता के समय दिनांक 12-01-1948 ई. को जेल से छोड़ दिया गया। ग्वालियर राज्य दिनांक 26-01-1948 ई. को स्वतंत्र हुआ।

इनकी ट्रायल पीरियड में जमानत नहीं ली गई। इस प्रकार यह दिनांक 29-03-1947 ई. से दिनांक 12-01-1948 ई. तक लगातार नौ माह पन्द्रह दिन जेल में रहे।

अत: श्री ललई सिंह यादव का नाम स्वतंत्रता संग्राम सेनानियों की सूची में अंकित करके इन्हें आजीवन पेंशन (सम्मान निधि) प्रदान की जाए। इन्हें एक विशाल फौजी बगावत के आन्दोलन का सफल नेतृत्व करने के उपलक्ष्य में 'विशेष उपाधि' से विभूषित किया जाए।

दिनांक 07-12-1972 ई.
हस्ताक्षर
श्री लीलाधर जोशी
शुजालपुर, मध्य प्रदेश

भूतपूर्व मुख्यमंत्री ग्वालियर राज्य
तथा भूतपूर्व मुख्यमंत्री मध्यभारत
व भूतपूर्व सदस्य लोक सभा।[20]

साथ ही दिनांक 1 मार्च, 1976 ई. से उत्तर प्रदेश सरकार की ओर से स्वतंत्रता संग्राम सेनानी की पेंशन[21] प्रदान की गई।

प्रथम विश्वयुद्ध और देश की स्वतंत्रता में लड़नेवाला परिवार

इनके पुरखों में एक नन्हउ यादव हुए थे, जो देश की स्वतंत्रता हेतु इंग्लैंड की तरफ से प्रथम विश्वयुद्ध में लड़े थे। ये सन् 1914 में इंग्लैंड गए थे। वैसे इस परिवार के लोग सदा क्रान्तिकारी रहे हैं। इनके पिता चौधरी गज्जू सिंह यादव भी एक सामाजिक-सांस्कृतिक क्रान्तिकारी व्यक्तित्व थे। पेरियार ललई सिंह स्वयं देश की स्वतंत्रता के लिए ग्वालियर में आन्दोलन कर रहे थे तो सन् 1942 ई. के 'भारत छोड़ो आन्दोलन' में इनके घर के लोग जैसे श्री मौजी लाल यादव, श्री सती प्रसाद यादव और महिलाएँ देश की स्वतंत्रता के लिए गाँव-कठारा, झींझक, जिला—कानपुर, उत्तर प्रदेश में आन्दोलन कर रही थीं। यहाँ से यह परिवार अखिल भारतीय स्तर पर गांधीजी के नेतृत्त्व में चलनेवाले सन् 1942 ई. के 'अंग्रेजो भारत छोड़ो आन्दोलन' में कई बार अंग्रेजी साम्राज्यवाद के खिलाफ आन्दोलन करते हुए जेल गया। कई महीनों तक जेल में रहा। इस आन्दोलन का प्रभाव यह था कि घर की औरतें युवाओं को अंग्रेजी साम्राज्यवाद के विरुद्ध आन्दोलन करने के लिए प्रेरित करती थीं।

सन् 1942 ई. में जब ये दोनों स्वतंत्रता सेनानी जेल गए तब इन दोनों लोगों की उम्र सोलह वर्ष की थी। मौजी लाल छह माह तक और सती प्रसाद नौ माह तक जेल में रहे। आप तीनों को राज्य और केन्द्र सरकार की तरफ से 'स्वतंत्रता संग्राम सेनानी' की पेंशन मिलती थी। कृष्ण कुमार ने बातचीत के क्रम में एक रोचक संस्मरण सुनाया कि इसी गाँव के ही श्री शिवरतन लाल मिश्र थे। इनको गाँव में लोग 'गुरु' उपनाम से सम्बोधित करते थे। वे भी इन लोगों के साथ पहली बार स्वतंत्रता आन्दोलन में गए, लेकिन अंग्रेजों को देखते ही डर गए और भागने लगे। अंग्रेजों द्वारा दौड़ाकर पकड़े जाने पर क्षमा माँग ली। इस क्षमा याचना पर अंग्रेजों ने उन्हें छोड़ दिया। उनके अंग्रेजों से क्षमा माँगने की सच्ची घटना पूरे गाँव-जवार में आज भी जुमले की तरह प्रचलित है। उसे कोई भी वहाँ सुना देता है।[22]

अध्याय-3

नास्तिक मनुष्य का धर्म चिन्तन

आप बौद्धिस्ट नहीं सुविधाइस्ट हैं!
अम्बेडकराइट नहीं रिजर्वेसनाइस्ट हैं!!

मानव सभ्यता में 'धर्म' मनुष्यों के जीवन का अभिन्न अंग है। जो एशियाई भूगोल में विशेष रूप से परिलक्षित हुआ है। एशिया जिसमें संसार के सबसे अधिक धर्म गुरु हुए। यहाँ सर्वाधिक धर्मों का उद्‌भव और विकास हुआ। यहाँ—बुद्ध, जैन, जीसस, मुहम्मद, कबीर, गुरु नानक आदि धर्म प्रवर्तक, संत और गुरु हुए। इसी करण डॉ. अम्बेडकर अधार्मिक मानव समाज की परिकल्पना नहीं प्रस्तुत कर सके। उन्होंने भारत और विश्व के सभी धर्मों का अध्ययन किया। अपने गहन अध्ययन-चिन्तन-मनन के बाद बुद्ध के पास अवस्थित हुए। उन्हें बुद्ध का मानव समतावाद रुचिकर और आकर्षित करनेवाला लगा। जिसमें ईश्वर, वर्ण, जाति, श्रेष्ठता और नीचता की मूलभूत मिथकीय अवधारणा का आमूल-चूल विरोध है और मानव समता स्थापना की भावना का पूर्ण समर्थन। इस विजन के साथ वे प्रबोधित समाज निर्माण की तरफ प्रवृत्त हुए। वास्तव में, बुद्ध का समानतावाद एक धार्मिक और आध्यात्मिक तर्क से उपजा था—सबसे बढ़कर यह ईश्वर के समक्ष मनुष्यों की समानता का सिद्धान्त है।[1]

इसी कारण वैलेरियन रॉड्रिग्स ने अपने गम्भीर लेखन में दर्शाया है, बौद्ध धर्म अम्बेडकर की रुचि उनके व्यक्तित्व से पूरी तरह मेल खाती है। एक तरफ तो वह 'मनुष्य एवं समाज के लिए धर्म की आवश्यकता' में विश्वास रखते थे और दूसरी तरफ वह प्रबोधन कालीन मूल्यों को भी मानते थे। बौद्ध धर्म उनके लिए एक आदर्श विकल्प था क्योंकि इसमें आधुनिक दुनिया के लिए पुनर्व्याख्या और समायोजन की गुंजाइश दूसरे धर्मों के मुक़ाबले ज्यादा थी। कम-से-कम अम्बेडकर ऐसा ही सोचते थे।'[2] वास्तव में, वे इस सोच तक पहुँच गए थे, दृढ़ हो गए थे, कि अगर हम धर्मांतरण से मुक्ति पा सकते हैं तो हिन्दू धर्म में सुधार की ज़िम्मेदारी क्यों ढोते रहें। हम अपनी ऊर्जा, समय, श्रम और धन इस पर क्यों नष्ट करें? इस बारे में कोई सन्देह न रहने दें कि हमारे संघर्ष का उद्‌देश्य हिन्दू धर्म से मुक्ति है न कि हिन्दू धर्म में सुधार। हमारे

आन्दोलन का लक्ष्य—अस्पृश्यों के लिए सामाजिक, आर्थिक एवं धार्मिक मुक्ति प्राप्त करना है। जहाँ तक अस्पृश्यों का सवाल है तो यह मुक्ति धर्मांतरण के अलावा और किसी ढंग से हासिल नहीं की जा सकती है।[3] इसी प्रकार पेरियार ललाई सिंह का भी स्पष्ट मत था, यदि आप अपनी मानवता का मूल्य सुरक्षित रखना चाहते हैं तो धर्मांतरण कीजिए बौद्ध धर्म में आपकी सम्पूर्ण मानवता का मूल्य सुरक्षित है।[4]

डॉ. अम्बेडकर बौद्ध धर्म ग्रहण की तिथि और स्थान के चुनाव में भी ऐतिहासिक बोध का परिचय देते हैं। 23 सितम्बर, 1956 ई. को स्पष्ट तिथि की घोषणा करते हैं कि 14 अक्टूबर को 'बौद्ध धम्म दीक्षा ग्रहण' की जाएगी। 14 अक्टूबर बौद्ध धर्म दर्शन में ऐतिहासिक दिन है। इस दिन अर्थात् अक्टूबर-नवम्बर/कार्तिक के दसवें दिन महान सम्राट अशोक ने बौद्ध धर्म ग्रहण किया था। अशोक ने इस व्यक्तित्वान्तरण को अपने जीवन की एक महान विजय के रूप में मनाना आरम्भ किया। उन्होंने बौद्ध धम्म ग्रहण करने के बाद अपने पुत्र महेन्द्र और पुत्री संघमित्रा को बौद्ध धम्म के प्रचार-प्रसार में लगा दिया। वे धम्म प्रचार करने श्रीलंका गए। अत: अशोक महान द्वारा कार्तिक माह के दसवें दिन बौद्ध धर्म ग्रहण करने के कारण इस दिन को 'विजय दशमी' कहते हैं।[5] इसका सनातनी वर्चस्ववादियों ने हिन्दूकरण कर दिया। उसे राम द्वारा राजा रावण की हत्या करने और कन्या दुर्गा द्वारा राजा महिषासुर की हत्या को इस दिन से जोड़ दिया। इस हत्यारी संस्कृति का मन रखनेवाले इस दिन हत्याओं पर जश्न मानते हैं। दुनिया में कहीं भी हत्याओं पर जश्न नहीं मनाया जाता है। भारत ही एक अपवाद है जहाँ किसी के पुरखों की हत्या कर लोग हजारों सालों से जश्न मनाते चले आ रहे हैं। यह वास्तव में बौद्ध धर्म पर सनातनी आर्य संस्कृति के विजय का जश्न जान पड़ता है। खैर, डॉ. अम्बेडकर बौद्ध धर्म ग्रहण करनेवाले स्थल के रूप में बम्बई को चुन रहे थे जो उनकी कर्मभूमि थी किन्तु समता सैनिक दल के उग्र कार्यकर्ता वामन गोडबोले के नेतृत्व में नागपुर से आए शिष्टमंडल ने अत्यधिक दृढ़तापूर्वक नागपुर शहर के पक्ष में तर्क रखा। उसकी ऐतिहासिकता पर बात हुई। इसे आदिवंसी नागों ने बसाया था। इस का नामकरण नागपुर किया। अर्थात् नागों का पूरा। यह बौद्ध धर्म का प्राचीन नगर है। इस पर लम्बा संवाद हुआ। उसके बाद डॉ. अम्बेडकर की पूर्ण सहमति से बौद्ध धर्म दीक्षा ग्रहण कार्यक्रम का आयोजन नागपुर में होना सुनिश्चित हुआ।[6] डॉ. अम्बेडकर ने भारत के बौद्ध भिक्षुओं के प्रमुख, बर्मा से आए, महास्थविर ऊँ चन्द्रमणि को यह अनुष्ठान संचालित करने के लिए आमंत्रित किया था। उनके आह्वान पर उनके मुताबिक इस अभूतपूर्व धर्मांतरण कार्यक्रम में 3,80,000 लोग आए थे। वास्तव में, अपने महानायक के आह्वान पर इस देश के प्रवंचित मनुष्यों का जन सैलाब उमड़ पड़ा था। बहुत सारे लोग सफ़ेद कपड़ा पहने हुए थे, उनमें से कुछ लोग गेरुआ झंडा भी लिए हुए थे जो बौद्ध धर्म का रंग माना जाता है। इस ऐतिहासिक दिन अर्थात् 14 अक्टूबर, 1956 को दीक्षाभूमि,

नागपुर पर सबसे पहले अम्बेडकर और उनकी पत्नी ने बौद्ध धर्म अंगीकार किया। उन्होंने विशाल समूह के सामने चन्दवे के तले बैठकर बौद्ध धर्म को स्वीकार किया।[7]

इस बौद्ध धर्म ग्रहण में जाने और नव धर्म दीक्षा ग्रहण की प्रबल इच्छा पेरियार ललई सिंह की भी थी लेकिन खून की उलटी और अस्वस्थता के कारण वे दीक्षाभूमि, नागपुर नहीं जा सके।[8] उसके बाद दिनांक 21 जुलाई, 1967 ई. को उन्हीं परम पूज्य भदन्त महास्थविर ऊँ चन्द्रमणि से विधिवत कुशीनगर, उ.प्र. में बौद्ध धर्म की दीक्षा ग्रहण की। जिनसे बाबा साहब डॉ. अम्बेडकर ने बौद्ध धर्म की दीक्षा ग्रहण की थी।[9]

पेरियार ललई सिंह ने 21 जुलाई, 1967 ई. को बौद्ध धर्म ग्रहण किया। यह दीक्षा ग्रहण उनके लिए पूर्णतः मानसिक परिवर्तनकारी सिद्ध हुआ। इस व्यक्तित्वान्तरण के बाद उन्होंने सार्वजनिक घोषणा की कि *'आज से मैं मनुष्य हूँ। अब न मेरी कोई जाति है और न मेरा कोई वर्ण। अब मैं एक सम्पूर्ण मनुष्य हूँ। मानवतावादी हूँ। सनातनी विधान के अनुसार मेरा जन्म एक अहीर, यादव जाति में हुआ है लेकिन आज के बाद मैं—कुँवर, चौधरी, अहीर, यादव आदि वर्णवादी-जातिवादी-पुरोहितवादी कथित मूल्यों और मान्यताओं से पूर्णतः मुक्त हुआ हूँ। बौद्ध धर्म दुनिया का पहला ऐसा धर्म है जो मानसिक परिवर्तन करता है। जो सदा स्थायी और आमूल-चूल परिवर्तनकारी होता है। 'दीक्षा दिवस' 14 अक्टूबर, 1968 ईस्वी को नाना राव पार्क, कानपुर में धम्म दीक्षा आचार्य भिक्षु निर्गुणानन्द ने कहा, 'आप लोगों ने कुछ दिन पहले पेरियार ई.वी. रामास्वामी को सुना है। मिथक-धर्म-संस्कृति पर उन्हीं की तरह ललई सिंह तथ्य-तर्क के साथ कड़ा प्रहार करते हुए उसकी धज्जियाँ उड़ाते हैं। इसलिए हमारे 'उत्तर भारत के पेरियार' तो ललई सिंह ही हैं।' तब से मैं अपने नाम के साथ 'पेरियार' उपनाम लगाने लगा तथा अपना नाम 'पेरियार ललई सिंह' के रूप में लिखने लगा। इस व्यक्तित्वान्तरण की एक और प्रेरणा रही है कि मेरे गुरु पेरियार इरोड वेंकट रामास्वामी ने सन् 1929 में अपने नाम के साथ जुड़े जाति सूचक पद 'नायकर' को सदा के लिए हटा दिया था। इस कारण मैंने भी अपने नाम के साथ जुड़ी जाति को सदा के लिए हटा दिया।' उनके साथ 'इरोड' गए उपासक माखन लाल ने बताया कि 'पेरियार इरोड वेंकट रामास्वामी का 24 दिसम्बर, 1973 को निर्वाण हो गया। उसके बाद 27 दिसम्बर, 1973 को उनके गाँव 'इरोड' चेन्नई में उनकी स्मृति में 'महान स्मृति सभा' हुई, जिसमें इन्होंने पेरियार ई.वी. रामास्वामी के ही जैसे व्यवहार, विचार, भाषण और मिथकों की धज्जियाँ उड़ाईं। इस कारण ललई सिंह को वहाँ उपस्थित लाखों की सभा ने कहा, 'आज हमें नए पेरियार मिल गए', 'अब हमारे नए पेरियार होंगे—पेरियार ललई सिंह! पेरियार ललई सिंह! पेरियार ललई सिंह!' 'पेरियार' अर्थात् 'महान व्यक्ति—सागर-सा विशाल व्यक्तित्व वाला'। तब से उन्हें सभी लोग 'पेरियार ललई सिंह' के रूप में जानने लगे। उसके बाद उनके नाम के साथ 'पेरियार' उपमा स्थायी रूप से जुड़ गई। यह उपमा ऐतिहासिक सिद्ध हुई।'* पेरियार ललई सिंह कहा

करते थे कि 'किसी भी व्यक्ति को अपने नाम के साथ जाति का पुछल्ला नहीं लगाना चाहिए। वह अपने नाम के बाद अपने पिता, पितामह, प्रपितामह, माता, प्रमाता आदि किसी का भी नाम रख ले लेकिन जाति को अपने नाम के पीछे न रखे। आप जब तक जातीय आधार पर व्यवहार करते रहेंगे तब तक आप जातिवादी-वर्णवादी-सनातनी हिन्दू हैं। यहाँ के आदिनिवासी दिमागी तौर पर जाति के जाल से बाहर नहीं निकल पा रहे हैं। अहीर अहीर के साथ रोटी-बेटी का सम्बन्ध रखता है। चमार चमार के साथ रोटी-बेटी का सम्बन्ध रखता है। अहीर चमार के साथ चमार अहीर के साथ, अहीर तेली के साथ तेली अहीर के साथ रोटी-बेटी का सम्बन्ध नहीं बनाता। जाटव-चमार या पासवान-मुसहर के साथ रोटी-बेटी का सम्बन्ध नहीं बनाता। ऐसे ही माला-मादिगा के साथ या महाड़-माँग के साथ रोटी-बेटी का सम्बन्ध नहीं बनाता है। इस तरह की बहुत सारी शोषित-दमित जातियाँ हैं, जो स्वयं जातिवाद और छुआछूत की शिकार हैं लेकिन वे भी दूसरों के साथ छुआछूत, ऊँच-नीच और जातिवादी आधार पर गहराई से भेदभाव करती हैं। वर्ण-व्यवस्था और जाति-व्यवस्था से मुक्त होने की आधारभूत शर्त है, जाति से बाहर शादी-विवाह करना अर्थात् जाति से बाहर रोटी-बेटी के अनिवार्य सम्बध का होना। मनुष्य को मनुष्य मानना। उसके साथ समता का व्यवहार करना चाहिए। आप ऊपर से शरीर पर तो चीवर डाल लेते हैं। डॉ. अम्बेडकर का फोटो तो घरों में टाँग लेते हैं लेकिन वर्णवादी-जातिवादी मन को चीवर से कभी चीरते नहीं, अम्बेडकरवादी मत को जीवन में कभी उतारते ही नहीं। सबसे बड़ा सवाल इनके मत को, विचार को जीवन और व्यवहार में उतारने का है। जब तक आप व्यवहार और जीवन में बुद्ध, अम्बेडकर और पेरियार के विचारों को नहीं उतारेंगे तब तक आप अम्बेडकराइट नहीं—रिजर्वेसनाइस्ट हैं, वजिफायिस्ट हैं, अपर्चुनिस्ट हैं। बुद्धिस्ट नहीं—सुविधायिस्ट हैं, सहायतायिस्ट हैं।'[10]

भारत को बौद्धमय बनाने निकले

इस दुनिया के पूरब में बुद्ध का भूगोल है। इसे एशिया कहते हैं। इस एशिया का 'लाइट ऑफ एशिया' महामानव बुद्ध को कहते हैं। इस भूगोल में एक देश है भारत। भारत अर्थात भा और रत। भा मतलब ज्ञान और रत मतलब रमण करना। ज्ञान जिस भौगोलिक भूभाग में रमण करता है, जिस राष्ट्र की सम्पूर्ण जनता ज्ञान सम्पन्न हो, प्रबुद्ध हो, उसे भारत कहते हैं। इसे बुद्ध ने सम्भव बनाया था। उसी समय से इस भूमि को 'भारत' कहते हैं। जो भारत का स्वर्ण काल कहा जाता है। डॉ. अम्बेडकर इसे ही प्रबुद्ध भारत कहते हैं। जिसका जनमानस आज भी बुद्ध की करुणा और अहिंसा की भावना से अघोषित रूप से अनुप्राणित होता है। जिसे जातिवादी, वर्णाश्रमी, नस्लवादी, लिंगभेदी सनातनी मानस स्थायी रूप से ध्वस्त करने की कोशिश करता

रहा। अनन्त कोशिशों के बावजूद इस देश के निरपेक्ष मन को ये प्रतिगामी शक्तियाँ कभी डिगा नहीं पाईं। वे इस प्रतिगामी कोशिश में सिर्फ सीमित भूगोल में सफल हो सकीं किन्तु इस देश का विस्तृत भूगोल प्राचीन समय से आजतक निरपेक्ष मन के साथ वाहित हो रहा है। आज तक गतिमान है। मैं आशा करता हूँ कि आगे भी होता रहेगा। उसका मुख्य कारण है कि यह असुर जनमानस का देश आज भी अपनी जमीन से, अपने जंगल से, अपनी नदी से, अपने परिवेश से मनुष्यत्व बोध की धारा नितप्रतिकर-प्रवाहित करता रहता है। इस असुर मनुष्यत्व की धारा को समय-समय पर अनेक महानायिकाओं और महानायकों ने नित नवीन कर वाहित किया है। इसे सृजित-प्रवाहित करनेवाले ऐसे ही एक महानायक उत्तर भारत में पेरियार ललई सिंह हुए, जिन्होंने अपनी बौद्धिक, सामाजिक-सांस्कृतिक आन्दोलनकारी चेतना से उत्तर भारत को मनुष्यत्व के प्रकाश से प्रकाशित करने की पूर्ण कोशिश की।

वैसे 'मनुष्य और समाज के लिए धर्म की आवश्यकता'[11] इस देश (भारत) में स्वाभाविक रूप से रही है। जिसका मुख्य कारण यहाँ की जनता का अशिक्षित, अन्धविश्वासी, कर्मकांडी और अतार्किक होना जान पड़ता है। इस कारण जनता पुरोहित, धर्म और ईश्वर के मकड़जाल में फँसी रही। किन्तु इस देश की अनार्य नास्तिक मानवतावादी परम्परा उसे लगातार प्रबोधित और तार्किक बनाने की कोशिश करती रही, जिसमें बुद्ध का महत्त्वपूर्ण स्थान है। उन्होंने आर्य श्रेष्ठता, वर्ण-जाति, पुरोहितवाद, यज्ञ, कर्मकांड आदि का पुरजोर विरोध किया। एक समतावादी समाज निर्माण की कोशिश की। जिसका आगे भी सतत विकास जारी रहा। इसी बौद्ध दर्शन और विचार ने पेरियार ललई सिंह के मानस को प्रभावित किया, जिससे वे नास्तिक प्रकार का बुद्धिवाद निर्मित करते हैं और प्रबोधित करते हैं।

वास्तव में, पेरियार ललई सिंह एक्र मिशनरी व्यक्तित्व थे। इसी कारण मिशनरी बौद्ध धर्म को स्वीकार किया। 21 जुलाई, 1967 को बौद्ध धर्म स्वीकार करने के बाद वे चरित्र, व्यक्तित्व और जीवन की सम्पूर्णता में बौद्धमय हो गए थे। उसके बाद से वे बौद्ध धर्म के 'गेरुआ' रंग का कुर्ता-पैजामा पहनते थे और गेरुआ रंग का ही झोला रखते थे, जिसमें हर समय कुछ बौद्धिस्ट चेतना की अभियानी किताबें होती थीं। हाथ में एचएमटी घड़ी पहनते थे और पैरों में एक साधारण-सा जूता पहनते थे। सर पर छोटे-छोटे बाल होते थे। उनके विराट व्यक्तित्व का यही साधारण-सा समाज सेवी रूप था। वे एक पूर्ण बौद्ध प्रचारक की भाँति बौद्ध धर्म का प्रचार-प्रसार करते थे।[12] वास्तव में, वे एक मिशनरी बौद्ध धर्म प्रचारक थे। डॉ. अम्बेडकर मिशनरी धर्म के बारे में लिखते हैं, 'प्रचारमूलक (मिशनरी) धर्म, उस धर्म को कहते हैं जो अपने मूलभूत विचारों को लेकर पूरी दुनिया में फैल जाए।'[13] बौद्ध धर्म अपने मूलभूत विचारों के साथ पूरी दुनिया में फैला है। पेरियार ललई सिंह ने इसी चेतनता को प्रचारित-प्रसारित करने में अपनी पूरी जिन्दगी लगा दी। वे अपने

मिशनरी प्रचारक व्यक्तित्व पर स्वयं लिखते हैं, '21 जुलाई, 1967 को परम पूज्य महास्थविर-चन्द्रमणि जी (जिनसे बोधि सत्व बाबा साहब डॉ. भीमराव अम्बेडकर ने बुद्ध धर्म की दीक्षा ली थी।) से बौद्ध धर्म की दीक्षा ग्रहण करके बौद्ध धर्म का प्रचार-प्रसार का काम—लेखन, भाषण और भ्रमण द्वारा कर रहा हूँ।'[14]

बुद्ध के विचार, दर्शन और करुणा का प्रभाव इस देश की जनमानस के अतल तक अंकित है। इस मानस का व्यक्ति किसी भी जाति, धर्म, क्षेत्र में प्रत्यस्थापित हो जाए लेकिन वह बुद्ध की मानवीयता, करुणा और दया जैसे औदात्य मानव मूल्य को अपने जीवन और मानस से विस्मृत नहीं कर पाता है। इसी कारण हिंसक मिथकीय हिन्दू धर्म को भयवश स्वीकार कर लेने और बौद्ध धम्म को भूल जाने के बाद भी स्वाभाविक रूप से साधारण जनमानस अपने अवचेतन मन और व्यवहार से जिस मानवीयता और करुणा का परिचय देता वह निःसन्देह बुद्ध का प्रभाव है।

पेरियार ललई सिंह इसी मानवीय धारा के विचारक, दार्शनिक और प्रचारक थे। वे बौद्ध धर्म तो 21 जुलाई, 1967 में ग्रहण करते हैं किन्तु इसके प्रति संस्कार अपने परिवेश और अम्बेडकर से स्वाभाविक रूप से प्राप्त करते हैं। इसी कारण 14 अक्टूबर, 1956 को बाबा साहब डॉ. अम्बेडकर द्वारा ग्रहण कराये जानेवाले दीक्षा ग्रहण कार्यक्रम में जाने की पेरियार ललई सिंह की प्रबल इच्छा थी किन्तु अस्वस्थता—खून की उल्टी आदि के करण वे नहीं जा सके।[15] वे बौद्ध धर्म ग्रहण से पूर्व ही बौद्ध धर्म का प्रचार-प्रसार करते थे। बौद्ध धर्म ग्रहण प्रशिक्षण शिविर लगवाते हैं। वे बौद्ध धर्म को अखिल भारतीय जनमानस में पुनर्जीवित और प्रत्यस्थापित करना चाहते थे। इसी कारण वे सम्पूर्ण भारत में घूम-घूमकर बौद्ध प्रशिक्षण शिविर लगाते हैं। बौद्ध धर्म का प्रचार-प्रसार करते हैं।

वे 1964 ई. से ही बौद्ध दीक्षा शिविर लगाना शुरू कर देते थे। इस समय तक बौद्ध धर्म ग्रहण नहीं किया था। इससे पहले वे बुद्ध जयन्ती, अम्बेडकर जयन्ती, पेरियार जयन्ती आदि मनाते थे। वे सम्पूर्ण भारत को बौद्धमय बनाना चाहते थे। इस कारण वे कानपुर, उत्तर प्रदेश, बिहार, झारखंड, मध्य प्रदेश, महाराष्ट्र, गुजरात, राजस्थान, हरियाणा, पंजाब, हिमाचल प्रदेश, जम्मू-कश्मीर, लद्दाख, पश्चिम बंगाल, उड़ीसा आदि प्रदेशों में बौद्ध दीक्षा ग्रहण संस्कार शिविर लगाते थे। वे 1964 से 1992 तक बौद्ध प्रशिक्षण शिविर लगाकर देश में बौद्ध धर्म का प्रचार-प्रसार करते रहे।[16] उनके बौद्ध प्रशिक्षण संस्कार के कुछ चुनिन्दा जगहों के विवरण निम्नलिखित हैं—4-5 जनवरी, 1964 ई. को काँकरिया ग्राउंड, अहमदाबाद, गुजरात में बौद्ध प्रशिक्षण शिविर का कर्यक्रम किया। 14 अप्रैल, 1967 को जालन्धर, पंजाब में अम्बेडकर जयन्ती और बौद्ध दीक्षा संस्कार का आयोजन। 21 जुलाई, 1967 को कुशीनगर, उत्तर प्रदेश में स्वयं महास्थविर ऊँ चन्द्रमणि जी के हाथों व्यवस्थित बौद्ध धर्म ग्रहण किए। 14 अक्टूबर, 1968 ई. को नाना राव पार्क, कानपुर में दीक्षा संस्कार का

आयोजन हुआ और यहीं पर इन्हें भिक्षु निर्गुणानन्द ने 'उत्तर भारत के पेरियार' की उपमा दी। 12 अक्टूबर, 1968 को पेरियार ई.वी. रामास्वामी लखनऊ आए थे। बुद्ध पूर्णिमा, 1968 में बुद्ध जयन्ती और बुद्ध देशना का जम्मू और कश्मीर में आयोजन। 11 अक्टूबर, 1973 को अम्बेडकर साहित्य रक्षक परिषद् के बैनर तले झीझक, कानपुर में बुद्ध और डॉ. अम्बेडकर पर चेतनापरक कार्यक्रम का आयोजन। 23-24 दिसम्बर, 1974 को पेरियार की स्मृति सभा में शामिल होने तमिलनाडु गए। 16 अप्रैल, 1981 ई. को बालाचुर, होशियारपुर, पंजाब में अम्बेडकर जयन्ती और बौद्ध देशना के आयोजन का कार्यक्रम। 17 अप्रैल, 1981 को हरियाणा, में अम्बेडकर जयन्ती के आयोजन में शामिल हुए। 18 अप्रैल, 1981 अमृतसर, पंजाब में 1 बजे बाबा साहब अम्बेडकर जयन्ती का आयोजन। वहीं दूसरा आयोजन नियर टाउन हाल, अमृतसर पौने छः बजे। 18 अप्रैल, 1981 को चूरामंडी, जालन्धर, पंजाब में अम्बेडकर जयन्ती और दीक्षा कर्यक्रम का आयोजन। 14 अप्रैल, 1982 को हरैया, बस्ती, उत्तर प्रदेश में अम्बेडकर बौद्ध विहार का शिलान्यास किया। 24 सितम्बर, 1982 को बौद्ध धर्म प्रशिक्षण शिविर का आयोजन। 3 फरवरी, 1983 को बौद्ध सम्मेलन और दीक्षा समारोह का पहडिबुजुर्ग, चिरगाँव, झाँसी, उ.प्र., में आयोजन। 12 से 19 फरवरी, 1983 ई. के बीच महान बौद्ध केन्द्र सारनाथ में 'बौद्ध प्रशिक्षण शिविर' का आयोजन। 25 सितम्बर, 1983 को सुबह 8 बजे, 10:30 मिनट, 3 बजे धम्म देशना और बौद्ध धर्म संस्कार का आयोजन। 5 अक्टूबर, 1985 ई को धम्म दीक्षा अवसर पर विराट कवि सम्मेलन का आयोजन, शाहदरा, दिल्ली में। 10 नवम्बर, 1985 को नानाराव पार्क, कानपुर उ.प्र. में अखिल भारती बौद्ध महासभा, उत्तर प्रदेश का आयोजन। 15 अप्रैल, 1987 को होशियारपुर, पंजाब में अम्बेडकर जयन्ती और बौद्ध धर्म के प्रचार-प्रसार हेतु विशेष मीटिंग की गई। 14 अप्रैल, 1990 को महू में डॉ. अम्बेडकर की जन्मभूमि पर दी बुद्धिस्ट सोसायटी ऑफ़ इंडिया के तत्त्वावधान में अम्बेडकर जयन्ती का आयोजन। 12-13 जून, 1992 को दी बुद्धिस्ट सोसायटी ऑफ़ इंडिया का पाँचवाँ प्रान्तीय अधिवेशन शासकीय हायर सेकेंड्री स्कूल, दबोह, भिंड, मध्य प्रदेश में आयोजित हुआ।[17]

मानवतावादी बौद्ध धर्म के समता, बन्धुता और करुणा जैसे महान मानव मूल्य को लेकर चलने के कारण वर्चस्ववादी आर्यों ने बौद्ध भिक्षुओं का जगह-जगह संहार अर्थात् हत्याएँ शुरू कर दीं। वे आर्यों के इस क्रूरतम और हिंसक चरित्र पर गहरी चिन्ता प्रकट करते हैं। इस संहार और उनके हिंसक हत्यारे चरित्र की तुलना वे विश्व इतिहास पटल पर करते हुए लिखते हैं, 'विश्व इतिहास में इतना अधिक अत्याचार, अग्निकांड, लूटपाट व कत्लेआम किसी नें भी नहीं किया है, जितना आर्यों ने अनार्यों का तत्पश्चात् बौद्धों का किया। जिनके लेखीय प्रमाण ऋग्वेद, लंका दहन, खांडव दहन, 'नाग यज्ञ' नाटक एवं शंकर दिग्विजय आदि हैं।'[18]

बौद्ध दीक्षा-संस्कार और प्रशिक्षण शिविर

पेरियार ललई सिंह सम्पूर्ण भारत में घूम-घूमकर बौद्ध प्रशिक्षण शिविर, दीक्षा ग्रहण कार्यक्रम करते थे। जिससे प्रत्येक व्यक्ति को बौद्ध धम्म का व्यावहारिक ज्ञान हो सके और उसे जीवन में उतार सके। कुछ चुनिन्दा जगहों पर किए गए कार्यक्रमों के उद्धरण दिए जा रहे हैं जो 'पेरियार ललई सिंह ग्रंथावली'[19] से साभार हैं। इसे पढ़ कर आप जान पाएँगे कि किस प्रकार साठ और सत्तर के दशक में भारत में बौद्धधर्मी चेतना, अम्बेडकरी चेतना और पेरियारवादी चेतना का निर्माण साधारण जनमानस में किया जा रहा था, जो आगे की, मुखत: उत्तर भारतीय की समाज, राजनीति और सांस्कृतिक निर्माण की आधारशिला बनी। इसे अति-संक्षिप्त पढ़िए—

तारीख : 5 जनवरी, 1964 ई., काँकरियाफर ग्राउंड, अहमदाबाद

श्री प्रेसीडेंट साहेब—श्री राव बहादुर एन. शिव राम जी हैं। ये कल भी थे।

श्री गायकवाड़ जी—उद्घाटनकर्ता महोदय—हमें कांग्रेस ने आजादी के समय साथ रखा। हमने साथ दिया। हमारी माँग थी कि गरीबी और दु:ख दूर हो। आज उन्होंने हमें क्या आराम दिया, सो सोचो!, खयाल करो! पंचवर्षीय योजना पर विचार करो! इससे हमें क्या लाभ मिल रहा है। आज भी हमारे भारत की ये स्थिति है कि 1 या 2 करोड़ का अनाज बाहर से मँगाना पड़ रहा है। आज भी 1. भूमिहीन की समस्या, 2. बेकारों की समस्या जस की तस हैं, 3. क्या स्वराज के बाद जनसंख्या ज्यादा बढ़ी, 4. नेहरू ने कहा था भ्रष्टाचारियों को नहीं बख्शेंगे। उन्हें भ्रष्टाचार नहीं करने देंगे। उन्हें फाँसी देंगे। मगर क्यों नहीं दी? 16 वर्ष पहले जो नेहरू कहे थे, उसे दो वर्ष में नन्दा साहब कैसे करेंगे?

1. बंजर जमीन भूमिहीन को दी जाए और उसे लोन (कर्ज) दें।
2. काम देना सरकार मलतब राज्य की ज़िम्मेदारी का कार्य है।
3. जवाहरलाल पादरी हैं, मद्रास आदि के प्रस्ताव, दुनिया भूलती नहीं है। इनकी सरकार ने राजस्थान में गरीबी बढ़ा दी है। गरीब कैसे क्रान्ति करेगा? इनकी सरकार ने गरीबी में सुधार नहीं करने दिया। गरीबों के लिए जगजीवन राम ने बम्बई में कहा था, कांग्रेस गरीबों का सुधार नहीं कर पाई है। उन्हें बगावत करनी चाहिए। कांग्रेसी संकट न होते हुए भी संकट का ढोंग रचते हैं। वे कांग्रेस को मजबूत करने के लिए और दूसरे दलों को दबाने के लिए ऐसे कर रहे हैं। वीरो, सरदारो! जागो, सोने से जगो, जिन्दा रहो, इज्जत से रहो, वरना मारे जाओगे!

श्री राय बहादुर एन. शिवराज प्रेसीडेंट—सोशलिस्ट पेटर्न ऑफ सोसाइटी कैसे कायम हो गई सोचो, कांग्रेस द्वारा यह किस रणनीति से तैयार कारवाई गई।

श्री हरिश्चन्द्र— शोक प्रस्ताव : श्री कोली साहब की मृत्यु हो गई है। उनके लिए शोक प्रस्ताव प्रस्तुत किया जा रहा है। हम सब एक मिनट का मौन रखेंगे।

अन्य प्रस्ताव—

श्री खोब्रागडे जी— गरीब और गरीब बने हैं, अमीर और अमीर बने हैं। तीन साल हुए कमेटी की रिपोर्ट सरकार क्यों नहीं पेश कर रही है? कमेटी ने सन् 1955 ई. में कहा था कि समाजवादी सरकार बनाएँगे। मगर उसका अर्थ आजतक नहीं मालूम हुआ। यह बुद्धिमानी नहीं बल्कि आँखों में धूल झोंकना है। ऐसे तो मदारी का खेल होता है। एक कृष्णवादी ने कहा—नेहरू का प्रस्ताव गलत है। कर्जा असली पूँजी में नहीं बदलेंगे, प्रतिक्रियावादी कांग्रेस कभी समाजवाद नहीं ला सकती। मोरार जी देसाई प्रतिक्रियावादी हैं। उन्हें कांग्रेस से निकल जाना चाहिए।

बाबा साहब ने पहले भी कहा था कि चीन हमला करेगा। मगर नेहरू ने बात नहीं मानी, जनता को खुद चीन को भगाना है। जहाँ-जहाँ से मदद मिले, लें, चीनियों को अपने-अपने यहाँ से भगाना चाहते हैं। अत: सम्बन्ध ठीक रखें, जगजीवन राम जी मंत्री थे, तो दलितों के लिए गलत कानून क्यों बनाया?

डॉ. प्रकाश नारायण जी— मिलिटरी गवर्नर साहब जी...देश के 12 आदमी बड़ी-बड़ी पूँजी पर कब्जा किए हैं। उनके खिलाफ हम सर्वहारा को क्रान्ति करनी होगी।

श्री करन सिंह जी— कांग्रेस के प्रचार में दिलीप कुमार बंबई गए थे। हम सबको अपनी रिपब्लिकन पार्टी और मजबूत करनी होगी। इसमें और सभी लोगों को शामिल कर। पार्टी का जम कर प्रचार प्रसार करना चाहिए। हमें पार्टी जमीन से खड़ी करनी पड़ेगी।

श्री दमयन्ती बाई डोंगरे— बाबा साहब के मिशन को उनकी पार्टी के साथ ही आगे बढ़ाना सबसे बढ़िया रास्ता होगा।

श्री ललई सिंह यादव—

श्री मंडल यादव— रिपब्लिकन पार्टी ही इस देश के सभी गरीबों की पार्टी है। शैड्यूल्ड कास्ट ज्यादा गरीब हैं। हमें हमेशा उनके साथ खड़ा रहना चाहिए। हमें उन्हें मजबूत करना है। वे आज भी नाना प्रकार का सामाजिक अपमान सहते हैं। हमारी रिपब्लिकन पार्टी ही सामाजिक अपमान से मुक्ति दिलाएगी। अपनी सरकार बनने के साथ हमें सभी प्रकार की सामाजिक, सांस्कृतिक, राजनीतिक, आर्थिक, धार्मिक उन्नति करनी है। इसकी हमारे समाज को बहुत जरूरत है। सामने आई हुई मुसीबतों से घबराएँ नहीं, संविधान सम्मत तरीके से सामना करें। श्री बी.पी. मौर्य की बात, 4 बौद्ध भिक्षुओं की बेइज्जती का जंगली कार्य असभ्य और बरबर हिन्दुओं ने किया, क्या यही स्वतंत्र भारत की स्वतंत्रता है, कहीं ऐसा न हो कि बदले की भावना पैदा हो, जिससे राष्ट्र की अपूर्णनीय क्षति हो जाएगी। सरकार ने कहा था—

—10 साल में प्रारम्भिक शिक्षा फ्री होगी। नहीं कराई गई।

—भविष्य में भी निःशुल्क नहीं कर पाएँगे, जरूरत व खाने की चीजें महँगी हो रही हैं। हमारा सोशल पेटर्न सोसाइटी ने गरीब को और अधिक गरीब बना दिया है। इसमें मालदार और अधिक मालदार हो गए। ऐसी परेशानी में हम क्या करें। कांग्रेस को समाप्त करें। कांग्रेसी अपनी खराबियों का अध्ययन करें। अगर ठीक न हो तो रिपब्लिकन पार्टी में आएँ। हम गरीब की उन्नति, बच्चों की शिक्षा, भूमि, भोजन, सम्मान आदि की व्यवस्था चाहते हैं। हमें—साम्प्रदायिकता से घृणा है। सबको धन्यवाद!

श्री यशवंत जी—गुजरात महात्मा गांधी व पटेल की जन्मभूमि है, क्या यहाँ छुआछूत नहीं है? अगर आपको नहीं दिख रहा है तो आप सामाजिक समझदारी पर विचार करें। आपकी दृष्टि में दोष है। धर्मान्तरण की बात करें। अपने मूल धर्म में जाएँ। बौद्ध धर्म में जाएँ। राजनीतिक रूप से अधिक से आधिक रिपब्लिकन पार्टी को कबूल करें। इस देश के सभी बैंकों का राष्ट्रीयकरण हो, ताकि गरीबी दूर हो। नागरिक निश्चिन्त मन से नौकरी कर सकें।

श्री प्यारे लाल—हमें इस देश की पूँजी का राष्ट्रीयकरण करने के लिए आन्दोलन करना चाहिए।

श्री गौतम जी—हमें संविधान के वास्ते सतत प्रगति करना चाहिए। बाबा साहब की भारत को संविधान एक महान देन है। यह महान कार्य बाबा साहब ही कर सकते थे। वही हमारे नेता हैं। उन्हीं के संविधान के अनुसार हम सबको आगे बढ़ना चाहिए। यही हमारा लक्ष्य होना चाहिए।

दिनांक—14 अप्रैल, सन् 1967 ई.—मीटिंग डॉ. अम्बेडकर जयन्ती जालन्धर, समय 8 बजे शाम

1. डॉक्टर साहब को श्रद्धासुमन अर्पित किए गए।
2. **श्री लोखंडे, नागपुर**—श्री गुरु गोबिन्द सिंह जी का देहान्त नादेड़ में हुआ था। उन्होंने हमारी बात कही है। डॉ. अम्बेडकर ने सिक्ख धर्म का अध्ययन किया। सिक्ख बनना चाहते थे। वर्णवादी-जातिवादी सवर्ण जट-सिक्खों ने उन्हें बनने नहीं दिया। आपको जानकर हैरानी होगी कि हिन्दू कोडबिल के समर्थन में 5 हजार महिलाएँ थीं। डॉ. अम्बेडकर हमारे स्वतंत्र इतिहास हैं। बाबा साहब की पूना पैक्ट की लड़ाई मुसलमानों को मंजूर थी। वे हमारे साथी हैं। भाई हैं। हमें सवर्ण हिन्दुओं द्वारा मुसलमानों के खिलाफ फैलाई जानेवाली नफरत और साम्प्रदायिक दंगे की भावना को नहीं पनपने देना है। ऐसी स्थिति में मुसलमानों की सुरक्षा करें। सद्भाव बनाएँ।

   बाबा साहब की सांस्कृतिक-धार्मिक-राजनीतिक मृत्यु नहीं हुई है। आज भी गुजरात में दलितों को गोली से मार दिया जा रहा है। बाबा साहब ऐसा

देश नहीं चाहते थे। 1 जनवरी हमारे लिए ऐतिहासिक दिन है। उत्सव का दिन है। भीमा कोरेगाँव के महान शहीदों को हमें सदा याद रखना चाहिए। उन्होंने मनुवादी व्यवस्था को खत्म किया था। वे हमारी महान संस्कृति का हिस्सा हैं। धरोहर हैं। कोरेगाँव (पूना) का सम्यक अध्ययन करें।

3. **श्री रामरतन जनोकर एक्स मेयर का कहना है—** कथनी-करनी एक रखें। अत्याचारो होने पर संगठित रहकर सामना करें।
4. **कौल जी—** क्लसा वन 5/11/2 नान शैड्यूल्ड कास्ट सर्वेंट्स एसोशिएशन। अम्बेडकर, श्री बाली जी। पृथ्वी सिंह आजाद नजर नहीं आते हैं। मुस्लिम लीग के सालों बाद हीरा लाल परमार जालिम रहे।
5. **पेरियार ललई सिंह—**

गौतम बुद्ध जयन्ती जम्मू एंड कश्मीर, सन् 1968; समय—प्रातः 10 बजे सर्वप्रथम भंते जी का बुद्ध सन्देश हुआ। उसके बाद...

1. **श्री प्यारे लाल—** मैं गाँव धीरफर, पोस्ट-बरीपाल, कानपुर, उत्तर प्रदेश का रहनेवाला हूँ। बाबा साहब, पेरियार और बुद्ध के मत का सच्चा अनुयायी हूँ। आप सभी इनके मत को जीवन में उतारिए। घरों में इनका चित्र टाँगें। हिन्दू देवी-देवताओं को बाहर कूड़े में फेंक दें।
2. **श्री गौरी शंकर आर्य—** अध्यापक पर्वाहकर्ता जगदीशचन्द्र, रानीखेत, अल्मोड़ा का रहनेवाला हूँ। आप जहाँ भी रहें संगठित रहें। अपने बच्चों को अच्छी शिक्षा दिलाने की जी-जान से कोशिश करें। और स्वास्थ्य का भी पूरा ध्यान रखें। बच्चे ही भारत के भविष्य हैं।
3. **गौरी शंकर आर्य अध्यापक, रानीखेत, अल्मोडा, ने कहा—** पेरियार ई.वी. रामास्वामी के मत को मानें। उन्होंने कहा है—ईश्वर नहीं है! ईश्वर नहीं है! ईश्वर नहीं है! इस दुनिया में ईश्वर पुरोहितों के लिए ठगी का सर्वोच्चतम हथियार है।...इसलिए पेरियार की नास्तिकतावादी सोच को मानें।
4. **पेरियार ललई सिंह—** हमें बुद्ध के रास्ते पर चलना है। बुद्ध ही शुद्ध हैं।

**दिनांक—23-24 दिसम्बर, 1973 ई. की स्मृति सभा—
पेरियार ई.वी. रामास्वामी के निधन पर
तमिलनाडु और उत्तर प्रदेश में श्रद्धांजलि सभा**

पेरियार ई.वी. रामास्वामी ने दिनांक 24 जनवरी, 1971 ई. को सलेम, जिला—सदुरै (तमिलनाडु) में राम का विकृत जलूस निकाला। दिनांक 24 दिसम्बर, 1973 ई.

को उनका निधन हो गया। अस्वस्थ पहले से थे। बी.बी.सी. रेडियो से मुझे जैसे ही यह दु:खद खबर मिली, मैं तुरन्त उन्हें श्रद्धांजलि देने तमिलनाडु निकल गया। साथ में, उपासक माखन लाल भी चल दिए। दिनांक 27 दिसम्बर को तमिलनाडु में महान स्मृति सभा हुई। देश-दुनिया से उनके चाहनेवाले बुद्धिजीवी चिन्तक आए। यहाँ की महान स्मृति सभा की जनता ने मुझे 'उत्तर भारत के पेरियार' की उपमा दी। उसी दिन उत्तर प्रदेश को चल दिया। फिर 30 दिसम्बर, 1973 ई. को ऊँचागढ़ी (राजाफर) को इलाहाबाद में सभा के रूप में श्रद्धांजलि अर्पित की। प्रबन्ध श्री लक्ष्मीनारायण बौद्ध ने किया।

दिनांक—16 अपैल, 1981 ई.
डॉ. अम्बेडकर जयन्ती बालाचुर, होशियारपुर, पंजाब
मीटिंग, समय 10 बजे रात

1. **श्री भगवान दास जी**—स्वागत भाषण दिया। बोले, हमारा रिजर्वेशन 80% होना चाहिए।
2. उनके बाद बुद्ध और अम्बेडकर के दर्शन पर आधारित कविता पाठ हरिनाथ प्रजापति ने किया।
3. **पेरियार ललई सिंह**—जिन्हें हक नहीं मिला उनके लिए सतत संघर्ष जारी रखा जाए। उन्हें लड़ने का हौसला दिया जाना चाहिए। गरीबी का कारण मनु और मनुवादी ग्रंथ हैं। आप मानववादी प्रतिज्ञा लें...
   (1) वेद मनुष्यकृत रखना है।
   (2) शरीर, मन, वचन के माध्यम को जानें। बुद्ध के वही असल वचन हैं, उसी को मानें।
   (3) पेरियार ने सही कहा है, दुनिया को बनानेवाला ईश्वर नहीं। वास्तव में ईश्वर है ही नहीं। ईश्वर है ही नहीं। ईश्वर है ही नहीं।
   (4) गंगा में नहाने से पाप नहीं धुलता। नदियाँ पाप धोने के लिए नहीं हैं। मनुष्य को जीवन और सभ्यता का विकास करने के लिए प्रकृति ने बनाया है।
   (5) मनुष्य को रोटी के साथ-साथ धर्म की भी जरूरत है। किन्तु धार्मिक ब्रह्म शक्ति नहीं है।
   (6) हमें बाबा साहब के बताए बौद्ध धर्म के मार्ग पर चलना चाहिए।
   (7) हमें बाबा साहब के संविधान से मनु के विधान का सामना करना चाहिए।
4. **बाल्मीकि पार्टी द्वारा बीच में भीम गायन**—'बाजी बाबा साहेब के'—श्रीमती बी.बी. बाल्मीकि जी ने शुरू किया, दूसरा गाना बलिहारी, 'माता भीम के दुलारे'।

5. **श्री जानोकर जी**—जो इनसानियत के अधिकार को समझते हैं, उनमें अधिकारों को प्राप्त करने की लालसा पैदा होनी ही है। लोग हमारा रास्ता रोकते हैं। जुल्म होते हैं। गुजरात में दलितों पर हो रहे अत्याचार के खिलाफ हम सबने आन्दोलन किया। सफल रहे। किन्तु इतनी कामयाबी के बाद भी दलित दमन उत्पीड़न जारी है...। आन्दोलन स्थगित हो गया जो बहुत ही गलत है। समता के लिए लोकतंत्रीय व्यवस्था में आन्दोलन सतत चलता रहना चाहिए। आन्दोलनों के रुक जाने से समाज रुक जाता है। जड़ हो जाता है।
6. **गाना पार्टी**—...फगवाड़ा, इक तकदीर बना ले। इक तकदीर बना ले। इक तकदीर बना ले।
7. **श्री सोहन लाल दीवान**—
8. **श्री अजय जी (गाना)**—मंजिल मिली उन्हें, जिन्हें रहनुमा मिला। (बाबा बौद्ध भीम तूने सोते को जगाया।)
9. **डॉ. सुरेन्द्र जी**—मान्यवर, अनुशासनपूर्वक रहें। आप सबसे यही अपील।

दिनांक—12 से 19 फरवरी, 1983 ई. बौद्ध प्रशिक्षण शिविर, सारनाथ, उत्तर प्रदेश

पेरियार ललई सिंह ने 12 से 19 फरवरी, 1983 ई. के बीच महान बौद्ध केन्द्र सारनाथ में 'बौद्ध प्रशिक्षण शिविर' किया था। इस शिविर में इनकी माँग और मान्यता थी कि इस देश को पुन: बौद्धमय बनाने के लिए बौद्ध भिक्षुओं को जन-जन तक जाना चाहिए। बुद्ध के विचार और दर्शन को जन-जन तक पहुँचाने के लिए हमें जन आन्दोलनकारी भूमिका में होना चाहिए, तब बुद्ध का विचार और दर्शन इस देश के कण-कण में पुन: व्याप्त हो पाएगा। अन्यथा हम सब बुद्धिस्ट नहीं 'सुविधाइस्ट', अम्बेडकराइट नहीं 'रिजर्वेशनाइस्ट' बन कर रह जाएँगे।

इस बौद्ध विनय शिविर में अनेक लोगों ने भाग लिया। कुछ के नाम निम्नलिखित हैं—केन्द्रीय तिब्बती उच्च शिक्षण संस्थान के प्राचार्य एवं निदेशक पूज्य एस. रिंपोंछे जी, भारतीय बौद्ध महासभा उ.प्र. के अध्यक्ष जे.एन. आदित्य, उपाध्यक्ष श्याम सिंह बौद्ध, मिथुन सिंह बौद्ध, सुन्दर लाल गौतम, पेरियार ललई सिंह, जी.एस. गौतम, लोकनाथ बौद्ध, रामरत्न बौद्ध आदि।

24 सितम्बर, 1983 ई. को पेरियार ललई सिंह ने बौद्ध धर्म के संस्कारों से सम्बन्धित शिविर में व्याख्यान दिया था। जिसमें मुख्य धर्म-संस्कार प्रशिक्षक थे—

1. **परमपूज्य दीपांकर**—वन्दना, आशीर्वाद
2. **श्री पेरियार ललई सिंह**—संस्कारों में परिवर्तन

3. **श्री दुर्गा प्रसाद**—अध्यक्ष—स्पष्टीकरण

4. **प्रोफेसर एच.सी. जोशी**—दिल्ली विश्वविद्यालय, दिल्ली, जातिवादी अपमान पर व्याख्यान।

इस शिविर में बौद्ध धर्म के मिशनरी धर्म होने, संगठित धर्म होने, उसके संस्कारों, जिसे जीवन में उतारने, दुनिया का सबसे बड़ा मानवतावादी धर्म होने, आष्टांगिक मार्क, आर्य सत्य, विनय-पिटक, भिक्षु संघ के नियम आदि का प्रशिक्षण दिया गया।

ऑल इंडिया भिक्षु सम्मेलन

दिनांक 2-3 अप्रैल, 1983 ई. को भिक्षु संघ, कुकर-गाँव, जिला—जालौन, उ.प्र. में 'ऑल इंडिया भिक्खु संघ' का सम्मेलन आयोजित किया गया, जिसमें पेरियार ललई सिंह ने कहा, 'आप सब बुद्ध और डॉ. अम्बेडकर के विचारों को व्यवहार में उतारिए। अन्यथा आप सब बाबा साहब, बाबा साहब और भगवान बुद्ध,भगवान बुद्ध का राग अलापते रहिए। इस वर्ण और जातिवादी सोच के समाज में थोड़ा-सा भी सामाजिक परिवर्तन नहीं होनेवाला। जब तक उनके विचार आप व्यवहार में नहीं उतारेंगे तब तक आपकी वास्तविक मानवीय मुक्ति सम्भव नहीं है। आप अपने आपको अम्बेडकराइट कहते हैं, बुद्धिस्ट कहते हैं लेकिन आप व्यवहार में वर्णवादी, हिन्दुत्ववादी, जातिवादी जिन्दगी जीते हैं। क्योंकि आप वर्ण और जाति-व्यवस्था के मूल्यों को जस का तस मानते हैं। उसे ढोते चलते हैं।'[20]

8-9 मार्च, 1984 ई. को आगरा में चल रहे 'अखिल भारतीय बौद्ध महासभा उत्तर प्रदेश इकाई' के सम्मेलन में उन्होंने कहा था—जब तक वर्ण और जाति नहीं टूटेगी तब तक इस देश में मानवतावादी समता का समाज नहीं बनाया जा सकता। आप लोग जाति तोड़िए आप बौद्धिस्ट और अम्बेडकराइट होकर भी अपनी जाति नहीं छोड़ पा रहे हैं। आप किसी भी स्थिति में जाति से बाहर रोटी-बेटी का सम्बन्ध नहीं बनाते हैं। यही जातिवाद है। जब तक यह टूटेगा नहीं, समाज में रोटी-बेटी का सम्बन्ध जुड़ेगा नहीं तब तक आपकी मूलभूत समस्या खत्म नहीं हो सकती। दरअसल आप लोग अम्बेडकराइट नहीं रिजर्वेशनाइस्ट हैं, बुद्धिस्ट नहीं सुविधाइस्ट हैं। अत: दु:शील नहीं, सुशील बौद्ध बनिए। आप सब इस स्थिति पर गम्भीरता से विचार कीजिए।[21]

विपस्सना आदि दिनचर्या

महामानव बुद्ध द्वारा पुनर्सृजित ध्यान साधना क्रिया को विपस्सना कहते हैं। इसे पेरियार ललई सिंह ने 2 सितम्बर, 1984 से 7 अक्टूबर, 1984 तक सारनाथ, वाराणसी में

किया था। वे नियमित विपस्सना करते थे। उनकी दिनचर्या भी दिलचस्प थी। प्रात: चार बजे जगकर नित्यप्रति कार्य करके। पैंतालीस मिनट तक योग-विपस्सना आदि करते। उसके बाद चिन्तन, मनन और अध्ययन करते। इस बौद्धिक कार्य के बाद अशोक पुस्तकालय प्रकाशन, सस्ता प्रेस, पेरियार प्रेस आदि का हिसाब-किताब करते। उसके बाद भाषण, सभा और आन्दोलन हेतु निकल जाते। साथ ही, वहाँ साहित्य का स्टॉल आदि भी लगाते। उसके बाद वे पैदल ही गाँव-गाँव घूमते हुए सचेत मानवतावादी साहित्य की पुस्तकों को बेचते हुए, उसका प्रचार-प्रसार आदि करते हुए शाम को घर आते। दो मोटी रोटी बनाते खाते और सो जाते। उनके इस दो मोटी रोटी पर रोचक संस्मरण है, जिसे मुझे उनके साथी और गाँव-जवार के शुभचिन्तकों ने सुनाया कि वे अक्सर कहा करते थे कि मैं सिर्फ दो रोटी खाता हूँ। एक सरकारी, एक अपने श्रम की और जिन्दगी समाज को दे दी है। यही मेरे साधारण जीवन की दास्तान है।[22] वास्तव में, यही उनका समाज और राष्ट्र को समर्पित जीवन था।

बौद्ध धर्म नकद धर्म—बाकी सब उधार धर्म

पेरियार ललई सिंह ने कहा कि बौद्ध धर्म तर्क और बुद्धि पर आधारित एक वैज्ञानिक धर्म और दर्शन है। वे लिखते हैं, बौद्ध दर्शन वैज्ञानिक दर्शन है।[23] वे इस धर्म के मूल में पाते हैं कि यह धर्म स्वर्ग-नर्क जैसी झूठी आस्थाओं और मिथकों से मुक्त धर्म है। वे लिखते हैं, 'बौद्ध साहित्य में पुनर्जन्म की अनेक घटनाओं का वर्णन है। मैं समझता हूँ—उस प्राचीन बौद्ध काल में ब्राह्मणी पुनर्जन्म की छाप बौद्धों पर भी पड़ी होगी। बौद्ध धर्म अनीश्वरवाद व अनात्मवाद है। जब आत्मा नहीं तब पुनर्जन्म किसका? अर्थात् पुनर्जन्म नहीं है।'[24] वास्तव में, पेरियार ललई सिंह इस बात पर दृढ़ हैं, कि बौद्धधर्म किसी भी अदृश्य सत्ता को मानने के लिए तैयार नहीं है।[25]

बौद्ध धर्म श्रम और उसके मूल्य को इसी संसार में प्राप्त करने में विश्वास रखता है। वे लिखते हैं, 'संसार में अनेक धर्म हैं यह कहना गलत है वास्तव में इस सम्पूर्ण संसार में दो धर्म हैं। एक नकद धर्म है और दूसरा उधार धर्म है। बौद्ध धर्म नकद धर्म है। इसमें नैतिकता पर सबसे अधिक बल दिया गया है। इस नैतिकता का फल इसी जन्म में मान, प्रतिष्ठा, बढ़ाई के नाम से मिलता है। हिन्दू, ईसाई, इस्लाम और यहूदी आदि उधार धर्म हैं। इन धर्मों में अच्छा या खराब काम कीजिए, उसका लाभ या हानि अगले जन्म में अमीर या गरीब स्वर्ग या नर्क के नाम से मिलेगा।'[26] अर्थात् बौद्ध धर्म इस मान्यता में विश्वास करता है कि इस जन्म में कर्म कीजिए तो इसी जन्म में फल की प्राप्ति होगी। अन्य सभी धर्म कर्म फल के सिद्धान्त पर कहते हैं कि इस जन्म में कर्म कीजिए और अगले जन्म में फल लीजिए।

इस तरह बौद्ध धर्म कहता है कि जो कुछ भी है वह इसी जन्म में प्रतिफलित होगा, अगले जन्म में नहीं। इसलिए यह धर्म नकद धर्म है और सभी धर्म उधार धर्म हैं। साथ ही यहाँ वे एक बार पुन: उन सभी लोगों को खारिज करते हैं जो लोग बौद्ध धर्म में पुनर्जन्म और स्वर्ग-नरक जैसे सम्प्रत्ययों के होने की बात करते हैं। वे आगे लिखते हैं, बौद्ध धर्म वाले ईश्वर, आत्मा, स्वर्ग, नर्क पुनर्जन्म भाग्य और भगवान को नहीं मानते। अन्य धर्म वाले मानते हैं।[27]

वे बुद्ध के तार्किक और वैज्ञानिक चिन्तन निर्माण पर लिखते हैं, 'बुद्ध ने पहले पुराने दार्शनिकों कपिल, चार्वाक, भृगु, मक्खली गोशाल, कौत्स, असंग तथा अलार कलाम आदि के दर्शनों (मतों) का अध्ययन किया। व्यावहारिक प्रयोगस्वरूप समाधि लगाई, तत्पश्चात् भारी तपस्या की, सत्य नहीं मिला। शारीरिक कमजोरी के कारण कर्मेन्द्रियों व ज्ञानेंद्रियों की शक्ति में बड़ी कमी आ गई। इस प्रकार जो भी ज्ञान था वह भी कम होने लगा।'[28] वे बुद्ध के इस प्रयोगात्मक अनुभवजन्य ज्ञान पर जनता को विश्वास करने की बात कहते हुए बुद्ध के बारे में कहते हैं, 'बुद्ध एक महान वैज्ञानिक एवं मनोवैज्ञानिक थे।'[29] इस कारण वे एक ऐसे धर्म का प्रतिपादन कर सके जो मानसिक परिवर्तन करता है। यह परिवर्तन तर्क और ज्ञान के आधार पर किया जाता है। कृषा गौतमी और डाकू अंगुलीमाल का बुद्ध द्वारा मानसिक परिवर्तन दुनिया के सबसे सुन्दर उदाहरण हैं।

पेरियार ललई सिंह बौद्ध धर्म पर मिथकीय ब्राह्मण धर्म द्वारा स्वर्ग-नर्क के घनघोर सामाजिक प्रभाव से बननेवाली स्थिति का भी कयास लगाते हैं और लिखते हैं, 'अनागारिक धर्मपाल ने काशी में ब्राह्मण के घर अनेक जन्म लेकर सदा बौद्ध धर्म के प्रचार करने की बात मरते समय की है जो समझ में नहीं आती। यों तो बौद्ध साहित्य में पुनर्जन्म की अनेक घटनाओं का वर्णन है। मैं समझता हूँ, उस प्राचीन बौद्ध काल में ब्राह्मणी पुनर्जन्म की छाप बौद्धों पर भी पड़ी होगी, जिसका असर अनागारिक धर्मपाल पर भी पड़ा होगा। बौद्ध धर्म अनीश्वरवादी व अनात्मवादी है। जब आत्मा नहीं, तब पुनर्जन्म किसका? अर्थात् पुनर्जन्म नहीं है।'[30]

वास्तव में, वे बुद्ध की इस मूल प्रत्यस्थापना पर दृढ़ थे कि यह संसार अनिच्च है। अनिच्च अर्थात् हर क्षण परिवर्तित होता रहता है। यह भौतिक संसार ही सत्य है। यह संसार ईश्वर से नहीं वरन स्वाभाविक रूप से और बुद्धि से सतत संचालित होता है। अत: आर्य नस्लीय श्रेष्ठता, वर्ण-व्यवस्था, पुरोहितवाद, यज्ञ, कर्मकांड आदि असत्य हैं। मानव समानता ही सत्य है। यही बुद्ध का सत्य सिद्धान्त है।

अध्याय-4

उत्तर भारत के पेरियार

अधिकार माँगे नहीं, छीने जाते हैं!

दीक्षा दिवस 14 अक्टूबर, 1968 ई. को नानाराव पार्क, कानपुर में धम्म-दीक्षा आचार्य भिक्षु निर्गुणानन्द ने कहा, आप लोगों ने 12 अक्टूबर को लखनऊ में पेरियार ई.वी. रामास्वामी को सुना है। हिन्दू मिथक-धर्म संस्कृति पर उन्हीं की तरह उत्तर भारत में ललई सिंह तथ्य-तर्क के साथ कड़ा प्रहार करते हुए उसकी धज्जियाँ उड़ाते हैं। इसलिए हमारे 'उत्तर भारत के पेरियार' तो ललई सिंह ही हैं।[1] तब से मैं अपने नाम के साथ 'पेरियार' उपनाम लगाने लगा तथा अपना नाम 'पेरियार ललई सिंह' के रूप में लिखने लगा और साधारण जनता मुझे 'उत्तर भारत का पेरियार' कहने लगी। इसी बीच इस देश के महान सामाजिक-सांस्कृतिक आन्दोलनकारी पेरियार ई.वी. रामास्वामी का 24 दिसम्बर, 1973 ई. को वेल्लूर में निर्वाण हो गया। 'इरोड' चेन्नई, जहाँ उनका घर था। उसके बाद 27 दिसम्बर, 1973 को 'इरोड' में ही 'पेरियार' की स्मृति में एक 'महान स्मृति-सभा' का आयोजन किया गया।[2] जिसमें देश के अनेक प्रबुद्ध लोगों को बुलाया गया। इसमें ललई सिंह को भी बुलाया गया था। वे भिक्षु माखन लाल साथ लेकर 'इरोड' गए।

यहाँ पर सम्पूर्ण देश से जनता और प्रबुद्ध विद्वान पहुँचे हुए थे। सभी विद्वानों ने जनता के समक्ष पेरियार ई.वी. रामास्वामी से सम्बन्धित अपने विचार और मनोभावनाओं को रखा। ललई सिंह ने भी अपने विचार रखे। इनकी बातें मुख्यत: हिन्दू मिथक केन्द्रित थीं, जिसमें वे मिथकों की धज्जियाँ उड़ा रहे थे। बात, व्यवहार और विचार रखने की ओजस्वी भाषा और मिथकों पर पेरियार ई.वी. रामास्वामी जैसा ही वे भी प्रहार कर रहे थे। अत: ललई सिंह के इस भाषण से जनता स्तब्ध रह गई। ज्यों ही ललई सिंह ने अपने भाषण को समाप्त किया, जनता नारे लगाने लगी—'ललई सिंह जिन्दाबाद, ललई सिंह जिन्दाबाद! हजारों-लाखों की इस जनसभा ने कहा, हमें नए 'पेरियार' मिल गए। आज से हमारे नए पेरियार होंगे—'पेरियार ललई सिंह', 'पेरियार ललई सिंह', 'पेरियार ललई सिंह'।[3] 27 दिसम्बर, 1973 को पेरियार के

गाँव 'इरोड', चेन्नई में हुई 'महान स्मृति-सभा' ने ललई सिंह को उनके व्यवहार, विचार और भाषण के कारण 'पेरियार' अर्थात् 'महान व्यक्ति' की उपमा दी। यहाँ से उन्हें 'पेरियार ललई सिंह' के रूप में पूर्णत: जाना जाने लगा। तब से आज तक उन्हें 'पेरियार ललई सिंह' के रूप में पहचाना जाता है। इसी नाम से सम्बोधित किया जाता है। उसके बाद से उन्होंने स्वयं अर्थात् ललई सिंह ने अपने नाम को आप सबका पेरियार ललई सिंह[4] के रूप में लिखना शुरू कर दिया।

पेरियार इरोड वेंकट रामास्वामी ने दक्षिण भारत में जिस तरह आमूल-चूल सामाजिक-सांस्कृतिक परिवर्तन का आन्दोलन चलाया था। उसी तरह ललई सिंह ने उत्तर भारत में हिन्दू इतिहास, मिथक, धर्म, समाज, संस्कृति पर चिन्तन करते हुए उसे सामाजिक-सांस्कृतिक आन्दोलन की परिवर्तनकामी सोच के साथ चलाया। इस चिन्तन को आन्दोलनकारी स्वरूप देते हुए समाज और देश के समक्ष प्रस्तुत किया। उत्तर भारत में नवजागरण की चेतना जगाई। साथ ही, ललई सिंह के जनान्दोलनों के भाषणों आदि में पेरियार ई.वी. रामास्वामी की-सी स्पष्टता, निर्भीकता और बुलन्द ऊँची आवाज में अपनी बातों को रखने का तेवर था। पेरियार की ही तरह ललई सिंह ने उत्तर भारत में सामाजिक-सांस्कृतिक की चेतना जगाई। उत्तर भारत के कथित हिन्दू मिथकों पर करारा प्रहार करना शुरू किया। इस तरह के महान कार्यों के कारण ललई सिंह को उत्तर भारत का पेरियार[5] कहा गया। पेरियार तमिल भाषा का शब्द है जिसका हिन्दी अर्थ होता है—महान। 'दक्षिण भारत का पेरियार' ई.वी. रामास्वामी को कहा जाता है तो 'उत्तर भारत का पेरियार' ललई सिंह को कहा जाता है।

पेरियार ललई सिंह अंग्रेजों द्वारा बनाए गए ढाई सौ साल के उपनिवेश और साम्राज्य से देश को मुक्त कराने के बाद इस देश अर्थात् भारतभूमि पर आर्यों द्वारा बनाए गए वर्ण और जाति-व्यवस्था के उपनिवेश से भी इस देश के आदिनिवासियों को मुक्त कराने के लिए चिन्तन-मनन, अध्ययन और आन्दोलन शुरू करते हैं। इसी के साथ इनका साहित्य और चिन्तन समाज के सामने आना शुरू हो गया। उस समय से लेकर निर्वाण तक पेरियार ललई सिंह आदिनिवासियों—आदिवासियों, दलितों, पिछड़ों और अल्पसंख्यकों के उद्धार में लगे रहे। इन सबके उद्धार का आधार उन्होंने चिन्तन, लेखन, भ्रमण और भाषण[6] को बनाया।

अशोक प्रेस, सस्ता प्रेस, अशोक पुस्तकालय, पेरियार प्रेस और पेरियार ललई सिंह चैरीटेबल ट्रस्ट की स्थापना और उसके नाम जमीन जायदाद—

आधुनिक भारत के अमूमन सभी बुद्धिजीवी, साहित्यकार, आन्दोलनकर्मी—समाचार, पत्र-पत्रिकाएँ प्रकाशित सम्पादित करते थे। प्रेस (छापाखाना) खोलते थे। वे अपने

विचार को अपने समाज और राष्ट्र तक दैनन्दिन पहुँचाना चाहते थे, जिस कारण समाचार-पत्र निकालते और किताबें आदि लिखते थे।

मानव समता के प्रखर बुद्धिजीवियों और चिन्तकों ने समय-समय पर प्रकाशन और मुद्रण के माध्यम से समतामूलक विचारों की प्रखर अभिव्यक्ति दी। इस देश (भारत) के राष्ट्रपिता जोतिबा फुले ने 1 जनवरी, 1877 ई. को दीनबन्धु[7] नामक समाचार पत्र की शुरुआत मराठी भाषा में की तो वहीं उत्तर भारत में हिन्दी क्षेत्र में स्वामी अछूतानन्द ने सबसे पहले सन् 1917 में 'अछूत' नामक दलित चेतना का हिन्दी सामाचार पत्र प्रकाशित किया।[8] अम्बेडकर ने 31 जनवरी, 1920 ई. को 'मूकनायक' नामक मराठी समाचार पत्र शुरू किया। यह भारतीय पत्रकारिता की नई धारा थी, जिसकी प्रेरणा डॉ. अम्बेडकर को जोतिबा फुले से प्राप्त हुई थी।[9] स्वामी अछूतानन्द ने 1922-23 में दो वर्ष तक 'प्राचीन हिन्दू' का सम्पादन भी किया।[10] 1924 में संतराम बीए ने मासिक पत्रिका 'उषा' को शुरू किया। स्वामी अछूतानन्द ने सन् 1925 में 'आदि हिन्दू प्रेस' लगाया, जिसके मैनेजर जी.आर. जटिया थे। यह प्रेस तलाक महल, कानपुर में स्थापित किया गया था।[11] उन्होंने सन् 1925 में 'आदि हिन्दू' नाम से लघु मासिक पत्र भी प्रकाशित किया था। पेरियार ई.वी. रामास्वामी ने 2 मई, 1925 में 'कुडी अरासु' नामक साप्ताहिक पत्रिका तमिल भाषा में प्रकाशित करना शुरू किया, जो असुर द्रविड़ चेतना से परिपूर्ण थी।[12] सन् 1928 ई. में स्वामी अछूतानन्द ने 'आदि हिन्दू' नाम से एक अन्य अखबार की शुरुआत की। 1 जून, 1934 को मुंशी हरी प्रसाद टमटा ने हिन्दी साप्ताहिक 'समता' का प्रकाशन आरम्भ किया। यही प्रक्रिया स्वतंत्रता के बाद भी जारी रही। बुद्धिवादी चन्द्रिका प्रसाद 'जिज्ञासु' ने 1937 ई. में 'नवजीवन' नाम से अखबार निकाला। उन्होंने सन् 1957 में बहुजन कल्याण प्रकाशन की स्थापना की थी।[13] वर्ष 1957 में दयानन्द व्यास द्वारा हिन्दी साप्ताहिक 'सिंघनाद' का प्रकाशन आरम्भ किया गया। सन् 1957 में पेरियार ललई सिंह गहन अध्ययन, दुर्लभ साहित्य संग्रह और लेखन प्रारम्भ करते हैं। दुर्लभ पुस्तकों की पुन: छपाई प्रसार हेतु उन्होंने मार्च, 1958 ई. को चैत्य अष्टमी को बौद्ध सम्राट अशोक की जयन्ती के अवसर पर गुईन रोड, अमीनाबाद, लखनऊ में अशोक प्रेस[14] की स्थापना की। 17 सितम्बर, 1961 ई. को 'सस्ता प्रेस' की स्थापना की।[15] इस मिशनरी प्रेस की स्थापना और पुस्तकों की छपाई के बाद अब उनके प्रकाशन और वितरण की समस्या आई। जिस पर उन्होंने 14 अप्रैल, 1960 ई. को लखनऊ में ही 'अशोक पुस्तकालय' नाम से एक प्रकाशन की व्यवस्थित शुरुआत किया।[16] उनका प्रेस और प्रकाशन लखनऊ में प्रारम्भ हुआ। लखनऊ से अलीगढ़, झींझक, झकरकटी में लगा। सबसे अधिक समय तक झींझक में रहा। उनका यह 'प्रकाशन' ऐतिहासिक सिद्ध हुआ। छेदीलाल साथी सन् 1960 में 'बहुजन' पाक्षिक का सम्पादन प्रारम्भ करते हैं।[17] सन् 1962

में अलीगढ़ के एक स्वतंत्रता सेनानी श्री सेवाराम महाशय द्वारा 'जमीन के तारे' की शुरुआत की गई। इसका सम्पादन मिश्रीलाल दीपक द्वारा किया गया, जिन्होंने स्वयं सन् 1966 में 'भीम प्रिंटिंग प्रेस' की स्थापना की थी। सन् 1966 में बलबीर सिंह आजाद ने बुलन्दशहर से 'शोषित पुकार' नामक समाचार पत्र की शुरुआत की। जिसकी हजार मुद्रित प्रतियाँ छपती थीं। 2 मार्च, 1968 ई. को प्रो. रमेश प्रसाद सिंह ने 'शोषित' (साप्ताहिक) पटना से प्रकाशित किया है।[18] जगदेव प्रसाद इसके संस्थापक प्रधान सम्पादक थे।[19] यह समाचार पत्र आगे चलकर शोषित समाज दल का मुख-पत्र होता गया। 'डेहरी-पड़ाव' नामक स्थान पर 'शोषित समाज दल' का तीन दिवसीय राष्ट्रीय सम्मेलन को साप्ताहिक ने अंक के रूप में प्रकाशित किया[20] जो दल के कार्यालय से प्रकाशित होता था। सन् 1968 में अलीगढ़ से 'स्वाधीन भारत' नामक साप्ताहिक समाचार पत्र निकलना शुरू हुआ।[21] 1 जून, 1969 ई. को महामना रामस्वरूप वर्मा ने 'अर्जक साप्ताहिक' का सम्पादन प्रारम्भ किया[22] जिसके सम्पादक चौधरी महाराज सिंह भारती भी रहे। इस प्रकार उत्तर भारत की राष्ट्रनिर्माण की अनेक विभूतियाँ समाचार पत्र प्रकाशित करती हैं। अपना मुद्रण खोलती हैं।

सन् 1960 ई. में पेरियार ललई सिंह अलीगढ़, उ.प्र. में 'अशोक प्रेस' स्थापित किया। इनके लगातार चल रहे सामाजिक-सांस्कृतिक आन्दोलनों की चेतना को देखते हुए, डॉ. छेदीलाल साथी ने प्रेस और प्रकाशन को लखनऊ में स्थापित करने के लिए विशेष अनुरोध किया, जिसे इन्होंने स्वीकार करते हुए 1970 ई. में लखनऊ में 'सस्ता प्रेस' और 'अशोक पुस्तकालय' प्रकाशन स्थापित किया किन्तु उस आबोहवा में उनका मन रमा नहीं जिस कारण वे पुनः सन् 1971 ई. में 'सस्ता प्रेस' और 'अशोक पुस्तकालय' प्रकाशन के साथ ही झींझक, कानपुर चले आए। 13 जून, 1982 ई. को उन्होंने 'पेरियार प्रेस'[23] की स्थापना झींझक, कानपुर में की। उस समय उनकी उम्र 71 वर्ष की थी। समय और आवश्यकता के अनुसार ये प्रेस और प्रकाशन देश के विभिन्न गाँवों, कस्बों और शहरों—अलीगढ़, लखनऊ और कानपुर आदि जगहों पर स्थापित-विस्थापित होते रहे।

इस अशोक पुस्तकालय की सोच और विजन राष्ट्रीय और अन्तरराष्ट्रीय स्तर की थी जिसमें राष्ट्रीय स्तर पर इसकी पहुँच—कानपुर, मध्य प्रदेश से होते हुए गुजरात से बंगाल तक की थी तो जम्मू-कश्मीर से तमिलनाडु तक थी। साथ ही, इस अशोक पुस्तकालय की अन्तरराष्ट्रीय पहुँच थी, जिसमें—ब्रिटेन, फ्रांस, जर्मनी, न्यूजीलैंड, स्विट्जरलैंड आदि देशों के अनुसन्धानकर्ता और अध्येता सम्मिलित थे।[24] इससे हम अन्दाजा लगा सकते हैं कि उस देश-काल में भारत में चल रही मौन क्रान्ति की अन्तरराष्ट्रीय पहुँच थी।

11 अप्रैल, राष्ट्रपिता जोतिबा फुले का जन्मदिन है। 14 अप्रैल, बाबा साहब डॉ. अम्बेडकर का जन्मदिन है। 17 सितम्बर, पेरियार ई.वी. रामास्वामी का जन्मदिन।

इससे पेरियार ललई सिंह की अपनी महान विभूतियों को स्मृति में बसाए रखने की सोच और विश्वदृष्टि का पता चलता है। इस खास दृष्टि से वे अपने समाज का निर्माण कर रहे थे। इस प्रकाशन और दोनों प्रिंटिंग प्रेस का एक ही उद्देश्य था कि इस देश की आदिनिवासी चेतना के चिन्तकों, साहित्यकारों की पुस्तकों को सस्ती कीमत पर छापकर साधारण जनता के लिए उपलब्ध कराना जिससे समाज में सामाजिक-सांस्कृतिक और राजनीतिक चेतना का निर्माण हो सके। सन् 1986 के बाद हाई-कमांडर ने इस प्रेस और प्रकाशन को 84/172 झकरकटी, जी.टी. रोड़, कानपुर में भी स्थापित किया किन्तु इसका संचालन झींझक और झकरकटी दोनों जगह से सतत होता रहा।

यहाँ पर प्रेस कुछ साल चला। इन दोनों प्रेस से सैकड़ों किताबें छपीं, पैम्फलेट्स, पोस्टर, बैनर आदि छपे और बहुत सारी आवश्यक सामग्रियों को यहाँ संगृहीत, सम्पादित और प्रकाशित किया गया। यह प्रकाशन, प्रेस और ट्रस्ट उनके निर्वाण सन् 1993 के बाद अर्थात् सन् 1996 तक चलते रहे। हाई-कमांडर, मूल निवासी योद्धा के अस्वस्थ और वृद्ध हो जाने और खून की उल्टी अधिक होने के कारण जैसे रोते हुए हाई-कमांडर ने सन् 1986 में प्रकाशन, प्रेस को अपने शुभचिन्तक साथियों को इस उम्मीद के साथ सप्रेम भेंट कर दिया कि वो लोग सत्तामूलक समाज निर्माण के मिशन को आगे बढ़ाएँगे। इस प्रकाशन में पेरियार ललई सिंह ने बहुत सारे दुखियों, शोषित, दलित और पिछड़े वर्ग के लोगों को और राष्ट्र निर्माण की भावना से नौकरी दे रखी थी। वे स्वयं लिखते हैं, 'मैंने कई पढ़े-लिखे गरीबों को प्रिंटिंग प्रेस का काम सिखाया। उनमें से किसी ने सरकार से कर्ज लेकर अपना खुद का प्रिंटिंग प्रेस खोल लिया तो कोई अन्य प्रिंटिंग प्रेस में नौकरी करने लगे। कइयों ने अपना प्रेस खोल लिया।'[25]

सन् 1957 ई. में उन्होंने झींझक कस्बे में 'अशोक प्रेस' को स्थापित किया था। उसके आस-पास के जवार और जनमानस पर इसका गहरा सांस्कृतिक प्रभाव पड़ा। उसकी वजह से 'सस्ता प्रेस' के बाद पेरियार ललई सिंह ने 1970 ई. में हुबलाल आजाद को कहकर 'भारत प्रेस' खुलवाया। इसके बाद उनके पुत्र जयबीर सिंह से सन् 1985 ई. में 'जयबीर प्रेस' खुलवाया। इसके पूर्व दुलारे लाल से कहकर सन् 1984 ई. में 'संजय प्रेस' खुलवाया। 'संजय प्रेस' इनके पुत्र संजय कुमार के नाम खुला। संजय कुमार से हुई बात-चीत में उन्होंने कहा कि 'संजय प्रेस' पेरियार ललई सिंह की देन है। उन्होंने मेरे पिता दुलारे लाल से कहकर संजय प्रेस खुलवाया। यदि वे न होते तो आज संजय प्रेस न होता।' इन सभी लोगों को उन्होंने अपने सस्ता प्रेस में पहले प्रिंटिंग करना सिखाए फिर इन सबका स्वतंत्र प्रेस खुलवाया। आज सन् 2020 ई. में झींझक, कानपुर में कई प्रेस लगे हुए हैं। इसमें कुछ के नाम निम्नलिखित हैं—'भारत प्रेस', 'संजय प्रेस', 'जयबीर प्रेस', 'कम्प्यूटर इंडिया प्रिंटिंग प्रेस', 'आलिया प्रिंटिंग प्रेस', 'भगवती प्रिंटर्स', 'श्री कम्प्यूटर प्रेस', 'अग्निहोत्री प्रेस' आदि।[26]

पेरियार ललई सिंह ने साधारण जनमानस में सामाजिक-सांस्कृतिक चेतना निर्माण हेतु अशोक पुस्तकालय और सस्ता प्रेस स्थापित किया था। इस प्रकाशन के खोलने का एक और महत्त्वपूर्ण कारण था कि पेरियार ललई सिंह की मिशनरी आदिनिवासी चेतना से लिखी गई पुस्तकें या इस चेतना से लिखी गई किसी भी विद्वान की कोई भी किताब वर्चस्ववादी प्रकाशक, प्रकाशित करने के लिए तैयार नहीं थे। इसलिए इन्होंने समतावादी बौद्धधर्मी सम्राट 'अशोक' के नाम पर स्वयं प्रकाशन खोला, जिसने सम्पूर्ण भारत में जाति और वर्ण-व्यवस्था का आमूल-चूल सर्वनाश करते हुए भारत को 'समता' का प्रबुद्ध देश बनाया था। अपने प्रकाशन का नाम 'अशोक पुस्तकालय' रखते हुए इन्होंने उसी चेतना का निर्वहन किया। वैसे ही 'अशोक पुस्तकालय' का मूलभूत उद्देश्य था—इस देश के घर-घर में चेतना युक्त किताबों के साथ जन जागृति का प्रचार-प्रसार करना।

उनकी सोच थी कि हम इस देश के घर-घर में पुस्तकालय खोलकर सामाजिक-सांस्कृतिक चेतना से युक्त समता का समाज निर्माण कर सके हैं, जो अन्धविश्वास, कर्मकांड, जातिवाद, वर्णवाद और मनुवाद से पूर्णत: मुक्त समता का समाज होगा। इस निर्माण कार्य में किताबों की कितनी बड़ी भूमिका होगी और उसका हर घर में होना कितना जरूरी है। इस पर वे लिखते हैं, दक्षिण भारत के प्रत्येक घर में व्यक्तिगत घरू पुस्तकालय और प्रत्येक ग्राम तथा शहर के बड़े-बड़े मोहल्लों में चन्दा द्वारा सार्वजनिक पुस्तकालय खोले गए हैं। इसलिए वे अपने अधिकारों के प्रति विशेष सजग हैं। अत: आप लोग भी अपने-अपने घरों पर व्यक्तिगत घरू पुस्तकालय तथा ग्रामों व शहरों के बड़े-बड़े मोहल्लों में चन्दा द्वारा सार्वजनिक पुस्तकालय अतिशीघ्र खोलें तभी भला होगा—'माइंड रूल' अर्थात् 'दिमाग शासन करता है'—तो दिमाग किताबों में है।'[27] इस तरह पेरियार ललई सिंह का मिशनरी अशोक पुस्तकालय समाज और राष्ट्र निर्माण हेतु चलता है।

इस प्रकाशन की पुस्तकें वे स्वयं विभिन्न जगहों पर 'अशोक पुस्तकालय' का स्टॉल लगाकर बेचते थे। साथ ही फुले, अम्बेडकर, पेरियार आदि की जयन्ती पर वे भी विभिन्न जगहों पर स्टॉल लगाते थे। देश के सभी राज्यों में घूमते हुए 82 साल की उम्र में पेरियार ललई सिंह 20 से 25 केजी तक पुस्तकों का भार अपने कन्धे पर उठाए पहुँच जाते थे। कानपुर, लखनऊ, दिल्ली, हिमाचल, हरियाणा, पंजाब, जम्मू-कश्मीर, मध्य प्रदेश, गुजरात, महाराष्ट्र, उड़ीसा, बिहार, आन्ध्र प्रदेश, तमिलनाडु...आदि जगहों पर बहुजन चेतना के कार्यक्रमों में अपने प्रकाशन के साथ पहुँचे रहते थे। उनके 'अशोक पुस्तकालय' से 101 पुस्तकें प्रकाशित थीं, जिनके सम्पूर्ण देश में 26,000 पाठक थे।[28] इस आदिनिवासी चेतना के समर्पण का ये आलम था कि उन्हें अपने पिता चौधरी गज्जू सिंह की विरासत से 71 बीघे जमीन मिली थी। अपने पिता की इकलौती सन्तान थे। इनके हिस्से आई जमीन में आम,

अमरूद, कटहल, आँवला आदि फलों की कई बीघे की बागान भी शामिल थी। सर्वस्व इन्होंने मिशन में लगा दिया। भूमिहीन अजब पाल को कुछ बीघा जमीन दान में दे दी। भूमिहीन कैलाश दुबे और सुरेश दुबे को कुछ बीघा जमीन दे दी। कुछ जमीन भूमिहीन दलितों में बाँट दी। अपना 'घर' और 'बाग' अपने परिजन को दे दिया। बची हुई जमीन अशोक पुस्तकालय के नाम कर दी। उनका यह मिशनरी त्याग इतिहास में सदा याद रखा जाएगा।

यह ऐतिहासिक परिघटना और महान करुणा भाव है कि जिन पुरोहित ब्राह्मणों ने ईश्वर, वेद, पुराण, स्मृति, शास्त्र, कर्मकांड, श्राध्य और वर्ण, जाति, अस्पृश्यता की परिकल्पना आदि की जो इस देश के मूल मनुष्यों की दुर्गति और प्रवंचना का आधारभूत कारण बना, उनकी भी पेरियार ललई सिंह मानवीय मुक्ति चाहते हैं। यह उस विभूति के विराट व्यक्तित्व और राष्ट्रनिर्माता होने का परिचायक है। साथ ही यह उनकी समता की मानसिकता और करुणा की भावना की विश्वदृष्टि को परिलक्षित करता है।

इस कारुणिक मन पर जोतिबा फुले की सहज ही याद आती है जो सवर्ण विधवाओं द्वारा जन्मे बच्चों के लिए जचगी केन्द्र खोलते हैं। यह सवर्ण जातियों की समस्या थी। अवर्ण जातियों में विधवा-विवाह का प्रचलन था। ऐसी मानवीय सोच की थीं ये बहुजन विभूतियाँ।

'रॉकेट ऑफ डॉ. अम्बेडकर' और 'रॉकेट ऑफ पेरियार ललई सिंह'

मूलनिवासी योद्धा पेरियार ललई सिंह एक सचेत सांस्कृतिक योद्धा थे। वे वास्तव में सांस्कृतिक युद्ध लड़ रहे थे। वे समाज में सतत सामाजिक, सांस्कृतिक चेतना तैयार कर रहे थे। इसी कारण महान बहुजन विभूतियों के विचारों का पैम्फलेट-गुच्छा बना कर लोगों के बीच बाँटते थे। वो जहाँ भी आते-जाते अपने साथ डॉ. अम्बेडकर के विचारों और वक्तव्यों का एक पैम्फलेट हर समय साथ लेकर चलते थे। एक छोटे से गत्ते पर 'डॉ. अम्बेडकर और पेरियार ललई सिंह' के कई सारगर्भित वैचारिक वाक्य लिखे होते थे, जैसे—'॥ नमो बुद्धाय॥' 'रॉकेट ऑफ डॉ. अम्बेडकर'[29], 'शिक्षित बनो, संगठित रहो अधिकारों के लिए संघर्ष करो।' 'जिस धर्म में आपकी मानवता का कोई मूल्य नहीं, उस धर्म में क्यों रहते हो—संसार सुखमय बनाना है तो धर्मान्तरण कीजिए।' इसी तरह 'रॉकेट ऑफ पेरियार ललई सिंह'[30] पैम्फलेट पर भी लिखा होता था—'सामाजिक अपमान गरीबी से अधिक खटकता है।' या 'अधिकार माँगे नहीं, छीने जाते हैं।'—'पेरियार ललई सिंह' और 'समता, बन्धुता व स्वतंत्रता युक्त बौद्ध धर्म में आपका धार्मिक, सामाजिक, आर्थिक एवं राजनीतिक अधिकार आदि हर प्रकार से सुरक्षित है—14 अप्रैल,

सन् 1982 मूल्य पच्चीस पैसा।[31] इसी प्रकार की मानववादी सांस्कृतिक चेतना के निर्माण की अपील जारी करते थे, जिसमें वे लिखते हैं—'लाखों हिन्दू करोड़ों पैम्फलेट्स संतोषी माता व श्री कृष्ण (तिरुपति बालाजी) और मुसलमान खुदा का ऐलान छापते हैं। अत: आप सभी भी स्वत: या मित्रों के सहयोग से एक हजार या अधिक पैम्फलेट्स 'राकेट ऑफ डॉक्टर अम्बेडकर' अपनी भाषा या हिन्दी में छपवा कर परम पूज्य बाबा साहब के कारवाँ को आगे बढ़ाएँ। दस प्रतियाँ मुझे भेजें। धन्यवाद!—पेरियार ललई सिंह।[32] पेरियार ललई सिंह के ऐसे अनेक प्रकार के वैचारिक वक्तव्य होते थे। यह अशोक पुस्तकालय से प्रकाशित होता था। उनका सामाजिक, सांस्कृतिक चेतना तैयार करने का यह लाजवाब तरीका था। यह उनके सामाजिक जीवन मिशन का अभिन्न अंग था।

पेरियार ललई सिंह जमीन पर उतरकर जन-आन्दोलन करने में सदा विश्वास रखते थे। उनका सेमिनारों से कई गुना अधिक विश्वास जमीन पर उतर कर जनता के बीच सभाओं, जन आन्दोलन करने में था। वे चाहते थे कि जनता में जनचेतना अर्थात् राजनीतिक-सामाजिक-सांस्कृतिक चेतना पैदा की जाए। उसे उसके अधिकारों का एहसास कराया जाए। यह बताया जाए कि अधिकारों को पाने के लिए संघर्ष करना पड़ता है। खून बहाना पड़ता है। अधिकारों और अर्थ अर्थात् पूँजी को वर्चस्ववादियों के हाथ से माँगना नहीं क्रान्ति द्वारा छीनना पड़ता है। इसलिए वे अक्सर यह कहा करते थे, 'अधिकार माँगे नहीं छीने जाते हैं।'[33] यह उनका दृढ़ विश्वास था। इस कारण वो जनता को इसी चेतना से लैश करते थे।

जन आन्दोलन लोकतंत्र की धड़कन होते हैं। इस कारण वे जन आन्दोलनों को इतना अधिक महत्त्व देते थे। आन्दोलन के दिन आन्दोलन स्थल पर सुबह-सुबह ही पहुँच जाते थे। घर से यदि नास्ता या भोजन आदि में थोड़ी भी देर होती थी तो बोलते कि 'बस आटा थोड़ा सा सेंककर रोटी बना दो। घी लगा दो। उसके साथ नमक या कच्ची लौकी लिये खाते हुए आन्दोलन स्थल पर पहुँच जाते थे।[34] पेरियार ललई सिंह ने वर्णवाद, पुरोहितवाद, जातिवाद, अस्पृश्यता के आमूल-चूल उन्मूलन की शुरुआत हिन्दुत्व के गढ़ गाँवों से की। अपनी नास्तिक मूल की वैचारिकी के साथ वे भारत के गाँवों से आन्दोलन, प्रबोधन और नवजागरण को शुरू करते हैं। जिसमें सत्तामूलक समाज बनाने का स्वप्न होता है। उनकी आन्दोलन भूमि के ये गाँव एकदम शिक्षा शून्य और पुरोहितवाद की हृदय भूमि होते हैं। जहाँ से वर्ण, जाति और अस्पृश्यता की भावना निर्मित, अनुप्राणित और प्रत्यस्थापित होती है। ये गाँव वर्ण और जाति व्यवस्था के केन्द्र हैं। इसी कारण वर्णाश्रमी आस्था के ये गाँव गांधी को अत्यन्त प्रिय थे। वे कहा करते थे, इस देश की आत्मा गाँवों में बसती है।[35] मनुवादी गांधी भारत की आत्मा वर्ण-जाति व्यवस्था को मानते हैं। जो

इस देश के गाँवों में आज भी सतत प्रवाहित हैं। इस कारण गांधी को भारत के गाँव स्वर्ग जैसे लगते थे। वहीं अम्बेडकर इस देश के गाँवों को वर्ण-जाति और अस्पृश्यता का केन्द्र मानते थे। जहाँ से प्रत्येक प्रकार की अमानवीयता का प्रस्फुटन होता है। इसी कारण अम्बेडकर को भारत के गाँव अप्रिय और शहर प्रिय थे।[36] इन्हीं अप्रिय गाँवों से पेरियार ललई सिंह अपने आन्दोलनों की शुरुआत करते हैं। समतामूलक समाज बनाने के लिए सतत नवजागरण करते हैं। जन-जन में मानव समता की चेतना की निर्मिति के लिए मूल सांस्कृतिक जागरण के आन्दोलन करते हैं। गाँव-गाँव घूम-घूमकर घर-घर जाकर लोगों के साथ बैठकर मानव समता के बारे में बातें करते, समझाते। कुछ लोगों के मानसिक रूप से तैयार हो जाने के बाद अगले चरण में वहाँ सभाएँ करते। इस प्रकार वे आधुनिक भारत का निर्माण कर रहे थे। उत्तर भारतीय जनमानस को प्रबोधन और नवजागरण की चेतना से युक्त कर रहे थे। यही वो सोच है जो उन्हें आधुनिक भारत के निर्माता के रूप खड़ा करती है।

पेरियार और उनका उत्तर भारतीय सांस्कृतिक आन्दोलन

पेरियार इरोड वेंकट रामास्वामी सम्पूर्ण जीवन आदिनिवासी अनार्य द्रविड़ जनता के हक के लिए लड़ते रहे। इनका जन्म ग्राम-मालीगाई, पोस्ट-पुथुर, इरोड, जिला—तिरुचिरापल्ली, तमिलनाडु में 17 सितम्बर, 1879 ई. को हुआ था। इनके पिता का नाम वेंकट इरोड नायकर था। इरोड इनकी स्थानीय जगह थी। इनके पुरखों में नाम के साथ अपनी स्थानीय जगह का नाम रखने का प्रचलन था जिस कारण पेरियार के नाम के साथ 'इरोड' पद जोड़ा गया था। इनकी माता का नाम चिन्ना थयम्मल उर्फ मुथम्मल था। पेरियार का विवाह 13 वर्ष की उम्र में सन् 1898 ई. में नगम्मल से हुआ था।

पेरियार सन् 1904 ई. में वाराणसी पहुँचे। यहाँ वे डेढ़ वर्ष रहे। इस वाराणसी के बारे में श्रुति आधार पर कहा जाता है, इस जगह पर राजा वाणासुर अर्थात् वाण नाम के असुर राजा ने अपने नाम पर वाण असुर नगर बसाया, जिसकी वस्तुशास्त्रीय बुनावट और बसाव सिन्धु सभ्यता पर आधारित था। यह असुरों का नगर था। वाण असुर नगर धीरे-धीरे स्वराघात होते-होते वाराणसी हो गया। अब अपभ्रंश रूप 'वाराणसी' ही सम्बोधन हेतु शेष है। आज यह सरलीकृत रूप में बनारस नाम से भी पुकारा जाता है। वास्तव में, पेरियार 1904 में अपने महान असुर पुरखों की भूमि को चूमने, देखने और अनुप्राणित होने आए थे। आक्रान्ता आर्यों द्वारा असुरभूमि उत्तर भारत पर अधिग्रहण अभियान चलाकर आधिपत्य जमाने के बाद से वाराणसी अर्थात् काशी एक प्रसिद्ध हिन्दू तीर्थ-स्थल रूप में जाना जाता

है। जहाँ हिन्दू धर्म की कई प्रसिद्ध धर्मशालाएँ हैं, जिसमें स्पष्ट वर्णाश्रमी-नस्लवादी मानसिकता का स्पष्ट विभाजन है। यहाँ की धर्मशालाओं में सम्पूर्ण भारत के ब्राह्मणों को नि:शुल्क भोजन करने का विशेषाधिकार प्राप्त है किन्तु गैर-ब्राह्मणों को यह विशेषाधिकार प्राप्त नहीं है। इसमें वर्ण और जाति आधार पर प्राप्त निर्धारित अधिकार के आधार पर धन देकर आप भोजन और रात्रि विराम कर सकते हैं किन्तु इसकी पवित्रता को आप लेशमात्र भी प्रभावित नहीं कर सकते हैं। काशी में पेरियार एक धर्मशाला में भोजन करने गए, जहाँ उनसे उनका गोत्र और वर्ण, जाति और दिशा आदि पूछी गई। वे काले रंग के थे ही। उन्होंने स्वयं को दक्षिण भारत का नायकर द्रविड़ बताया। इस पर धर्मशाला के पुरोहित ने उन्हें वहाँ से डाँटते हुए भगाया। जबकि उस धर्मशाला के मुख्य गेट पर स्पष्ट लिखा हुआ था कि 'इस धर्मशाला का निर्माण द्रविण वर्ण के व्यवसायी ने करवाया है।' पेरियार स्वयं तमिलनाडु के एक महान द्रविण व्यवसायी के पुत्र थे। इस कारण उनके मन में इस परिघटना से गहरा आघात लगा। वे सोचने लगे कि एक द्रविड़ व्यक्ति द्वारा निर्मित धर्मशाला में ही एक द्रविड़ व्यक्ति भोज नहीं कर सकता है। इसका मुख्य कारण था पुरोहित अर्थात् ब्राह्मण वर्चस्व का होना। यहीं से पेरियार पुरोहित, ब्राह्मण और हिन्दू धर्म से विमुक हुए और द्रविड़ नस्ल के लिए गैर-ब्राह्मण आन्दोलन चलाना शुरू किया। इनका आन्दोलन केवल ब्राह्मण जाति, हिन्दू मिथक-धर्म और संस्कृति के वर्चस्व के विरुद्ध सामाजिक परिवर्तन के रूप में शुरू हुआ जिसका परिणाम यह रहा कि दक्षिण भारत में पुरोहित अर्थात् ब्राह्मण वर्चस्व की कमर टूट गई और बाकी सभी जातियों और नस्लों को पेरियार ने गैर-ब्राह्मण द्रविड़ नस्ल की परिधि में खड़ा करते हुए आन्दोलन को प्रचंड कर दिया। इसी कारण उन्हें भारत की जनता ससम्मान 'पेरियार' अर्थात् 'महान' कहती है।

पेरियार के पिता ई.वी.आर. इरोड के एक समाज सेवी व्यक्तित्व थे। वे सन् 1905 ई. में इरोड में फैले घटक और संक्रामक प्लेग से सैकड़ों लोग पीड़ित हो जाने से बहुतों को दवा आदि देते थे। उनकी साफ-सफाई का प्रबन्ध करते जिससे वे ठीक हो सकें। यदि पीड़ित की मृत्यु हो जाती तो उनका दाह-संस्कार आदि करते थे। यह सब कुशाग्र बुद्धि के बालक पेरियार की आँखों के सामने हो रहा था। इस कारुणिक कार्य का पेरियार के बाल मन पर गहरा असर पड़ा। यहीं से उनकी समाज और राष्ट्र सेवा की भावना निर्मित हुई। वे जीवन में प्रगति के साथ सन् 1918 में इरोड नगरपालिका के चेयरमैन बने। सन् 1919 में वरदराजुलु नायडू और श्री राजगोपालाचारियार के अनुरोधात्मक दबाव पर और गांधी के विशेष अनुरोध पर भारतीय राष्ट्रीय कांग्रेस में शामिल हो गए। उनके असहयोग आन्दोलन, जो ब्रिटिश साम्राज्य के विरोध में चल रहा था, के आह्वान पर पेरियार ने 29 सार्वजनिक पदों से इस्तीफ़ा दे दिया। 1920 ई. में इरोड में पहली बार

लगी धारा 144 को तोड़ा और गिरफ्तार हुए। सन् 1920 में महात्मा गांधी पेरियार के घर आए। यहाँ पेरियार की पत्नी नागाम्मल और बहन कन्नमल ने गांधी से शराब पीते पुरुषों द्वारा अपनी पत्नियों को प्रताड़ित किए जाने पर विस्तार से चर्चा की। जिसे बन्द करने हेतु आन्दोलन करने के निर्णय पर बात समाप्त हुई। गांधी जी ने इसका गम्भीरता से संज्ञान लेते हुए घोषणा की कि भारतीय राष्ट्रीय कांग्रेस पार्टी के लोगों को देशभर में शराब-ताड़ी की दुकानों के सामने प्रदर्शन करना चाहिए और ब्रिटिश सरकार से माँग करनी चाहिए कि वह शराबबन्दी कानून लागू करें।[37] 1921 में पेरियार ने इरोड में ताड़ी की दुकानों के सामने प्रदर्शन किया। वे गिरफ़्तार हुए। एक महीने की कैद हुई। सन् 1922 में उनकी बहन कन्नमल और पत्नी नागाम्मल ने ताड़ी और शराब की दुकानों के सामने हजारों स्त्रियों के साथ प्रदर्शन किया। इसे बन्द कराते हुए ब्रिटिश सरकार से पुरजोर माँग की। पेरियार ने अपने अर्थ उद्योग के सबसे बड़े व्यावसायिक स्रोत ताड़ के पाँच सौ वृक्षों को कटवा डाला। सन् 1922 में पेरियार तमिलनाडु प्रान्तीय कांग्रेस पार्टी के अध्यक्ष हुए। 11 अप्रैल, 1922 ई. में ही तिरुपति, तमिलनाडु में अखिल भारतीय कांग्रेस पार्टी के प्रान्तीय सम्मेलन में उन्होंने प्रस्ताव रखा कि 'द्रविड़ नस्ल के लोगों को पूजा, मन्दिर प्रवेश और मन्दिर के आस-पास से गुजरने की अनुमति होनी चाहिए।' पेरियार की रूहानी समानता की इस माँग पर कांग्रेस में बैठे ब्राह्मण भड़क गए। उन ब्राह्मणों ने पेरियार की इस माँग का पुरजोर विरोध किया। उनका स्पष्ट तर्क था कि इसका देश की स्वतंत्रता से कुछ भी लेना-देना नहीं है। यह हमारी पुरोहिती-धर्म-संस्कृति के खिलाफ है, जिसकी हम सब निन्दा करते हैं। इस पर क्रोधित असुर पुत्र पेरियार ने वहीं स्पष्ट कहा—तुम्हारी पूजा, पुजारी, पुरोहिती, मन्दिर, मिथक, धर्म संस्कृति को जला कर मैं राख़ कर दूँगा। अब हम द्रविड़ नस्ल के लोग रामायण और मनुस्मृति को दिन-दहाड़े जलाएँगे क्योंकि ऐसे ग्रंथ ही तुम्हारी इस सोच के मुख्य स्रोत हैं। इन पुस्तकों का प्रयोग ब्राह्मण धार्मिक हथियार के रूप में करता है। इस हथियार से ही द्रविड़ नस्ल के लोगों का संहार करता है।[38] इसी बीच जस्टिस पार्टी ने एक सरकारी अधिनियम पास किया जिसके तहत हिन्दू मन्दिरों में ब्राह्मणों द्वारा किया जानेवाले शोषण को समाप्त किए जाने का प्रावधान किया गया। जिसका पेरियार ने पूर्ण समर्थन किया। सन् 1924 तक वायकॉम के मन्दिर के आस-पास से अछूत-दलित जातियों के चलने पर प्रतिबन्ध था जिसके खिलाफ पेरियार ने 1924 में आन्दोलन कर दिया। इस आन्दोलन में कई हजार लोग आए थे। इस आन्दोलन से पुरोहित ब्राह्मणों द्वारा स्थापित इस नैतिक-सामाजिक संहिता को पेरियार ने एक झटके में ही ध्वस्त कर दिया। इस आन्दोलन में हजारों की संख्या में अछूत-दलित-महिलाएँ आईं। और इन लोगों ने पेरियार को वायकॉम के 'नायक' की उपमा से विभूषित किया।

दक्षिण भारत में जस्टिस पार्टी की स्थापना 1911 ई. में हुई। यह एक महान पहल थी। इसके संस्थापक सदस्य थे—1. सी. नटेशन मुदलियार, 2. पी. थियागराज चेट्टियार, 3. टी.एस. नायर। इस पार्टी ने सन् 1916 में आत्मसम्मान आन्दोलन प्रारम्भ किया। सवाल था—जनसंख्या के अनुपात में प्रतिनिधित्व। इस सवाल का मुख्य कारण था—दक्षिण भारत में 3 प्रतिशत ब्राह्मणों सरकारी नौकरियों में 94 प्रतिशत पदों पर काबिज होना। इसे आत्म का सम्मान का विषय बनाते हुए इसके विरोध में आत्मसम्मान आन्दोलन शुरू हुआ किन्तु इस आन्दोलन को पूरे दक्षिण भारत में आग की तरह प्रवाहित आन्दोलित किया महनायक पेरियार साहब ने।

वे द्रविड़ आरक्षण के लिए 1920 ई. में प्रस्ताव लाए और इसको लेकर बड़ा आन्दोलन करते हैं। पेरियार ने सन् 1925 में कांग्रेस से त्याग-पत्र दे दिया। 2 मई, 1925 ई. को पेरियार ने 'कुडी अरासु' नाम से एक तमिल साप्ताहिक पत्रिका का प्रकाशन प्रारम्भ किया। इसके साथ ही 2 मई, 1925 ई. को ही 'आत्मसम्मान' आन्दोलन को नव मौलिक तमिल नवजागरण के साथ शुरू करते हैं।[39] यहीं से पेरियार ई.वी. रामास्वामी द्रविड़ों और आर्यों के बीच चल रहे नस्लीय संघर्ष की स्पष्ट रेखा खींचते हैं। अब वे द्रविड़ नस्ल की वर्गीय चेतना के निर्माण के लिए आगे बढ़ते हैं। उसके बाद से वे स्थायी रूप से 'पेरियार इरोड वेंकट रामास्वामी' लिखने लगे। यह 'नायकर' पद दक्षिण भारत का जाति सूचक शब्द है। इस कारण पेरियार ई.वी. रामास्वामी ने इसे अपने नाम से सदा के लिए हटा दिया।

पेरियार ने हिन्दू मिथकीय साहित्य रामायण आदि का अध्ययन करके 1 जनवरी, 1930 ई. को 'रामायण : पादीरंगल' नाम से तमिल भाषा में किताब लिखी।[40] जिसमें अभिव्यक्त अपनी सोच और विजन से उत्तर भारत को भी प्रबोधित करते हैं। वे 12 अक्टूबर, 1930 को उत्तर भारत में भाषण देने आए। पेरियार को मूलनिवासी मनुष्यों को सम्बोधित करने के लिए बक्सर, बिहार में कुछ सचेत लोग बुलाते हैं। पेरियार को सुनने सरदार जगदेव सिंह आदि लोग गए थे।[41] महानायक पेरियार का यह प्रबोधन उत्तर भारतीय जनमानस के लिए प्रभावकारी और ऐतिहासिक सिद्ध हुआ। इस चेतना के बाद 30 मई, 1933 को गर्भे, रोहतास, बिहार में 'त्रिवेणी संघ' की स्थापना हुई।[42] जिसमें पेरियार की वैचारिकी का पूरा प्रभाव दीखता है। इस संघ के मुख्य नेता सरदार जगदेव सिंह थे। इसी कारण सरदार जगदेव सिंह को त्रिवेणी संघ की 'माता' कहा गया।[43] कारण कि त्रिवेणी संघ को उन्होंने अपनी सोच से एक माँ की तरह जन्म दिया। त्रिवेणी संघ ने प्रवंचित शोषित मनुष्यों में आत्मसम्मान की चेतना की अलख जगाई। उसका स्वप्न था—समतामूलक समाज का निर्माण। पेरियार का यह उत्तर भारत के नवजागरण की चेतना का प्रसार था। वह पेरियार की नास्तिकता की चेतना को लेकर चलता है जिसमें ईश्वर, वेद, वर्ण-

व्यवस्था, पुरोहितवाद, जाति-व्यवस्था, कर्मकांड, अन्धविश्वास आदि का प्रखर विरोध किया जाना था। त्रिवेणी संघ के नेताओं ने वर्ण और जाति व्यवस्था का सीधा विरोध किया। पेरियार के प्रबोधन और आह्वान का प्रभाव हुआ कि प्रवंचित मनुष्यों ने नाम के साथ 'जाति' सूचक शब्द को हटाना प्रारम्भ कर दिया। 1925 में पेरियार ने आत्मसम्मान आन्दोलन शुरू करते हुए अपने नाम के साथ जाति सूचक 'नायकर' शब्द को सदा के लिए हटा दिया। उनकी इस सोच का प्रभाव उत्तर भारत पर पड़ा। जिसमें त्रिवेणी संघ के नेता और कार्यकर्ताओं ने अपने नाम के साथ जाति सूचक शब्दों को हटाया और नाम के साथ 'सिंह' उपनाम लिखना शुरू किया। इसी कारण सरदार जगदेव यादव से सरदार जगदेव सिंह हो गए। इसी प्रकार जो भी अहीर, कुर्मी, कोइरी, गोंड, प्रजापति, दुसाद, चमार, मुसहर आदि जाति के लोग त्रिवेणी संघ के विराट आन्दोलन से जुड़े हुए थे, सभी ने अपने नाम के साथ जाति सूचक पद हटा दिया और अपने नाम के बाद सिंह लिखने लगे। उसका आज भी प्रभाव है कि पूरब के लोग अपने नाम के साथ जाति न लिखकर कोई-न-कोई नाम लिखते हैं। कई जातियाँ अपने नाम के साथ 'सिंह' लिख लेती हैं लेकिन जाति नहीं लिखती हैं।

त्रिवेणी संघ—शिक्षा, सुराज और शान्ति की संयुक्त पहल से आगे बढ़ना शुरू करता है। इसका उद्देश्य—'सबको समान अधिकार दिलाओ।' का था। यह संघ अपनी मूल अवधारणा में स्पष्ट करता है—'अजी! धार्मिक, सामाजिक और राजनीतिक! बिना इन तीनों के त्रिवेणी के कोई उन्नति ही नहीं कर सका क्योंकि इन तीनों में एक-दूसरे का सम्बन्ध है। इन तीनों को मिलाकर त्रिवेणी संगम बना।[44]

पेरियार ने उत्तर भारत में आत्मसम्मान (Self Respect) की चेतना का प्रवाह किया जिसका स्पष्ट प्रभाव त्रिवेणी संघ में है। आत्मसम्मान इस आन्दोलन का एक केन्द्रीय तत्त्व था। साथ ही, व्यक्तित्व और चरित्र निर्माण करना। वर्ण—जाति, छूत-अछूत की भावना का उन्मूलन करना। समतामूलक समाज की स्थापना करना। यह सब इसका एक प्रमुख उद्देश्य था। इसमें रीति-नीति, विवाह आदि प्रत्येक कार्य पुरोहित मुक्त होता था।

पेरियार ने इसी प्रकार अनेक नास्तिक प्रकार की नई तार्किक पद्धतियों का समाज के लिए ईजाद किया। उन्होंने सन् 1930 में हिन्दू धर्म ग्रंथों की गहन समालोचना करते हुए 'रामायण : पादीरंगल' लिखा जिसका हिन्दी अनुवाद 'सच्ची रामायण' होता है। पेरियार ने 1931 में अन्तरराष्ट्रीय यात्राएँ कीं, जिसमें रूस, जर्मनी, इंग्लैंड, फ्रांस, स्पेन तथा कई मध्यपूर्व देश थे। उन्होंने रूस के स्कूल, अस्पताल, औद्योगिक कारखाने, कृषि फॉर्म, मजदूरों की सांगठनिक एकता, अनुसन्धान केन्द्र, कला, साहित्य और सांस्कृतिक संस्थानों का अवलोकन किया। इस विकसित सोच से बहुत प्रभावित हुए।[45] 32,33,35,38 आदि सन् में अनेक सामाजिक, सांस्कृतिक,

राजनीतिक आन्दोलन और असल भारत का निर्माण करते रहे। पेरियार की सन् 1935 में व 1940 ई. में डॉ. अम्बेडकर से मुलाकात हुई। सन् 1940 ई. में द्रविड़नाडु की माँग की। उन्होंने सन् 1944 में 'जस्टिस पार्टी' का नाम 'द्रविड़ कणगम' कर दिया। सन् 1946 ई. में 'ब्लैक शर्ट सम्मेलन' किया। सन् 1947 ई. में द्रविड़नाडु को अलग करने की माँग की। आगे चलकर इसका नाम तमिलनाडु रखने के लिए आन्दोलन कर दिया। 'नाडु' का हिन्दी अर्थ 'राष्ट्र' होता है। आगे उन्होंने और कई महान आन्दोलन किए। उन्होंने तमिल नस्ल को अन्तरराष्ट्रीय पहचान और आत्मसम्मान दिलाया।

पेरियार अर्थात् महान की उपमा ई.वी. रामास्वामी को सन् 1938 में मद्रास में आयोजित 'तमिलनाडु विमेन कान्फ्रेंस' में वीरांगना तमिल औरतों ने दी थी। कारण कि पेरियार के सामाजिक परिवर्तन के आन्दोलनकारी मुद्दों में जेंडर जस्टिस अर्थात् 'लैंगिक समानता' एक प्रमुख मुद्दा था। उनके आन्दोलन के मूल सिद्धान्त थे—ईश्वर, धर्म, वर्ण, पुरोहितवाद, जाति, कर्मकांड, अन्धविश्वास, रूढ़िवाद, लैंगिक असमानता का प्रखर विरोध था। वे स्त्री विरोधी ब्राह्मणवादी पितृसत्ता का स्पष्ट विरोध करते हुए कहते थे, 'स्त्रियाँ स्वयं में स्वतंत्र हैं। वे किसी के अधीन खुद को न स्वीकार करें।' वे एक पतित्व, सतीत्व, चरित्र, विवाह जैसी कथित सामाजिक, नैतिक मान्यताओं को स्त्री दासत्व का परिचायक मानते थे। इसलिए विवाह जैसी सामाजिक संस्था का वे मुखर विरोध करते थे, जिसमें स्त्री-पुरुष के जीवन सम्बन्ध को समझौता माना गया, जिसमें स्त्रियों को सहवास और प्रजनन की बिनाशर्त और असीमित स्वतंत्रता का अधिकार था। वे स्त्री स्वतंत्रता की व्याख्या करते हुए कहते थे, 'यदि स्त्रियों को बच्चे पैदा करने से उनकी स्वतंत्रता में बाधा लगे तो उन्हें बच्चों को जन्म देना बन्द कर देना चाहिए।' वे स्पष्ट कहते थे कि बच्चा पैदा करने का अधिकार केवल स्त्रियों को है। वे बच्चे चाहती हैं या नहीं और चाहती हैं तो किसका और कब? यह सब तय करने का अधिकार स्त्रियों का है।' स्त्री सन्दर्भ में पेरियार ने 'व्हाट द वुमन वाज एन स्लेव्ड' नामक महत्त्वपूर्ण किताब लिखी थी। यह पेरियार के जेंडर जस्टिस अर्थात् लैंगिक न्याय की अवधारणा है। इसी सोच के कारण उन्होंने अपनी वैचारिक, सांगठनिक और भौतिक विरासत की अथक लड़ाई को एक युवा स्त्री को सौंपा।[46] इससे नई सामाजिक-सांस्कृतिक मान्यताओं को लेकर नई तार्किक पद्धति से विवाह प्रारम्भ हुआ।

पेरियार इरोड वेंकट रामास्वामी दक्षिण भारत में आर्य संस्कृति के मिथक आधारित वर्चस्व के विरुद्ध सांस्कृतिक युद्ध लड़ रहे थे जिसमें वे दक्षिण भारत में सांस्कृतिक युद्ध लड़ते और विजय प्राप्त करते हुए, उत्तर भारत की तरफ बढ़ते हैं। उस क्रम में उत्तर भारत की कई महत्त्वपूर्ण जगहों पर हिन्दू मिथकों के विरुद्ध सभा, रैलियाँ और सांस्कृतिक युद्ध का-सा आन्दोलन करते हैं।

डॉ. छेदीलाल साथी के नेतृत्व में 29 फरवरी, सन् 1958 को 'गंगा प्रसाद मेमोरियल हॉल, अमीनाबाद और लखनऊ विश्वविद्यालय, लखनऊ में रखा गया था। यह कार्यक्रम पूरी सफलता के साथ हुआ। यहाँ पेरियार रामास्वामी ने कहा, 'इस देश में कुछ लोग जिनकी जनसंख्या तीन प्रतिशत है, सारे भारत के संसाधनों का उपभोग करना चाहते हैं। उन पर अपना एकाधिकार जमाना चाहते हैं। सारे भारतवासियों पर शासन चलाना चाहते हैं। उन्हें मानव शुलभ नागरिक अधिकार का सम्मान नहीं देना चाहते हैं। उनके साथ जानवरों से भी बदतर व्यवहार करते हैं। ऐसा क्यों है? क्योंकि उनका ईश्वर ऐसी आज्ञा देता है। क्योंकि उनका वेद ऐसा कहता है। क्योंकि उनकी स्मृतियाँ ऐसा कहती हैं। क्योंकि उनके पुराणों में ऐसा लिखा है। क्योंकि राम ने ऐसा ही आचरण करके पुरुषोत्तम कहलाने का नाम कमाया। क्योंकि ऐसा ही कहकर कृष्ण को सर-माथे पर बैठाया गया है। आओ और अपनी बुद्धि बल पर भरोसा करो। तोड़ दो ऐसे ईश्वर की मूर्ति जो तुम्हारे शोषण का मुख्य कारण है। नष्ट कर दो ऐसे पूजा-स्थलों को जो वेश्यालय से भी अधिक कुकर्मों के घर बन गए हैं। फेंक दो, जला दो ऐसे ग्रंथों को जिन्हें तुम्हें छूने से भी मना किया गया है।[47] एक हो जाओ, हमारी इस बात पर कि तुम द्रविड़ और आदि द्रविड़ हो, यह देश तुम्हारा है, किसी ईश्वर, देवता, ब्राह्मण, पुरोहित का नहीं है। ये ईश्वर तो इन्होंने अपने मतलब के लिए गढ़ा है। इस ईश्वर को धूर्तों ने बनाया, बदमाशों ने मनवाया और मूर्ख इसे पूजते हैं।'[48] वास्तव में, यह भौतिक नास्तिक संसार ही सत्य है। ईश्वर असत्य है। उसके बाद पेरियार ई.वी. रामास्वामी 24 मार्च, सन् 1962 को लखनऊ आते हैं। वे 12 अक्टूबर, 1968 ई. को चन्द्रिका प्रसाद 'जिज्ञासु', छेदीलाल साथी, शिवदयाल सिंह चौरसिया और ललई सिंह के विशेष अनुरोध पर अन्तिम बार लखनऊ आते हैं। अब तक ललई सिंह ने पेरियार ई.वी. रामास्वामी की अंग्रेजी में उपलब्ध सम्पूर्ण साहित्य का अध्ययन कर लिया था। इस बार पेरियार ललई सिंह ने पूरे धैर्य के साथ पेरियार ई.वी. रामास्वामी से मिथक, धर्म और संस्कृति आदि पर लम्बी बात की। इस गम्भीर बातचीत के साथ ही ललई सिंह ने पेरियार ई.वी. रामास्वामी से उनकी महान कृति 'दि रामायना : ए ट्रू रीडिंग' का अंग्रेजी से हिन्दी अनुवाद करने की अनुमति माँगी।

पेरियार इरोड वेंकट रामास्वामी से मिले ललई सिंह

पेरियार ई.वी. रामास्वामी ने हिन्दू मिथकों की तार्किक, तथ्यात्मक, बौद्धिक और नैतिक व्याख्या करके सम्पूर्ण दक्षिण भारत में आन्दोलनकारी धूम मचा दी, जिसका प्रभाव सम्पूर्ण भारत पर पड़ा। इस कारण उन्हें मध्य प्रदेश, महाराष्ट्र,

उत्तर प्रदेश, बिहार, राजस्थान, दिल्ली आदि प्रदेशों में सुनने हेतु विशाल जन सभाओं में बुलाया जाने लगा। वे इन प्रदेशों और जगहों पर लाखों-लाख लोगों के बीच 'हिन्दू मिथकों' को खंडित करते हुए, उन पर करारा प्रहार करते हुए, उन्हें तार-तार करते हुए भाषण देते थे जिसमें उनका उद्देश्य होता था कि मिथकों द्वारा स्थापित ईश्वर, ब्राह्मण श्रेष्ठता, अन्धविश्वासी, कर्मकांडी और धार्मिक मान्यताओं से मानसिक रूप से गुलाम मानवता को मुक्त करना। मुख्यत: वे चेतना-सम्पन्न समाज तैयार कर रहे थे। वे सामाजिक-सांस्कृतिक चेतना का समतावादी-मानवतावादी समाज बनाना चाहते थे। पेरियार ई.वी. रामास्वामी सामाजिक-सांस्कृतिक आन्दोलन करते, मिथकों पर प्रहार करते हुए उत्तर भारत की ओर बढ़ते चले आ रहे थे। पेरियार ई.वी. रामास्वामी दिनांक 30-31 दिसम्बर, 1944 ई. को कानपुर उ.प्र. आए थे।[49]

उसके बाद वे दूसरी बार ललई सिंह के विशेष अनुरोध पर मिथक और धर्म पर बोलने 28 फरवरी, 1958 ई. में पुन: कानपुर आए। यहाँ ललई सिंह के नेतृत्त्व में होनेवाली विशाल सांस्कृतिक आन्दोलनकारी रैली को पेरियार ई.वी. रामास्वामी ने सम्बोधित किया, जिसमें वे ईश्वर, मिथकों पर पुन: जबरदस्त प्रहार करते हैं। यहाँ वे नारा देते हैं, 'ईश्वर नहीं है! ईश्वर नहीं है!! ईश्वर नहीं है!!!' उसके बाद वे ललई सिंह, चन्द्रिका प्रसाद 'जिज्ञासु' और छेदीलाल साथी के विशेष अनुरोध पर लखनऊ जाते हैं। इन लोगों के नेतृत्व में 29 फरवरी, 1958 ई. को 'गंगा प्रसाद मेमोरियल हॉल, अमीनाबाद और लखनऊ विश्वविद्यालय, लखनऊ में उनका व्याख्यान रखा गया था। यह कार्यक्रम पूरी सफलता के साथ सम्पन्न हुआ। उसके बाद पुन: पेरियार ई.वी. रामास्वामी 24 मार्च, 1962 ई. को लखनऊ आते हैं।

इसी दरमियान ललई सिंह ने पेरियार ई.वी. रामास्वामी के अंग्रेजी में उपलब्ध सम्पूर्ण साहित्य का अध्ययन किया। 17 सितम्बर, 1967 ई. को पेरियार ई.वी. रामास्वामी से 'दि रामायना : ए ट्रू रीडिंग' के हिन्दी अनुवाद के लिए पत्र लिखा। इसके बाद ललई सिंह, चन्द्रिका प्रसाद 'जिज्ञासु' और छेदीलाल 'साथी' के विशेष अनुरोध पर पेरियार ई.वी. रामास्वामी अन्तिम बार दिनांक 12 अक्टूबर, 1968 ई. को लखनऊ आते हैं। यहाँ वे 'अल्पसंख्यक एवं पिछड़ा वर्ग सम्मेलन' को सम्बोधित करने आए थे। अब तक अर्थात् सन् 1968 ई. तक ललई सिंह ने पेरियार ई.वी. रामास्वामी के अंग्रेजी में उपलब्ध सम्पूर्ण साहित्य का अध्ययन कर लिया था।

इस बार ललई सिंह ने पूरे धैर्य के साथ पेरियार ई. वी. रामास्वामी से मिथक, धर्म और संस्कृति आदि पर लम्बी चर्चा किया। इस विषय पर बात करते हुए प्रसंगवश ललई सिंह ने मुस्कराते हुए पेरियार ई.वी. रामास्वामी से कहा कि 'मैं

आपको मिथक-धर्म-संस्कृति का अपना गुरु मानता हूँ।' इस पर पेरियार ई.वी. रामास्वामी मुस्कराए, बात आगे होती रही।[50] इस तरह गम्भीर बातचीत चलती रही। इसके पूर्व 1 जुलाई, 1968 ई. को ललई सिंह ने पेरियार ई.वी. रामास्वामी से 'दि रामायना : ए ट्रू रीडिंग' का अंग्रेजी से हिन्दी अनुवाद करने की अनुमति दे दी थी। भिक्षु माखन लाल सिंह साक्ष्यपरक बातचीत में आगे बताते हैं, 'अगले दिन जब मैं और ललई सिंह एक साथ लखनऊ से निकल रहे थे तब ललई सिंह ने बात करने के दौरान बताया कि मेरे मिथक-धर्म और संस्कृति के गुरु पेरियार ई.वी. रामास्वामी हैं, सामाजिक-राजनीतिक-सांस्कृतिक चेतना के गुरु बाबा साहब डॉ. भीमराव रामजीराव अम्बेडकर हैं तथा तर्क, धर्म, दर्शन के गुरु बुद्ध हैं।'[51] जो सही भी है क्योंकि वे प्रत्येक स्थिति में पेरियार और अम्बेडकर के विचारों को उद्धृत करते हैं।

'सच्ची रामायण' के अनुवाद की अनुमति और प्रकाशन

पेरियार ई.वी. रामास्वामी इस बात पर सतत् चिन्तन कर रहे थे कि वह कौन-सा मूल स्रोत है जो इस देश के हिन्दुओं द्वारा हिन्दुओं के ही खिलाफ हिंसा और हत्या करने को अभिप्रेरित करता है? इस पर चिन्तन-मनन करने की प्रक्रिया में उन्हें सनातनी हिन्दू साहित्य केन्द्रीय तत्त्व के रूप में मिला, जहाँ से इन सनातनी हिन्दुओं को हिन्दुओं के ही विरुद्ध अछूत बनाए रखने, हिंसक व्यवहार करने और उनकी हत्या करने पर निर्दोष बने रहने की नैतिक प्रेरणा ये हिन्दू धर्मशास्त्र देते हैं। उनके मिथकीय नायक—राम, कृष्ण आदि हैं। यही उन्हें वाहित और ऐसा व्यवहार करने की प्रेरणा देते हैं।

अत: इससे मुक्ति और समाज को आमूल-चूल बदल देने, समता का समाज स्थापित करने के लिए पेरियार ई.वी. रामास्वामी ने भारत और दुनिया में अनूदित 'रामायण' का अध्ययन शुरू किया। उसके बाद हिन्दू साहित्य का अध्ययन करते हुए प्रतिउत्तर में 1 जनवरी, 1930 को 'रामायण : पादीरंगल' शीर्षक से लिखा। इसने ईश्वर, वेद, पुराण, स्मृति, पुरोहित अर्थात् हिन्दू हिंसा के प्रेरणा स्रोतों की चूलें हिला दीं।

17 सितम्बर, 1959 ई. को पेरियार ई.वी. रामास्वामी कृत 'रामायण : पादीरंगल' का अंग्रेजी अनुवाद 'दि रामायना : ए ट्रू रीडिंग' नाम से हुआ। इसका हिन्दी में अनुवाद 1 सितम्बर, 1968 को हुआ। इसको अनूदित और प्रकाशित करने की अनुमति माँगने के लिए ललई सिंह पेरियार ई.वी. रामास्वामी से मिले। और पुन: हिन्दी अनुवाद की अनुमति माँगी। इस पर पेरियार ई.वी. रामास्वामी ने ललई सिंह से कहा, 'मैं 'बहुजन कल्याण प्रकाशन, लखनऊ' के चन्द्रिका प्रसाद

'जिज्ञासु' को अपनी चार किताबें—(1) ए पेन पोट्रेट, (2) फिलॉसफी, (3) सोशल रिफोर्म और (4) 'दि रामायना : ए ट्रू रीडिंग' का हिन्दी अनुवाद करने की अनुमति दे चुका हूँ। यदि वो अनुवाद में असमर्थता जाहिर करते हैं तो आपको अनुवाद की अनुमति दी जाएगी।'[52] इसके बाद दिनांक 1 जुलाई, 1968 ई. को पेरियार ई.वी. रामास्वामी ने ललई सिंह को अशोक पुस्तकालय, झींझक, जिला—कानपुर, उत्तर प्रदेश के पते पर पत्र लिखा जिसमें अनुवाद और प्रकाशन की लिखित अनुमति दी गई थी—

'Maligai, Puthur,
Tiruchirappalli, Madras State.

To

Sir, Lalai Singh Yadava,
President—Ashok Pustakalya (Regd.)
Village & Post Office—Jhinjhak,
District—Kanpur, Uttra Pradesh, India

Sir,

You are permitted to publish in Hindi edition of 'The Ramayana : A True Reading' (English).—Because those who were permitted in the past time has not published as it. Hence there permission should be treated and cancelled.

Thank you,
Dated–01.07.1968 E.

Your's Faithfully
Signature
Periyor E.V. Ramaswami'[53]

इस अनुमति के बाद ललई सिंह ने 'दि रामायना : ए ट्रू रीडिंग' का अनुवाद कराया और प्रकाशन किया। उस समय उनके साथ रहे उपासक माखन लाल बताते हैं, 'इस अनुवाद के दरमियान कई सारे मिथकों पर आधारित 'इंग्लिश टू इंग्लिश' और 'इंग्लिश टू हिन्दी' डिक्शनरी का प्रयोग किया गया था। मेरे पास लम्बे समय तक सच्ची रामायण का अनुवाद करनेवाला रफ पेज था। अभी भी वह घर में कहीं पड़ा होगा। इसके हिन्दी अनुवाद की केन्द्रीय भूमिका रामअधार निभा रहे थे। अथक मेहनत के बाद यह अनुवाद अपने मूल रूप में सम्भव हुआ। इस का प्रथम हिन्दी अनुवाद पेरियार ललई सिंह ने 1 अक्टूबर, 1968 ई. को अपने 'अशोक पुस्तकालय' से प्रकाशित किया, जिसने हिन्दी जमीन पर मिथकों के सामाजिक-सांस्कृतिक विमर्श

को ज़मींदोज करते हुए समाज में नई सामाजिक-सांस्कृतिक चेतना निर्मित की। इस पुस्तक की माँग, प्रचार आदि ने हिन्दी-हिन्दू भूमि पर धूम मचा दी।

आपको जानकर हैरत होगी कि इस अनुवाद के लिए पेरियार ललई सिंह तमिलनाडु गए। वहाँ से मूल तमिल में लिखी गई 'सच्ची रामायण' को लिया और वहाँ एक महीना पन्द्रह दिन रहकर तमिल भाषा का ज्ञान प्राप्त किया। तमिल से हिन्दी में मिथकीय शब्दावली का सही नाम तैयार किया। उसके बाद वे झींझक, कानपुर, उ.प्र. आए। 'सच्ची रामायण' के हिन्दी अनुवाद और 'आर्यों का नैतिक पोल प्रकाश' पुस्तक को लिखने के क्रम में उन्होंने बहुत मेहनत की थी।'[54] हिन्दी क्षेत्र अर्थात् उत्तर भारत में 'सच्ची रामायण'[55] शीर्षक से हिन्दी में प्रकाशित होने के साथ ही इस मिथकीय चिन्तन की रेशनल रचना ने सम्पूर्ण उत्तर भारत में धूम मचा दी। इसके प्रभाव को देखते हुए तत्कालीन उत्तर प्रदेश सरकार ने धार्मिक भावना को भड़काने का आरोप लगाते हुए 8 दिसम्बर, 1969 ई. में जब्ती का आदेश दे दिया।

'सच्ची रामायण' के हिन्दी अनुवाद की रोचक कहानी

रामअधार[56] जी ने बताया कि 'जब सन् 1968 ई. में पेरियार ललई सिंह ने पेरियार ई.वी. रामास्वामी से 'दि रामायना : ए ट्रू रीडिंग' का हिन्दी अनुवाद करने की अनुमति प्राप्त की तो उन्हें एक बेहतरीन अनुवादक की जरूरत पड़ी। इस क्रम में पेरियार ललई सिंह ने एक-एक करके लगभग पाँच लोगों से उसके कुछ-कुछ पन्ने हिन्दी में अनुवाद कराए, जो उन्हें पसन्द नहीं आए। उसके बाद उन्होंने उन लोगों को मना कर दिया। चूँकि पेरियार ललई सिंह स्वयं अच्छी अंग्रेजी पढ़ना, लिखना और बोलना जानते थे। वे हिन्दी, उर्दू, तमिल और मराठी भी अच्छे से लिखना-बोलना जानते थे। इस कारण उन्होंने सपाट अनुवाद को पसन्द नहीं किया। इसके बाद वे एक दिन शाम को चार बजे स्कूल के गेट पर आकर खड़े हुए। छुट्टी होते ही वे मुझसे आमने-सामने मिले। उन्होंने सीधे कहा कि मुझे आपसे अंग्रेजी की ट्यूशन पढ़नी है। मैंने कहा, ठीक है, पढ़ा दूँगा, कल से आपको शाम को रोज एक घंटा ट्यूशन पढ़ाऊँगा। अगले दिन से उन्होंने ट्यूशन पढ़ना शुरू कर दिया। मैंने उन्हें कुछ दिन ट्यूशन पढ़ाया था कि वे एक दिन अंग्रेजी की बारीकियों पर बात करने लगे। इस पर मैंने कहा कि मैं आपका ट्यूटर हूँ न कि आप मेरे ट्यूटर हैं। जो पढ़ा रहा हूँ, जैसे पढ़ा रहा हूँ, वैसे पढ़ते जाइए। जो आप पूछ रहे हैं, वह सब आगे आपको मैं पढ़ाऊँगा। मैं उन्हें ट्यूशन पढ़ाता रहा।

कुछ दिन बीतने के बाद एक शाम को जैसे ही मैं उनके यहाँ पहुँचा उन्होंने कहा, 'आइए! आइए! मेरे अनुवादक महोदय आइए!' मैं हैरत हो देख रहा हूँ

कि जिन हाथों में अंग्रेजी-व्याकरण होता था उन हाथों में एक 'मोटी नई कॉपी' और अंग्रेजी में लिखी 'दि रामायना : ए ट्रू रीडिंग' है। मैंने कहा, यह क्या है? उन्होंने कहा, अब तक मैं आपका अंग्रेजी में टेस्ट ले रहा था कि आप इस किताब का अनुवाद करने योग्य गम्भीर अंग्रेजी जानते हैं कि नहीं। मैंने कहा, महोदय! अंग्रेजी अनुवादक का इतना बड़ा टेस्ट तो दुनिया में शायद ही किसी ने लिया हो। इस पर हम दोनों जोर से हँस पड़े। उन्होंने मुझे 'दि रामायना : ए ट्रू रीडिंग' की अंग्रेजी प्रति दी। उसके बाद मैंने उसका हिन्दी अनुवाद करना शुरू किया। मैंने कई डिक्शनरी खरीदीं। उन्होंने एक अंग्रेज राइटर की माइथोलॉजिकल डिक्शनरी मुझे दी। मैं इन सबका अध्ययन करते हुए, बड़ी गम्भीरता से 'दि रामायना : ए ट्रू रीडिंग' का हिन्दी अनुवाद शुरू किया। एक सौ पेज की पूरी 'ट्रू रामायना' का हिन्दी अनुवाद करने में मुझे 3 महीने, 15 दिन लगे। इस तरह 'दि रामायना : ए ट्रू रीडिंग' का हिन्दी अनुवाद पूर्ण हुआ। इसका हिन्दी अनुवाद 'रामायण का सच्चा अध्ययन' होगा लेकिन सुविधा की दृष्टि से इसका नाम 'सच्ची रामायण' रखा गया है।

'सच्ची रामायण' की जब्ती के खिलाफ हाईकोर्ट में ऐतिहासिक मुकदमा

हिन्दी जमीन पर 1 अक्टूबर, 1968 ई. को 'सच्ची रामायण' के प्रकाशन के साथ ही हिन्दू प्रदेश अर्थात् उत्तर भारत में जो धूम मची कि इससे घबड़ाकर तत्कालीन वर्चस्ववादी उत्तर प्रदेश सरकार ने 8 दिसम्बर, 1969 को जब्ती का आदेश दे दिया। 'सच्ची रामायण' को गवर्नमेंट ऑफ उत्तर प्रदेश की आज्ञा दिनांक 08.12.1969 नोटिफिकेशन नम्बर 9733—बी-8 बी-2-1946-68 तथा गवर्नमेंट ऑफ उत्तर प्रदेश गजेट दिनांक 20.12.1969 में प्रकाशित विज्ञप्ति के अनुसार जब्त कर ली गई क्योंकि यह पुस्तक नागरिक समुदाय की धार्मिक भावनाओं को जानबूझकर भड़काने, चोट पहुँचाने तथा उनके धर्म एवं धार्मिक मान्यताओं के अपमान करने की मानसिकता से लिखी गई है।[57]

इस आरोप को लेकर पेरियार ललई सिंह ने तत्कालीन उत्तर प्रदेश सरकार के खिलाफ इलाहाबाद हाईकोर्ट में मुकदमा दायर किया। इसमें रामस्वरूप वर्मा और अर्जक संघ के कार्यकर्ताओं ने विशेष मदद की।[58] इलाहाबाद हाईकोर्ट में उनके पक्ष में अधिवक्ता बनवारी लाल यादव, सखाराम यादव आदि वकीलों ने जमकर जिरह की। कोर्ट में मिथकों की तार्किक, तथ्यात्मक और प्रामाणिक व्याख्या की गई। जितने रामायण का उल्लेख पेरियार ई.वी. रामास्वामी ने किया था, सबको प्रत्युत्तर (रीज्वाइंडर) रूप में हाईकोर्ट में प्रस्तुत किया गया। एक-एक सन्दर्भ को खोज कर कोर्ट में जज को बताया गया। इस मुकदमे का

हिन्दुत्ववादी ताकतों ने मुख्य आधार बनाया था कि यह हिन्दू धर्म पर हमला है। यह हिन्दू धर्म के खिलाफ लिखी गई पुस्तक है। इस पुस्तक में आलोचना करने के आधार के सन्दर्भ ग्रंथ नहीं दिए गए हैं आदि-आदि। जिसे इनके पक्ष ने पूरे सन्दर्भ और प्रसंग के साक्ष्यों के साथ हाईकोर्ट में सबूतस्वरूप प्रतिउत्तर प्रस्तुत किया।

हाईकोर्ट में मुकदमे के दौरान पेरियार ललई सिंह पर जानलेवा हमला और युवा लड़कों का संरक्षण

इस मिथकीय साहित्य पर मुकदमे लड़ने के दौरान शुरू में उन्हें मनुवादियों ने मानसिक यातनाएँ दीं और कई बार जानलेवा हमले करवाए। उनके शुभचिन्तकों को इस बात का पता चलने के साथ ही गाँव-जवार की जनता और अहीरों ने मिलकर निर्णय लिया कि आज से हर समय दीवान साहब अर्थात् पेरियार ललई सिंह के साथ 20-21 युवा रहेंगे जो जवान तो थे ही साथ में लाठी, बल्लम, कुल्हाड़ आदि चलाने में पारंगत भी थे। वे जब 'सच्ची रामायण' आदि पुस्तकों के लिए झींझक से हाईकोर्ट इलाहाबाद के लिए निकलते तो ये युवा उनके साथ रेलवे स्टेशन तक लाठी, बल्लम और कुल्हाड़ आदि के साथ जाते थे और टिकट कटाते, ट्रेन में बैठाते और पाँच युवक उनके साथ ट्रेन में बैठकर हाईकोर्ट, इलाहाबाद तक जाते। वहाँ भी उनके संरक्षण हेतु 20-21 अहीर युवक इलाहाबाद रेलवे स्टेशन पर रिसीव करने आते थे। हाईकोर्ट में सुनवाई हो जाने के बाद ये अहीर युवक पुनः उन्हें इलाहाबाद रेलवे स्टेशन छोड़ने आते। उनको रेल में बैठाते तब पुनः वापस जाते। इधर झींझक रेलवे स्टेशन पर पुनः वे 20 अहीर युवक उन्हें सुरक्षित लाने जाते थे। यह क्रम कई सारे मुकदमों के लड़ने, जीतने तक लगातार चलता रहा और पेरियार ललई सिंह सुरक्षित रहे।[59]

पेरियार ललई सिंह ने अपने ऊपर हो रहे जानलेवा हमले को लेकर स्वयं लिखा है, 'हमारा हर प्रकार का दोहन-शोषण करनेवाले हरामी हैं। जालिम हैं। लुटेरे हैं। हत्यारे हैं। इनसे सदा सावधान रहें! मैंने उत्तर प्रदेश का एक राजनीतिक नक्शा तैयार किया। नाम रखा—'शोषितों पर राजनीतिक डकैती', जिसमें लिखा है कि उत्तर प्रदेश में कुल कितने एम.एल.ए. हैं। कितने गजेटेड ऑफिसर हैं। उनमें से किस जाति की कितनी संख्या है। इसका प्रचार करके लौटते समय विरोधियों ने दिनांक 4 फरवरी, 1974 ई. को शाम के साढ़े आठ बजे ग्राम 'खटघर' (पुलिस थाना—सिकन्दरपुर, जिला—कानपुर, उ.प्र.) में मुझे जान से मारने के लिए दायीं ओर से गोली चला दी। मैं ट्रैक्टर पर हमेशा दायीं ओर बैठता हूँ। उस समय भी दायीं ओर ही बैठा था। ट्रैक्टर की चाल अधिक तेज थी, बन्दूक की गोली पीछे से

साँय-साँय करती हुई निकल गई।...मुझे मारने के लिए, हत्या करने के लिए, कई बार घेरा गया। मगर मैं बार-बार बचकर निकलता रहा। मेरी हत्या करने का बस एक ही कारण है कि मैं बराबर नवजागरण करता हूँ! जन चेतना का निर्माण करता हूँ। वर्णवादी-मनुवादी-जातिवादी शोषण के विरुद्ध बराबर लिखता-पढ़ता-बोलता-लड़ता रहता हूँ। इसलिए मुझ पर जानलेवा हमले होते रहे हैं।[60]

पेरियार ललई सिंह ने 'उत्तर प्रदेश सरकार' के निर्णय के विरुद्ध इलाहाबाद हाईकोर्ट में मुकदमा दायर किया। इसे इन्होंने 'क्रिमिनल मिसलेनियस एप्लीकेशन' दायर किया, जिसमें उच्च न्यायालय ने केस सुनने के लिए तीन जजों की फुल बेंच बनाई। उनकी तरफ से एडवोकेट बनवारी लाल या दव, सखाराम यादव और सरकार की तरफ से एडवोकेट पी.सी. चतुर्वेदी व श्री आसिफ अंसारी की बहस दिनांक 26, 27 व 28 अक्टूबर, 1970 ई. से लेकर दिनांक 17.01.1971 तक चली। दिनांक 19.01.1971 को हाईकोर्ट ने निर्णय सुनाया।

निर्णय

हाईकोर्ट ऑफ जुडीकेचर, इलाहाबाद

दिनांक—19 जनवरी, सन् 1971 ई.

उपस्थित फुल बेंच

1. माननीय जस्टिस श्री ए.के. कीर्ति
2. माननीय जस्टिस श्री के.एन. श्रीवास्तव
3. माननीय जस्टिस श्री हरी स्वरूप

मुकदमा नम्बर 412, सन् 1970 ई. क्रिमिनल मिसलेनियस एप्लीकेशन अंडर सेक्सन 99बी क्रिमिनल प्रोसीजर कोड।

शीर्षक

ललई सिंह यादव उम्र 60 साल, आत्मज गज्जू सिंह यादव, अध्यक्ष—अशोक पुस्तकालय, (रजिस्टर्ड) ग्राम व पोस्ट—झींझक, पुलिस स्टेशन—मंगलपुर, जिला—कानपुर, उ.प्र.

अपीलांट

विरुद्ध

गवर्नमेंट ऑफ उत्तर प्रदेश

रिस्पोंडेंट

यह पुस्तक 'सच्ची रामायण' गवर्नमेंट ऑफ उत्तर प्रदेश की आज्ञा दिनांक—8 दिसम्बर, सन् 1969 ईस्वी को नोटिफिकेशन नम्बर 9773-बी./8-बी.-2-1946-68

तथा गवर्नमेंट ऑफ उत्तर प्रदेश गजेट दिनांक 20 दिसम्बर, सन् 1969 ई. में प्रकाशित विज्ञप्ति के अनुसार जब्त कर ली गई थी। क्योंकि यह पुस्तक कुछ नागरिक समुदाय की धार्मिक भावनाओं को जान-बूझकर चोट पहुँचाने तथा उनके धर्म एवं धार्मिक मान्यताओं का अपमान करने के लक्ष्य से लिखी गई थी।

गवर्नमेंट ऑफ उत्तर प्रदेश की इस आज्ञा के विरुद्ध हाईकोर्ट ऑफ जुडिकेचर इलाहाबाद में प्रकाशक ललई सिंह ने क्रिमिनल मिसलेनियस एप्लीकेशन उपरोक्त शीर्षक की प्रस्तुति की।

हाईकोर्ट ऑफ जुडिकेचर इलाहाबाद ने उपरोक्त माननीय तीन जजों की स्पेशल फुल बेंच इस केस के सुनने के लिए बनाई। उन्होंने अपीलांट की ओर से योग्य एडवोकेट श्री बनवारी लाल यादव और रिस्पोंडेंट की ओर से गवर्नमेंट एडवोकेट तथा उनके विशेष सहयोगी श्री पी.सी. चतुर्वेदी एडवोकेट व श्री आसिफ अंसारी की बहस दिनांक 26, 27 व 28 अक्टूबर, 1970 ई. को लगातार तीन दिनों तक सुनी।

दिनांक 19 जनवरी, 1971 ई. को माननीय जस्टिस श्री ए.के. कीर्ति ने बहुमत का निर्णय दिया कि

(1) गवर्नमेंट ऑफ उत्तर प्रदेश द्वारा पुस्तक 'सच्ची रामायण' की जब्ती की आज्ञा निरस्त की जाती है।

(2) ज़ब्तशुदा पुस्तक 'सच्ची रामायण' को वापस किया जाए।

(3) गवर्नमेंट ऑफ उत्तर प्रदेश की तरफ से अपीलांट ललई सिंह यादव को तीन सौ रुपए खर्चे के दिलाए जाएँ।[61]

'सच्ची रामायण' का मुकदमा सुप्रीम कोर्ट तक चला जिसमें अपीलांट उत्तर प्रदेश सरकार क्रिमिनल मिसलेनियस अपील नम्बर 291, सन् 1971 ई. निर्णय सुप्रीम कोर्ट ऑफ इंडिया, नई दिल्ली में केस की अपील किया गया। सुप्रीम कोर्ट में उनकी तरफ से अधिवक्ता 'बनवारी लाल यादव' और अधिवक्ता 'शिवनारायण सिंह यादव' ने जिरह की। जिरह की मुख्य भूमिका में शिवनारायण सिंह यादव थे। सुप्रीम कोर्ट फुल बेंच के सर्वोच्च न्यायाधीश पी.एन. भगवती, वी.आर. कृष्णा अय्यर और मुर्तजा फाजिल अली थे। दिनांक 16.09.1976 को सुप्रीम कोर्ट फुल बेंच के इन न्यायाधीशों ने निर्णय सुनाया, जिसमें रिस्पोंडेंट की जीत हुई और उत्तर प्रदेश सरकार की हार हुई।

'सच्ची रामायण' और 'सच्ची रामायण की चाभी' : एक परिचय

1 जनवरी, 1930 ई. में सम्पूर्ण रामायण का अध्ययन करते हुए तमिल भाषा में श्री पेरियार ई.वी. रामास्वामी, ने 'रामायण : पादीरंगल' शीर्षक से पुस्तक लिखी व

छापी। यह अंग्रेजी भाषा में अनुवाद 'दि रामायना : ए ट्रू रीडिंग' नाम से रेशनलिस्ट पब्लिकेशन, तमिलनाडु-2 ने सन् 1959 ई. में छापी। अंग्रेजी भाषा से हिन्दी में अनुवाद 'सच्ची रामायण' नाम से पेरियार ललई सिंह, अध्यक्ष—अशोक पुस्तकालय, रजिस्टर्ड, ग्राम व पोस्ट—झींझक, जिला—कानपुर, उत्तर प्रदेश ने दिनांक 1 अक्टूबर, 1968 ई. को छापी। उत्तर प्रदेश गवर्नमेंट गजेट दिनांक 20 दिसम्बर, 1969 ई. की आज्ञानुसार केवल हिन्दी व अंग्रेजी संस्करण यह लिखकर जब्त कर दिया गया, कि इस पुस्तक से भारत के कुछ नागरिक समुदाय की धर्मिक भावनाओं को जान-बूझकर चोट पहुँचाने तथा उनके धर्म एवं धर्मिक मान्यताओं का अपमान करने के लक्ष्य से लिखी गई है।

उपरोक्त आज्ञा के विरुद्ध प्रकाशक ललई सिंह यादव ने हाईकोर्ट ऑफ जुडीकेचर इलाहाबाद में क्रिमिनल मिसलेनियस एप्लीकेशन दिनांक—28 फरवरी, 1970 ई. को प्रस्तुत की। माननीय जस्टिस सर्वश्री ए.के. कीर्ति, श्री के.एन. श्रीवास्तव व श्री हरिस्वरूप ने अपीलांट की ओर से श्री बनवारीलाल यादव, एडवोकेट हाईकोर्ट और रिस्पांडेंट (उत्तर प्रदेश गवर्नमेंट) की ओर से गवर्नमेंट एडवोकेट तथा उनके सहयोगी श्री पी.सी. चतुर्वेदी एडवोकेट व श्री आसिफ अंसारी, एडवोकेट की बहस दिनांक 26, 27 व 28 अक्टूबर, 1970 ई. को तीन दिन लगातार सुनी।

माननीय जस्टिस श्री ए.के. कीर्ति ने मुकदमा नम्बर 412, सन् 1970 क्रिमिनल मिसलेनियस एप्लीकेशन-अंडर सेक्शन 99-बी क्रिमिनल प्रोसीजर कोड में दिनांक 19 जनवरी, 1971 ई. को बहुमत का निर्णय दिया कि

1. गवर्नमेंट ऑफ उत्तर प्रदेश की पुस्तक 'सच्ची रामायण' की जप्ती को आज्ञा निरस्त की जाती है।
2. जब्तशुदा पुस्तक 'सच्ची रामायण' अपीलांट ललई सिंह यादव को वापिस दी जाए।
3. गवर्नमेंट ऑफ उत्तर प्रदेश की ओर से अपीलांट ललई सिंह यादव को तीन सौ रुपये खर्चे के दिलाए जाएँ।

उपरोक्त मुकदमे में अपीलांट ललई सिंह यादव की ओर से जो रीज्वाइंडर अर्थात् प्रत्युत्तर प्रस्तुत किया गया था—पाठकों की विशेष माँग पर उसे 'सच्ची रामायण की चाभी' के नाम से पेज नम्बर नौ से पेज नम्बर चौंसठ तक छापा गया है।

आयटम में लिखे पेज नम्बर 'सच्ची रामायण' के प्रथम संस्करण सन् 1968 ई. के हैं। दूसरे तथा अगले संस्करणों में प्रत्येक आयटम का मिलान करने के लिए लिखे हुए पेजों में आठ जोड़ दीजिएगा। तब सही मिलान हो सकेगा। जैसे—आइटम नम्बर 1 में पेज नम्बर 12 लिखा है। यह प्रथम संस्करण 'सच्ची रामायण' के

हिसाब से ठीक लिखा है। दूसरे तथा अगले संस्करणों से मिलान करने के लिए पेज नम्बर 12 में आठ जोड़ने पर पेज नम्बर 20 हुआ। अब सही है।

दिनांक—1 दिसम्बर, 1971 ई.

—रघुराज सिंह यादव
मंत्री, अशोक पुस्तकालय, रजिस्टर्ड
झींझक, जिला—कानपुर

न्यायालय में मिशनरी अधिवक्तागण

पेरियार ललई सिंह भारत के ऐसे रिसर्चर[62] चिन्तक, नाटककार, साहित्यकार, बुद्धिजीवी रहे हैं, जिनकी अमूमन सभी किताबों पर प्रतिगामी ताकतों ने मुकदमे किए। उन्हें लम्बी न्यायिक प्रक्रिया में उलझाए रखा। पेरियार ललई सिंह अपनी क्रमवार आती एक-एक किताब पर एक-एक करके हो रहे मुकदमे को जीतते जाते थे। मनुवादी प्रत्येक किताब के मुकदमे को एक-एक कर हारते जाते थे। इस हार के मुख्य कारणों में एक महत्त्वपूर्ण कारण था, पेरियार ललई सिंह किसी भी किताब को लिखने के लिए पहले उसे अनन्य अध्येता की तरह रिसर्च करते थे। उसके बाद उस पर चिन्तन-मनन करके लिखते। दूसरे कि उस दौर में उनके साथ उत्तर भारत के सचेत वकीलों की पूरी एक टीम खड़ी थी जो स्वयं उनके साथ मिल-बैठकर मिथक, धर्म, पुराण, संस्कृति, पुराणों, संहिताओं आदि पर गम्भीरता से विचार-विमर्श करती थी। उससे निर्मित मूलभूत तर्क को न्यायालय में जिरह के दौरान टीम रखती थी। यह टीम मुकदमे को उच्च न्यायालय से सर्वोच्च न्यायालय तक लड़ती थी। ये सभी सर्वोच्च न्यायालय के वकीलों के साथ विचार-विमर्श करते थे। उस समय के निरपेक्ष न्यायाधीसों को सलाम कि वे सच के पक्ष में खड़े होकर न्याय देते थे। आज भूरे रंग के भारतीय न्यायाधीश रंग, नस्ल, वर्ण, जाति, चेहरा, क्षेत्र आदि देखकर भेदभावपूर्ण भावना से निर्णय सुनाते जान पड़ते हैं। खैर, पेरियार ललई सिंह की पुस्तकों के केश लड़नेवाले कुछ वकीलों के नाम निम्नलिखित हैं, जिसे पेरियार ललई सिंह ने स्वयं लिखा है—अधिवक्ता बनवारी लाल यादव, अधिवक्ता शिवनारायण यादव, अधिवक्ता जयपाल सिंह कश्यप, अधिवक्ता चौधरी चुन्नीलाल, अधिवक्ता सखाराम यादव, अधिवक्ता गुलाबचन्द, एडवोकेट गया प्रसाद, एडवोकेट श्याम लाल यादव, एडवोकेट कुन्दन सिंह, एडवोकेट आर.डी. गुप्त व अधिवक्ता छेदी लाल साथी आदि हाईकोर्ट इलाहाबाद और सुप्रीम कोर्ट में मुख्य वकील हुआ करते थे। ये लोग 'सच्ची रामायण', 'हिन्दू संस्कृति में वर्ण-व्यवस्था और जातिभेद', 'सच्ची रामायण की चाभी', 'आर्यों का नैतिक पोल प्रकाश', 'सम्मान के लिए धर्म परिवर्तन', 'जाति भेद का उच्छेद' आदि पुस्तकों के मुकदमे को सन् 1968 से लेकर सन् 1976 तक हाईकोर्ट, सुप्रीम कोर्ट के मुकदमों के वकील रहे।

आप दोनों उस समय हाईकोर्ट, इलाहाबाद में अधिवक्ता थे। बाद में आप दोनों हाईकोर्ट में जज भी हुए।

इस जीत और पुस्तक ने पेरियार ललई सिंह को एक नई पहचान दी और उनके चिन्तन को एक नई दिशा दी, जो आगे चलकर हिन्दी पट्टी के बहुत बड़े भौगोलिक जनसमूह में सामाजिक-सांस्कृतिक चेतना निर्मित करने में सफल रही। 'सच्ची रामायण' पुस्तक पर मुकदमा लड़ने के दौरान उन्होंने हाईकोर्ट-सुप्रीम कोर्ट के लिए 'सच्ची रामायण' के छत्तीस खतरनाक अंशों का जो रिज्वाइंडर (प्रति उत्तर) तैयार किया था, उसी को बाद में दिनांक—29 सितम्बर, 1971 ई. विजय दशमी को सच्ची रामायण की चाभी के रूप में पुस्तकाकार प्रकाशित किया। इस पुस्तक पर भी पेरियार ललई सिंह को हाईकोर्ट में मुकदमे का सामना करना पड़ा, जिसे वे सुप्रीम कोर्ट से जीते। इसके बाद इन्होंने आदिनिवासियों की पहचान[63] पुस्तक लिखी। पहली पुस्तक सच्ची रामायण[64] के भाष्य आकार-प्रकार की है। दूसरी पुस्तक उत्तर प्रदेश की राजनीतिक-सामाजिक-धार्मिक वर्चस्व की संरचना पर केन्द्रित है। तीसरी पुस्तक आदिनिवासियों की पहचान को संवाद शैली में लिखा है, जिसमें उन्होंने आक्रान्ता आर्यों के भारत तक आने, आक्रमण करने और यहाँ घुसपैठ कर बसने के कारणों का अनुसन्धानपरक दृष्टि से तार्किक और तथ्यात्मक पड़ताल की है।

अध्याय-5

उत्तर भारत में अम्बेडकर

सामाजिक अपमान गरीबी से अधिक खटकता है!

डॉ. अम्बेडकर के व्यक्तित्व, विचार और साहित्य को उत्तर भारत में पहली बार चन्द्रिका प्रसाद 'जिज्ञासु'[1], पेरियार ललई सिंह और रामस्वरूप वर्मा और बाबू जगदेव प्रसाद आदि लोगों की कोशिश से लाया गया। मौखिक इतिहास प्रस्तुत करता है कि सन् 1951 में डॉ. अम्बेडकर ग्वालियर (म.प्र.) आए थे, जहाँ पेरियार ललई सिंह से उनका प्रथम साक्षात्कार हुआ, मिले और बातें कीं। उनकी सोच और वैचारिकी से इतने अधिक प्रभावित हुए कि आगे का जीवन इसी सोच में लगा दिया।[2] चन्द्रिका प्रसाद 'जिज्ञासु' ने सन् 1957 ई. में 'बाबा साहेब का उपदेश और आदेश' दो भागों में लिखी।[3] उत्तर भारत में महानायक अम्बेडकर के व्यक्तित्व, विचार और दर्शन को हिन्दी में पहले पहल प्रस्तुति पर क्रिस्टोफर जैफर्लोट लिखते हैं, हिन्दी में 1961 ई. में चन्द्रिका प्रसाद 'जिज्ञासु' की बाबा साहब का जीवन संघर्ष, लखनऊ : हिन्दी समाज सुधार कार्यालय, लखनऊ से प्रकाशित हुई थी।[4] यह डॉ. अम्बेडकर की हिन्दी में सम्पूर्णता में लिखी गई पहली जीवनी थी। इसे हिन्दी और उत्तर भारत के जनमानस के लिए लिखे जाने के भी कुछ मूलभूत कारण थे। वैसे, डॉ. अम्बेडकर का सम्पूर्ण लेखन मराठी और अंग्रेजी में उपलब्ध था। जिस कारण जिज्ञासु का प्रथम लक्ष्य था—भारत के महानायक डॉ. अम्बेडकर के व्यक्तित्व, विचार, चिन्तन और दर्शन से हिन्दी भाषी भूमि की जनता से पूर्णत: परिचित करवाना। दूसरा कारण था कि कांग्रेसी सवर्णों के इशारे पर गांधीवादी दलित नेता अम्बेडकर को हिन्दू धर्म को बाँटनेवाला, अंग्रेजों का पिट्ठू और देशद्रोही आदि कहते थे। इस व्यवहार का मूल कारण था उनका डॉ. अम्बेडकर के विराट व्यक्तित्व से अपरिचित होना। डॉ. अम्बेडकर के साथ हो रहे ऐसे अपमानजनक व्यवहार से वे अतल मन तक आहत होते थे। इस मौजू कारण से जिज्ञासु ने अम्बेडकर की जीवनी लिखी जो 1961 में 'बाबा साहब का जीवन संघर्ष' नाम से प्रकाशित हुई जिसकी भूमिका रूप में महापंडित राहुल सांकृत्यायन की सम्मति छापी गई थी। उनकी लिखी यह जीवनी

उत्तर भारत में इतनी लोकप्रिय हुई कि जिज्ञासु जी के जीवनकाल में ही इसके पाँच-पाँच हजार प्रतियों के सात संस्करण निकल चुके थे।[5] अर्थात् अम्बेडकर की इस जीवनी की 30-40 हजार से भी अधिक प्रतियाँ जिज्ञासु की आँखों के सामने उत्तर भारतीय अम्बेडकर के शुभचिन्तकों ने खरीद लीं और पढ़ गए। जिज्ञासु द्वारा हिन्दी भूमि पर बाबा साहब के व्यक्तित्व, विचार और साहित्य की यह मौलिक पौध लगाई गई थी। यह प्रत्यस्थापित करने की कथा यहीं नहीं समाप्त होती है। डॉ. अम्बेडकर और स्वामी अछूतानन्द के उत्तर भारत में अवस्थित करने की कथा और भी दिलचस्प है। सन् 1960 में जिज्ञासु जी ने स्वामी अछूतानन्द पर 'आदिहिन्दू आन्दोलन के प्रवर्तक स्वामी अछूतानन्द जी 'हरिहर'' नाम से दस्तावेजी किताब लिखी।

अत: वास्तव में स्वामी अछूतानन्द और डॉ. अम्बेडकर की विचार परम्परा को उत्तर भारत में आगे बढ़ाने का मुख्य काम चन्द्रिका प्रसाद 'जिज्ञासु' ने किया था। वे छठे एवं सातवें दशक के ऐसे लेखक थे, जिन्होंने हिन्दी में कबीर, रैदास, स्वामी अछूतानन्द, अम्बेडकर और बुद्ध के विचार, धर्म-दर्शन और आन्दोलन को स्थापित किया था। वे पहले ऐसे व्यक्ति थे जिन्होंने अम्बेडकर और पेरियार की हिन्दी में जीवनी और उन पर वैचारिक पुस्तकें लिखीं। ऐसी अनेक महान विभूतियों की जीवनियाँ लिखीं। उनकी महत्त्वपूर्ण पुस्तकों का हिन्दी अनुवाद किया और कराया। हिन्दी जगत ने पहली बार उन्हीं की लेखनी से दलित आन्दोलन और विचारधारा को जाना था। हिन्दी में दलित विमर्श और चिन्तन को स्थापित करने का मुख्य श्रेय वस्तुत: उन्हीं को जाता है।[6] उसके बाद पेरियार ललई सिंह द्वारा सन् 1960 में स्थापित अशोक पुस्तकालय, प्रकाशन से डॉ. अम्बेडकर के ऐतिहासिक लेखों-भाषणों का हिन्दी अनुवाद कर पेरियार ललई सिंह ने पूरे विस्तार से सन् 1960 से 1990 के बीच छापा। सन् 1960 से 88 के बीच पेरियार ललई सिंह द्वारा लिखित, अनूदित, उत्तर भारत में प्रकाशित डॉ. अम्बेडकर की कई किताबों पर मनुवादियों ने मुकदमे किए जो लम्बी न्यायिक प्रक्रिया में चलते रहे। पेरियार ललई सिंह ने लम्बे समय तक मुकदमा लड़ा। इस दीर्घकालिक लड़ाई को जीते। इस प्रकार उन्होंने अखिल भारतीय हिन्दी भाषी उत्तर भारतीय जनता को डॉ. अम्बेडकर के व्यक्तित्व, विचार और दर्शन से परिचित कराया। इस प्रकाशन से अम्बेडकर, पेरियार और बुद्ध आदि के विचार पर कई दस्तावेजी किताबें प्रकाशित हुईं।

उसके बाद महामना रामस्वरूप वर्मा ने सन् 1967 ई. में ऐतिहासिक कदम उठाया। सन् 1967 ई. में चौधरी चरण सिंह उत्तर प्रदेश के मुख्यमंत्री हुए। गैर कांग्रेसी संविद सरकार बनी। जिसमें रामस्वरूप वर्मा वित्तमंत्री बने। उन्होंने उस समय राजाज्ञा द्वारा डॉ. अम्बेडकर के साहित्य को उत्तर प्रदेश के सरकारी संस्थानों और पुस्तकालयों में रखवाया। जिससे शोषित-दमित-अर्जक मनुष्य डॉ. अम्बेडकर के विचारों से परिचित हो सके। 14 अप्रैल अर्थात् डॉ. अम्बेडकर के जन्मदिन को रामस्वरूप वर्मा के सौजन्य से अर्जक संघ ने 'चेतना दिवस' घोषित किया। प्रत्येक

वर्ष 14 अप्रैल को अर्जक संघ 'चेतना दिवस' के रूप में मनाता है। इससे पहले अम्बेडकर के साहित्य से उत्तर भारत सामान्यत: अछूता था।

उधर बिहार में बाबू जगदेव प्रसाद सन् 1967 ई. में विधान सभा का चुनाव जीतते हैं। 1 जनवरी, 1968 ई. को सरकार बनती है। वे मंत्री बनते हैं। इसके बाद वे डॉ. अम्बेडकर के साहित्य को सम्पूर्ण बिहार में अपने कार्यकर्ताओं से वितरित करवाते हैं। सरकारी आदेश द्वारा बिहार प्रदेश के शैक्षणिक संस्थानों में डॉ. अम्बेडकर का साहित्य रखवाते हैं। किन्तु नई प्रतिगामी सरकार आने के साथ ही वह चुपके चुपके डॉ. अम्बेडकर के सम्पूर्ण साहित्य को पुस्तकालयों से पुन: बाहर करवाती है। डॉ. अम्डेबकर के साहित्य को उत्तर भारत में प्रत्यस्थापित और विस्थापित करने का यह लम्बा संघर्ष क्रम कई वर्ष तक चलता रहा।

इस महान संघर्ष को लेकर बाबू जगदेव प्रसाद शहीद हुए। इस ऐतिहासिक शहादत पर रघुनीराम शास्त्री लिखते हैं, 'शोषित इंकलाब के लेनिन अमर शहीद जगदेव प्रसाद ने गत 5 सितम्बर, 1974 ई. से 11 सितम्बर, 1974 ई. तक सात-सूत्री माँगों की पूर्ति के लिए बिहार के सभी प्रखंड कार्यालयों पर शान्तिपूर्ण सत्याग्रह (जेल भरो अभियान), शोषित समाज दल के बैनर तले धरना-प्रदर्शन शुरू किया, जिसकी प्रमुख माँगे—'देश के सभी सराकारी व गैर सरकारी पुस्तकालयों में डॉ. अम्बेडकर का साहित्य लागू किया जाए। जनसंख्या के अनुपात में आरक्षण लागू किया जाए। दलित मतदाताओं द्वारा दलित प्रतिनिधियों का चुनाव और दलितों की नियुक्ति हेतु दलित पदाधिकारियों से साक्षात्कार कराने जैसी माँगे शामिल थीं।' इस ऐतिहासिक आन्दोलन में कांग्रेसी हुकूमत ने 5 सितम्बर, 1974 ई. को महानायक जगदेव प्रसाद को गोली मारकर करीब हजारों मजदूरों-किसानों, दलितों के बीच निर्मम हत्या कर दी।'[7]

इस समय अर्थात् सन् 1968 ई. में चौधरी चरण सिंह के मुख्यमंत्री रहते हुए उत्तर प्रदेश में पेरियार ललई सिंह की कृति 'आर्यों का नैतिक पोल प्रकाश' सरकारी प्रेस विज्ञप्ति के अनुसार जब्त होती है। पेरियार ललई सिंह द्वारा अनूदित-प्रकाशित डॉ. अम्बेडकर के भाषण 'सम्मान के लिए धर्म परिवर्तन', 'जातिभेद का उच्छेद' आदि को 25 अगस्त, 1970 ई. को तत्कालीन सरकार जब्त करती है। इस चरण सरकार में मुख्य सहयोगी कमलापति त्रिपाठी थे। इस साहित्य जब्ती का सारा दिमाग इन्हीं का था।

रघुनीराम शास्त्री ने एक साक्षात्कार में बताया कि इसी समय बाबा साहब का सम्पूर्ण साहित्य उत्तर प्रदेश के पुस्तकालयों और सरकारी संस्थानों से बाहर किए जाने का अघोषित आदेश दिया गया। उनका साहित्य जब्त किया जाता है। सरकार की इस राजाज्ञा के विरुद्ध पेरियार ललई सिंह हाईकोर्ट और सुप्रीम कोर्ट तक मुकदमा लड़ते हैं जिसमें महामना रामस्वरूप वर्मा और बाबू जगदेव प्रसाद आदि प्रत्येक प्रकार से मदद करते हैं। इन किताबों पर हुए मुक़दमों पर जीत 14 मई, 1971 ई. में होती है। उस समय उत्तर प्रदेश के मुख्यमंत्री कमलापति त्रिपाठी

थे। इन संघर्षों और लड़ाइयों के बाद उत्तर भारत में डॉ. अम्बेडकर का साहित्य प्रचारित-प्रसारित होना शुरू हुआ है।

डॉ. अम्बेडकर साहित्य रक्षक परिषद् की स्थापना

डॉ. अम्बेडकर और पेरियार ललई सिंह की पुस्तकों की लगातार जब्ती हो रही थी। आदिनिवासी चेतना से लिखी गई पुस्तकों पर लगातार मुकदमे किए जा रहे थे। आदिनिवासी चेतना के साहित्य को मनुवादी लगातार नष्ट करने की कोशिश कर रहे थे। अत: अपनी महान विभूतियों के साहित्य और चिन्तन की दुर्लभ पांडुलिपियों, पुस्तकों आदि के संरक्षण-प्रकाशन के लिए पेरियार ललई सिंह और साथियों ने अखिल भारतीय स्तर पर दिनांक 14 अप्रैल, 1970 ई में 'डॉ. अम्बेडकर साहित्य रक्षक परिषद'[8] की स्थापना कानपुर में की। 14 अप्रैल बाबा साहब डॉ. अम्बेडकर का जन्मदिन है। इसी दिन पेरियार ललई सिंह आदि साथियों ने इस परिषद् की स्थापना की। इस परिषद् का सर्वसम्मति से पेरियार ललई सिंह को प्रथम अध्यक्ष बनाया गया। उपाध्यक्ष और प्रचार मंत्री अशफाक खाँ को बनाया गया।

इस परिषद् का मुख्य लक्ष्य और कार्य आदिनिवासी चेतना की वैचारिकी के साहित्य की रक्षा, सुरक्षा, संरक्षण, प्रकाशन और प्रचार-प्रसार करना था। आदिनिवासी चेतना की दुर्लभ पांडुलिपियों को खोजना, उसे 'अशोक पुस्तकालय' से प्रकाशित करना। बुद्ध, फुले, अम्बेडकर, पेरियार जैसे अनेक आदिनिवासी चेतना के लेखकों, साहित्य-चिन्तकों के लेखों, विचारों आदि की रक्षा करना। उनके साहित्य और उन पर होनेवाले मुकदमे को लड़ने के लिए पैसा एकत्रित करना। आदिनिवासी चेतना के साहित्य और विचार का जनता में प्रचार-प्रसार करना। इस चेतना के साहित्य का जनता के बीच बुक स्टाल लगाकर उसे दिखाना। जनता से पांडुलिपियों को माँगना। उसे प्रकाशित करना आदि इस परिषद् का मुख्य उद्‌देश्य था।

बौद्ध धर्म, समता एवं प्रगतिशील साहित्य प्रचारक परिषद्

इस साहित्यिक-सांस्कृतिक परिषद् की स्थापना दिनांक 3 जून, 1971 ई. को हुई थी। पेरियार ललई सिंह इस परिषद् के उपाध्यक्ष थे। इसका मुख्य उद्‌देश्य था—बौद्ध धर्म, समता और प्रगतिशील साहित्य का संरक्षण और प्रचार-प्रसार करना। यह परिषद् बौद्ध विद्वान और भिक्खुओं का समूह था। ये लोग झोले में साहित्य लेकर गाँव-गाँव घूम-घूमकर साहित्य बेचते थे। जनता को इस परिषद् का सदस्य बनाते थे। उन्हें तर्कशील साहित्य भेजते थे जिससे उनमें प्रगतिशील चेतना निर्मित हो सके। यह बौद्ध साहित्य और धर्म को प्रचार-प्रसार की जमीनी और अभियानी कोशिश थी।

डॉ. अम्बेडकर की पुस्तक 'धर्म परिवर्तन' जब्ती

पेरियार ललई सिंह ने बाबा साहब डॉ. अम्बेडकर के यवला, महाराष्ट्र में 25 दिसम्बर, 1927 को मनुस्मृति दहन के अवसर पर दिए गए भाषण और 14 अक्टूबर, 1956 ई. को दीक्षाभूमि, नागपुर में बौद्ध धर्म ग्रहण के अवसर पर दिए गए प्रमुख मराठी भाषणों आदि का हिन्दी अनुवाद किया। अंग्रेजी भाषणों का उनके मिशनरी साथी रामअधार ने हिन्दी अनुवाद किया। उन्होंने सन् 1969 ई. में 'सम्मान के लिए धर्म परिवर्तन' नाम से अशोक पुस्तकालय से प्रकाशित किया। आगे सन् 1971 ई. में 'सम्मान के लिए धर्म परिवर्तन'[9] नामक पुस्तक का नाम बदलकर 'धर्म परिवर्तन' कर दिया। इस पुस्तक को तत्कालीन वर्चस्ववादी सरकार ने 25 अगस्त, सन् 1970 ईस्वी में प्रकाशित विज्ञप्ति के अनुसार जब्त कर लिया।[10] सरकार ने यह आरोप लगाया कि इस पुस्तक से धर्म, जाति या सम्प्रदाय के आधार पर विभिन्न धर्मों, जातियों या सम्प्रदायों के बीच वैमनस्यता की भावना, घृणा या दुर्भावना बढ़ती है और यह पुस्तक एक वर्ग के धर्म या धार्मिक विश्वासों का अनादर करती है।[11] इस पर पेरियार ललई सिंह ने 12 सितम्बर, 1970 ईस्वी को हाईकोर्ट, इलाहाबाद में सरकार के विरुद्ध मुकदमा दायर कर दिया। जिसका निर्णय हाईकोर्ट ने दिनांक 14 मई, 1971 ईस्वी को दिया।

निर्णय

हाईकोर्ट ऑफ जुडीकेचर, इलाहाबाद (उत्तर प्रदेश)

दिनांक 14 मई, 1971 ई.

उपस्थित फुल बेंच

1. माननीय जस्टिस श्री विलियम ब्रूम
2. माननीय जस्टिस श्री यशोदा नन्दन
3. माननीय जस्टिस श्री सुधी मलिक

मुकदमा नं. 3221/1970 ई.—क्रिमिनल मिसलेनियस एप्लिकेशन अंडर सेक्सन 99बी क्रिमिनल प्रोसीजर कोड

शीर्षक

ललई सिंह यादव, उम्र 60 साल, पिता का नाम श्री गज्जू सिंह यादव, अध्यक्ष, 'डॉ. अम्बेडकर साहित्य रक्षक परिषद' रजिस्टर्ड, झींझक, कानपुर

अपीलांट

विरुद्ध

गवर्नमेंट ऑफ उत्तर प्रदेश

रिस्पांडेंट

पुस्तक 'सम्मान के लिए धर्म परिवर्तन करें' गवर्नमेंट ऑफ उत्तर प्रदेश की आज्ञा दिनांक 25 अगस्त, सन् 1970 ईस्वी नोटिफिकेशन नम्बर 4431 आर/8-बी-2-1-63/70 तथा गवर्नमेंट ऑफ उत्तर प्रदेश गजेट दिनांक 12 सितम्बर, 1970 ईस्वी में प्रकाशित विज्ञप्ति के अनुसार जब्त कर ली गई थी क्योंकि इस पुस्तक से धर्म, जाति या सम्प्रदाय के आधार पर विभिन्न धर्मों, जातियों या सम्प्रदायों के बीच वैमनस्यता की भावनाएँ घृणा या दुर्भावना बढ़ती हैं और यह पुस्तक एक वर्ग के धर्म या धार्मिक विश्वासों का अनादर करती है।

गवर्नमेंट ऑफ उत्तर प्रदेश की इस आज्ञा के विरुद्ध हाईकोर्ट ऑफ जुडिकेचर इलाहाबाद में ललई सिंह यादव ने क्रिमिनल मिसलेनियस एप्लिकेशन उपरोक्त शीर्षक की प्रस्तुति की।

हाईकोर्ट ऑफ जुडीकेचर इलाहाबाद ने उपरोक्त माननीय तीन जजों की स्पेशल फुल बेंच इस केस के सुनने के लिए बनाई। उन्होंने अपीलांट की ओर से योग्य एडवोकेट श्री बनवारी लाल यादव और रिस्पांडेंट की ओर से गवर्नमेंट एडवोकेट की बहस दिनांक—3 मई से 10 मई, 1971 ई. को दो दिनों तक सुनी।

दिनांक—14 मई, 1971 ई. की माननीय जस्टिस श्री विलियम ब्रूस ने सर्वसम्मति से निर्णय किया कि

1. गवर्नमेंट ऑफ उत्तर प्रदेश द्वारा पुस्तक 'सम्मान के लिए धर्म परिवर्तन करें' की जब्ती की आज्ञा निरस्त की जाती है।
2. जब्तशुदा पुस्तक अपीलांट ललई सिंह यादव को वापस दी जाए।
3. गवर्नमेंट ऑफ उत्तर प्रदेश की ओर से अपीलांट ललई सिंह यादव को तीन सौ रुपए खर्च के दिलाए जाएँ।

इस लम्बे न्यायिक संघर्ष के बाद पेरियार ललई सिंह ने यह मुकदमा जीता। उन्होंने इस मुकदमे में पूर्ण सहयोग करनेवाले अधिवक्ताओं का आभार प्रकट करते हुए लिखा, अपीलांट के पैरोकार सर्वश्री बनवारी लाल यादव, सखाराम यादव, श्याम लाल यादव, जयपाल सिंह कश्यप, चौधरी चुन्नी लाल, गुलाबचन्द, गया प्रसाद यादव आदि एडवोकेट्स को संस्था व पाठक की ओर से अनन्त धन्यवाद!

दिनांक—14 मई, 1971 ई.

अध्यक्ष

—डॉ. अम्बेडकर साहित्य रक्षक परिषद्[12]

धर्म परिवर्तन की बहाली पर प्रेस विज्ञप्ति

प्रेस मैटर

'प्रकाशनार्थ'

प्रेषक : बनवारी लाल यादव, एडवोकेट, हाईकोर्ट

578, मम्फोर्टगंज (निगम चौराहा के पास), इलाहाबाद
द्वारा सम्पादक 'बहुजन', छेदीलाल 'साथी'
48, कन्धारी बाजार, लखनऊ के लिए
उ.प्र.

सेवा में,

नमस्कार!

डॉक्टर भीमराव अम्बेडकर द्वारा लिखित 'सम्मान के लिए धर्म परिवर्तन करें' नामक पुस्तक, जिसे उत्तर प्रदेश सरकार ने (यू.पी. गवर्नमेंट) दिनांक—12 सितम्बर, 1970 ई. को पृष्ठ संख्या 44, 50 द्वारा, जिस पर लिखा है—'वेद शास्त्र निरर्थक हैं।' प्राप्त फौजदारी की धारा 9990 के अन्तर्गत पाया। इस कारण से जब्त कर दिया था, कि इस पुस्तक से धार्मिक विश्वास पर घृणा की भावना फैलती है।

इसको आज दिनांक 14 मई, सन् 1971 ई. को हाईकोर्ट इलाहाबाद के माननीय न्यायमूर्ति सर्वश्री विलियम ब्रूम, यशोदा नन्दन तथा सुधी मलिक की फुल बैंच ने क्रिमिनल मिसलेनियस एप्लीकेशन नम्बर 3221 सन् 1970 ई. को श्री ललई सिंह यादव बनाम स्टेट उत्तर प्रदेश में यह निर्णय लिया है कि इस पुस्तक से कोई भी धार्मिक विश्वास पर आघात नहीं पहुँचता है और न तो किसी धार्मिक भावना को चोट ही पहुँचती है।

अत: उत्तर प्रदेश गवर्नमेंट का उपरोक्त आदेश रद्द किया जाता है।

धन्यवाद!

दिनांक—14 मई, 1971 ई.

भवदीय

बनवारी लाल यादव

हाईकोर्ट, इलाहाबाद'[13]

साहित्य पर मुकदमे के समय के मुख्यमंत्री

आर्यों का नैतिक पोल प्रकाश, हिन्दू संस्कृति में वर्ण-व्यवस्था और जाति भेद, सच्ची रामायण, सच्ची रामायण की चाभी, जाति भेद का उच्छेद, सम्मान के लिए धर्म परिवर्तन, बौद्ध धर्म दीक्षा-परित्राण पाठ आदि की जब्ती मुकदमे आदि वर्चस्ववादियों के इशारे पर कई मुख्यमंत्री और सरकारों ने किया। सन् 1968 ई. से सन् 1975 ई. तक लगातार पेरियार ललई सिंह और डॉ. अम्बेडकर का साहित्य जब्त हुआ। उसके विरुद्ध उन्होंने हाईकोर्ट से सुप्रीम कोर्ट तक कई वर्ष मुकदमे लड़े। जीते। वैसे, पेरियार ललई सिंह 1960 से 1988 ई. तक हिन्दुत्ववादियों से सतत मुकदमा लड़ते

रहे। उस समय निम्नलिखित मुख्यमंत्री थे—'चन्द्रभानु गुप्त (कांग्रेसी), चौधरी चरण सिंह (भारती क्रान्ति दल), त्रिभुवन नारायण सिंह (कांग्रेसी), कमलापति त्रिपाठी (कांग्रेसी), हेमवती नन्दन बहुगुणा (कांग्रेसी), नारायण दत्त तिवारी (कांग्रेसी) आदि।'[14]

वर्चस्ववादी साहित्य के जब्त नहीं होने पर सरकार पर उठाए सवाल

यह सत्य तथ्य है कि जिस समाज का साहित्य नहीं होता है वह गुलाम होता है। समाज में समतामूलक चेतना के निर्माण के लिए समता की चेतना का साहित्य होना आवश्यक है। वर्चस्ववादी सवर्णवादी सरकारों द्वारा डॉ. अम्बेडकर और पेरियार ललई सिंह के साहित्य पर लगातार हो रहे मुकदमों और जब्ती के कारण पेरियार ललई सिंह ने सरकार के समक्ष यह सवाल खड़ा कर दिया, 'बाबा साहब डॉ. भीमराव अम्बेडकर व मेरे द्वारा लिखी गई पुस्तकें लगातार जब्त हो रही हैं, अन्यों द्वारा लिखी गई, मेरे द्वारा छापी गई तथा मेरे द्वारा लिखी गई, मेरे द्वारा छापी गई, कई पुस्तकें जब्त कर ली गईं। मैं हवालात में रहा।'[15] 'मगर जिन पुस्तकों से हम लोगों ने उद्धरण लिये हैं या जिन लोगों ने हम लोगों के समान लेख या किताबें लिखी हैं, वे सब-की-सब पुस्तकें जब्त क्यों नहीं होतीं?'[16]

इस बात को आगे बढ़ाते हुए वे लिखते हैं, 'स्पष्ट है हम लोगों को दिमागी गुलाम बनाए रखने के लिए यह सरकारी शरारत है। अध्येता-पाठकगण इस शरारत पर सोचें, इसको रोकने की कोई युक्ति सोचें।'[17] उनका सवाल था कि सरकार हमारी पुस्तकों को लगातार जब्त कर रही है। इस जब्ती का आधार कुछ उद्धरणों को बना रही है लेकिन जिन मूल पुस्तकों से हमने उद्धरणों को सन्दर्भित किया है उन पुस्तकों को सरकार क्यों नहीं जब्त कर रही है? इस का कारण साफ है कि उन पुस्तकों को वर्चस्ववादी मानसिकता के पुरुषों ने लिखा है।

प्रश्न यह है कि वर्चस्ववादी सोच का निर्वहन और प्रत्यस्थापन करनेवाले वेद, पुराण, स्मृति ग्रंथ आदि आज तक सुरक्षित-संरक्षित हैं लेकिन समतामूलक समाज निर्माण करनेवाला साहित्य कहाँ विलुप्त हो गया। मूल मानवता की चेतना को बौद्ध साहित्य, आजीवक साहित्य, भौतिकवादी लोकायतों, अर्जकों का साहित्य कहाँ है? उसका संरक्षण क्यों नहीं हुआ? वह क्यों आमूल-चूल नस्ट कर दिया गया? अवैध, अनैतिक घोषित कर दिया गया। उनके साहित्य और सोच को मूर्खता का पर्याय क्यों बना दिया जाया; जैसे—बुद्ध के मत को माननेवालों को 'बुद्धू' कहा गया। बुद्ध की पत्नी को 'भदद कच्चाना' के नाम को विरूपित करते हुए—भददा, भोंदू आदि रूप में विकृत कर मुहावरा गढ़ दिया, जबकि भदद पालि भाषा का शब्द है जिसका अर्थ होता है—भद्र/आदरणीय। भदद से भद्र बना है। भद्रा लोग अर्थात आदरणीय/आभिजात्य लोग। 'भदद' का विस्तृत रूप 'भदंत' और संक्षिप्त रूप

है। 'भदद कच्चाना' को मनुवादी संस्कृति ने कच्चा चबा जऊँगा के रूप में विकृत कर मुहावरा ही गढ़ दिया है।[18] कौत्स के मत को माननेवालों को 'कुत्सित' कहा गया। कबीर के मानवतावादी-प्रवचनों को अश्लीलता और फूहड़ता का रूप देकर होली आदि अवसर पर 'कबीरा साररा' के रूप में प्रचारित किया गया। कबीर के मत को माननेवालों को 'कुमतिवाला' कहकर मज़ाक उड़ाया गया। लाहौल, हिमाचल के ज्ञानी बौद्ध भिक्षु गुरु घंटापा के मत का उत्तर भारत में माज उड़ाते हुए 'गुरु घंटाल' नाम से मूर्खता का मुहावरा ही प्रचलित कर दिया। जबकि वो महान बौद्ध और विद्वान थे। उनके बातों-मतों का कोई उत्तर नहीं दे पाता था। उनकी विद्वत्ता को मूर्खता का पर्याय बना दिया गया। गोरखनाथ, जो जाति से अहीर थे, उनके मत के प्रचार से जनता को विमुख करने और उनके समतामूलक विचारों की खिल्ली उड़ाते हुए उसे 'गोरखधंधा' कहा गया, जबकि होना चाहिए—'पुरोहितधंधा'। इसी प्रकार 'गुंडा धुर' एक महान आदिवासी क्रान्तिकारी थे, जिन्होंने बस्तर में ब्रिटिश साम्राज्य के विरुद्ध 'महान भूमकाल आन्दोलन' चलाया। इस विद्रोह के वे महानायक थे। ब्रिटिश साम्राज्य की क्रान्तिकारी गुंडाधुर ने चूलें हिला दीं। इस विद्रोह को रोकने के लिए अंग्रेजों ने 'गुंडा एक्ट' नाम से एक अपराध अधिनियम (क्राइम एक्ट) बनाया।[19] वह आज भी 'गुंडा एक्ट' के रूप में जाना जाता है और आपराधिक लोगों को 'गुंडा बोला' जाता है। यह सोचने की बात है कि इस महान आदिवासी क्रान्तिकारी को स्वतंत्र भारत में भी इस तरह व्याख्यायित किया जाता है। इसी प्रकार महान आदिवासी क्रान्तिकारी रघुनाथ महतो ने ईस्ट इंडिया कम्पनी के खिलाफ जल, जंगल, जमीन के बचाव और आदिवासियों के शोषण के खिलाफ 'चुआड़ आन्दोलन' चलाया था। इस 'चुआड़ आन्दोलन' को 'चुहाड़ आन्दोलन' कहा गया। चुहाड़ अर्थात् बदमाश, लुच्चा कहा गया। जो 'चोर-चुहाड़' के रूप में प्रचलित स्थापित हो गया। इस प्रकार आज उस महान आन्दोलन को गाली का पर्याय बना दिया गया।[20] इसी प्रकार चोट्टी मुंडा एक महान आदिवासी क्रान्तिकारी थे जिन्होंने अपने महान पुरखे बिरसा मुंडा को अपना भगवान मानते हुए लड़ाई को आगे बढ़ाया। मनुवादी संस्कृति इनके महान अवदान को धूमिल करने के लिए उसे गाली के मुहावरे में बदल दिया अर्थात् 'चोट्टी' से 'चोट्टा' बदल दिया। 'चोट्टा' मतलब 'चोर' और 'चोट्टी' मतलब 'चोरनी' के रूप में स्थापित कर दिया। ऐसे ही, मुँगेरी लाल कमीशन को जब बिहार में लागू किया तो सवर्णों ने 'मुँगेरी लाल के हसीन सपने' कहकर मज़ाक उड़ाया। इतना ही नहीं सबसे अधिक भैंस-गाय रखनेवाले कृष्ण को 'माखन-चोर' कहा तो वहीं श्रवण संस्कृति के वाहक पशुपालक माननीय श्री लालू प्रसाद यादव, पूर्व-मुख्यमंत्री, बिहार को 'चारा-चोर' कहा गया जिसके लिए पशु जीवन है। उसकी महान वैचारिक लड़ाई को 'चारा-चोर' कहकर मज़ाक बनाकर उड़ा दिया गया। इसी प्रकार श्री अखिलेश यादव को 'टोटी-चोर'

कहा। सोचने की बात है कि जिनके पिता (मुलायम सिंह) मुख्यमंत्री और देश के रक्षामंत्री रहे हों जो स्वयं मुख्यमंत्री रहा हो, उसे इस स्तर पर गिराकर अपमानित किया जाता है। यह मनुवादी-संस्कृति का असल चरित्र है जो आपके महानायकों को इस स्तर तक गिराकर चरित्रहनन करती है। उस पर वर्चस्ववादी कला-सांस्कृतिक का प्रहार करती है। यह मानसिकता आज तक सतत प्रवाहित हो रही है।

डॉ. अम्बेडकर की रिपब्लिकन पार्टी

इसके निर्माण की गाथा भी दिलचस्प है। चन्द्रिका प्रसाद 'जिज्ञासु' लिखते हैं, 'हमारे बाबा साहब 30 नवम्बर, 1956 ई. को रिपब्लिकन पार्टी की स्थापना की आवश्यकता की पूर्ति दिल्ली में कर गए थे। उस दिन शेड्यूल कास्ट फेडरेशन की, जिसके वे अध्यक्ष थे और जिसके द्वारा उन्होंने भारत की दलित-शोषित-प्रवंचित अछूत जनता को मानवीय नागरिक अधिकार दिलाने के लिए संघर्ष किया था, अन्तिम मीटिंग थी। इस मीटिंग में बाबा साहब ने फेडरेशन को भंग कर दिया और भारतीय रिपब्लिकन पार्टी की स्थापना की; और उसके उद्देश्य इतने व्यापक बनाए कि हिन्दू, मुसलमान, सिख, जैन, बौद्ध, ईसाई, पारसी सभी उसके सदस्य हो सकते हैं। इस पार्टी के सन्दर्भ में बाबा साहब ने कहा था कि रिपब्लिकन पार्टी का मुख्य उद्देश भारती संविधान में निहित न्याय, समानता, स्वतंत्रता और बन्धुता के लक्ष्य को प्राप्त करना है ताकि भारतभूमि पर जन्म लेनेवाले प्रत्येक व्यक्ति को प्रत्येक क्षेत्र में अपने पूर्ण विकास और ऊँची-से-ऊँची उन्नति करने का सुअवसर और सुविधाएँ प्राप्त हों।

इसके बाद बोधिसत्व बाबा साहब 6 दिसम्बर, 1956 ई.को निर्वाण को प्राप्त हुए और नवम्बर, 1957 ई. को नागपुर में बाबा साहब के अनुयायियों द्वारा बाकायदा पार्टी की स्थापना हुई, उसका संविधान बना, जो 10 मार्च, 1959 से लागू हो गया।[21] इस पार्टी के वैचारिक स्रोत डॉ. अम्बेडकर थे। उनमें गहरी आस्था रखनेवाले ललई सिंह को श्री छेदीलाल साथी ने 14 अप्रैल, 1958 ई. को रिपब्लिकन पार्टी ऑफ इंडिया (आरपीआई) का सदस्य बनाया। इस पार्टी की सदस्यता ग्रहण करने के साथ ही वे उत्तर भारत की राजनीतिक सोच को बदलने में लग गए जिसमें डॉ. अम्बेडकर की सोच का समाज निर्माण करना मुख्य उद्देश्य था। वैसे वो अपना वैचारिक हीरो—बुद्ध, अम्बेडकर, पेरियार आदि के मतानुसार स्वयं को पूर्व में ही आगे बढ़ा रहे थे। उनके हीरो फुले, अम्बेडकर और पेरियार सभी कांग्रेस को ऊँची जाति प्रधान दल मानते थे।[22]

21 दिसम्बर, 1961 ई. दिन बृहस्पतिवार को 12 बजे, स्थान—नगला राधे (नगल भरी) धर्मशाला सड़क पर भारतीय रिपब्लिकन पार्टी की यूनिट का चुनाव करवा कर सभी पदाधिकारियों को कार्यभार दिया गया। यह टूँडला, एत्मादपुर, आगरा, उत्तर

प्रदेश में पार्टी का विस्तार था। 2 जनवरी, 1962 को, दिन मंगलवार, समय 3:11 पर संयोजक पेरियार ललई सिंह और कार्यालय सचिव भीमदेव धैर्य के निवेदन से भारतीय रिपब्लिकन पार्टी, शाखा-एत्मादपुर, कार्यालय टूँडला में मीटिंग होना तय हुआ। 14 जनवरी, 1962 ई. को रिपब्लिकन पार्टी की मीटिंग, आगरा कार्यालय, आगरा, उत्तर प्रदेश में हुई। समय 10 बजे का था। इसका संयोजन पेरियार ललई सिंह और श्री कुन्दन लाल जी की अध्यक्षता में सम्पन्न हुआ। इसमें पदाधिकारी थे—अध्यक्ष—बाबूराम लम्बरदार, उपाध्यक्ष—जालिम सिंह, मंत्री—सरदार टेक सिंह, उपमंत्री—श्री पूरन सिंह, श्यामलाल, रामजी लाल, बाबू लाल, चुन्नीलाल, रामचन्द, हरिराम, सुन्दर लाल, भगत सिंह आदि उपस्थित थे।

22 जनवरी, 1962 ई. दिन शुक्रवार को रिपब्लिकन पार्टी कार्यालय चौराहा टूँडला पर जरूरी बैठक हुई जिसमें पेरियार ललई सिंह, छेदीलाल साथी, गुरुदयाल सिंह, श्याम लाल पीपल, मथुरा प्रसाद कर्दम, भगवान सिंह आदि लोग उपस्थित थे। 26 जनवरी, 1962 ई., दिन शुक्रवार, समय दो बजे दोपहर, कम्युनिस्ट पार्टी चौक स्थान कोटकी पर श्री शिवचरन लाल जी की अध्यक्षता में हुई। इस कम्युनिस्ट पार्टी की मीटिंग में रिपब्लिकन पार्टी के पदाधिकारी भी सम्मिलित हुए। दोनों पार्टियों के पदाधिकारियों ने मिलकर 1962 के चुनाव के बारे में विचार-विमर्श किया। चुनाव के बारे में कई प्रस्ताव रखे गए जिस पर संयुक्त रूप से प्रकाश डाला गया।

20 फरवरी, 1962 ई. दिन मंगलवार को सुबह 8 बजे रिपब्लिकन पार्टी के चुनाव कार्यालय पर कार्यकर्ताओं की एक आवश्यक मीटिंग हुई जिसमें कार्यकर्ताओं को पोलिंग के नियमों के बारे में प्रशिक्षण दिया गया। 21 अक्टूबर, 1962 को टूँडला, एत्मादपुर, आगरा, उत्तर प्रदेश में पेरियार ललई सिंह की अध्यक्षता और डॉ. छेदीलाल साथी के संयोजन में भारतीय रिपब्लिकन पार्टी के पदाधिकारियों और सदस्यों का पुन: विस्तार हुआ। 20 दिसम्बर, 1962 को रिपब्लिकन पार्टी के चुनाव कार्यालय पर पेरियार ललई सिंह ने भीमदेव धैर्य के नाम को प्रस्तावित किया और सर्वसहमति से उन्हें नियुक्त किया गया। यह स्पष्ट किया गया कि ये सबको कानूनबद्ध तौर पर मान्य हों। संयोजक—पेरियार ललई सिंह, निवेदक—दामोदर प्रसाद कर्दम। उपस्थित सदस्य—राम खिलाड़ी, दाताराम, रामजी लाल, हीरालाल आदि कार्यकर्ता।

एक गम्भीर विचार की बात है कि पेरियार ललई सिंह आदि के समय में महान प्रतिपक्षी नेता राम मनोहर लोहिया राजनीति में विराट व्यक्तित्व रखते थे। जिनके स्कूल से अर्थात् राजनीतिक ट्रेनिंग सेंटर से रामस्वरूप वर्मा, महराज सिंह भारती, जगदेव प्रसाद जैसी दिग्गज विभूतियाँ नेता बनकर निकलीं लेकिन पेरियार ललई सिंह लोहिया के स्कूल में न जाकर पेरियार और अम्बेडकर के स्कूल में गए। इसका मुख्य कारण जान पड़ता है कि लोहिया नास्तिक होकर भी आस्तिक

थे। वे हिन्दू मिथकों से लबरेज थे। वे हिन्दू आस्था का मन रखनेवाली विभूति थे। रामायण और गीता आदि का मेला लगवाते थे।[23] जबकि पेरियार हिन्दू मिथकों की धज्जियाँ उड़ाते हैं। वे रेशनल मानवता का समाज बनाते हैं। वहीं अम्बेडकर निर्गुण प्रकार का मानववादी समाज बनाना चाहते हैं, जिसमें मनुष्य की जरूरत के हिसाब से प्रबुद्ध समाज के निर्माण का स्वप्न है। इसी कारण पेरियार ललई सिंह बुद्ध, अम्बेडकर और पेरियार की वैचारिकी के पास जाते हैं और अम्बेडकर के विचार दर्शन की पार्टी रिपब्लिकन पार्टी ऑफ इंडिया की सदस्यता ग्रहण करते हैं। अपने बौद्धिक, राजनीतिक सूझ-बूझ की मेधा के कारण वे पार्टी के पार्लियामेंट्री बोर्ड, उत्तर प्रदेश के मंत्री चुने गए। वे अपनी सूझ-बुझ से रिपब्लिकन पार्टी को जमीनी तौर पर मजबूत करते हैं। इसमें सैकड़ों-हजारों सोच-समझ रखनेवाले नेता और समाज निर्माण संगठित तरीके से गाँव-गाँव जाकर डॉ. अम्बेडकर की सोच और वैचारिकी का जनमानस सृजित करते हैं। इस आधारभूत जमीनी निर्माण से दलित-पिछड़े और मुसलमानों में अपने मत (vote) के ऐतिहासिक महत्त्व का एहसास हुआ। इस चेतना निर्माण का प्रभाव पड़ा कि ये परम्परागत कांग्रेसी वोटर रिपब्लिकन पार्टी की ओर प्रवृत्त हुए और तीसरे लोक सभा चुनाव 1962 में रिपब्लिकन पार्टी के तीन सांसद निर्वाचित हुए : एक—श्री बीपी मौर्य, अलीगढ़ से, दूसरे—श्री ज्योति स्वरूप, हाथरस (सुरक्षित) से और तीन—श्री सैयद मुजफ्फर हुसैन, मुरादाबाद से। इसके साथ ही चौथे विधान सभा चुनाव सन् 1967-68 में रिपब्लिकन पार्टी के नौ विधायक निर्वाचित हुए : एक—श्री चन्द्र किशोर तिवारी खगा, फतेहपुर से, दो—श्री जगवीर सिंह बुलन्दशहर से, तीन—देवी दयाल सेन हापुड़ (सुरक्षित) मेरठ से, चार—श्री बदन यादव एटा से, पाँच—श्री मान सिंह आगरा पश्चिम से, छह—श्री मुहम्मद असरार अहमद बदायूँ से, सात—श्री वीरेश्वर त्यागी मेरठ छावनी से, आठ—श्री शमीम आलम बुलन्दशहर से और नौ—सरजू प्रसाद त्यागी मोदी नगर, मेरठ से चुने गए थे।[24] इस चुनाव में अद्‌भुत तरीके से प्रचार और परिश्रम करके घर-घर जाकर लोगों को समझा-बुझाकर तैयार किया गया जिस पर उत्तर भारत की भावी बहुजन राजनीति चल सकी।

अध्याय-6

पेरियार ललई सिंह का साहित्य चिन्तन

जिस समाज का साहित्य होता है, वह दुनिया पर राज करता है।
जिस समाज या वर्ग का साहित्य नहीं होता है, वह गुलाम होता है।
शिक्षा और साहित्य गुलामी से मुक्ति का सबसे बड़ा हथियार होता है।

साहित्य मनुष्य, समाज और राष्ट्रनिर्माण का आधार होता है जो अपने मूल में कोई-न-कोई सोच, वैचारिक, विजन के साथ समाज में संचरित और प्रवाहित होता है। पेरियार ललई सिंह का साहित्य प्रवंचित मनुष्यों को प्रबोधित करता है। इस प्रबोधन से नवजागरण और समतामूलक समाज निर्माण करते हैं जिसकी वैचारिक प्रेरणा बुद्ध, अम्बेडकर और पेरियार से मिलती है।

पेरियार ललई सिंह सामाजिक और सांस्कृतिक चेतना पर चिन्तन करते हुए, उसे साहित्य की अनेक विधाओं में अभिव्यक्त करते हैं। इसी क्रम में सबसे पहली कृति गुलाम भारत में 'सिपाही की तबाही' लिखते हैं। यह ब्रिटिश साम्राज्य के विरोध में लिखी गई कृति है। इसे 1 दिसम्बर, 1946 को लिखा। यह किताब सिपाहियों, अर्द्ध-सैनिक बलों और सशत्र जवानों में राष्ट्र प्रेम की भावना तैयार करने और ब्रिटिश साम्राज्य के खिलाफ लड़ने की भावना को भड़काने के लिए वे लिखते हैं। यह अभी छापी ही थी कि केवल नाम ही सुनकर महानिरीक्षक पुलिस श्री रेजीनॉल नॉर्मन मर्श स्मिथ, ग्वालियर ने अपनी स्पेशल आज्ञा द्वारा जब्ती का आदेश दे दिया। इसे रातोंरात गुप्त रूप से टाइप कराकर ग्वालियर, मुरैना, भिंड आदि सैनिक छावनियों और गाँव-जवार के परिधि क्षेत्र में बाँटी गई।

1960 ई. में पेरियार ललई सिंह ने 'बौद्ध-धर्म-दीक्षा' नामक अतिलघु पुस्तक लिखी जिसमें बुद्ध नमस्कार, त्रिशरण, पंच-शील और डॉ. अम्बेडकर द्वारा दी गई 22 प्रतिज्ञाएँ सम्मिलित थीं। इससे वे उत्तर भारत में उस दौर में बौद्ध धर्म का प्रचार-प्रसार कर रहे थे।

1960 ई. में सबसे पहला नाटक 'वीर संत माया बलिदान' लिखा। यह भाटों द्वारा वर्णित एक सच्ची कहानी पर आधारित है। इस नाटक पर मानवतावादी चिन्तक

चन्द्रिका प्रसाद 'जिज्ञासु' लिखते हैं, 'श्री पेरियार ललई सिंह कृत 'वीर संत माया बलिदान' नाटक हमने सुना। नाटक में हिन्दू धर्म की ऊँच-नीच, जन्म-जाति-मूलक, दर्जाबन्दी व वर्ण-व्यवस्था, जो राष्ट्रीय एकता के महान शत्रु हैं, के साथ बौद्ध-धर्म की पवित्रता, समता, बन्धुता, स्वतंत्रता व न्याय के उत्तम आदर्श का तुलनात्मक विवेचन बहुत अच्छा लगा।'[1] इसके बाद भी उन्होंने अनार्यों-आर्यों को समतावादी मानवता के एक ही रास्ते पर चलने की बात पर बल दिया है।

वे 1962 ई. को 'शम्बूक-वध' नाटक लिखते हैं जिसमें वे वर्चस्ववादी आर्यों द्वारा मानवतावादी आदिनिवासी अध्यापक-चिन्तक 'शम्बूक' की हत्या की पड़ताल करते हैं। इस कड़ी को आगे बढ़ाते हुए 1963 ई. को 'एकलव्य' नाटक लिखते हैं। यह नाटक आर्यों द्वारा छल के बल पर आदिनिवासियों को ज्ञान प्राप्ति से रोकने और यहाँ की असुर प्रतिभाओं को नष्ट किए जाने पर आधारित है। साथ में, आपसी फूट से होनेवाले इस देश की क्षति पर भी उन्होंने विचार-विमर्श किया है। वे स्वयं लिखते हैं, 'यह नाटक मतलब से छापा गया है। एक तो छुआछूत न मानने का कानून बनाया गया है, मगर दूसरी ओर शूद्र-विरोधी पुरानी सड़ियल भारतीय सभ्यता वाली स्मृतियाँ, रामायण, गीता व महाभारत आदि धनवानों और विदेशियों के खर्चे से सस्ती, कीमत में हम लोगों को दिमागी गुलाम बनाने के लिए धड़ाधड़ छाप रही हैं। जिनका घोर प्रचार श्री करपात्री जी महाराज...आदि लोग कर रहे हैं। हमें इस शूद्र-विघाती आपसी फूट से सावधान रहना चाहिए।'[2]

उन्होंने 1963 ई. में 'अंगुलिमाल' नाम का एकांकी लिखा। यह बौद्ध दर्शन पर आधारित एकांकी है। इसकी केन्द्रीयता और विस्तार पर वे लिखते हैं, 'एकांकी होने के कारण केवल मूलभूत तथ्यों पर प्रकाश डाला गया है।...पढ़कर यदि आपकी बुद्धि ने तनिक भी बौद्धिक उन्नति की, तो लेखक अपने परिश्रम को सफल समझेंगे।'[3] इनके द्वारा 1966 ई. में लिखा गया 'नाग यज्ञ' एक महत्त्वपूर्ण एकांकी है[4] जो महाभारत की एक सच्ची घटना पर आधारित है। जिसमें द्रविड़, राक्षस, असुर, दास, नागवंशी आदि के आदिनिवासी अनार्य होने और उनकी एकता पर जोर दिया गया है। ये अनार्य नाग बाशिन्दे महान सैन्धव सभ्यता पर आक्रान्ता आर्यों के आक्रमण से प्रवसन करके दक्षिण की ओर बढ़े, जहाँ उन्होंने नागपुर बसाया। वाल्टर फेयर इस महान सिन्धु सभ्यता के बारे में लिखते हैं, विश्व की सबसे पुरानी सभ्यताओं में से एक सिन्धु घाटी सभ्यता थी जो बहुत बड़े भौगोलिक क्षेत्र में फैली हुई थी। इसने दो नगरों और कई कस्बों में महत्त्वपूर्ण उपलब्धियाँ प्राप्त कीं। यह उस सभ्यता का प्रारम्भ था जिसे आज हम भारतीय सभ्यता के नाम से जानते हैं।'[5]

आर्यों द्वारा आदिनिवासियों के संहारक व्यवहार पर वे लिखते हैं, 'विश्व के इतिहास में इतना अधिक अत्याचार, अग्नि-कांड, लूट-मार व कत्लेआम, किसी ने नहीं किया है, जितना आर्यों ने अनार्यों तत्पश्चात् बौद्धों पर किया। जिनके लेखी

प्रमाण ऋग्वेद, लंका दहन, खांडव दहन, नाग यज्ञ नाटक एवं शंकर दिग्विजय आदि हैं।'[6] उस समय के सामाजिक-सांस्कृतिक चिन्तक व आलोचक अमर सिंह मौरेश लिखते हैं, 'वास्तव में यह है अद्भुत शान्ति दीक्षा। यह है अद्भुत चित्ताकर्षक बुद्ध-वचन। यह है अद्भुत बौद्ध दर्शन।'[7] इसी प्रकार आगे उन्होंने अपने साहित्य-चिन्तन को लेखों, कविताओं, नाटकों और एकांकियों के माध्यम से अभिव्यक्त किया।

इतिहास और मिथकों पर चिन्तन करते हुए आर्य मिथक पर 1968 ई. को 'आर्यों का नैतिक पोल प्रकाश' पुस्तक लिखी जिसमें उन्होंने आर्यों द्वारा किए जानेवाले अनैतिक कार्यों को नैतिकता की वैधता प्रदान की जानेवाली कोशिशों का पोल खोलना शुरू कर दिया। यह पुस्तक उनके गहन अध्ययन, चिन्तन और मनन की उपज थी। इस पुस्तक के लिए उन्हें हाईकोर्ट तक मुकदमे का सामना करना पड़ा जिसमें उनकी जीत हुई।

पेरियार ललई सिंह ने 1967 ई. में 'भीम अभिनन्दन' और 1972 ई. में 'शोषित-संघर्ष'[8] नाम से कविता-संग्रह प्रकाशित किया जिसमें सामाजिक सांस्कृतिक चेतना के दोहे, चौपाई और आधुनिक कविताएँ हैं। कुछ के शीर्षक इस प्रकार हैं—'ऐ अछूतो!', 'नेता का पहाड़ा', 'नेता चालीसा', 'अछूत!' आदि। इस संग्रह के फटे-चिथड़े रूप में दीमकों द्वारा चाट दिये गए पन्ने लेखक को मिले।

अध्याय-7

वर्ण और जाति को आमूल-चूल बदल दो!

वर्ण-जाति व्यवस्था और नस्लवाद लोकतंत्र के शत्रु हैं।
वर्ण-जाति व्यवस्था से कम खतरनाक नहीं है—पूँजीवाद।

पेरियार ललई सिंह एक मिशनरी व्यक्तित्व थे। वे अस्वस्थता में खून की उल्टी के बाद भी भ्रमण, भाषण, लेखन और आन्दोलन जारी रखते थे। वो मानवतावादी समतामूलक समाज का और सामाजिक परिवर्तन का सपना लेकर चले थे। इस कारण वे लेखन, भ्रमण और भाषण करते थे। बुद्ध, फुले, अम्बेडकर और पेरियार के सपनों और वैचारिकी का समाज बनाना चाहते थे। इस देश को इन विभूतियों के विचारों से अनुप्राणित होता हुआ देश बनाना चाहते थे। जिस कारण वे लगातार परिश्रम और कठिन संघर्ष करते रहे। उन्होंने समाज और देशहित की स्वतंत्रता के लिए जरूरत पड़ने पर 40 दिन की ऐतिहासिक भूख हड़ताल की। कई लम्बी-लम्बी भूख हड़ताल करने के कारण उनका शरीर जीर्ण-शीर्ण हो गया था। इस अस्वस्थता के बाद भी जन आन्दोलन, भूख हड़ताल आदि किया करते थे। अपने लेखन, भ्रमण और भाषण पर वे स्वयं लिखते हैं, 'लम्बी भूख हड़ताल से आँख की शक्ति क्षीण हो जाने के कारण दिनांक 1 सितम्बर, 1950 से पेंशनर छटनी द्वारा प्राप्त करके दलितों, पिछड़ों, पीड़ितों व शोषितों के उत्थान का कार्य लेखन, भ्रमण और भाषण द्वारा कर रहा हूँ।'[1] हाई-कमांडर पेरियार ललई सिंह को लम्बी भूख हड़ताल और लम्बे संघर्ष के कारण उन्हें टी.बी. अर्थात् क्षय रोग हो गया। इस कारण उन्हें लगातार खून की उल्टी होती थी। वे इस पर लिखते हैं—'सन् 1946 ई. से खून की उल्टी विशेष परिश्रम के कारण होती है। जीर्ण-शीर्ण-कंगाल शरीर दवाओं के बल पर चल रहा है। डॉक्टरों ने पूर्ण विश्राम की सलाह दी है। मगर ऐसे व्यक्ति को विश्राम नहीं।'[2]

सभाओं और आन्दोलनों में कड़क भाषण

वे जिस भी सभा को सम्बोधित करते या जिस भी आन्दोलन का नेतृत्व या प्रतिनिधित्व करने जाते थे उसमें वे अत्यन्त कड़क और तेज आवाज में भाषण देते थे। यद्यपि वे अत्यन्त मृदुभाषी विभूति थे। व्यक्तिगत बात-चीत अत्यन्त सरल और मद्धिम स्वर में करते थे लेकिन सभाओं और आन्दोलनों में बहुत कड़क आवाज में भाषण देते थे। अपने भाषणों में वे जन-मन को लहरा देनेवाले तर्कों और तथ्यों के साथ ठोस बातें रखते थे जिसका प्रभाव जनता पर खूब पड़ता था। एक साक्षात्कार में दयाराम ने बताया, पेरियार ललई सिंह मनुवादी संस्कृति के खिलाफ बहुत ओजस्वी भाषण देते थे। बुद्ध पूर्णिमा के दिन सन् 1991 ई. में रुहालकी, दयालपुर, तहसील-भगवानपुर, जिला—हरिद्वार, उत्तराखंड में भाषण देने के लिए प्रकाश अम्बेडकर और पेरियार ललई सिंह को बुलाया गया था। इन लोगों को सुनने बीस-पच्चीस हजार की संख्या में लोग आए थे। ऐसा हुआ कि प्रकाश अम्बेडकर नहीं आ सके। इस कारण पेरियार ललई सिंह को ही जनता को लम्बे समय तक सम्बोधित करना पड़ा। अपने लम्बे सम्बोधन में उन्होंने मनुवादी आर्य-हिन्दू संस्कृति की धज्जियाँ उड़ानी शुरू कर दीं। इस पर जनता जोश में आ गई और प्रसन्नतापूर्वक मंच पर नोटों की बरसात करने लगी। जनता जोर-जोर से तालियाँ बजाते हुए घंटों भाषण सुनती रही।[3]

ओबीसी आरक्षण के लिए आन्दोलन

पेरियार ललई सिंह ने 'आल इंडिया बैकवर्ड कमीशन' सन् 1956 ई. को 1 अप्रैल, 1966 ई. को देश में लागू करने की माँग को लेकर संसद भवन, नई दिल्ली के मुख्य द्वार के सामने आन्दोलनकारी साथियों सहित भूख हड़ताल प्रारम्भ कर दी।[4] उनके साथ मुख्य व्यक्ति डॉ. छेदीलाल साथी एम.एल.ए., कांधी, कानपुर वाले भी थे। इस भूख हड़ताल के शुरू होने के साथ ही सरकार परेशान होने लगी। कारण, कि पेरियार ललई सिंह के समर्थन में देश के विभिन्न प्रान्तों से लोग आना शुरू हो गए थे। 14 अप्रैल, 1966 ई. पेरियार ललई सिंह और साथियों सहित सभी को सरकार ने जेल में बन्द कर दिया। जेल में भी भूख हड़ताल जारी रही। इधर देश के विभिन्न जगहों और प्रान्तों से जनता के आने का क्रम लगातार जारी था। इस आन्दोलनकारी भूख हड़ताल के जन समर्थन को देखते हुए 20 अप्रैल, 1966 ई. को उप-राष्ट्रपति माननीय श्री जाकिर हुसैन ने उनसे सीधी बात करते हुए कहा, बैकवर्ड क्लास जातियों को शिक्षा में पिछड़ा हुआ मान कर हम उन्हें शिक्षा में सुविधा देंगे। इस आश्वासन के बाद पेरियार ललई सिंह ने 21 अप्रैल, 1966 ई. को जन आन्दोलनकारी साथियों सहित भूख हड़ताल को समाप्त किया। जेल से मुक्त हुए। उस समय राष्ट्रपति माननीय सर्वपल्ली राधाकृष्णन थे।

उर्दू को उ.प्र. की द्वितीय शैक्षिक भाषा का दर्जा दिये जाने के लिए आन्दोलन

इसके बाद पेरियार ललई सिंह ने उसी रौ में उन्हीं जन आन्दोलनकारी साथियों के संग 23 अप्रैल, 1966 ई. को उर्दू मुहफिल दस्ता[5] के साथ 'उर्दू' को उत्तर प्रदेश की द्वितीय शैक्षिक भाषा के रूप में अनिवार्य करने के लिए संसद भवन, नई दिल्ली के सामने पुन: भूख हड़ताल प्रारम्भ कर दी। तत्कालीन उप-राष्ट्रपति माननीय श्री जाकिर हुसैन को ज्ञापन देते हुए माँग की गई कि 'उत्तर प्रदेश में प्रथम भाषा हिन्दी व द्वितीय राज भाषा उर्दू को अनिवार्य करें।' उप-राष्ट्रपति माननीय श्री जाकिर हुसैन ने इस माँग को मान लिया और लिखित आश्वासन दिया कि हम इसे जल्द से जल्द पूरा करेंगे। इसके बाद सरकार ने सन् 1971 ई. में 'उर्दू' को द्वितीय शैक्षणिक भाषा की मान्यता दी।

पेरियार ललई सिंह और अर्जक संघ

'अर्जक संघ का 1 जून, 1968 ई. को लखनऊ में गठन हुआ था। इस के तीन संस्थापक सदस्य थे—रामस्वरूप वर्मा[6], राजाराम यादव[7] और डॉ. गौरी शंकर सचान। इसमें राजाराम यादव को अर्जक संघ का प्रथम महामंत्री चुना गया। इसकी पहली मीटिंग रामस्वरूप वर्मा के विधायक आवास, बँगला नम्बर 9, दारुलसफा, लखनऊ में हुई थी। उस समय संगठन में अध्यक्ष पद की व्यवस्था नहीं थी। महामंत्री ही मुख्य भूमिका का निर्वहन करता था। राजाराम जी रामस्वरूप के बौद्धिक सखा थे। डॉ. गौरी संकर सचान महामना के साथी थे। वे विधानसभा—राजपुर, कानपुर, उ.प्र. से विधायक भी हुए थे। अगले दिन अर्थात् 2 जून को पुन: मीटिंग हुई। अर्जक संघ की इस मीटिंग में जो मुख्य लोग सम्मिलित हुए, सदस्य बने। वे लोग संघ के प्रथम संस्थापक स्थायी सदस्य हुए।

इनके नाम निम्नलिखित हैं—

1. रामस्वरूप वर्मा (विधायक)
2. राजाराम यादव (प्रथम महामंत्री अर्जक संघ)
3. डॉ. गौरीशंकर सचान (आप होम्योपैथी के डॉक्टर थे और विधायक भी थे)।
4. चौधरी रणधीर सिंह (ये जमींदार परिवार के थे। ग्राम—माचा, कानपुर के रहनेवाले थे)।
5. मस्तराम देहाती (आप एटा, उ.प्र. के रहनेवाले थे। आप अर्जक संघ के प्रचारक और हिन्दू धर्म की धज्जियाँ उड़ा देनेवाले महान व्यक्तित्व थे। आपके इस वाक्पन के कारण मनुवादियों ने दिन-दहाड़े गोली मारकर आपकी हत्या कर दी।)

6. कैप्टन गोरे लाल कटियार (आप लेक्चरर थे। आप बाद में ब्लॉक प्रमुख भी हुए)।
7. रामप्रताप सिंह कटियार (आप एडवोकेट थे। ग्राम—वैरी, शिवराज, कानपुर, उ.प्र.)।

अर्जक संघ के स्थापना की घोषण 3 जून, 1968 ई. को पालिका भवन, लखनऊ, उ.प्र. में हुई। उसके बाद से यह सामाजिक-सांस्कृतिक चेतना के संगठन के रूप में सुचारु रूप से सक्रिय हो गया। अर्जक संघ ने 1 जून, 1969 ई. में 'अर्जक साप्ताहिक' नाम से अखबार शुरू किया। इसके पहले सम्पादक-नन्द किशोर हुए। ये लोहिया जी के साथ पहले समाजवादी पार्टी में काम करते थे। कुछ दिन लोहिया के पी.ए. भी थे। उन्हीं के कहने पर फिरोज गांधी के खिलाफ चुनाव लड़े थे। लोहिया जी ने इनका खूब प्रचार किया था। इस चुनाव में ये मामूली अन्तर से हारे। सोशलिस्ट जनता ने इस चुनाव में नारा लगाया था—'नेहरू के जमाई को लोहिया के नाई ने चुनाव लड़कर बड़ी टक्कर दिखाई।' ये नाई जाति के थे। ये कुछ समय तक दिल्ली में रहे। जहाँ दिल्ली के तत्कालीन मुख्यमंत्री चौधरी ब्रह्म प्रकाश यादव का ये अखबार निकालते थे।

अर्जक संघ अखबार के प्रारम्भिक अंक में चौधरी चरण सिंह की सरकार पर इन्होंने सम्पादकीय हेडिंग लगाई—'सम्बित सरकार अर्जकों के चौकठे से चरमराई। दलित-पिछड़ों में खुशी की लहर दौड़ आई।' चौधरी जी की इस सरकार से दलित-पिछड़ों में स्वाभिमान की लहर दौड़ जाने की बात कही गई थी। अखबार जब चौधरी साहब के बंगले पर गया और उन्होंने पढ़ा तो वे क्रोधित हो गए। उसके बाद उन्होंने नन्द किशोर को बुलाया और कहा, 'मैं सिर्फ दलित-पिछड़ों का नेता नहीं हूँ। मैं सबका नेता हूँ।' उसके बाद इन्हें चौधरी साहब ने खूब फटकार लगाई। नन्द किशोर जी निराश उदास दुखी मन लेकर लौटे।

अर्जक संघ के महामंत्री राजाराम यादव से मिले। अपना सारा दुखड़ा सुनाया। इसके बाद तय हुआ कि अब सरकार के खिलाफ अखबार छापा जाएगा। अगले अंक की तैयारी शुरू हो गई। इस बार की हेडिंग लगाई गई—'समय परे कुछ और है, समय सरे कुछ और। रहिमन भाँवर के पड़े, नदी सिरावत मौर।' इस शीर्षक से अंक निकला। इसकी प्रतियाँ चौधरी चरण सिंह के बँगले पर भेजी गईं जिसे पढ़कर वे आगबबूला हो गए। उन्होंने अपनी सरकार में वित्तमंत्री रामस्वरूप वर्मा और नन्द किशोर जी को मुख्यमंत्री आवास बुलाया लेकिन ये लोग गए नहीं। ऐसी स्थिति में 'अर्जक साप्ताहिक' का दूसरा अंक निकला। यह एक सांस्कृतिक नवजागरण और चेतना निर्माण का संगठन था।[8]

इस बीच महाराज सिंह भारती[9], पेरियार ललई सिंह[10], मोतीराम शास्त्री, मंगल देव विशारद, रामबचन यादव, रामचरण भाटिया, रामसेवक यादव, मोहन लाल कटियार, जयपाल सिंह कश्यप (केवट) आदि लोग संघ से जुड़ गए। मंगल देव

विशारद आजमगढ़, उ.प्र. के रहनेवाले थे। सन् 1967 में आप विधायक हुए और रामस्वरूप वर्मा के साथ संविद सरकार में पी.डब्ल्यू.डी. मंत्री बने। मंत्री रहते हुए इनके साथ एक घटना हुई। ये एक सवर्ण साथी के घर खाना खाने गए। जब भोजन का समय हुआ तो वो थाली में अपना खाना लेकर बैठा और इनके लिए अपने हलवाहे से साबुत हँडिया फुड़वाकर उस फूटी हुई हँडिया में खाना उस हलवाहे के हाथों इनके सामने लाकर रखवा दिया। सवर्ण साथी के इस व्यवहार से वे हतप्रभ रह गए। इस पर वे वहाँ से उठे और चल दिए। वे अछूत थे। इस करणा सछूत सवर्ण साथी ने उनके साथ ऐसा व्यवहार किया। इन्होंने अपनी स्वानुभूति की अभिव्यक्ति के लिए साहित्य भी लिखा है।[11]

सन् 1971 ई. में अर्जक संघ की दूसरी मीटिंग नगरपालिका, हॉल लखनऊ में हुई। अब इस हॉल का नाम बदलकर नगर-निगम, लखनऊ कर दिया गया है। यहाँ राजाराम यादव को अर्जक संघ का प्रथम अध्यक्ष चुना गया। इसके बाद इस संगठन का द्वितीय अध्यक्ष डॉ. जलेश्वर प्रसाद कुशवाहा को चुना गया और महामंत्री डॉ. राम नारायण माली को चुना गया। तीसरा अध्यक्ष रघुनाथ सिंह यादव को बनाया गया। ये अध्यापक थे। ये उतरेथी, जिला—फैजाबाद (वर्तमान में अम्बेडकर नगर) के रहनेवाले थे। ये 'ऑल इंडिया अर्जक संघ' के प्रथम अध्यक्ष भी चुने गए थे। उस समय महामंत्री लालजी पाल को बनाया गया था। इस तरह यह मानववादी संगठन सांस्कृतिक-सामाजिक चेतना का प्रचार-प्रसार करता रहा।[12] इससे पहले रामस्वरूप वर्मा, डॉ. राममनोहर लोहिया की अध्यक्षता वाली 'सोशलिस्ट पार्टी' से सन् 1957 में भोगनीपुर, विधान सभा क्षेत्र से पहली बार विधान सभा सदस्य चुने गए। फिर 1969 ई. में 'संयुक्त सोशलिस्ट पार्टी' से विधायक निर्वाचित हुए। वे अपने अध्ययन के दौरान ही समाजवादी राजनीति से प्रभावित हो गए थे। वह युग महान प्रतिपक्षी सोशलिस्ट नेता डॉ. लोहिया का था, जिनको रामस्वरूप भी बहुत प्यार करते थे। अपना आईकन मानते थे।

अपने चुनाव में पेरियार ललई सिंह की वैचारिक-राजनीतिक प्रतिबद्धता और सक्रियता पर रामस्वरूप वर्मा बताते हैं, 'वह हमारे चुनाव प्रचार में भूखे-प्यासे एक स्थान से दूसरे स्थान पर भागते। बोलने में कोई कोर-कसर नहीं रखते। जी-जान लगाकर जनता के बीच भाषण करते। जनता को मेरे समर्थन में वोट करने की अपील करते।'[13] 'अर्जक साप्ताहिक' के सम्पादक रामबाबू कनौजिया ने एक साक्षात्कार में कहा, ललई चाचा को रामस्वरूप वर्मा अपना नेता मानते थे। ललई चाचा अर्जक संघ के संरक्षक थे।[14] इसका मुख्य कारण कि ललई चाचा महामना रामस्वरूप वर्मा से 13 साल बड़े और भौतिकवादी वैचारिक प्रतिबद्धता के व्यक्तित्व थे।

आगे रामस्वरूप वर्मा उनकी निर्भीकता पर लिखते हैं, उनके जैसा निर्भीक व्यक्ति मैंने नहीं देखा। एक बार चुनाव प्रचार से लौटने के दौरान हम सब ललई

सिंह को लिए ट्रैक्टर ट्राली में जा रहे थे। जैसे ही खटकर गाँव के समीप से ट्रैक्टर निकला उन पर गोली चला दी गई। वे संकट का आभास पाते ही कुछ झुक गए। चली गोली कान के पास से सांय से निकल गई। हम लोगों ने गाँव में चलकर रुकने का दबाव डाला किन्तु वे नहीं माने। निर्भीकता से उन्होंने कहा, 'चलो जी, यह तो कट्‌टे बाजी है। मैंने तो तोपों की गड़गड़ाहट में रोटियाँ सेंकी हैं।[15]

पेरियार ललई सिंह सम्पूर्ण जीवन मानवतावादी वैचारिकी के प्रति प्रतिबद्ध रहे। वे साधारण अर्जक जनता से अपील करते हुए लिखते हैं, 'जो व्यक्ति जिस स्थान पर है, उसी स्थान पर रह कर अपना धर्म 'धम्म-बौद्ध' तथा राजनीतिक 'रिपब्लिकन पार्टी' या मानवतावादी 'शोषित समाज दल' का संगठन तन-मन-धन से करने में जुट जाएँ। बाबा साहब के सच्चे सपूत कहलाएँ। भविष्य उज्ज्वल है।'[16] इसी उत्साह के साथ वे आगे लिखते हैं, 'एक दिन अवश्य मानववाद आएगा, मनुवाद जाएगा।'

इस नई पार्टी के घोषणा पत्र में जगदेव प्रसाद के कहने पर एक बात जोड़ी गई, नब्बे प्रतिशत शोषितों का राज, शोषितों के द्वारा शोषितों के लिए ही सही लोकतंत्र है।[17] बाबू जगदेव प्रसाद की इस चेतना के कारण अब यह श्रमशील नब्बे प्रतिशत जन समुदाय के लोगों का एक राजनीतिक और सांस्कृतिक संगठन बनकर खड़ा हो गया जो मानवतावादी समतामूलक समाज बनाने के उद्‌देश्य को लेकर चला। इस संघ और पार्टी में मेहनतकश जनता अर्थात् मुसलमान, दलित, आदिवासी, पिछड़े और स्त्रियाँ आदि को साथ लेकर चलते हुए जातिवाद, वर्णवाद और मनुवाद का आमूल-चूल सर्वनाश करने और समतामूलक समाज बनाने के उद्‌देश्य से सभी एक होकर चलें। ऐसी सोच के साथ इस संगठन ने अपना कार्य शुरू किया।

इसके साथ ही अर्जक संघ अपनी मानववादी सांस्कृतिक चेतना के साथ सक्रिय रहा। इसमें कार्य और कार्यक्रम के दौरान वर्णवाद, ब्राह्मणवाद, पुरोहितवाद, मनुवाद पर करारा प्रहार किया जाता था। उसके बाद भी 'जाति' आड़े आ ही जाती थी। जिसको संगठन के केन्द्रीय सम्मेलन में एक वक्ता के रूप में बोलते हुए पेरियार ललई सिंह ने सुझाव दिया था, 'इस संगठन के किसी भी व्यक्ति को अपने नाम के साथ जाति का पुछल्ला नहीं लगाना चाहिए। वह अपने नाम के बाद अपने पिता, प्रपिता, माता, प्रमाता आदि किसी का नाम रख ले लेकिन जाति को नाम के पीछे न रखे।'[18] दिलचस्प है कि पेरियार ललई सिंह ने 1967 ई. में बौद्ध धर्म ग्रहण करने के बाद अपने नाम के साथ कुँवर, चौधरी और यादव आदि वर्ण और जाति सूचक पदों को सदा के लिए त्याग दिया था। उनकी इस बात का उत्तर रामस्वरूप वर्मा ने देते हुए कहा, 'मान्यवर, मनुष्य तो मनुष्य है। इसकी जाति कहाँ होती है। जाति तो पशुओं की होती है, पक्षियों की होती है और जीवों की होती है। इस कारण हमें इस तरह की उलझनों में नहीं पड़ना चाहिए।'[19] इस बात से वे असहमत थे। फिर भी वे 'अर्जक संघ' के आन्दोलनों में बढ़-चढ़कर भाग लेते रहे। वास्तव में, यह

रिश्ता मनुष्यत्व और विचारों का था। यह रिश्ता एक लक्ष्य, एक मंजिल का था। इस कारण इन दोनों महामानवों का लम्बे समय तक एक साथ आन्दोलन और लिखना-पढ़ना जारी रहा।

पेरियार ललई सिंह के निर्वाण के बाद 'अशोक पुस्तकालय' की ओर से 12 फरवरी, 1993 को हुई बुद्धांजलि सभा में रामस्वरूप वर्मा ने सन्देश भेजा था, 'आज मानववाद का एक सशक्त योद्धा उठ गया। वास्तव में, वे मानववाद के प्रबल हिमायती थे और ब्राह्मणवाद के प्रबल विरोधी। वे ब्राह्मणवाद को मिटा देनेवाले व्यक्तित्व थे। मैंने उन जैसा कोई निर्भीक और दिलावर व्यक्तित्व नहीं देखा।'[20]

मनुस्मृति, रामायण, रामचरितमानस दहन की ऐतिहासिक परम्परा

मनुस्मृति मनु द्वारा विरचित सनातनी-वर्णाश्रमी विधान की संहिता है जो अपनी मूल व्याख्या में द्विजों की श्रेष्ठता और अद्विजों की कथित नीचता की व्याख्या करती है। वर्ण, जाति और पुरोहित की वैधता की सामाजिक सैद्धान्तिकी को निर्मित और प्रत्यास्थापित करती है। इसे मनु संहिता भी कहते हैं। डॉ. अम्बेडकर इस अमानवीय नृशंस संहिता पर सहमत हैं कि मनुस्मृति ने सनातनी, वर्णाश्रमी वर्चस्व को संस्थागत सैद्धान्तिक रूप दिया जो पूर्णत: सच है। यह जातिवादी, वर्णवादी, ब्राह्मणवादी नैतिक सामाजिक संरचना के विधान को प्रत्यास्थापित करती है। इसी कारण यह कृति ब्राह्मणवादी संहिता है, जो वर्णाश्रमी आस्था के सांस्कृतिक कानून का प्रतीक है।[21] यह दिलचस्प है कि प्राचीन भारत का विधान लिखनेवाले मनु के विधान में अम्बेडकर के लिए कोई जगह नहीं है लेकिन आधुनिक भारत का संविधान लिखनेवाले अम्बेडकर के संविधान में मनु के लिए पूरी जगह दी। ऐसा क्यों है। इसके मानसिक, सामाजिक, सांस्कृतिक, धार्मिक कारणों पर चिन्तन, मनन, अध्ययन और विश्लेषण होना चाहिए।

पेरियार ने 11 अप्रैल, 1922 में तिरुप्पुर, तमिलनाडु में कांग्रेस पार्टी के प्रान्तीय सम्मेलन में प्रस्ताव रखा कि सभी अछूतों को मन्दिर प्रवेश, पूजा करने और पुरोहित बनने की अनुमति मिलनी चाहिए। इस सामाजिक अपमान की धार्मिक पूँजी के खिलाफ कांग्रेस को आन्दोलन करना चाहिए।[22] इस प्रस्ताव का कांग्रेसी ब्राह्मणों ने पुरजोर विरोध किया और कहा, 'अछूतों का मन्दिर प्रवेश धर्म, शास्त्र और संहिता के विरुद्ध है। अत: हम भी अछूतों के मन्दिर प्रवेश का अधिकार नहीं दे सकते। इस पर पेरियार ने वहीं मंच से घोषणा की कि ऐसी प्रेरणा देनेवाले मनुस्मृति और रामायण आदि हिन्दू धर्म शास्त्र को हम जलाएँगे। क्योंकि यहीं से ब्राह्मणों को अस्पृश्यता और भेदभाव की प्रेरणा मिलती है। यही प्रेरणा द्रविड़ नस्ल के लोगों के शोषण के लिए ब्राह्मणों का 'धार्मिक हथियार' बनती है। इसी धार्मिक हथियार

से ब्राह्मण द्रविड़ नस्ल के लोगों की सोच, व्यवहार और मानवीय अधिकार का संहार करता है। यही मानसिकता पुरोहितों और ब्राह्मणों को समाज में श्रेष्ठ और पवित्र बनाती है, जो पुरोहितवाद, नस्लवाद, वर्णवाद, कर्मकांड, अन्धविश्वास पर टिका हुआ है।[23]

डॉ. अम्बेडकर ने मनु द्वारा लिखित मानवताद्रोही पुस्तक 'मनुस्मृति' का अध्ययन किया। उसमें विद्यमान पुरोहितवाद, वर्णवाद और नस्लवाद को स्थायी बनाए रखनेवाले कारकों की पड़ताल की। उन्होंने मनु को इस बात का दोषी पाया कि उसने जाति-व्यवस्था को संस्थागत रूप दिया। इस कारण इस क्रूरतम पुस्तक को जलाने का मन बना लिया। जलाए जाने का दिन, तिथि और समय तय किया। 25 दिसम्बर, 1927 ई. को 'मनुस्मृति दहन' तिथि तय हो गई, जिसकी उन्होंने सार्वजनिक घोषणा भी की। इस कारण मनुस्मृति दहन के दिन मनुवादियों ने चौबदार तालाब, महाड़ तक आने-जाने के सारे रास्ते को चारों तरफ से बन्द कर दिया। आवागमन के सभी साधन बन्द हो गए। बस मालिकों ने घोषणा करते हुए उस दिन बसें बन्द रखीं। दुकानदारों ने जबर्दस्त विरोध करते हुए दुकानें बन्द कर दीं। इन सबने इस दहन का बहिष्कार किया। इस बहिष्कार के बाद भी मानवतावादी जनता किसी तरह अपने खाने-पीने की सामग्री के साथ जंगल, पहाड़ और झाड़ियों को पार करते हुए 'महाड़ सत्याग्रह' स्थल पहुँची। इस बहिष्कार के कारण डॉ. अम्बेडकर को समुद्री मार्ग से आना पड़ा। वे समुद्र मार्ग से 'पद्मावती' नाव पर सवार होकर दशगाँव पहुँचे। यद्यपि अम्बेडकर 'धर्मात्र' समुद्री बन्दरगाह पर भी उतर सकते थे लेकिन सुरक्षा कारणों से वे कई किलोमीटर दूरी तय करते हुए 'दशागाँव' बन्दरगाह पर नाव से उतरे।

इसके बाद पाँच मील पैदल चलकर 'चौबदार तालाब', 'महाड़' 25 दिसम्बर, 1927 ई. को पहुँचे। जहाँ उनके साथ बापू साहब सहस्त्र बुद्ध के साथ पाँच अन्य दलित साधु भी पहुँचे थे। वहाँ सैकड़ों-हजारों लोग पहुँचे हुए थे। उस तालाब पर गड्ढा खोदा गया। उस गड्ढे में चन्दन की लकड़ियाँ सजाई गईं। उसके बाद डॉ. अम्बेडकर ने उसमें आग लगाई और मनुस्मृति की प्रतियाँ आग में जलाना शुरू किया। इसके बाद सभी लोगों ने मनुस्मृति की प्रतियाँ आग में फेंकते हुए 'मनुस्मृति दहन' किया। गेल ओमवेत लिखती हैं, पुरानी व्यवस्था को तब सांस्कृतिक चुनौती मिली जब दलितों तथा हिन्दुओं ने अम्बेडकर के नेतृत्व में मनुस्मृति को जलाया। इस गड्ढे के तीन तरफ से तीन पोस्टर लगे हुए थे, जिसमें मानवीय अधिकार को प्राप्त करनेवाले वक्तव्य मराठी भाषा में लिखे हुए थे। उसके बाद डॉ. अम्बेडकर ने महाड़ तलाब का पानी पीकर उसकी कथित पवित्रता को नष्ट किया। इस 'महाड़ सत्याग्रह' के फलस्वरूप मनुवादियों ने इसका विरोध किया और अगले दिन गाय के मूत्र से पूरे तालाब को पवित्र किया। उसके साथ चौबदार तालाब पर यज्ञ आदि किया।

सन् 1956-57 में पेरियार विधान सभा और लोक सभा में 'रामायण', 'रामचरितमानस', 'मनुस्मृति' के पन्नों को फाड़कर उड़ाया जाना

वर्चस्ववादी साहित्य के प्रति आक्रोश व्यक्त करने व उसके जलाने की ऐतिहासिक परम्परा रही है। सन्न 1956 ई. में रामायण के नायक राम के सहस्त्रों चित्र पेरियार ई.वी. रामास्वामी ने विशाल जन समूह के सामने मद्रास, तमिलनाडु में आदिनिवासी द्रविड़ों के साथ जलाकर राम के प्रति अनन्त गुना घृणा का परिचय दिया।[24]

अर्जक संघी मोहन लाल कटियार, उम्र 77 वर्ष, ने बताया, 'मानवतावादी विधायक चेतनायुक्त रामपाल सिंह यादव, डेरापुर, कानपुर, उ.प्र., ने सन् 1957 ईस्वी में विधान सभा, उत्तर प्रदेश में स्वास्थ्य, शिक्षा, पाखंड, आडंबर और अन्धविश्वास पर बहस करते हुए रामायण, रामचरितमानस जैसी मिथकीय-धार्मिक कृतियों को मानवता विरोधी अर्थात् शूद्र-अतिशूद्र-विरोधी बताते हुए उसके पन्नों को भरी सभा में फाड़ते हुए वहीं उड़ा दिया था। इस पर डॉ. लोहिया बहुत दुखी हुए।'[25] पेरियार ललई सिंह अपनी पुस्तक 'शोषित पर धार्मिक डकैती' में स्वयं लिखते हैं, 'शूद्रों का प्रतिनिधित्व करते हुए श्री बी.के. गायकवाड़, एम.पी. (बम्बई) ने विरोध करते हुए, शूद्र-विरोधी मनुस्मृति के पन्ने वहीं पार्लियामेंट की बैठक में ही दिनांक 4 मार्च, सन् 1960 ई. को फाड़ दिए। इस पर आर्य जगत में बड़ी खलबली मच गई। इसी प्रकार उत्तर प्रदेश विधान सभा में भी श्री भूप किशोर सिंह 'लोधी', एल.एल.ए. (एटा) द्वारा 'रामायण' के शूद्र-विरोधी पन्ने दिनांक 11 अप्रैल, सन् 1960 ई. को फाड़कर उड़ा देने पर आर्यों की सन्तानों में क्रोध की लहर प्रज्वलित हो उठी।'[26] यह चेतना वास्तव में पेरियार ई.वी. रामास्वामी की थी जो आगे चलकर उत्तर भारत में 'अर्जक संघ' जैसे ऐतिहासिक सांस्कृतिक संगठन का रूप लेती है।

भारतभूमि पर आक्रान्ता आर्यों के आक्रमण और उनके वर्चस्व बना लेने के समय से ही यहाँ के आदिनिवासी सांस्कृतिक युद्ध लड़ रहे हैं। जो बात समय के साथ हर बार परिलक्षित होती रहती है। आधुनिक समय में दक्षिण भारत में पेरियार ई.वी. रामास्वामी ने सन् 1922 ई. में तुरुप्पुर, तमिलनाडु तथा डॉ. अम्बेडकर ने सन् 1927 में ब्राह्मणवाद की सबसे जहरीली पुस्तक 'मनुस्मृति' को महाराष्ट्र में सैकड़ों लोगों के बीच जलाया था। इसी प्रकार राम अवधेश यादव, जो 1978 में विक्रमगंज लोक सभा क्षेत्र से सांसद चुनकर आए थे। साथ ही, इनके साथ और तीन चेतना सम्पन्न ओबीसी सांसद चुनकर आए थे। रामअवधेश ने संसद भवन में असमानता और जातीय अपमान पर अपनी बात रखते हुए, 'रामायण' और 'मनुस्मृति' को दिखाते हुए कहा कि यही वो ग्रंथ हैं जिनसे लोगों को मानित और अपमानित करनेवाली प्रेरणा मिलती है। अत: मैं इसे नष्ट करने की माँग करता हूँ। इसके पन्नों को फाड़ता हूँ। और उन्होंने असमानता की मानसिकता पैदा करनेवाले ग्रंथों को

संसद भवन में फाड़कर उड़ा दिया। ऐसे ही 30 अप्रैल, 1978 ई. को दयानकपुर, कांधी, तहसील-सिकन्दरा, कानपुर, उत्तर प्रदेश में 'मनुस्मृति', 'रामायण' और 'रामचरितमानस' का दहन हुआ। अर्जक संघ शाखा कानपुर ने सूचित किया—

'जय अर्जक! जय भीम!!'
चेतना दिवस पर
रामायण व मनुस्मृति की होली जलेगी

छाएगा रव विश्व में अर्जक विजय के घोष का।
नाश होगा प्रिय जनों अब ब्राह्मणवादी होश का॥

प्रिय अर्जक भाइयो एवं बहनो,

महान हर्ष के साथ सूचित किया जाता है कि दिनांक 29 अप्रैल, 1978 ई., दिन शनिवार को ग्राम-दयानतपुर (कांधी) में बाबा साहब डॉ. भीमराव अम्बेडकर के जन्म-दिवस पर अर्जक संघ द्वारा घोषित मानववादी अम्बेडकर त्योहार (चेतना दिवस) का आयोजन किया गया है। जिसके अन्तर्गत उसी दिन रात्रि को उत्तर प्रदेश सांस्कृतिक समिति द्वारा 'शम्बूक-वध उर्फ राम राज्य' ड्रामा अभिनीत किया जाएगा।

जनपद कानपुर की अर्जक संघ शाखा ने यह भी निर्णय लिया है कि यदि कानपुर में दिनांक 29 अप्रैल, 1978 ई. तक निम्न माँगें स्वीकार न कि तो दिनांक 30 अप्रैल, 1978 ई. को संविधान विरोधी, अलोकतांत्रिक, साम्प्रदायिक एवं ब्राह्मणवादी ग्रंथों (रामायण और मनुस्मृति) की होली जलाई जाएगी।

1. *आल इंडिया रेडियो पर प्रसारित रामायण पाठ को अविलम्ब समाप्त किया जाए।*
2. *आल इंडिया रेडियो पर प्रसारित संस्कृत समाचार बुलेटिन अविलम्ब समाप्त किया जाए।*
3. *बनारस संस्कृत विश्वविद्यालय का सरकारी अनुदान अविलम्ब समाप्त किया जाए।*
4. *रामायण और मनुस्मृति, जो असंवैधानिक ग्रंथ हैं, को जब्त करो।*

संयोजक :
हरिनाम सिंह वर्मा (प्रदेशीय अध्यक्ष)
अर्जक सांस्कृतिक समिति, उत्तर प्रदेश
शिवकुमार भारती, रामप्रकाश संखवार
प्रदेशीय उपाध्यक्ष, शो.स.द., उत्तर प्रदेश,
राजेन्द्र बहादुर एडवोकेट (जिलामंत्री, कानपुर, शो.स.द.)
निर्भयानन्द (सदस्य, प्र.स., शो.स.द., उत्तर प्रदेश)[27]

निवेदक :
अर्जक संघ
जनपद-कानपुर

यह सब महामना रामस्वरूप वर्मा, पेरियार ललई सिंह और चौधरी महाराज सिंह भारती आदि मानववादी अर्जक विभूतियों के मन में वर्षों पूर्व से निर्धारित-संचालित हो रहा था। कई दिन पूर्व किया गया विज्ञापन कई बाजारों—दयानतपुर, सिकन्दरा, राजपुर, सन्दलपुर, मुगीशापुर आदि बाजारों में पैम्फलेट बाँटा गया।[28] 'यह पैम्फलेट छापने को (सिकन्दरा औरैया, राजपुर कस्बे का) कोई प्रेस वाला तैयार नहीं हुआ। बड़ी जद्दो-जहद के बाद सिकन्दरा 'किरन प्रेस' का मालिक इस शर्त पर पैम्फलेट छापने को तैयार हुआ कि—'निवेदन में कम-से-कम पाँच व्यक्तियों के नाम लिखे जाएँगे, इसके बाद पैम्फलेट में संयोजक मंडल के रूप में श्री हरिनाथ वर्मा, शिवकुमार 'भारती', श्री राम प्रकाश संखवार, श्री राजेन्द्र बहादुर एडवोकेट व श्री निर्भयानन्द का नाम लिखा गया और पैम्फलेट छपा।'[29] अर्जक जनता अपने अधिकार की माँग को प्रचारित-प्रसारित करने हेतु गाँवों, कस्बों, बाजारों में विज्ञापित पैम्फलेट को बाँट रही थी। जिसे देख मनुवादी घबरा गए। वे इसी मानसिकता के कांग्रेसी विधायक राकेश चतुर्वेदी[30] के नेतृत्व में लामबन्द होने लगे। उन्होंने तमाम लोगों पर मुकदमे करवाए और शासन-प्रशासन-न्यायालय से इस रामायण दहन पर रोक लगवाई। अर्जक संघ के छोटे पैम्फलेट की तुलना में मनुवादियों ने बड़े-बड़े पोस्टर छपवाकर बसों, ट्रेनों आदि में जगह-जगह लगाए। जिनमें मोटे-मोटे अक्षरों में 'धर्म रक्षा हेतु देनतपुर, कांधी चलो'[31] और 'जिस हिन्दू का खून न खौले, खून नहीं वह पानी है।' 'रामायण' जलानेवालों की खैर नहीं, 'मनुस्मृति' जलानेवालों को फाँसी दो, फाँसी दो! रामस्वरूप वर्मा मुर्दाबाद! मुर्दाबाद!!' सैकड़ों जगहों पर ये नारे लिखे गए थे।[31] साथ ही 'अर्जक साप्ताहिक' अखबार में प्रथम पेज के प्रथम कॉलम की हेडिंग थी 'रामायण', 'मनुस्मृति' की होली जलेगी।'[32] इन सभी स्थितियों को देखते हुए सरकार और प्रशासन चौकन्ना हो गया था। इस पर शिव कुमार लिखते हैं, 'निश्चित तिथि से 3-4 दिन पहले से ही हम लोगों की गिरफ्तारियाँ आरम्भ हो गई थीं। क्योंकि शासन की मंशा थी कि किसी भी कीमत पर मनुस्मृति व रामचरितमानस की होली न जलने दी जाए। हमारे कई साथी श्री निर्भयानन्द, सीताराम कटियार, रामप्रकाश संखवार, रघुनाथ प्रसाद आदि कार्यक्रम से पूर्व ही गिरफ्तार कर लिए गए।'[33]

इसके बाद भी अर्जक कार्यकर्ता-जनता रामायण और मनुस्मृति जलाने को दृढ़ और सक्रिय थी। '29 अप्रैल, 1978 ई. को 'शम्बूक-वध उर्फ राम राज' ड्रामा दयानतपुर में होना था। परन्तु पता चला कि वहाँ 30 बटालियन पी.ए.सी. व कई थानों की पुलिस लगी हुई है। उन्होंने हमारा बना बनाया मंच और माइक आदि तोड़ दिया। गाँव-गाँव में पुलिस ने ऐलान किया कि कोई भी व्यक्ति दयानतपुर (कांधी) न जाए परन्तु हजारों-हजार पुरुष, बाल-वृद्ध और नारियाँ मंच

स्थल की ओर जा रहे थे, जिन्हें पुलिस वाले खदेड़ रहे थे, मार रहे थे।'[34] यह अर्जक जनता 'शम्बूक-वध' ड्रामा देखने और मनुस्मृति दहन करने जा रही थी। चश्मदीद मोहन लाल कटियार बताते हैं कि 'स्थल और जवार एकदम पुलिस छावनी में बदल गया था। लग रहा था जैसे यहाँ राष्ट्रपति या प्रधानमंत्री आनेवाले हैं। इतनी कड़ी सुरक्षा लगा दी गई थी। इस सख्त सुरक्षा के कारण ऐसा लग रहा था जैसे शासन-प्रशासन 'मनुस्मृति दहन' नहीं होने देगा। अब यह निश्चित हो गया था।'[35] जनता को पुलिस-प्रशासन जगह-जगह बैरियर लगाकर रोकने की कोशिश कर रही थी। आन्दोलित अर्जक जनता को तितर-बितर कर रही थी। उन पर लाठियाँ बरसा रही थी। फिर भी जनता प्रशासन की नजरों से छुपते हुए, खेत-खलिहान होते हुए रामायण दहन स्थल पहुँचने की लगातार कोशिश कर रही थी। यह अर्जक जनता 'मिट्टी के तेल से भीगी हुई रामचरितमानस'[36] रामायण और मनुस्मृति की प्रतियाँ 'चमड़े के बैग'[37] में रखे हुए साथ लिये थी। मोहन लाल पटेल लिखते हैं, 'मैं अकेला साइकिल से कांधी ग्राम होता हुआ दयानतपुर पहुँचा, देखा कि पुलिस चप्पे-चप्पे पर लगी है, कई जगह हमसे पुलिस ने पूछा, ऐ साइकिल वाले! कहाँ जा रहे हो? मैंने कहा, राजपुर बाजार जा रहा हूँ, क्या बाजार जाना मना है? तो पुलिस वाला कहने लगा, जाने दो! अकेला बाजार जा रहा है।' मैं दयानतपुर होता हुआ आगे घूमकर बगल के गाँव रमपुरा पहुँचा। 'रमपुरा' डेरापुर थाने में आता है और दयानतपुर, सिकन्दरा थाने में आता है।

डेरापुर थाने के एस.एच.ओ. जाट थे। वे महामना रामस्वरूप वर्मा के मानववादी विचारों से प्रभावित थे। वे अर्जक संघ के विरोधी नहीं थे। इसलिए राजपुर थाना क्षेत्र में हजारों अर्जक कार्यकर्ता रमपुरा में इकट्ठा हुए थे।...शाम को रमपुरा गाँव में अर्जक संघ के वरिष्ठ नेता श्री रामनाथ जिन्ना, श्री बाबू राम तमरापुर, दीनदयाल सिकन्दरा आदि के बुजुर्ग अर्जक कार्यकर्ता हजारों की संख्या में एकत्र हुए। अर्जक जनता वहाँ दस बजे रात तक एकत्रित हो गई। यहाँ से आगे बढ़ते हुए एक पतली-सी नहर में लेटते हुए पेट में रामायण, मनुस्मृति और रामचरितमानस की प्रति बाँधे हुए, हाथ में पेट्रोल लेकर मनुस्मृति दहन स्थल तक पहुँचे।' लोगों ने बताया कि पुलिस पूरे विधान सभा क्षेत्र में माइकों से घोषणा कर रही है कि कोई भी व्यक्ति बाहर दिखाई देगा तो उसे उसी वक्त गोली मार दी जाएगी। अर्जक कार्यकर्ताओं के घरों में तलाशी के नाम पर बहुत जुल्म ढाया जा रहा है।'[38] चारों तरफ से जनता, रिक्शा, गाड़ियों, बसों आदि आने-जाने को प्रतिबन्धित करते हुए हाई अलर्ट जारी कर दिया गया। फिर भी सभी अर्जक कार्यकर्ता—रामनाथ जिन्ना, मोहन लाल कटियार, रघुनाथ सिंह यादव, रामअवतार पाल और बाबू राम कटियार व अन्य सभी साथी रामायण दहन स्थल की ओर बढ़ रहे थे।

आगे बढ़ते हुए एक पतली-सी नहर में लेटते हुए पेट में रामायण, मनुस्मृति और रामचरितमानस की प्रति बाँधे हुए, हाथ में पेट्रोल लेकर मनुस्मृति दहन स्थल तक पहुँचे। सभी लोग बड़े जोश में थे। हम लोगों ने उपस्थित भीड़ को शान्त किया और कहा कि ज्यादा भीड़ से काम बिगड़ सकता है।'[39] 'रात के करीब 12 बज चुके थे।'[40] हम लोगों ने एकत्र लोगों से आग्रह किया कि आप लोग 2 या 3 वरिष्ठ अर्जक कार्यकर्ताओं के नाम तय कर दें, वही लोग रामायण-मनुस्मृति जलाएँगे। एकत्र लोगों ने सलाह-मशविरा करके आपसी सहमति से 3 नाम तय किए : (1) मोहन लाल कटियार, शाहजहाँपुर विधान सभा, क्षेत्र—राजपुर, जिला—कानपुर, (2) रामनाथ जिन्ना, रमपुरा, विधान सभा क्षेत्र—राजपुर, जिला—कानपुर, (3) बाबूराम, तमरापुर, विधान सभा क्षेत्र—राजापुर, जिला—कानपुर। उसी समय श्री दीनानाथ ग्राम—सिकन्दरा ने बड़े उत्साह से आगे आकर कहा कि—"हम भी आप लोगों के साथ जलाने में साथ रहेंगे। रमपुरा ग्राम की महिलाओं ने बड़े जोश और उत्साह से अपने-अपने घरों में चुराकर रखी गई रामायण व मनुस्मृति की पचासों प्रतियाँ होली जलाने हेतु सहर्ष दीं। हम लोगों ने रामायण-मनुस्मृति को आग के हवाले कर दिया। वहीं खड़े होकर जोर-जोर से नारे लगाने लगा—

'रामायण-मनुस्मृति की होली हमने जलाई है, जलाई है।
भड़काव की चिंगारी अब आई है, आई है॥'
'अर्जक संघ जिन्दाबाद! जिन्दाबाद!! जिन्दाबाद!!!'
'रामस्वरूप वर्मा जिन्दाबाद! जिन्दाबाद!! जिन्दाबाद!!!'
'संविधान विरोधी साम्प्रदायिक ग्रंथ! जब्त करो!! जब्त करो॥'[41]
'मानववाद की क्या पहचान? मानव-मानव एक समान'
'डॉ. अम्बेडकर अमर रहें।'[42]

'30 अप्रैल, 1978 की आधी रात को अर्जक वीरों की आवाजें दूर-दूर तक गूँजी।'[43] सांस्कृतिक युद्ध करता यह जन आन्दोलनकारी समूह आगे बढ़ने लगा। साथ ही, जिन्हें पुलिस-प्रशासन ने रामायण दहन स्थल जाने से रोक दिया था, जो आस-पास के गाँवों में चारो तरफ छिपे हुए थे अर्थात् 'दयानतपुर से भगाए गए लोगों ने अपने-अपने गाँव में रामचरितमानस और मनुस्मृति जलाई। दर्जनों गाँवों में यह कार्यक्रम आक्रोशपूर्ण तरीके से किया[44] जा रहा था। साथ ही रामायण दहन स्थल से अर्जक जनता द्वारा नारा लगाए जाने पर चारों ओर लगी हुई पुलिस के कान में जैसे ही नारों की आवाज पहुँची, वह अवाक् रह गई! इसके बाद पुलिस ने तत्काल कार्यवाई शुरू की। उसने अर्जकों को चारो तरफ से घेरते हुए अँधेरे में पकड़ना और लाठियाँ बरसाना शुरू किया।

सत्ता और पुलिस की आक्रामकता और नृशंसता पर मोहन लाल लिखते हैं कि 'तब पुलिस वाले चारों ओर से भागे, हम लोग वहीं होली जलाकर जोर-जोर से नारे लगा रहे थे। पागल की तरह आए पुलिस वाले हम लोगों पर टूट पड़े। लगे पीटने। मैंने पुलिस वालों से कहा, 'भाई हमें क्यों मार रहे हो।'...बूट और लाठियों-डंडों की बौछार कर दी। हम सभी लोग जमीन पर गिर गए। इतने में एक पुलिस अफसर मौके पर आया, आते ही दहाड़ा, इन हरामजादों ने मेरी नाक काट दी, मैंने शासन-प्रशासन से वादा किया था कि 'मैं राजपुर विधान सभा क्षेत्र में कहीं भी रामायण-मनुस्मृति नहीं जलने दूँगा। इन लोगों ने घोषित स्थान पर ही रामायण जला दी, मैं कैसे मुँह दिखाऊँगा।' क्रोध से एस.ओ. सिकन्दरा बोला, 'शर्मा!' शर्मा बोला, 'यस सर!' 'इन सबको ले जाकर जंगल में इन्काउंटर कर दे।' शर्मा बोला, 'यस सर!' मैंने सोचा कि ये पुलिस वाले गुस्से में हम लोगों का इन्काउंटर न कर दें। हम लोग जमीन पर लेटे थे। हमने उसी समय बगल में पड़े जिन्ना से कहा, 'जिन्ना जी, वह मोटर साइकिल पहुँच गई होगी।' जिन्ना समझ गए। बोले, 'चुप रह बेवकूफ!' इसी वक्त मेरी पीठ पर एक लाठी जोर से पड़ी, मैं दर्द से कराह उठा, पुलिस वाला बोला, 'कैसी मोटर साइकिल? कौन मोटर साइकिल?' तब जिन्ना ने कहा, 'अब तो बताना ही पड़ेगा।' मैंने कहा, 'अगर मारोगे नहीं तब बता दूँगा।' पुलिस वाले बोले, 'नहीं मारेंगे, बताओ।' मैंने बताया कि—'जब हम लोग रामायण जलाने चले थे, हम लोगों को आभास था कि हम लोगों का मर्डर हो सकता है। पिटाई में हड्डी-पसली तोड़ी जा सकती है। इसलिए एक मोटर साइकिल वाले को पचास रुपये देकर तैयार किया था कि जैसे ही रामायण जले तुम तेजी से निकलकर कानपुर से तार कर देना कि अर्जक संघ के वीरों ने रामायण-मनुस्मृति जला दी, हमें सन्देह है कि पुलिस रामायण जलानेवाले वीरों की हत्या कर सकती है। यदि हमारे वीरों की हत्या या फैक्चर हो तो एस.ओ. सिकन्दरा, सी.ओ. भोगनीपुर के नाम रिपोर्ट लिखकर कार्यवाही की जाए।'

यह सुनकर सी.ओ. साहब गर्जे, 'झूठ बोलता है। यहाँ परिन्दा भी पर नहीं मार सकता। मोटर साइकिल कैसे निकल गई।' एक सिपाही मदन कठेरिया, जो दलित था, ने कहा, 'साहब, मैंने देखा था कि जैसे यहाँ होली जली वैसे ही एक लाल मोटर साइकिल बड़ी तेजी से हवा से बातें करते निकल गई।'...'तूने मोटर साइकिल क्यों नहीं रोकी!'...'साहब, मैंने समझा, पुलिस की गाड़ी होगी, फुर्र से निकल गई।' सी.ओ. साहब बोले, 'ये साले अर्जक संघी बड़े होशियार हैं, हमें फँसा देंगे। शर्मा'—'यस सर!'...'ले जाओ, इन सबको जेल में बन्द कर दो!' तब जाकर हम सबकी जान बची। पुलिस हम लोगों को गिरफ्तार करके दयानतपुर पुलिस कैम्प ले गई। दयानतपुर में एडवोकेट मनफूल सिंह सहित क्षेत्र के बीसों लोगों को पुलिस विभिन्न गाँवों से पकड़ लाई थी।'[45] यह अर्जक विचार की चेतना थी।

जब रात 12 बजे अर्जक संघी जनता रामायण-मनुस्मृति का दहन करके नारे लगा रही थी। उसी समय कुछ सचेत अर्जक कार्यकर्ता रामायण की आधी जली प्रतियाँ लेकर चुपके से गड्ढ़े और नहर के बीच से होते हुए पुलिस से बच निकले थे। उन्हें इस बात का सन्देह था कि कहीं पुलिस रामायण की जली हुई प्रतियाँ और राख को छुपाकर सुबह यह घोषणा न कर दे कि रामायण नहीं जलाई गई। इस पर शिवकुमार भारती लिखते हैं, 'मैं जानता था कि शासन व प्रशासन दावा करेगा कि हमने मनुस्मृति व रामायण नहीं जलने दी, जैसा झूठा दावा उन्होंने किया भी, इसलिए अधजले रामचरितमानस के पन्ने मैंने राजपुरा से देव ब्रह्मपुरा जानेवाली बम्बी (छोटी नहर) पर जगह-जगह डाल दिया। 30 अप्रैल, 1978 ई. को रविवार का दिन था। उन दिनों रविवार को बहुत बड़ी पशु बाजार लगती थी। लोगों ने जले हुए पन्ने देखे और प्रसन्न हुए कि मनुस्मृति और रामचरितमानस अन्ततः जल ही गई। देश की कई प्रिंट मीडिया के लोगों ने तुरन्त उक्त क्षेत्र का भ्रमण किया। उन्हें जले हुए पन्ने मिले, वही अधजले पन्ने रविवार को 'दिनमान' सहित कई पत्र-पत्रिकाओं ने प्रमुखता से छापे। जिससे शासन और प्रशासन की पोल खुल गई। 'खिसियानी बिल्ली खम्भा नोचे' की उक्ति को चरितार्थ करते हुए प्रशासन ने ताबड़-तोड़ गिरफ्तारियाँ करके लोगों को जेल भेजा। जलाने के बाद हम लोग जहाँ-जहाँ रुके नास्ता-पानी किए, वहाँ-वहाँ पुलिस वालों ने जाकर गिरफ्तारियाँ कीं। इस तरह दयानतपुर से पैदल चलकर हम लोग घाटमपुर रोड स्थित गौर गाँव के पास पुलिस से बचते हुए 1 मई, 1978 को ट्रक पर बैठकर पहले घाटमपुर से कानपुर पहुँचे और 2 मई, 1978 को न्यायालय में आत्म-समर्पण किया।

हम लोग जैसे ही जेल पहुँचे वहाँ पर ब्राह्मणवादियों द्वारा पहले से ही सतर्क किए गए कैदियों ने 'हिन्दू धरम और ये करम' कहते हुए हम लोगों पर हमला बोल दिया। उप-जेलर एवं तातारपुर के एक पुराने कैदी (पक्का) की मदद से हम लोग बचे। इसके बाद हम लोगों की जमानत हुई। कई वर्षों तक मुकदमा चलने के बाद हम लोग वहाँ से बरी हुए। जिसमें कानपुर के राजेन्द्र बहादुर सचान, मनफूल सिंह सचान समेत 30 अधिवक्ताओं ने निःशुल्क पैरवी की। स्टैम्प वेन्डरों व टाइपिस्टों ने भी कोई शुल्क नहीं लिया।'[46] इस चेतना के सांस्कृतिक युद्ध और आन्दोलन के बाद अप्रैल, 1972 ई. में ही उत्तर प्रदेश के 18 जिलों में 'शोषित समाज दल' के बैनर तले 'मनुस्मृति दहन' किया गया। इसी पार्टी के बैनर तले उस समय इस आन्दोलन के प्रभाव से बिहार प्रदेश के 6 जिलों में 'मनुस्मृति दहन' किया गया। यह मानववादी संस्कृति के जुझारूपन की दिलचस्प दास्तान थी। वह ऐतिहासिक समय था।

'एनिहिलेशन ऑफ़ कास्ट' का हिन्दी अनुवाद और प्रकाशन

रामअधार के साथ पेरियार ललई सिंह ने दिनांक 14 अप्रैल, 1972 ई. को डॉ. अम्बेडकर के चिन्तन का सार मानी जानेवाली पुस्तक 'एनिहिलेशन ऑफ कास्ट' का व्यवस्थित अनुवाद जाति भेद का उच्छेद[47] शीर्षक से किया। इससे पूर्व की गई अनुवादकीय कोशिश को वे अपूर्ण मानते थे। इस कारण उन्होंने इसका सरल और व्यवस्थित अनुवाद किया। जिसे उन्होंने अपने 'अशोक पुस्तकालय' से प्रकाशित किया। इस 'जाति भेद का उच्छेद' पुस्तक को भी तत्कालीन उत्तर प्रदेश की वर्चस्ववादी सरकार ने ज़ब्त कर लिया। ज़ब्त करते हुए पुन: वही तर्क दिया जो तर्क उसने 'सम्मान के लिए धर्म परिवर्तन करें' पुस्तक ज़ब्त करते हुए दिया था। इसको भी लेकर उनको हाईकोर्ट जाना पड़ा और उन्हीं पुराने तर्कों के आधार पर कोर्ट ने निर्णय सुनाया और सरकार पर जुर्माना किया। सरकार इस केस को लेकर सुप्रीम कोर्ट नहीं गई।

'काल-विजय' नाटक की जब्ती हेतु आन्दोलन

मनुवादी सोच की संस्कृति को कैसे किसी वस्तु-मूल्य-मिथक की प्रतिगामी व्याख्या करके अपना वर्चस्व स्थापित करती है, इसका मुकम्मल उद्धरण है काल-विजय[48] नाटक, जिसके लेखक हैं—लक्ष्मी नारायण मिश्र। यह ऐतिहासिक विषय-वस्तु का नाटक 26 जनवरी, 1980 को प्रकाशित हुआ। जिसमें मुख्यत: बुद्ध और बौद्ध सम्राट अशोक के चरित्र को दूषित करते हुए क्रूरतम रूप में प्रस्तुत और व्याख्यायित किया गया था। यह नाटक पेरियार ललई सिंह के हाथ 15 फरवरी, 1980 को लगा, जो रुहेलखंड विश्वविद्यालय, आगरा के हिन्दी विभाग एम.ए. के पाठ्यक्रम में सम्मिलित था। इसको पढ़ने के साथ ही इसकी झूठी अपमानजनक व्याख्या को ध्यान में रखते हुए लेखक और प्रकाशक के खिलाफ 'दफा 124 ए' के अन्तर्गत मुकदमा दायर करने का मन बना लिया। इस मुकदमे से पहले उन्होंने कई राष्ट्रीय और अन्तरराष्ट्रीय बौद्ध चिन्तकों को सूचित किया। उनसे इस बात पर चर्चा-परिचर्चा की।

उस समय दीक्षाभूमि, नागपुर में चल रही बौद्ध संगति में इस नाटक से सबको अवगत कराया था। इसके बाद उन्होंने 'काल-विजय' को लेकर बाला साहेब प्रकाश राव अम्बेडकर के नेतृत्व में एक विशाल सभा करने का निर्णय लिया। यह सभा 8-9 मार्च, 1980 को चक्कीपाट, आगरा, उत्तर प्रदेश में हुई जिसमें 'काल-विजय' को जब्त करने के लिए प्रस्ताव पास किया गया। इस विशाल सभा में उन्होंने तार्किक और तथ्यात्मक भाषण दिए। इसके साथ ही उन्होंने भिक्षु

संघ के प्रतिनिधित्व में रुहेलखंड विश्वविद्यालय, आगरा के हिन्दी विभागाध्यक्ष और वाइस-चांसलर से मिलकर इसे विभाग और विश्वविद्यालय के पाठ्यक्रम से हटाने की माँग की। उन्हें ज्ञापन दिया। यह भिक्षु संघ मुख्यमंत्री, राज्यपाल, उत्तर प्रदेश और देश के प्रधानमंत्री-राष्ट्रपति से मिला और इसे प्रतिबन्धित करने की माँग की। ज्ञापन दिया। इसके खिलाफ पूरे देश में विरोध-प्रदर्शन शुरू हो गया। उनके द्वारा खड़े किए गए इस सांस्कृतिक युद्ध के संघर्ष और देशव्यापी आन्दोलन के चलते 'काल-विजय' नाटक को हिन्दी विभाग और विश्वविद्यालय के पाठ्यक्रम से हटाने और आगे कभी भी इसे पाठ्यक्रम में न लगाने की घोषणा 21 मार्च, 1980 को वाइस-चांसलर को करनी पड़ी। उस संघर्ष और आन्दोलन का प्रभाव है कि आज 'काल-विजय'[49] नाटक देश के किसी भी विद्यालय, महाविद्यालय या विश्वविद्यालय में नहीं पढ़ाया जाता।

अध्याय-8

उत्तर भारत में सामन्ती वर्चस्व के खिलाफ महान आन्दोलन

लड़ो कि तुम्हें न्याय चाहिए!

पेरियार ललई सिंह ने साहित्य चिन्तन के बाद राजनीतिक-धार्मिक-सामाजिक चिन्तन पर सोचना-विचारना शुरू किया। जिस क्रम में उन्होंने सबसे पहले 1 सितम्बर, सन् 1961 ई. को 'शोषितों पर राजनीतिक डकैती' लिखी जिसमें उन्होंने बताया कि देश में किस तरह सवर्ण अर्थात् ब्राह्मणों का वर्चस्व है। दस प्रतिशत लोग नब्बे प्रतिशत संसाधनों पर कुंडली मार कर बैठे हैं। किस प्रकार कथित अगड़ी जाति के ही एम.पी., एम.एल.ए. विधान सभा और संसद में काबिज हैं। उत्तर प्रदेश में बड़े खानदानी गजेटेड हाकिमों का कब्जा है। न्यायालय में लोवर कोर्ट से उच्चतम न्यायालय तक एकच्छत्र उच्च जातियों का वर्चस्व है। पुलिस डिपार्टमेंट आदि में किस तरह उच्च जातियों का कब्जा है। यहाँ शूद्रों-महाशूद्रों की क्या स्थिति है। यह लेखा-जोखा पेरियार ललई सिंह ने 1961 ई. में दिया।

इसी तर्ज पर एक और पुस्तक पेरियार ललई सिंह ने 'शोषितों पर धार्मिक डकैती' नाम से सन् 1961 ई. में लिखी। जिसमें उन्होंने वेद, पुराण, स्मृति, मनुस्मृति से लेकर स्वतंत्र भारत तक धर्म के नाम पर शूद्रों-महाशूद्रों के हो रहे शोषण को दिखाया है। इस पुस्तक पर बहुजन चिन्तक छेदी लाल साथी ने लिखा है, 'हिन्दू धर्म के देवी-देवताओं ने धर्म की आड़ लेकर सीधे-साधे व भोले-भाले महामानव तुल्य महापुरुषों को धर्म-दान, सत्य, सदाचार, तप तथा बलिदान का आदर्श पाठ पढ़ाकर पाप व श्राप के नाम से सदा ही ठगा और अपने चतुर नायक इन्द्रदेव की राजगद्दी को सलामत रखा।'[1] यह पुस्तक इस खतरनाक सोच को उजागर करती है। उन्होंने इस व्याप्त सामाजिक-सांस्कृतिक असमानता को दूर करने के लिए 1973 ई. में 'सामाजिक विषमता कैसे दूर हो?'[2] पुस्तक लिखी। जिसमें उन्होंने बाबा साहब डॉ. अम्बेडकर से लेकर रामस्वरूप वर्मा तक के चिन्तनपरक लेखों को सम्मिलित किया। इसमें उनका मुख्य उद्देश्य आदिनिवासी चेतना के चिन्तकों की दृष्टि से आदिनिवासियों की

मानवीय मुक्ति के रास्ते को दर्शाना है। पेरियार ललई सिंह ने 1 जनवरी, 1973 ई. को जाति-पाँति मिटाने व अछूतों की तरक्की के उपाय नाम से एक अति-लघु पुस्तिका लिखी।[3] यह अछूत भावना और जाति से मुक्ति के लिए उनके विचारों का गुच्छा है।

बच्चों में मूल सामाजिक-सांस्कृतिक चेतना का निर्माण

वे मानते थे कि बच्चे समाज परिवर्तन की जमीन हैं। यदि हम उनमें सामाजिक-सांस्कृतिक चेतना पैदा करें तो ये बच्चे जनतांत्रिक युवा और जनतांत्रिक मनुष्य रूप में इस राष्ट्र को निर्मित कर सकते हैं। इस कारण वे जब भी बच्चों के बीच होते तो उनसे हर समय छोटे-छोटे तर्कों के साथ बातें करते। उन तर्कों के माध्यम से वे सदा उनमें सामाजिक-सांस्कृतिक चेतना निर्मित करने की कोशिश करते। बच्चों को शाम को चाकलेट खिलाते। उनके साथ कोई-न-कोई चेतना पैदा करनेवाले खेल खेलते थे। शाम को बच्चों को एक साथ बैठा कर पढ़ाते थे।

उनके भाई रामसेवक सिंह यादव ने एक संस्मरण सुनाया, 'एक बार दीवान साहब मतलब भइया ललई ने डॉ. अम्बेडकर जयन्ती पर सैकड़ों बच्चों को एकत्रित किया। उन बच्चों को डॉ. अम्बेडकर के बारे में बता रहे थे, बताते-बताते वे हिन्दू मिथकों पर बात करने लगे। उन्होंने बच्चों के सामने तर्क रखते हुए दुर्गा का एक बड़ा-सा फोटो हाथ में उठाया और बच्चों से पूछा—'बच्चो, दुनिया में सारी स्त्रियों के पास दो ही हाथ होते हैं तो इस स्त्री के पास आठ हाथ कैसे हो गए? उसके बाद कुछ अन्य देवी-देवताओं वाले फोटो उठाए और बच्चों को दिखाते हुए पूछा—'बच्चो, दुनिया के सभी पुरुषों के पास दो हाथ होते हैं तो इन देवी-देवताओं के पास चार हाथ कैसे हो गए? आप सब आज घर जाकर अपनी माँ के हाथ जाकर देखिए। उनके पास दो हाथ मिलेंगे। जबकि कन्या दुर्गा के आठ हाथ दिखेंगे। इस सवाल को आप उनसे जरूर पूछिए। जो लोग इन देवी-देवताओं की पूजा करते हैं, हो सकता है उनको देवी-देवताओं ने बताया हो। बच्चो, आज तक इस सम्पूर्ण संसार में कहीं भी आठ हाथ वाली स्त्री या चार हाथ वाला पुरुष नहीं पाया गया। यदि आठ हाथ वाली स्त्री या चार हाथ वाला पुरुष मतलब देवी-देवता इस दुनिया में कहीं भी होते तो कहीं न कहीं एक-दो तो जरूर दिखते। इस तरह यह सब झूठ हुआ न?' तो सारे बच्चे जोर से बोले, 'हाँ! यह सब झूठ है'।[4]

हिन्दू प्रगतिशीलता और पूँजीवाद के घनघोर आलोचक

पेरियार ललई सिंह का मत था कि हिन्दू होना अपने मूल चरित्र में वर्ण और जाति-व्यवस्था, पुरोहितवाद, अछूतपन की भावना का निर्वहन करना है। अपने

मूल चरित्र में प्रतिगामी होना होता है। इस कारण वे कथित हिन्दू प्रगतिशीलों के घनघोर आलोचक थे। वे कहते थे, 'वर्णवाद और जातिवाद से कम खतरनाक नहीं है पूँजीवाद।' वे पूँजीवाद को सामाजिक और आर्थिक दोनों समानताओं का घोर विरोधी मानते थे। वे लिखते हैं, 'पूँजीपति आर्थिक समानता को प्राप्त करने में नाना प्रकार के रोड़े अटकाता रहा है। अटकाता रहेगा। इनके मारे शासन भी परेशान है। अत: गौतम बुद्ध के उपदेश कि 'अपना दीपक स्वयं बनें' के अनुसार मनुष्य अपनी फिजूलखर्ची और बुरे व्यसनों को रोककर जो काम वह आसानी से कर सकता है, करने में जुट जावें।'[5]

वे मार्क्स के मार्क्सवादी दर्शन और उनकी भौतिक साम्यवादी समाज की स्थापना के समर्थक थे। बुर्जुआ और सर्वहारा के वर्ग संघर्ष में सर्वहारा की क्रान्तिकारी जीत के पूर्णत: पक्षधर थे। वे अम्बेडकर की इस मार्क्सवादी धारणा से सहमत थे कि मजदूर वर्ग के संघर्ष के सम्बन्ध में, मैं यह महसूस करता हूँ कि कम्युनिस्ट दर्शन हमारे बहुत करीब है।[6] किन्तु पेरियार ललई सिंह अम्बेडकर की ही तरह भारतीय सवर्ण प्रगतिशीलों/मार्क्सवादियों के दोहरे चरित्र से आहत थे। उनका मानना था। भारत के सवर्ण—वर्ण, जाति और गोत्र की आस्था के साथ प्रगतिशील हैं। मार्क्सवादी हैं। इसी कारण वे मनुवादी आस्था से भारत में मार्क्सवादी दर्शन और चिन्तन का पलीता लगा रहे थे। वे इस कथित हिन्दू प्रगतिशीलता/सवर्ण प्रगतिशीलता पर लिखते हैं, 'कुछ प्रगतिशील हिन्दुओं को छोड़कर शेष सम्पूर्ण हिन्दू तुम्हें सामाजिक बराबरी कभी भी नहीं दे सकते हैं। यह बात निर्विवाद सिद्ध है। अत: आप इस सामाजिक बराबरी को बौद्ध धर्म में परिवर्तित होकर ही प्राप्त कर सकते हैं, दूसरा कोई रास्ता नहीं है। स्पष्टीकरण : बौद्ध धर्म में आपकी मानवता का मूल्य सुरक्षित है।'[7]

वर्णवाद और मनुवाद के खिलाफ आन्दोलन

पेरियार ललई सिंह वर्णवाद, ब्राह्मणवाद और जातिवाद के विरुद्ध सतत लड़नेवाले मूलनिवासी योद्धा थे। वे मनुवादियों के अपमानित करनेवाले व्यवहार पर कहा करते थे—'सामाजिक अपमान गरीबी से अधिक खटकता है।'[8] आगे वे लिखते हैं, 'संविधान ने सामाजिक समानता दे रखी है। परन्तु समाज में बड़कपन पाया हुआ उच्चवर्णीय समाज इसे कार्य रूप में परिणत नहीं करना चाहता है। क्योंकि ऐसा करने से उसका बड़कपन समाप्त हो जावेगा। अत: वे लोग भी निम्नवर्गीय समाज को समानता नहीं देना चाहते हैं।'[9] उनकी चिन्ता समतामूलक समाज बनाने की है। जिसमें वे इस बात पर दु:ख प्रकट करते हैं कि संविधान ने तो लिखित रूप में सामाजिक समानता का अधिकार दे रखा है किन्तु कुछ मनुवादी-सामन्ती मानसिकता की उच्च जातियाँ सामाजिक समानता देने को तैयार नहीं हैं।

इसके बाद वे जातिवादी, सामन्ती मानसिकता की गहराइयों को अपने लोगों के बीच बताते हुए दर्शाते हैं कि किस तरह पिछड़ी जातियों में और अछूत जातियों में जातिवाद, ब्राह्मणवाद और सामन्तवाद भरा हुआ है जिस कारण हम संगठित नहीं हो पा रहे हैं। समता का समाज नहीं बना पा रहे हैं। वे लिखते हैं, 'जिन्हें सामाजिक असमानता से परेशानी है, वे कम-से-कम जो समाजों (पिछड़ी जाति व अछूत जाति आदि) में इकट्ठे न सही तो अलग-अलग ही सही, सामाजिक समानता स्वत: प्राप्त करें। इस प्रकार आगे चलकर ये दोनों समाज स्वत: इकट्ठे हो जाएँगे। इन सबको इकट्ठा देखकर उच्चवर्गीय समाज भी इसी में मिल जाएगा। तब एक समाज बन जाएगा।'[10] यह उनका सामाजिक समानता प्राप्त करने का दिलचस्प सूत्र था। वे मानते थे कि समता की पहल शोषित और शोषक दोनों की तरफ से होनी चाहिए। इसी आधार पर समता का समाज बनेगा।

अन्धविश्वासी कर्मकांडी मान्यताओं पर प्रहार

पेरियार ललई सिंह मनुवाद वर्चस्व के स्थायी रूप से गतिमान रहने का मुख्य कारण हिन्दू धर्म की वर्ण और जाति-व्यवस्था, पुरोहितवाद, अन्धविश्वास और कर्मकांड को मानते थे। वे लिखते हैं, 'अन्ध-विश्वास, कूप-मंडूकता व मूढ़ता सबसे बड़ी बीमारी है। इस बीमारी से चोट करनेवाले—पंडे, पुजारी, पुरोहित, मुल्ला, मौलवी, पादरी तथा पूँजीपति आदि लोग हैं। जिनको इसके द्वारा शोषण की चोट लगी है, वे स्वत: इस बीमारी को समझें। अत: जिन्हें यह बीमारी है, वे स्वत: इससे मुक्ति ज्ञान-विज्ञान द्वारा प्राप्त करें।'[11]

वे अन्धविश्वास और कर्मकांड के घोर विरोधी थे। उनके भतीजे महावीर सिंह यादव ने बताया कि 'पेरियार साहब के एक चचेरे भाई थे, जो रोज सुबह स्नान करने के बाद सूरज को जल देते थे। इस पर पेरियार ललई सिंह ने कई बार उनको वैज्ञानिक विधि से समझाया। वे नहीं माने। एक बार हुआ ये कि सुबह का समय था। पेरियार साहब नहर पर टहल रहे थे। उन्होंने देखा कि सामने से वही चचेरे भाई आ रहे हैं। इस पर पेरियार साहब नहर में उतर गए और अपने खेत को सींचने हेतु अँजुरी से पानी फेंकने लगे। उनके चचेरे भाई ने देखा और पास आकर पूछा, ये क्या कर रहे हैं दीवान साहब?'[12] (पेरियार ललई सिंह को गाँव में लोग दीवान साहब सम्बोधन से ही बुलाते थे।) उन्होंने कहा, 'अपने खेत तक पानी फेंक रहा हूँ।' उनके चचेरे भाई हँस पड़े और बोले, 'अरे, इस नहर से आपका खेत फलांग-भर दूर है। वहाँ तक अँजुरी से कैसे पानी पहुँचेगा?' इस पर पेरियार ललई सिंह पानी उदाहना रोक बोले, 'आप तो कई बरस से सूरज को जल चढ़ा रहे हैं क्या सूरज तक पानी पहुँच रहा है?' उनके चचेरे भाई चुप रह गए। सोचने लगे। उस दिन से

उन्होंने जल चढ़ाना सदा के लिए बन्द कर दिया।'[13] अज्ञानता के खिलाफ लड़ने का यह उनका व्यावहारिक तरीका था। लोक को सचेत करने के लिए बुद्ध की तरह उनके पास भी अनेक लोकधर्मी तर्क और तथ्य थे।

कथित संस्कारी जनेऊ तोड़ो अभियान

हिन्दू सनातनी, वर्णाश्रमी व्यवस्था की मूल मान्यताओं में एक मान्यता है कि मनुष्य का जन्म दो बार होता है। एक बार माँ के पेट से तो दूसरी बार पुरोहित के हाथ से। सनातनी विधान के अनुसार पुत्र के जन्म के बाद एक निर्धारित उम्र पर पुरोहित पुत्र का जनेऊ संस्कार करता है। यह हिन्दू कर्मकांड इस संसार में उस पुत्र का असल जन्म माना जाता है। इस जन्म संस्कार के बाद वह 'द्विज' कहलाता है। अर्थात् उसका दूसरा जन्म हो जाना माना जाता है। इस अवसर पर यज्ञ होता है, इसलिए इस संस्कार को 'यज्ञोपवीत संस्कार' भी कहते हैं। इस जनेऊ संस्कार में बच्चे को विशेष प्रकार का धागा पहनाया जाता है। इस संस्कार के समय बच्चे के कान में पुरोहित मंत्र पढ़ते हुए, बोलता है—यह तुम्हारा दूसरा जन्म है। अब तुम द्विज हो। अब तुम श्रेष्ठ हो। उसके दिमाग में यही धारणा स्थापित की जाती है। इस जनेऊ धारण संस्कार का धागा भी वर्णाश्रमानुक्रम अनुसार होता है। मनु महाराज मनुस्मृति में इसका भी विभाजन करते हैं। उनके अनुसार ब्राह्मण का जनेऊ रेशम के मुलायम धागे का होना चाहिए। क्षत्रिय का जनेऊ सूत का होना चाहिए। वैश्य का जनेऊ कुश का होना चाहिए।[14] इस 'उपनयन संस्कार में तीन उच्चतर वर्णों के पुत्रों को जनेऊ पहनाया जाता है और वे इस तरह द्विज की श्रेणी में आ जाते हैं।[15] जनेऊ संस्कार के बाद दूसरा जन्म हुआ माना जाता है। इसलिए ऐसे लोगों को द्विज कहा जाता है। यह जन्म और आनुष्ठानिक आधार पर मनुष्यों के बीच भेदभाव की अवधारणा है।[16] यह सनातनी जनेऊ संस्कार केवल आर्य/सवर्ण पुरुषों का ही होता सकता था। मनुष्यों में इस संस्तरीकृत विभाजन पर कबीर करारा प्रहार करते हैं। वे इस हिन्दू मानसिकता पर सवाल उठाते हैं—'पहिरी जनेऊ बाभन होता तो बभनी क्या पहनाया। वह तो जनम जनम की शूद्रिन।'[17] स्त्री और शूद्र का जनेऊ संस्कार नहीं हो सकता था क्योंकि ये दोनों अपवित्र होते हैं। स्त्री जो रजस्वला होती है और शूद्र स्वाभविक रूप से अपवित्र होता है। इस कथित हिन्दू पवित्रता में प्रवेश कर पवित्र हो जाने का प्रयोग डॉ. अम्बेडकर ने भी किया था। उन्हें ऐसा लग रहा था कि यदि हम भी जनेऊ धारण कर लें तो पवित्र और सम्मानित जीवन प्रतिष्ठा प्राप्त कर सकते हैं। वे जनेऊ धारण का अभियानी कार्यक्रम करते हैं। किन्तु उनकी धारणा जल्दी ही खंडित हो जाती है। डॉ. अम्बेडकर 28 अप्रैल, 1942 में अपने भाषण में कहते हैं, 'लम्बे समय तक मैं यही मानता रहा कि हम हिन्दू समाज को

उसकी विकृतियों से मुक्ति करा सकते हैं। महाड़, चवदार तालाब सत्याग्रह और नासिक मन्दिर प्रवेश सत्याग्रह ये दोनों आन्दोलन इसी उद्देश्य से प्रेरित थे। इसी को मद्देनजर रखते हुए हमने सामूहिक मनुस्मृति दहन किया। सामूहिक जनेऊ धारण अनुष्ठाओं का आयोजन किया। खैर, अब अनुभव की बदौलत कहीं मेरे पास बेहतर समझ है कि हिन्दू धर्म खड़ा ही असमानता की बुनियाद पर है। अब हमें हिन्दू बने रहने की कोई चाह नहीं है।'[18] डॉ. लोहिया और बीपी मंडल साहब ने भी जनेऊ तोड़ो अभियाना चलाया था।

इस कथित पवित्रता का बोध पेरियार ललई सिंह को भी था। इस कारण उस बोध और अपने पिता के जनेऊ संस्कार के विरुद्ध लड़े सांस्कृतिक युद्ध से संचालित हो रहे थे। उन्होंने अपने पिता के सांस्कृतिक संघर्ष को आगे बढ़ाते हुए मानसिक गुलामी और आर्य सांस्कृतिक वर्चस्व के प्रतीक 'जनेऊ' को तोड़ने का आन्दोलन चलाया। उनका स्पष्ट मानना था कि यह संस्कार ऊँच-नीच की मानसिकता और सामाजिक-सांस्कृतिक वर्चस्व को निर्मित करता है। इसलिए उन्होंने 'जनेऊ तोड़ो अभियान' चलाया था जिसमें उन्होंने पहले से जनेऊ पहननेवाले और कुछ नए युवाओं को सचेत कर उन्हें 'प्रतिरोध स्थल' पर बुलाया और वहाँ पर सबसे पहले पेरियार ललई सिंह ने मानव इतिहास के विकास, ईश्वर और कर्मकांडों पर लम्बा भाषण दिया। उन्होंने भाग्य, भगवान और धर्म आदि की तार्किक और तथ्यात्मक व्याख्या की। जनेऊ संस्कार के इतिहास और मिथक को बताया। उसके बाद उन्होंने सबसे एक साथ जनेऊ तोड़ने का आह्वान किया। इस आह्वान के साथ सैकड़ों-हजारों युवकों ने वहीं पर जनेऊ तोड़ा और भविष्य में कभी भी जनेऊ न पहनने का प्रण लिया। इस पर वे लिखते हैं, 'निरर्थक समझकर मैंने जनेऊ तोड़कर फेंक दिया। मेरी देखा-देखी सैकड़ों-हजारों जनेऊधारी अहीर, गड़रिया, लोधी, काछी व कुर्मियों आदि ने जनेऊ उतार दिया।'[19] यह उनका मुख्यत: समता का सांस्कृतिक युद्ध था, जिससे वे मानसिक गुलाम जनता को चेतना सम्पन्न करना चाहते थे।

अध्याय-9

दलितों के लिए ऐतिहासिक संघर्ष

अपमान करनेवाले
से भी अधिक खराब होता है,
अपमान सहनेवाला।

पेरियार ललई सिंह के पिता चौधरी गज्जू सिंह यादव भी एक सामाजिक-सांस्कृतिक चेतना से युक्त क्रान्तिकारी व्यक्ति थे। वे अन्धविश्वासी, कर्मकांडी, वर्णवादी, ब्राह्मणवादी और जातिवादी के खिलाफ समाज में आदिनिवासी चेतना के साथ लगातार संघर्ष कर रहे थे। लोगों को हर समय जागरूक करते रहते थे जिस कारण वर्चस्ववादी ताकतें उनका लगातार विरोध करती थीं। विरोध ही नहीं वरन कई बार हत्या करने के उद्देश्य से उन पर जानलेवा हमले भी करवाए गए। लेकिन चौधरी बच निकलते थे। एक समय के बाद वे अपने साथ एक धारदार कुल्हाड़ी और एक मजबूत लाठी लेकर चलने लगे, जिस कारण उन्हें लोग 'कुल्हाड़बाज चौधरी जी' कहकर बुलाते थे।

पेरियार ललई सिंह ने 'समता' के इस सामाजिक-सांस्कृतिक संघर्ष को आगे बढ़ाया और बुद्ध, फुले, पेरियार और अम्बेडकर की वैचारिक चेतना से लैश होकर अन्धविश्वास, कर्मकांड, वर्णवाद, ब्राह्मणवाद, मनुवाद के विरुद्ध लड़ाई लड़ी। यह उनका सांस्कृतिक युद्ध मूलनिवासी योद्धा की तरह था। इस कारण इन्हें अपने पिता से भी अधिक जानलेवा हमलों का सामना करना पड़ता था। इस मिशनरी व्यक्तित्व के कारण इन्हें आते-जाते देखनेवाले लोग कहते, 'कुल्हाड़बाज दीवानजी'[1] आ रहे हैं। वे हर समय अपने पास 'कुल्हाड़ी' और 'लाठी' रखते थे।

दीवान जी के बारे में एक और रोचक बात है कि वे वर्चस्ववादी और सामन्तवादी ताकतों से हमेशा सावधान रहते थे, उनके साथ रहे जे.एन. आदित्य बताते हैं, 'पेरियार साहब शाम को छह बजे के बाद अपना दरवाजा नहीं खोलते थे। दरवाजा भोर में चार बजे खुलता था। उनके साथ कई बार ऐसा हुआ कि रात्रि के 11, 12, 1 या 2 बजे दरवाजा खटखटाया जाता तो वे अन्दर से पूछते,

'कौन है? कौन है?' कोई आवाज नहीं आने पर वे पूछते कि 'क्या काम है?' फिर कोई आवाज नहीं आती तो मूलनिवासी योद्धा दीवान साहब कहते कि 'कुल्हाड़ के साथ बाहर आऊँ क्या?'[2] उसके बाद दरवाजा खटखटाना बन्द हो जाता। इस तरह की घटनाएँ उनके साथ कई बार हुईं लेकिन वे दरवाजा नहीं खोलते थे। वे जानते थे कि सामन्ती, मनुवादी और ब्राह्मणवादी ताकतें उनकी हत्या करवाना चाहती हैं। जब उनकी हत्या की कोशिश खतरनाक तरीके से होने लगी तो वे इससे बचने के लिए उन्होंने सूक्ष्म बुद्धि का प्रयोग किया। और शाम के समय से भोजन बना-खाकर कमरे से सीढ़ी लेकर बाहर निकलते और बाहर से ताला लगाकर दुकान से लगी गैलरी से अन्दर जाते। चूँकि गैलरी उस घर में रहनेवाले लोग उपयोग करते थे तो उससे होकर अन्दर जाते फिर दुकान से लगी दीवाल में ऊपर रौशनदान से सीढ़ी लगाकर अपनी दुकान के अन्दर घुस जाते और सीढ़ी भी अन्दर कर लेते थे। इस तरह रात्रि गुजारा करते। फिर सुबह उसी रास्ते सीढ़ी लगाकर बाहर आ जाते। ऐसे स्थिति में रात में जब हत्यारे आते तो देखते कि अशोक पुस्तकालय में सड़क की तरफ से ताला लगा हुआ। इसका मतलब कि ललई सिंह नहीं हैं। वे वापस चले जाते।

एक समय के बाद घर के आस-पास के लोग समझ गए कि दीवान साहब की कुछ लोग हत्या करवाना चाहते हैं तो लोग दीवान साहब की सुरक्षा को लेकर रात्रि में सतर्क रहने लगे। उसके बाद भी इन पर कई बार अँधेरे में गाँव से दूर आते-जाते जानलेवा हमले हुए। उन पर गोलियाँ चलाई गईं लेकिन वे सुरक्षित बच निकलते थे। उनके बार-बार बच निकलने का कारण था कि वे सैनिक थे, सेना में हाई कमांडर थे, जो दुश्मन के हमले से सुरक्षा करना और उस पर आक्रमण करने का कौशल जानते थे।

बुद्ध शरण हंस, पेरियार ललई सिंह को गोली मारे जाने का एक संस्मरण सुनाते हैं कि उन्हें धम्म दीक्षा कार्यक्रम काको, जहानाबाद, बिहार 1990 में बुलाया गया था। वे मुख्य अतिथि थे। वक्ता—जे.एन. आदित्य और संयोजक—राम अयोध्या सिंह यादव थे।

इस धम्म दीक्षा कार्यक्रम में पेरियार ललई सिंह के नाटक 'शम्बूक-वध' का मंचन हुआ। उसके बाद पेरियार ललई सिंह आदि का ओजस्वी भाषण हुआ। जिससे जनता अपने ऐतिहासिक महानायक आचार्य शम्बूक की हत्या पर आक्रोशित हो गई। इसके बाद उपस्थित 10,000 से 11,000 लोगों को बौद्ध धर्म ग्रहण करवाया गया। इस पर आक्रोशित सवर्ण सामन्तों ने पेरियार ललई सिंह पर भीड़ से गोली चला दी। चूँकि वे सेना में हाई-कमांडर थे, इसलिए चौकन्ने थे और बच गए। मंच और बौद्ध जनता में भगदड़ मच गई। जिसका फायदा उठाकर पेरियार ललई सिंह और उनके साथी वहाँ से हट गए।

इस प्रकार पेरियार ललई सिंह जीवनरक्षा करते हुए समतामूलक समाज और राष्ट्र-निर्माण कर रहे थे।

पेरियार ललई सिंह ने लगाई सामन्ती घोड़ों को लगाम

पेरियार ललई सिंह के पितामह किसान थे, जिनके पास लगभग 100 बीघे से अधिक जमीन थी, जो आगे चलकर दो भाइयों में बँटी तो 50-50 बीघे के रूप में हो गई। पेरियार के पिता चौधरी गज्जू सिंह ने इसे और बढ़ाते हुए 71 बीघे जमीन बनाई थी। ये गज्जू सिंह के इकलौते पुत्र थे। इसलिए पेरियार ललई सिंह के हिस्से 71 बीघे जमीन आई। इस स्थिति में पेरियार का परिवार उस गाँव-जवार का एक सम्पन्न किसान परिवार था। जिसके पास सैकड़ों बीघे जमीन थी। गाँव के एक तरफ ठाकुरों और ब्राह्मणों का घर और जमीन थी जो सामन्त, जमींदार और पुरोहित थे। वे सब अपने घोड़ों आदि जानवरों को अपनी जमीन के बाद ऐसे ही खुली फसल में छोड़ देते थे जिस कारण वे जानवर दूसरों की जमीन-जायदाद में जाकर जंगली जानवर की तरह सबकी फसल चर जाते थे। उनके पिता और वे खुद इसका जमकर विरोध करते थे।

जब जमींदारों-सामन्तों के जानवर, घोड़े आदि अपनी ज़मीन से चरते हुए पेरियार ललई सिंह की जमीन की तरफ बढ़ने लगते तो पेरियार ललई सिंह इसका विरोध करते और ताड़ के ऊँचे पेड़ पर चढ़कर जोर से आवाज लगाते, 'हरे (जमींदार का नाम लेकर)...अपना घोड़ा और जानवर अब रोक लो, यहाँ से मेरी जमीन शुरू हो रही है। अगर मेरी फसल का एक भी तिनका तुम्हारे घोड़े और जानवर ने खाया तो मैं इन जानवरों को बाँध लूँगा।'[3] वे आगे कहते, 'अपने घोड़ों और जानवरों पर लगाम लगाओ और मेरी जमीन में घुसने, मेरी फसल को नुकसान पहुँचाने से पहले अपने घोड़ों और जानवरों को वापस हँकवा लो, नहीं तो मैं इन जानवरों के एक-एक पैर काटकर उसको इन जानवरों की पीठ पर रखकर वापस तुम्हारे घर भेज दूँगा।' इस पर जमींदार के करिन्दे फौरन आते और घोड़े आदि सभी जानवरों को वापस लेकर चले जाते।[4]

शोषित-दमित स्त्रियों को दिलाया आत्मसम्मान

पेरियार ललई सिंह ने स्त्रियों के सम्मान के लिए अपने पिता चौधरी गज्जू सिंह को लड़ते हुए देखा था। यहीं से उन्हें स्त्रियों के सम्मान की प्रेरणा मिली। उनके साथ आठ वर्ष तक मिशन में रहे, कृष्ण कुमार ने एक साक्षात्कार में बताया, 'गाँव में एक सामन्ती प्रथा थी कि विवाह आदि अवसरों पर सवर्णों के घरों में स्त्रियाँ पूड़ियाँ

आदि बेलने जाती थीं। यह प्रथा लम्बे समय से चली आ रही थी। इस प्रथा में दलित-पिछड़ी महिलाएँ तो सवर्ण घरों में कार्य करने जाती थीं लेकिन सवर्ण महिलाएँ पिछड़े-दलित घरों में पूड़ियाँ आदि बेलने नहीं आती थीं। यह बात चौधरी साहब को बहुत खलती थी। एक बार हुआ यह कि पेरियार ललई सिंह की स्वाभिमानी माता श्री मूला देवी साथ में और गाँव की माताएँ-बहनें सवर्णों के एक कार्यक्रम में गईं। जैसे ही ये महिलाएँ कार्यक्रम स्थल पहुँची। वैसे ही सवर्ण महिलाएँ और पुरुषों ने कहना शुरू किया—'हिन्नियाँ आईं, हिन्नियाँ आईं, हिन्नियाँ आईं अर्थात् अहिरिनियाँ आईं, अहिरिनियाँ आईं, अहिरिनियाँ आईं।' और पूड़ियाँ बेल रही सवर्ण महिलाएँ वहाँ से उठकर चल पड़ीं। इस तरह के जातीय अपमान का भाव उन्हें बर्दाश्त नहीं हुआ। वह वहीं रुक गईं और महिलाओं के साथ खड़ी रहीं। ये सब देखते हुए एक लड़की दौड़ी-दौड़ी घर आई और बाबा चौधरी गज्जू सिंह से यह बात बताई। वे तुरन्त उठे और चल पड़े। साथ में, पेरियार ललई सिंह भी पीछे-पीछे चल दिए। वहाँ आटा खुला पड़ा था। पूड़ियाँ बेलनेवाला कोई नहीं था। चौधरी गज्जू सिंह के पहुँचते ही मूला देवी इनकी तरफ आने लगीं। उन्होंने गरजती हुई आवाज में कहा कि 'आज से कोई इन लोगों के घरों में पूड़ियाँ बेलने नहीं जाएगा।' इसके बाद सारी महिलाएँ मूला देवी के पीछे-पीछे अपने घर आ गईं। उस दिन से यह प्रथा सदा के लिए बन्द हो गई।[5] इस पूरी घटना का प्रभाव पेरियार ललई सिंह के बाल-मन पर पड़ा। यह घटना उनके बचपन की थी। इस कारण उनकी स्त्री अधिकारों की चेतना यहीं से निर्मित होनी शुरू हुई।

मजदूरों के लिए संघर्ष

पेरियार ललई सिंह हर प्रकार की स्वतंत्रता के हिमायती थे। एक वाकया है, गाँव में एक बार सशस्त्र पुलिस चौकी लगी हुई थी। छावनी के सामने दलितों का गाँव था। पुलिस वाले इस गाँव के दलित लड़कों और वृद्ध लोगों से उनकी पीठ पर आवश्यक सामान मुफ्त में ढुलवाते थे। जबरन पकड़कर छावनी में कपड़ा आदि धुलवाते तथा अन्य फालतू काम करवाते थे। इसी बीच पेरियार साहब एक बार गाँव पहुँचे तो देखा यहाँ दलितों का खूब शोषण हो रहा है। जैसे ये दलित इन सिपाहियों के बन्धुआ मजदूर हों! वे दलित बस्ती गए। वहाँ से उन दलितों के बारे में जानकारी ली जो लगातार शोषित हो रहे थे। तत्क्षण वे पुलिस चौकी गए और हवलदार से इस शोषण को बन्द करवाने को कहा। इस पर बहस हो गई तब पेरियार ललई सिंह ने कहा, 'तुम पुलिस के हवलदार हो तो मैं सेना में हाई-कमांडर हूँ। कल से यदि किसी दलित को बेगारी करने के लिए बुलाया गया तो यहीं आन्दोलन खड़ा कर दूँगा।' इसके बाद अगली रात को जब एक पुलिस वाला एक दलित को सामान

ढुलवाने के लिए बुलाने आया। तो वे तुरन्त उस पुलिस वाले के सामने पचासों युवक-युवती दलितों और अहीरों संग लाठी के साथ तनकर खड़े हो गए। गाँव के सभी दलित बच्चे, महिलाएँ आकर जुट गए। वहाँ पेरियार ललई सिंह ने कहा, 'अब आप लोग पुलिस वालों का सामान आदि मत ढोइए। इनकी बेगारी मत कीजिए।'[6] उस दिन से दलित मजदूरों का शोषण सिपाहियों ने बन्द कर दिया।

अछूतों के लिए महान संघर्ष

एक साक्षात्कार में मोहर सिंह यादव ने बताया, 'पेरियार ललई सिंह जैसा महान व्यक्तित्व तो मैंने आज तक नहीं देखा। ऐसा अद्‌भुत मनुष्य तो बिरला ही होगा। जीवन और समाज के प्रति इतना प्रतिबद्ध व्यक्तित्व कि पूछिए मत। वे सबसे अधिक जातीय भेद-भाव और छुआछूत के खिलाफ लड़ते थे। उनके समय में इस गाँव में एक भंगी मंगली प्रसाद का परिवार रहता था। मंगली जाति से बाल्मीकि थे। जिनसे सभी जाति के लोग अछूत का व्यवहार करते थे। यहाँ तक कि मुसहर, पासी, चमार और अहीर आदि सभी जातियों के लोग उनका छुआ पानी नहीं पीते थे। उनके बर्तन में भोजन नहीं करते थे। अपने कुआँ से कभी पानी नहीं भरने देते थे। उन्हें दूर रह कर पानी को प्राप्त करना होता था।

इस अछूत व्यवहार के खिलाफ पेरियार ललई सिंह जैसे युद्ध लड़ रहे थे। उन्होंने एक रोज कहा—'मंगली प्रसाद, तुम अब किसी की थाली में मत खाओ। किसी के कुएँ से पानी मत भरो। जो भी तुमको अछूत बोले तुम भी उसे अछूत बोलो और कहो—'तुम अछूत हो इसलिए मैं तुम्हारे बर्तन में पानी नहीं पीता। तुम्हारे कुएँ से पानी नहीं भरता हूँ।' इस पर मंगली प्रसाद ने उनसे कहा, 'मेरे पास तो कुआँ ही नहीं है तो मैं कहाँ से पानी भरूँगा और कैसे अछूत कहूँगा।' इस पर पेरियार ललई सिंह ने कहा, 'कल से तुम्हारे घर के सामने कुआँ की खुदाई शुरू हो जाएगी।' उन्होंने कुछ समय बाद एक कुआँ खुदवाया। कुआँ काफी अच्छा और गहरा था। एक बार हुआ ये कि भीषण अकाल पड़ा। बहुत सारे कुएँ सूख गए। गाँव के सवर्ण अपने कुएँ से किसी को पानी नहीं भरने दे रहे थे। इस पर गाँव के मुसहर, पासी, अहीर और चमार आदि जातियों के लोग भागे-भागे मंगली प्रसाद के कुएँ की तरफ आने लगे। जिस पर पेरियार ललई सिंह ने मंगली प्रसाद को ललकारते हुए कहा, 'मंगलिया, आज लाठी लेकर कुएँ पर खड़ा होने का समय है।' इस पर मंगली प्रसाद ने कहा, 'अरे! दीवानजी! झगड़ा मेरे बस का नहीं है।' इस पर दीवान जी ने कहा, 'तो तुम्हारे बस में केवल मुर्दों की तरह जिन्दा रहना है। ले पकड़ लाठी!' मंगली और पेरियार ललई सिंह कुएँ की जगत पर पगड़ी बाँधकर सीना तानकर खड़े हो गए और पेरियार ललई सिंह ने मंगली प्रसाद से कहा कि 'मंगलि बोलो,

कि कोई मुसहर, पासी, चमार और अहीर या कोई भी मेरे कुएँ को छूना नहीं! मेरा कुआँ अछूत हो जाएगा। मैं अछूत हो जाऊँगा। अछूतो खबरदार!' मंगली प्रसाद ने इसी तरह गरजते हुए सारी बातें दोहरा दीं और पानी किसी को भी नहीं भरने दिया। सभी लोग डर के मारे दबे पाँव वापस जाने लगे।

एक बुजुर्ग व्यक्ति ने पीछे मुड़ते हुए कहा, 'हम सब अब कभी भी ऐसा व्यवहार नहीं करेंगे। पानी भर लेने दो। बच्चे प्यासे हैं।' इस पर पेरियार ललई सिंह ने कहा, 'अब ये अनुमति मंगली प्रसाद ही दे सकते हैं।' बुजुर्ग के हाथ जोड़ते इस अनुरोध के बाद पंडित मंगली प्रसाद ने पानी लेने की अनुमति दे दी लेकिन पेरियार ललई सिंह ने तुरन्त कहा, 'पानी देने की एक शर्त है। वह यह कि पानी मंगली प्रसाद अपने कुएँ से अपनी रस्सी और अपने घड़े से निकालकर आप सबको अपने हाथों से देंगे।' सबने इस शर्त को मान लिया। इसके बाद पेरियार ललई सिंह ने कहा, 'मुसहर, पासी, धोबी, चमार, अहीर और सभी जाति के लोग एक लाइन में खड़े हो जाओ। आप सबके पात्र में बारी-बारी से मंगली प्रसादजी ही अपने हाथों से पानी देंगे। एक और बात कि लाइन में खड़े होते समय इस बात का ध्यान रखना है कि एक जाति के बाद दूसरी जाति के लोग खड़े हों उसके बाद फिर दूसरी जाति के लोग खड़े हों। एक ही जाति के लोग एक साथ नहीं खड़े होंगे।' उस दिन के बाद से मंगली प्रसाद के प्रति लोगों का व्यवहार एकदम बदल गया।

पेरियार ललई सिंह मंगली के घर उठते-बैठते थे। मंगली प्रसाद को महापंडित कहते थे। मंगली की पत्नी जब खाना बना लेतीं तो पहुँच जाते और कहते, 'अरे हमको पहले खिलाइए पंडित मंगली जी को बाद में।' उन्हीं की थाली में मंगली और पूरे परिवार के साथ बैठकर खाना खाते। उसके बाद अपने खाए हुए अन्न का हिस्सा अपने घर से लाकर ध्यान से मंगली को दे देते। कई बार मंगली प्रसाद को अपने साथ अपने घर लाकर अपनी ही थाली में खाना खिलाते थे।'[7] ऐसा था पेरियार ललई सिंह का अछूत भेद-भाव मिटाने का अभियान! अद्‌भुत था—उनका जाति के खिलाफ लड़ते हुए, समतामूलक समाज बनाने का संघर्ष और स्वप्न।

अम्बेडकराइट नहीं, रिजर्वेसनायिस्ट हैं, बुद्धिस्ट नहीं, सुविधायिस्ट हैं

पेरियार ललई सिंह एक वास्तविक अम्बेडकराइट और वास्तविक बुद्धिस्ट थे। वे इस देश की आदिनिवासी जनता से इस वैचारिकी को वास्तव में जानने और अपनाने को कहते थे। वे कहा करते, 'आप सब बुद्ध और डॉ. अम्बेडकर के विचारों को व्यवहार में उतारिए। अन्यथा आप सब 'बाबा साहब, बाबा साहब और भगवान बुद्ध' का राग अलापते रहिए। इस जाति और वर्णवादी समाज में थोड़ा-सा भी सामाजिक परिवर्तन नहीं होनेवाला। जब तक उनके विचार आप व्यवहार में

नहीं उतारेंगे तब तक आपकी वास्तविक मानवीय मुक्ति असम्भव है। आप अपने आपको अम्बेडकराइट कहते हैं, बुद्धिस्ट कहते हैं। लेकिन व्यवहार में वर्णवादी, हिदुत्ववादी और जातिवादी जिन्दगी जीते हैं। क्योंकि आप वर्ण और जाति व्यवस्था के मूल्यों को जस का तस मानते हैं।'[8] वे मंचों, सभाओं आदि से गरजते हुए इस बात को बोलते थे।

उन्होंने एक बार 8-9 मार्च, 1984 ई. को आगरा में 'अखिल भारतीय बौद्ध महासभा' उत्तर प्रदेश के कार्यक्रम में कड़क आवाज में बोलते हुए कहा, 'इस सभा में आप जितने लोग इकट्ठे हैं और जो लोग यहाँ मंच पर बैठे हैं। (वे मंच पर चारों ओर घूमते हुए कहे) आप सब लोग रिजर्वेसनायिस्ट, वजीफायिस्ट और सुविधायिस्ट हैं। आप में कोई भी व्यक्ति अम्बेडकराइट या बुद्धिस्ट नहीं है।' इस पर एक सज्जन खड़े हुए और बोलते, 'मैं अम्बेडकराइट हूँ।' इस पर पेरियार ललई सिंह ने कहा, 'आप ने अपने बेटी-बेटों की शादी जाति के बाहर की!' उन्होंने कहा, 'नहीं'। पेरियार ललई सिंह ने कहा, 'चलिए हटिए, आगे बढ़िए।' उसके बाद वहाँ उन्होंने अम्बेडकराइट या बुद्धिस्ट होने की आधारभूत शर्त बताई कि आप सबसे पहले जाति और वर्ण-व्यवस्था को तोड़िए। आप जाति से बाहर रोटी-बेटी के सम्बन्ध को स्थापित करिए। यदि आप अपनी ही जाति में रोटी-बेटी का सम्बन्ध बनाते हैं तो आप अपने जीवन में वेदवादी हैं, हिन्दुत्ववादी हैं, हिन्दू हैं। आप जाति से बाहर शादी-विवाह करें। वर्ण-व्यवस्था की किसी भी आप्त बात को मत मानिए। गौतम बुद्ध ने इस वर्ण-व्यवस्था के खिलाफ आवाज उठाई। इस वर्चस्ववादी मूल्य को स्थापित करनेवाले आप्त वेदों का विरोध किया। तर्क और ज्ञानजन्य आधारित समाज बनाया। बाबा साहब डॉ. अम्बेडकर ने जाति और वर्णव्यवस्था का आमूल-चूल विरोध किया। अपने मानवतावादी बौद्ध धर्म को अपनाया। इन विभूतियों के विचारों को व्यवहार में उतारें।

यहाँ उपस्थित अम्बेडकराइट और बौद्धिस्टों में कोई एक भी व्यक्ति बता दीजिए जो अपनी जाति से बाहर रोटी-पानी, शादी-विवाह का सम्बन्ध रखता हो। सबके सब व्यवहार में जाति को लेकर जिन्दा हैं। जाति को पहन कर गहने की तरह आनन्द लेते हुए ढो रहे हैं। आप जब तक जातीय आधार पर व्यवहार करते रहेंगे तब तक आप हिन्दू हैं। यहाँ उपस्थित आदिनिवासी जनता दिमागी तौर पर जाति से बाहर नहीं निकली है। जब तक आप व्यवहार में बुद्ध, पेरियार और अम्बेडकर को नहीं उतारेंगे तब तक आप अम्बेडकराइट नहीं अपर्चुनिस्ट हैं, रिजर्वेसनायिस्ट हैं, वजीफायिस्ट हैं। बुद्धिस्ट नहीं सुविधायिस्ट हैं, सहायतायिस्ट हैं।'[9] इस तरह पेरियार ललई सिंह ने बाबा साहब डॉ. अम्बेडकर और गौतम बुद्ध के विचारों की वास्तविक व्याख्या की। उन विचारों को वास्तव में जीवन और जमीन पर उतारने की वकालत की। क्योंकि उनका मानना था कि ये विचार ही हमारी वास्तविक मानवीय मुक्ति का रास्ता हैं।

जाति उन्मूलन के प्रश्न पर मगन गौतम ने पेरियार ललई के साथ का एक रोचक संस्मरण सुनाते हुए बताया कि सैकड़ों बार बोधगया बौद्ध विहार पर हिन्दू पुरोहितों के कब्जे से मुक्ति आन्दोलन चला। सन् 1984 में प्रधानमंत्री राजीव गांधी जी के आवास पर विरोध प्रदर्शन हुआ। जिसमें भंते प्रज्ञा रत्न के शिष्य अशोक साहेब वानखेड़े ने अपने ऊपर पेट्रोल छिड़ककर आत्महत्या करने की कोशिश की जिसे पुलिस वालों ने तत्काल पकड़ लिया। ये दलित मुक्ति सेना के अध्यक्ष भी थे। इस बोधगया मुक्ति आन्दोलन का नेतृत्व महान बौद्ध विद्वान पेरियार ललई सिंह साहब ने किया था, जिसमें पूरे देश के बौद्ध भिक्षु आन्दोलन के लिए आए थे। उनको देखते ही श्रद्धा-सम्मान के साथ मैंने कहा, 'यादव जी नमो बुद्धाय!' इस पर वे आगबबूला हो गए। और नमो बुद्धाय बोलते हुए बोले कि—'जिसकी जाति होती है वह हिन्दू होता है। किन्तु एक बौद्धिस्ट की कोई जाति नहीं होती। अत: आप यादव जी नमो बुद्धाय! सम्बोधन करके मुझे एक प्रकार से 'हिन्दू पेरियार ललई सिंह यादव जी' नमो बुद्धाय कर रहे हैं। जबकि मैं एक बौद्ध धर्मी व्यक्ति हूँ। जो आर्य श्रेष्ठता, वर्ण और जाति और पुरोहितवाद को तोड़ता है। प्रत्येक जीव के साथ समता की सम्यक दृष्टि का व्यवहार करता है। वह बुद्ध के मत को व्यवहार, विचार और जीवन में उतारता है।' मैंने उसके बाद कहा, 'लेकिन आपने अपने 'जनता से अपील' नामक पर्चे में एक जगह अपने नाम के साथ—'अहीर पेरियार ललई सिंह यादव' छपवाया है। यद्यपि उसमें जो बात है वह चेतना निर्माण और जनता को राजनीतिक, सामाजिक, सांस्कृतिक लूट के बारे में बता रहे हैं। जो प्रत्येक कार्यक्रम में और आन्दोलन में वितरित किया जाता है।'[10] इस पर उन्होंने उत्तर दिया—'मैं चाहता हूँ कि सम्पूर्ण भारत के अहीर/यादव भी बुद्ध, बौद्ध धर्म और पूज्य बाबा साहब के विचार और दर्शन की ओर मुड़ चलें जो अपने मूल चरित्र में बुद्धवादी हैं। हिन्दू धर्म की जन्म-मरण की खाई से बाहर निकलें। वो बुद्ध से नहीं तो कम-से-कम मुझसे प्रेरणा लें। मानवतावादी बनें। मनुवादी लूट को समझें। वहाँ नाम के साथ जाति लिखने की यही सोच है। वैसे वर्ण और जाति के उन्मूलन के बिना समतामूलक समाज का निर्माण असम्भव है।' इस महामानव की इस बात को सुनकर मैं अभिभूत रह गया। मेरे हृदय में इसके बाद से पेरियार ललई सिंह के प्रति न केवल श्रद्धा और सम्मान प्रगाढ़ हो गया बल्कि उस दिन से मेरे मन में गहरा परिवर्तन हुआ और मैंने उन्हें अपना गुरु मान लिया। तब से मैं भी मगन लाल की जगह मगन गौतम लिखने लगा।[11]

वे इस बात को बखूबी जानते थे कि इस देश में असमानता की जड़ जाति, वर्ण और पुरोहितवाद है। और समता का आधार मैत्री, बन्धुता और करुणा है। अत: वे वर्ण-जाति का आमूल-चूल उन्मूलन चाहते थे। इसी कारण वे जाति से इतनी घृणा

करते थे। जाति के प्रश्न पर वे कँवल भारती के लिखे एक पत्र में लिखते हैं—आप मुझे यादव मत समझें मैंने 21 जुलाई, 1967 ई. को पूज्य भंते ऊँ चन्द्रमणि से विधिवत बौद्ध धर्म की दीक्षा ली थी। मेरा व्यवहार बौद्धों का-सा है। हाँ! सर्टिफिकेट रजिस्टर आदि पहले के हैं।'[12] इससे उनके वर्ण और जाति के उन्मूलन की भावना को सहज ही जान सकते हैं।

पेरियार ललई सिंह और सन् 1984 का साम्प्रदायिक दंगा

पेरियार ललई सिंह एक मानवतावादी मनुष्य थे। जिसको वे अल्पसंख्यकों, शोषितों, दलितों, पिछड़ों और आदिवासियों पर हो रहे संहारक हमलों के समय आगे खड़े होकर वर्चस्ववादियों से प्रतिरोध करके सिद्ध करते हैं। इसको वे घर से लेकर हाई-कमांडर होने तक व्यवहार में अमल करते हैं। इस देश की आयरन लेडी पूर्व प्रधानमंत्री श्रीमती इन्दिरा गांधी की क्रूरतम और हिंसक मानसिकता के दो सुरक्षा गार्डों ने 31 अक्टूबर, 1984 ई. को हत्या कर दी। ये दोनों सुरक्षा गार्ड सिक्ख धर्म को माननेवाले थे। जिस कारण इस देश के अल्पसंख्यक सिक्खों को भयानक हत्या, आगजनी, लूट-पाट, बलात्कार आदि का सामना करना पड़ा। इस पर वे द्रवित हो उठे। पूरे देश में उन्मादी साम्प्रदायिक भीड़ सिक्खों को उनके घरों से निकालकर उनकी हत्या कर रही थी। उनके घरों को जला रही थी। ट्रकों को रोक कर उसमें से उन्हें खींच कर लाठियों-राडों से दौड़ा-दौड़ा कर पीटते हुए उनकी हत्या कर रही थी। उन पर किरोसिन, पेट्रोल आदि छिड़क कर आग लगा रही थी। जिन्दा जला रही थी।[13] यह सब हाई-कमांडर की आँखों के सामने जी.टी. रोड से लेकर कानपुर शहर में चल रहा था। इस हिन्दुत्ववादी मानसिकता के हिंसक और हत्यारे दंगे का मुकाबला वे अपने मानवतावादी, समतावादी और धर्मनिरपेक्ष मानसिकता के साथियों संग करते। वे जनता की लाठियों, डंडों और राडों से पिटते-भागते सिक्खों को किसी तरह अपने झकरकटी अशोक पुस्तकालय में झट से छुपा लेते और जनता के पीछे दौड़ते हुए आने पर कहते—वो उधर गया।

इस साम्प्रदायिक स्थिति का उन्होंने बौद्धिक तरीके से सामना किया। जो भी ट्रक उस समय सड़क से गुजरता वे धर्मनिरपेक्ष साथियों के साथ सड़क के किनारे खड़े होकर गुरुग्रंथ साहेब की प्रतियाँ दिखाते हुए उसे रोकते और तुरन्त उसे उतार कर 'अशोक पुस्तकालय' के कार्यालय में छुपा देते। इस तरह उन्होंने अनेक सिक्ख सरदारों को 'अशोक पुस्तकालय' में छुपाया था। जिसकी थोड़ी-सी भी भनक वहाँ की साम्प्रदायिक दंगाई भीड़ को नहीं लगने दी। वे अपने धर्मनिरपेक्ष साथियों को साम्प्रदायिक मानसिकता के जनचरित्र को बताते हुए कहा करते थे, 'हत्यारी, उन्मादी, साम्प्रदायिक मानसिकता की जनता के पास सोचने के लिए दिमाग और

देखने के लिए आँख नहीं होती। बस उसके पास हिंसक हथियारों से लैश हाथ होते हैं जो मशीनों की तरह कत्लेआम करते जाते हैं।'[14]

पेरियार ललई सिंह और मंडल आयोग 7 अगस्त, 1990 ई.

पेरियार ललई सिंह ने सामाजिक न्याय के प्रतीक 'मंडल आयोग' की अनुशंसा को 7 अगस्त, 1990 में लागू होने पर अपने आस-पास और गाँव-जवार में मिठाइयाँ बाँटी थीं। वैसे वो इसके पूर्व काका कालेलकर आयोग और मंडल आयोग का अंग्रेजी में अध्ययन कर चुके थे। इस कारण इसके ऐतिहासिक महत्त्व को जानते थे। जब इस आयोग के विरोध में वर्चस्ववादी ताकतों ने 'उग्र और हिंसक मार्च' निकालना शुरू किया तब पेरियार ललई सिंह ने मंडल समर्थक जनता को एकत्रित कर कानपुर में 'लम्बा सामाजिक न्याय मार्च' निकाला। जिसमें वे गाँव-जवार और शहर की सामाजिक न्याय की हकदार जनता को 'मंडल आयोग' के बारे में समझाते। उस जनता को 'मंडल आयोग' के समर्थन में आन्दोलित करने के लिए प्रेरित करते। रैलियाँ करते। जिसमें 'मंडल आयोग' की सम्पूर्ण नीतियों को जनता को विस्तार से बताना आदि बातें प्रमुख थीं। हैरत की बात है कि यह मूलनिवासी योद्धा 80 वर्ष की उम्र में 21 वर्ष के युवक की तरह गरज-गरज कर 'मंडल आयोग' पर भाषण दे रहा था। इस आयोग को लेकर यह मूलनिवासी योद्धा बहुत उत्साहित था। उन्होंने तत्कालीन प्रधानमंत्री माननीय श्री वीपी सिंह सरकार द्वारा 'सामाजिक न्याय' के पक्ष में ऐतिहासिक कदम उठाने की भरपूर प्रशंसा की। वे रामविलास पासवान, शरद यादव और लालू प्रसाद यादव के 'मंडल आयोग' को लागू कराने की ऐतिहासिक भूमिका से बहुत प्रसन्न थे। मंडल आयोग के समर्थन में संसद में रामविलास पासवान द्वारा दिए गए भाषण को लिप्यंकित-टंकित करवा कर लोगों में बाँटते और पढ़ने को कहते थे। इसके साथ ही वे इस बात से बहुत दुखी भी थे कि कुछ ओबीसी-दलित और अल्पसंख्यक जनप्रतिनिधि अर्थात् नेता पूरी ईमानदारी से इस मंडल चेतना के समर्थन में सड़क पर उतर कर जनआन्दोलन नहीं कर रहे हैं।[15]

1992 का बाबरी मस्जिद विध्वंस

मूलनिवासी योद्धा पेरियार ललई सिंह इस समय तक 82 वर्ष के हो चुके थे। उसके बाद भी 6 दिसम्बर, 1992 को हुए 'बाबरी मस्जिद विध्वंस' के समय अल्पसंख्यक मुसलमानों को साम्प्रदायिक हिंसा और दंगों का सामना करते समय संरक्षण दिया। अपनी कड़क आवाज में धर्म-निरपेक्षता पर भाषण देते हुए सामाजिक न्याय सद्भाव की कई रैलियाँ निकालीं। सैकड़ों मुसलमान और बौद्धिस्टों को एक साथ, एक पाँत में बैठा कर भोजन करवाया। वे चाहते थे कि जल्द से जल्द सामाजिक सद्भाव

स्थापित हो।[16] वास्तव में, वे मानववादी धर्म-निरपेक्ष मनुष्य थे। ये सब उनके राष्ट्र निर्माता और राष्ट्रीय विभूति होने का अकाटय सबूत है।

बुद्ध शरण हंस बताते हैं कि पेरियार ललई सिंह धर्म निरपेक्ष मनुष्य थे। बल्कि मूल स्वभाव में नास्तिक थे। समाज के प्रति अति-संवेदनशील थे। एक बार हमने उन्हें धम्म दीक्षा कार्यक्रम, लौरिया, बेतिया, बिहार में जनवरी—1992 में बुलाया। वैसे तो मैंने पूरे बिहार (तब के झारखंड) में पेरियार ललई सिंह को दसियों बार बुलाया था। कार्यक्रम हुआ। उनका ऐतिहासिक भाषण हुआ। उसके बाद पेरियार ललई सिंह के रात्रि विराम के लिए होटल में प्रबन्ध किया गया था। वे रुके और मैं भी उनके साथ उन्हीं के कमरे में रुका। हम दोनों सो गए। रात में एक बजे के आस-पास मैंने महसूस किया कि कोई रो रहा है। जब मैं उठा और देखा कि पेरियार साहब रो रहे हैं। मैं अवाक् रह गया। मैंने उनसे पूछा कि पेरियार साहब, आप रो क्यों रहे हैं? क्या हुआ? कोई बात हो गई क्या? इस पर वे और फफक कर रोने लगे और कहा, 'हमारा समाज सो रहा और डूब रहा है। यह सब देखते हुए मुझे रोना आ रहा है।' मैं अभिभूत और चुप हो गया। ऐसे थे पेरियार ललई सिंह। इसलिए ही वे ग्रेट बौद्धिस्ट थे। उन्हें समाज के वर्तमान और भविष्य की गहरी चिन्ता थी।

द्रष्टा पेरियार ललई सिंह के इस करुण क्रंदन पर मुझे कबीर का वह दोहा याद आता है—

सुखिया सब संसार है, खाये और सोये॥
दुखिया दास कबीर है, जागे और रोये॥

मूलनिवासी योद्धा पेरियार ललई सिंह का निर्वाण

हाई-कमांडर, उत्तर भारत के पेरियार समतामूलक समाज बनाने के लिए सामाजिक संघर्ष करते रहे। अनेक दुखों तकलीफों के बाद भी उनका जीवन समाज और राष्ट्र को समर्पित रहा। किसी सभा, कार्यक्रम, आन्दोलन आदि में जब शुभचिन्तक उनसे हाल-चाल पूछते थे तो वे बोलते—'नमो बुद्धाय!' और अपने जीवन के सुख-दुःख पर स्वयं द्वारा लिखा एक पैम्फलेट पकड़ा देते, जिसमें लिखा होता—'परम आदरणीय बन्धुवर! सन् 1944 से कलेजे में दर्द रहता है। सन् 1964 से खून की भारी उल्टी होती रहती है। बीच-बीच में दवा खाता हूँ तो थोड़ा-बहुत आराम हो जाता है। सन् 1974 से दाईं बड़ी आँत में सूजन है जिससे हमेशा पेट में दर्द रहता है। सन् 1975 से बाईं टाँग में कुलंग बाँत है। दाहिने घुटने में पुरानी चोट है। ऐसी स्थिति में जब बैठता हूँ तो कई बार इतना तेज दर्द होता है कि मूर्च्छित होकर गिर जाता हूँ। कूदने की पुरानी चोट के कारण पैर थोड़ा भी ऊँचे नीचे पड़ता है तो वृष्ण कोष की नस सूजने लगती है। सन् 1980 से ही दोनों आँखों में मोतियाबिन्द है।

कभी-कभी अचानक बेहोशी आ जाती है।[17] इन दुखों-तकलीफों के बाद भी वे समाज और राष्ट्रनिर्माण सतत् करते रहे। एक समय के बाद वे अपने घर-गाँव—कठारा, झींझक चले गए। यह चेतनापरक व्यवहार और दृष्टि शायद उन्हें बुद्ध से मिली थी जो अपने जीवन के अन्तिम समय में एक बार अपने घर गए थे। इसी तरह वे भी अपने परिवार के लोगों के बीच गए जिस परिवार को इन्होंने स्वतंत्र समाज चिन्तन और आन्दोलन के लिए छोड़ दिया था। उसी घर-परिवार और गाँव में अपने जीवन के अन्तिम समय में पूरे सम्मान के साथ रहे। उसके बाद अन्त समय में वे अपने मन के अनुसार अपनी जन्मभूमि छोड़कर अपनी कर्मभूमि झींझक चले आए। जहाँ उनसे 2 फरवरी, 1993 ई. को तीन बौद्ध भिक्षु मिलने आए हुए थे—एक चीन से, दूसरे जापान से और तीसरे थाईलैंड से। तीनों बौद्ध भिक्षुओं ने उनसे देशज बुद्धिज़्म और उसके आविर्भाव और संहार पर बातचीत की। यह संवाद कई घंटों तक चला। उसके बाद शाम को बौद्ध भिक्षु बोध गया के लिए निकल पड़े।[18]

बुद्धिस्ट पेरियार ललई सिंह अपनी स्वाभाविक दिनचर्या के हिसाब से रात्रि 8:30 पर भोजन करके कुछ देर तक अपने कमरे में टहले और बिस्तर पर लेट गए। उसके बाद सोचनेवाली गम्भीर मुद्रा में आ गए। समय कोई रात्रि का 9:00 बजे का रहा होगा। इस बीच उन्हें तेज सिर दर्द हुआ जिसका संकेत उन्होंने सहआन्दोलनकर्मी साथी मुंशीलाल[19] को दिया और फिर बेहोश हो गए। यह वास्तव में मस्तिष्क आघात था। हर समय उनके साथ रहनेवाले उपासक मुंशीलाल ने उन्हें जोर से अपनी बाँहों में भर लिया और रोते हुए अन्य लोगों को बुलाया। तत्काल पेरियार साहब को 'परेड उर्सला' हॉस्पिटल ले जाया गया। जहाँ दद्दा अर्थात् पेरियार साहब का इलाज शुरू हुआ। उनके स्वास्थ्य में सुधार न होता देख उन्हें 4 फरवरी को 'हेटल अस्पताल', कानपुर स्थानान्तरित किया गया। यहाँ भी इन्हें इमर्जेंसी वार्ड में भर्ती किया गया। डॉक्टर ने बताया, अधिक सोचने-विचारने के कारण इनके दिमाग की खून की कोई नस फट गई है। अब इनका बचना असम्भव है। डॉक्टर की इस बात पर उनके सभी शुभचिन्तक रो पड़े। जीवन और मृत्यु से हाई-कमांडर ने 2 फरवरी से लेकर 7 फरवरी तक संघर्ष किया। लेकिन अन्तत: 7 फरवरी को रात्रि 11:11 बजे हाई-कमांडर की संघर्षरत कोशिकाएँ धीरे-धीरे शिथिल होने लगीं और सभी रो पड़े। इस निर्वाण सूचना के बाद सम्पूर्ण गाँव-जवार के उनके शुभचिन्तक-साथी आए। गाँव, जिला, प्रदेश और देश के अनेक शुभचिन्तक बौद्ध भिक्षु आए।[20]

हाई-कमांडर को राजकीय सम्मान के साथ अन्तिम विदाई

पेरियार ललई सिंह 'स्वतंत्रता सेनानी' थे। सेना में हाई-कमांडर थे। इस कारण उनके निर्वाण के बाद तहसीलदार और जिलाधिकारी आदि केन्द्र सरकार के अधिकारियों

की उपस्थिति में सेना द्वारा राजकीय सम्मान के साथ उन्हें अन्तिम विदाई दी गई। चूँकि वे बौद्ध धर्मावलम्बी थे, इसलिए उनके शरीर को सफेद वस्त्र में लपेटने के बाद उसे पंचशील झंडे से आच्छादित कर दिया गया। मुँह खुला रखा गया। तत्पश्चात् पाँच बौद्ध भिक्षुओं ने परित्राणी पाठ का गायन किया। इस पाठ के बाद बौद्ध धर्म की पूर्ण प्रतिष्ठा के अनुरूप उनका रीति-व्यवहार किया गया। उनके घर-परिवार, बौद्ध भिक्षु आदि लोगों ने मिलकर अन्तिम निर्वाण विदाई को सम्पन्न किया।

उनके निर्वाण के बाद अशोक पुस्तकालय की ओर से 15 फरवरी, 1993 को एक 'पुन्य अनुमोदन' किया गया जिसमें सम्पूर्ण देश से उनके शुभचिन्तक, बौद्ध भिक्षु, बौद्धिक-आन्दोलनकारी साथी आदि आए हुए थे। उनके विराट व्यक्तित्व पर सभी ने अपनी संस्मरणात्मक बातचीत रखी। 20 फरवरी, 1993 को उनकी स्मृति में महान सभा का आयोजन किया गया जिसमें पूरे देश से सामाजिक-राजनीतिक-सांस्कृतिक कर्मी और अन्दोलनकर्ता आए। और भावी संघर्ष पर बात हुई।[21]

आप सबका पेरियार ललई सिंह

पेरियार ललई सिंह एक सार्वजनिक विभूति थे। वास्तव में, वे मनुष्यत्ववादी निर्माण आधुनिक राष्ट्र निर्माता थे। अपनी किताबों की भूमिकाओं, प्रस्तावनाओं, प्राक्कथनों, पत्रों आदि के अन्त में एक सार्वजनिक व्यक्तित्व की तरह 'सबका पेरियार ललई सिंह'[22] लिखा करते थे। यह उनके सार्वजनिक विभूति होने का सख्त और पुख्ता सुबूत है।

सन्दर्भ-टिप्पणियाँ

अध्याय 1 : एक बौद्धिक विभूति

1. रामसेवक सिंह से हुई संस्मरणात्मक बातचीत पर आधारित।
2. श्याम सिंह, जिन्हें पेरियार ललई सिंह ने ये परिघटना सुनाई थी जिन्हें चौधरी जी ने सचेत करते हुए, ये सामाजिक संघर्ष सुनाया था।
3. उपरोक्त
4. भारतीय राष्ट्रवाद की सामाजिक पृष्ठभूमि, ए.आर. देसाई 2018 : 87
5. स्वामी अछूतानन्द हरिहर संचयिता, कँवल भरती, 2011 : 19
6. खंडित आख्यान, बद्री नारायण 2018 : 111
7. कुमार और सिन्हा 2001 : 3, वाया बद्री नारायण : खंडित आख्यान 2018
8. जाति का उन्मूलन—डॉ. अम्बेडकर, बाबा साहेब डॉ. अम्बेडकर सम्पूर्ण वाङ्मय, खंड-1, डॉ. अम्बेडकर प्रतिष्ठान, सामाजिक न्याय एवं अधिकारिता मंत्रालय, भारत सरकार, नई दिल्ली, 2014
9. महाप्राण कर्मवीर पेरियार ललई सिंह, जे.एन. अदित्या, कानपुर, उत्तर प्रदेश 2011 : 23
10. रामकेवल सिंह से हुई संस्मरणात्मक साक्ष्यपरक बातचीत।
11. महावीर सिंह से हुई संस्मरणात्मक साक्ष्यपरक बातचीत।
12. देखें—सत्यार्थ प्रकाश और आर्यसमाज सम्बन्धित दस्तावेज़।
13. महावीर सिंह से हुई संस्मरणात्मक साक्ष्यपरक बातचीत।
14. आदित्या 2011 : 23
15. उपरोक्त
16. उपरोक्त 1996 : 12
17. उपरोक्त
18. रामसेवक सिंह से हुई साक्ष्यपरक संस्मरणात्मक बातचीत। रामसेवक जी 101 वर्ष की उम्र पार कर चुके हैं।
19. पेरियार ललई सिंह द्वारा लिखित अपने परिचयात्मक पैम्फलेट से उद्धृत, कानपुर, 1971 ई.

20. सुरेन्द्र सिंह से हुई साक्ष्यपरक संस्मरणात्मक बातचीत।
21. रामसेवक सिंह से हुई साक्ष्यपरक संस्मरणात्मक बातचीत। रामसेवक जी 101 वर्ष की उम्र पार कर चुके हैं।
22. यह पद हीरा सिंह की किताब—'जाति व्यवस्था : एक नई समीक्षा' (पवित्र से अपवित्र की ओर) से, नई दिल्ली, 2019 से साभार है।
23. रामसेवक सिंह से हुई साक्ष्यपरक बातचीत के आधार पर।
24. उपरोक्त
25. मनुस्मृति—मनु, टीकाकार—पं. जनार्दन झा, सिद्धार्थ बुक्स, 2018
26. श्याम सिंह से हुई साक्ष्यपरक संस्मरणात्मक बातचीत।
27. अनागारिक धर्मपाल—भिक्षु धर्मरक्षित, अशोक पुस्तकालय, झींझक, कानपुर 1960 : 3-4
28. उपरोक्त 1960 : 4
29. उपरोक्त
30. नाई वर्ण-निर्णय, पं. रेवती प्रसाद शर्मा, 39 दयानन्दबाग, आगरा, 1978, वाया उपेक्षित समुदायों का आत्म इतिहास, बद्री नारायण, वाणी प्रकाशन, नई दिल्ली, 2006
31. देखें—जोतिबा फुले रचनावली, विमलकीर्ति, राजकमल प्रकाशन, 2009
32. मूक नायक, डॉ. अम्बेडकर, अंक 2, 14 फरवरी, 1920
33. उपेक्षित समुदायों का आत्म इतिहास, बद्री नारायण 2014 : 9
34. श्रमशील जतियों की श्रम से सृजित दूध-दही अर्थत् दुग्ध श्रम संस्कृति के उत्पादन को सफ़ेद संस्कृति कहते हैं।
35. रामसेवक सिंह यादव, पेरियार ललई सिंह के साथ स्कूल जाते थे। उन्होंने साक्षात्कार में बताया, दीवान साहब हिन्दी और उर्दू वर्नाक्यूलर के साथ 7वीं पास किए। उसके बाद दीवान साहब सेना में भर्ती हो गए। मैंने आगे कॉलेज तक पढ़ाई की। जुलाई, 1939 ई. में अध्यापक हो गया। मैं पूरी जिन्दगी शिक्षा से जुड़ा रहा। जून, 1980 ई. में अध्यापन कार्य से सेवा निवृत्त हुआ। रामसेवक जी 101 वर्ष की उम्र पार कर चुके हैं।
36. भारतीय राष्ट्रवाद की सामाजिक पृष्ठभूमि, ए.आर. देसाई 2018 : 100
37. उपरोक्त 2018 : 89
38. मूक नायक, डॉ. अम्बेडकर, अंक 2, 14 फरवरी, 1920
39. हंस, सम्पादक—राजेन्द्र यादव, अगस्त 2004 : 23, साथ ही पूरी दुनिया में बहुसंख्यक वर्ग को ज्ञान से दूर किए जाने के आध्यात्मिक-सांस्कृतिक-सामाजिक कारणों का अध्ययन करने के लिए पढ़ें—उत्पीड़ितों का शिक्षाशास्त्र—पाओलो फ्रेरे, ग्रंथ शिल्पी, नई दिल्ली, 2014
40. उपरोक्त

41. उपरोक्त 2004 : 25
42. रामसेवक सिंह यादव से हुई साक्ष्यपरक संस्मरणात्मक बातचीत।
43. उपरोक्त
44. पेरियार ललई सिंह द्वारा लिखित अपने परिचयात्मक पैम्फलेट से उद्धृत, कानपुर, 1971 ई.
45. उपरोक्त
46. गेल ओमवेट, अम्बेडकर प्रबुद्ध भारत की ओर, 2005 : 14
47. पेरियार ललई सिंह द्वारा लिखित अपने परिचयात्मक पैम्फलेट से उद्धृत, अशोक पुस्तकालय, झींझक, कानपुर, उ.प्र., 1971 ई.
48. डॉ. अम्बेडकर का व्यक्तित्व और दर्शन, धनंजय कीर, प्राक्कथन—पेरियार ललई सिंह, अशोक पुस्तकालय, झींझक, कानपुर, उ.प्र., भारत 1968 : 5

अध्याय 2 : क्रान्तिकारी सोल्जर पेरियार ललई सिंह

1. पेरियार ललई सिंह द्वारा लिखित अपने परिचयात्मक पैम्फलेट से उद्धृत, अशोक पुस्तकालय, झींझक, कानपुर, उ.प्र., 1971 ई.
2. आदित्य 2011 : 40
3. उपरोक्त 1996 : 12
4. पेरियार ललई सिंह द्वारा लिखित अपने परिचयात्मक पैम्फलेट से उद्धृत, 1971 ई.
5. क्रान्तिकारी चे ग्वेरा—अनुवादक—शोभा शर्मा, प्रकाशन संस्थान, नई दिल्ली, 1999 ई.
6. अदित्य 2011 : 15
7. सिपाही की तबाही, हाई-कमांडर पेरियार ललई सिंह ने इसे 1 दिसम्बर, 1946 ई. को सिपाहियों और आर्मी के जवानों की दुर्दशा, उनके साथ साम्राज्यवादी-सामन्तवादी आधार पर किए जा रहे भेद-भाव पर लिखा था। इसको पढ़ने के बाद सिपाही और सैनिकों ने ब्रिटिश साम्राज्य के विरुद्ध विद्रोह कर दिया। यह साहित्यिक विधा में अतिलघु एकांकी है।
8. पेरियार ललई सिंह द्वारा लिखित अपने परिचयात्मक पैम्फलेट से उद्धृत, 1971 ई.
9. सिपाही की तबाही, 1 दिसम्बर, 1946 ई.
10. आदित्य 2011 : 40
11. उपरोक्त
12. जवान हरिहर सिंह राठौर, मुरैना, ग्वालिया मध्य प्रदेश। इसे उन्होंने बातचीत के क्रम में बताया।
13. आदित्य 2011 : 40
14. उपरोक्त
15. आदित्य 2011 : 39

16. आदित्य 2011 : 40
17. जवान हरिहर सिंह राठौर—ग्वालियर, मध्य प्रदेश में पेरियार ललई सिंह के साथ सिपाही थे। वे ग्वालियर मध्य प्रदेश के रहनेवाले हैं। उन्होंने इस साक्ष्यपरक सन्दर्भ को बातचीत के क्रम में बताया।
18. आदित्य 2011 : 39-40
19. स्रोत—उपनिरीक्षक राजकुमार कुशवाहा, सहायक निरीक्षक मेजर तहसीलदार सिंह जादौन 5वीं वाहिनी मुरैना, राजेश सिंह संखवार, गजेन्द्र सिंह गंगवार आरक्षक 5वीं वाहिनी हॉस्पिटल, मुरैना, म.प्र.। अशोक शर्मा, अधीक्षक—पुरातत्त्व विभाग, मध्य प्रदेश।
20. पेरियार ललई सिंह को स्वतंत्रता संग्राम सेनानी सम्मान के अवसर पर दिए गए प्रमाण-पत्र से उद्धृत।
21. पेरियार ललई सिंह द्वारा लिखित अपने परिचयात्मक पैम्फलेट से उद्धृत, अशोक पुस्तकालय, झींझक, कानपुर, उ.प्र., 1971 ई.
22. कृष्ण कुमार यादव से हुई संस्मरणात्मक साक्ष्यपरक बातचीत पर आधारित।

अध्याय 3 : नास्तिक मनुष्य का धर्म चिन्तन

1. भीमराव अम्बेडकर : एक जीवनी, क्रिस्टोफर जैफर्लोट 2019 : 159
2. उपरोक्त 2019 : 159, 205 और वैलेरियन रॉड्रिग्स 1993 : 307 का विस्तृत अध्ययन करें।
3. Thus Spoke Ambedakar, Bbagwan Das, vol. 4, p.108 से उद्धृत
4. पेरियार ललई सिंह द्वारा लिखित लघु पर्चे से उद्धृत, 1971 ई.
5. इसके विस्तृत अध्ययन हेतु देखें—दीपवंश और महावंश नामक महान बौद्ध ग्रंथ।
6. अम्बेडकर प्रबुद्ध भारत की ओर, गेल ओमवेत, 2005 : 145-146
7. भीमराव अम्बेडकर : एक जीवनी, क्रिस्टोफर जैफर्लोट 2019 : 159-160
8. पेरियार ललई सिंह द्वारा लिखित पैम्फलेट से उद्धृत, कानपुर, 1971 ई.
9. अंगुलीमाल—पेरियार ललई सिंह, अशोक पुस्तकालय, झींझक, जिला—कानपुर, भारत 1959 : 3
10. अपने अग्रज बौद्ध उपासक माखन लाल को 21 जुलाई, 1967 को बौद्ध धर्म ग्रहण करने के बाद पेरियार ललई सिंह ने अपने जीवन के नव व्यक्तित्वान्तरण की बहुत सारी और नई बातों को बताया था, 'उनकी इस बात का सबसे पहला असर मेरे ही ऊपर पड़ा और मैंने अपने नाम के साथ चौधरी और यादव शब्द के जाति के पुछल्ले को सदा के लिए हटा दिया। अब मैं सिर्फ 'उपासक माखन लाल' हो गया हूँ।' और बहुत सारी बातें उन्होंने बताई थीं। बहुत लम्बी बातचीत हुई थी।

(बौद्ध उपासक माखन लाल को पेरियार ललई सिंह द्वारा कहे अनुसार उद्धृत विहंगम अंश, अर्थ स्पष्ट हो इस कारण बातचीत के क्रम को थोड़े सम्पादन के साथ व्यवस्थित कर प्रस्तुत किया गया है—लेखक)

11. V. Rodrigues, 'Making Tradition Critical : Ambedkar's Reading of Buddhism in R. Robb (ed.), Dalit Movements and the Meanings of labour in india, Dalhi, 1993 : 307
12. आदित्य से हुई बातचीत के आधार पर
13. 'बाबा साहेब डॉ. अम्बेडकर : सम्पूर्ण वाङ्मय', खंड-1, डॉ. अम्बेडकर प्रतिष्ठान, सामाजिक न्याय एवं अधिकारिता मंत्रालय, भारत सरकार, नई दिल्ली, 2014
14. इसके विस्तृत अध्ययन हेतु देखें—प्रकाश्य 'पेरियार ललई सिंह ग्रंथावली'।
15. उपासक चौधरी गया सिंह पेरियार ललई सिंह के साथ कुशीनगर, उत्तर प्रदेश बौद्ध धर्म ग्रहण करने चौधरी गया सिंह यादव भी गए हुए थे। उन्होंने बताया कि ललई सिंह की प्रबल इच्छा थी कि 'वे 14 अक्टूबर, 1956 ईस्वी को दीक्षाभूमि, नागपुर, महाराष्ट्र जाकर बाबा साहब डॉ. अम्बेडकर के बौद्ध धर्म दीक्षा ग्रहण समारोह में बौद्ध दीक्षाएँ प्राप्त करें लेकिन खून की उल्टी और अस्वस्थता के कारण पेरियार ललई सिंह उस महान दीक्षा समारोह में नहीं जा सके, जिसका उन्हें पूरी जिन्दगी मलाल रहा।' उन्होंने मुझे बताया था कि 'मेरी अब यही इच्छा है कि मैं 14 अक्टूबर को ही बौद्ध धर्म की दीक्षा लूँ। उसी महास्थविर से जिससे बाबा साहब ने दीक्षा ली थी।' लेकिन कई बार ऐसा पवित्र 14 अक्टूबर अस्वस्थता के कारण दूर जाता रहा। इस स्थिति में पेरियार ललई सिंह ने अपनी अस्वस्थता और खून की उल्टी को देखते हुए 11 जुलाई को मुझे अपने घर पत्र लिखकर बुलाया। हम दोनों 18 जुलाई को कुशीनगर, उत्तर प्रदेश पहुँच गए। उस महास्थविर से हम सब वहाँ मिले जिनसे बाबा साहब डॉ. भीमराव रामजी राव अम्बेडकर ने 14 अक्टूबर, 1956 ईस्वी, नागपुर में बौद्ध धम्म दीक्षा लिया था। ललई सिंह और मैंने 21 जुलाई, 1967 को परमपूज्य माहस्थविर ऊँ चन्द्रमणि कुशीनगर, उत्तर प्रदेश से विधिवत बौद्ध धर्म दीक्षा ग्रहण की। ललई सिंह परम पूज्य महास्थविर ऊँ चन्द्रमणि जी का बहुत आदर करते थे। उन्होंने अशोक पुस्तकालय से प्रकाशित कई पुस्तकों को परमपूज्य महास्थविर ऊँ चन्द्रमणि जी को सादर समर्पित किया है।
16. इसके विस्तृत अध्ययन के लिए देखें—'पेरियार ललई सिंह ग्रंथावली'
17. उपरोक्त
18. उपरोक्त
19. पेरियार ललई सिंह ग्रंथावली
20. आदित्य से हुई बातचीत पर आधारित
21. उपरोक्त

22. सुरेन्द्र सिंह यादव से हुई संस्मरणात्मक बातचीत के आधार पर
23. भगवान बुद्ध और उनका धर्म—डॉ. अम्बेडकर, प्रकाशकीय—पेरियार ललई सिंह, अशोक पुस्तकालय, झींझक, कानपुर, उ.प्र., भारत, 6 दिसम्बर, 1977 : 6
24. अनागारिक धर्मपाल—भिक्षु धर्मरक्षित, अशोक पुस्तकालय, झींझक, कानपुर, उ.प्र., भारत 1958 : 8
25. अंगुलिमाल सूत्र—लुंडूब, पेरियार ललई सिंह, अशोक पुस्तकालय, झींझक, कानपुर, उ.प्र., भारत 1958 : 6
26. बुद्ध वाणी—डॉ. गया प्रसाद प्रशान्त, अशोक पुस्तकालय, झींझक, कानपुर, उ.प्र., भारत 1978 : 4
27. उपरोक्त 1978 : 4
28. भगवान बुद्ध और उनका धर्म—डॉ. अम्बेडकर, 6 दिसम्बर 1977 : 6
29. उपरोक्त 6 दिसम्बर 1977 : 10-11
30. अनागारिक धर्मपाल 1964 : 8

अध्याय 4 : उत्तर भारत के पेरियार

1. भिक्षु निर्गुणानन्द आचार्य ने 'दीक्षा दिवस' 14 अक्टूबर, 1968 ईसवी को नानाराव पार्क, कानपुर, उ.प्र., भारत में उन्हें उत्तर भारत का 'पेरियार' कहा।
2. भिक्षु माखन लाल यादव जो पेरियार ललई सिंह के साथ 'इरोड', चेन्नई गए हुए थे। उन्होंने संस्मरणात्मक साक्ष्यपरक बातचीत में बताया।
3. उपासक माखन लाल ने साक्ष्यपरक संस्मरणात्मक बातचीत में बताया कि 'इरोड' में 30 दिसम्बर, 1971 को एक विशाल जनसभा का आयोजन किया गया था, जहाँ हम दोनों गए हुए थे। यहीं पर ललई सिंह को मुकम्मल 'पेरियार' की उपाधि मिली। यद्यपि इसके पूर्व उन्हें 14 अक्टूबर, 1968 ई. में नानाराव पार्क कानपुर में पेरियार की उपाधि मिल चुकी थी। यहीं से वे 'उत्तर भारत के पेरियार' कहे जाने लगे थे। तब से वे 'पेरियार ललई सिंह' हो गए।
4. सच्ची रामायण 1968 : 4
5. पेरियार तमिल शब्द है, जिसका हिन्दी अर्थ होता है—'महान'। सन् 1938 ई. में ई.वी. रामास्वामी को तमिलनाडु की महिलाओं ने एक विशाल महिला सम्मेलन में 'पेरियार' की उपमा दी। तब से उन्हें 'पेरियार ई.वी. रामास्वामी' के रूप में सम्बोधित किया जाने लगा जबकि ललई सिंह को 14 अक्टूबर, 1968 ई. में भिक्षु निर्गुणानन्द ने 'दीक्षा दिवस' को नानाराव पार्क, कानपुर में 'उत्तर भारत का पेरियार' कहा। यहीं से वे 'उत्तर भारत के पेरियार' कहे जाने लगे थे। वैसे व्यवस्थित और प्रचारित रूप में ललई सिंह को 'पेरियार' की उपमा तमिलनाडु की जनता ने सन् 1973 ई. में दी। तब से ललई सिंह से 'पेरियार ललई सिंह' के रूप में सम्बोधित किए जाने

लगे। दक्षिण भारत का 'पेरियार', ई.वी. रामास्वामी को कहा जाता है तो उत्तर भारत का 'पेरियार', ललई सिंह को कहा जाता है।

6. पेरियार ललई सिंह द्वारा लिखित पैम्फलेट से उद्धृत, अशोक पुस्तकालय, कानपुर, 1971 ई.
7. बद्री नारायण, खंडित आख्यान 2018 : 89
8. उपरोक्त
9. बहिष्कृत भारत, अनुवादक-सम्पादक—श्यौराज सिंह बेचैन 2019 : 7
10. Religious Rebels in the Panjaab, The Adi Dharm challenge to Caste, Mark Juergensmeyer, 1982 : 25-26, स्वामी अछूतानन्द हरिहर, कंवल भारती, 2011 : 38
11. स्वामी अछूतानन्द हरिहर—कंवल भारती 2011 : 89
12. Collected Works of Periyar E.V. Ramasamy, Compiled by Dr. K. Veeramani, A Publication of The Periyar Self-Respect Propaganda Institution, Periyar Thidal, 84/1(50), E.V.K. Sampath Salai Road, Vepery, Chennai-600007, Tamil Nadu—India, 2005 : 18
13. ये तिथि चन्द्रिका प्रसाद 'जिज्ञासु' द्वारा स्वयं लिखे गए पैम्फलेट से उद्धृत की जा रही है जिसे वे 'श्री चन्द्रिका प्रसाद 'जिज्ञासु' 'प्रकाश' लखनवी का संछिप्त परिचय' शीर्षक से लिखे हैं। इसके अन्त में वे लिखते हैं कि अभी आपकी (जिज्ञासु) की उम्र 73 वर्ष है।
14. अशोक पुस्तकालय, रामअवतार पाल जी से हुई साक्ष्यपरक संस्मरणात्मक बातचीत पर आधारित। ये पेरियार ललई सिंह से शुरुआती दिनों से जुड़े रहे हैं।
15. रघुराज सिंह यादव—कठारा, झींझक,कानपुर देहात। साथ ही, उस दौर की पुस्तकों के पीछे लिखित रूप में प्राप्त दस्तावेज़ के अनुसार यह प्रत्यस्थापना दी जा रही है।
16. अशोक पुस्तकालय—रामअवतार पाल जी से हुई साक्ष्यपरक संस्मरणात्मक बातचीत पर आधारित
17. 'बहुजन'—पाक्षिक सम्पादक—छेदीलाल साथी, कन्धी बाजार, लखनऊ, उत्तर प्रदेश।
18. रजिस्टर्ड दस्तावेज़ से सन्दर्भित—शोषित साप्ताहिक, रजिस्ट्रेशन नम्बर 136/1968 वेस्ट ब्लॉक-8, विंग-2, आरकेपुरम, रजिस्ट्रार समाचार पत्र पंजीकरण, कार्यालय, नई दिल्ली। 'शोषित' (साप्ताहिक) मार्च, 1968 के पहले सम्पादक प्रोफेसर रमेश प्रसाद (करगह, रोहतास, बिहार) थे। इन्होंने कुछ ही अंकों का सम्पादन किया। उसके बाद इसके सम्पादक प्रोफेसर जयराम प्रसाद सिंह हुए। ये कुछ ही समय थे कि बाबू जगदेव प्रसाद इसके सम्पादक हुए और ये सह-सम्पादक बने। इनके साथ दूसरे सह-सम्पादक प्रोफेसर राम बुझावन सिंह हुए। ये बीएन कॉलेज पटना विश्वविद्यालय, पटना में प्राध्यापक थे। ये कुछ ही अंकों के सह-सम्पादक थे। इसमें 'शोषित' साप्ताहिक से जयराम जी सतत जुड़े रहे। जगदेव बाबू की शहादत 5 सितम्बर, 1974 के बाद वे ही सम्पादक हुए।

19. 'शोषित' साप्ताहिक के वर्तमान सम्पादक रघुनीराम शास्त्री ने बातचीत के क्रम में बताया।
20. अम्बेडकर गांधी और दलित पत्रकारिता—श्यौराज सिंह बेचैन 2014 : 252
21. उपरोक्त
22. देखें—अर्जक साप्ताहिक।
23. 'पेरियार प्रेस' की स्थापना उन्होंने 17 सितम्बर, 1982 ई. में झींझक कानपुर में की। उस समय उनकी उम्र 71 वर्ष की थी। यह तिथि उस प्रेस की स्थापना के प्रमाण पत्र के आधार पर दी गई है।
24. अशोक पुस्तकालय के जावक रजिस्टर से ये सन्दर्भ दिया गया है। इसे पेरियार ललई सिंह ग्रंथावली खंड-4 में देख सकते हैं।
25. अनागारिक धर्मपाल—भिक्षु धर्मरक्षित 1964 : 6
26. संजय कुमार से हुई साक्ष्यपरक संस्मरणात्मक बातचीत पर आधारित। ये आँकड़े झींझक में किए गए सर्वेक्षण के आधार पर दिए गए हैं।
27. अछूत कौन और कैसे?—डॉ. भीमराव रामजीराव अम्बेडकर, सम्पादक/प्रकाशक—पेरियार ललई सिंह, अध्यक्ष : डॉ. अम्बेडकर साहित्य रक्षक परिषद् (रजि.), झींझक, जिला—कानपुर, उत्तर प्रदेश, पिन—209302, संस्करण-1976 ई., पृष्ठ—20। यह सन्दर्भ उन्होंने इस किताब की प्रकाशकीय में लिखा है।
28. यह सन्दर्भ पेरियार ललई सिंह के अशोक पुस्तकालय के 1960 से 1993 रजिस्टर के आधार पर दिया जा रहा है।
29. 'राकेट ऑफ डॉ. अम्बेडकर', अशोक पुस्तकालय, झींझक, कानपुर, उ.प्र., 14 अप्रैल, 1972 ई. के पैम्फलेट से सन्दर्भित।
30. पेरियार ललई सिंह द्वारा लिखे पैम्फलेट से उद्धृत।
31. पेरियार ललई सिंह द्वारा प्रकाशित मिशनरी पैम्फलेट से उद्धृत, अशोक पुस्तकालय, झींझक, जिला कानपुर, उ.प्र., 1971 ई.
32. 'राकेट ऑफ पेरियार ललई सिंह', अशोक पुस्तकालय, झींझक, कानपुर, 14 अप्रैल, 1971 ई. द्वारा प्रकाशित मिशनरी पैम्फलेट से उद्धृत, सन्दर्भित।
33. सुरेन्द्र सिंह यादव से साक्ष्यपरक संस्मरणात्मक बातचीत पर आधारित।
34. देखें—गांधी वाङ्मय
35. देखें—भारतीय संविधान सभा की बहस, 4 नवम्बर, 1948
36. पेरियार : दर्शन और चिन्तन, वी. गीता, फॉरवर्ड प्रेस, 31 मार्च, 2019 का विस्तृत अध्ययन करें।
37. Periyar and Women Question By Lalitha Dhara, 2013, पेरियार की स्त्री दृष्टि का विस्तृत अध्ययन करने हेतु ललिता धारा के अंग्रेजी लेख का अध्ययन करें। साथ ही, पेरियार : दर्शन और चिन्तन, वी. गीता, फॉरवर्ड प्रेस, 31 मार्च, 2019 का विस्तृत अध्ययन करें।

38. देखें—कुदी अरासु, अंक—13, 25 जून, 29 अगस्त, 1926 ई., 24 जनवरी, 1927 ई., कुमारन 31 मार्च, 23 सितम्बर, 1926 ई., कुमारन 3 जुलाई, 1930; 'Rajaji wrote in 'young india' that one must be prepared to sacrifice everythings that standa in the way of Self-Respect'(Navasakthi 14 july, 1922) It was the first called by the following titles : 'Parppanarallathar Suyamariathai Sangam' (Non Brahmin Self-Respect League), 'Parppanarallathar that Valibar Suyamariathai Sangam (Non Brahmin Youth Self-Respect League). It was called in short form as 'Suyamariathai Iyakkam', 'Self-Respect Movement' the tearm 'Self-Respect' corresponds to the Tamilised form of the Sanskrit word Suyamariathai. It is combination of two words 'Suya' which means 'Self' and Mariathai means 'Respect', S.Thani Nayagam, Antao De Proencas Tamil-Portuguese Dictionary, A.D. 1979, (kuala-lampur, 1966) S. Ramanathan 'Self-Respect Movement' in kuttucci Gurusamy Ninaivu Malar(Madras, 1966:39, Gandhi and the Youth, (Madras, 1947:23, Anaimuthu (Editor), Periyar E.V.R. Sinthalgal, Vol. I., introduction. E.Sa. Viswanathan, the Political Career of E.V. Ramasami Naicker : A Study in the Politics of Tamilaland 1920-1949, unpublished Ph.D. Dessertation, Canberra 1973), Viduthalayi—Periyar Review on Untouchability 14 March, 1954
39. देखें—'रामायण : पादिरंगल', जनवरी, 1930
40. कलिका प्रसाद सिंह से हुए साक्षात्कार के आधार पर। ये सरदार जगदेव सिंह के पुत्र हैं जो 84 वर्ष के हो गए हैं। ये सन्दर्भ उन्होंने बातचीत के क्रम में बताया।
41. देखें—त्रिवेणी संघ का बिगुल, सन् 1940, मूल्य एक आना
42. उपरोक्त
43. उपरोक्त
44. देखें—वी. गीता की किताब और कमलेश वर्मा का फॉरवर्ड प्रेस में छपा लेख
45. उपरोक्त
46. पेरियार के इस ऐतिहासिक वाक्य के लिए देखें—Collected Works of Periyar E.V. Ramasamy, Compiled by Dr. K. Veeramani, A Publication of The Periyar Self-Respect Propaganda Institution, Periyar Thidal, 84/1(50), E.V.K. Sampath Salai Road, Vepery, Chennai-600007, Tamil Nadu—India 2005
47. उपरोक्त
48. पेरियार महान, शीलप्रिय बौद्ध 2014 : 15
49. उपासक माखन लाल सिंह जो पेरियार ललई सिंह के साथ पेरियार ई.वी. रामास्वामी से मिलने गए हुए थे।
50. उपरोक्त
51. उपरोक्त

52. सच्ची रामायण, पेरियार ई.वी. रामास्वामी, प्रथम हिन्दी अनुवादक रामअधार, प्रथम हिन्दी प्रकाशक—पेरियार ललई सिंह, अशोक पुस्तकालय, झींझक, जिला—कानपुर, उ.प्र., भारत 1968 : 4
53. उपासक माखन लाल सिंह यादव जो पेरियार ललई सिंह के साथ इरोड गए हुए थे।
54. सच्ची रामायण—1968 : 4
55. रामअधार का जन्म 5 दिसम्बर, सन् 1929 ई. में ग्राम-दलेल नगर, डाकघर—पुखरायाँ, जिला—कानपुर देहात, उत्तर प्रदेश में हुआ था। सन् 1949 ई. में इंटरमीडिएट पास किए। यहीं तक इन्होंने शिक्षा प्राप्त की। सन् 1950 ई. में जे.टी.सी. (जूनियर टीचर सर्टिफिकेट) की पात्रता परीक्षा पास की। 28 जुलाई, 1952 ई. में जूनियर हाईस्कूल, अमौर, कानपुर, उ.प्र. में अंग्रेजी के अध्यापक नियुक्त हो गए। 30 जून, 1990 ई. में जूनियर हाईस्कूल, विल्हापुर, अमरौधा, कानपुर, उ.प्र. से सेवा निवृत्त हुए। पेरियार ललई सिंह ने 1968 ई. में आपसे सम्पर्क 'दि रामायना : ए ट्रू रीडिंग' के हिन्दी अनुवादक के खोज के क्रम में किया। उसके बाद आपने इसका अनुवाद 3 महीने, 15 दिन में करके दिया जो 'अशोक प्रकाशन' से 1 अक्टूबर, सन् 1968 ई. को प्रकाशित हुई। पेरियार ई.वी. रामास्वामी द्वारा 12 अक्टूबर, सन् 1968 ई. को 'पिछड़ा एवं अल्पसंख्यक वर्ग सम्मेलन' विषय पर लखनऊ में दिए गए अध्यक्षीय भाषण का भी आपने हिन्दी अनुवाद किया। आप लगभग 88 वर्ष के हो गए हैं। आप द्वारा लिखित 'भौतिकवाद बनाम अध्यात्मवाद' एकमात्र मानवतावादी वैज्ञानिक चेतना की रचना है। इसका प्रकाशन 1 नवम्बर, 2016 को अक्षर प्रकाशन, कानपुर, उत्तर प्रदेश से हुआ है।
56. सच्ची रामायण 1972 : 4-5
57. देखें—डॉ. अम्बेडकर की पुस्तक जब्ती और बहाली और अर्जक साप्ताहिक, अर्जक संघ का मुख-पत्र, हजरतगंज, हलवासिया मार्केट, अर्जक प्रेस, लखनऊ सन् 1982
58. गाँव-जवार के लोगों से हुई संस्मरणात्मक बातचीत पर आधारित।
59. अनागारिक धर्मपाल—भिक्षु धर्मरक्षित, अशोक पुस्तकालय, झींझक, कानपुर, उ.प्र., भारत 1964 : 7
60. सच्ची रामायण 1972 : 5
61. सच्ची रामायण की चाभी—इसको पेरियार ललई सिंह ने 'सच्ची रामायण' पर हाईकोर्ट इलाहाबाद में चल रहे मुकदमे के दौरान तैयार किया था। यह मुख्यत: सबूतों का बाईलॉज है जिसे उनके वकील ने न्यायाधीश के समक्ष पेश किया था। इन सबको समेटते हुए, उन्होंने इस पुस्तक का निर्माण किया।
62. पेरियार ललई सिंह अपने नोट्स में किसी को समझाने के क्रम में लिखते हैं कि मैं एक रिसर्चर हूँ, इसलिए रिसर्च के मूल्य को समझता हूँ, किसी भी विषय पर गहन रिसर्च करने के बाद ही कुछ लिखता हूँ। इसलिए जो कुछ भी आपको देता हूँ, बहुत गम्भीरता से पढ़िए।

63. 'आदिनिवासियों की पहचान'—यह पुस्तक आक्रान्ता आर्यों के भारतभूमि पर आक्रमण करने उसके बाद यहाँ बसने की कोशिश करने, उस प्रकिया में यहाँ के लोगों को मिथकों के माध्यम से भ्रमित करते हुए अपने में मिलाने, आदिनिवासियों से रिश्ते बनाने आदि पर गहराई से विचार-विमर्श करती है।
64. देखें—'सच्ची रामायण', 1972 ई.

अध्याय 5 : उत्तर भारत में अम्बेडकर

1. महामानव चन्द्रिका प्रसाद 'जिज्ञासु' का मार्गशीर्ष शुक्ल 11, संवत 1946 (जन्म 1889 ई.) में लखनऊ, उत्तर प्रदेश में हुआ था। आपने अंग्रेजी के साथ दसवीं दर्जा पास किया। संस्कृत भाषा में मध्यमा और फारसी में गुलिस्ताँबोरताँ को अपने अध्यवसाय में पढ़ा। आप स्थानीय सर्वोपकारिणी पाठशाला में अध्यापक नियुक्त हुए। यहाँ आप चार वर्ष तक अध्यापन कार्य करते रहे। उसके बाद आप दो साल तक हाईस्कूल, लखनऊ में हेडमास्टर रहे। साथी बाबू श्यामसुन्दर दास हिन्दी साहित्यकार के पास लिपिक और प्रूफ-संशोधन का कार्य करते रहे। आपने 'हिन्दू समाज सुधार कार्यालय' की स्थापना 1928 में की। जिससे गीत, संगीत और राष्ट्रगीत की किताबें छपती थीं। उनकी राष्ट्रीय गीत की किताब 'राष्ट्रीय डंका' सन् 1930 में छपी। एक साल में इसके 12 संस्करण छपे। एक साल में कुल साढ़े चार लाख प्रतियाँ छपीं। ये अंग्रेजी, उर्दू, फारसी, मराठी, गुजराती, पंजाबी, बंगला आदि भाषाओं में अनूदित होकर छपीं। 'हिन्दू समाज सुधार कार्यालय' से 60 किताबें छापी थीं जिसमें से 22 किताबों को ब्रिटिश सरकार ने जब्त और प्रतिबन्धित कर दिया था। इस कार्यालय पर अंग्रेजी सरकार ने 5 बार छापे मारे। तलाशी ली। पाँचवीं बार में 'जिज्ञासु' पकड़ लिए गए और दफा 124 ए. के तहत गिरफ्तार करके जेल भेज दिए गए। वे महान स्वतंत्रता सेनानी थे। वैसे इस गिरफ्तारी का एक और कारण था कि गढ़वाली पल्टन के झोलों में जिज्ञासु कि किताब 'राष्ट्रीय डंका' आदि किताबों का मिलना। इन किताबों को पढ़ने के बाद यह पल्टन कमांडर के आदेश के बावजूद जनता पर गोली चलाने से इनकार कर दिया। इस अगली टोली को हाल्ट करके एबटाबाद छावनी भेज दिया गया। आप अंग्रेजी, हिन्दी, उर्दू, अरबी, फारसी, बंगला और पस्तो भाषाओं के ज्ञाता थे। आपने 'कुरान' का उर्दू से हिन्दी अनुवाद भी किया था। आपने हिन्दी की कई महत्त्वपूर्ण पत्रिकाओं जैसे—नागरी-प्रचारक, माधुरी, सुधा आदि में लेखन-प्रूफ-संशोधन आदि कई साल तक करते रहे। आपने सन् 1937 में अपने सम्पादकत्व में दैनिक 'नवजीवन' अखबार निकाला। यहाँ से सेवानिवृत्त होने के बाद आपने सन् 1957 ई. में लखनऊ में 'बहुजन कल्याण प्रकाशन' की स्थापना की। साथ ही समाज सेवा प्रेस की भी स्थापना। इस प्रकाशन से 'बहुजन कल्याण माला'

के अन्तर्गत 121 पुस्तकें प्रकाशित हुईं। और आगे भी निकलती रहीं। इस प्रकार वे बुद्ध, कबीर, रैदास, अम्बेडकर और पेरियार की सोच और वैचारिकी से उत्तर भारत में बहुजन जनता में प्रबोधन और नवजागरण करते हैं। गुलाम भारत से स्वतंत्र भारत तक आपकी किताबें सरकार द्वारा प्रतिबन्धित और जब्त होती रहीं। आपकी असामयिक मृत्यु 12 फरवरी, 1974 को रात में बिस्तर के नीचे से आग लगने से पूर्णत: जल जाने के कारण हो गई।

आपने निम्नलिखित साहित्य लिखा—

1. 'राष्ट्रीय डंका'—सन् 1930 (प्रथम कृति, एक साल में 12 संस्करण और 4,50,000 प्रतियाँ प्रकाशित हुईं। जो ब्रिटिश सरकार द्वारा जब्त और प्रतिबन्धित की गईं।)
2. आदिनिवासियों की सभ्यता, 1938 ई.
2. मोहिनी विद्या, 1938 ई.
3. पिछड़ा वर्ग कमीशन की रिपोर्ट, 1957 ई.
4. संत रैदास का जीवन-दर्शन, 1958 ई.
5. बाबा साहेब का उपदेश और आदेश (दो भागों में), 1957 ई.
6. ईश्वर और उसके गुड्डे, 1959 ई.
7. रावण और उसकी लंका, 1959 ई.
8. संत प्रवर रैदास (पूर्वार्द्ध सन् 1959 ई., उत्तरार्द्ध सन् 1968 ई.), 1959 ई.
9. स्वामी अछूतानन्द जी 'हरिहर', 1960 ई.
10. बाबा साहब का जीवन-दर्शन, 1961 ई.
11. शिव-तत्त्व प्रकाश, 1962 ई.
12. भारतीय चर्मकारों की उत्पत्ति, संख्या एवं स्थिति, 1964 ई.
13. पिछड़ा वर्ग आन्दोलन प्रवर्तक भदंत बोधानन्द, 1965 ई.
14. धम्मपद हिन्दी अनुवाद अट्टकथा सहित, 1966 ई.
15. लोकशाही बनाम ब्राह्मणशाही, 1966 ई.
16. रिपब्लिकन पार्टी की आवश्यकता क्यों?, 1966 ई.
18. त्रिरत्न-वंदना, परित्राण-पाठ तथा जय मंगल अट्टकथा, 1966 ई.
19. नारी जीवन की कहानी—आदिकाल से अब तक, 1969 ई.
20. भगवान गौतम बुद्ध, 1970 ई.
21. बौद्धचर्या, 1972 ई.
22. बौद्ध धर्म ही भारत का सच्चा धर्म है, 1972 ई.

2. मौखिक इतिहास—मुख आधारित क्रमवार चलती आ रही ऐतिहासिक बात को कहते हैं। पेरियार ललई सिंह ने उपासिका रानी देवी को बताया था कि वे सन् 1951 में परम पूज्य बाबा साहब डॉ. अम्बेडकर का प्रथम साक्षात्कार ग्वालियर में किए थे। जब बाबा साहब ग्वालियर आए तो हजारों का हुजूम उनका स्वागत करने गया। मैं

भी उन्हीं में था। वहीं उन्हें देखा, मिला और बातें कीं। उनसे बहुत प्रभवित हुआ। और आगे का जीवन—चिन्तन, मनन, अध्ययन, भ्रमण, भाषण, समाज सेवा और राष्ट्रनिर्माण में लगा दिया। राजपरिवार सिन्धिया की इंडियन स्टेट से रियासत को लेकर न्यायालय में कानूनी लड़ाई चल रही थे। इसी विवाद पर कानूनी सलाह के लिए राजा जीवजीराव सिन्धिया ने बाबा साहब डॉ. अम्बेडकर को ग्वालियर बुलाया था। वे आए और कानूनी सलाह देकर अपने शुभचिन्तकों से मिलकर वापस मुम्बई चले गए।

3. बाबा साहेब का जीवन संघर्ष—चन्द्रिका प्रसाद 'जिज्ञासु', बहुजन कल्याण प्रकाशन, 363/193, मतादीन रोड, सआदतगंज, लखनऊ, उ.प्र. भारत, प्रथम संस्करण 1961। और अध्ययन करें—'बाबा साहेब का उपदेश और आदेश' (दो भाग)—उपरोक्त—प्रथम संस्करण 1957।
4. भीमराव अम्बेडकर : एक जीवनी, क्रिस्टोफर जैफर्लोट 2019 : 174
5. चन्द्रिका प्रसाद 'जिज्ञासु' रचना संचयन, कंवल भारती 2012 : 9
6. उपरोक्त, 2012 फ्लैप से उद्धृत सन्दर्भ।
7. अर्जक संघ स्वर्ण जयन्ती स्मारिका 1 जून, 2018 : 36
8. धर्म परिवर्तन, डॉ. अम्बेडकर, अनुवादक—रामअधार और पेरियार ललई सिंह, अशोक पुस्तकालय, झींझक, कानपुर, उत्तर प्रदेश, प्रथम सस्करण-1969।
9. उपरोक्त, 1972 : 5
10. उपरोक्त, 1972 : 5-6
11. उपरोक्त, 1972 : 6
12. उपरोक्त, 1972 : 6
13. यह अप्रकाशित दस्तावेज टंकित किया हुआ अपने मूलरूप में मिला है। इसे 'पेरियार ललई सिंह ग्रंथावली' में प्रकाशित किया गया है।
14. https://en.m.wikipedia.org/wiki/List_of_chief_ministers_of_Uttar_Pradesh
15. अनागारिक धर्मपाल—1964 : 8
16. बीर संतमाया बलिदान—पेरियार ललई सिंह, 1966 : 56
17. उपरोक्त 1966 : 56
18. इस चेतना के विस्तृत अध्ययन के लिए बौद्ध धर्म-दर्शन-सभ्यता के प्रख्यात आधुनिक विद्वान प्रोफेसर राजेन्द्र प्रसाद सिंह के साहित्य और चिन्तन का अध्ययन करें। देखें—इतिहास का मुआयना, बौद्ध सभ्यता की खोज, खोये हुए बुद्ध की खोज आदि कृतियाँ।
19. महान आदिवासी क्रान्तिकारी गुंडा धुर का जन्म 1875 ईस्वी में नेतानार, जिला—बस्तर, छत्तीसगढ़ में हुआ था। इन्होंने 35 साल की उम्र में अंग्रेजी साम्राज्य को उखाड़ फेंकने का बिगुल बजाया और 2 फरवरी, 1910 को भूमकाल आन्दोलन की नींव रखी। इस भूमकाल आन्दोलन ने पूरी ब्रिटिश सत्ता की चूलें हिला दीं।

अंग्रेज़ सरकार ने इस आन्दोलन को दबाने के लिए मेजर गेयर और डी बेरट को 500 सशस्त्र सैनिकों के साथ बस्तर भेजा। गुंडाधुर के नेतृत्व में आदिवासियों ने लम्बी लड़ाई लड़ी। इस लम्बी लड़ाई में हजारों आदिवासी शहीद हुए। सैकड़ों ब्रिटिश सैनिक मारे गए।

20. इसके विस्तृत अध्ययन के लिए प्रो. राजेन्द्र प्रसाद सिंह के साहित्य और चिन्तन का अध्ययन करें।
21. भारतीय रिपब्लिकन पार्टी ही क्यों आवश्यक है?—चन्द्रिका प्रसाद 'जिज्ञासु', बहुजन कल्याण प्रकाशन, 360/193 मातादीन रोड, लखनऊ-3, 1960 : 2-3
22. गेल आमवेट, दलित और प्रजातांत्रिक क्रान्ति, अम्बेडकरवाद दलित मुक्ति का सिद्धान्त 2009 : 243
23. देखें—लोहिया ग्रंथावली, स. मस्तराम कपूर, अनामिका प्रकाशन, नई दिल्ली
24. देखें—लोक सभा और विधान सभा निर्वाचन की विकीपीडिया।

अध्याय 6 : पेरियार ललई सिंह का साहित्य चिन्तन

1. पेरियार ललई सिंह द्वारा लिखित पैम्फलेट से उद्धृत, अशोक पुस्तकालय, कानपुर, उ.प्र., 1971 ई.
2. शम्बूक-वध, लेखकद्वय—रामअवतार पाल, पेरियार ललई सिंह। रामअवतार पाल का जन्म 'एक सामान्य किसान परिवार में 27 जुलाई, 1938 ई. को कानपुर में हुआ। पिता श्री लल्लू सिंह पाल। शिक्षा सन् 1956 ई. में आपने जूनियर हाईस्कूल पास किया। सन् 1955 ई. में गनेशी देवी से विवाह हुआ। सन् 1956 ई. में आर्ट और साइंस से प्राइवेट इंटर पास किया। सन् 1959 ई. में विशारद, सन् 1961 ई. में साहित्य रत्न किया। इन्होंने सारी पढ़ाई प्राइवेट किया। उन्होंने आगे बताया, 'महान मानवतावादी चिन्तक पेरियार ललई सिंह के सम्पर्क में मैं सन् 1958 ई. में आया। उनके द्वारा निकाली जानेवाले किताबें पढ़कर बहुत प्रभावित हुआ। यहाँ से मेरे विचार ही बदल गए। अब मैं मानवतावादी विचारों के साथ समाज को देखने-सोचने-समझने लगा। उन्होंने मेरी प्रतिभा को देखते हुए एक दिन कहा, 'आप अध्यापकीय जीवन शुरू कीजिए।' मैंने वैसा ही किया। जीवनभर अध्यापन कार्य किया। शेष समय में नवजागरण और सांस्कृतिक आन्दोलन करता रहा। उनके साथ एकलव्य और शम्बूक-वध नाटक लिखा जिसे 'अशोक पुस्तकालय' से प्रकाशित किया। मैं सन् 1960 में रामस्वरूप वर्मा के सम्पर्क में आए। उनके मानवतावादी विचार से भी बहुत प्रभावित हुआ। उसके बाद अर्जक संघ के सक्रिय कार्यकर्ता बना। उनके निर्देशन में उनकी पार्टी से सन् 1975 और सन् 1980 का चुनाव लड़ा। असफल रहा। मैं अपने गाँव का 16 वर्ष तक प्रधान रहा।'

3. एकलव्य—पेरियार ललई सिंह, अशोक पुस्तकालय, झींझक, कानपुर, उ.प्र., भारत 1963 : 11
4. अंगुलिमाल—पेरियार ललई सिंह, अशोक पुस्तकालय, झींझक, कानपुर, उ.प्र., भारत 1981 : 4
5. देखें—इसके विस्तृत अध्ययन हेतु, वाल्टर फेयर—दि ओरिजिन करेक्टर एंड डेक्लाइन ऑफ एनशिएंट सिटीजन ऑफ दि इंडस।
6. नागयज्ञ—पेरियार ललई सिंह, अशोक पुस्तकालय, झींझक, जिला—कानपुर, 1983 : 6
7. अंगुलिमाल—1981 : 4
8. शोषित संघर्ष—पेरियार ललई सिंह, सन् 1970 में अशोक पुस्तकालय, झींझक, कानपुर से प्रकाशित किया। इसका प्रथम मुद्रण—लक्ष्मी प्रेस, बीकानेर, राजस्थान से हुआ। उसके बाद का मुद्रण सस्ता प्रेस कानपुर से हुआ।

अध्याय 7 : वर्ण और जाति व्यवस्था को आमूल-चूल बदल दो!

1. पेरियार ललई सिंह द्वारा लिखित अपने परिचयात्मक पैम्फलेट से उद्धृत, अशोक पुस्तकालय, कानपुर, उ.प्र., 1971 ई.
2. उपरोक्त
3. दयाराम से हुई संस्मरणात्मक बातचीत पर आधारित
4. पेरियार ललई सिंह द्वारा लिखित अपने परिचयात्मक पैम्फलेट से उद्धृत, अशोक पुस्तकालय, कानपुर, उ.प्र., 1971 ई.
5. उपरोक्त
6. *महामना रामस्वरूप वर्मा* मानववादी चिन्तक थे। इनका परिवार मूल रूप से निम्दापुर, पोस्ट-उरसान, जिला—कानपुर देहात का है। आज आपके वंश परिवार के लोग निम्दापुर, उरसान, बुधेड़ा, गौरीकरन में निवास कर रहे हैं। बाबा का नाम 'गुलाबचन्द' था, जिनके दो पुत्र वंश गोपाल व रामेश्वर थे। आपके पिता का नाम वंशगोपाल व माता का नाम सुखदेई था। आपके बड़े भाई क्रमश: काशी प्रसाद, मोहन लाल और मिजाजी लाल थे। आपका जन्म 22 अगस्त, 1923 ई. में गाँव—गौरीकरन, शाहजहाँपुर, कानपुर देहात में एक सामान्य कृषक परिवार में हुआ था। आप दो वर्ष के थे तभी माता जी का देहान्त हो गया। परिवार कृषक था। शैशवावस्था में इनकी परवरिश में इनके भाई मोहन लाल का बहुत योगदान रहा। प्राथमिक शिक्षा सरकारी प्राथमिक विद्यालय गौरीकरन में, जूनियर हाई स्कूल (तत्कालीन उर्दू-हिन्दी मिडिल) की शिक्षा पुखरायाँ में, हाई स्कूल व इंटर की शिक्षा कालपी, जनपद जालौन तथा बी.ए. और एम.ए. की शिक्षा इलाहाबाद विश्वविद्यालय इलाहाबाद से पूर्ण की। तत्पश्चात् आगरा विश्वविद्यालय से एल.एल.बी. की। आप हिन्दी, अंग्रेजी व संस्कृत भाषा के अच्छे जानकार थे।

सन् 1934 ई. में जब कक्षा 4 में पढ़ रहे थे तभी उनका विवाह सियादुलारी (6 वर्ष) पुत्री—मुंशी जयराम, निवासी ग्राम—शाहजहाँपुर, पोस्ट-गौरीकरन, जनपद-कानपुर देहात (तब कानपुर) के साथ हुआ था। आप पहली बार सन् 1957 ई. में भोगनीपुर विधान सभा से विधायक हुए। उसके बाद संयुक्त सोशलिस्ट पार्टी से सन् 1967 ई. में वित्तमंत्री हुए। उस समय चौधरी चरण सिंह मुख्यमंत्री थे। 'अर्जक साप्ताहिक' अर्जक सांस्कृतिक चेतना से युक्त अखबार 1 जून, 1969 ई. से 1998 ई. तक निकालते रहे।

आपने निम्नलिखित साहित्य लिखा—

1. अर्जक संघ का सिद्धान्त व्यक्तव्य-विधान-कार्यक्रम
2. क्रान्ति क्यों और कैसे?
3. शोषित समाज दल का सिद्धान्त-वक्तव्य-कार्यक्रम-विधान
4. मानववाद बनाम ब्राह्मणवाद
5. मानववादी प्रश्नोत्तरी
6. ब्राह्मण महिमा क्यों और कैसे
7. मनुस्मृति राष्ट्र का कलंक
8. अछूत समस्या और समाधान
9. अम्बेडकर साहित्य की जब्ती और बहाली
10. देश में एक ही राजनीतिक विकल्प
11. सांस्कृतिक कुरीतियाँ
12. आत्मा का मिथ्यात्व

7. राजाराम यादव, प्रमुख संस्थापक सदस्य जो अर्जक संघ के प्रथम महामंत्री चुने गए। उस समय अर्जक संघ में मार्क्सवादी पैटर्न के आधार पर अध्यक्ष नहीं चुना जाता था। महामंत्री ही प्रमुख होता था। आप पेशे से अध्यापक थे। आप अर्जक संघ के समर्पित कार्यकर्ता और बौद्धिक सलाहकार थे। आप अभी जीवित हैं। 86 वर्ष की उम्र पार कर चुके हैं। कानपुर, उ.प्र. में रहते हैं। अर्जक संघ ने प्रत्येक क्षेत्र में क्रान्ति करने हेतु, अपने आपको तैयार किया। नया विकल्प रखा। इस निर्मित होती मानववादी नव चेतना में राजाराम जी का महती बौद्धिक योगदान था। उनसे हुई साक्ष्यपरक बातचीत पर आधारित।
8. उपरोक्त
9. *चौधरी महाराज सिंह भारती* का जन्म 1 नवम्बर, सन् 1918 ई. में गाँव—अरनावनी, जिला—मेरठ, उत्तर प्रदेश में एक जमींदार 'जाट' परिवार में हुआ था। आपके पिता निधराम सिंह, माता चन्दन कौर थीं। आपकी पत्नी चरण कौर थीं। पहले के समय में हरियाणा और पंजाब की महिलाएँ (जाट और जट) अपने नाम के साथ 'कौर' लगाती थीं। एक समय के बाद सिर्फ जट (पंजाबी) महिलाएँ 'कौर' सरनेम लगाती रहीं। वर्तमान समय में जाट महिलाएँ अपने नाम के साथ कौर नहीं लगाती

हैं। आपका निधन 14 सितम्बर, 1995 ई. को अनारबली, मेरठ में हो गया। आपके साहित्य में विज्ञान है अज्ञान नहीं। यथार्थ है यथास्थितिवादी नहीं। आपने महामना रामस्वरूप वर्मा के साथ कई वर्षों तक 'अर्जक साप्ताहिक' का सम्पादन भी किया। आप विधायक और सांसद भी रहे।

आपने निम्नलिखित किताबें लिखी हैं—

1. ईश्वर की खोज,1980 ई. प्र.सं., 8 रुपये
2. सृष्टि और प्रलय,1984 ई. प्र.सं. 6000 प्रतियाँ, मूल्य—70 रुपये, पृष्ठ-700
3. पाप-पुण्य क्यों और कैसे?, 1991 ई. मूल्य—5 रुपये
4. कमेरा हिन्दुत्व बनाम लुटेरा हिन्दुत्व,1991 ई. मूल्य—5 रुपये
5. धर्म का धंधा,1991 ई. मूल्य—5 रुपये
6. ब्राह्मणवाद की शव परीक्षा
7. हिन्दू राजनीति
8. व्यक्तिगत राजनीति
9. जाति-तोड़ो समाज जोड़ो
10. नारी उत्थान और पतन, 1988 ई. मूल्य—3 रुपये
11. महान भारत के बौने नेता,1994 ई. मूल्य—20 रुपये
12. समाजवाद, दर्शन और आचरण
13. आतंकवाद कारण और निवारण
14. सिद्धान्तहीन राजनीति के दुष्परिणाम
15. भारत का नियोजित दिवाला
16. कृषि क्रान्ति और किसान नेतृत्व 1988 ई. मूल्य—8 रुपये
17. गन्ना चीनी समस्या और समाधान
18. डॉ. भीमराव अम्बेडकर और शोषित समाज दल, 1988 ई. मूल्य—2 रुपये
19. लोहिया और शोषित समाज दल
20. विपक्ष का सफाया
21. जनतंत्र की हत्या
22. अर्जक संघ ही क्यों?
23. साम्यवाद और कम्यूनिष्ट पार्टियाँ
24. विदेश नीति कैसी और क्यूँ? 1988 ई. मूल्य—3 रुपये

10. *पेरियार ललई सिंह* का जन्म 1 सितम्बर, 1911 ई. में गाँव—कठारा, नॉर्थ रेलवे स्टेशन—झींझक, कानपुर में हुआ था। आपकी मृत्यु 7 फरवरी, 1993 को मस्तिष्क आघात से हुई। आपने निम्नलिखित साहित्य लिखा।

पेरियार ललई सिंह का मिथक, धर्म और इतिहास पर चिन्तन—

1. आदिनिवासियों की पहचान, 1961 ई. मूल्य—80 पैसे
2. आर्यों का नैतिक पोल प्रकाश, 1968 ई. मूल्य—1.25 रुपये

3. सच्ची रामायण, 1968 ई. प्र.स. मूल्य—1.25 रुपये
4. सच्ची रामायण की चाभी, 1971 ई. मूल्य—1.25 रुपये
5. हिन्दू संस्कृति में वर्ण-व्यवस्था और जाति भेद—1965 ई. मूल्य—1 रुपया (यह किताब सरकार द्वारा प्रतिबन्धित है और न्यायालय में भी उनकी हार हुई है। यह अब कभी नहीं छपेगी, स्टॉक भी नहीं है।)

पेरियार ललई सिंह का साहित्य चिन्तन—

6. भीम-अभिनन्दन—गीत संकलन-सम्पादन, 1967 ई. मूल्य—75 पैसे
7. शोषित-संघर्ष—कविता-संग्रह, 1972 ई. मूल्य—50 पैसे

पेरियार ललई सिंह के नाटक और एकांकी

8. सिपाही की तबाही, 1946 ई. मूल्य—नि:शुल्क, ग्वालियर, मध्य प्रदेश
9. वीर संत माया बलिदान, 1960 ई. मूल्य—60 पैसे
10. शम्बूक-वध, 1962 ई. मूल्य—1 रुपया
11. एकलव्य, 1963 ई. मूल्य—1.50 रुपया
12. अंगुलिमाल, 1964 ई. मूल्य—60 पैसे
13. नागयज्ञ, 1966 ई. मूल्य—1.50 रुपया

पेरियार ललई सिंह का राजनीतिक, सामाजिक, धार्मिक और सांस्कृतिक चिन्तन—

14. शोषितों सावधान!, 17 सितम्बर, 1970 ई. मूल्य—5 पैसा
15. शोषितों का डिब्बा गोल!, 14 अप्रैल, 1971 ई. मूल्य—5 पैसा
16. जय शोषित!, 1 सितम्बर, 1972 ई. मूल्य—5 पैसा
17. शोषितों पर राजनीतिक डकैती, 17 सितम्बर, 1961 ई. मूल्य—5 पैसा
18. शोषितों पर धार्मिक डकैती, 14 अप्रैल, 1961 ई. मूल्य—75 पैसा
19. सामाजिक विषमता कैसे दूर हो!, 1 जनवरी, 1973 ई. मूल्य—50 पैसा
20. जाति-पाँति मिटाने व अछूतों की तरक्की के उपाय, 1 फरवरी, 1973 ई. मूल्य—10 पैसा
21. बौद्ध-धर्म-दीक्षा, सन् 1960 मूल्य—6 पैसा
22. मेरे बौद्ध धर्म पर विभिन्न लेख, 1971 ई. मूल्य—75 पैसा
23. मेरे विभिन्न सामाजिक लेख, 1972 ई. मूल्य—75 पैसा
24. ईश्वर नहीं है—तब?

भाषांतर और भाषण प्रस्तुति—

25. पेरियार ई.वी. रामास्वामी के भाषण, 1969 ई. प्र.सं. 12,000 प्रतियाँ, मूल्य—10 पैसा
26. बाबा साहब डॉ. अम्बेडकर के भाषण, 1970 ई. प्र.सं. 12,000 प्रतियाँ, मूल्य—10 पैसा
27. सच्ची रामायण, 1968 ई. मूल्य—1.25 रुपये

28. जाति भेद का उच्छेद, 14 अप्रैल, 1972 ई. मूल्य—नि:शुल्क
29. धर्म परिवर्तन, 29 सितम्बर, 1971 ई. मूल्य—25 पैसा
30. ईश्वर, आत्मा और वेदों में विश्वास अ-धर्म है 1973 ई.

11. राजाराम यादव से हुई साक्ष्यपरक संस्मरणात्मक बातचीत पर आधारित।
12. उपरोक्त
13. आदित्य 2011 : 13
14. 'अर्जक साप्ताहिक' के सम्पादक—रामबाबू कनौजिया से साक्ष्यपरक बातचीत पर आधारित।
15. आदित्य 2011 : 13
16. डॉ. अम्बेडकर का व्यक्तित्व व दर्शन—धनंजय कीर, अशोक पुस्तकालय, झींझक, कानपुर 1968 : 5
17. इसके विस्तृत अध्ययन के लिए 'जगदेव प्रसाद वाङ्मय'—सं.—राजेन्द्र प्रसाद सिंह, 2011 देखें।
18. रामसेवक सिंह से साक्ष्यपरक संस्मरणात्मक बातचीत पर आधारित।
19. उपासक हरिहर सिंह से हुई संस्मरणात्मक बातचीत पर आधारित।
20. अशोक पुस्तकालय, जी.टी. रोड, कानपुर, उत्तर प्रदेश में हुई बुद्धांजलि सभा के केन्द्रीय भूमिका में रहे उनके आत्मीय भिक्षु जे.एन. आदित्य से साक्ष्यपरक बातचीत से उद्धृत अंश।
21. गेल ओमवेट—अम्बेडकर प्रबुद्ध भारत की ओर 2005 : 150
22. B.S. Baliga, Madras District Gazetteers : Coimbotore, p. 117, The Political Career of E.V. Ramasai : A Study in the Pilitics of Tamilnadu 1920-1949 by E.Sa. Visswanathan, A thesis submitted in partial fulfilent of the degree of the Doctor of philoshophy in the Australian National University, Canberra, 27 March, 1973
23. bye Poet Dr. A. Mahaleleyu, Tamilnadu, India 1920, और अध्ययन करें कांग्रेस सम्मेलन, तिरुप्पुर, तमिलनाडु 1922
24. देखें—आर्यों का नैतिक पोल प्रकाश, पेरियार ललई सिंह, 1968
25. अर्जक संघी मोहन लाल कटियार से हुई बातचीत पर आधारित।
26. शोषितों पर धार्मिक डकैती, पेरियार ललई सिंह, अशोक पुस्तकालय, झींझक, कानपुर, उ.प्र. 1961
27. 'अर्जक संघियों' द्वारा दिनांक 29 अप्रैल, 1978 ई. को निकाले गए पैम्फलेट की घोषित-तिथि से सन्दर्भित जिसमें स्पष्ट घोषणा है कि 30 अप्रैल, 1978 ईसवी को अलोकतांत्रिक ब्राह्मणवादी ग्रंथ—'रामायण' और 'मनुस्मृति' की होली जलाई जाएगी।
28. उपरोक्त, शिवकुमार भारती, पृष्ठ 73-74
29. उपरोक्त, पृष्ठ 74

30. उपरोक्त
31. उपरोक्त, मोहन लाल पटेल, पृष्ठ 103
32. उपरोक्त
33. उपरोक्त, भारती, पृष्ठ 74
34. उपरोक्त
35. उपरोक्त, मोहन, पृष्ठ 103
36. उपरोक्त, भारती, पृष्ठ 75
37. उपरोक्त
38. उपरोक्त, मोहन, पृष्ठ 103
39. उपरोक्त
40. उपरोक्त भारती, पृष्ठ 74
41. उपरोक्त, मोहन, पृष्ठ 103-104
42. उपरोक्त, भारती, पृष्ठ 75
43. उपरोक्त, मोहन, पृष्ठ 104
44. उपरोक्त, भारती, पृष्ठ 74
45. उपरोक्त, मोहन, पृष्ठ 103-104
46. उपरोक्त, भारती, पृष्ठ 74
47. जाति भेद का उच्छेद—इसे डॉ. अम्बेडकर ने 'जाति-पाँति तोड़ो मंडल सभा, लाहौर, 1936 ई. में भाषण देने हेतु लिखा था। तोड़क मंडल ने अम्बेडकर के इस भाषण को पढ़ने की अनुमति नहीं दी। मंडल का तर्क था कि यह भाषण हिन्दू धर्म में सुधार की जगह हिन्दू धर्म पर गहरी चोट करता है। इस अंग्रेजी लेख या कहिए कि भाषण—'एहनालिसन ऑफ कास्ट' का सबसे पहला हिन्दी अनुवाद 1937 में संतराम बी.ए. ने किया। और लाहौर से छापा। उसके बाद चन्द्रिका प्रसाद 'जिज्ञासु' ने 'जाति का विनास' नाम से इसका हिन्दी अनुवाद कराकर अपने बहुजन कल्याण प्रकाशन (1957), लखनऊ से छापा। उसके बाद पेरियार ललई सिंह ने 1972 ई. 'एहनालिसन ऑफ कास्ट' का हिन्दी अनुवाद 'जाति का उन्मूलन' नाम से कराकर 'अशोक पुस्तकालय' झींझक, कानपुर से प्रकाशित कराया। इसके प्रकाशित होते ही सरकार ने जब्त कर लिया। इसे प्रतिबन्धित कर दिया। इसके विरुद्ध पेरियार ललई सिंह ने हाईकोर्ट से मुकदमा लड़कर जीता। इस किताब पर मुकदमा लड़ने में महामना रामस्वरूप वर्मा और अर्जक संघ के कार्यकर्ताओं ने बहुत मदद की।
48. काल-विजय—लक्ष्मीनारायण मिश्र, मेहरा प्रकाशन, हास्पिटल रोड, आगरा, उ.प्र., प्रथम संस्करण-1980 ई.। यह ऐतिहासिक विषय वस्तु का नाटक 26 जनवरी, 1980 को प्रकाशित हुआ, जिसमें मुख्यत: बौद्ध और सम्राट अशोक के चरित्र को दूषित करते हुए गंदे और क्रूरतम रूप में प्रस्तुत किया गया था।

अध्याय 8 : उत्तर भारत के सामन्ती वर्चस्व के खिलाफ महान आन्दोलन

1. शोषितों पर धार्मिक डकैती—पेरियार ललई सिंह, अशोक पुस्तकालय, झींझक, कानपुर, उ.प्र. 1961 : 23
2. सामाजिक विषमता कैसे दूर हो?—पेरियार ललई सिंह, अशोक पुस्तकालय, झींझक, कानपुर, उ.प्र. 1961
3. जाति-पाँति मिटाने व अछूतों की तरक्की के उपाय—पेरियार ललई सिंह, अशोक पुस्तकालय, झींझक, कानपुर, उ.प्र., 1973
4. रामसेवक सिंह यादव से साक्ष्यपरक संस्मरणात्मक बातचीत पर आधारित।
5. पेरियार ललई सिंह द्वारा लिखित अपने परिचयात्मक पैम्फलेट से उद्धृत, अशोक पुस्तकालय, कानपुर, 1971 ई.
6. गेल ओमवेत, अम्बेडकर प्रबुद्ध भारत की ओर 2005 : 75
7. अछूत कौन और कैसे?—डॉ. भीमराव रामजीराव अम्बेडकर, सम्पादक/प्रकाशक—पेरियार ललई सिंह, अध्यक्ष—डॉ. अम्बेडकर साहित्य रक्षक परिषद् (रजि.), झींझक, जिला—कानपुर, उत्तर प्रदेश, पिन-209302, 1976 : 20। यह सन्दर्भ प्राक्कथन से सन्दर्भित।
8. पेरियार ललई सिंह द्वारा लिखित अपने परिचयात्मक पैम्फलेट से उद्धृत, अशोक पुस्तकालय, 1971 ई.
9. उपरोक्त
10. उपरोक्त
11. उपरोक्त
12. पेरियार ललई सिंह सेना में हाई-कमांडर थे। इस कारण गाँव-जवार के लोग उन्हें प्यार से 'दीवान साहब' कहते थे। उन्हें आते-जाते लोग देखते तो कहते कि 'दीवान साहब' जा रहे हैं। साथ ही गाँव जवार के लोग इन्हें प्यार से 'दद्दा' भी बोलते थे।
13. महावीर सिंह यादव से हुई साक्ष्यपरक संस्मरणात्मक बातचीत पर आधारित।
14. इसके विस्तृत अध्ययन के लिए मनुस्मृति, टीकाकार पं. जनार्दन झा को देखें।
15. शूद्र कौन है?—बाबा साहेब डॉ. अम्बेडकर सम्पूर्ण वाङ्मय, खंड-1, डॉ. अम्बेडकर प्रतिष्ठान, सामाजिक न्याय एवं अधिकारिता मंत्रालय, भारत सरकार, नई दिल्ली, 2014
16. भीमराव अम्बेडकर : एक जीवनी, क्रिस्टोफर जैफर्लोट, 2019 : 170
17. देखें—कबीर ग्रंथावली—सम्पादक—माता प्रसाद गुप्त और श्यामसुन्दर दास कृत।
18. बाबा साहेब अम्बेडकर एंड दि मूवमेंट ऑफ अनटचेबुल, खंड-1, बंबई, महाराष्ट्र 1982 : 250
19. अनागारिक धर्मपाल 1960 : 4

अध्याय 9 : अछूत और अपमान भावना के खिलाफ ऐतिहासिक संघर्ष

1. पेरियार ललई सिंह के पिता चौधरी गज्जू सिंह यादव अन्धविश्वास, कर्मकांड, जातिवाद, वर्णवाद और ब्राह्मणवाद के खिलाफ समाज में मूल चेतना के साथ लगातार संघर्ष कर रहे थे, जिस कारण उनकी हत्या करने के मन से उन पर कई बार जानलेवा हमला करवाया गया लेकिन चौधरी जी बच निकलते थे। इस कारण वे अपने साथ हमेशा एक धारदार कुल्हाड़ी और एक मजबूत लाठी लेकर चलने लगे, जिस कारण उन्हें लोग 'कुल्हाड़बाज चौधरी जी' कहकर बुलाते थे। बिलकुल ऐसी ही परिस्थिति पेरियार ललई सिंह को भी संघर्ष के लिए विरासत में मिली। वे भी मनुवादियों से लड़ते हुए उनसे सुरक्षा के लिए कुल्हाड़ लेकर चलते थे। अत: उन्हें भी जनता 'कुल्हाड़बाज दीवानजी' कहती थी।
2. पेरियार ललई सिंह के भिक्षु प्रिय शिष्य और वारिश जे.एन. आदित्य ने संस्मरणात्मक बातचीत।
3. रामसेवक सिंह यादव से हुई संस्मरणात्मक साक्ष्यपरक बातचीत पर आधारित।
4. उपरोक्त
5. कृष्ण कुमार यादव से हुई संस्मरणात्मक साक्ष्यपरक बातचीत पर आधारित।
6. सोने लाल संखवार से हुई साक्ष्यपरक बातचीत पर आधारित।
7. मोहर सिंह यादव ने संस्मरणात्मक साक्ष्यपरक बातचीत में इस घटना को सुनाया। मंगली प्रसाद को ससम्मान पेरियार ललई सिंह—'पंडित मंगली प्रसाद' कहते थे।
8. जे.एन. आदित्य से हुई साक्ष्यपरक संस्मरणात्मक बातचीत पर आधारित।
9. उपरोक्त
10. देखें—शोषितों का डिब्बा गोल, 14 अप्रैल,1970, अशोक पुस्तकालय, झींझक, कानपुर, उ.प्र., भारत-209302
11. मगन गौतम से साक्षात्कार के आधार पर।
12. पेरियार ललई सिंह द्वारा कंवल भारती को लिखे पत्र से उद्धृत अंश, 26 जनवरी, 1980
13. सिख विरोधी दंगे—कानपुर की रिपोर्ट—दोषी कौन?, पीपुल्स यूनियन फॉर सिविल लिबरेशन, कानपुर इकाई द्वारा प्रकाशित, 2000
14. जे.एन. आदित्य से हुई साक्ष्यपरक संस्मरणात्मक बातचीत पर आधारित।
15. भजन सिंह पटेल से हुई साक्ष्यपरक संस्मरणात्मक बातचीत पर आधारित।
16. हरिहर पासवान से हुई साक्ष्यपरक संस्मरणात्मक बातचीत पर आधारित।
17. पेरियार ललई सिंह द्वारा लिखित पैम्फलेट से उद्धृत, सन् 1985
18. रामभजन से हुई साक्ष्यपरक संस्मरणात्मक बातचीत पर आधारित। ये पेरियार ललई सिंह के परिजन हैं। इन्हीं को उन्होंने अपना घर दिया है।

19. मुंशीलाल जी का जन्म ग्राम—किसौरा, झींझक, कानपुर देहात के रहनेवाले थे। आप जाति से सोनार थे। पेरियार ललई सिंह के मानवतावादी विचारों से बहुत प्रभावित थे। इसी प्रभाव के कारण इन्होंने पेरियार ललई सिंह को साहित्य आदि रखने और रहने के लिए अपने मकान में एक कमरा नि:शुल्क दिया था। इनके मकान में उन्होंने 'सस्ता प्रेस' लगाया था। पेरियार ललई सिंह के न रहने के बाद इन्होंने उस मकान को अपने भाई जगदीश नारायण वर्मा को दे दिया। आज उस मकान में इनके पुत्र मनोज वर्मा रहते हैं।

    एक पंचम लाल दोहरे थे। ये ग्राम प्रधान भी थे। इन्होंने भी एक कमरा पेरियार ललई सिंह को रहने के लिए दे रखा था। ये दोनों लोग उनकी सुरक्षा का भी बहुत खयाल रखते थे। उन्हें खूब आदर और प्यार देते थे। जब पेरियार ललई सिंह एक रोज मस्तिष्कीय आघात से बेहोश हो गए। वहाँ उपस्थित मुंशीलाल ने तुरन्त उन्हें कन्धे पर उठाया और डॉक्टर के पास ले गए। डॉक्टर ने बताया कि स्थिति बहुत गम्भीर है। यह संयोग ही था कि 'स्वतंत्रता संग्राम सेनानी' ट्रेन स्टेशन पर पहुँच रही थी। इधर एक बेहोश महान स्वतंत्रता सेनानी, हाई कमांडर को उठा कर लोग स्टेशन ला रहे थे। पहले से ही पहुँचकर कुछ साथियों ने ट्रेन को लगभग बारह मिनट रोके रखा। जब पेरियार ललई सिंह को लाकर ट्रेन में सुरक्षित लेटा दिया गया तब ट्रेन चली। इन्हें हेटल अस्पताल, कानपुर लाकर इमरजेंसी वार्ड में भर्ती कराया गया। अन्तत: उन्हें बचाया नहीं जा सका। 7 फरवरी, 1993 ई. को उनका निर्वाण हो गया। इसके बाद मुंशीलाल दहाड़े मारकर रोने लगे। सम्पूर्ण जनमानस हाईकमांडर को रोते-बिलखते अन्तिम विदाई दी।

20. आदित्य से हुई साक्ष्यपरक संस्मरणात्मक बातचीत पर आधारित।
21. उपरोक्त
22. सच्ची रामायण, 1972 : 4

राजनीतिक, सामाजिक, धार्मिक, सांस्कृतिक,
आर्थिक, वर्ण, जाति आदि पर चिन्तन

शोषितों का डिब्बा गोल!

जय भीम !   जय भारत !!   जय शोषित !!!

नमो बुद्धाय !

ब्राह्मणवादी राज्य में

शोषितों का डिब्बा गोल

जय भीम!
जय शोषित!!
जय भारत!!!
नमो बुद्धाय!!!

ब्रह्मणवादी राज में

शोषितों का डिब्बा गोल!

लेखक : प्रकाशक
पेरियार ललई सिंह

अशोक पुस्तकालय (रजि.)
झींझक, जिला—कानपुर-209302 (भारत)

प्रथम बार 14 अप्रैल, सन् 1963 ई.
दूसरी बार, सन् 1964 ई.
तीसरी बार, सन् 1965 ई.
चौथी बार, सन् 1967 ई.
पाँचवीं बार, सन् 1968 ई.
छठी बार, सन् 1970 ई.
सातवीं बार, सन् 1972 ई.
आठवीं बार, सन् 1975 ई.
नौवीं बार, सन् 1977 ई.
दसवीं बार, सन् 1980 ई.

मूल्य : 5 पैसा

शोषित किसान-मजदूर बन्धुओ!

आपके सामने मैं उत्तर प्रदेश की आगे बढ़ी हुई जातियों की राजनीतिक पार्टियों की पोल खोल रहा हूँ। इसे पढ़ कर आप खुद सोचिए कि आप और आपकी आनेवाली सन्तानों की शिक्षा, सम्मान, रोटी, कपड़ा, मकान और इज्जत की समस्या इस वर्णवादी, पुरोहितवादी, जातिवादी, सामन्तवादी और पूँजीवादी देश में कैसे हल हो सकती है?

आगे बढ़ी जातियाँ

नाम जाति	जनसंख्या सन् 1951	एम.एल.ए. जो चाहिए	एम.एल.ए. जो हैं
ब्राह्मण	60 लाख	40	
ठाकुर	46 लाख	31	
बनिया	15 लाख	10	- 253 -
कायस्थ	5 लाख	3	
खत्री	1 लाख	1	
जाट	10 लाख	7	
योग	**1 करोड़, 37 लाख**	**92**	

नोट : आगे बढ़ी जातियों के कुल 92 एम.एल.ए. होने चाहिए थे। परन्तु 253 एम.एल.ए. हैं अर्थात् 161 एम.एल.ए. जो ज्यादा हैं सो मुस्लिम, अछूत, पिछड़ी व अन्य धर्म वालों की चोरी की गई है। जिनकी चोरी हुई है, उन्हें चोरों से सावधान रहना चाहिए!

मुस्लिम	60 लाख	40	35
अछूत	1 करोड़, 50 लाख	100	89

पिछड़ी जातियाँ

नाम जाति	जनसंख्या 1951	एम.एल.ए. जो चाहिए	एम.एल.ए. जो हैं
अहीर, अहिरा, अहर	55 लाख	37	24
कुर्मी	23 लाख	16	14
लोधी, किसान	19 लाख	13	5
गूजर	4 लाख	3	3
काछी, कोइरी, मुराव	22 लाख	15	2
केवट, मल्लाह	11 लाख	8	1
भुर्जी	3 लाख	2	1
माली	4 लाख	2	—
कहार, धीवर	16 लाख	11	—
गड़रिया	13 लाख	9	—
तेली	12 लाख	8	—
कुम्हार	11 लाख	8	—
नाई	9 लाख	6	—
बढ़ई	8 लाख	6	—
लुहार	7 लाख	5	—
नुनिया	5 लाख	4	—
जोगी	5 लाख	4	—
तमोली	5 लाख	4	—
राजभर	5 लाख	4	—
कड़ेरे, धुनियां	4 लाख	3	—
सुनार	4 लाख	3	—
दर्जी	3 लाख	2	—
चिकवा	2 लाख	2	—
बारी	1 लाख	1	—
बंजारा	1 लाख	1	—
हलवाई	1 लाख	1	—
अरख	1 लाख	1	+
ठठेरे	1 लाख	1	+
छीपा	1 लाख	1	+
नायक, साध, अग्रहरी, पटवा, अहिवासी, बैरागी, गिरि, गुसाई, कोष्टा, लखेरा, निपारिया आदि	13 लाख	9	+
योग	**2 करोड़ 69 लाख**	**190**	**50**

अन्य धर्म			
सिख, सिंधी, जैन, बौद्ध, यहूदी, पारसी, ईसाई आदि	13 लाख	9	3
खाली	+	+	2
कुल योग		**431**	**431**

नोट : सन् 1931 ई. की जनगणना के आधार पर 1950 के लिए 27 परसेन्ट बढ़ोतरी करीब-करीब सही शामिल की गई है।

उत्तर प्रदेश सरकार के खानदानी गजेटेड ऑफिसरों (बड़े हाकिमों) के आँकड़े

	15 अगस्त, 1947 से	1 जुलाई, 1955	
हरिजन*	16	70	54 बढ़े
पिछड़ी जाति	34	25	9 घटे
आगे बढ़ी जातियाँ	3152	5280	2033 बढ़े

हरिजन 1-43 प्रतिशत व पिछड़ी जाति 0-47 प्रतिशत और आगे बढ़ी जातियाँ 98-10 प्रतिशत वे ऑफिसर हैं—जिनकी माहवारी तनख्वाह 25 रुपये से 3000 रुपये तक है। अभी तक दलित व पिछड़ी जाति का कोई भी जिलाधीश तक नहीं है।

* हरिजन शब्द उत्तर प्रदेश सरकार के गेजट में है। मैं इस शब्द का विरोधी हूँ!

कुनबा परवरी के कुछ आँकड़े खत्री—गजेटेड ऑफिसर

		सन् 1946 ई. में	सन् 1955 ई. में
1.	ब्राह्मण गजेटेड ऑफिसर	578	1536
2.	कायस्थ गजेटेड ऑफिसर	401	1111
3.	वैश्य गजेटेड ऑफिसर	301	779
4.	क्षत्री गजेटेड ऑफिसर	376	726
5.	अरोरा	5	21
6.	भाटिया	7	30
7.	कक्कड़	11	22
8.	कपूर	19	45
9.	खन्ना	13	31
10.	मेहरा, महरोत्रा	15	71
11.	मेहता	10	17
12.	भल्ला	4	11
13.	सेठ, सेठी	15	40
14.	टंडन	20	55
15.	बैजल	2	5
16.	चोपड़ा	3	13
17.	भंडारी	5	6
18.	सहगल	3	9
19.	पुरी	8	7
20.	आनन्द	3	12
21.	ढींगरा	1	4
22.	धवन	1	4

देश के किसान-मजदूर-दस्तकार-मध्यवर्गीय

जनता से अपील

बन्धुओ!

हमारे मुल्क में जैसा जातिवाद है, ऐसा जातिवाद आपको दुनिया में कहीं भी रोशनी लेकर ढूँढ़े न मिलेगा। यहाँ हजारों वर्षों से अहीर का बेटा अहीर और चमार का बेटा चमार होता चला आ रहा है। यही वजह है कि देश में बुद्धि, पूँजी, राज्य का ठेका कुछ मुट्ठीभर जातियों के जिम्मे अभी तक चला आ रहा है। जब बनिया की रोटी-बेटी बनिया में और ब्राह्मण की रोटी-बेटी ब्राह्मण में होती आ रही है तो समाजवाद लानेवालों का यह नारा बिलकुल झूठा है कि 'समाजवाद आएगा, देश बदल जाएगा।' यहाँ की जितनी पार्टियाँ हैं, उनके लीडर चन्द मुट्ठी भर ऊँची जातियों के लोग हैं। पार्टी उनकी दिखावटी चीज है। उनमें आपस में एक अचेत मिलन है। पिछड़े लोगों की बेइज्जती से वे सभी खुश हैं।

वे नहीं चाहते कि ये जातियाँ आगे बढ़ें, क्योंकि इन जाति-वर्गों के बढ़ने से उनके लूटने व दास बनाने की बुराइयों से इन्हें मुक्ति मिलेगी। यही वजह है कि देश के चालाक नेता नित नई-नई पार्टी बनाकर, संत भेड़िया बनकर और शोषितों के गुलाम सियारों को साथ लेकर बहुसंख्यक जनता को गुमराह रखकर उनको अधिकारों से वंचित रखना चाहते हैं। इस देश के जो लोग भी उच्च वर्गी हैं वे आपका भला नहीं चाहते। आपके सामने इन 12 वर्षों में जो कारनामे इन पार्टियों द्वारा किए गए हैं वे स्मरण किए जाते रहेंगे। मौजूदा समय को देखकर इसे पढ़कर अपनी भलाई-बुराई खुद सोचिए और अन्दाजा लगाइए कि आपकी शिक्षा, सम्मान, रोटी, कपड़ा, मकान की मूलभूत समस्याएँ क्या उच्च जाति और वर्ग के लोग कभी भी हल कर सकते हैं!

अत: आपको ध्यान रखना है कि क्या शोषित जनता की भलाई की लड़ाई शोषित वर्ग का व्यक्ति ही लड़ सकता है?

हम हैं आपके

अहीर ललई सिंह यादव
पेंशनर : मध्य प्रदेश पुलिस सर्विस
भूतपूर्व : हाई-कमांडर, ग्वालियर
नेशनल आर्मी, हाल : प्रधानमंत्री
रिपब्लिकन पार्टी, कार्यालय : झींझक
जिला—कानपुर, उ.प्र., भारत।

बाबूराम प्रजापति
मंत्री : रिपब्लिकन पार्टी
कार्यालय : झींझक, जिला—कानपुर
एवं प्रधानमंत्री : पिछड़ा वर्ग संघ,
जिला—इटावा, उ.प्र., भारत।

मुद्रक

लोध समाज प्रेस,
सब्जी मंडी, कानपुर, उ.प्र.

जय भारत!

जय शोषित!!

जय भीम!!!

नमो बुद्धाय!!!

ब्राह्मणवादी राज में

शोषितो, सावधान!

अपने ऊपर पड़नेवाली
राजनैतिक डकैती से सावधान रहो!

शोषकों से : जियो और जीने दो!

शोषितों से : करो या मरो!

लेखक : प्रकाशक
पेरियार ललई सिंह

अशोक पुस्तकालय (रजि.)
झींझक, जिला—कानपुर-209302 (भारत)

प्रथम बार 17 सितम्बर, सन् 1971 ई.
दूसरी बार, सन् 1973 ई.
तीसरी बार, सन् 1975 ई.
चौथी बार, सन् 1977 ई.
पाँचवीं बार, सन् 1980 ई.
छठी बार, सन् 1982 ई.
सातवीं बार, सन् 1986 ई.
आठवीं बार, सन् 1987 ई.

मूल्य : 10 पैसा

सम्पूर्ण एम.एल.ए. (उत्तर प्रदेश)

जाति	जनसंख्या 1951	एम.एल.ए. जो चाहिए	एम.एल.ए. जो मौजूद हैं 1969	1974	1977
अगड़ी जाति	137 लाख	92	235	193	198
पिछड़ी जाति	269 लाख	190	58	15	84
अनु. जाति, अनु. जनजाति	150 लाख	100	96	94	93
मुस्लिम	60 लाख	40	35	40	46
अन्य धर्म	13 लाख	9	1	3	2
योग	**6 करोड़, 29 लाख**	**431**	**425**	**425**	**423**

नोट : सन् 1951 ई. में एम.एल.ए. 431 थे। अब 425 हैं।

अगड़ी जाति एम.एल.ए. (उत्तर प्रदेश)

जाति	जनसंख्या	एम.एल.ए. जो चाहिए	1969	1974	1977
ब्राह्मण	60 लाख	40	96	75	88
क्षत्री	46 लाख	31	89	68	65
वैश्य	15 लाख	10	22	21	20
कायस्थ	5 लाख	3	8	8	7
खत्री	1 लाख	1	6	6	1
जाट	10 लाख	7	14	14	17
योग	**1 करोड़, 37 लाख**	**92**	**235**	**193**	**198**

—रामदीन जाटव एम.एल.ए. मैनपुरी के एक एसेम्बली क्वेश्चन सन् 1960 ई. के अनुसार पुलिस के 48366 कॉन्स्टेबलों में से 6060 कॉन्स्टेबल पिछड़ी जाति के और 1416 कॉन्स्टेबल अनुसूचित जाति के थे।

एसेम्बली क्वेश्चन द्वारा गजेटेड ऑफिसर

जाति	1946	1955	1961
अगड़ी जाति	1201	4555	8500
पिछड़ी जाति	34	25	67
अनु.,जनजाति	16	70	194
अंग्रेज, ईसाई मुस्लिम आदि	1901	630	858
योग	**3152**	**5280**	**9619**

एम.एल.ए., एम.एल.सी., एम.पी.
सहित गजेटेड ऑफिसर (उत्तर प्रदेश)

जाति		1958		1967
ब्राह्मण	:	3150	:	3483
क्षत्री	:	800	:	914
वैश्य	:	1683	:	1919
कायस्थ	:	2165	:	2410
खत्री	:	100	:	1093
जाट	:	300	:	364
पिछड़ी जाति	:	216	:	296
अनुसूचित जाति, अनुसूचित जनजाति	:	232	:	367
शरणार्थी	:	101	:	123
सिक्ख	:	110	:	134
मुस्लिम	:	712	:	747
ईसाई	:	214	:	156
योग	**:**	**10760**	**:**	**12058**

नोट : उत्तर प्रदेश की सिविल लिस्ट नम्बर 260, 260-ए, 1958 ई. तथा सिविल लिस्ट प्रथम भाग सन् 1967, द्वितीय भाग 1966 ई. के अनुसार उपरोक्त गणना करीब-करीब सही है।

एक बात!

अंग्रेज कहते थे कि भारतीय इस काबिल नहीं कि उन्हें गजेटेड ऑफिसर बनाया जाए, वही बात अब ब्राह्मणवादी सरकार कहती है कि पिछड़ी, अनुसूचित तथा अनुसूचित जनजातियाँ इस काबिल नहीं कि उन्हें गजेटेड ऑफिसर बनाया जाए। एक बार पं. जवाहरलाल नेहरू ने कहा कि अछूत इस काबिल नहीं कि उन्हें राजदूत बनाया जाए।

शैड्यूल्ड कास्ट कमिश्नर श्रीकान्त की रिपोर्ट में लिखा है कि 'हजारों ग्रेज्युएट अछूतों के नाम कामचलाऊ दफ्तर में लिखे हैं।' शोषित सोचें, फिर रिजर्वेशन पूरा क्यों नहीं?

वास्तविक कारण है—भाई-भतीजावाद, जातिवाद व सवर्णवाद। नौकरियों में नई भर्ती करनेवाले तथाकथित उच्च जाति के गजेटेड ऑफिसर हैं।

ए शोषितो!

राजनीतिक नक्शा आपके सामने है। अत: यह सिद्ध हो गया कि अधिकार माँगे नहीं छीने जाते हैं। अब रिजर्वेशन आगे बढ़ी जातियों का होना है, इसके लिए

भविष्य में अपना कीमती वोट उन्हीं को दें, जो आपके अधिकारों का शोषण न करे। आपके अधिकारों के लिए लड़े।

शोषकों से प्रार्थना है कि जिस तरह अंग्रेजों ने भारत का राज शोषकों के सुपुर्द किया है, उसी तरह वे भी शोषितों को जनसंख्या के अनुपात से राजसत्ता का भागीदार खुशी-खुशी बना लें अन्यथा शोषित अपने अधिकार शान्ति से अथवा क्रान्ति से जैसे बनेगा तैसे ले ही लेंगे। उल्टे वैमनस्यता और बढ़ जाएगी। हो सकता है—राष्ट्र गृह-युद्ध की भीषण आग में फँस जाए, इसकी जिम्मेदारी शोषकों पर होगी, मरता-क्या न करता?

धन्यवाद!

दिनांक—14 अप्रैल, सन् 1978 ई.

जय शोषित!

दबे-पिसे पिछड़े लोगो!!

जय भीम ! जय भारत !! जय शोषित !!!

नमो बुद्धाय !

जय शोषित

दबे पिसे पिछड़े लोगों

शोषितों का राजनैतिन डिब्बा गोल ।

कांग्रसी शासन की ढोल में पोल !!

लाल, सफेद, पीली रङ्ग बिरङ्गी टोपियां धोखा है इस पर्चा को सावधानी से पढ़कर अपने बे पढ़े लोगों को सुनाइये ।

जय भीम!

जय शोषित!!

जय भारत!!!

नमो बुद्धाय!!!

जय शोषित!

दबे-पिसे पिछड़े लोगो!!

शोषितों का राजनैतिक डिब्बा गोल।
कांग्रेसी शासन की ढोल में पोल॥

लाल, सफेद, पीली, रंग-बिरंगी टोपियाँ धोखा हैं।
इस पर्चा को सावधानी से पढ़कर! अपने बेपढ़े लोगों को सुनाइए!!

लेखक : प्रकाशक

पेरियार ललई सिंह

अशोक पुस्तकालय (रजि.)
झींझक, जिला—कानपुर-209302 (भारत)

प्रथम बार 1 सितम्बर, सन् 1972 ई.
दूसरी बार, सन् 1973 ई.
तीसरी बार, सन् 1975 ई.
चौथी बार, सन् 1977 ई.
पाँचवीं बार, सन् 1978 ई.
छठी बार, सन् 1980 ई.
सातवीं बार, सन् 1981 ई.
आठवीं बार, सन् 1983 ई.
नौवीं बार, सन् 1985 ई.
दसवीं बार, सन् 1987 ई.

मूल्य : 5 पैसा

उत्तर-प्रदेश का राजनीतिक नक्शा

नाम जाति	आबादी 1931	एम.एल.ए. मौजूद हैं	एम.एल.ए. चाहिए	बड़े हाकिम मौजूद हैं	बड़े हाकिम चाहिए
चमार	63 लाख		61		735
पासी	15 लाख		13		151
कोरी	9 लाख		8		99
धोबी	8 लाख		7		80
भंगी	5 लाख		5		56
अहेरिया	4 लाख		4		45
मुस्लिम	68 लाख	43	53	437	643
ब्राह्मण	44 लाख	125	39	1588	468
ठाकुर	37 लाख	60	32	569	396
वैश्य	12 लाख	28	60	660	122
कायस्थ	5 लाख	15	4	1100	49
खत्री	आधा लाख	9	+	533	5
अहीर	39 लाख	18	36	11	428
कुर्मी	18 लाख	10	16	5	183
काछी, कोयरी मुराऊ	18 लाख	5	16	1	190
गूजर	4 लाख	3	4	.	48
लोधी किसान	15 लाख	3	13	2	125
गड़रिया	14 लाख	1	10	1	105
केवट, मल्लाह	8 लाख	1	7	.	92
कहार	12 लाख	.	9	.	107
तेली	10 लाख	.	9	.	105
नाई	9 लाख	.	8	.	93
कुम्हार	8 लाख		7	1	90
लौनिया	5 लाख	.	4	.	49
भुर्जी	3 लाख	.	2	.	30
सुनार	3 लाख	.	2	.	30
माली	2 लाख	.	1		18
बढ़ई, लुहार	1 लाख	.	10	.	88
तमोली	1 लाख	.	1	2	6
बरई बारी	2 लाख	.	1	.	18
जाट	8 लाख	.	7	.	82
योग	**4 करोड़ 50 लाख 50 हजार**	**321**	**449**	**4910**	**4709**

बन्धुओ!

अपने सूबे में 431 एम.एल.ए. हैं, जिसमें ब्राह्मण, ठाकुर, वैश्य, कायस्थ तथा खत्री आबादी के अनुसार, 85 एम.एल.ए. होने चाहिए, मगर ऊपर लिखे मुताबिक 237 एम.एल.ए. हैं और पिछड़ी जातियों के 236 एम.एल.ए. आबादी के हिसाब से होने चाहिए, मगर केवल 41 एम.एल.ए. हैं। बहुत-सी जातियों के कतई एम.एल.ए. नहीं हैं। इसका पहला नतीजा 'घर के परसैया अँधेरा' यह है कि यू.पी. सिबिल लिस्ट 253 बी के अनुसार, 5144 बड़े हाकिम (गजेटेड ऑफिसर) हैं, जिनमें ब्राह्मण, ठाकुर, वैश्य, कायस्थ, खत्री आबादी के हिसाब से 1040 होना चाहिए। मगर ऊपर लिखे मुताबिक 4450 बड़े हाकिम (गजेटेड ऑफिसर) हैं। पिछड़ी व अछूत तथा मुसलमान आदि के आबादी के हिसाब से 4104 बड़े हाकिम (गजेटेड ऑफिसर) होने चाहिए, मगर नहीं के बराबर हैं।

इस उल्टी गंगा का दूसरा नतीजा—पिछड़ी, अछूत व मुसलमान आदि जातियों को छोटी-छोटी नौकरियाँ, जैसे—पोस्टमैन, क्लर्क, ग्राम सेवक, कॉन्स्टेबल, वर्कन्दाज, चपरासी, पतरौली, लेखपाल, कामदार आदि मिलना कठिन है। तीसरा नतीजा इन जातियों के पास बन्दूकों के लाइसेन्स तक नहीं हैं। चौथा नतीजा दिन-दहाड़े इन जातियों को लूटकर ऊँची जातियों के दरोगा उल्टे इन्हीं जातियों को जेल में भेजते हैं। अगर इस परिस्थिति को आमूल-चूल पलटना चाहते हो, अपने लड़कों को नौकरी व जमीन का बँटवारा सही कराना चाहते हो, अपने लड़कों की पढ़ाई-लिखाई मुफ्त चाहते हो तथा पुराने मालिकों की मार, बेगार, लूट-खसोट, छीना-झपटी, अन्याय, अत्याचार, जुल्म, ज्यादती, रोज-रोज की सामन्ती-तानाशाही से बचना चाहते हो तो 'शोषित संघ' के उम्मीदवार को ही वोट दीजिए। शोषित संघ के उम्मीदवार आप लोगों की आबादी के अनुसार नौकरी व एम.एल.ए. बनवाने की खुली वकालत एसेम्बली में करेंगे, तभी आप लोगों का कल्याण होगा। क्योंकि दीगर पार्टियाँ आपकी आबादी के हिसाब से वकालत कतई नहीं करतीं।

बहुत सहे पर अब न सहेंगे, अत्याचार तुम्हारा।
अपना हक हम लेकर रहेंगे, अन्तिम लक्ष्य हमारा॥

निवेदक—पेरियार ललई सिंह अहीर (यादव)

साहित्य विशारद, पेंशनर : मध्य प्रदेश

भूतपूर्व हाई-कमांडर ग्वालियर नेशनल आर्मी

निवासी—कठारा, रेलवे स्टेशन झींझक, कानपुर, उ.प्र.

मुद्रक— श्रीराम आर्ट प्रेस, भरसेन

शोषितों पर राजनैतिक डकैती

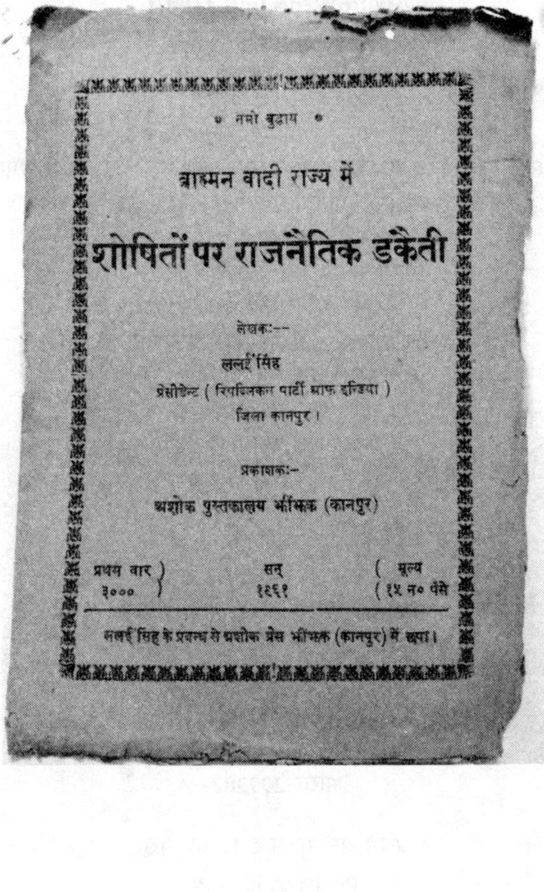

• नमो बुद्धाय •

ब्राह्मन वादी राज्य में

शोषितों पर राजनैतिक डकैती

लेखकः—

ललई सिंह

प्रेसीडेन्ट (रिपब्लिकन पार्टी आफ इण्डिया)

जिला कानपुर।

प्रकाशकः—

अशोक पुस्तकालय झींझक (कानपुर)

प्रथम बार)	सन्	(मूल्य
३०००)	१९६१	(१५ न० पैसे

ललई सिंह के प्रबन्ध से अशोक प्रेस झींझक (कानपुर) में छपा।

!!नमो बुद्धाय!!

ब्राह्मणवादी राज में

भारतीय पुरोहितों का कमेरे मानव के

साथ मानवता विरोधी षड्यंत्र!

शोषितों पर राजनैतिक डकैती

लेखक

पेरियार ललई सिंह

प्रेसिडेंट—रिपब्लिकन पार्टी ऑफ इंडिया, जिला—कानपुर, उत्तर प्रदेश, भारत

अशोक पुस्तकालय (रजि.)

झींझक, जिला—कानपुर,

उत्तर प्रदेश, भारत-209302

पहली बार 14 अप्रैल, सन् 1961 ई.

ललई सिंह के प्रबन्ध से अशोक प्रेस, झींझक (कानपुर) में छपा

पहली बार 3,000 प्रतियाँ प्रकाशित, मूल्य 15 नए पैसे

दूसरी बार सन् 1969 ई.

बाबा साहब के परिनिर्वाण दिवस

दिनांक 6 दिसम्बर, 1969 ई.

दूसरी बार 2,000 प्रतियाँ प्रकाशित

तीसरी बार सन् 1974 ई.

चौथी बार सन् 1988 ई.

पाँचवीं बार सन् 1992 ई.

मुद्रक

सस्ता प्रेस

झींझक, कानपुर, उ.प्र.,

भारत-209302

प्रथम बार **मूल्य :** 15 नए पैसे

मूल्य : 2.50 रुपये

!!समर्पण!!

निर्वाण प्राप्त,

श्रद्धेय नाना जी

श्री साधो सिंह यादव,

निवासी ग्राम-मकरंदापुर, पोस्ट-शिवला, जिला—कानपुर

की पुण्य-स्मृति में। यदि पिताश्री से अनेक बार नानाजी ने यह न कहा होता कि 'काहे पढ़ाए पढ़ाए मारे डारत हौ—आखीर महँ भैंसा ही जोतन पड़ेंगे', तो शायद पिताश्री मुझे आपकी सेवा के योग्य न पढ़ाते। सादर समर्पित!

1 सितम्बर, सन् 1961 ई. **—पेरियार ललई सिंह**

दो शब्द

ऊँच-नीच व छूत-अछूत भावना पर आधारित हिन्दू धर्म की सामाजिक वर्ण-व्यवस्था का नाम ही वामनवाद है—मतलब ब्राह्मणवाद। हिन्दू समाज का यही वामनवाद ईश्वर, वर्ण, भाग्य, भगवान, स्वर्ग-नर्क व पूर्वजन्म, संस्कार की बात गढ़कर देश के 90 फीसदी कमेरों को शूद्र, महाशूद्र, अछूत, अन्त्यज व नीच कहकर उनका कई हजार साल से शोषण करता चला आ रहा है।

आज देश आजाद जरूर है, समानता की कानूनी व्यवस्था भी है, लेकिन वह ब्राह्मणवाद देश के हर कोने और शासन के हर आदमी में किस तरह व्याप्त है, इसका अन्दाजा पाठकों को इस छोटी-सी पुस्तक के पढ़ने से चल सकता है।

आबादी के लिहाज से विधान सभा के सदस्यों व दिए गए सरकारी नौकरियों व मेम्बरों के आँकड़े पढ़ने से जहाँ 90 फीसदी कमेरे शोषित वर्ग के नौजवानों को उनके अधिकारों पर पड़नेवाली आज की राजनीतिक डकैती का ज्ञान हो सकेगा और सम्भव है, उनमें अपने इन अधिकारों को बचाने की वर्ग चेतना पैदा हो सके और उसके लिए वह इस मौजूदा राजनीतिक व सामाजिक व्यवस्था के खिलाफ संगठित होकर मोर्चा ले सकें। पर इन आँकड़ों को पढ़कर यह भी सम्भव है कि देश में 10 फीसदी शोषक वर्ग में भी विवेक व नैतिकता पैदा हो जाए और वह अपनी हजारों साल पुरानी शोषण की नीति को समाप्त कर शोषित कमेरों को उनके हक उसी तरह दे दे, जिस तरह चतुर व बुद्धिमान अंग्रेजों ने निहत्थे भारतवासियों को उन्हें उनको भारत की राजनीतिक सत्ता बखुशी सौंप दी।

भाई पेरियार ललई सिंह एक प्रगतिवादी, बुद्धिवादी, विचारवान, कर्मठ व अपनी धुन के पक्के भारत के सच्चे मानवतावादी सेनानी हैं। उनकी बातों में बौद्धिकता है। उनमें नैतिक बल है। बुद्धि है। विवेक है। संवैधानिक व्यवस्था से भरपूर कानूनी शक्ति भी है। उन जैसे प्रबुद्ध जागरूकों का कर्तव्य है कि वे सरकार को भी ऐसे डकैतों की जानकारी कराते रहें। अब अगर वक्त की सरकार उस कानूनी संरक्षण की व्यवस्था को ढीला कर दे तो जनहित में उसको ठीक करना भी तो उन जागरूक नागरिकों का जरूरी फर्ज हो जाता है।

मैं उनके इस प्रयत्न की सफलता की कामना करता हूँ, आशा है कि शोषित व शोषक दोनों ही वर्ग के लोग अपनी-अपनी जगह पर राष्ट्र हित में शोषण को खत्म करने का कोई सही हल जरूर ढूँढ़ निकालेंगे।

इस कृति की सफलता का प्रमाण इसकी लोकप्रियता, लगातार छपते संस्करण और पूरे भारत में जन-जन में होती चर्चा-परिचर्चा आदि है।

दिनांक—1 जनवरी, सन् 1969 ई.

—छेदीलाल 'साथी'

सम्पादक—'बहुजन' पाक्षिक-पत्र, लखनऊ,

प्रेसीडेंट—रिपब्लिकन पार्टी ऑफ इंडिया, उत्तर प्रदेश

सम्मति

ईसाइयों का 'बाइबिल' धार्मिक ग्रंथ है, मुसलमानों का 'कुरान शरीफ' है और हिन्दुओं का 'वेद' है। ठीक उसी तरह का ग्रंथ शोषित वर्ग (शूद्रों) के लिए 'शोषितों पर राजनीतिक डकैती' है। इसे पढ़ जाने के बाद शूद्र तुरन्त बदल जाएगा। उसमें मानवीय अधिकारों की चेतना निर्मित हो जाएगी।

ऐसा लगता है कि मनु-स्मृति तथा अन्य प्राचीन हिन्दू धार्मिक ग्रंथों का एकमात्र लक्ष्य शूद्रों (पिछड़ी जातियों), महाशूद्रों (अनुसूचित व अनुसूचित जनजातियों) को जिन्हें अन्त्यज, पादप व चांडाल आदि घृणित शब्दों से सम्बोधित किया गया है, गुलाम बनाना रहा है—जिस तरह पाकिस्तान की एकमात्र वैदेशिक नीति कश्मीर को किसी तरह हड़पने की है।

मनु-स्मृति द्वारा निर्मित मनुवादी समाज का सिर वहाँ है—जहाँ पैर होना चाहिए और पैर वहाँ है—जहाँ सिर होना चाहिए, इससे मेरा मतलब है कि कमेरे और मेहनती वर्ग की इज्जत सबसे अधिक होनी चाहिए सो नहीं की गई। मानवता के एक शिक्षित छोटे समुदाय द्वारा मानव के एक बहुत बड़े अशिक्षित कमेरे समुदाय पर मनमाने जुल्म ढाए गए। उनके साथ अ-मानवीय, खराब से भी खराब व्यवहार किया गया।

शूद्रों के कर्तव्य ही कर्तव्य थे, भोग कुछ भी नहीं। यह पुस्तक जानकारी देगी—'अधिकार क्या है?' पुस्तक अवश्य पढ़नी चाहिए।

दिनांक—16 जनवरी, सन् 1969 ई.

—श्यामलाल
एम.ए., एल.एल.बी.
एडवोकेट, भूतपूर्व एम.एल.ए.
सम्पादक—साप्ताहिक 'पूर्वी जिले'
कचेहरी, बस्ती (यूपी)

सम्मति

पिछड़ी, अनुसूचित तथा अनुसूचित जनजातियों का शोषण राष्ट्रीय-स्तर पर समाप्त होना चाहिए। इस सत्य को अ-स्वीकृत नहीं किया जा सकता। अन्यथा अपना राष्ट्र सदैव पिछड़ा ही नहीं रहेगा वरन् इसका विश्व में अस्तित्व रहेगा या नहीं—इसमें भी सन्देह है।

किसी भी राष्ट्र की सर्वांगीण उन्नति एवं विकास के लिए यह अत्यन्त आवश्यक ही नहीं—वरन् अनिवार्य भी है कि समाज की जन-जन की क्षमता का भरपूर उपयोग किया जाए। यह तभी सम्भव है—जब कि पिछले हजारों सालों से चले आ रहे सामाजिक, धार्मिक, राजनीतिक तथा सांस्कृतिक शोषण को समाप्त करने की दिशा में ठोस प्रयास किए जाएँ।

इस दिशा में 'शोषितों पर राजनैतिक डकैती' नामक पुस्तक निःसन्देह एक ठोस प्रयास है। लेखक महोदय का यह परिश्रम अत्यन्त श्लाघ्य एवं सराहनीय है।

इस पुस्तक में प्रस्तुत विधान सभा के सदस्यों और राज-पत्रित अधिकारियों के आँकड़े, शताब्दियों से बन्द आँखें खोलने के लिए पर्याप्त सामग्री प्रस्तुत करते हैं। साथ ही साथ धर्म-गुरुओं एवं प्रणेताओं मनु आदि के धार्मिक विधि-विधान, पिछड़ी, अनुसूचित तथा अनुसूचित जनजाति के ऊपर होनेवाले भयानक मनुवादी दमन-अत्याचार का खुला घोषणा-पत्र प्रस्तुत करते हैं। सचमुच शोषक जाति के इन महान पापों का कोई प्रायश्चित्त नहीं है!

दिनांक—15 फरवरी, सन् 1969 ई.

—डॉ. गौरीशंकर सचान

ग्राम—जलालपुर, पोस्ट—मुहम्मदपुर,
जिला—कानपुर, उत्तर प्रदेश।

पाठकों का कर्तव्य

प्रस्तुत पुस्तक पढ़िए!

गजेटेड ऑफिसरी की बात जाने दीजिए। श्री रामदीन जाटव एम.एल.ए. मैनपुरी के एक प्रश्न सन् 1960 ई. के अनुसार पुलिस के 48366 कॉन्स्टेबलों में से 6060 कॉन्स्टेबल पिछड़ी जाति के व 1416 कॉन्स्टेबल अनुसूचित जाति के थे।

आप अपने दैनिक जीवन के अनुभव में किसी भी विभाग की बड़ी या छोटी नौकरियों की ओर ध्यान से देखें तो अपना स्थान न के बराबर पाएँगे—जैसा कि इस पुस्तिका में सिद्ध किया गया है।

मैं इस नतीजे पर पहुँचा हूँ कि नौकरियों में जो आगे बढ़ी जातियाँ आगे थीं—अब वे पिछड़ी व अनुसूचित जातियों के विद्वान व्यक्तियों को भी आगे नहीं बढ़ने दे रही हैं।

अत: इस भाई-भतीजावाद एवं कुनबा-परवरी को समाप्त करने के लिए हम सब को सभी चुनावों में अपना कीमती वोट ऐसे व्यक्ति को देना चाहिए जो हमारे प्रत्येक प्रकार के हितों की रक्षा कर सके तथा वर्ण-व्यवस्था, जाति-पाँति, पुरोहितवाद में विश्वास न रखता हो। इसे आमूल-चूल उन्मूलन करने का विजन रखता हो।

सफलता की कामना।

धन्यवाद!

दिनांक—7 जुलाई, सन् 1974 ई.

—पेरियार ललई सिंह

क्षमा याचना!

1. मैं आपकी इच्छानुसार सदैव नए आँकड़े लिखना चाहता हूँ परन्तु आप लोगों ने जिन बैकवर्ड व शैड्यूल्ड कास्ट के लोगों को एम.एल.ए. और एम.पी. चुना है। उन्हीं को प्रश्न पूछने का अधिकार है। वे मेरा सहयोग कतई नहीं करते हैं।
2. मैं आपकी इच्छानुसार सस्ती कीमत में पुस्तकें देना चाहता हूँ, परन्तु श्री लाहौरीराम बाली सम्पादक साप्ताहिक 'भीम पत्रिका', नकोदर रोड, जालन्धर सिटी (पंजाब) की बातें जो 'आर्यों का नैतिक पोल प्रकाश' नामक पुस्तक में सन्दर्भित हैं, के अनुसार दिमागी गुलामी को दूर करनेवाले लेखकों को भारत या विदेशी पूँजीपतियों से कोई मदद नहीं मिलती है। उल्टे अनेक अड़ंगाबाजी और मुकदमाबाजी का सामना करना पड़ता है।
3. एसेम्बली कार्रवाई, सिविललिस्टों और अन्य रिकार्ड की कीमत तथा महीनों की रिसर्च कागज, स्याही एवं लेबर की बढ़ी तनख्वाह को देखते हुए इस संस्करण का दाम बदर्जे मजबूरी बढ़ाया गया है।
4. यूरोपीय लेखक 'रस्किन' के कथनानुसार लेखक को प्रकाशक नहीं होना चाहिए। मेरे जिम्मे लेखन, प्रकाशन, भाषण व भ्रमण आदि सभी काम है। वृद्ध हूँ। अधिकतर अस्वस्थ रहता हूँ। अत्यधिक भाषण-भ्रमण से समय पर न तो भोजन मिलता है और न विश्राम।

अत: पाठक गण हमारी उपरोक्त मजबूरियों को ध्यान में रखते हुए सभी शिकायतों को क्षमा प्रदान करें।

सहयोग व सुझाव के लिए धन्यवाद!

दिनांक—1 सितम्बर, सन् 1974 ई.

आप सबका

—पेरियार ललई सिंह

ब्राह्मणवादी राज में

शोषितों पर राजनैतिक डकैती

किसान मजदूर शोषित सर्वहारा बन्धुओ!

आँख खोलकर देखो और कान खोलकर सुनो!!

अंग्रेजों को यहाँ से गए 14 साल बीत चुके हैं। तब से कांग्रेस के नाम पर भी वही 15 फीसदी उच्चजाति जनसंख्या वाले मुट्ठीभर ब्राह्मण, क्षत्रिय व लाला राज कर रहे हैं और शोषित, सर्वहारा, बहुजन 85 फीसदी होते हुए भी अपने सभी प्रकार के राजकीय अधिकारों से वंचित हैं। अंग्रेजों के जमाने से कई गुना ज्यादा चूसे, पीसे, कुचले जा रहे हैं।

हम शोषित सर्वहारा लोगों की अज्ञानता का हमेशा से नाजायज फायदा उठाया जा रहा है। अंग्रेजों के जमाने में हिन्दू के नाम पर जो भी राजकीय अधिकार मिलते थे—उनको यही मुट्ठी भर 15 फीसदी जनसंख्या वाले ब्राह्मण, क्षत्रिय व लाला हड़पते रहे और हम 85 फीसदी पर उसी बल से जुल्म ढाते रहे। अंग्रेजों को बहका कर हमारी पल्टनें खतम कराई गईं और सिविल में भी सब प्रकार की नौकरियों के दरवाजे बन्द करा दिए गए थे।

हम में से जिस जाति ने जहाँ भी इनकी गुलामी करने से इनकार किया, उस पूरी जाति को वहाँ जरायम पेशा लिखवाने से नहीं चूके। सरकारी रिपोर्ट फरवरी, सन् 1960 ई. 'हरिजन कल्याण विभाग, उत्तर प्रदेश', परिशिष्ट-4 देखिए, जिसमें जरायम पेशा जातियों का लेखा-जोखा दिखाया गया है, जिन्हें अब विमुक्त जाति के नाम से पुकारा जाता है।

अहेरिया, बंजारा, गड़ीला, गद्दी, घोसी, गूजर, हबूड़ा, कंजड़, केवट, मल्लाह, वधिक, खटिक, लोध, मेवाती, मुसहर, नट, औढ़िया, पलवर, दुसाध, पासी, सालिया, तग व भाट आदि।

यही जातियाँ मुसलमान, ईसाई होने पर जरायम पेशा के दोष से बरी हो जाती थीं। क्योंकि मुसलमान, ईसाइयों के नेता नुमाइन्दे अपनी जाति-जमात की हर प्रकार से रक्षा करते थे। इसके विपरीत हिन्दुओं के नाम पर हक हड़पनेवाले ब्राह्मण, क्षत्रिय, लाला हिन्दू नेता—जिनके हकों पर मौज करते थे, उन्हीं के विरुद्ध षड्यंत्र रचते

रहते थे और अंग्रेजों की जय-जयकार करते रहते। लार्ड रिपन, लार्ड लैंस डाउन की विदाई और स्वागत में देहली से बम्बई व बम्बई से देहली तक फूल बिछाए गए थे। ऐसा क्यों हुआ? जो अंग्रेज शैतान था, वही अंग्रेज भगवान क्यों बन गया?

इसलिए कि अंग्रेजों ने समझा कि इन चतुर चूड़ामणि ब्राह्मण, क्षत्रिय, लाला को खुश करके बिना खतरा अपनी मक्खन-रोटी हमेशा उड़ाते रहेंगे। बर्र के छत्ते में हाथ डालने से क्या फायदा! इसीलिए अंग्रेज भगवान ने ब्राह्मणी व्यवस्था के अनुसार, राज-काज चलाना स्वीकार कर लिया था किन्तु अन्तरराष्ट्रीय परिस्थितियों से विवश होकर मांटेगू चेम्स फोर्ट रिफॉर्म सन् 1919 ई. में अछूतों को प्रत्येक लेजिस्लेचर में सीट रिजर्व कर दी गई। बस, वही अंग्रेज भगवान फिर शैतान हो गया और जय की जगह अंग्रेज की क्षय के नारे गूँज उठे।

यहाँ तक कि लाहौर में रावी नदी के किनारे 26 जनवरी, सन् 1930 ई. को लाला लाजपतराय की अध्यक्षता में कसम खाई गई कि अब आइन्दा हमारा अंग्रेजों से न कोई रिश्ता रहेगा और न कोई वास्ता, किन्तु उस कसम को ताक पर रखकर अब आजाद भारत को अंग्रेजों की पूँछ कॉमन वैल्थ में, बाँध दिया गया। सारे चाय बागान पर आज भी अंग्रेजों का अधिकार ज्यों का त्यों है। अंग्रेजों की बड़ी-बड़ी फर्में सुविधा के साथ धन कमा रही हैं।

सिर्फ यही क्यों अभी उस अंग्रेज औरत का वैसा ही स्वागत हुआ जैसा कि भारत की सम्राज्ञी का होना चाहिए।

हमारी गरीबी पर आँसू बहानेवाले महा-कारुणिकों ने हमारा खून चूस कर 40 करोड़ रुपये की होली खेल कर हमको कृतार्थ कर दिया है। यह एक रहस्यपूर्ण लम्बी कहानी है जिसके उपलक्ष्य में अछूतों को हिन्दू बनाकर सिर्फ हक बटवारे के प्रश्न को ही खतम नहीं किया गया था वरन प्रतिनिधित्व को ही प्रभावहीन बना दिया गया और अब रिजर्वेशन का भी मखौल उड़ाया जा रहा है। 'अन्य पिछड़ी जातियों' का तो इससे भी बुरा हाल है।

ब्राह्मणवादी व्यवस्था के विधि-विधानों में जिसका वध किया जाता रहा है, उसी के कल्याण की दुहाई दी जाती रही है—रावण को क्यों मारा, उसकी मुक्ति के लिए। हिरण्यकश्यप को क्यों मारा? उसकी मुक्ति के लिए। यज्ञों में जिन पशुओं का वध किया जाता था, उनकी मुक्ति की दुहाई देकर 'वैदिक हिंसा, हिंसा न भवति' का राग क्यों अलापा जाता रहा। अछूतों के अधिकार और उनकी महत्त्वाकांक्षा को विलुप्त करने के लिए 'हरिजन कल्याण विभाग' नाम का एक ढकोसला क्यों बनाया गया है जिस पर करोड़ों रुपया खर्च किया जाता है। अवश्य वजीफों के नाम पर चन्द पैसों की भीख कुछ अछूत विद्यार्थियों को दी जा रही है।

पचासी फीसदी शोषित—सर्वहारा को सिर्फ नौकरियों आदि के अधिकारों से ही नहीं वरन उद्योग-धन्धों से भी वंचित कर दिया गया है। दूसरी तरफ खादी

कमीशन, स्वराज्य आश्रम, भारत सेवक समाज, हरिजन सेवक संघ, समाज कल्याण विभाग के नाम पर करोड़ों का कबाड़ा कुनवा-परवरी में किया जा रहा है।

जब मुक्त व्यापार होता था तब शक्कर, तेल, लोहा, कोयला की छोटी-मोटी दुकान शोषित जातियों के लोग भी कर लेते थे और अन्य चीजों की दुकानें भी कर लेते थे किन्तु अब परमिट की कृपा से शक्कर, तेल, लोहा, कोयला आदि पर तो बपौती हक हो ही चुका है। अन्य चीजों की दुकानें करने पर भी मार्केटिंग इंस्पेक्टर, सिनेटरी इंस्पेक्टर की पल्टनें अपनी असाधारण जातिवादिता का परिचय ही नहीं प्रमाण भी दे डालती हैं।

शोषित जातियों का चालान करना उक्त इन्सपेक्टरों के बाएँ हाथ का खेल है। फिर कोई शोषित दूध, तेल, मिठाई आदि की दुकान करके क्यों मुसीबत में पड़े? यह है योग्यता का प्रमाण जिसके आधार पर शोषितों को अयोग्यता का फतवा देकर निकाल दिया जाता है।

भले ही शोषित विद्यार्थी फर्स्ट डिवीजन नहीं फर्स्ट पोजीशन में पास होता रहा हो किन्तु इस देश में योग्यता का प्रमाण है—जाति, कुल, कुनवा जैसा कि त्रिकाल-दर्शीय ऋषियों ने हजारों वर्ष पहले ही आर्य (श्रेष्ठ) अनार्य (अधम) का भेद लिखकर रख दिया था, उसी के आधार पर अब भी नौकरी दी जाती है।

डॉक्टर सम्पूर्णानन्द, मुख्यमंत्री, उत्तर प्रदेश के हटाए जाने पर शूद्र की जगह महा-शूद्र चमार जाति के श्री गिरधारी लाल जी को उस गद्दी से हटाने के लिए नेहरू को अपना जातिवादी अमोघ अस्त्र चलाना ही पड़ा, यही तमाशा दिल्ली में भी पंडित गोविन्द वल्लभ पन्त, गृहमंत्री, भारत सरकार के निधन के बाद महा-शूद्र चमार जाति के जगजीवन राम का भी देखा गया है। शूद्र की जगह महाशूद्रों को वहाँ का लोकतांत्रिक सिंहासन मिलता तो इस देवभूमि में घोर कलियुग आ गया होता। पंडित नेहरू की महती कृपा से घोर कलियुग आते-आते रुक गया।

भूतकाल से जिन धार्मिक ग्रंथों की आड़ में शूद्र (पिछड़ी-जाति) एवं महाशूद्र (अनुसूचित-जाति व अनुसूचित-जनजाति) पर जो आर्थिक व राजनैतिक डकैती डाली जा रही है। उनके कुछ अंश नीचे लिखे जा रहे हैं। यहाँ शूद्र शब्द का मतलब शूद्र तथा महाशूद्र है। यही बहुजन है।

मनु-स्मृति

इस देश पर द्विजाति लोग प्रयत्न के साथ अपना अधिकार (शासन) जमाये रखें और शूद्र किसी दूसरे देश में वृत्ति-पीड़ित होकर जा बसें। [2/24]

जो व्यक्ति द्विजाति ब्राह्मण को मारने की इच्छा से क्रुद्ध होकर लाठी उठाता है, वह सौ वर्ष तक 'तामिस्त्र' नरक में चक्कर खाता है। [4/165]

जो व्यक्ति क्रोध में आकर जान-बूझकर एक तिनके से भी ब्राह्मण को मारता है, वह उस पाप के कारण 21 बार पाप योनि (कुत्ते, सियार आदि) में जन्म लेता है। [4/166]

ब्राह्मण का गिरा हुआ रक्त मिट्टी के जितने कणों को भिगोता है, उस रक्त बहानेवाले को उतने ही वर्ष परलोक में दूसरे हिंसक जीव (कुत्ता, गीध व गीदड़ आदि) काटते रहते हैं। [4/168]

जो व्यक्ति ब्राह्मण की हत्या करता है, वह कुत्ता, सूअर, गधा, ऊँट, बकरा, जंगली जानवर, चिड़िया, चांडाल तथा पुक्कस आदि की योनि में जन्म लेता है। [6/55]

राजा का मंत्री ब्राह्मण हो। राजा उसे सब काम सौंप दे। उस पर परम विश्वास करे। [7/58]

राजा के सलाहकार अर्थात् मंत्री वेद जाननेवाले तीन ब्राह्मण और अधिकार प्राप्त ब्राह्मण ही होना चाहिए। [8/11]

ब्राह्मण को छोड़कर दूसरी जाति को दिया हुआ दान जितना फल लिखा है, उतना ही फल देता है तथा ब्राह्मण नामधारी को दिया हुआ दान दूना फल देता है। पढ़ते हुए ब्राह्मण को दिया हुआ दान लाख गुना फल देता है और वेदपाठी ब्राह्मण को दिया हुआ दान अनन्त फल देता है। [7/85]

बढ़ई, लुहार व शिल्पकार का काम करनेवालों से तथा बोझा ढोकर जीविका कमानेवाले शूद्रों से राजा प्रति माह एक दिन काम कराए। [7/138]

यदि ब्राह्मण को किसी अपने पूर्वज का गड़ा हुआ धन मिले, तो सब धन ले लेना चाहिए। क्योंकि वह सबका स्वामी है। [8/37]

यदि राजा को गड़ा हुआ धन मिले, तो वह आधा ब्राह्मण को देकर बाकी खजाने में डलवा दे। [8/38]

स्त्रियों की गवाही स्त्रियाँ, द्विजों की गवाही द्विज, शूद्रों की गवाही शूद्र और चांडाल की गवाही चांडाल ही दे सकता है। [8/68]

राजा—ब्राह्मण से कहे, कि बताओ, क्षत्रिय से कहे कि सत्य बताओ, वैश्य से कहे कि गाय, बीज व सोना की सौगंध देकर तथा शूद्र से कहे, कि झूठ बोलने से सब पापों के भागी होने की सौगंध देकर गवाह सम्बन्धी सवाल पूछे। [8/88]

धार्मिक राजा झूठी गवाही देनेवाले क्षत्रिय, वैश्य व शूद्र को अपराध के अनुसार दंड देकर देश से बाहर निकाल दे, परन्तु यदि ब्राह्मण झूठी गवाही दे, तो उसे बिना दंड दिए देश से बाहर निकाल दे। [8/123]

बंधक पर ऋण लेनेवाले ब्राह्मण से सौ पण दो, क्षत्रिय से तीन, वैश्य से चार और शूद्र से पाँच ब्याज ले। [8/142]

ब्राह्मण को गाली देनेवाले क्षत्रिय पर सौ पण, वैश्य पर डेढ़ सौ पण या दो सौ पण जुर्माना करना चाहिए और शूद्र को जान से मार डालना चाहिए। [8/267]

ब्राह्मण यदि क्षत्रिय को गाली दे, तो उसके ऊपर पचास पण, वैश्य को गाली दे तो पच्चीस पण और शूद्र को गाली दे, तो केवल बारह पण जुर्माना करना चाहिए। [8/268]

द्विज अपने समान वर्ण वाले को गाली दें, तो बारह पण जुर्माना करना चाहिए और यदि शूद्र को गाली दे, तो 267 व 268 के अनुसार व्यवहार करना चाहिए। (रुपये की तरह पुराने जमाने में पण एक सिक्का होता था।) [8/269]

शूद्र दारुण से ब्राह्मण का तिरस्कार करे, तो उसकी जिह्वा काट लें, क्योंकि वह पैर से पैदा हुआ है। [8/270]

शूद्र नाम और जाति कहकर द्रोह बस द्विजातियों को गाली दे, तो उसके मुँह में आग से तपाई हुई दस अंगुल की कील डालें। [8/271]

शूद्र यदि ब्राह्मण को धर्म का उपदेश दे, तो राजा उसके मुँह व कानों में खौलता हुआ तेल डलवाए। [8/272]

वैश्य अगर शूद्र जाति के व्यक्ति को गाली दे, तो साधारण दंड दे और शूद्र अगर वैश्य जाति के व्यक्ति को गाली दे, तो जिह्वा को छेदने को छोड़कर अन्य दंड दें। [8/277]

शूद्र अपने जिस अंग से श्रेष्ठ द्विज (ब्राह्मण) को मारे, तो उसका वही अंग कटवा लेना चाहिए। [8/279]

नीच जाति वाला व्यक्ति उच्च जाति के व्यक्ति के साथ बैठना चाहे तो कमर में दाग कर देश निकाला कर दें व थोड़ा-सा चूतड़ कटवा दें। [8/281]

नीच जाति वाला यदि उच्च जाति के ऊपर थूके, तो राजा उसके दोनों होंठ कटवाए। यदि मूते, तो मूत्रेन्द्रिय कटवाए। यदि पादे तो गुदा कटवाए। [8/282]

वैश्य यदि रक्षित ब्राह्मणी से सम्भोग करे, तो एक वर्ष की सजा करके उसकी कुल जायदाद छीन ले। क्षत्रिय यदि रक्षित ब्राह्मणी से सम्भोग करे तो एक हजार पण जुर्माना करके उस व्यक्ति के सिर को गधे के मूत से भिगोकर मुँड़वा दें। [8/375 व 376]

ब्राह्मण का केवल सिर मुँड़वा देना ही फाँसी के बराबर है और अन्य दूसरे व्यक्ति को सजा दी जाए। [8/379]

ब्राह्मण चाहे कोई बड़े से बड़ा अपराध करे तो भी उसे फाँसी कदापि नहीं देनी चाहिए। किन्तु उसे सम्पूर्ण धन सहित देश से निकाल दें। [8/380]

पृथ्वी पर ब्राह्मण के वध से अधिक कोई अ-धर्म नहीं है, इसलिए ब्राह्मण के वध का मन में विचार न करें। [8/381]

जो हिंसा वेदानुसार है, उसको हिंसा न समझना चाहिए क्योंकि वेद से ही धर्म निकला है। [मनु. 5/44]

ब्राह्मण निःसंकोच होकर शूद्र का धन ले ले क्योंकि शूद्र का इस संसार में अपना कुछ भी नहीं है। सब धन उसके स्वामी ब्राह्मण का ही है। [8/417]

राजा को चाहिए कि वह वैश्य व शूद्र से काम करवाता रहे। क्योंकि यदि वे अपने कर्मों से भ्रष्ट होंगे—तो जगत को व्याकुल कर देंगे। [8/418]

चांडाल तथा भंगी गाँव के बाहर रहें। उनकी सम्पत्ति कुत्ते व गधे हैं (अर्थात् भैंस, गाय, घोड़ा व बैल आदि नहीं पाल सकते हैं।) [10/51]

ब्राह्मण को आपत्ति-काल में अपने वर्ण के कामों को छोड़कर क्षत्रिय तथा वैश्य का काम करने की अनुमति है। [10/81-82]

शूद्र यदि ऊँची जाति के कर्मों को कर के धन कमाने लगे तो राजा उसका धन छीन कर उसे देश से निकाल दे। [10/96]

शूद्र को धन कमाने की शक्ति रखते हुए भी धन इकट्ठा न करना चाहिए क्योंकि शूद्र धनवान हो कर ब्राह्मण को ही दु:ख पहुँचाने लगता है। [10/129]

शूद्र की हत्या का प्रायश्चित्त बिल्ली, नेवला, मेढक, कुत्ता, गोह, उल्लू, कौवा या नीलकंठ में से किसी को मारकर करें। [1/131]

अत्रि-स्मृति

जप, तप, तीर्थ-यात्रा, संन्यास-ग्रहण, मंत्र-साधना व देवता की पूजा इन छह कर्मों के करने से स्त्री व शूद्र पतित हो जाते हैं।

पराशर-स्मृति

जो शूद्र द्विजों की सेवा को छोड़कर अन्य काम करता है, वह अल्पायु होता है और नि:संकोच नर्क में जाता है। [2/19, 20]

विष्णु-स्मृति

शूद्र यदि ब्राह्मण को कुछ बतावे, तो राजा उस शूद्र के मुख में गर्म तेल भरवा दे। शूद्र यदि किसी उच्च जाति वाले का अपमान से नाम ले तो उस शूद्र की जिह्वा में दस अंगुल की कील (सलाख) गर्म करके लाल हो जाने पर गाड़ दें। [5/19, 25]

गौतम-धर्म-सूत्र

शूद्र यदि किसी द्विज को गाली देता है अथवा मारता है, तो उसका वह अंग जिससे वह गाली देता है अथवा मारता है, काट लेना चाहिए। बैठने, सोने, वार्तालाप करने तथा सड़क पर चलने में शूद्र यदि द्विज की बराबरी करता है, तो शारीरिक दंड का भागी होता है। [12/1, 7]

शूद्र यदि किसी आर्य स्त्री से सम्भोग करता है, तो उसकी मूत्रेन्द्रिय (लिंग) को कटवा दिया जाए और उसकी सम्पूर्ण सम्पत्ति जब्त कर ली जाए। यदि कोई उस स्त्री का स्वामी है, तो उस शूद्र को ऊपर लिखे दंड के बाद फाँसी का दंड दिया जाए। [12/1, 3]

राजा सब का शासक होकर भी ब्राह्मण का शासक नहीं। [16/14, 23]

आपस्तम्ब

कोई द्विज यदि शूद्र स्त्री से व्यभिचार करे, तो उसे देश-निकाला दिया जाए, परन्तु शूद्र किसी द्विज-स्त्री से व्यभिचार करे, तो उसे फाँसी दी जाए। [2/10/27-8, 9]

श्रोत्रिय ब्राह्मण से कर नहीं लेना चाहिए। उसे यह भी छूट है कि वह किसी वस्तु को बिना मूल्य चुकाए प्राप्त कर सकता है। [2/10/14-10]

नारद-स्मृति

शूद्र यदि द्विज को झूठा दोष लगाए, तो राजा के कर्मचारी उसकी जिह्वा के टुकड़े-टुकड़े करके उसे फाँसी की सजा दें। शूद्र यदि द्वेष भाव से द्विज का अपमान करे, तो उसकी जिह्वा काट दी जाए। शूद्र यदि द्विज का घृणा से नाम ले, तो दस अंगुल की गर्म लाल-लाल लोहे की सलाख से उसकी जिह्वा में छेद किया जाए। शूद्र यदि किसी ब्राह्मण को धृष्टतापूर्वक धर्म सिखाए, तो राजा उसके मुख और कान में गर्म तेल भरवाए। शूद्र का जो अंग ब्राह्मण को दुख देता है, वह अंग काट दिया जाए। यही उसके पाप का प्रायश्चित्त है। [8/412, 414]

जंदवस्ता (पारसी-ग्रंथ)

आर्यों का प्रदेश 'आर्कटिक' है।

आर्य लोग अपने प्रदेश से अकाल-पीड़ित होकर भारत में आए।

बोधायन

शूद्र यदि किसी उच्च वर्ण की स्त्री के साथ बलात्कार करे, तो उसको फाँसी देना चाहिए। शूद्र यदि किसी उच्च वर्ण को मारे या गाली दे, तो उसका वही अंग कटवा लेना चाहिए, जिससे वह यह अपराध करता है।

कौटिल्य का अर्थशास्त्र

शूद्र यदि अपने को ब्राह्मण कहता है, तो उसकी आँखों में जहर (तेजाब) डालकर फोड़ देना चाहिए या अधिक भारी जुर्माना करना चाहिए। शूद्र यदि किसी ब्राह्मण को भ्रष्ट या अपवित्र करता है, तो उसको जलाकर हत्या कर देना चाहिए। शूद्र यदि ब्राह्मण की निन्दा करता है या उस पर आक्रमण करता है, तो उसका वही अंग कटवा लेना चाहिए, जिससे उसने ब्राह्मण पर हमला किया है। इसके विपरीत

यदि कोई उच्च जाति का पुरुष किसी शूद्र की स्त्री के साथ सम्भोग करने की भूल कर बैठता है, तो इसे अपराध नहीं समझना चाहिए।

संवर्त-संहिता

ब्राह्मणी के साथ सम्भोग करनेवाले शूद्र को आग में जिन्दा जला देना चाहिए। [18/20]

बृहस्पति

शूद्र यदि किसी को धर्म बतावे, वेद को पढ़े अथवा ब्राह्मणों का अपमान करे, तो उसकी जिह्वा काट ली जाए। [12/12]

महाभारत

भले या बुरे किसी भी कर्म को करते हुए ब्राह्मण का तिरस्कार नहीं करना चाहिए। (आदि पर्व!) [190/13]

ऋग्वेद

आर्यो! आपस में एकता रखो। [ऋग्वेद 10/191-3, अथर्ववेद 3/3-6]

हे आर्य सेना नायको! बड़े बनो! समझ वाले बनो! मत बिछुड़ो सफल होते जाओ। एक साथ मिलकर एक धुरा को उठाओ। एक-दूसरे के लिए मीठा बोलो। आओ—मैं तुम्हें साथ-साथ चलनेवाले और एक मन वाला बनाता हूँ।

[ऋग्वेद 10/137, अथर्ववेद 4/13-1]

हे अग्नि के समान तेज वाले इन्द्र! आपने दोनों शत्रुओं शुम्भ व निशुम्भ के किलों को तोड़ डाला। [1/120-1-8]

हे इन्द्र! आपने वर्चि के पाँच सौ सहस्र (पाँच लाख) शस्त्रधारी दासों का वध किया। [4/30-15]

हे इन्द्र! आपने 'शंबर' दास के पत्थर से बने सौ नगरों को नष्ट कर दिया। [4/30-20]

हे इन्द्र! आपने कृष्ण के देश की कुछ गर्भवती स्त्रियों की हत्या कर दी।

[1,101,1] [3,5 घा—सहिष्णुता]

हे इन्द्र! आपने दधीच के तीन सौ सहस्र (तीन लाख) दास सैनिकों को मायावी शस्त्रों द्वारा वध करके सुला दिया। [4/30-31]

हे इन्द्र! आपने ऐसी ही 150 सेनाओं का नाश किया। [1/133-4]

हे इन्द्र! आपने आर्यों के लाभ के लिए अंशुमती नदी के किनारे ठहरे हुए अनार्य कृष्ण की दस हजार द्रुतगामी हिंसक सेना का संहार किया। [8/96-13]

हे इन्द्र! आपने वृंगद के सौ नगरों का नाश किया। [1/53-8]

हे शत्रुहन्ता! दस्यु जाति का विनाश करो। [10/22-8]

जो राजा ब्राह्मण का आदर करता है, वह सुखपूर्वक निवास करता है। [4/50-8]

अथर्ववेद

हे अग्नि के समान तेजस्वी नेता! शत्रुओं पर चढ़ाई करके उन्हें जलाकर विजय प्राप्त करो। नशा पिलाओ, नशे की हालत में हाथ काट दो। [3/1-7]

हे इन्द्र! अग्नि और वायु के अस्त्रों से शत्रुओं को भगाओ। मारो। कत्ल करो। अन्धा करो। [3/1-5,6]

शोकों के द्वारा हृदय को जलाओ! अँधेरे में घेरो! न्याय के नियम के खिलाफ अँधेरे में लड़ो—ताकि वह पहचान न सकें। [3/2-5,6]

धार्मिक ग्रंथों का आजकल प्रभाव

नाम जाति	जनसंख्या सन् 1956 ई.	एम.एल.ए. जो चाहिए	एम.एल.ए. जो हैं सन् 1952 ई.
आगे बढ़ी जाति	1,37 लाख	92	261
पिछड़ी जाति	2,69 लाख	190	41
दलित-आदिवासी	1,50 लाख	100	84
मुस्लिम	60 लाख	40	43
अन्य धर्म	13 लाख	9	2
योग	**6 करोड़ 29 लाख**	**431**	**431**

सन् 1931 ई. की जनगणना में 27 प्रतिशत की बढ़ोतरी कर देने से सन् 1951 ई. की जनगणना करीब-करीब सही आ जाती है। उपरोक्त सूची अनुमानत: सही है।

नोट : आगे बढ़ी जातियों के 92 एम.एल.ए. आबादी के लिहाज से होने चाहिए थे किन्तु 261 एम.एल.ए. हैं। इस प्रकार 169 एम.एल.ए. जो ज्यादा हैं सो पिछड़ी जाति, अनुसूचित जाति व अनुसूचित जनजाति आदि के हकों की डकैती से लिए गए हैं। जिनकी डकैती हुई है, उन्हें डकैतों से सावधान रहना चाहिए। अब जनसंख्या और जातिवार एम.एल.ए. आदि के आँकड़े पढ़िए, सोचिए, समझिए, सही जँचे तो कहिए—शासन 'जातिवादी' है, 'मनुवादी' है।

आगे बढ़ी जातियाँ

नाम जाति	जनसंख्या सन् 1951 ई.	एम.एल.ए. जो चाहिए	एम.एल.ए. जो हैं
ब्राह्मण	60 लाख	40	- 253 -
क्षत्रिय	46 लाख	31	
वैश्य	15 लाख	10	
कायस्थ	05 लाख	03	
खत्री	01 लाख	01	
जाट	10 लाख	07	
योग	**1 करोड़ 37 लाख**	**92**	**253**

पिछड़ी जातियाँ

नाम जाति	जनसंख्या		एम.एल. जो चाहिए			एम.एल.ए. जो हैं		
	1951		1952	1957	1962	1967	1969	1974
अहीर, अहिरा,	55 लाख	37	18	24	23	32	31	41
अहर, कुर्मी	23 लाख	16	10	14	17	19	9	23
लोधी-किसान	19 लाख	13	3	5	7	9	8	12
गूजर	4 लाख	3	3	3	3	5	3	7
काछी, मुराव, कोयरी	22 लाख	15	5	2	6	0	3	8
केवट, मल्लाह	11 लाख	8	1	1	0	1	1	2
भुर्जी	3 लाख	2	0	1	0	1	1	1
माली	4 लाख	2	0	0	0	0	1	1
कहार, धीवर	16 लाख	11	0	0	0	0	0	0
गड़रिया	13 लाख	9	1	0	0	0	0	0
तेली	12 लाख	8	0	0	0	0	0	0
कुम्हार	11 लाख	8	0	0	0	0	0	0
नाई	9 लाख	6	0	0	0	0	1	1
बढ़ई	8 लाख	6	0	0	0	0	0	0
लुहार	7 लाख	5	0	0	0	0	0	0
नुनियाँ	5 लाख	4	0	0	0	0	0	0
जोगी	5 लाख	4	0	0	0	0	0	0
तमोली	5 लाख	4	0	0	0	1	1	0
राजभर	5 लाख	4	0	0	0	0	0	0
कड़ेरे, धुनियाँ	4 लाख	3	0	0	0	0	0	0
सुनार	4 लाख	3	0	0	0	0	0	0
दर्जी	3 लाख	2	0	0	0	0	0	0

चिकवा	2 लाख	2	0	0	0	0	0	0
बारी	1 लाख	1	0	0	0	0	0	0
बंजारा	1 लाख	1	0	0	0	0	0	0
हलवाई	1 लाख	1	0	0	0	0	0	0
अरख	1 लाख	1	0	0	0	0	0	0
ठठेरे	1 लाख	1	0	0	0	0	0	0
छीपा	1 लाख	1	0	0	0	0	0	0
नायक, पटवा, साध, अग्रहरी, अहिवासी, गिरी, गुसाई, कोष्टा, वैरागी, लखेरा, नियारिया आदि	13 लाख	9	0	0	0	0		0
योग	**2,69 लाख**	**190**	**41**	**50**	**56**	**68**	**59**	**96**
अछूत आदि	**150 लाख**	**100**	**84**	**87**	**89**	**90**	**95**	**93**

अन्य धर्म

मुस्लिम	60 लाख	40	43	35	30	25	35	40
बौद्ध, जैन, सिख ईसाई, यहूदी, पारसी आदि	13 लाख	9	1	1	3	5	2	4

जब तक ब्राह्मण की रोटी-बेटी ब्राह्मण में और शूद्र की रोटी-बेटी शूद्र में होती है तब तक सरकार को जनगणना जाति-वार करानी चाहिए, परन्तु वह ऐसा इसलिए नहीं करती है क्योंकि सरकार तथाकथित ऊँची कही जानेवाली जातियों की है। सवर्णवादी है। यदि जातिवार जनगणना कराई जाएगी तो पिछड़ी, अनुसूचित व अनुसूचित जनजातियाँ आदि आबादी के हिसाब से राजनीतिक अधिकार माँगेंगी। पहले मनु ने जातियों के काम निश्चित करके उन्हें लूटा। वह मनुवादी लूट आज तक जारी है। मौजूदा सरकार जातियाँ मिटाने का चकमा देकर जातीय आधार पर बहुजन जनता को लूट रही हैं।

गजेटेड (बड़े) ऑफिसर (उत्तर प्रदेश)

नाम जातीय समुदाय	**1946**	**1955**	**1961**
दलित	16	70	194
पिछड़ी जाति	34	25	37

अगड़ी जाति	:	1201	:	4555	:	8500
अंग्रेज, ईसाई व मुसलमान आदि	:	1901	:	630	:	858
योग	**:**	**3152**	**:**	**5280**	**:**	**9619**

सन् 1955 ई. की सूची श्री रामनन्दन (कुर्मी) एम.एल.सी.और सन् 1961 ई. की सूची श्री रामस्वरूप वर्मा (कुर्मी) एम.एल.ए. के प्रश्नों द्वारा प्राप्त सरकारी उत्तर है।

15 अगस्त, सन् 1947 ई. को अंग्रेज भारत से चले गए। नव-निर्मित पाकिस्तान में भारत से अधिकांश मुसलमान चले गए। उनके स्थान पर केवल आगे बढ़ी जातियाँ ही गजेटेड ऑफिसर कुछ पढ़े-लिखे होने के कारण और अधिकतर चालाक व तिकड़मी होने के कारण बन बैठीं। वे आजतक कुंडली मारकर बैठी हैं। फिर उन्होंने क्वालीफिकेशन (योग्यता) के अतिरिक्त पर्सनाल्टी, इंटरव्यू और विभागीय तजुर्बा आदि की आड़ में जिस भाई-भतीजावाद को बढ़ावा दिया है। उसका सुबूत यह सिविल ऑफिसरों की रिसर्च लिस्ट है। इस भाई-भतीजावादी शासन ने अन्य जातियों तथा अन्य धर्मियों के योग्य व्यक्तियों को सर्वाधिक हानि पहुँचाकर उनके जीवन को सदा-सदा के लिए नीरस बना दिया है।

अब आप सोचिये कि 18 परसेंट का कोटा पूरा क्यों नहीं? ऐसा कौन-सा काम है जिसे ग्रेजुएट नहीं कर सकते?

पुलिस डिपार्टमेंट

क्र.सं.	ओहदा	कुल	अनुसूचित	पिछड़ी जाति
1.	आई.जी.पुलिस	1	.	-
2.	डी.आई.जी.	14	.	-
3.	सुपरिंटेंडेंट	77	1	2
4.	असिस्टेंट सुपरिंटेंडेंट	30	2	-
5.	डिप्टी सुपरिंटेंडेंट	282	12	5
6.	सीनियर पब्लिक प्रोसीक्यूटर	12	.	1
7.	पब्लिक प्रोसीक्यूटर	71	.	2
8.	असिस्टेंट पब्लिक प्रोसीक्यूटर	376	1	9
9.	इंस्पेक्टर	448	.	13
10.	सब-इंस्पेक्टर	3301	158	199
11.	हैड कॉन्स्टेबल	8227	100	613
12.	कॉन्स्टेबल	48336	1416	6060
13.	क्लर्क स्टाफ	1494	7	95
14.	फालोवर्स	2309	753	600
15.	अर्दली	808	44	262

श्री रामदीन जाटव एम.एल.ए. मैनपुरी के प्रश्न संख्या-1, दिनांक 29 जुलाई, 1960 का उत्तर ऊपर लिखा है।

यह है नेहरू, पंत एंड कम्पनी के सेक्यूलर स्टेट (वर्ण, जाति और धर्मविहीन राज्य) की 14 साला हुकूमत के जातिवाद का बोलता हुआ सबूत। किसी की हिम्मत है जो कहने का साहस करे कि नेहरू जी 'जाति' और 'धर्म' का पक्षपात करते हैं 'सैयाँ भये कोतवाल अब डर किसका'।

बेधड़क पुलिस जान-बूझकर अछूत, पिछड़ी जाति, मुस्लिम व गरीबों आदि को झूठे मुकदमों में फँसाती है। अब सजा देनेवाले महकमे का रामराज पढ़िए। यह महकमा भी पुलिस का बड़ा भाई है अर्थात् पुलिस और मुंसिफ खास तौर से एक ही थैली के चट्टे-बट्टे हैं।

जुडीशियल डिपार्टमेंट

क्र.सं.	ओहदा	कुल	अनुसूचित	पिछड़ी जाति
1.	सिविल एंड सेशन जज	76		1
2.	सिविल जज	78	:	1
3.	डिस्ट्रिक्ट सेशन जज	48		1
4.	अतिरिक्त सेशन जज	7		-
5.	जुडीशियल ऑफिसर	221	1	3
6.	मुंसिफ	155	7	2

श्री गया प्रसाद पासी एम.एल.ए. प्रतापगढ़ के प्रश्न संख्या 231, दिनांक 18 मार्च, 1960 का उत्तर ऊपर लिखा है।

उत्तर प्रदेश सरकार की सिविल लिस्ट नम्बर 260 व 260 सन् 1958 ई. और सिविल लिस्ट, प्रथम भाग, सन् 1967 ई. व द्वितीय भाग, सन् 1966 ई. के अनुसार गजेटेड (बड़े) ऑफिसर, एम.एल.ए., एम.एल.सी., एम.पी. (लोक-सभा व राज्य-सभा), चेयरमैन तथा मेयर आदि नीचे लिखे जाते हैं।

नाम जाति	:	1958	:	1967	:
ब्राह्मण	:	3150	:	3483	:
क्षत्रिय	:	800	:	914	:
वैश्य	:	1683	:	1971	:
शूद्र	:	213	:	296	:
महाशूद्र	:	212	:	396	:
कायस्थ	:	2165	:	2410	:
खत्री	:	1000	:	1093	:

जाट	:	300	:	364	:	
शरणार्थी	:	101	:	123	:	
सिक्ख	:	110	:	134	:	
मुस्लिम	:	792	:	747	:	
ईसाई	:	214	:	156	:	
योग	:	**10760**	:	**12058**	:	

ब्राह्मण

नाम गोत्र	1946	1955	1958	1967
शर्मा	74	243	364	421
पांडे, पांड्या	44	130	222	235
मिश्रा	68	157	214	255
तिवारी, त्रिवेदी व त्रिपाठी	45	122	169	232
जोशी	26	73	106	104
राय (भूमिहार)	25	34	40	45
शुक्ला	20	80	100	112
चौबे, चतुर्वेदी	26	77	99	115
दुबे, द्विवेदी	23	54	90	144
दीक्षित	14	31	60	64
बनर्जी	30	50	52	47
मुखर्जी	25	56	52	41
भार्गव	24	46	51	61
पंत	15	31	40	56
बाजपेई	7	26	33	39
उपाध्याय	7	21	32	34
चक्रवर्ती	10	19	30	28
त्यागी	9	21	30	37
चटर्जी	15	31	29	31
विष्ट	2	9	24	26
कौल	8	21	23	20
भाट, भटेल, भट्टाचार्य	6	15	21	27
अग्निहोत्री	1	11	20	21
नागर	3	13	20	21
रावत	अज्ञात	अज्ञात	10	12
भट्ट (पहाड़ी)	4	14	19	14
दत्ता	2	12	19	25
अवस्थी	4	8	18	27
भारद्वाज	1	13	18	10

मालविया	3	7	18	25
झा, ओझा	4	12	15	19
बागची	2	11	10	12
गौतम	2	10	7	13
सानियाल	अज्ञात	अज्ञात	12	15
राव	अज्ञात	अज्ञात	11	10
कोहली	अज्ञात	अज्ञात	11	13
बहुगुणा	अज्ञात	अज्ञात	10	12
पोल	अज्ञात	अज्ञात	10	12
पुरी	अज्ञात	अज्ञात	10	8
बतरा/बत्र	अज्ञात	अज्ञात	10	10
शास्त्री	अज्ञात	अज्ञात	10	13
पाठक	अज्ञात	अज्ञात	8	27
गौर	अज्ञात	अज्ञात	9	18
अन्य गोत्र, छिपे गोत्र	अज्ञात	अज्ञात	994	972
योग			**3150**	**3483**

क्षत्री

नाम जाति	:	1958	:	1967	:
वर्मा	:	38	:	60	:
नेगी	:	18	:	14	:
राव	:	6	:	7	:
गौर	:	6	:	6	:
पाल	:	6	:	10	:
गहलौत, गहलौते	:	5	:	9	:
मल, मल्ल	:	5	:	7	:
राठौर, राठौरी	:	9	:	10	:
तोमर	:	5	:	11	:
गौतम	:	4	:	6	:
सिसौदिया	:	4	:	3	:
बिसेन	:	3	:	2	:
राणा	:	3	:	8	:
राजपूत	:	2	:	5	:
नाग	:	2	:	1	:
गिल	:	2	:	2	:
कोतवाल	:	2	:	2	:
चन्देल, चन्देला	:	1	:	4	:
अन्य गोत्र, छिपे गोत्र	:	679	:	742	:
योग	:	**800**	:	**914**	:

वैश्य

नाम गोत्र	1946	1955	1958	1967
गुप्ता	113	281	426	515
अग्रवाल	64	180	290	352
जैन	36	82	143	188
गर्ग	13	42	77	104
मितल, मित्तल	18	40	72	77
गोयल	32	64	59	96
सिंगल/सिंघल	7	32	57	47
रस्तोगी	3	23	32	46
वैश्य	7	11	21	32
बंसल	3	11	14	8
विश्नोई	3	6	9	9
भूषण	2	7	9	7
माहेश्वरी	अज्ञात	अज्ञात	17	14
गोविल	अज्ञात	अज्ञात	17	26
शाह	अज्ञात	अज्ञात	13	27
वारसनी	अज्ञात	अज्ञात	11	25
जायसवाल	अज्ञात	अज्ञात	8	12
खंडूरी	अज्ञात	अज्ञात	7	7
अन्य गोत्र, छिपे गोत्र	अज्ञात	अज्ञात	408	316
योग			**1683**	**1901**

पिछड़ी व अनुसूचित जाति आदि

नाम गोत्र	1958	1967
यादव, गोप	15	43
वर्मा	20	28
चौरसिया (तमोली)	1	7
गढ़वाल (कुर्मी)	1	9
कटियार (कुर्मी)	9	13
कुशवाहा	2	6
शर्मा	6	10
जाटव	10	12
लुम्बा	2	3
नैयर	2	5

कुदसी, कुदसिया	:	1	:	4	:	
कुरील	:	3	:	5	:	
सगर	:	2	:	2	:	
जयन्त	:	2	:	2	:	
दोहरे	:	3	:	3	:	
हरित	:	3	:	2	:	
भगत	:	5	:	4	:	
पिपल	:	5	:	4	:	
शिल्पकार	:	1	:	3	:	
सोनकर (खटिक)	:	4	:	3	:	
अन्य गोत्र, छिपे गोत्र	:	300	:	501	:	
योग	**:**	**425**	**:**	**663**	**:**	

कायस्थ

नाम गोत्र	**1946**	**1955**	**1958**	**1967**
श्रीवास्तव	71	210	391	537
सक्सेना	49	148	229	272
माथुर	65	154	213	217
सिन्हा	27	64	94	155
भटनागर	24	79	89	99
चौधरी	11	23	67	66
दास	33	51	60	65
वर्मा	56	90	110	140
निगम	24	49	4	7
शाही	3	44	51	12
जौहरी	6	26	42	39
घोस	12	28	39	35
अस्थाना	9	23	30	37
सेन	14	15	24	22
बोस	5	17	13	16
मित्र	10	19	11	27
प्रधान	5	अज्ञात	10	17
खरे	7	14	23	33
बहादुर	अज्ञात	अज्ञात	23	25
अन्य गोत्र, छिपे गोत्र	592	522		
योग			**2165**	**2410**

खत्री

नाम गोत्र	1946	1955	1958	1967
मेहरा, मेहरोत्रा, मलहोत्रा	15	71	103	122
सेठ, सेठी	15	40	41	47
टंडन	20	55	67	82
कपूर	19	45	59	60
खन्ना	13	31	44	44
भाटिया	7	30	27	3
अरोरा/अरोड़ा	5	21	25	33
कक्कड़	11	22	26	23
चोपड़ा	3	13	20	20
मेहता	10	17	20	25
आनन्द	3	12	11	14
भल्ला	4	11	7	9
धवन	1	4	7	10
सहनी/साहनी	अज्ञात	अज्ञात	9	6
सूद	अज्ञात	अज्ञात	7	9
आहूजा	अज्ञात	अज्ञात	5	9
चड्ढा	अज्ञात	अज्ञात	3	13
तलवार	अज्ञात	अज्ञात	2	9
रोहतगी	अज्ञात	अज्ञात	4	9
अन्य गोत्र, छिपे गोत्र			513	516
योग			**1000**	**1093**

कुछ गजेटेड ऑफिसरों ने अपने नाम के सामने जाति और गोत्र के विशेषण नहीं लिखे हैं। इसका मतलब यह नहीं है कि वे प्रगतिशील हैं। जाति-पाँति आमूलचूल मिटाना चाहते हैं बल्कि तथाकथित उच्च जाति/सवर्ण लोगों ने जाति और गोत्र इसलिए छिपाए हैं ताकि पिछड़ी व अनुसूचित आदि जातियों को पता ही न लग पावे, कि अगड़ी जातियाँ ही भारी-भरकम संख्या में सत्तारूढ़ हैं। इसके विपरीत पिछड़ी व अनुसूचित आदि जातियों के शोषित ऑफिसरों ने जाति और गोत्र केवल चिर-काल से फैली सामाजिक घृणा से बचने के लिए छिपाए हैं। इनकी जाति और गोत्र पता चल जाने पर सवर्ण हिन्दू ऑफिसर उन्हें प्रताड़ित करेंगे।

अंग्रेज कहते थे कि भारतीय इस काबिल नहीं हैं कि उन्हें गजेटेड (बड़ा) ऑफिसर बनाया जाए। अब वही बात तथाकथित उच्च कही जानेवाली जातियों की ब्राह्मणवादी सरकार कहती है कि पिछड़ी, अनुसूचित जाति, अनुसूचित जनजाति और अल्प-संख्यक आदि जातियाँ इस काबिल नहीं कि उन्हें गजेटेड ऑफिसर

बनाया जाए। श्रीकान्त, शैड्यूल्ड-कास्ट कमिश्नर की रिपोर्ट में लिखा है कि हजारों ग्रेज्युएट अछूतों के नाम काम-चलाऊ दफ्तर में लिखे हैं।

अत: पाठक स्वत: सोचें कि मंजूरशुदा कोटा अठारह परसेंट का पूरा क्यों नहीं? ऐसा कौन-सा काम है, जिसे ग्रेज्युएट नहीं कर सकते? अर्थात् ग्रेज्युएट सब काम कर सकते हैं या विभागीय प्रशिक्षण के बाद सब काम कर सकते हैं।

प्रधानमंत्री पंडित जवाहरलाल नेहरू ने रामलीला मैदान, नई दिल्ली में कहा था कि अनुसूचित जातियाँ इस योग्य नहीं हैं कि उन्हें राजदूत बनाया जाए।

अपने सवाल में 'पब्लिक सर्विस कमीशन' के साक्षात्कार में अधिकारियों ने गंगा प्रसाद लोधी (बी.ए.) लखनऊ से प्रश्न किया—कि 'लोधी' किस चिड़िया का नाम है?' उस चिड़िया का सही नाम बताने के बाद भी चयन नहीं किया गया।

जवाहर सिंह यादव (बी.ए.), इटावा के सब-इंस्पेक्टरी पद के अभ्यर्थी से चयन के समय साक्षात्कार में प्रश्न किया गया—'लाल रंग की गाय हरी घास खाती है तो सफेद रंग का दूध क्यों देती है?' यह इंटरव्यू है या मखौल। साक्षात्कार में चुनाव वास्तव में एक नाटक-मात्र है। वहाँ वही सुरक्षित स्थान पा सकते हैं जो नाटक के प्रमुख पात्रों से किसी-न-किसी प्रकार से सम्बन्ध रखते हों। इनके लिए सबसे बड़ा सम्बन्ध 'जाति' का है।

उपसंहार-1

यह पुस्तक सम्भव है कि कुछ लोगों को बुरी लगे। सच्ची बात कड़वी होती है। असाध्य रोगी बिना कड़वी दवा पिये ठीक नहीं होता। हजारों साल के जातिगत, वर्णगत, वर्गगत, धर्मगत व मनुवादी शोषण को इस छोटी-सी पुस्तक में लिखना असम्भव है।

मैंने सरकारी साहित्य व अपनी रिसर्च द्वारा आँकड़े इकट्ठा किए हैं। दस फीसदी चालाक लोग राष्ट्र-निर्माण व समाज-कल्याण के नाम पर आजादी के इस दौर में भी प्राचीन काल की तरह यहाँ के नब्बे फीसदी शोषित-सर्वहारा वर्ग की सिधाई का बेजा फायदा उठा कर अपना उल्लू सीधा कर रहे हैं। वास्तव में, जनता की मौजूदा परेशानियों की जड़ भी यही है।

इस देश की सत्ता जनता राज में भी दस फीसदी लोगों के हाथ में है। यदि नब्बे फीसदी सदा कमेरा व शोषित वर्ग के योग्य लोगों के हाथ में आ जाए तो देश की प्रगति व लाभ का अधिकांश हिस्सा भी देश के बहु-संख्यक वर्ग को ही मिले।

अत: राष्ट्र रक्षा व जन कल्याण की भावना से हमने आँकड़ों के अ-काट्य प्रमाण द्वारा शोषित व शोषक दोनों ही वर्ग के लोगों में विवेक, नैतिकता व जागरूकता पैदा करने का प्रयत्न-मात्र किया है, जिससे हर वर्ग अपनी-अपनी जगह पर खुद सोचे, देश व उसकी जनता का भविष्य किस तरह बने, इस पर ठंडे दिमाग से विचार करे और उसका कोई सही हल निकाले। हमारी मंशा किसी वर्ग विशेष के खिलाफ कटुता पैदा करना हरगिज नहीं है।

धन्यवाद!

दिनांक—1 सितम्बर, सन् 1961 ई. **—पेरियार ललई सिंह**

उपसंहार-2

नोट-1 : भारत में ब्राह्मणवादी सरकार जातिवर जनगणना न कराने का सतत् मन बनाए हुए है कारण कि जो शोषितों के राजनैतिक हकों की लूट करने का मौका जातिविहीन समाज के भुलावे के नाम पर उनके कुनबे वालों को मिलता है सो लूट कैसे जारी रहे, बस इसी इरादे से जाति छिपाकर जनगणना कराई जाती है।

नोट-2 : मनु आदि ने श्रम करते श्रमण संस्कृति के मूल मनुष्यों की श्रमानुसार जातियाँ निर्धारित कर उनके कर्म को जन्म आधारित बनाकर उन्हें लूटा, अब मनुवादी सरकार सरासर जातियाँ दिखते हुए भी जातियाँ मिटाने का चकमा देकर बहुजन जनता के अधिकारों पर राजनैतिक डकैती डाल रही है।

इसलिए पाठकगण पुस्तक को शुद्ध हृदय व खुले दिमाग से पढ़ने व समझने की कोशिश करें, तभी वे कुछ समता की भावना को प्राप्त कर सकेंगे और लेखक भी अपने इरादे में सफल हो सकेगा।

धन्यवाद!

दिनांक—1 जनवरी, सन् 1974 ई. **—पेरियार ललई सिंह**

(विश्व कल्याण-भावना)

सब्बे सत्ता सुखी होन्तु, सब्बे होन्तु च खेमिनो।
सब्बे भद्राणी पस्सन्तु, मा कंचि दुक्ख मा गमा॥

शोषितों पर धार्मिक डकैती

!!नमो बुद्धाय!!

ब्राह्मणवादी राज में
भारतीय पुरोहितों का कमेरे मानव के
साथ मानवता विरोधी षड्यंत्र!

शोषितों पर धार्मिक डकैती

लेखक
पेरियार ललई सिंह
प्रेसिडेंट—रिपब्लिकन पार्टी ऑफ इंडिया, जिला—कानपुर, उत्तर प्रदेश, भारत
अशोक पुस्तकालय, झींझक, कानपुर, उत्तर प्रदेश 209302

अशोक पुस्तकालय (रजि.)
अंडर पेरियार ललई सिंह चेरिटेबल ट्रस्ट
84/172, झकरकटी, जी.टी. रोड,
जिला—कानपुर, उत्तर प्रदेश, भारत-208003

पहली बार 17 सितम्बर, 1961 ई.
ललई सिंह के प्रबन्ध से अशोक प्रेस झींझक (कानपुर) में छपा
पहली बार 2,000 प्रतियाँ प्रकाशित, मूल्य : 25 नए पैसे
दूसरी बार सन् 1964 ई.
दूसरी बार 2500 प्रतियाँ प्रकाशित, परिवर्धित मूल्य : 50 नए पैसे
तीसरी बार सन् 1967 ई.
बाबा साहब के परिनिर्वाण दिवस
दिनांक 6 दिसम्बर, सन् 67 ई. को
चौथी बार सन् 1975 ई.
पाँचवीं बार सन् 1980 ई.
छठी बार सन् 1987 ई.
सातवीं बार सन् 1991 ई.
आठवीं बार सन् 1993 ई.

मुद्रक
पेरियार प्रेस
झकरकटी, जिला—कानपुर
उत्तर प्रदेश, भारत-208003
महँगाई के कारण
मूल्य : दो रुपये दस नए पैसे

!!समर्पण!!

प्रात: स्मरणीय,

स्नेहमयी, परम् पूज्यनीया माताश्री 'मूला देवी जी'

गाम—कठारा, रेलवे स्टेशन झींझक-201302, जिला—कानपुर

की 'पुण्य स्मृति' में

जो अपने वैवाहिक जीवन के प्रथम दिनों में ब्राह्मणों के लिए यज्ञोपवीत संस्कार में पहली बार अन्य स-जातीय महिलाओं सहित पूड़ियाँ बेलवाने (बनवाने) गईं। उन जात्याभिमानियों ने उनका अहिरनी के बजाय 'हिन्नी आईं', 'हिन्नी आईं', 'हिन्नी आईं' अर्थात् 'अहिरिनिया आईं, अहिरिनिया आईं, अहिरिनिया आईं' कहकर अपमानित किया।

स्वाभिमानी माताश्री चोट खाई हुई विषधर नागिन (सर्पिणी) की भाँति क्रोधित दशा में तुरन्त ही अपनी ननद (पति की बहन) श्री पूर्णिमा देवी के साथ प्रतिरोध करते हुए, बिना पूड़ियाँ बेलवाए घर वापस लौट आईं। दम्पती सहित ऊँच-नीच व्यवस्था के ध्वस्त करने में जुट गईं।

शेष धरोहर अपने इकलौते पुत्र एवं प्रिय पाठकों को सौंप कर भाद्र मास शुक्ल पक्ष एकादशी रविवार सम्वत् 1982 विक्रमी (सन् 1925 ई.) को चार महाभूतों (पृथ्वी, जल, अग्नि व हवा) में विलीन हो गईं।

सादर सप्रेम भेंट!

दिनांक—1 सितम्बर, 1961 ई.

—पेरियार ललई सिंह

दो शब्द

भारत में धर्म का महत्त्व राजनीति से हमेशा ही अधिक रहा है, गोकि उसकी महत्ता चन्द लोगों के राजनीतिक ठाठ-बाट को सुरक्षित रखने के लिए ही रही है।

राजा हरिश्चन्द्र को लँगोटी लगाए ब्राह्मण विश्वामित्र साधु ने धर्म व पाप के डर से ही राजगद्दी से उतार कर काशी में मयपत्नी के बिकने पर मजबूर किया।

राम को धर्म के नाम पर मयपत्नी के राजगद्दी छोड़कर 14 साल तक जंगलों की खाक छानने पर ब्राह्मणों की कुटिल नीति से विवश होना पड़ा। महादानी राजा बलि को वामन का रूप धारण कर भगवान ने धर्म के नाम पर ही उसे राजगद्दी से उतार दिया।

वहाँ ये वैसे ही सभी लोग किसी फौज फाँटे या बम, एटम बम के भय से नहीं, केवल धार्मिक पाप व श्राप के डर से राज सुख भोग को छोड़कर तरह-तरह के कष्टों को खुद सहन करने के लिए तैयार हो गए।

अगर इन सब घटनाओं को गहराई से देखा जाए तो इनके पीछे देवताओं के छली गुरु इन्द्र का षड्यंत्र किसी-न-किसी रूप में जरूर छिपा हुआ मिलेगा और वह भी इसलिए कि इन्द्र का सिंहासन न छिनने पाए और उनका राजसी ठाट-बाट से भोग विलास सदा की तरह सलामत रहे।

यह बातें तो हिन्दू धर्म के देवतओं की हैं जिन्होंने धर्म की आड़ लेकर सीधे-सादे व भोले-भाले महामानव तुल्य महापुरुषों को धर्म-दान, सत्य, सदाचार, तप तथा बलिदान का आदर्श पाठ पढ़ाकर पाप व श्राप के नाम से सदा ही ठगा और अपने चतुर देव नायक इन्द्र की राजगद्दी को सलामत रखा।

अपने इन्हीं देवताओं की नकल भारत के धर्मगुरु ब्राह्मणों ने की और अपने सांसारिक सुख भोग को सुरक्षित रखने के लिए नाना प्रकार के देवी-देवताओं की मूर्तियाँ बिठाईं। उनके जगह-जगह पर स्थान बनाए और उनके दर्शन आदि के तरह-तरह के दिलचस्प किस्से गढ़कर अपने-अपने ढंग के नए-नए महात्म बताए। और उनके समर्थन में वेद से लेकर न जाने कितने पुराण, स्मृतियाँ, रामायण व गीता आदि ग्रंथों की रचना कर डाली।

उन सबके पीछे एक ही उद्देश्य रहा है कि देश के कमेरे दिन-रात छाती फाड़ कर काम करें और धर्मगुरु ब्राह्मण धर्म के नाम से बिना कुछ मेहनत किए सब हड़प कर जाएँ। जाति, वर्ण, धर्म, स्वर्ग, नर्क, पूर्व जनम संस्कार आदि के नाम पर यह ठग विद्या हजारों साल से यहाँ के तथाकथित पंडे, पुजारी व धर्मगुरु व उसके ठेकेदार लोग यहाँ के बहुसंख्यक कमेरों के साथ कर रहे हैं और उस पर मनचाहा ऐश करते आ रहे हैं।

आज प्रजातंत्र जरूर है पर पिछले 15 साल के कांग्रेसी नेहरू राज्य में धर्म-निरपेक्ष राज्य के बहाने जो कुछ हो रहा है, उसमें भी धर्म की आड़ लेकर आज के अधिकार प्राप्त सीधे-सादे, भोले-भाले इनसानों को ठगा जा रहा है। आज अपने बालिग मताधिकार के वोट को कमेरे, शोषित, दलित, किसान व मजदूर लोग मन चाहे ढंग से जहाँ चाहें वहाँ संगठित रूप से इस्तेमाल करके अपने ढंग की सरकार बनाने के लिए आदमी चुनें, वहाँ—रामायण, महाभारत, कीर्तन, होम व यज्ञ आदि का महात्म आज के चतुर राजनीतिक नेता बताकर देश के बहुसंख्यक कमेरों को फिर से धार्मिक गुलामी में फँसाए रखने का जोरों से जाल रच रहे हैं।

17 मार्च से 27 मार्च, 1961 तक झाँसी में अभी इसी साल राजापुर में तुलसी जयन्ती के नाम पर एक बहुत बड़ा समारोह मनाया गया, जिसमें 6 लाख रुपये से अधिक लागत का तुलसी स्मारक जनता के पैसे से बनवाया गया और यह सब हुआ आज के शासन कर्णधार सर्वश्री ए.जी. खैर, स्पीकर यू.पी. असेम्बली; श्री चतुर्भुज शर्मा, राज्य मंत्री व भूतपूर्व अध्यक्ष यू.पी. कांग्रेस कमेटी; चन्द्रभानु गुप्त, मुख्यमंत्री, यू.पी. व कैलाश नाथ काटजू, मुख्यमंत्री, मध्य भारत की देख-रेख, संरक्षता व हाथों में।

इसी तरह का एक दूसरा धार्मिक विश्व-रामायणी मेला 21 अक्टूबर, 1961 तक चित्रकूट में 60 फीसदी पिछड़े वर्गों को अधिकार दिलाने की माँग करनेवाले सोशलिस्ट पार्टी के नेता डॉ. राममनोहर लोहिया करने जा रहे हैं जिसमें रामधुन और रामायण धुन के साथ सन् 1962 के ग्राम चुनाव से पहले सीधे-सादे शोषित कमेरों को ब्राह्मणी धर्म के ऊपर श्रद्धा करने का जाल रचा जाएगा। इसके अगुआ हैं वही सब ऊँची जाति के राजनीतिक नेता। मुख्तसर यह कि आज क्या कांग्रेसी, क्या समाजवादी और क्या जनसंघी व हिन्दू सभाई सभी धर्म का जाल बिछाकर राजनीतिक सत्ता को हथियाने की ताक में हैं।

ऐसे समय में भाई ललई सिंह जी ने यह पुस्तक लिखकर देश की जनता को बताने व होशियार करने का एक प्रयत्न मात्र किया है कि हमारी भोली-भाली जनता जिन हिन्दू धर्म ग्रंथों को बड़ी श्रद्धा और अन्धभक्ति के साथ पढ़ती है, उसके भीतर तथाकथित शूद्र वर्ग, जो एकमात्र इस देश के किसान, मजदूर, कमेरे, पेशेवर देश का हर उत्पादन करनेवाले के खिलाफ कितना अपमानजनक लिख रखा गया है

और हजारों साल से धर्म के नाम पर ठगनेवाले लोग किस तरह प्रजातंत्र के इस 15 साल में भी शोषण करने पर तुले हुए हैं।

सापत ताड़त पुरुष कहन्ता, विप्र पूज्य गावहिं अस सन्ता।
पूजिअ बिप्र सील, गुण हीना। शूद्र न गुन-गन ग्यान प्रवीना॥

[अरण्य कांड, दोहा 33 के आगे की चौपाई]

ऐसी ही अनेक चौपाइयों को पढ़ने के बाद कौन-सा तथाकथित शूद्र वर्ग का व्यक्ति होगा जो धर्म के नाम से होनेवाले इस अपमान को बर्दाश्त करेगा व कौन ब्राह्मण व द्विज होगा जो उस व्यवस्था को न कायम रखना चाहेगा?

अत: पाठकगण अगर इस छोटी-सी पुस्तक को पढ़ने के बाद हिन्दू धर्म की धार्मिक मदान्धता को छोड़कर अपने आज के राजनीतिक अधिकारों के प्रति कुछ जागरूक हो सकें तो लेखक अपने प्रयत्न में सफल होगा।

दिनांक—1 अक्टूबर, 1961

—छेदी लाल 'साथी'

सम्पादक—'बहुजन', हिन्दी पाक्षिक पत्र, लखनऊ

प्रेसीडेंट—रिपब्लिकन पार्टी ऑफ इंडिया, उत्तर प्रदेश यूनिट

सम्मति

पिछड़ी जाति के वीर सेनानी एवं स्वाभिमानी लेखक श्री ललई सिंह के हृदय में किसान मजदूर की सामाजिक व आर्थिक शोषण के प्रति न केवल घृणा भरी है, वरन् शोषितों के विभिन्न रूपों को समाप्त करने की अमिट भावना भी है।

पुस्तिका में हिन्दू-धर्म की जातिगत, सामाजिक, राजनीतिक, आर्थिक व धार्मिक लूट वाली ब्राह्मणवादी व्यवस्था के मायावी जाल के उन धार्मिक तन्तुओं को छाँट-छाँट कर उद्धृत किया है, जिनके द्वारा हिन्दू समाज की बहुसंख्यक शूद्र (पिछड़ी जाति) महाशूद्र (अनुसूचित जाति व अनुसूचित जनजाति), परिश्रमी किसान, मजदूर-दस्तकार शोषित जातियों को हजारों वर्षों से अब तक अपना दासानुदास बनाए रखने में पन्द्रह प्रतिशत जनसंख्या वाली उच्च या आर्य जातियों ने सफलता प्राप्त की।

शोषित जनता लेखक के बताए मार्ग का अनुसरण करती हुई जाति व वर्ण व्यवस्था की बुराई को जब बुराई समझकर तोड़ देगी तभी दिमागी गुलामी से छुटकारा पा सकेगी एवं स्वतंत्रतापूर्वक अपने नवीन भावी शुभ-मार्ग पर चलकर सुखमय जीवन बिता सकेगी।

शोषक नेता पुस्तिका को पढ़ कर लेखक को जातिवादी कहकर राष्ट्रघाती कहेंगे किन्तु शोषित जनता जान जाने पर, उन्हें अपना नेता पथ-प्रदर्शक मानेगी।

सफलता की शुभ कामना।

धन्यवाद!

दिनांक—1 अप्रैल, 1967 ई.

—दीपनारायाण सिंह
एम.ए., एल.एल.बी.,
एडवोकेट (सुप्रीम कोर्ट)
प्रकाश-विकास-निवास
शादीपुर, खुर्द, फतेहपुर, (उ.प्र.)

सम्मति

श्री ललई सिंह द्वारा लिखित पुस्तक 'शोषितों पर धार्मिक डकैती' उत्तेजक विचारों वाली है। उसमें कई बातों की ओर आपने ध्यान दिलाया है। प्राचीन भारत के धार्मिक साहित्य विशेषकर हिन्दू धर्म में अनेक ऐसे तथ्य एवं मूल्य हैं। जो मानवता विरोधी हैं, वे आज स्पष्टत: अवैधानिक ही नहीं वरन् दंडनीय हैं। बहुत से स्थानों में पक्षपात, जातिवाद एवं छुआछूत की पुष्टि की गई है। आपने भी इंगित किया है। मूल प्रश्न यह है कि वर्णवादी-जातिवाद एवं छुआछूत दूर कैसे किया जाए?

1. अछूत वर्गों का केवल एक कर्तव्य कि वे ऐसा आचरण करें जिसमें जातिवाद एवं छुआछूत का लेशमात्र नाम न हो। हमें स्वयं अपनी ओर से इस प्रकार चलना चाहिए कि हम अछूत नहीं हैं और न हमारा ऐसा आचरण ही है। दुख इस बात का है कि स्वयं अछूत आपस में जातिवाद एवं छुआछूत करते हैं। ऐसा नहीं होना चाहिए।

2. सवर्ण हिन्दुओं का भी यही कर्तव्य है कि वे ऐसा आचरण न करें जो वर्णवादी-जातिवाद एवं छुआछूत से युक्त हो। उन्हें अपने परम्परावादी धार्मिक एवं सामाजिक मूल्यों को बदलना चाहिए। इसके लिए त्याग एवं उदारता की अति आवश्यकता है। सामाजिक संस्थाओं का ऐसा निर्माण हो, जिससे क्रान्तिकारी परिवर्तन आए।

3. सरकार का कर्तव्य है कि वह अछूत और सवर्ण जातियों का भेदभाव मिटावे। उनमें सामंजस्य स्थापित करे और जहाँ छुआछूत, अन्याय एवं शोषण हो—समाप्त करे। उन लोगों को दंडित करे जो ऐसा आचरण करते हैं। सरकार, पुलिस आदि को भावना से नहीं—संविधान से प्रेरणा लेनी चाहिए।

दिनांक—11 अप्रैल, 1967 ई.

—डी.आर. जाटव

एम.ए., पी-एच.डी., अध्यक्ष, दर्शन विभाग,
राजकीय महाविद्यालय, श्रीगंगानगर (राजस्थान)

सम्मति

श्री पेरियार ललई सिंह पिछड़े वर्ग के बहुत पुराने, सच्ची लगनेवाले, जोशीले, कर्मठ कार्यकर्ता व नेता हैं। आप सदा से दलित वर्ग तथा पिछड़े वर्ग के परस्पर मिल कर एक प्लेटफार्म पर संघर्ष करने के पक्षपाती रहे हैं—क्योंकि ऐसा होने से शोषितों का पच्चासी प्रतिशत बहुमत हो कर, देश में समाजवादी व समतावादी अवस्था लाई जाकर, हर प्रकार का शोषण, भुखमरी, मुनाफाखोरी, घूसखोरी व कुलवापरवरी इत्यादि बन्द की जा सकती है तथा इससे देश में जाति-वर्ण-वर्ग व वंश विहीन एक राष्ट्रीयता सम्भव है।

इसी महान उद्‌देश्य को सामने रखकर आपने कई छोटी-मोटी पुस्तकें भी लिखी हैं।

प्रस्तुत पुस्तक 'शोषित पर धार्मिक डकैती' में आपने ब्राह्मणवादी हिन्दू शास्त्र व्यवस्था और हिन्दू संस्कृति द्वारा बहुसंख्यक—शूद्रों व महाशूद्रों पर होनेवाले व्यवहारों का वर्णन किया है—जिसके परदे में उनका शोषण होता है।

इस पुस्तक की लोकप्रियता का प्रमाण यह परिवर्धित संस्करण है। सफलता की शुभ-कामना।

दिनांक—2 अगस्त, 1971 ई.

—चन्द्रिका प्रसाद 'जिज्ञासु'
बहुजन कल्याण प्रकाशक
360/193 मातादीन रोड
सआदतगंज, लखनऊ-3 (यू.पी.)

सम्मति

संतजन सज्जन मनन करें! क्या कहीं धर्म पर भी डकैती पड़ती है, सुनने में अटपटा-सा लगता है किन्तु भारतीय धार्मिक व्यवस्था में यह शब्दतः सत्य है। सत्य से भय क्यों?

बुद्ध के पूर्ववर्ती काल से ही, एक ही वर्ग के चन्द स्वार्थी आर्यों द्वारा भारतीय समाज में, विषमता के बीज ही नहीं बोए गए वरन् बुनियादी तौर पर उसे अजर अमर कर देने का षड्यंत्र भी रच दिया गया। विद्या से बहिष्कृत इस अल्पज्ञ समाज को शिक्षा के साथ ही सभी मानवीय सुविधाओं से वंचित कर उसे सदा-सदा के लिए मानसिक दास बनाए रखने के उद्देश्य से वर्णव्यवस्था को सामाजिक व्यवस्था के रूप के साथ ही, धार्मिक व्यवस्था का जामा भी पहना दिया गया है।

लोक-लोकान्तर के रहस्य के जानकार समस्त प्राणिमात्र पर अपार करुणा रखनेवाले महामानव गौतम बुद्ध ने इस विष की विभीषिका को देखकर, इसका भारी विरोध किया। उन्होंने स्वतंत्रता, समानता, समता के साथ ही करुणा और मैत्री से सम्प्रयुक्त जिस संघ की संरचना की तथा बहुजन हिताय, बहुजन सुखाय, लोकानुकम्पाय की, जिस विचारधारा का संचार किया उसके लिए भारत ही नहीं, सम्पूर्ण विश्व उनका कृतज्ञ है।

भारतीय वर्ण-व्यवस्था, निश्चय ही, धर्म के नाम पर भीषण डकैती है। जिस प्रकार डकैती में बलपूर्वक दूसरे का धन हड़प लिया जाता है, वैसे ही हिन्दू धार्मिक ग्रंथों में बलपूर्वक अधिग्रहण की अनेक घटनाएँ आज भी पढ़ी और पढ़ाई जा सकती हैं। महान समाज-परिवर्तक पेरियार ललई सिंह जी ने अपने अथक परिश्रम से यथार्थ नाम वाली 'धार्मिक डकैती' नामक अनमोल पुस्तक लिखकर सत्य की जानकारी कराने का जो सुकृत्य किया है, उससे निश्चय ही समाज उनका ऋणी रहेगा।

भवतु सब्ब मंगलम्।

दिनांक—1 सितम्बर, 1987 ई.

—जे.एन. आदित्य
अध्यक्ष, भारतीय बौद्ध महासभा (उ.प्र.)

'आश्चर्य की बात तो यह है कि जब कट्टरता के भयानक जीव उस मनुष्य पर टूट पड़ते हैं जिसने उनकी धार्मिक पुस्तकों पर आघात किया है, तब बड़े-बड़े विद्वान, जो अपने को निष्पक्ष बताते हैं, उनका साथ देते हैं।'

—डॉ. बी.आर. अम्बेडकर

दो शब्द

धर्म का वास्तविक मतलब मनुष्य के लिए मानवता। एक मनुष्य का दूसरे मनुष्य के साथ अच्छा बर्ताव। व्यक्तिगत समता, बन्धुता, स्वतंत्रता व एकता को बढ़ावा देना ताकि सभी-मनुष्य सुख शान्तिपूर्वक अपनी प्रगति कर सकें।

दलित-पीड़ित-शोषित वर्ग को हजारों वर्षों से पुरोहित, पंडा व पुजारी आदि भाग्य, भगवान, स्वर्ग, नर्क व पुनर्जन्म वगैरह के जाल में फाँस कर अपना उल्लू सीधा कर रहे हैं।

धर्म-शास्त्रों पर आधारित वर्ण-व्यवस्था, जातिभेद, अछूत व ऊँच-नीचपन की असमानता के कारण बहुसंख्यक समाज सभी मानवीय सुविधाओं से बहुत दूर है। भारत की सामाजिक असमानता अफ्रीका के काले एवं अमेरिका के नीग्रो से सहस्त्र गुनी खराब है। सरकार ने अस्पृश्यता-निवारण विधान सन् 1955 ई. में बनाया। उसे धन्यवाद!

दुख की बात है कि अधिकारीगण जो अधिकाधिक संख्या में सवर्ण और जात्याभिमानी ही हैं—ठीक-ठीक पालन नहीं कर रहे हैं। यह उनके व शासन दोनों के लिए महान कलंक है।

शासन को उपरोक्त कानून का कड़ाई से पालन कराना चाहिए। अधिकार वंचित बहुसंख्यक समाज को चाहिए कि वह हिन्दू धर्म शास्त्रों की कल्पित असमानताओं के जामा को उतार कर फेंक दे। स्वत: रक्षक, शिक्षक व उद्धारक बनें। मानवीय अधिकारों को जैसे बने, तैसे प्राप्त करें—चाहे शान्ति द्वारा या क्रान्ति द्वारा। चाहे धर्म परिवर्तन द्वारा।

अनन्त धन्यवाद!

दिनांक—1 सितम्बर, 1980 ई. **—पेरियार ललई सिंह**

ब्राह्मणवादी राज में
शोषितों पर धार्मिक डकैती

आर्यों (सवर्ण हिन्दुओं) के तथाकथित धार्मिक-ग्रंथों में शूद्रों के लिए वर्ण-व्यवस्था के आधार पर जो व्यवस्थाएँ दी गई हैं—वे मानव समाज में असमानता तथा घृणा उत्पादक हैं और शूद्रों के साथ घोर जुल्म व अत्याचार करने का प्रोत्साहन देती हैं, जिनके कारण यह शूद्र बतलाया जानेवाला बहुसंख्यक मानव समाज कई हजार वर्ष से घोर नारकीय जीवन बिताता चला आ रहा है।

इस शूद्र-समुदाय में अगणित प्राणी पैदा होते रहे और मरते रहे—परन्तु उनकी भावनाओं को भाग्य, भगवान, धर्म, पुनर्जन्म व स्वर्ग-नर्क की कल्पनाओं के फंदों में इतना जकड़ दिया गया कि वह कभी भी मानवीय अधिकारों को प्राप्त नहीं कर सके।

विजेता आर्यों ने इन अनार्य (शूद्रों) पर जो अन्याय, अनाचार, उत्पीड़न एवं अत्याचार किए हैं, संसार में उनकी दूसरी मिसाल मिलना असम्भव है। शूद्र-विरोधी इस कृत्य को ही हिन्दू-धर्म कहा गया है और ऐसी व्यवस्थाओं के विधाताओं को ऋषि, मुनि व वीतराग। यहाँ तक कि भगवान तक की उपाधियाँ दी गई हैं। सम्पूर्ण हिन्दू साहित्य शूद्र-विरोधी विधि-विधानों व व्यवस्थाओं से भरा पड़ा है, फिर भी आर्य सन्तान आज भी बहुत ही गर्व के साथ कहती हैं—हमारा हिन्दू धर्म, हमारी सभ्यता और हमारी संस्कृति महान है।

मध्यकाल में जब से शूद्र (बैकवर्ड) और महाशूद्र (अछूत) मुसलमान होकर नासिरुद्दीन खुसरो (गुजरात का मेहतर), मालिक कापूर (पंजाबी अछूत) आदि बादशाह बनने लगे, तो इन आर्य सन्तानी चतुर चूड़ामणि व्यक्तियों द्वारा शूद्रों को धोखे में डाले रहने के लिए एक तरफ तो यह नारा लगाया गया कि 'हरि को भजे—सो हरि का होई, जाति-पाँति पूछे नहिं कोई'। दूसरी ओर इन्होंने विजेता मुसलमानों से स्वयं रिश्तेदारियाँ कायम करके उनके दिमागों में यह बात भर दी कि तुम शरीफ हो और हम भी शरीफ हैं, इसलिए यदि कोई शूद्र या अतिशूद्र मुसलमान बने, तो उसको अपने बराबर का दर्जा मत दो। कमीन को कमीन बनाकर रखो!

शूद्र की उपरोक्त उन्नति का प्रवाह रोकने के लिए बहुत से आम हिन्दू स्वयं मुसलमान बन गए और मुस्लिम समाज इस्लाम का जो बुद्धिवादी सिद्धान्त मुसीबत

था, उसको खत्म कराकर उसमें भी घोसी (अहीर), कुजड़ा (काछी), भिश्ती (कहार), जुलाहा (कोरी), कसाई (चिकवा), धुना (कढ़ेरा) आदि-आदि बनवाकर वर्ण-जाति की विषमता पैदा कर दी।

मुसलमानों पर अच्छी तरह काबू पा लेने के बाद सम्राट अकबर की हुकूमत में पंडित तुलसीदास गुसाईं ब्राह्मण ने 'रामचरितमानस' नामक एक ग्रंथ लिखा, जिसमें हिन्दू धर्म की यह शूद्र-विरोधी व्यवस्थाएँ, जो तीन सौ वर्ष पहले के मुसलमानी शासन काल में मृतप्राय हो चुकी थीं, उसके फिर से जीवित करने के लिए कथित ईश्वर और वर्ण-व्यवस्था की वाहक मनुवादी भाषा संस्कृत के बजाय अपनी बोल-चाल की अवधी भाषा में 'रामचरितमानस' लिखा, जिससे वह बहुसंख्यक समाज भी पढ़कर, इन आर्यों (सवर्णों) को सदा ही अपना स्वामी/मालिक समझता रहे और अपने आपको पुश्तैनी दास/सेवक मानता रहे।

आज देश स्वतंत्र है, तथाकथित इस सेक्यूलर स्टेट के नाम पर यहाँ की शासन व्यवस्था चलाई जा रही है और धर्म-निरपेक्ष-राज्य की माँग की जा रही है, परन्तु शूद्रों के खिलाफ उसी पुरानी ब्राह्मणी धार्मिक व्यवस्था की पुष्टि करने के लिए मनुस्मृति, रामायण और गीता जैसे घोर वेदवादी, वर्णवादी-पुरोहितवादी, जातिवादी ग्रंथों को विशेष मान्यता व प्रोत्साहन दिया जा रहा है।

इन आर्यों (हिन्दुओं) के अत्याचार, प्रताड़ना और उत्पीड़न से जर्जरित होकर कभी अछूत लोग मुसलमान व ईसाइयों की थोड़ी-बहुत पनाह ले लेते हैं तो यह बात भी आर्य सन्तानों को बहुत खलती है कि इसलिए कि गुलामों की संख्या कम न हो जाए। इसी कारण आर्यसमाजी प्रकाशवीर शास्त्री, एम.पी. ने दिल्ली की पार्लियामेंट में इस आशय का एक विधेयक पास कराने की असफल कोशिश की, जिससे कोई अछूत या शूद्र अपनी तरक्की के लिए ईसाइयों की शरण या उनसे सुविधा प्राप्त न कर सके। जिस पर इन शूद्रों के प्रतिनिधि श्री बी.के. गायकवाड, एम.पी. (बम्बई) ने विरोध किया और शूद्र-विरोधी मनुस्मृति के पन्ने वहीं संसद की सभा में बोलते हुए 4 मार्च, सन् 1960 ई. को फाड़ कर फेंक दिए। इस पर आर्य जगत में बड़ी खलबली मच गई।

इसी प्रकार उत्तर प्रदेशीय विधान सभा, लखनऊ में भी श्री भूपकिशोर सिंह 'लोधी', एम.एल.ए. (एटा) के द्वारा रामायण के शूद्र-विरोधी पन्ने दिनांक 12 अप्रैल, सन् 1960 ई. को फाड़ डालने पर आर्यों की सन्तानों में प्रचंड क्रोध की लहर प्रज्वलित हो उठी।

यह समस्त ब्राह्मणी धर्म-ग्रंथ वेद से लेकर दुर्गा पाठ तक सभी ब्राह्मण को उच्च से उच्चतम् अर्थात् देवतम् भगवान से भी अधिक सम्मान और प्रतिष्ठा प्रदान करते हैं और शूद्र को निकृष्ट कीड़े-मकोड़े से भी बदतर दशा में रखने की प्रेरणा देते हैं, जिसके कुछ नमूने यहाँ दिए जा रहे हैं, जिसको पढ़कर सवर्ण और उनके धर्म की उदारता एवं सहिष्णुता का सही दिग्दर्शन हो जाता है।

मनु-स्मृति में ब्राह्मण एवं शूद्र
धार्मिक-सामाजिक व्यवस्था

शूद्र के लिए ईश्वर ने एक ही कर्म नियत किया है कि वह तन-मन से तीन वर्णों (ब्राह्मण, क्षत्रिय तथा वैश्य) की सेवा करे। [1/91]

मुख से उत्पन्न होने के कारण ब्राह्मण सबसे बड़ा है और सृष्टि का प्रभु या स्वामी है। [1/93]

देवता लोग ब्राह्मणों के मुख द्वारा ही भोजन करते हैं। इसलिए संसार में ब्राह्मणों से बढ़कर कोई प्राणी नहीं है। [1/95]

भूत मात्र में प्राणधारी उत्तम है, उनमें उत्तम मनुष्य है, उनसे उत्तम बुद्धिजीवी है और मनुष्य मात्र में ब्राह्मण श्रेष्ठ है। [1/96]

ब्राह्मण जन्म से ही पृथ्वी पर सबसे बड़ा है। वह सब प्राणियों का ईश्वर (मालिक) है। वह संसार में धर्म के खजाने का रक्षक है। [1/99]

संसार में जो कुछ है, वह सब ब्राह्मणों का है, क्योंकि वे जन्म से ही श्रेष्ठ हैं। [1/100]

ब्राह्मण यदि पराया अन्न लेता है या पराये वस्त्र पहनता है और किसी का धन लेकर किसी को देता है, तो यह सब उसकी ही सम्पत्ति है क्योंकि सब लोग ब्राह्मण की कृपा से ही भोजनादि पाते हैं। [1/101]

मंगल्यं ब्राह्मणस्य स्यात्क्षत्रियस्य बलान्वितम्।
वैश्यस्य धनसंयुक्ते शूद्रस्य तु जुगुप्सितम्॥ 31॥

ब्राह्मण का नाम मंगल सूचक, क्षत्रिय का नाम बल सूचक, वैश्य का नाम धन सूचक और शूद्र का नाम दीनता सूचक रखें। [2/31]

ब्राह्मण का नाम 'शर्मा' शब्द सहित, क्षत्रिय का नाम बल 'वर्मा' शब्द सहित व वैश्य का नाम धन पुष्टिवाचक भूति या 'गुप्त' आदि तथा शूद्र का नाम दीनता वाचक रखें। [2/32]

यज्ञादि में दीक्षित ब्राह्मण व्यवस्था में छोटा हो तब भी उसका नाम लेकर न पुकारें। ये दीक्षित जी, इस प्रकार सम्मान के साथ बात-चीत करें। [2/128]

ब्राह्मण दस वर्ष का और क्षत्रिय 100 वर्ष का हो तब भी क्षत्रिय अपने को पुत्र के समान समझकर उस अल्पायु ब्राह्मण को वृद्ध पिता के समान सम्मान करे अर्थात प्रणाम करे। [2/135]

ब्राह्मण का अतिथि ब्राह्मण ही हो सकता है क्षत्रिय, वैश्य तथा शूद्र नहीं। यदि कोई क्षत्रिय ब्राह्मण के यहाँ आए तो अतिथि ब्राह्मण को भोजन कराकर बाद में अतिथि को भोजन दे। यदि कोई वैश्य या शूद्र आए तो नौकरों के साथ उसको भोजन खिलाए।

गौ मेघ यज्ञ॥ [ऋग्वेद 6/39/1]

गौ मेघ यज्ञ॥ [मनु. 5/39]

गौ-मांस से बना मधुपर्क खाना चाहिए। [मनु. 3/3]

अतिथि का सत्कार मांस-भोजन से करें। [आपत्य स्तम्भ]

गौ-मांस से बने मधुपर्क द्वारा अतिथि सत्कार का संकल्प करें।

[अश्वलायन गृहश्चे]

अतिथि का नाम गोधन है। [(3/110-116) (145 हि.आ.)]

श्राद्ध में पृथ्वी पर गिरा हुआ जूठा अन्न दास लोगों का है परन्तु वह दास कुटिल या नटखट न हो अर्थात् शीलवान हो। [3/246]

शूद्र को बुद्धि नहीं देनी चाहिए, न यज्ञ का जूठा, न हवन से बचा हुआ भाग और न धर्म व व्रत का उपदेश देना चाहिए। यदि कोई शूद्र को धर्म का उपदेश व व्रत का उपदेश देता है तो वह भी शूद्र के साथ अन्धकारयुक्त 'असंव्रत' नामक नर्क में पड़ता है। [5/80-81]

शूद्र से तो सेवा ही कराएँ, चाहे खरीदकर आया हो, चाहे वेतन वाला हो, चाहे बिना वेतन वाला हो, क्योंकि ब्रह्मा ने शूद्र को ब्राह्मणों की दासता करने के लिए ही पैदा किया है। यदि स्वामी छुटकारा भी दे दे तो भी शूद्र दास के कर्म से छुटकारा नहीं पा सकता क्योंकि सेवा करना उसका ईश्वर द्वारा निर्धारित स्वाभिमानी धर्म है। कौन उसे उस कर्म से अलग कर सकता है? अर्थात् शूद्र को दासता के कर्म से कोई अलग नहीं कर सकता। [8/413-414]

जिन ब्राह्मणों ने क्रुद्ध होकर अग्नि को सर्वभक्षी बना दिया, समुद्र के जल को खारा करके उसे पीने योग्य नहीं रहने दिया और चन्द्रमा को क्षय का रोगी बना दिया। उन ब्राह्मणों को कुपित करके कौन ऐसा है जो नष्ट नहीं हो जाएगा अर्थात् सभी सर्वनाश को प्राप्त हो जाएँगे। [9/314]

जैसे अग्नि चाहे संस्कार-युक्त हो या संस्कारहीन, एक महान देवता है। वैसे ही ब्राह्मण भी चाहे मूर्ख हो या विद्वान, एक महान देवता है। जैसे तेजस्वी अग्नि मरघट में मुर्दों को जलाकर भी अपवित्र नहीं होती और यज्ञों में हवन के किए जाने पर भी वृद्धि को प्राप्त होती है। वैसे ही ब्राह्मण निन्दनीय काम करने पर भी सब प्रकार पूजनीय है क्योंकि ब्राह्मण परम देवतास्वरूप है। [9/617-619]

ब्राह्मण, क्षत्रिय और वैश्य तीन वर्ण द्विजाति अर्थात द्विजन्मा जनेऊ वाले हैं। चौथा वर्ण, शूद्र एक जन्म वाला कहलाता है। पाँचवाँ कोई वर्ण नहीं है।

[10/4]

शूद्र को जूठा अन्न, पहनने को उतरन वाले पुराने कपड़े, बिछाने के लिए धान का पुवाल देना चाहिए। [10/125]

वेदान्त-सूत्र

श्रवणे त्रपु जेतुभ्यां स्त्रोत्र-परिपूरणं उच्चारणे।
जिह्वाच्छेदो धारणे हृदयविदारणम्॥

शूद्र के वेद सुनने पर सीसा या लाख पिघलाकर कान में डाल दें, बोलने पर जीभ काट दें और यदि हृदय में धारण कर ले (कंठस्थ कर ले) तो छाती चीर दें।

[शंकर-रामानुज-माध्व-भाष्य 1, 2, 38]

अत्रि-स्मृति

शूद्र यदि जप, तप व होम आदि करे तो राजा उस राज्यनाशक शूद्र को कठोर दंड दे। (अर्थात् जान से मार डाले।)

शूद्र अपने धर्म अर्थात ब्राह्मण, क्षत्रिय और वैश्य तीन वर्णों की सेवा करता हुआ भी स्वर्ग प्राप्त कर सकता है। दूसरे का धर्म परायी स्त्री के समान त्याज्य है।

पराशर-स्मृति

द्विजों की सेवा करना ही शूद्रों का परम कर्म है। इसके अलावा शूद्र जो धर्म सम्बन्धी काम करता है, वह उसका निष्फल है। [1/70]

शूद्र को गाय का दूध पीने व वेद को पढ़ने से नर्क प्राप्त होता है। इसलिए शूद्र इनसे अलग रहे। [1/73]

ब्राह्मण दुश्चरित्र हो तब भी पूज्य है। शूद्र जितेन्द्रिय होने पर भी पूज्य नहीं है क्योंकि कौन ऐसा मूर्ख है, जो दुष्ट गाय को छोड़कर, सुशीला गधी को दुहेगा। [8/33]

व्यास-स्मृति

ब्राह्मण, क्षत्रिय, वैश्यस्त्रयों वर्ण द्विजातयः।
श्रुति, स्मृति, पुराणोक्त धर्म, योज्ञानस्तु ने तरे॥

भावार्थ : ब्राह्मण, क्षत्रिय तथा वैश्य तीन वर्ण द्विजाति (जनेऊ वाले) हैं, इनसे जो नीचे (शूद्र) है, उनके लिए वेद, स्मृति व पुराण वाला धर्म नहीं है।

वर्द्धिकी, नापितो, गोपः, अशापः, कुम्भकारकः।
वणिक, किरात, कायस्थ, मालाकार, कुटम्बिनः॥
वरटो, मेद, चांडालस्य, दास, श्वपच, कोलकः।
एते अन्त्यजः समारूयातः ये च अन्ये च वगाशनः।
एषां समभाष्णात्स्नातम् दर्शनाद्रिविधीक्षणातः॥

[1-10,12 जाति भाष्कर, पन्ना 158]

बढ़ई, नाई, गोप (अहीर, यादव), चमार, कुम्हार, बंजारा, किरात, कायस्थ, माली, कुर्मी, बाँसफ़ोड़, स्वारमार, चांडाल, बारी, स्वपच (भंगी), कोरी तथा बराबरी वाले अन्य सभी अन्त्यज (शूद्र) हैं। उपरोक्त शूद्रों व गाय खानेवालों से जब द्विज बातचीत करे तो स्नान करना चाहिए। वह यदि प्रात:काल दिख जाए तो उसी क्षण सूर्य के दर्शन करने चाहिए।

व्यास का कार्यकाल महाभारत का समय आज से पाँच हजार वर्ष पहले का बताया गया है। फिर उस समय गाय कौन खाता था? लेखक अपनी खोज से इस नतीजे पर पहुँचा है कि आर्य (ब्राह्मण) गाय खाते थे। अनेक प्रमाण हिन्दू ग्रंथों में भरे पड़े हैं।

राजा बिम्बसार के यहाँ गाय, बैल आदि कई हजार पशु बलि के लिए लाए गए थे। उन्हें गौतम बुद्ध ने (आज से ढाई हजार वर्ष पूर्व) जीव-हिंसा की निन्दा करके छुड़ाया।

सम्राट अशोक ने राजाज्ञा द्वारा बलि पर रोक लगा दी थी। शायद उन्हीं महान प्रतापी राजा बिम्बसार अथवा सम्राट अशोक के समय में किसी चतुर तथा चालाक ब्राह्मण विद्वान ने अति को अति से जीतने के लिए एवं स्वयं को सुर्ख-रू रखने के लिए श्लोक में शब्द 'गवाशन:' शामिल कर दिया होगा।

विष्णु-स्मृति

चौथा वर्ण शूद्र सब संस्कारों से हीन है। उसका संस्कार यही है कि वह अपने आपको द्विजों को समर्पण कर दे। [1/15]

जो शूद्र अपने प्राण, धन और स्त्री को ब्राह्मण को अर्पित कर दे, उस शूद्र का भोजन करने योग्य है। [1/11]

ब्राह्मण का नाम मंगलकारी, क्षत्रिय का नाम बलशाली, वैश्य का नाम धनशाली और शूद्र का नाम घृणासूचक हो। [27/69]

विष्णु-रहस्य

शूद्र पुराने वस्त्र पहने। ब्राह्मण का जूठा खाए। अपनी ही स्त्री से सम्भोग करे। यदि वह मन से इस प्रकार का आचरण करे तो उसके सभी पाप नष्ट होंगे और उसे इन्द्र की पदवी मिल सकती है।

स्मृति-वचन

स्त्री, शूद्रो विद्या न धीयताम् अर्थात स्त्री और शूद्र को विद्या धारण ही नहीं करनी चाहिए।

गौतम-धर्म-सूत्र

शूद्र यदि वेद को सुन जाए तो उसके कानों में पिघलता हुआ शीशा और लाख भरवा देनी चाहिए। यदि वेद का उच्चारण करे तो उसकी जिह्वा कटवा देनी चाहिए। यदि वेद का स्मरण करे तो उसको मरवा देना चाहिए। [12/8]

शूद्र चौथे वर्ण का और एक जन्म वाला है। उसका धर्म है—बाकी तीन वर्णों (ब्राह्मण, क्षत्रिय व वैश्य) की सेवा करना। उच्च वर्ण के उतरे हुए (पुराने) जूते पहने तथा उच्च वर्ण के जूठे भोजन को खाकर जीवन व्यतीत करे। [10/50,56,99]

ब्राह्मण (सदैव) अवध्य, अबंध्य, अदंडनीय, अबहिष्कार्य, अपरिवाद्य एवं अपरिहार्य है। [8/5-11-5-9]

वसिष्ठ

शूद्र की औरत उच्च वर्ण के लिए केवल आनन्द (सम्भोग) लेने में उपभोग का साधन मात्र है। वह धार्मिक कृत्यों या किसी उच्च कार्य के अयोग्य है और शूद्र स्वयं श्मशान के समान हैं। [4/3]

शूद्र श्मशान के तुल्य अपवित्र हैं। इसलिए शूद्र के समीप वेदों को न पढ़ें। [18/9]

आपस्तम्ब

शूद्र को पृथ्वी पर ही अन्न खाने को देना चाहिए, जैसे—कुत्ता है, वैसे ही शूद्र है।

ब्राह्मण, क्षत्रिय, वैश्य तथा शूद्र चार वर्ण हैं। इन चारों के क्रमशः हर एक जन्म से अपने के बाद के वर्ण से श्रेष्ठ है। शूद्र तथा पतित को छोड़कर सब वर्णों के लिए उपनयन (जनेऊ), वेद पाठ तथा यज्ञ विहीन है। [1/1-14,5]

भाषा-धम्म-समाज

शूद्र काशी में पढ़कर वेद व पुराणों को बाँचे और रूपवान, सदाचारी एवं विद्वान भी हो, परन्तु हे राजन् युधिष्ठिर! वह यज्ञ के योग्य नहीं है। ब्राह्मण चाहे दुराचारी एवं पतित हो तो भी उससे यज्ञ कराने से सफल हो जाएगा।

दूसरे जो पातंजलि

शूद्र दो प्रकार के होते हैं। एक अबहिष्कृत और दूसरे बहिष्कृत। अबहिष्कृत जो द्विजों के बर्तन आदि छू सकता है। दूसरे जो चांडाल और मृतक आदि के बर्तन छू सकता है, उन्हें बहिष्कृत कहते हैं। [अष्टाध्यायी भाष्य, 2/4, 10]

आभीर (अहीर, यादव) शूद्र हैं। [1/2-3]

सत्य तो यही है जो ब्राह्मण, क्षत्रिय व वैश्य नहीं हैं, वह सब शूद्र वर्ग के ही हैं।

शंकराचार्य का ब्रह्म-सूत्र

शूद्र यदि वेद को सुने तो उसके कानों में गर्म शीशा डालना चाहिए, अगर जिह्वा से उच्चारण करे तो जीभ (जिह्वा) कटवा लेनी चाहिए। पढ़-लिखकर विद्वान बन जाए तो उसे फाँसी की सजा देनी चाहिए या सिर काट लेना चाहिए।

जैमिन

शूद्र के लिए अग्निहोत्र तथा वैदिक यज्ञ का अधिकार नहीं। [6/1-25-38]

वज्रसूचिकोपनिषद्

ब्राह्मण, क्षत्रिय, वैश्य व शूद्र चार वर्ण कहे जाते हैं। इन वर्णों में ब्राह्मण ही प्रधान है। इसमें वेद-वचन और स्मृति-वचन दोनों का ही प्रमाण है।

नारायण-सार-संग्रह

ब्राह्मण चाहे मैला-कुचैला हो, चाहे अपवित्र, वह पूजा कर सकता है परन्तु स्त्री और शूद्र का स्पर्श मुझे वज्र से भी अधिक कठोर लगता है।

तात्पर्य स्पष्ट है कि इसलिए स्त्री व शूद्र को नारायण (विष्णु भगवान व उनके अवतारों) की पूजा करने का अधिकार नहीं है।

ब्राह्मण-ग्रंथ

ब्राह्मण दिव्य वर्ण है। [तैत्तरीय 1/2-6]

घृतम् दुग्धम् च ताम्बूलम् श्रेष्ठ अन्नम् तथेव च।
शूद्रम् वर्जित: कारणास्तु ब्राह्मणाम् दुखम् भवति॥
शूद्रम् ग्रहे न वासेतु न च शुद्धम् जलम् पीवेत।
उच्च स्थानम् वर्जित: कारणास्तु ब्राह्मणम् दुखम् भवेत॥

(ब्राह्मण ग्रंथ)

अर्थ : घी, दूध, पान और श्रेष्ठ अन्न (गेहूँ, चावल आदि) शूद्रा को नहीं खाना चाहिए क्योंकि इससे ब्राह्मणों को दुख होता है।

शूद्र को घर में नहीं रखना चाहिए। शूद्र को शुद्ध जल (कुआँ, नदी व तालाब का पानी) नहीं पीना चाहिए और ऊँचे स्थान (तखत, चारपाई, चबूतरा व कुर्सी आदि) पर नहीं बैठना चाहिए क्योंकि इससे ब्राह्मणों को दुख होता है।

ब्राह्मण-गुप्त-संहिता

लोधश्च, गड़रश्च, कश्यपच काछी।
अधमा च शूद्र: ये आदिनिवासी॥

अर्थ : लोधी, गड़रिया, कहार और काछी ये अधम (नीच) शूद्र और आदिनिवासी हैं अर्थात् आर्य नहीं हैं।

चाणक्य-नीति

ऊँख, तिल, शूद्र, स्त्री, सोना, पृथ्वी, दही, पान और चन्दन—ये सकुचलन से अधिक लाभ देते हैं।

पदम-पुराण

शिव की पूजा करने से ब्राह्मण भी शूद्र के समान हो जाता है। त्रिपुंडधारी ब्राह्मण को शूद्र के समान त्याग दे। जो शिव आदि शूद्रों वाले देवताओं को प्रणाम करे या पूजन करे, वह भिष्टा का कीड़ा होता है। स्पष्ट है, शिव शूद्रों के आदि देव (महादेव) हैं।

वेद

ब्राह्मणोऽस्य मुखमासीत बाहू राजन्यः कृतः।
उरु तदस्य यद्वैस्यः पदाभ्याँ शूद्रोऽजाएत॥

[ऋग्वेद 10/सूत्र 90/मंत्र 12, यजुर्वेद अ-32/मंत्र 11]

अर्थ : ईश्वर के मुख से ब्राह्मण, उसकी भुजा से क्षत्रिय, उसकी जंघा से वैश्य तथा उसके पैरों से शूद्र पैदा हुआ। केवल शूद्र का क्रिया-पद पैरों से पैदा हुआ है।

जेन्दावेस्ता (पारसी ग्रंथ)

आर्यों का प्रदेश आर्कटिक है। [61 हि.आ.]

इन्द्रालय सफेद कोह के उत्तर में मध्य एशिया में है। [62, हि.आ.]

आर्य लोग अपने देश से अकाल पीड़ित होकर भारत में घुस आए। पारसियों और आर्यों के सिद्धान्त मिलते हैं। [63 हि.आ.]

तुलनात्मक-अध्ययन

आर्यो, आपस में एकता रखो।

[ऋग्वेद मं. 10/198/3, अथर्व 3/3/6, 64, हि.आ.]

दास काले होते हैं। [ऋग्वेद 11/12/4 एवं महाभारत 24/39/11।]

शूद्र काले हाते हैं। [बोधायन ध.मू. 2/1/58।]

शूद्र अनार्य हैं। [गौतम 10/68।]

दिव्य वर्ण ब्राह्मण एवं असुर वर्ण शूद्र हैं। [तैतिरीय 1/2/6]

शूद्र को सोमरस (शराब) नहीं पीना चाहिए। [शतपथ 16/1, 31वाँ]

शूद्र केवल दूसरे का सेवक है। इसके अतिरिक्त उसका कोई अधिकार नहीं है। [ऐतरेय 7/29-4 व पंचविश 6/1-11]

यज्ञ करते समय शूद्र से नहीं बोलना चाहिए और न ही यज्ञ के समय शूद्र को वहाँ मौजूद रहना चाहिए।

[शतपथ 3/1-1-10 व मंत्रयानी संहिता 7/1-1-6, पंचविश 6/1-11]

जिस गाय का दूध अग्निहोत्र में काम आता है, उसे शूद्र को न दुहने देना चाहिए।

[कथक संहिता 31/2 व मैत्रयानी संहिता 1/83-41]

गीता

श्रीकृष्ण कहते हैं कि मैंने चारों वर्णों को गुण क्रमानुसार पैदा किया है। उसको बनाने व बिगाड़नेवाला मैं स्वयं अविनाशी ईश्वर हूँ। [4/13] अपने कर्म में लगे रहने पर ही मनुष्य सिद्धि पाता है। अपने धर्म में मर जाना अच्छा है, लेकिन पराया धर्म भयावह है।

न बुद्धि भेदम् जन वेदज्ञानां कर्म संगिनाम।
जेषयेत्सर्वकर्माणि विद्वानयुक्त समाचरन॥ [3/26]

अर्थ : ज्ञानी पुरुष़ (ब्राह्मण) को चाहिए कि कर्मों में आसक्ति वाले अज्ञानियों (शूद्र) में भ्रम (दासता से छुटकारा), कर्मों (दास कर्म) में अश्रद्धा उत्पन्न न करे, किन्तु स्वयं (ब्राह्मण) परमात्मा के स्वरूप में स्थिर हुआ और सब कर्मों को भली प्रकार करता हुआ, उस (शूद्र) से भी (पुस्तैनी दास कर्म पूर्ववत) वैसे ही कराए।

तात्पर्य यह है कि ब्राह्मण को चाहिए, शूद्र को दास कर्म में ही लगे रहने दे और उन्हें कोई भी बात, विद्या, ज्ञान-विज्ञान को न बताए।

तुलसीदास कृत रामचरितमानस

मन कर्म वचन कपट तजि, जो कर भूसुर सेव।
मोहि समेत विरंचि, शिव, बस ताके सब देव॥

अर्थ : विष्णु भगवान कहते हैं कि जो (व्यक्ति) कपट त्यागकर मन, कर्म व वचन से ब्राह्मणों की सेवा करते हैं, उनके बस में मुझ समेत ब्रह्मा व शिव आदि सभी देवता हो जाते हैं।

मृतक, दंश बीते हिम त्रासा। जिमि द्विज द्रोह किए कुल नासा॥

अर्थ : ब्राह्मण से बैर करने से इस तरह कुल का नाश हो जाता है—जैसे पाला पड़ने पर मच्छरों और डाँसों का नाश जाता है।

द्विज निन्दक बहु नरक लोग करि। जग जन्मे वायस शरीर धरि॥

अर्थ : जो ब्राह्मण की निन्दा करता है, उसे बहुत से नर्क भोगने के बाद कौवे का जन्म लेना पड़ता है।

विप्र वंश की अस प्रभुताई। अभय होय जो तुमहि डराई॥

अर्थ : ब्राह्मण वंश की ऐसा महिमा है कि जो उससे डरता रहे फिर उसे संसार में किसी और से डरने की जरूरत नहीं है।

बधे पाप अप कीरति हारे। मारत हूँ पा परिय तुम्हारे॥

अर्थ : ब्राह्मण को मारने पर पाप और ब्राह्मण के हारने पर अपयश होता है। अत: यदि आप मुझे मारें, तब भी मुझे आपके पैरों पर पड़ना चाहिए।

इन्द्र कुलिश, हरि चक्र कराला। शिव त्रिशूल, यम दंड विशाला॥
जो इनका गारा नहि मरई। बिप्र दोष पावक सो जरई॥

अर्थ : जो इन्द्र के वज्र से, विष्णु के चक्र से, महादेव के त्रिशूल से और यमराज के मुगदर से मारने पर भी न मरे वह ब्राह्मण की क्रोधाग्नि में जलकर भस्म हो जाता है।

सत्यकेतु कुल कोऊ न वाचा। विप्र-शाप किमि होई असाचा॥

अर्थ : ब्राह्मण का श्राप कभी भी झूठ नहीं होता। देखो, सत्तकेतु के कुल में ब्राह्मण के श्राप से कोई नहीं बचा अर्थात सब मर गए।

अब जानि करेस विप्र अपमाना। जानेति संत अनन्त समाना॥

अर्थ : काक-भुसुंड द्वारा एक बार ब्राह्मण को प्रणाम न करने पर सर्प योनि प्राप्त होने का श्राप दिया गया। उस समय आकाशवाणी हुई कि अब ब्राह्मण का अपमान न करना, उसे अनेक संत के बराबर जानना।

सापत, ताड़त, यरुस कहन्ता। विप्र पूजि अस गावहिं सन्ता॥

अर्थ : ब्राह्मण चाहे श्राप दे, चाहे मारे, चाहे गालियाँ दे, तब भी उसकी पूजा ही करें। ऐसा संत कहते हैं।

सुनु गन्धर्व कहो मैं तोही। मोहि न सुहाय विप्र कुल द्रोही॥

अर्थ : हे गन्धर्व सुनो! मैं तुमसे कहता हूँ कि मुझे ब्राह्मण का बैरी अच्छा नहीं लगता है।

पूजिअ बिप्र सील, गुण हीना। शूद्र न गुन-गन ग्यान प्रवीना॥

अर्थ : ब्राह्मण यदि शील, गुणों से हीन कैसा ही पतित क्यों न हो, तब भी पूजा करनी चाहिए। शूद्र कैसा ही गुणी, ज्ञानी व चतुर क्यों न हो, तब भी उसका सम्मान नहीं करना चाहिए।

स्वपच, सवर, खस, यवन, जड़, पामर, कोल, किरात।

अर्थ : भंगी, भील, खस, मुसलमान व किरात ये सब मूर्ख और पापी हैं।

ढोल, गँवार, सूद्र, पशु नारी। सकल ताड़ना के अधिकारी॥

अर्थ : ढोल, गँवार, शूद्र, पशु और नारी (स्त्री) इन सबको हर समय मारते-पीटते रहना चाहिए। ये उसी के लायक हैं।

जे वरनाधम तेलि, कुम्हारा। स्वपच, किरात, कोल, कलवारा॥

अर्थ : तेली, कुम्हार, भंगी, किरात और कलवारा (महाजन)—यह चारों वर्णों में सबसे अधम अर्थात् नीच हैं।

लोक, बेद सब भाँतिहि नीचा। जासु छाँह छुइ लेइय सींचा॥

अर्थ : निषाद (केवट, मल्लाह) जाति जिसमें निषादराज (महाराजा) गुह पैदा हुए हैं। वह निषाद जाति संसार और वेद के अनुसार वर्णन किए गए हिन्दू धर्म में सब प्रकार से नीच है, उसकी छाया पड़ने पर स्नान करना चाहिए।

अभीर, यवन, किरात, खस, स्वपचादि अति अघ रूप जे।

अर्थ : अहीर (यादव), मुसलमान, किरात, खस और भंगी आदि यह सब बड़े पापी रूप हैं।

वाल्मीकि रामायण

मुख तो ब्राह्मण: जाता बाहु क्षत्रिय
तथा उरुभ्यां जाति वैश्या पदभ्यां शूद्रा:।

अर्थ : मुख से ब्राह्मण, भुजा से क्षत्रिय, उदर से वैश्य तथा पैर से शूद्र की उत्पत्ति हुई है।

महाभारत

शूद्र कुत्ते के समान हैं। [अनुशासन पर्व, 9/35]

ब्राह्मण (चाहे) विद्वान हो अथवा मूर्ख, प्राकृत हो अथवा संस्कृत, उसका किसी भी दशा में अनादर नहीं होना चाहिए। [30/200-88]

वर्ण केवल चार हैं। पाँचवाँ कोई वर्ण नहीं है। [अनु. 47/18]

प्रजापति ने शूद्र को तीन वर्णों (ब्राह्मण, क्षत्रिय तथा वैश्य) की सेवा करनेवाला दास बनाया है। [शति 30/28]

शूद्र को चार आश्रमों अर्थात् 1. बह्मचर्य, 2. गृहस्थचर्य, 3. वानप्रस्थ व 4. संन्यास का अधिकार नहीं।

मांस-भक्षण

जितने प्रकार के खाद्यान हैं, उन सबमें मांस सर्वोत्तम है। [सतपथ ब्राह्मण 11, 4, 1, 3]

जो गायें अपने शरीर को देवों के लिए बलि दिया करती हैं, जिन गायों की आहुतियाँ सोम जानते हैं, हे इन्द्र! उन गायों को दूध से परिपूर्ण और बच्चों वाली करके हमारे लिए गोष्ठ में भेज दें। [ऋग्वेद 10,16,92]

हे इन्द्र! जैसे गो-वध के स्थान पर गौवें काटी जाती हैं, वैसे ही तुम्हारे अस्त्र से निहित होकर मित्रद्वेषी राक्षस लोग पृथ्वी पर गिरकर सदा के लिए सो जाते हैं। [ऋग्वेद 10,18,117]

गौ मांस से बना मधु-अर्क खाना चाहिए। [मनु.3/3]

मेधावी पुत्र प्राप्ति हेतु बैल के मांस के साथ भात (चावल) और घी मिलाकर, मधु-अर्क बनाकर खाना चाहिए। [बृहदारण्य, उपनिषद]

ब्राह्मण या राजा अतिथि आए, तो उसका सत्कार बैल या बकरा के मांस से करें। [वसिष्ठ स्मृति]

जो मांस शास्त्र विधि से विशुद्ध है, उसको जो मनुष्य ग्रहण नहीं करता, वह परलोक में इक्कीस जन्मपर्यन्त पशु होता है। [मनु. 5/35]

जो हिंसा वेद के अनुसार है, उसको हिंसा न समझना चाहिए। क्योंकि वेद से ही धर्म निकला है। [मनु. 5/45]

कुत्ता, सिंह व बाज द्वारा मारे गए (पशु) का मांस या किसी अन्य मांसाहारी पशु द्वारा मारे गए प्राणी का मांस अथवा चांडाल व शिकार आदि द्वारा मारे गए प्राणी का मांस पवित्र होता है। [मनु. 5/131]

अतिथि का सत्कार मांस भोजन से करना चाहिए।

[आपस्त, अश्वलायन ग्रह-सूत्र]

गाय का वध शीघ्रता से करके, उसके अंग-प्रत्यंग को अलग-अलग करके और उनको यज्ञादि के लिए कसाई के समान अच्छे प्रकार से सब भागों को काटें।

गौ मांस मसाले मिलाकर, भून-भूनकर खाया करें।

[ऋग्वेद 1/61-12, वाल्मीकि रामायण 2/90-67]

जिस समय भरत जंगल में भरद्वाज के आश्रम में पहुँचे, तो उनके सत्कार के लिए तैयार हुआ व्यंजनों में मुर्गा और मोर का भी मांस तैयार किया गया।

[वाल्मीकि रामायण, 2/11-70]

श्रीमती सीता जी कहती हैं कि हे गंगे! मेरे पति लक्ष्मण सहित सकुशल बनवास से लौट आएँ तो (अयोध्या) नगरी में पहुँचकर मदिरा से भरे हजारों घड़े और मांस से मिले भात (चावल) से तुम्हारी पूजा करूँगी।

[वाल्मीकि रामायण 2/52-82 से 90]

वाल्मीकि के आश्रम पर वसिष्ठ (जो राम के कुलगुरु थे) अतिथि रूप में पधारे। उनके आतिथ्य में कल्याणिका नामक (गोबछिया), मधु के साथ भोज्य सामग्री बनी। [भवभूति रामायण]

मांस वाले मधु-अर्क को खाना धर्म शास्त्रों ने माना है। किसी अतिथि या वेदपाठी के आने पर गाय या बछिया या बैल या भेड़ को गृहस्थी लोग पकाकर खिलाते हैं।

[भवभूति, उत्तर रामचरित नाटक, अंक 4]

राजा रन्तिदेव के राज्य में उनकी पाकशाला (भोजनालय) में ब्राह्मणों के आतिथ्य के लिए प्रतिदिन दो हजार गायें काटी जातीं, कि उनके चमड़े का ढेर पर्वत (पहाड़) के समान बहुत ऊँचा हो गया एवं उनके खून (लहू) से चर्मणावती (चम्बल) नदी बह निकली।

[महाभारत, वन पर्व]

स्पष्टीकरण—चूँकि नदियाँ पहाड़ों से निकलती हैं, इसलिए उस चमड़े के ढेर को पर्वत की संज्ञा देकर, उसके आगे 'वती' प्रत्यय लगाकर चमड़ावती अर्थात् चमड़ा वाली (चर्मणवती) नदी का नाम रखा गया।

जो पशु यज्ञ में बलि दिया जाता था, उसके छत्तीस भाग किए जाते थे, जिन्हें ब्राह्मण सत्तर पुरोहित, प्रस्तोता, उद्‌गाता, प्रतिहर्त, होत्र, सदस्य, गृहपति की भार्या एवं वध करनेवाले आदि में बाँट दिया जाता था। एतरेव ब्राह्मण विष्णु के लिए मौना बैल, इन्द्र के लिए लटकते सींग वाला बैल, पूषण के लिए माथे पर टीका वाला बैल, काली और रुद्र के लिए लाल गाय की बलि देनी चाहिए।

[सत्तरीय ब्राह्मण]

सभी भोज्य पदार्थों में मांस अच्छा है। [सतपथ ब्राह्मण]

शराब

शराब के पर्यायवाची शब्द हैं—सुर, सुरा, सोमरस, वारुणी, मदिरा आदि, जिसे भूतपूर्व समय में सभी आर्य पीते थे। ये प्राचीन ग्रंथों से स्पष्ट सिद्ध है, जो रेवती के साथ बलदाऊ मदिरा (शराब) से मतवाले होकर साथ चलनेवाले गन्धर्वों के संग विचरने लगे।

[महाभारत]

राम ने सीता को मद्य (शराब) पिलाई।

[वाल्मीकि रामायण, उत्तर कांड, सर्ग 42]

चार्वाक

जो पशु मारकर अग्नि में होम करने से पशु स्वर्ग को जाता है तो यज्ञ मान (यजमान) अपने माता-पिता को मारकर स्वर्ग में क्यों नहीं भेजते?

जो मरे हुए मनुष्यों की तृप्ति के लिए श्राद्ध और तर्पण होता तो विदेश में जानेवाले मनुष्य को मार्ग का खर्च, खाने-पीने के लिए बाँधना व्यर्थ है। क्योंकि जब

मृतक (मरे हुए) को श्राद्ध तर्पण अन्न व जल पहुँच जाता है तो जाते हुए को प्रदेश में रहनेवाला या मार्ग में चलनेवाले के घर में रसोई की पत्तल पराल परोसकर, जल का लोटा भरकर उसके नाम से रख देने से क्यों नहीं पहुँचता? जब जीते हुए दूर देना अथवा दस हाथ की दूरी पर बैठे हुए को अन्न देने से नहीं पहुँचता तो मरे हुए व्यक्ति के पास किसी भी प्रकार नहीं पहुँच सकता?

पृथ्वी, जल, अग्नि तथा वायु—इन चार महाभूतों के मिलने से शरीर बना। मृत्यु के बाद उसी में विलीन हो जाता है। उसका स्वर्ग, नर्क व पुनर्जन्म आदि से कोई सम्बन्ध नहीं है।

गौतम बुद्ध

वेद, वर्ण-व्यवस्था, आर्य श्रेष्ठता तथा पशु हिंसा आदि के मुख्य विरोधी थे। वे समता, बन्धुता व स्वतंत्रता के सफल प्रचारक थे।

राजतरंगिणी

कायस्थ जाति मुगल काल में बनी, धनी थे, स्पष्ट है कि स्मृतिकाल में नहीं थी।

चोखा मेला तथा बंका महार

समर्थासि नाहीं, वर्णावर्ण भेद। पुण्य है परोपकार, पाप है पर पीड़ा॥

रामानन्द

जाति पाति पूछे नहिं कोई। हरि को भजै सो हरि को होई॥

संत तुकोवा (तुकाराम)

वर्ण अभिमाने कोण झाले पावन। ऐसा घ्या सांगून मजपासी॥

संत कबीर

जो तुम बाभन-बाभनी का जाया। आन बाट हो काहें न आया॥
पहिरि जनेउ जो बाभन होना, बभनी का पहिराया।
वह तो जनम की सूद्रिन परसे, तू बाभन क्यों खाया॥
एक अवांते सबरे भाणें, ना कोई शूद्र ना कोई पाणे।
तुम कत बाभन हम कत सूद, हम कत लोहू तुम कत दूध।
जन्मत शूद्र मुए मुनि शूद्रा, कृत्रिम जनेउ घाली जग द्वंदा॥
और के हुए ते लेत हे सींचा। तुमते हमहूँ कौन है नीचा॥
जब देही को आयो अन्त, जैसा गदहा तैसा संत॥
अजा मेघ, गो-मेघ, अश्व मेघ, नर मेघ।
कहे कबीर अधर्म को, धर्म बताते वेद॥

हिन्दू धर्म की देन

[शूद्रों के लिए अपमानजनक कहावतें]

1. अहि अहीर दोनों बुरे। अहि से बुरा अहीर॥
2. अहि अहीर दोनहुँ प्रबल, अहि ते प्रबल अहीर।
3. अहि अहीर की एक गति। अहि से कठिन अहीर॥
4. अहि काटे जेहि कालवश, पग-पग डसत अहीर॥
5. कबहूँ कबहूँ अहि डसत है, पग-पग डसत अहीर॥
6. अहीर कितनों पिंगल पढ़े, रहे तीन गुन हीन।
   पढ़ना, लिखना, बोलना लिए विधाता छीन॥
7. जो अहीर पिंगल पढ़े, तौ हू तीन गुन हीन।
   बोलिबो, चलिबो, बैठिबो—लिओ विधाता छीन॥
8. बाचा बाँधों अहि रहे, बाचा काट अहीर॥
9. अहीर मिताई तब करे, जब सब मीत मरी जाए।
10. अहीर मिताई तब करे, जब सब जाति मरी जाए॥
11. अहीरम् पुत्रम् कभी न मित्रम्, जब मित्रम् तब खटरम् पटरम्।
12. अहीरा मित्र न कीजिए, जो बोले सत भाव।
    चन्दन रूख कटाइ के, ताहे से पोंछे घाव॥
13. अहीर मिताई बादर छाहीं—होही होही ना हीं ना हीं।
14. अहीर मिताई बबूल की छाहीं। छिन में आपन छिन में ना हीं॥
15. संत न छोड़े संतई। अहीर न छोड़े लंठई।
16. अहीर, गूजर, कंजर—ये तीनों चाहें बंजर।
17. अहीर, गड़ेरिया, पासी—ये तीनों सत्यानासी।
18. अहीर, गड़रिया, काछी जे तीनों सत्यानासी।
19. अहीर भसोंगड़-गुलरी का ठेंगड़।
20. अहीर गड़ेरिया-भोंसड़ जात। हगे दुपहरी सोचे रात॥
21. जब कोई न मिले-तब अहीर तन बतियाय।
22. अहीर, गड़ेरिया, कुर्मी चोर। धर सरवा क टँगरी तोर॥
23. अहीर, गड़रिया, गुज्जर, जहाँ जाए वहाँ करे उज्जर।
24. अहीर—पढ़े-लिखे के ऐसी तैसी। खाये दुध चरावै भैंसी॥
25. अहीरम् बेग बिन बेगुनाहम् चार गोदाहम्।
26. अहिरम्, गड़रम्, मल्लाहम्-बिना गुनाहम् दस पन्नाहम्।
    (मेरे मास्टर साहब क्लास में अक्सर कहा करते थे।)
27. पढ़े-लिखे के ऐसीइ तैसी। खायें दूध चरावैं भैंसी॥
28. अहिरा होय कितना सयाना, लुरकी छोड़ न गावै गाना।

29. अहिर क पेट गहिर।
30. अहीर बहीर चार हाथ गहिर।
31. जहाँ चार अहीर। वहाँ बात गहीर॥
32. अहीर भोंग भुजावैं माठा।
33. जात बनाफर (अहीर) की ओछी है। कोई न पिये घड़ा को नीर॥
34. अवसर चूकी ग्वालिनी, गावै ताल बेताल।
35. जहाँ चार अहिर, तहाँ बात गहिर। जहाँ चार कोरी, तहाँ बात बोरी॥
36. अहीर बहीर बम बकड़े क लाशा। अहिरा पदलस भयल तमाशा॥
37. अहीर बहीर बन बैरी क लाशा। अहिरा पदलस भयल तमाशा॥
38. अहिरऽऽ बाड़ा का?
39. एकदम अहिरऽऽ रहि गईला का!
40. अहीर मुड्ड हवा का!
41. अहीर मुड्ड जब भयें सयाना। बिरहा छोड़ न गावैं गाना॥
42. अहीर की बुद्धी घुटने में होती है।
43. अहीर और सिख का दिमाग बारह बजे के बाद खुलता है।
44. अहीर का पट्ठा है। साठे पर पाठा होगा।
45. पैंसठ है!
46. अहीर है पैंसठ साल के बाद बुद्धि खुलेगी।
47. केवट कुटिल महाअपराधी। खायें एक बतावें आधा॥
48. बिन्द क हाल गोविन्द न जाने।
49. केवट कुटिल महा अपराधी। खायें एक बतवें आधी॥
50. मीन पीन पठीन पुरानी। भरि भरि भार कहारन आनी॥
51. कुम्हार-कसाई एक से।
52. और जाति की क्या कहूँ, बद नहीं कुम्हार से।
53. यारों चाक कुम्हार को, माँगे दिया न देय।
छेद में डंड डार के, नाद चाहे लई लेय।
54. काईथ (कायस्थ) कलम कसाई॥
55. शराबी क बीवी काईथ की काकी।
56. कायस्थ का बच्चा, कभी न सच्चा। यदि है सच्चा, तो है कच्चा॥
57. कायस्त किसी का भला करे कैसे। बुरा न करे इसके लगेंगे कितने पैसे॥
58. बड़ बडूआ बईठल रहैं गोंड कहैं कथा।
59. कोईरी क गेयान कियारी ले।
60. कोइरी कोइरार में। भाट दरबार में॥
61. कोइरी काठी बन में लाठी। चल कोइरिया हाली हाली।

62. गूजर से उजड़ भला। इनते भली उजाड़॥
63. गूजर, कंजर, बन्दर—ये तीन जात न होती, तो खोल किबरिया सोती॥
64. तेली, तमोली, कुनभट संसद जाकर क्या हल चलाएँगे?—बाल गंगाधर तिलक
65. तेली, तमोली, बेहया—ये तीनों एकदम हेहया।
66. तेली का मुँह देख लिया अनेठ हो गया।
67. थू तेली-तमोली का मुँह सुबह-सुबह देख लिया अशुभ हो गया।
68. सुबह-सुबह तेली का मुँह देख लिया थू, जतरा बिगड़ गया।
69. नो इफ नो बट ओनली जट।
70. जाट सोलह दूनी आठ।
71. बोलन की अकल घाट सै। इसलिए हम जाट सै॥
72. सौ कोस का काग। हजार कोस का जाट भाई भाई॥
73. जाट, गूजर, लोधे ये भंगी के—
74. जाट मरा तब जानिये—जब तेरहीं हो जाए।
75. ईश्वर ने इस दुनिया में सभी जातियों को बनाया—
केवल तीन जाति को छोड़कर—जाट, गूजर, कंजर!
76. इस दुनिया में यदि जाट नहीं होते तो हल मनुष्य चला रहे होते।
77. जाट से लठैत नहीं, ठग नहीं सुनार से।
और जाति की क्या कहूँ, बद नहीं कुम्हार से।
78. पीताम्बर छीज्यो भलो, साबुत भलो न टाट।
राजा भया तो क्या भया, रहा जाट का जाट।
(यह केवल जाट जाति की बेइज्जती नहीं है बल्कि सम्पूर्ण बैकवर्ड कास्ट की बेइज्जती है।)
79. और जाति शत्रु भली, मित्र भला नहीं जाट।
80. आधा कोरी आधा मियाँ, तब जाकर हुआ कुर्मियाँ।
81. कोहर के बोले कुर्मी, कोयरी, एके बात गोवार के।
82. कुर्मी मीत न पाथर पनही। क्षत्रीय भगत न सूरत धनही॥
83. एक तो गड़ेरिन दूसरे लहसुन खाय।
84. कोरी क पाद गड़रिया। खट खट बुने कमरिया॥
85. मीन पीन पठीन पुरानी। भरि भरि भार कहारन आनी॥
86. शकर-कन्द की शकल बनाई, गाजर की पैजनियाँ।
मूली के दुइ बन्द लगाए, छमक चली काछिनियाँ।
87. भरी गगरिया-मति चमरिया।
88. ओछी जात चमारों की। जूती गाँठे यारों की।

89. चमारे क लईकी नाम रजनिया।
90. चमार सियार बड़ा होशियार,
जहाँ मार पड़े वहाँ भाग पड़े,
जहाँ लूट पड़े वहाँ टूट पड़े।
91. चमार सियार बड़ा हूँसियार। जहाँ देखे चोटा, वहाँ रोपै लोटा।
92. चमार सियार बड़ा हूँसियार।
मजूरी न पावे त पीटे कपार॥
93. चप्पल पे चमाइन चले। संडिल पे भरिनिया॥
आई हो रामा बदल गइल दुनिया॥
94. चप्पल पे चमाइन चले, जात क नाटिनिया॥
अँगरेजी में बात करे, लागे ले धोबिनिया॥
95. चमरिया तें चाची कह दई तो चौका में घुस आई।
96. चईत में चमारे क बिटिया। भादों में भँईंसा खूब चिकनाला।
97. चईत क चमाईन ह खूब चमकती हव।
98. चामार की बिटिया अगर कृष्णपक्ष में,
कमर में तेल मालिश कर दे तो आजीवन दर्द नहीं होगा॥
99. चमाईन से यारी, एकदम प्यारी, नईहर से ससुराल ले—॥
100. चमार हो के अइसन बात कही देहलस!
101. चमारे-सियारे क ई हिम्मत
102. चमर झौं झौं मत करा रे।
103. एकदम चमरपन प उतारु हो गयल हवा का रे!
104. चमरा चमरगाँठ मरले हव ना खुली।
105. चमार सियार आ गयल हवँ सारे।
106. चोरी चमारी मत कर।
107. चोरों चमारों का समय आ गया है। यही कलयुग है भैया।
108. अब चोरी-चमारी बहुत बढ़ गई है।
109. चमार-भंगी कहीं का।
110. भाग चमारिया-सियारिया कहीं का।
111. का चमरवन नाही कपड़ा पहिनले हवे रे!
112. क्या चमार-भंगी की तरह कपड़ा पहन रखा है रे।
113. चमार-चोर-कोरि समझ रखे हो का?
114. चोर-चमार समझे हो क्या?
115. चोर-चुहाड़ हैं सब
116. चमार सीयार समझ रखा है क्या।

117. तू मुझे कोरी, चमार, समझ रखा है।
118. चमार, मूँज और चूना, कटे से होवे दूना।
119. सूत न, कपास, कोरियों में लठी-लठा।
120. जहाँ चार कोरी-वहाँ बात बोरी।
121. करिया बाभन गोर चमार। इनसे रहिये सदा होशियार॥
122. करिया बाभन गोर चमार। सबसे खतरनाख होला॥
123. करिया बाभन गोरिया सूद। सबसे खतरनाख होला॥
124. चंचल मन चमार के। दुबिधा मन दुसाध के।
125. ऊँच जाति बतिअवले से, नीच जाति लतिअवले से, सही रहे ले।
126. मारते-मारते भंगी बना दूँगा।
127. भंगी से पचास जूते लगवाऊँगा।
128. भंगी मरा तब भिड़ना हटा!
129. चमार से जिन्दा ही खाल निकलवा दूँगा।
130. तेरे मुँह में भंगी से थुकवा दूँगा।
131. गगरी दाना सूद उताना, भरी गगरिया मती चमरिया।
132. डोम धरिकार हो क्या!
133. भाग डोमडा कहीं का!
134. एकदम डोमड़पन पे उतारू हो गयल हवा का!
135. पंछी में कऊआ और जाति में नऊआ बहुत चलाँक होल।
136. जब पड़ी मार शमशेरों की तो महाराज मैं नाई हूँ।
137. ग्यारह-बारह-तेरह (नाई) छत्तीसा।
नाई छत्तीसा, नौआ बाल बनौआ, नाई नाइन बाँस का नहठ्।
138. नउनिया औरन के मल-मल-धोवे, अपने धौवे लजाए।
139. जिसका बनिया यार, उसको दुश्मन की क्या दरकार।
140. कौआ, कलाल कुत्ते दा, बसाह न करिये कुत्ते दा।
141. शूद्र न माने गिनती, चना न माने जोत।
142. वेश्या, बन्दर, अग्नि, जल, सूजी, सुआ, सुनार।
ये दसहू नहिं आपने कायस्थ, खटिक, कलार।
143. ठाकुर माने कहे-सुने, ब्राह्मण माने खाये-पीये।
कायस्थ माने लिये-दिये, शूद्र जाति लतियाये।
144. जाट, जुलाहा, जोगना, जगाती और जोय।
पाँचों जज्जे छोड़कर, प्रीति करे सब कोय।
145. डोम घरे खइबो, धोबी घरे खइबों ना
146. खेत खाये गदहा मार खाये जोलाहा

147. करघा छोड़ जुलाहा जाए, नाहक चोट बेचारा खाए

148. जोलाहा के छछुरी, छाने में बिछुरी

149. बनिये से दुष्ट नहीं, खेवट नहीं चमार से।

150. सोनार, शिप्पी, कुलकर्णी अप्पा।
ह्या तिघांची संगति न को रे बप्पा।

151. शोभा संसार का। नफा सोनार का॥

152. छोड़ा-छोलन, बूट उखाड़न, थापड़िया और नाई।
इनसे प्रीति कबहू न केरियो, दगाबाज हैं भाई।

153. छोड़ा-छोलन—खाती (बढ़ई)।
बूट उखाड़न—माली। थापड़ियाय—कुम्हार।

154. छोड़ा-छोल—बूट उखाड़ थापड़ियाय और नाई।
इनसे यारी मत कमाना कुबद कमाए अण आई (अनहोनी)॥

155. सौ में सूर, सवा में काना।
एक लाख में, अईंचा-ताना॥

156. रजस्वला पुष्करम् तीर्थम्, चांडाली तु स्वयं काशी।
चर्मकारी प्रयागः, स्योद्रेज रजकी मथुरा॥

[अयोध्या पुक्कसी प्रोक्ता॥ रुद्र माल तंत्र॥]

अर्थ : रजस्वला के साथ समागम करने से पुष्कर तीर्थ होता है। चांडाली (भंगिन) के साथ समागम करने से स्वयं काशी का तीर्थ हो जाता है। चमारी के साथ समागम करने से प्रयाग का तीर्थ हो जाता है। धोबिन के साथ समागम करने से मथुरा का तीर्थ होता है और कंजड़ी के साथ समागम किया तो जानो, अयोध्या का तीर्थ हो आए।

'काले' पशुओं के लिए अपमानजनक कहावतें—

157. काला अक्षर भैंस बराबर।

158. भैंस के आगे बीन बजाय। भैंस बैठ पगुराए।

159. जिसकी लाठी उसकी भैंस।

160. गइल भैंसिआ पानी में।

161. जा जाकर अपनी भैंस चरा—

162. भैंसा लोधी, भैंस चमार।

163. अक्ल बड़ी या भैंस।

164. भैंस की अक्ल है।

165. भैंस का पड़वा है।

166. रामनरेश वापस जाओ। लाठी लेकर भैंस चराओ॥

167. सूअर नारी एक समान।

168. धोबी का कुत्ता न घर का न घाट का।

169. आ बैल मुझे मार।

नोट : यदि भारत के किसी हिस्से में कोई ऊपर लिखी कहावत प्रचलित न हो तो वह उस हिस्से के लिए समझने योग्य मत समझें।

क्या इन्हीं ग्रंथों और इनके बाइलाज (नियम, उपनियम या प्रचलित कहावतों) का नाम 'भारतीय संस्कृति' है?

धार्मिक ग्रंथों का प्राचीन समय से प्रभाव

असुर राजा महिषासुर की छल से हत्या करने, प्रह्लाद को जाल में फँसाकर उसके पिता हिरण्यकश्यप का वध करने, बलि के साथ विश्वासघात करके उसे राज्य से भ्रष्ट करने, नाग जाति के हजारों लोगों को जिन्दा जला देने, अनार्य रावण की बहन सूर्पणखा की नाक काटकर असभ्यता का परिचय देने, बालि को छिपकर धोखे से मारने और अधिकांश अनार्यों को शूद्र ठहराकर उन पर अत्याचार करने, शूद्र आचार्य शम्बूक को तप करने पर उनकी हत्या करने एवं अनार्य एकलव्य के धुनर्धर होने पर उसका अँगूठा कटवा लेने आदि अन्यायपूर्ण तथा लज्जाजनक घटनाओं के घटित होने की ऐतिहासिक नींव है हिन्दू संस्कृति।

धार्मिक ग्रंथों का आजकल प्रभाव

कांग्रेसी एम.एल.ए. श्री बेचन राम चमार व उसके अछूत साथी सहित विश्वनाथ मन्दिर में दर्शन के लिए जाने पर बनारस के पास पंडे-पुजारियों व वहाँ के भगवत भक्त हिन्दुओं द्वारा उन पर हमला किया जाना।

गांधी भक्त विनोबा भावे व उनके सवर्ण तथा अछूत साथियों सहित बिहार में दलितों के मन्दिर प्रवेश पर पंडों, भक्तों एवं धर्म रक्षकों द्वारा उन पर हजारों जूते बरसाए गए।

कांग्रेसी एम.पी. श्री परागी लाल चमार को साथियों सहित बद्रीनाथ मन्दिर तक पहुँचने के बाद वहाँ के पंडों द्वारा भारी विरोध के कारण बिना दर्शन के ही वापस आना पड़ा।

कांग्रेसी केन्द्रीय मंत्री श्री जगजीवन राम चमार द्वारा संस्कृत महाविद्यालय, वाराणसी में रखे धार्मिक ग्रंथ वेद, पुराण व गीता आदि के छूत होने के कारण उन्हें आगे बढ़ने से रोक दिया गया।

श्री जगजीवन राम चमार उप-प्रधानमंत्री, भारत सरकार ने वाराणसी में श्री सम्पूर्णानन्द कायस्थ, भूतपूर्व मुख्यमंत्री उत्तर प्रदेश की मूर्ति का उद्घाटन किया। श्री जगजीवन राम चमार द्वारा छू लेने के कारण ऊँची जाति के हिन्दुओं ने उस मूर्ति को गंगा-जल से धोकर पवित्र किया।

वाराणसी, दिनांक 20 मार्च, 1961 ई. कहा जाता है ग्राम पाली के प्राइमरी स्कूल के पहले दर्जे के एक मासूम चमार जाति के बच्चे को जिसका नाम बन्धुराम पुत्र मट्टर बताया गया है, उस स्कूल के एक उच्च जाति के मास्टर द्वारा इतना मारा गया कि वह मर गया। उस बच्चे की केवल इतनी गलती थी कि प्यास लगने पर उसने स्कूल की पानी पीने की लुटिया छू ली थी।

—बहुजन, दिनांक—29 मार्च, 1961 ई., पेज 1, कालम 3, 4

वृन्दावन बाँके बिहारी लाल के मुख्य द्वार पर साइन बोर्ड लगा है, जिसमें लिखा था कि उस मन्दिर में अछूत प्रवेश नहीं कर सकते।

—जमीन के तारे (अलीगढ़), दिनांक—21 जुलाई, 1961, पेज 1, कालम 1, 2

ग्राम—गढ़ी, तहसील-सहसवान, जिला—बदायूँ में दलितों की बारात इसलिए विदा के बाद गाँव में ढाई फर्लांग की दूरी पर दिनांक 13 अप्रैल, 1962 ई. को लूट ली गई क्योंकि उन्होंने विदा के समय जात्याभिमानियों को उनकी मर्जी के अनुसार विशेष पुश्तैनी सलामी (नमस्ते) नहीं किया था।

—जमीन के तारे (अलीगढ़), दिनांक—23 मई, 1962, पेज 1, कालम 2

ग्राम—अमरपुर बैरल की मड़ैया, जिला—बुलन्दशहर में एक व्यक्ति की हत्या इसलिए की गई क्योंकि उसने सिख धर्म स्वीकार किया था।

—जमीन के तारे (अलीगढ़), दिनांक 11 जुलाई, 1962, पेज 4, कालम 1, 2

सीतापुर और हरदोई जिले की सीमा पर स्थित नैमिषारण्य मिश्रिख के मेला में श्रीमन्त संत रैदास की फोटू, जो हाथी पर थी, जुलूस अनेक झाँकियों सहित चल रहा था। ब्राह्मणों व नागा साधुओं ने त्रिशूल से फोटू (चित्र) फाड़ डाला। पैरों के तले कुचल डाला। अनेक घायल हुए।

—रिपब्लिकन सन्देश (सिकन्दराराऊ, अलीगढ़), दिनांक—1 अप्रैल, 1963, पेज 1, कालम 1, 2

ग्राम—कुलफा, सरकिल कारंजा, जिला—बालाघाट में छह माह पहले सवर्णों ने बौद्ध कमेटी के कार्यालय पर हमला कर दिया, भगवान बुद्ध व बाबा साहेब के चित्रों में आग लगा दी। कमेटी द्वारा संचित धन लूट लिया। जानकार सूत्रों का कहना है कि पुलिस का हाथ है।

—जमीन के तारे (अलीगढ़), दिनांक—11 मार्च, 1964, पेज 1, कालम 4

ग्राम—पड़ियावली, जिला—अलीगढ़ में सन् 1965 में एक दलित को इसलिए गोली से उड़ा दिया गया क्योंकि उसने सवर्णों के मकानों के सामने से हाथी पर बैठकर बरात निकालने की धृष्टता की थी।

—जमीन के तारे (अलीगढ़), दिनांक—9 फरवरी, 1966, पेज 4, कालम 1

तहसील—जैसलमेर (राजस्थान) में एक 23 वर्षीय दलित युवक को इसलिए मार डाला गया, क्योंकि उसने ठाकुर जी के मन्दिर में प्रसाद खाने की कोशिश की थी।

—जमीन के तारे (अलीगढ़), दिनांक—8 फरवरी, 1966, पेज 4, कालम 1

ग्राम—साथल (सौराष्ट्र) में एक दलित व्यक्ति को खोजकर सिर्फ इसलिए कुल्हाड़ी से काट डाला गया, क्योंकि उसने सवर्णों के कुएँ से प्यास बुझाने की धृष्टता की थी।

—जमीन के तारे (अलीगढ़), दिनांक—9 फरवरी, 1966, पेज 4, कालम 1

संकसा के प्राचीन ऐतिहासिक बुद्ध-विहार में कई बार मूर्तियों की चोरी हो गई। एक बार तो श्री भिक्षु जी को बाँध दिया गया। चोर भगवान बुद्ध की मूर्तियाँ कार में रखकर भाग गए। सवर्णों का ही इस कुकृत्य में मुख्य हाथ है।

छुआछूत के कुछ नमूने

श्री ऐलाया पेरुमल समिति, सन् 1969 ई. की रिपोर्ट के अनुसार नीचे लिखे जा रहे हैं :

आन्ध्र प्रदेश

1. अनन्तपुर जिले के चीकतिम अनिपालवी गाँव के स्कूल में अनुसूचित जातियों के बच्चों को अन्य जातियों के बच्चों के साथ नहीं बैठने दिया जाता।
2. बारंगल जिले के कौमबरीपलियम गाँव में और मड़क जिले के गजवाल तालुका में अनुसूचित जातियों को सार्वजनिक कुओं से पानी भरने नहीं दिया जाता।
3. पश्चिमी गोदावरी जिले में अनुसूचित जातियों को सवर्ण हिन्दुओं के साथ नाव में नहीं बैठने दिया जाता।
4. अनन्तपुर के आस-पास के गाँवों में अनुसूचित जातियों को सवर्ण हिन्दुओं के मुहल्लों से बैलगाड़ी पर बैठकर जाने नहीं दिया जाता है।
5. गुंटूर जिले के आस-पास के गाँवों में अछूतों की हजामतें नाई नहीं बनाते और धोबी कपड़े नहीं धोते हैं।
6. प्रेस रिपोर्ट के अनुसार जाति द्वेष के मामले में कृष्णा जिले के कचिचेरलू गाँव में दिनांक 24 फरवरी, 1968 ई. में एक उन्नीस वर्षीय दलित बालक पर चप्पलें व दो पीतल के जग चुराने का (झूठा) आरोप लगाकर सवर्ण हिन्दुओं (कम्माओं) ने उसके हाथ व पैर एक खम्भे से बाँधकर आग लगा दी, जिससे वह बालक तड़प-तड़पकर जलकर वहीं मर गया।

आसाम

1. गोहाटी से 16 मील दूर औतपाड़ा गाँव में अनुसूचित जातियों की नाई हजामत नहीं बनाते और धोबी कपड़ा नहीं धोते हैं।

2. गोहाटी से तीन मील दूर तिनसुखिया गाँव की अनुसूचित जाति की एक सौ पचास लड़कियों ने सवर्ण हिन्दुओं के बुरे बर्ताव के कारण इस्लाम धर्म स्वीकार कर लिया।...3. 4. 5. आदि।

बिहार

1. पटना जिले के सबलपुर गाँव में अनुसूचित जाति को सार्वजनिक कुओं से पानी भरने नहीं दिया जाता।
2. दरभंगा जिले के फतेहपुर गाँव में व मुजफ्फरपुर जिले के मझोलिया गाँव में अनुसूचित जाति के लोग, सवर्ण हिन्दुओं के साथ, सार्वजनिक कुओं से पानी नहीं निकाल सकते।
3. पूर्णिया जिले के फार्बिसगंज कस्बा में अनुसूचित जाति के छात्रों को स्कूलों में बेंचों पर नहीं बैठने दिया जाता और उन्हें फर्श पर बैठाया जाता है। दिनांक 24 अप्रैल, 1965 ई. को एक स्थानीय संसद सदस्य ने इस तथ्य की पुष्टि भी की।
4. दिनांक 24 अप्रैल, 1966 ई. को एक विधान सभा सदस्य ने सूचित किया, कि गाँवों में यदि कोई सवर्ण हिन्दू महिला खेत पर खाना ले जा रही हो और अनुसूचित जाति का कोई बालक उसे छू ले तो खाना खराब हो गया, ऐसा माना जाता है, उस खाने को फेंक दिया जाता है तथा उस बालक के माता-पिता से उस खाने का हर्जाना माँगा जाता है।...5, 6 आदि।

गुजरात

1. गांधी नगर तालुका के सर्गासन गाँव में कुछ दलित एक उत्सव के समय ढोल बजाना चाहते थे परन्तु (सवर्णों द्वारा) उन्हें नहीं बजाने दिया गया। और जब उन्होंने ऐसा किया तो एक दलित का सिर काट डाला गया।
2. बड़ौदा में अम्बालाल भाई पटेल ने बताया, कि जब पंचायत की बात होती है, तो हरिजन सदस्य बाहर बैठते हैं और बैठक की कार्यवाही के लिए कागज (ऐजेंडा) हरिजन सदस्यों के घर नहीं भेजे जाते।
3. मेहशाना, कच्छ, आमरेली, राजकोट व जामनगर के गाँवों में भयंकर छुआछूत बरती जाती है।...4, 5, 6 आदि।

हरियाणा

1. अम्बाला जिले के फतेहपुर गाँव के राजकीय प्राथमिक विद्यालय में एक अनुसूचित जाति के अध्यापक श्री भरत राम ने 25 मई, 1968 ई. को विद्यालय में रखे गए सामान्य घड़े से पानी पीने के लिए लिया।

प्रधानाध्यापक उनसे बहुत नाराज हुए, बुरा-भला कहा और घड़ा व काँच का गिलास तोड़ डाला। इस मामले की सूचना बेचारे अध्यापक ने जिला कल्याण अधिकारी, शिक्षा निदेशक तथा मुख्यमंत्री को दी परन्तु कोई कार्रवाई नहीं हुई।...2, 3, 4 आदि।

पंजाब

1. हबुकी गाँव (पुलिस थाना—नूरमहल) में जाति विद्वेष के कारण अनुसूचित जाति की लड़कियों पर हमला किया गया। एक को मार दिया गया। पुलिस ने कोई कार्रवाई नहीं की।
2. अनेक स्थानों पर सार्वजनिक कुओं व धर्मशालाओं का उपयोग अनुसूचित जाति के लोग नहीं कर सकते। नाई व धोबी उनका काम नहीं करते।...3, 4, 5 आदि।

राजस्थान

1. श्री अमृतलाल यादव, मंत्री, राजस्थान सरकार ने बताया कि अनुसूचित जाति गाँव के लोगों को सार्वजनिक कुओं से पानी नहीं लेने दिया जाता और नाई उनकी हजामत नहीं बनाते।...5, 6 व 7 आदि।
2. नौखा निर्वाचन क्षेत्र में सार्वजनिक कुओं से दिनांक 26 जनवरी, 1956 ई. को अस्पृश्यता निवारण अभियान के समय अनुसूचित जाति के लोगों ने पीने के लिए पानी भरने की कोशिश की। इस पर सवर्ण हिन्दुओं द्वारा उनकी पिटाई हुई। पूरे परिवार वालों की भी पिटाई हुई। पुलिस ने कोई कार्रवाई नहीं की।
3. नागौर जिले के लोपोलसी गाँव में प्राथमिक विद्यालय में समिति ने विद्यार्थी आशाराम (सुपुत्र श्री मुक्ता मेहतर) को अन्य छात्रों से कोने में बैठा देखा। मेहतर होने के कारण सवर्ण छात्रों के साथ नहीं बैठाया जाता।
4. अनुसूचित जाति के सज्जन श्री शाम सिंह जाटव आई.ए.एस. जो कि राजस्थान सरकार के समाज कल्याण विभाग के उप-मंत्री के निजी सचिव हैं, को जयपुर शहर के सवर्ण हिन्दुओं के मोहल्ले के किराये का मकान रहने के लिए नहीं मिला, अन्त में अनुसूचित जाति की बस्ती में रहे।

उत्तर प्रदेश

1. गवर्नमेंट क्वींस कॉलेज, बनारस, गवर्नमेंट कॉलेज, आगरा, गवर्नमेंट कृषि कॉलेज, कानपुर व मदनमोहन मालवीय (इलाहाबाद विश्वविद्यालय) आदि छात्रावासों में अनुसूचित जाति के छात्रों को छात्रावास के रसोईघर

में खाना नहीं खाने दिया जाता। या तो वे बाहर भोजन करें या अपनी रसोई अलग रखें।

2. इलाहाबाद विश्वविद्यालय के एक हॉस्टल में पूज्य बाबा साहब डॉ. अम्बेडकर का चित्र अनुसूचित जाति के छात्रों ने अपने कमरे में टाँगा। हॉस्टल के सवर्ण छात्रों ने चित्र हटाने के लिए कहा। अनुसूचित जाति के छात्रों ने अपने कमरे से चित्र हटाने से इनकार कर दिया। सवर्ण छात्रों ने क्रोधित होकर उन्हें बहुत पीटा। वार्डेन ने अनुसूचित जाति के छात्रों से सुलह करने को कहा। किन्तु उन्होंने दोषी छात्रों को दंड देने की बात नहीं कही।
3. वाराणसी इंटर कॉलेज, अलीगढ़ में होशियार होने के कारण श्री ओम प्रकाश नेता अनुसूचित जाति कॉलेज का वरिष्ठ मानीटर चुना गया। सवर्ण छात्र उसकी प्रतिष्ठा को सहन नहीं कर सके।

   अत: उन्होंने डरा धमका कर यह पद छुड़वाना चाहा, परन्तु जब उसने इनकार कर दिया तो सवर्ण छात्रों ने उस पर कातिलाना हमला किया, वह भाग कर प्रिंसिपल साहब के रूम में घुस गया। सवर्ण छात्रों ने वहाँ भी उसका पीछा नहीं छोड़ा, प्रिंसिपल की टेबल के पास सीने में छुरा भोंक दिया जिससे वह छात्र वहीं तड़प-तड़पकर मर गया।
4. कानपुर जिले की अकबरपुर तहसील के ग्राम-निहोली से अकबरपुर इंटर कॉलेज 8 मील है। निहोली के ठाकुर श्री राम गुलाम अनुसूचित जाति के लड़के को साइकिल पर चढ़कर नहीं जाने देते। बात नवम्बर, 1968 ई. की है।
5. सब-इंस्पेक्टर, भोगनीपुर, जिला—कानपुर ने कहा, मुझे अस्पृश्यता (अपराध) अधिनियम, सन् 1955 ई. की जानकारी नहीं।...6, 7 व 8 आदि।

बंगाल

1. अनुसूचित जाति के सरकारी कर्मचारियों को मकान किराये पर सवर्ण हिन्दू लोग नहीं देते।...2 व 3 आदि।

दिल्ली

1. महात्मा गांधी ने जो समलका गाँव में सार्वजनिक सामुदायिक विकास केन्द्र खोला था, उसमें भी अनुसूचित जाति के लोग नहीं जा सकते। वहाँ के नाई भी अनुसूचित जाति की हजामत नहीं बनाते।
2. अलीपुर खंड के लामपुर गाँव में अनुसूचित जाति के लोग सार्वजनिक कुओं से पानी नहीं भर सकते।...3, 4, 5 आदि।

हिमाचल

1. सरखेड़ी गाँव में अनुसूचित जाति की बारात में दूल्हा घोड़ी पर सवार था, उसे सार्वजनिक गली से नहीं निकलने दिया गया।
2. मंडी जिले के भगरात गाँव में एक अनुसूचित जाति की स्त्री बावड़ी से पानी ले रही थी, एक राजपूत ने उसे पकड़कर इतना मारा कि वह वहीं तड़प-तड़पकर मर गई।
3. मंडी जिले के चचिचोत तहसील के भीतरी भागों में अनुसूचित जाति के लोगों को सवर्णों के मकानों को भी नहीं छूने दिया जाता। यदि कोई ऐसा करता है, तो उसे जुर्माना के तौर पर एक बकरा देना पड़ता है, जिसकी पुष्टि राज्य के एक मंत्री ने की।

मध्य प्रदेश

1. टीकमगढ़ जिले के बाभरी मोडाना और ईमथाना गाँवों में प्राथमिक विद्यालयों में अनुसूचित जाति के अध्यापकों को कुर्सियों पर नहीं बैठने दिया जाता।
2. बिलासपुर जिले में सतनामी और सवर्ण हिन्दुओं में सदैव साम्प्रदायिक तनाव रहता है।...2, 3, 4, 5 आदि।

गोआ

1. अनुसूचित जाति के लोग सार्वजनिक कुओं से पानी नहीं भर सकते और नाई व धोबी उनका काम नहीं करते।

केरल

1. यहाँ भी अनुसूचित जातियों के साथ छुआछूत बरती जाती है।

तमिलनाडु (मद्रास)

1. तिरुवीरापल्ली जिले के पोरंबलर तालुका के अनुसूचित व आदिम जातियों को शादी-बारात में बाजा नहीं बजाने दिया जाता।
2. दिनांक 25 दिसम्बर, सन् 1968, आठ बजे शाम को तनजोर जिले के कीलवेनमणि गाँव को सवर्णों ने बन्दूकों व घातक हथियारों (अवाकल बेलकम्बू तथा लाठियों) से लैस होकर अनुसूचित जाति के लोगों की, घान उत्पादक संघ के अध्यक्ष श्री गोपालकृष्ण नायडू सवर्ण हिन्दू की देख-रेख में, जो लारियों व ट्रकों में भर कर गुंडों एवं बदमाशों को लाया था, निर्दयतापूर्वक पीटा, उनके 25 घर जला दिए। डरकर 42 लोग (पुरुष, स्त्री व बच्चे) एक झोपड़ी में छिप गए। उसे घेरकर उसमें आग लगा दी गई। जिसने बाहर निकलकर भागने की कोशिश की, उसे लाठी-रॉड से पीटकर मार डाला गया। सब-के-सब मर गए।

3. समिति के अध्यक्ष ने राज्यपाल से कहा, कि यह घटना पूर्व नियोजित थी। साम्यवादियों को छोड़कर सभी राजनीतिक दलों का हाथ इस षड्यंत्र में था।
4. कुड्डालोर आई.टी.आई. के प्रिंसिपल ने अनुसूचित जाति के विद्यार्थी को उसकी जाति का नाम 'पड़िया' कहकर गाली दी।
5. सवर्ण हिन्दुओं ने 45 वर्षीय अनुसूचित जाति की महिला को मारा-पीटा। नंगा कर पूरे गाँव में घुमाया।...6, 7, 8 आदि।

महाराष्ट्र

1. भुसावल जिले के 'गोरे गाँव' में सार्वजनिक कुओं से अनुसूचित जाति के लोग पानी नहीं भर सकते, जहाँ सवर्ण कपड़ा धोते हैं, वहाँ से लोग गंदा पानी पीते हैं।
2. औरंगाबाद जिले के सिरस गाँव में सन् 1966 में एक तालाब से साफ पानी लेने के आरोप में एक अनुसूचित महिला को गाँव के हिन्दुओं ने नंगा कर घुमाया, फिर तीन हिन्दुओं ने उससे बलात्कार किया। उसके बाद हत्या कर दी।
3. वर्धा (सेवा ग्राम) में अनुसूचित जाति की नाई हजामत नहीं बनाता, धोबी कपड़ा नहीं धोता।...4, 5, 6 आदि।

मैसूर

1. मैसूर, जिसे महिषासुर ने अपने नाम पर बसाया था जो बाद में महीसुर हुआ। उसके बाद अपभ्रंश होकर मैसूर हो गया। इस शहर के पडवार हल्ली मोहल्ले में अनुसूचित जाति के लोग सार्वजनिक सड़कों पर चप्पल पहनकर नहीं चल सकते।
2. गुलबर्गा जिले के चंकापुर कोंडमपल्ली व मूलेपेट गाँव में अनुसूचित जाति के लोग सवर्ण हिन्दुओं के मोहल्ले में शादी-विवाह का जुलूस नहीं निकाल सकते, वे घोड़े पर बैठकर भी नहीं निकल सकते।
3. ओल्ड मैसूर व सोसले में अनुसूचित जाति के लिए अलग प्राइमरी स्कूल हैं।...4, 5, 6 आदि।

उड़ीसा

1. धनकलाल जिले के कुआनली गाँव में सिंचाई के दो तालाबों में से एक सवर्णों के लिए व एक अनुसूचित जाति के लिए था। सन् 1966 में सूखा के कारण सवर्ण हिन्दुओं ने अनुसूचित जाति के तालाब से सिंचाई के लिए पानी लेना शुरू कर दिया। अनुसूचित जाति ने आपत्ति की। झगड़ा हुआ। अनुसूचित जाति के एक व्यक्ति को सवर्ण हिन्दुओं ने मार डाला। उसके

बाद मरे हुए व्यक्ति की स्त्री को नंगा करके उसका जुलूस निकाला गया। आठ व्यक्तियों ने उसके साथ बलात्कार किया। तहकीकात के दौरान मरे हुए व्यक्ति के भाई की भी हत्या कर दी गई।

2. कटक जिले के ब्रह्मगिरि गाँव में नाई व धोबी अनुसूचित जाति का काम नहीं करते।...2, 3, 4 आदि।
3. दिनांक 31 जुलाई, 1970 ई. शुक्रवार, 'भारत' समाचार इलाहाबाद, पेज नम्बर एक कालम नम्बर 4, 5, 6, 7 के अनुसार 18 जुलाई, 1970 को चार सवर्ण बन्धुओं के एक गुट ने ग्राम—तामदी, जिला—सम्बलपुर में दलितों की एक बस्ती को घेर लिया। एक दिन मजदूरी न करने का आरोप लगाकर दलितों को मारा-पीटा और फिर एक घर को बन्द करके आग लगा दिया। एक पूरा परिवार जिन्दा जलकर मर गया, जिसमें बच्चे, बुजुर्ग और महिलाएँ थीं।
4. 26 जुलाई, 1970 को पूरी जिले के ग्राम—ऐतीपुर, थाना—बनापुर में ऊँची जाति के एक हिन्दू परिवार ने तीन दलितों से भूमि विवाद पर मारा पीटा। दो के हाथ काट लिए और कहा—यही तुम सबको दंड है। इसे लोक सभा में श्री एस.एस. जोशी एम.पी. (दिल्ली) के प्रस्ताव पर बहस हुई। हमारे नेता रीढ़विहीन हैं। वे जिन्दा लाश हैं।

पांडिचेरी

1. यहाँ भी अनुसूचित जाति के लोगों के साथ छुआछूत बरती जाती है।

नेहरू साइलेंट

कॉन्स्टीट्यूशन क्लब, नई दिल्ली की मीटिंग में दिनांक 19 सितम्बर, 1963 ई. को पंडित जवाहरलाल नेहरू प्रधानमंत्री ने कहा, कि मैं वर्तमान सामाजिक बदलती हुई व्यवस्था को देखते हुए 'दलित संघ' शब्द प्रयोग के खिलाफ हूँ क्योंकि आज सैड्यूल कॉस्ट और सैड्यूल्ड ट्राइब्स के प्रति पुरानी मान्यताओं को खत्म करके उन्हें सुविधाएँ प्रदान की गई हैं।

तत्पश्चात् श्री जगजीवन राम बोलने को खड़े हुए, तो श्री नेहरू जी उठ खड़े हुए और चलना ही चाहते थे, कि कार्यकर्ताओं ने आग्रह करके उन्हें बैठा दिया।

उस समय श्री गुलजारीलाल नन्दा गृहमंत्री, श्री लालबहादुर शास्त्री जी, श्री संजीवैया अध्यक्ष—अखिल भारतीय कांग्रेस कमेटी आदि भद्र महानुभाव भी उपस्थित थे।

श्री जगजीवन राम ने पंडित जवाहरलाल नेहरू जी को सम्बोधित करते हुए कहा—मुझे ऐसे बारह गाँव दिखलाइए, जिसमें हरिजनों के साथ अस्पृश्यता नहीं

की जाती हो। देहातों की कौन कहे, शहरों तक में अछूतपन अपने नग्न रूप में व्यवहार में बरता जाता है।

आपके इलाहाबाद का एक दलित विद्यार्थी मेरे पास आया था। कहा—मुझे सवर्ण हिन्दू किराये के लिए घर नहीं देते। पंडित जवाहरलाल नेहरू ने चुप (साइलेंट) रहकर सर हिलाते हुए इस कटु सत्य की पुष्टि की।

श्री संजीवैया ने कहा—इस काम के लिए बीस संजीवैया चाहिए। (उपरोक्त समाचार—महाराष्ट्र टाइम्स, प्रबुद्ध भारत, मराठी व नेशनल हेराल्ड आदि में छपा था।)

धर्म या प्राकृतिक यंत्र

हाथ की बनी मशीनें, साइकिल, मीटर व हवाई जहाज के मालिक को टूट-फूट पुरानी बेकार हो जाने पर नए रुपयों से नया माल खरीदने की हमेशा फिकर रहती है। मगर हिन्दू धर्म की शूद्र धारी ब्राह्मणी बनावटी प्राकृतिक यंत्र के टूट-फूट व पुराने बेकार हो जाने पर नए रुपयों से नया (दास, सेवक) खरीदने के लिए मालिक ब्राह्मण की कोई फिकर नहीं। एक अहीर मरता है तो अपने लड़के को भैंस-गाय चराने, दूध देने एवं एक चमार मरता है तो अपने लड़के को जूता, चप्पल व एक भंगी मरता है तो लड़के को पाखाना साफ करने के लिए अर्थात् बिना रुपयों के ब्राह्मण की सेवा करने के लिए छोड़ जाता है।

भारत के ब्राह्मण तिब्बत के लामाओं, हंगरी, मलाया व दक्षिण अफ्रीका (कांगो) की परेशानियों पर दिन-रात हमदर्दी के आँसू बहाते हैं। सुधार के ठेकेदार आर्यसमाजी और कम्युनिस्ट हिन्दू धर्म की लिखावटी खिलाफत करते हैं मगर हजार वर्ष के गुलाम शूद्र वर्ण का सुधार 'महाशय' तथा 'कॉमरेड' दो शब्दों के अलावा कुछ भी नहीं कर पाए। आज भी शूद्र समुदाय अपने मानवीय अधिकारों, यहाँ तक कि खुली हवा में साँस लेने व अपने ही दरवाजे पर खाट (चारपाई) पर बैठने व लेटने आदि से वंचित हैं।

नए मदारी का नया खेल

आल इंडिया बैकवर्ड क्लास कमीशन के अध्यक्ष पंडित काका कालेलकर ने अपनी रिपोर्ट एंड मेमोरेंडम सन् 1956 ई. में सवर्ण अर्थात् ब्राह्मण, क्षत्रिय व वैश्य को महजन या अल्पजन, शूद्र को बहुजन (पिछड़ी जाति) और महाशूद्र को हरिजन (अनुसूचित जाति) तथा गिरिजन आदिम जाति (अनुसूचित जनजाति) लिखा है।

इस प्रकार अब नई चार जातियाँ बनाई गई हैं—महजन, बहुजन, हरिजन तथा गिरिजन।

सुझाव-1

यह है हिन्दू धर्म की उदारता एवं सहिष्णुता का प्रज्वलित प्रमाण जिसकी मर्यादा बचाने के लिए सेक्यूलर स्टेट के शासक जो तिब्बत के लामाओं, हंगरी, मलाया, दक्षिण अफ्रीका की हमदर्दी में महाकारुणिक बनकर आठ-आठ आँसू बहाते आ रहे हैं और अब उन्होंने मर्यादा भंग विरोधी समिति भी बना डाली है।

कम्यूनिस्ट हिन्दू आर्य भी व्यग्र हो उठे हैं और आर्यसमाजी लोग भी जो सुधार की ठेकेदारी का जामा पहने हुए बात-बात में वेद-वेद चिल्लाकर मनुवादी हिन्दू धर्म ग्रंथों पुराणादि को अमान्य घोषित करते आ रहे हैं।

आज इन घटनाओं ने इन सेक्यूलर स्टेट के शासकों, कम्यूनिस्टों, आर्यसमाजियों के लवादे को उतार कर इनकी नंगी तस्वीर संसार के सामने खड़ी कर दी है।

संसार को पेचीदा स्थिति से विवश होकर ये सेक्यूलर स्टेट, कम्यूनिस्ट सुधारवादी आर्यसमाजी होने का स्वाँग भरकर संसार की आँखों में धूल झोंक रहे हैं और दूसरे देशों की किसी भी आकस्मिक घटना होने पर चीख पड़ते हैं। जब कि इस देश का शूद्र पाँच हजार साल से ऐसी गुलामी में जकड़ा चला आ रहा है जिसकी दुनिया में कोई दूसरी मिसाल मिलना सम्भव नहीं!

पहले जमाने में जिस किसी देश में गुलामी प्रथा थी, वहाँ गुलामों का कोई एक ही मालिक होता था और मालिक को अपनी हानि-लाभ के खयाल से ही गुलामों के खाने, पीने, सर्दी-गर्मी तथा बीमारी से बचाने की सारी जिम्मेदारी थी किन्तु यहाँ का प्रत्येक शूद्र प्रत्येक आर्य हिन्दू का पंचायती गुलाम तो है परन्तु किसी प्रकार की भी कोई जिम्मेदारी यहाँ के आर्य हिन्दू मालिकों को पूरी करने की कोई चिन्ता नहीं है।

इस दुनिया में ऐसा कोई देश है जहाँ कोई खुली हवा में खाट पर भी न सो सकता हो? परन्तु संसार के लोगों को क्या पता कि इस भारत के आर्य हिन्दू अनार्य शूद्रों और महाशूद्रों का किस प्रकार उच्छेदन कर रहे हैं? जिसका धर्म ही गुलामी की आधारशिला बना हुआ है? इस सेक्यूलर स्टेट में भी उस गुलामी के धर्म को बदल न सके, ऐसा कानून बनाने का आर्य हिन्दुओं का खुला षड्यंत्र चल रहा है।

धन्यवाद!

दिनांक—6 दिसम्बर, 1961 ई.

सुझाव-2

ये धार्मिक ग्रंथ वर्ण-व्यवस्था पर आधारित समाज के पैरों के नीचे बिछी सूखी बारूद है, जिसमें दोनों शक्तियाँ मौजूद हैं। पहली शक्ति अपमानित शूद्र धर्म परिवर्तन द्वारा मुसलमान, ईसाई, पारसी, सिख या बौद्धधर्मी बनकर समता, बन्धुता तथा स्वतंत्रता प्राप्त करें।

दूसरी शक्ति अपमानित शूद्र समाज के मुर्दा खून को खौलाने के लिए ये धार्मिक ग्रंथ व इन धार्मिक ग्रंथों के आधार पर होनेवाले रोज-रोज के अपमान, अन्याय व अत्याचार ऐसा बेमिसाल अचूक इंजेक्शन हैं, जिसके द्वारा शूद्र समाज स्वयं उस कल्पित वर्ण-व्यवस्था को धता बता सकता है। शर्त यह है कि शूद्र समाज में तिल-मात्र स्वाभिमान अवश्य हो फिर तो उनकी नाव पार ही है।

शूद्र-महाशूद्र नामधारी पिछड़ी, अनुसूचित एवं अनुसूचित जनजाति के लोगों को चाहिए कि वे अपमानजनक हिन्दू धर्म ग्रंथों और परम्पराओं को मानने से एकदम इनकार कर दें। बस, इतने से ही सम्पूर्ण समस्याएँ हल हो जाएँगी। आप विश्वास रखें, हिम्मत से आगे बढ़ें।

आप ईश्वर, धर्म, भाग्य, भगवान, पुनर्जन्म, स्वर्ग, नर्क, कथा, भागवत, कीर्तन, गंगा-स्नान, मथुरा, गया, चारों धाम, तीर्थ, पुजारी-पंडा, पुरोहित, तेरहीं, बरसी, श्राद्ध, भोज व भंडारा आदि के पुरोहितधंधे में कतई न फँसें, अन्यथा स्वराज्य द्वारा प्राप्त समता, बन्धुता व स्वतंत्रता के अधिकारों का सुख आपको कतई नहीं मिलेगा। बात यहीं पर समाप्त नहीं होती है। यदि आपका यही तौर-तरीका रहा, तो आपकी अगली सन्तानों को इससे भी अधिक दुःख भोगना पड़ेगा। यह लेखक की भविष्यवाणी है जो हिमालय पहाड़ की भाँति अटल है।

यही कारण है 'वाल्टेयर' जैसा महानतम व्यक्ति समता, बन्धुता व स्वतंत्रता प्रेमी पैदा करने में भारत पृथ्वी पर बेकार बोझ सिद्ध हुआ है। 'वाल्टेयर' जिस यूरोपीय देश के कैथोलिक चर्च में पला, उसने बिना हिचकिचाहट उसकी बुराई को उखाड़ फेंका।

बात वास्तविकता में यह है कि भारत इतना बड़ा देश है फिर भी 'वाल्टेयर' सरीखा व्यक्ति पैदा करने में इसलिए नाकामयाब रहा क्योंकि यहाँ के बुद्धिदाता

ब्राह्मण स्वार्थी हैं। निष्पक्ष मनीषी नहीं हैं। ब्राह्मणों का केवल एकमात्र यही उद्‌देश्य है कि किस चाल-चलन, छल-छद्म से यहाँ के मूल मनुष्यों को गुलाम बनाए रखा जाए। ये शूद्र व महाशूद्र किसी भी स्थिति में तरक्की न करने पाएँ।

याद रखिए! विश्वास रखिए! भारत में इन सनातनी धर्म-ग्रंथों के रहते हुए, भविष्य में कभी भी 'वाल्टेयर' पैदा नहीं हो सकता।

इतना ही नहीं, इन धार्मिक ग्रंथों के रहते हुए भविष्य में कभी भी ऐसे भगवान का अवतार नहीं होगा जो शूद्रों को समता, बन्धुता व स्वतंत्रता दिला सके। वैसे तो अवतार नाम की कोई चीज नहीं है। यह वास्तव में निठल्लों का रोजगार है।

बुद्धिवादी ग्रंथों को पढ़ें। पोंगा-पंथी ग्रंथों से सदैव दूर रहें।

भगवान बुद्ध के वचन 'अत्त दीपो भव:' के अनुसार आप खुद ही अपनी मसाल (बुद्धिमत्तापूर्ण—मशाल, रोशनी, लैम्प व दीपक) बनें।

इस छोटी-सी पुस्तिका में थोड़ी-सी धार्मिक डकैती की झलक मात्र दिखाई गई है, जिसे पढ़कर आप स्वयं इस निर्णय पर पहुँच जाएँगे कि अवतार कहे जानेवाले व्यक्तियों तक की नीति कितनी शूद्र-अतिशूद्र भक्षक रही है।

आशा है, आप मेरे दिए हुए सुझावों को ध्यान से पढ़े होंगे। पढ़ने के बाद सोचेंगे। समझेंगे। जीवन और व्यवहार में उतारेंगे।

धन्यवाद!

दिनांक—1 जुलाई, 1987 ई.

उपसंहार

धर्म बड़ा ही व्यापक शब्द है—कहीं इसके माने कर्तव्य होता है और कहीं इसका अर्थ किसी वर्ग व समाज विशेष सम्प्रदाय के अन्तर्गत आपस में बरते जानेवाले नियम, रीति-रिवाज व व्यवहार आदि से लगाया जाता है।

यहाँ पर इस पुस्तक में जिस धर्म का जिक्र किया गया है। वह हिन्दू समाज के अन्तर्गत आनेवाली विभिन्न जातियों के बीच बरते जानेवाले रीति-रिवाजों व आपसी व्यवहार से सम्बन्धित है।

धर्म के नाम से हिन्दू समाज में शूद्र, अछूत व विभिन्न जातियों के साथ तथाकथित द्विज जातियों ने जिस तरह का अमानुषिक व्यवहार हजारों सालों से किया है, जिसका उल्लेख हिन्दू धर्म ग्रंथों—वेदों, पुराणों, स्मृतियों, सूत्रों, रामायण व रामचरितमानस आदि में मिलता है।

उसी का जिक्र इस पुस्तक में किया गया है और वह सब इसलिए कि आज के वास्तविक धर्म-निरपेक्ष राज्य में अब यहाँ के सभी नागरिक समान हैं, मगर फिर भी अगर धर्म की दुहाई व धार्मिक पुस्तकों की आड़ लेकर इस युग में भी जातीय भेदभाव व ऊँच-नीच को बढ़ावा दिया जाता है, तो वह न केवल संविधान के प्रतिकूल है, वास्तव में, सामाजिक अपराध भी है।

अत: लेखक की मंशा है कि आज समाज के सभी वर्ग के लोग भी हिन्दू धर्म के इस भेदभाव से दूसरों को पीड़ा पहुँचाते हैं या वे खुद पीड़ित हैं, सजग व सतर्क होकर बदलते हुए जमाने के साथ अपने को बदलें और निजी स्वार्थ व धार्मिक मदांधता को छोड़कर आपस में ऐसा प्रेम भाव पैदा करें जिससे देश की राष्ट्रीयता को बल मिले।

आइए, हम सब सदियों के इस संकीर्ण धार्मिक भेदभाव को भुलाकर ऐसे समाज का निर्माण करें, जिसमें ऊँच-नीच व जाति-पाँति के झगड़े ही बाकी न रह जाएँ। सब मिलकर राष्ट्र-निर्माण कार्य में लग जाएँ।

धन्यवाद!

6 दिसम्बर, सन् 1961 ई. **—पेरियार ललई सिंह**

परिशिष्ट-1

बात पुरानी है, रेमजे मेकडॉनल्ड प्रधानमंत्री, भारत सरकार ने अछूतों को पृथक् निर्वाचन का अधिकार दिया था। इस अधिकार के विरुद्ध संत तुलसीदास की चौपाई 'देख न सके पराई विभूती' के अनुसार बुद्धिहीन, शस्त्रहीन, धनहीन, भूमिहीन, घरहीन, मजदूर, किसान, शोषित, पीड़ित, दलित, निराद्रित, प्रवंचित अछूतों का, शायद गांधीजी की दृष्टि में विश्व को सबसे बड़ी प्रिय वस्तु, उनके पृथक् निर्वाचन के अधिकार को छीनने के लिए आमरण अनशन ठानकर उपरोक्त अधिकार छीन लिया। (इस राजीनामा के लिए 'पूना पैक्ट बनाम गांधी' नामक किताब पढ़िए।)

तत्पश्चात्, दिनांक 25 सितम्बर, सन् 1932 ई. को पंडित मदन मोहन मालवीय (हिन्दू यूनिवर्सिटी, बनारस के संस्थापक) की अध्यक्षता में एक सार्वजनिक सभा बम्बई में हुई जिसमें नीचे लिखा प्रस्ताव सर्वसम्मति में पास किया गया कि 'यह सभा निश्चय करती है कि आज से हिन्दू जाति में किसी को जन्म से अछूत नहीं समझा जाएगा और जिन्हें अब तक अछूत समझा जाता रहा है, उन्हें अन्य हिन्दुओं की ही भाँति कुओं, तालाबों, स्कूलों, सड़कों तथा अन्य सार्वजनिक संस्थाओं का उपयोग करने का अधिकार रहेगा। मौका मिलते ही इस अधिकार को कानून का स्वरूप दे दिया जाएगा।'

स्वतंत्र भारत की सरकार ने स्वतंत्रता की प्राप्ति के काफी समय बाद मजबूरी में अस्पृश्यता अपराध अधिनियम बना दिया। उसे पास कर दिया किन्तु सच्चाई के साथ पूर्णतया व्यवहार में नहीं लाया जाता।

हमारे परम् पूज्य बोधिसत्व बाबा साहब डॉ. भीमराव अम्बेडकर, अध्यक्ष संविधान निर्मात्री सभा, ने दिनांक 25 नवम्बर, सन् 1949 ई. में जो बात संविधान सभा में कही थी, वह बात आज वर्तमान अवस्था में भी ठीक है, क्योंकि अछूतों की आज की स्थिति सन् 1949 ई. की स्थिति से अधिक खराब है। तब सन् 1949 ई. में अछूतों पर इतना घनघोर सामाजिक व आर्थिक अत्याचार नहीं होता था कि— "26 जनवरी, सन् 1950 ई. को हम अन्तर्विरोधों के जीवन में प्रवेश कर रहे हैं। राजनीति में हमें समानता प्राप्त होगी परन्तु सामाजिक तथा आर्थिक जीवन में हमें

विषमताएँ मिलेंगी। राजनीति में 'एक व्यक्ति—एक वोट' और 'एक वोट—एक मूल्य' के सिद्धान्त को मान्यता देंगे। अपने सामाजिक तथा आर्थिक जीवन में हम अपने सामाजिक तथा आर्थिक ढाँचे के अन्तर्गत 'एक व्यक्ति और एक मूल्य' को नकारते रहेंगे। हम इन अन्तर्विरोधी का जीवन कहाँ तक जिएँगे? हम सामाजिक तथा आर्थिक जीवन में समानता को कब तक नकारेंगे? अगर हम इसे अधिक समय तक नकारते रहे तो हम राजनीतिक जनतंत्र को खतरे में डालकर ही ऐसा करेंगे।'

हमने पाठकों को भूले हुए दस्तावेजों की यादें दिलाईं। अच्छा किया या बुरा? हमारे ऊपर सवर्ण हिन्दू अन्याय-अत्याचार हमें गरीब समझकर नहीं करते हैं। अगर गरीब समझ कर करते, तो सबल सवर्ण ऐसा ही अन्याय-अत्याचार गरीब सवर्ण के साथ क्यों नहीं करता? स्पष्ट है कि हिन्दू धर्म ग्रंथ जिनके सभी सवर्ण पूजक हैं, वे असमानता का प्रचार दिन-रात करते हैं और समानता का कानूनी दिखावा मात्र करते हैं।

ऐसी दशा में हमें अपने परम् पूज्य बाबा साहब डॉ. भीमराव अम्बेडकर के बताए मार्ग द्वारा बौद्ध धर्म स्वीकार कर, समानता प्राप्त कर, अपनी बुद्धि के अनुसार आर्थिक तरक्की स्वयं कर, संगठित रहकर अन्याय व अत्याचार का सामूहिक मुकाबला करना है। संविधान द्वारा उपलब्ध कानूनी सुरक्षा सबके पास है। हाय पिटा! हाय मरा!! अब मत करें!!!

मैंने सम्पूर्ण जीवन की धरोहर बताई। मानो न मानो, आपकी इच्छा!

धन्यवाद!

दिनांक—7 जुलाई, 1980 ई.

—पेरियार ललई सिंह

परिशिष्ट-2

श्री सोनेलाल संखवार

कोषाध्यक्ष—अशोक पुस्तकालय (रजिस्टर्ड)
गाँव व पोस्ट—कठारा, झींझक, जिला—कानपुर, उत्तर प्रदेश

तुलसीदास ने रामचरितमानस में लिखा है कि—

श्रीमद रामचरित्र-मानस मिदं भक्त्या यथाहन्ति ये।
ते संसार पतंग घोर किरणं वंह्यंन्ति नो मानवा:॥

अर्थ : जो मनुष्य भक्तिपूर्वक इस रामचरितमानस में गोता लगाते हैं अर्थात् पढ़ते हैं—वे संसार रूपी सूर्य की अति प्रचंड किरणों से नहीं जलते हैं।

रुद्राष्टकमिदं प्रोक्त विप्रेण हरितोषये।
ये पठन्ति नरा भक्त्या तेषा शम्भु प्रसीदति॥

अर्थ : भगवान रुद्र का यह अष्टक शंकर की प्रसन्नता के लिए ब्राह्मण द्वारा कहा गया कि जो मनुष्य इसे भक्तिपूर्वक पढ़ते हैं, उन पर भगवान शंकर प्रसन्न होते हैं।

धार्मिक ग्रंथों की इस प्रकार की अगणित शिक्षाएँ मानव-समाज को अकर्मण्य बनाती हैं। आधुनिक सभ्य समाज को चाहिए कि ऐसे अकर्मण्यतावादी ग्रंथों का अति शीघ्र बायकाट कर दें। तभी उनका व राष्ट्र का भला होगा।

दिनांक—1-11-72 ई.

सामाजिक विषमता कैसे समाप्त हो?

!!नमो बुद्धाय!!

मनुवादी राज में
भारतीय पुरोहितों का कमेरे मानव के
साथ मानवता विरोधी षड्यंत्र!

जाति-पाँति मुर्दाबाद! राष्ट्रीय एकता जिन्दाबाद!!

सामाजिक विषमता कैसे समाप्त हो?

लेखक

पेरियार ललई सिंह

अध्यक्ष : डॉ. अम्बेडकर साहित्य रक्षक परिषद् (रजि.)
झींझक, जिला—कानपुर, उ.प्र., भारत-209302

पुस्तक मिलने का पता

अशोक पुस्तकालय

अंडर पेरियार ललई सिंह चेरिटेबल ट्रस्ट
84/172, झकरकटी, जी.टी. रोड,
जिला—कानपुर, उत्तर प्रदेश, भारत-208003

पहली बार

1 जनवरी, सन् 1973 ई.
प्रथम बार 2500 प्रतियाँ प्रकाशित
द्वितीय बार सन् 1977 ई.
तृतीय बार सन् 1986 ई.
चतुर्थ बार सन् 1992 ई.
पाँचवीं बार सन् 1993 ई.

मुद्रक

रानी प्रिंटिंग एजेंसी,
105/28, प्रेम नगर,
जिला—कानपुर, उत्तर प्रदेश, भारत

मूल्य : तीन रुपये अस्सी पैसे

!!समर्पण!!

इकलौती बेटी 'शकुन्तला' के लिए
जो 11 वर्ष की उम्र में क्षय रोग (टीबी) से ग्रस्त
होने के कारण मुझे छोड़कर सदा के लिए चली गई।
साथ ही पत्नी 'दुलारी देवी' को भी,
जो क्षय रोग से ग्रस्त होने के कारण
मुझे बहुत जल्द छोड़कर चली गईं।
सप्रेम!

!! विनम्र निवेदन !!

हजारों वर्षों की गुलामी के बाद भारत को स्वतंत्र हुए तीस वर्ष हो चुके हैं परन्तु तथाकथित ऊँचे कहे जानेवाले हिन्दुओं द्वारा करोड़ों अछूतों को जातिवाद के कारण स्वतंत्रता के नाम से दूर रखा जाता है, नीच समझा जाता है, मजदूरी कम दी जाती है व नाना प्रकार के जुल्म ढाए जाते हैं।

2 जनवरी, सन् 1973 ई. को केन्द्रीय शिक्षा व समाज-कल्याण मंत्रालय ने एक वक्तव्य द्वारा अछूतों के ऊपर होनेवाले जुल्मों के प्रति भारी चिन्ता प्रकट करते हुए सुझाव दिया है कि इसकी रोक के लिए शासन द्वारा कठोर कदम उठाए जाएँ, क्योंकि सन् 1972 ई. में अछूतों के ऊपर उत्पीड़न की घटनाओं में बढ़ोतरी हुई है। गत तीन वर्षों में सम्पूर्ण भारत में उत्पीड़न की घटनाएँ 1927 हुई हैं, जिनमें से 11 अछूतों को जिन्दा जला दिया गया।

अगर स्वार्थवश तथाकथित उच्च कहे जानेवाले हिन्दुओं ने अपने कल्पित बड़प्पन को त्याग कर 'सभी मानव समान हैं', इस सिद्धान्त को नहीं अपनाया तो देश का भविष्य अन्धकारमय हो जाएगा तथा गृहयुद्ध या बाहरी युद्ध द्वारा विनाश के कगार तक अपनी ही भूल के कारण पहुँच सकता है।

अत: तथाकथित ऊँचे कहे जानेवाले हिन्दुओं से विनम्र प्रार्थना है कि कल्पित उच्चता को त्याग कर 'सभी मानव समान हैं', इस मानवीय सिद्धान्त को अपने दैनिक जीवन में ढालने की कोशिश करें।

अछूत लोग अपने अन्दर से हीन भावना को त्याग कर तथा संगठित होकर ऐसे जुल्मों का मुकाबला कानून द्वारा दिए गए हिफाजत खुद इख्तयारी के अधिकारों के अन्तर्गत करें।

ऐ अछूतो! याद रखो, 'जुल्म सहन करनेवाला जालिम से भी खराब आदमी है।'

मानवता—अमर रहे! स्वतंत्र भारत-अमर रहे!

धन्यवाद!

दिनांक—1 जनवरी, 1973 ई.

निवेदक

—पेरियार ललई सिंह

विषमता कैसे दूर हो

पुरोहित हिन्दुओं द्वारा समाज को ईश्वरीय सर्वोच्च सत्ता में विश्वास कराने के उदाहरण में विश्वास करना ऊँच-नीच, धनी-निर्धन बनाया जाना स्वीकार करना है। इसी आधार पर पुरोहित हिन्दू एक-दूसरे से घृणा करता है।

जन्म के आधार पर सद्गुण रहित ब्राह्मण पूज्य और जन्म के आधार पर सद्गुण सहित शूद्र अपूज्य है।

उपरोक्त हिन्दू सामाजिक मान्यताओं के रहते हुए, कभी भी सामाजिक विषमता समाप्त नहीं हो सकती।

जो मुसलमान या ईसाई हिन्दू धर्म बदलकर बने हैं, उसमें रोटी को छोड़कर बेटी व्यवहार में आज भी उपरोक्त समानता मौजूद है।

बोधिसत्व बाबा साहब डॉ. भीमराव अम्बेडकर ने लाखों अनुयायियों सहित मानवतावादी बौद्ध-धर्म स्वीकार किया, अच्छा किया, किन्तु उनके माननेवाले वर्तमान बौद्ध-धर्म पुरानी हिन्दू परम्परा के अनुसार, अब भी रोटी-बेटी में असमानता बरतते अधिकांश देखे जाते हैं। यह असमानता बौद्धों के लिए कलंक है।

अत: वर्तमान बौद्धों को तुरन्त पुरानी हिन्दू जातियाँ तोड़ कर विशुद्ध समतावादी बौद्धधर्मी बनकर आपस में रोटी-बेटी का व्यवहार प्रारम्भ करके समतावादी बौद्ध-समाज की सोच और संरचना निर्माण में जुट जाना चाहिए। भविष्य उज्ज्वल है। सफलता की कामना।

लेखक व पाठकों को धन्यवाद!

—राहुल सुमन 'छावरा'
सिद्धार्थ मार्ग, संस्थापक/संचालक
बुद्ध विहार मेदोलिक रोड,
अजमेर (राजस्थान)

सीधी-सच्ची बात

जातीय व्यवस्था एक सुनियोजित षड्यंत्र है, इसका विनाश सुधार से असम्भव है।

बबूल के पेड़ में तो काँटे ही होंगे। काँटों से बचने के लिए टहनी क्या, यदि तना भी काट डाला जाए, तब भी बबूल के काँटों का विनाश सम्भव नहीं है। बबूल की थोड़ी जड़ भी शेष रहने पर, उस क्षुद्र जड़ से नई कोंपलें फूटकर तना और तना से काँटे, पुन: हरे होंगे। काँटों से बचने का एक ही उपाय है—बबूल के पेड़ को जड़ से उखाड़कर समूल नष्ट कर दिया जाए, ठीक उसी प्रकार वर्ण-व्यवस्था भारत में कैंसर रोग से भी भयंकर रोग है। कैंसर से तो व्यक्ति का एक जीवन ही प्रभावित होता है किन्तु वर्ण-व्यवस्था से प्रताड़ित व्यक्ति सदियों से पीढ़ी दर पीढ़ी इसी भयंकर महामारी से घुट-घुटकर मरते और तड़फड़ाते चले आ रहे हैं।

कुछ पढ़े-लिखे लोग जो चन्द समय के लिए एम.एल.ए., एम.पी., मंत्री व किसी सम्मानित एवं सुविधाएँ, पद अथवा सरकारी सेवा में हैं, अल्पज्ञातवश कहते हैं कि आर्थिक स्थिति ठीक हो जाने पर तथा शिक्षित हो जाने पर सामाजिक स्थिति स्वत: ठीक हो जाएगी, ऐसे लोग भूल जाते हैं कि विश्व के प्रकांड विद्वान बोधिसत्व बाबा साहब डॉ. बी.आर. अम्बेडकर के सामने इन दोनों में से कोई भी समस्या न थी किन्तु उन्होंने पाया सामाजिक अपमान जो आर्थिक विषमता से अधिक खटकता है, आज भी शोषित समाज में कुछ लोग धनवानों और विद्वानों की पंक्ति में गिने जाते हैं। किन्तु सामाजिक तौर पर सवर्णों की दृष्टि में वह अहीर, गड़रिया, चमार, पासी व धोबी आदि ही हैं।

विद्या वरीयता एवं आर्थिक सुदृढ़ता भी सामाजिक सम्मान दिलाने में असमर्थ ही है।

एक एम.एल.ए., एम.पी. अथवा सरकारी सेवा के ऊँचे से ऊँचे पदाधिकारी को भी, एक-न-एक दिन सामाजिक व्यवस्था में बँधना ही पड़ता है। अन्ततोगत्वा शूद्र समाज की शरण में पैर रगड़ना ही पड़े। एक चमार को चमार, भर, पासी को पासी व धोबी को धोबी से ही सम्बन्ध करने पर बाध्य होना पड़ेगा।

सच तो यही है 'चिड़िया कितना उड़े आकाश, चारा है धरती के पास।'

कुछ लोगों की यह भी अवधारणा है कि राजनीतिक सत्ता मिल जाने पर जातीय समस्या का स्वयं समाधान हो जाएगा। राजनीतिक सत्ता का खेल तिकड़म एवं भावनात्व प्रधान है। राजनीतिक कोटे से गए शोषित एवं पिछड़ी जातियों के लोग आज भी सत्ता में पर्याप्त संख्या में हैं, किन्तु वह सभी जातिवाद के तालमेल के आधार पर अपनी-अपनी कुर्सी बचाने में ही रहते हैं। वर्ण-व्यवस्था पीढ़ी दर पीढ़ी चलनेवाला भयंकर राज रोग अपनी जाति का समूह उच्छेद करना चाहे तो इनका लाभ अभी उसे न मिलकर उसकी पाँचवीं सन्तान को ही मिल पाएगा।

जो जितनी देर तक सुधार-सुधार कहता रहेगा, उसका सुधार कभी नहीं होगा। वर्ण-व्यवस्था के समूल विनाश के लिए बोधिसत्व बाबा साहेब की सीधी एवं स्पष्ट बात को मानकर बौद्ध धर्म अपनाना ही होगा।

वर्तमान पुस्तक शोषित सर्वहारा समाज की अज्ञानता को दूर करनेवाला प्रदीप्त प्रकाश होगी, ऐसा हमें विश्वास है।

भवतु सब्ब मंगलम्!

—जगन्नाथ आदित्य

अध्यक्ष—भारतीय बौद्ध महासभा

(शाखा—उत्तर प्रदेश)

सामाजिक विषमता कैसे समाप्त हो?

डॉ. भीमराव रामजीराव अम्बेडकर ने जाति-पाँति तोड़क मंडल लाहौर के सन् 1936 ई. के वार्षिक सम्मेलन के लिए तैयार किए गए भाषण (एहिनिलेशन ऑफ कास्ट अर्थात जाति-भेद का उच्छेद) में कहा था कि :

जाति-भेद को नष्ट करने के लिए काम करने की दूसरी पद्धति यह कही जाती है कि पहले अन्तरवर्णीय सहभोज आरम्भ किये जाए, मेरी राय में वह उपाय भी अल्प है। अनेक जातियाँ ऐसी हैं, जिनमें सहभोज होता है, परन्तु यह सब लोगों की अनुभव की बात है कि सहभोज जाति-भेद के भाव को और जाति-भेद की चेतना को मारने में सफल नहीं हुआ।

मेरा विश्वास है कि वास्तविक उपाय अन्तरवर्णीय विवाह है। केवल रक्त का मिश्रण ही स्वजन और मित्र होने का भाव पैदा कर सकता है। जब तक मित्र होने एवं भाई बन्धु होने का प्रधान नहीं होता तब तक जाति-भेद द्वारा उत्पन्न किया हुआ वियोजन भाव पर या होने का भाव कभी दूर न होगा। अन्तर्जातीय विवाह को हिन्दुओं के सामाजिक जीवन में जितना प्रबल साधन होने की आवश्यकता है उतनी अहिन्दुओं के सामाजिक जीवन में नहीं। जहाँ समाज पहले ही दूसरे बन्धनों से आपस में खूब ओत-प्रोत हो वहाँ विवाह जीवन टुकड़े-टुकड़े हो रहा हो, वहाँ इकट्ठा करनेवाली शक्ति के रूप में विवाह एक अनिवार्य आवश्यकता की बात हो जाती। इसके सिवा और कोई भी बात जाति-भेद को मिटाने का काम नहीं दे सकती कि एक साधारण-सी घटना होती है।

आपके जाति-पाँति तोड़क मंडल ने आक्रमण की यही रीति ग्रहण की है। यह सीधा और सामने से आक्रमण है। इस रोग के ठीक निदान के लिए मंडल धन्यवाद का पात्र है। उसने हिन्दुओं को उनकी सच्ची खराबी बताने का साहस किया है। सामाजिक उत्पीड़न की तुलना में राजनीतिक उत्पीड़न कुछ भी नहीं। जो सुधारक समाज को ललकारता है, वह गवर्नमेंट का विरोध करनेवाले राजनीतिक से कहीं अधिक निर्भीक है। जाति-पाँति तोड़क मंडल का कहना

ठीक है कि अन्तर्वर्णीय सहभोजों और जाति-पाँति तोड़क विवाहों का आम रिवाज हो जाने पर ही जाति-भेद का जोर टूटेगा। आपने रोग का कारण ढूँढ़ लिया है परन्तु अब विचारणीय विषय यह है कि इस रोग के लिए ठीक इलाज क्या है? क्या कारण है कि हिन्दुओं की एक बड़ी संख्या जाति-पाँति तोड़कर रोटी-बेटी सम्बन्ध नहीं करती। क्या कारण है कि आपका आन्दोलन सर्वप्रिय नहीं। इस प्रश्न का केवल एक ही उत्तर हो सकता है और वह यह कि जाति-पाँति तोड़कर रोटी-बेटी सम्बन्ध उन विश्वासों और सिद्धान्तों को अरुचिकर है जिन्हें हिन्दू पवित्र समझते हैं।

ईंटों की दीवार या काँटेदार तार की बाढ़ की तरह जाति-पाँति कोई स्थूल वस्तु नहीं, जो हिन्दुओं को आपस में मिलने से रोकती है और जिसे गिराने की आवश्यकता हो। जाति-पाँति एक भावना है, मन की एक अवस्था है। इसलिए जाति-पाँति तोड़ने का अर्थ किसी स्थूल रुकावट को नष्ट करना नहीं। इसका अर्थ भावना का बदलना है। जाति-भेद बुरा हो सकता है, जाति-भेद ऐसा बुरा आचरण करा सकता है जो मनुष्य के प्रति मनुष्य की पाशविकता कहला सकती है परन्तु इसके साथ कहना पड़ेगा कि हिन्दू जाति-भेद को इसलिए नहीं मानते कि वे क्रूर हैं या उनके मस्तिष्क में कुछ विकार हैं। वे जाति-भेद के इसलिए पाबन्द हैं कि उनको धर्म प्राणों से भी प्यारा है। जाति-भेद को मानने में लोगों की भूल नहीं। भूल उन धर्म-ग्रंथों की है जिन्होंने यह भावना उनमें उत्पन्न की है। यदि यह बात ठीक हो, तो जिस शत्रु के साथ आपको लड़ना है, वह जाति-भेद को माननेवाले लोग नहीं वरन वे शास्त्र हैं, जो उन्हें इस वर्ण भेद का धर्मोपदेश देते हैं। जाति-भेद को तोड़कर रोटी-बेटी सम्बन्ध न करने के लिए लोगों की हँसी उड़ाना और आलोचना करना अथवा कभी-कभी अन्तर्जातीय सहभोज तथा जाति-पाँति तोड़क विवाह कर लेना मनोवांछित उद्‌देश्य की प्राप्ति का एक व्यर्थ साधन है। सच्चा इलाज तो उन शास्त्रों की पवित्रता से लोगों का विश्वास नष्ट करना है। यदि उन शास्त्रों के ऊपर लोगों का विश्वास बना रहेगा तो आपको सफलता की आशा कैसे हो सकती है? शास्त्रों को प्रमाण मानने में इनकार न करना, उनकी पवित्रता और विधाओं में लोगों का विश्वास बना रहने देना और साथ ही उनके धर्म को बिना उपाय वाला व पाशविक बताकर उन्हें दोष देना एवं उनकी आलोचना करना सामाजिक सुधार की एक बहुत ही असंगत रीति है।

जो सुधारक अस्पृश्यता दूर करने का यत्न कर रहे हैं, जिनमें महात्मा गांधी भी शामिल हैं, ऐसा जान पड़ता है। वे इस बात को नहीं समझते कि लोगों के आचरण उन विश्वासों के परिणाम मात्र हैं जो शास्त्रों ने उनके मन में बैठा दिए हैं। लोग तब तक अपने उस आचरण को नहीं बदल सकते जब तक कि

उनका विश्वास उन शास्त्रों पर से नष्ट नहीं होता जो उनके आचरण के आधार हैं। इसलिए यदि जाति-पाँति तोड़क आन्दोलन को अभी तक उतनी सफलता नहीं हुई तो इसमें कोई आश्चर्य की बात नहीं मालूम होती है कि आप भी वही भूल कर रहे हैं, जो छुआछूत दूर करनेवाले अन्य लोग कर रहे हैं। अन्तर्वर्णीय सहभोज व विवाहों के लिए आन्दोलन एवं प्रबन्ध करना किसी के भीतर कृत्रिम उपायों से जबरदस्ती भोजन ढूँढ़ने के समान है। प्रत्येक स्त्री और पुरुष को दासता से मुक्त कर दीजिए, शास्त्रों पर आश्रित हानिकारक भावनाओं को उनके मन से निकाल डालिए, फिर आपको उनसे कुछ कहने की आवश्यकता न रहेगी। वे अपने आप जाति-पाँति तोड़कर खान-पान और ब्याह-शादी करने लगेंगे।

वाक् छल की शरण लेने में कुछ भी लाभ नहीं। लोगों को यह कहने से कुछ लाभ नहीं कि शास्त्र वह बात नहीं कहते, जो तुम विश्वास किए बैठे हो। महत्त्व की बात यह नहीं कि व्याकरण की दृष्टि से पढ़ने या फर्क की दृष्टि से व्याख्या करने पर, शास्त्र क्या कहते हैं वरन महत्त्व की बात है कि लोग शास्त्र का अर्थ क्या लेते हैं। आपको वही स्थिति ग्रहण करनी चाहिए जो बुद्ध ने ग्रहण की थी। आपकी स्थिति वही होनी चाहिए जो गुरु नानक की थी। आपको शास्त्रों का केवल परित्याग करने की नहीं वरन बुद्ध व नानक की तरह उनकी प्रामाणिकता या धर्म ग्रंथ मानने से इनकार करने की भी आवश्यकता है। आप में इतना साहस होना चाहिए कि आप हिन्दुओं से कह सकें कि तुम्हारी सारी खराबी तुम्हारे धर्म के कारण है—उस धर्म के कारण जिसने तुममें जाति-भेद की पवित्रता की झूठी भावना उत्पन्न कर रखी है। क्या आप यह साहस दिखलाएँगे?

—डॉ. बी.आर. अम्बेडकर

अस्पृश्यता हिन्दू समाज का ही नहीं, समूचे भारत राष्ट्र का कलंक है। इसने करोड़ों मनुष्य प्राणियों से मानवीय प्रतिष्ठा छीनकर उनका जीवन दूभर बना दिया है। इसके दु:ख से करोड़ों हिन्दू-मुसलमानों और ईसाई बनने के लिए विवश हुए। इसी का दुष्परिणाम भारत की सहस्त्रों वर्ष की विदेशियों की दासता और देश का विभाजन हुआ।

इस अस्पृश्यता की जननी वर्ण-व्यवस्था अर्थात जन्म से ही किसी को नीचा समझना है। इस जाति-पाँति के कारण प्रत्येक हिन्दू दूसरे हिन्दू के लिए अछूत है। अन्तर केवल अछूतपन की ग्रंथि में है। कोई कम अछूत है और कोई ज्यादा। एक के हाथ का बचा भोजन तो आप खा लेते हैं परन्तु उसके साथ बेटी का व्यवहार नहीं कर सकते। दूसरे को आप स्पर्श कर सकते हैं, परन्तु उसका भोजन नहीं कर

सकते। इनके आगे वह हिन्दू आता है, जिसके हाथ का भोजन खाना या पानी पीना तो दूर, जिसे छूने मात्र से ही आप अपने को अपवित्र मानने लगते हैं। तथाकथित अछूत जातियों का कोई व्यक्ति कितना ही विद्वान, कितना ही धनी और कितना ही सच्चरित्र क्यों न हो, उस पर से नीचता और अस्पृश्यता का कलंक नहीं मिटता। हिन्दू समाज में जो प्रतिष्ठा और सम्मान एक दरिद्र, अशिक्षित और मध्यम ब्राह्मण का है, वह एक सम्पन्न, सुनिश्चित सच्चरित्र चमार या भंगी का नहीं, 'रामचरितमानस' के रचयिता रामभक्त तुलसीदास कह गए हैं :

पूजिअ विप्र सील, गुन हीना।
शूद्र न गुन-गन ग्यान प्रवीना॥

जिस समाज का ऐसा सिद्धान्त हो, उसमें कौन तथाकथित अछूत रहना पसन्द करेगा? यह हिन्दू समाज का मुँह-बोलता चित्र है। मुझे अभी-अभी एक चिट्ठी प्राप्त हुई है। उसे मैं आगे ज्यों की त्यों उद्धृत कर रहा हूँ।

—सन्तराम बी.ए.

आदरणीय,

पंडित एवं विद्या के समुद्र अछूत-शुद्धि के लक्ष्य में लव-लीन, श्रेष्ठ गुण-सम्पन्न श्री सन्तराम जी महोदय, चिरंजीव भवतु!

आप योग्य को बाड़मेर नगर से वैद्य संत परमानन्द निर्वाणी का सादर नमस्ते! मैंने तो आपके जाति-पाँति तोड़क मंडल की चिरकाल से तारीफ सुनी। विक्रम संवत 1981 में जब मैं कराची में था, तब से मैं देखने की इच्छा करता रहा, पर मेरा आना नहीं हुआ। अब आपका श्री भदन्त आनन्द कौसल्यायन के शब्दों से विशेष ध्यान आया कि आप तो कमर कसकर अछूतपन के गढ़ को गिराने के लिए अपनी विद्वत्ता के शक्तिशाली शब्दों द्वारा सुरंगें बिछा रहे हैं, तो मैं भी इस कर्तव्य का इच्छुक होकर बहुत दिन भटकता रहा। मैं छोटी आयु में अपनी जाति से निकलकर विद्वानों के जंग में रहा। चालीसवें वर्ष में शादी की। दो लड़के और दो लड़कियाँ सन्तान हैं। एक लड़की को हायर सेकेंडरी प्रशिक्षण बी.एस.टी.सी. कराकर गर्ल्स स्कूल, बाड़मेर में अध्यापिका बनाई। छोटी लड़की हायर सकेंड्री फाइनल में है। बड़ा लड़का प्रथम वर्ष टी.डी.सी. साइंस बाइलॉजी, जोधपुर यूनिवर्सिटी में है। छोटा लड़का तीसरी में है। मकान घर का है। रजि. चिकित्सक हूँ। मेरे विचार कट्टर आर्यसमाज के हैं। कोई व्यसन नहीं, घर सारा ही निर्व्यसनी है। चाय-शक्कर तक त्याज्य है। कट्टर वैष्णव हूँ। मैंने बहुत आर्यसमाजी देखे लेकिन अन्दर में जातीयता की बीमारी से तन्दुरुस्त आज तक देखने में कोई नहीं आया। जोधपुर में गत वर्ष मेरा लड़का रातानाड़ा आर्यसमाज के मन्दिर में किराए

पर कमरा लेकर रहता था। वहाँ भी लोग जाति पूछ-पूछकर तंग करते थे। इस बीमारी से तंग होकर डॉक्टर अम्बेडकर बौद्ध बने। मुझे भी लोग इतना ही तंग करते हैं। मुझे हिन्दुओं की छुआछूत बाबत घृणा है। मैं ऊब गया हूँ। अब मुझे भी कुछ बनना पड़ेगा। आपके दरबार की बहुत बड़ाइयाँ सुनी हैं। तो आप अछूतपन का कलंक मिटाने के लिए कोई इलाज बताओगे। इस उद्‌देश्य से पत्र लिख रहा हूँ। प्रत्युत्तर के इन्तजार में आशा रखकर बैठा हूँ।

मैं अछूतों का गुरु हूँ। लोग जब देखते हैं तो ईर्ष्या के साथ ये शब्द बोलते हैं कि तुम इतनी सफाई रखते हो, संयमी, चरित्रवान तथा आदर्शवान हो, व्यसनों से भी अलग हो, रात भोजन भी नहीं करते हो, बाल-बच्चे सब सुशिक्षित हैं तो भी क्या तुम सवर्ण हो गए? मनु महाराज ने कहा कि सात जन्मों में शूद्र शुद्ध हो सकता है। तुम एक ही जन्म में आशा रख बैठे। हिन्दुओं की बराबरी करते हो। मुझे इन शब्दों से अत्यन्त घृणा होती है कि यह क्या धर्म जहाँ मानवता का महत्त्व ही नहीं? कुछ करने को तैयार हो जाता हूँ लेकिन मेरा उसूल रोकता है। मैं तब तक कुछ नहीं करूँगा जब तक आपका प्रत्युत्तर नहीं आ जाता और सुख।

—वैद्य संत परमानन्द निर्वाणी,

बाड़मेर (राजस्थान)

जो सवर्ण हिन्दू कहा करते हैं कि अछूत लोग दरिद्रता के कारण मुसलमान और ईसाई बनते हैं, उन्हें वैद्य जी के इस पत्र पर शान्त मन से निष्पक्ष होकर विचार करना चाहिए। एक सुशिक्षित आत्मसम्मानी मनुष्य को उसकी दरिद्रता उतनी नहीं चुभती, जितना कि पग-पग पर होनेवाला उसका सामाजिक तिरस्कार। हिन्दू समाज की इसी बुराई से मुसलमान और ईसाई लाभ उठाकर अछूतों को अपनी ओर आकर्षित करते हैं। ऊपर लिखित पत्र के थोड़े ही दिन बाद मुझे मुसलमानों के अहमदिया मिरजाई सम्प्रदाय के एक प्रतिष्ठित प्रचारक श्री अब्दुल अबीम का कादियाँ से पत्र मिला। उसका कुछ अंश आगे दिया जाता है।

—सन्तराम बी.ए.

मुझे यह मालूम करके प्रसन्नता हुई कि आप अछूत शूद्र हैं। सवर्ण हिन्दुओं में से नहीं हैं। अब मैं अपने विचार निडरता से आपके सामने रखता हूँ। हमें इस्लाम व अहमदियत ने यह शिक्षा दी कि सारी सृष्टि भगवान का परिवार है। 'इस्लाम' का अर्थ—शान्ति व रक्षा चाहनेवाला है। कोई मुसलमान तब तक मुसलमान कहाने का अधिकारी नहीं है, जब तक कि वह मानवता के नाते प्रत्येक व्यक्ति से उसी प्रकार से ही प्रेम, प्यार और मेल मिलाप न करे, जिस तरह वह अपनों के साथ करता है। मैंने जिस बात को अपने लिए अच्छा समझा है, वह चीज मैं अछूतों

के लिए आपकी सेवा में प्रस्तुत करता हूँ। मैं मानवता के नाते ही अपने अछूत भाइयों को भी दूसरी बड़ी से बड़ी जातियों की तरह सम्मान और प्रतिष्ठा से देखने का न केवल इच्छुक हूँ वरन् भगवान से प्रार्थी भी हूँ। मैंने आपके लेख प्रताप में और टैक्स्ट भी बड़े ध्यान से पढ़े हैं। मैं केवल इस परिणाम तक ही पहुँच सका हूँ कि आपको अपने इतिहास का बहुत कम ज्ञान है। इसी कारण थोड़ी-सी ऊपरी बातों (कि हिन्दू अछूतों को अपना अन्य समझें व इनमें रोटी-बेटी सम्बन्ध करें) के सिवा आपको अछूतोद्धार का और कोई काम दिखाई नहीं दे रहा। इसके साथ ही आप स्वयं मान भी रहे हैं कि हिन्दू कोई मजहब नहीं, वरन् एक ऐसा समाज (सोसाइटी) है जिसकी घुट्टी में ही दूसरों से घृणा और अपनी बड़ाई के सिवा और कुछ नहीं मिलाया गया। सब धर्म ईश्वर पूजा की शिक्षा देने और सृष्टि के साथ भलाई का उपदेश देते हैं परन्तु हिन्दू एक जाति के रूप में सवर्णों को पूज्य और दूसरी सब जातियों को शूद्र, म्लेक्ष व घृणा के योग्य मानते हैं। इसके रहते भी आप उनसे यह आशा रख रहे हैं कि वे शूद्रों को अपना अंश समझें और रोटी-बेटी का सम्बन्ध करें। आप कितने भोले मालूम होते हैं! क्या कभी पत्थर को भी चोटें लग सकती हैं? आप उनसे बहुत बड़ी आशाएँ लगाए बैठे हैं हालाँकि हिन्दू नेता स्पष्ट रूप से इस बात को भी प्रकट कर रहे हैं कि वैदिक काल का-सा हिन्दू राज्य स्थापित करेंगे। इसमें सफलता की दशा में तो अछूत बेचारे सम्पूर्ण माँगते-माँगते आधी से भी जाएँगे।

श्रीमान जी, अपने किए का क्या इलाज? आप भाइयों ने हिन्दुओं को अब भी स्वयं ही अपने ऊपर स्वामी बना रखा है। इन्हें अपने कीमती वोट देकर बहुमत बना दिया है। अन्यथा सवर्ण हिन्दू किसी भी बड़े अल्पमत से अधिक नहीं हैं। आप स्वयं मानें या न मानें, अछूत हिन्दू कदापि नहीं थे, वरन्, इस देश के मूल निवासी और स्वामी थे, जिन्हें आर्यों ने मार-मारकर दबा लिया और प्रत्येक से नीच से नीच सेवा ली गई। यहाँ तक कि उन्हें मानवता के क्षेत्र से भी बहिष्कृत ठहरा कर उनका नाम स्थायी अछूत रख दिया गया और इन्हें इसी दशा पर सदैव सन्तुष्ट रखने के लिए आवागमन का सिद्धान्त गढ़ लिया ताकि हिन्दुओं के अत्याचारों को अत्याचार न समझे वरन् पिछले जन्म के कर्मों का फल मानकर अपनी बुरी दशा पर ही सन्तुष्ट रहें और सवर्ण जातियों के सामने कभी सिर भी न उठा सकें। इस सच्चाई को केवल स्वर्गीय डॉ. अम्बेडकर जी ने ही अच्छी तरह समझा था और वे किसी कीमत पर भी अछूतों के भाग्य को हिन्दुओं के साथ बाँध रखने के पक्ष में नहीं थे। खेद है कि उनका जीवन समाप्त हो गया और अछूत अपने एकमात्र हमदर्द लीडर से वंचित हो गए। अब जो लीडर हैं, वे सब आप ही की तरह के हैं, जो चोर को मारना चाहते हैं, परन्तु चोर की माता की छत्र छाया में रहने के अभिलाषी हैं। सत्तर करोड़ अछूत स्वयं एक प्रबल शक्ति हैं। यदि एक करोड़

से कम संख्या के सिक्ख अपने लिए सम्मान का स्थान प्राप्त कर सकते हैं, तो सत्तर करोड़ अछूत क्यों नहीं कर सकते? यदि अछूतों में कुछ भी आत्मसम्मान का भाव है तो वे अपना भाग्य हिन्दुओं से सम्बन्ध रखने के स्थान में उनसे अलग होकर अपना भविष्य उज्ज्वल बना सकते हैं, अन्यथा अछूत को और कोई उपाय सफल सिद्ध नहीं हो सकता। मेरे विचार में जो अपमान सहस्त्रों वर्ष से अछूत उठा रहे हैं, पृथ्वी तल पर आज तक किसी जाति ने नहीं उठाया होगा। यह सब कुछ लीडरशिप की कमजोरी के प्रताप से हुआ है। यदि अछूत अपने लिए कोई प्रतिष्ठित स्थान चाहते हैं तो अपने वोटों को इकट्ठा करें और अपनी जाति के सच्चे समाज सेवी को ही वोट दें। एकता व संगठन उत्पन्न करके पूरी कौम को एक मंच पर इकट्ठा करने का प्रयास करें। तो कोई कारण नहीं है कि वे अपने लिए सम्मान का स्थान प्राप्त न कर लें। वर्तमान दशा में अछूतों ने न केवल अपनी ही जाति पर अत्याचार ढा रखा है, वरन् वे एक मानवता को शत्रु जाति के अत्याचार के हाथ को लम्बा करनेवाले व दूसरी अल्पसंख्यक जातियों पर भी उत्पीड़न व अत्याचार के जिम्मेदार ठहराते हैं। परन्तु जब तक अछूत अपनी दशा को बदलने के लिए कोई करवट नहीं बदलेंगे तब तक न केवल आप ही अत्याचार पीड़ित रहेंगे वरन् इनके कारण दूसरी अल्पसंख्यक जातियाँ भी अत्याचार का शिकार बनी रहेंगी और कभी सुख की साँस न ले सकेंगी। बस, मेरे प्यारे भाइयो! खुदा के लिए अपनी हैसियत बनाओ और न केवल स्वयं अपने ऊपर दया करो, वरन् दूसरों पर भी दया होने दो। खुदा करे कि मेरी यह सरासर हमदर्दी व नेक-नियती से लिखी गई कुछ प्रार्थनाएँ मेरे अछूत भाइयों के काम आएँ व शायद इसी से मेरी भी मुक्ति हो जाए। यदि कष्ट करके अछूत नेताओं ने पते भेजे, तो मैं उनकी सेवा में भी यही विनती प्रस्तुत करूँगा।

आपका सेवक

—अब्दुल अजीम

कादियाँ (पंजाब)

श्री अब्दुल अजीम की अछूतों के प्रति संवेदना सराहनीय है। परन्तु कदाचित उन्हें पता नहीं कि जन्म-मूलक ऊँच-नीच का दुर्भाव हिन्दुओं में इतने गहरे तक घर कर बैठा है कि किसी हिन्दू के मुसलमान हो जाने पर भी वह पूरी तरह दूर नहीं होता। कोई सैयद किसी भंगी या चमार मुसलमान को लड़की देता नहीं देखा जाता। मुझे गोआ से पत्र आया कि वहाँ ब्राह्मण से ईसाई बने व्यक्ति को ही गिरजे का पादरी बनाया जाता है, भंगी से ईसाई बने व्यक्ति को पादरी नहीं बनाया जाता है। इसके अतिरिक्त एक और बुरी बात भी है। जो हिन्दू मुसलमान हो जाता है, वह भारत की भाषा, भारत की भूमि और भारत के महापुरुषों से प्रेम करना छोड़ देता है। वह दोनों

शब्दों का अर्थ एक ही होने पर भी अपना नाम अजय कुमार न रखकर अब्दुल अजीम रखता है। वह गंगा और यमुना की धरती से प्रेम तोड़कर अरब की मरुभूमि को अपनी मातृभूमि समझने लगता है। वह गौतम बुद्ध, अर्जुन और भीम को अपना महापुरुष न मानकर दाऊद, सुलेमान व रुस्तम जैसे विदेशी लोगों को ही अपना पूर्वज समझ कर पूजने लगता है। यह बात राष्ट्रीय एकता के लिए हानिकारक है। अन्यथा कोई व्यक्ति घर में कुरान पढ़े, नमाज पढ़े, इंजील पढ़े, गीता पढ़े, धम्म पद पढ़े, साकारवादी हो, निराकारवादी हो, मांसाहारी हो या शाकाहारी हो, राष्ट्र हित की दृष्टि से कोई अन्तर नहीं पड़ता। हाँ, इन सब भारतवासियों का आपस में गुण कर्म और रुचि के अनुसार, रोटी-बेटी का व्यवहार होना आवश्यक है। हिन्दुओं में मूर्ति-पूजक हैं और निरामिष भोजी हैं तो मुसलमानों में भी कब्र पूजकों और शाकाहारियों का अभाव नहीं है। काश्मीर के शिआ मुसलमान किसी हिन्दू के हाथ का नहीं खाते। इस्लाम की समता और बन्धुता, ईसाइयत के प्रेम और सेवाभाव सब हिन्दुओं के लिए ग्रहण करने योग्य हैं। हिन्दुओं की धार्मिक उदारता, विश्वास के स्थान में आचार का महत्त्व, सामाजिक शान्ति के मुसलमानों की साम्प्रदायिक संकीर्णता व असहिष्णुता से कहीं अधिक लांछनीय है। हमें किसी साम्प्रदायिक दृष्टि से नहीं, वरन् मानवता की दृष्टि से ही अस्पृश्यता और उसकी जननी जाति-पाँति को समाप्त करना है।

अछूतपन की जननी जाति-पाँति है। जब तक जाति-पाँति को जड़ से नहीं उखाड़ा जाता, तब तक अछूतपन दूर नहीं हो सकता। जो लोग कहा करते हैं कि अछूतों की आर्थिक दशा में उन्नति कर देने से अछूतपन दूर हो जाएगा, उनसे मेरा कहना है कि अछूतों को लिखा-पढ़ाकर सरकारी नौकरी देना सम्भव नहीं। जो भंगी या चमार सरकारी नौकर नहीं बन सकता, वह अपनी आर्थिक दशा में कैसे उन्नति कर सकेगा? कोई भंगी जाति का व्यक्ति हलवाई, पन्सारी, नानबाई व अचार आदि की दुकान खोलकर धन नहीं कमा सकता, क्योंकि कोई भी हिन्दू उसकी दुकान से सौदा नहीं खरीदेगा। सुना है कि गढ़वाल जैसे कई प्रदेशों में जब कोई अछूत जाति का मनुष्य किसी होटल में खाना खाता है, तो उसे अपने जूठे बर्तन आप साफ करने पड़ते हैं, परन्तु जब वह मुसलमान या ईसाई बन जाता है, तब होटल वाला उसके जूठे बर्तन आप साफ करने लगता है। ऐसी दशा में कौन आत्म-सम्मानी अछूत हिन्दू रहना पसन्द कर सकता है?

जो लोग पुनर्जन्म के आध्यात्मिक सिद्धान्त की आड़ लेकर कहते हैं कि अछूत अपने पूर्वजन्म के कुकर्मों के कारण नीच जातियों में उत्पन्न हुए हैं और अछूतोद्धार ईश्वर के काम में रुकावट डालकर पाप करना है, वे आवागमन के सिद्धान्त को समझते ही नहीं। उनसे कोई पूछे, तुम जब बीमार होते हो, तो इलाज करके ईश्वरीय दंड से बचने की चेष्टा क्यों करते हो? तुम्हें ईश्वर ने अंग्रेजों का

दास बनाया था, तुम दरिद्र परिवार में उत्पन्न हुए थे, तुमने स्वतंत्र या धनवान बनाने की कुचेष्टा क्यों की? तुम अपने भाग्य पर सन्तुष्ट क्यों नहीं बैठे रहे? दुखियों के दु:ख को दूर करना, गिरे हुओं को उठाकर गले लगाना यही सच्ची प्रभु-भक्ति है। अपने को ऊँचा और पवित्र मानना और अपने जैसे दूसरे मनुष्य प्राणियों को नीच और पशु से भी बुरा समझना महापाप है। इसी महापाप का दंड हिन्दू सहस्रों वर्षों से भोगते आ रहे हैं। संसार के और किसी भाग में इस प्रकार का अछूतपन नहीं। क्या भगवान ने भारत को ही अछूतों का जेलखाना बनाया है? दु:ख की बात यह है कि जन्ममूलक ऊँच-नीच और अछूतपन की भावना केवल सवर्ण हिन्दुओं में ही नहीं। यह स्वयं तथाकथित अछूतों और शूद्रों के रक्त में बुरी तरह समाई है। कोई चमार किसी भंगी को अपनी बेटी नहीं देगा। कोई बढ़ई किसी नाई के साथ बेटी व्यवहार नहीं करता। इसका कारण कदाचित यह है कि चमार डरता है कि मुझे तो पहले ही नीच समझा जाता है। भंगी के साथ बेटी व्यवहार करने से हिन्दू समाज की दृष्टि में मैं और गिर जाऊँगा। यदि सवर्ण हिन्दू पहले आपस में ही बेटी व्यवहार आरम्भ करें, तो शूद्रों का भी यह डर दूर हो जाए। यहाँ तो अवस्था यह है कि यदि मालवीय ब्राह्मण मालवीय को छोड़कर किसी दूसरे ब्राह्मण के साथ भी बेटी व्यवहार करता है, तो मालवीय ब्राह्मण उसका बहिष्कार कर उसे जाति से बाहर निकाल देते हैं।

ब्राह्मण को कट्टर जातिवादी समझा जाता है, परन्तु हर्ष और सन्तोष की बात है कि स्वयं इन ब्राह्मणों में ही ऐसे साहसी जाति-पाँति तोड़क व्यक्ति प्रकट हो रहे हैं, जिनकी टक्कर का सुधारक दूसरी जातियों में नहीं मिलता। अनेक ब्राह्मण सुशिक्षित लड़कियों ने चमार युवकों के साथ विवाह किया है। विजयवाड़ा (आन्ध्र) के प्रसिद्ध प्रोफेसर श्री रामचन्द्र राच ओरा ने अपनी पुत्री और पुत्र दोनों का विवाह अछूतों में किया है। वे उच्च कोटि के ब्राह्मण हैं। मेरे अनेक ऐसे सुशिक्षित ब्राह्मण युवक प्रेमी हैं, जो जाति-पाँति को बिलकुल तिलांजलि दे चुके हैं। बैरहना, इलाहाबाद के श्री त्रिभुवननाथ मंजुल एम.ए. और नेवादा कॉलोनी इलाहाबाद के श्री श्रीराम मिश्र एम.ए. ऐसे ही दो नवयुवक हैं। अत: हताश होने की आवश्यकता नहीं। जैसा कि समझा जाता है कि यदि जाति-पाँति ब्राह्मणों ने फैलाई है तो उनका नाश भी वही करने लगे हैं। श्री राजगोपालाचार्य ब्राह्मण हैं, उन्होंने अपनी पुत्री का विवाह महात्मा गांधी के पुत्र (बनिया) के साथ किया था। हमारे जाति-पाँति तोड़क मंडल के प्रचार मंत्री स्वर्गीय भूमानन्द जी जन्म के ब्राह्मण थे, परन्तु उन्होंने आत्मीय जनों के विरोध की परवाह न करके ब्राह्मण लड़की से सगाई तोड़कर एक अरोड़ा लड़की से विवाह किया था। स्वर्गीय पूज्य भाई परमानन्द जी मोहिगाल ब्राह्मण थे, परन्तु उन्होंने हमारे मंडल के प्रधान के रूप में अपनी पुत्री का विवाह एक खत्री लड़के साथ किया था।

सच्चाई यह है कि जाति-पाँति या वर्ण-व्यवस्था हिन्दू धर्म का अंग नहीं। यह हिन्दू धर्म में पीछे से घुसी हुई एक बुराई है।

देखिए महाभारत कहता है—

एकवर्णमिदम् पूर्व विश्वमासीद् युधिष्ठिर।
कर्मक्रियातिभेदेन चातुर्वर्ण्य प्रतिष्ठितम्॥

अर्थात् हे युधिष्ठिर, इस जगत में पहले एक ही वर्ण था। शुभ-कर्म के विभाग से पीछे चार वर्ण बनाए गए।

वही महाभारत फिर कहता है—

न विशेषोअस्ति वर्णानाम् सर्व ब्राह्ममिदम् जगत्।
ब्राह्मणा पूर्वपृष्टम् हि कर्मर्भिर्वर्णता गतम्॥

अर्थात् वंशों में कोई भी वर्ण विशेषता नहीं रखता, क्योंकि यह सम्पूर्ण जगत् ब्रह्ममय है। पहले सबको ब्रह्मा ने ही उत्पन्न किया है।

वायु पुराण कहता है—

'सत् युग में वर्ण-भेद, कर्म-भेद और आश्रम-भेद न था। त्रेता युग में मनुष्यों की प्रकृतियाँ कुछ भिन्न-भिन्न होने लगीं। कर्म, वर्ण व आश्रम के भेद आरम्भ हुए। तदनुसार, शान्त, शुष्मी, कर्मी और दुखी ऐसे नाम पड़े। द्वापर और कलि में प्रकृति के भेद और भी अभिव्यक्त हुए। तदनुसार ब्राह्मण, क्षत्रिय, वैश्य और शूद्र नाम पड़े।'

जो लोग चार वर्णों की बाँट को ईश्वर-कृत मानकर जाति-पाँति से चिपटे हुए हैं, वे विष्णु पुराण [अंश 4-1-8] देखें, क्या कहती है। वहीं साफ लिखा है कि व्रत्समद के पुत्र शौनक ने चातुर्वर्ण्य व्यवस्था प्रचलित की।

आज के हिन्दू-समाज में विभिन्न वर्गों और जातियों के लोग परस्पर रोटी-बेटी का व्यवहार नहीं करते। इससे उनका धर्म डूब जाता है और उनकी जाति चली जाती है। उस पुरातन काल में ऐसी बात न थी। व्यवसाय के कारण विभिन्न नामों से पुकारे जाने पर भी वे आपस में बेटी व्यवहार करते थे। यह बात नहीं कि ऊँचे वर्ण का पुरुष नीचे वर्ण की स्त्री के साथ विवाह कर सकता था, वरन् नीच वर्ण का पुरुष भी उच्च वर्ण की स्त्री के साथ विवाह करता था। प्रमता ब्राह्मणी का विवाह एक नाई के साथ हुआ। इनके पुत्र मातंग महामुनि थे। [महाभारत, अनुशासन एवं अध्याय-22] इसी प्रकार कर्दम ऋषि की कन्या अरुन्धति और वेश्या के पुत्र वसिष्ठ मुनि का विवाह हुआ। इनके पुत्र का नाम शक्ति था, इसका विवाह चंडाल कन्या अदृश्यन्ती से हुआ, इनका पुत्र पाराशर था। [लिंग पुराण, पूर्वार्द्ध अध्याय 63 और शिव पुराण, पूर्वार्द्ध खंड 1, अध्याय 13]

वर्ण-व्यवस्था आज के समाजवाद और साम्यवाद की तरह सामाजिक प्रयोग था, जो बहुत बुरी तरह असफल रहा। तथाकथित अछूतों और शूद्रों का तो जीवन दूभर बना ही रखा है, इसने नारी जाति को भी अपमानित कर दिया है। बिरादरी में एक योग्य लड़का होता है। सभी उसे लड़की देना चाहते हैं। इससे लड़के का मिजाज बिगड़ जाता है। यदि देखकर इनकार कर दिया जाता है, तो लड़की पर बहुत प्रभाव पड़ता है। लड़का वाला लड़की के पिता से भारी दहेज माँगता है, जिस मनुष्य की पाँच-छह कन्याएँ हों, वह प्रत्येक के विवाह पर 10-10 या 15-15 सहस्त्र रुपया कहाँ से खर्च करे? जाति-बन्धन न हो तो किसी भी दूसरी जाति के योग्य लड़के से विवाह किया जा सकता है। इसी जाति-बन्धन के कारण अनेक पढ़ी-लिखी व सुशील कन्याएँ जाति के भीतर अयोग्य व दु:शील लड़कों के हाथ सौंप दी जाती हैं। इससे उसका दाम्पत्य जीवन दु:खमय हो जाता है। कई लड़कियाँ आत्महत्या कर लेती हैं या विधर्मियों के साथ भागने पर विवश हो जाती हैं। यदि अन्तर्जातीय और अन्तरप्रान्तीय विवाह हो, तो भाषा और प्रान्त का भेद मिटकर एक सुदृढ़ भारतीय राष्ट्र बनने में भी बड़ी सहायता मिल सकती है।

पाश्चात्य देशों में भी भंगी, चमार, बढ़ई, नाई, कुम्हार, सुनार व जुलाहा आदि का काम करनेवाले लोग हैं, पर वहाँ ऊँच-नीच का कोई भेद-भाव नहीं है। सब लोग अपनी रुचि और स्थिति के अनुसार, आपस में रोटी-बेटी का व्यवहार करते है। क्या वहाँ हिन्दुओं से कम विद्वान, योद्धा, राजनीतिक, वैज्ञानिक और शिल्पी हैं? रक्त की पवित्रता की झूठी डींग हिन्दुओं को ले डूबी है। समय के अनुसार, अपने को बदलने में ही बुद्धिमत्ता है, अन्यथा जाति-पाँति जैसी युगों-युगों की कुरीतियों से चिपटे रहने से हिन्दू धीरे-धीरे संसार से लुप्त हो जाएँगे और अनेक पाकिस्तान और नागालैंड बनने की नौबत आ जाएगी।

जाति-पाँति का विष सम्प्रदाय और प्रान्त जो भी पार करके दूर तक पहुँच गया है। पंजाब का आर्यसमाजी खत्री किसी दूसरे सिक्ख खत्री को या मध्य प्रदेश में बसनेवाले सनातन धर्मी खत्री को ही लड़की देगा, परन्तु पंजाब में बसनेवाले आर्यसमाजी बनिये को नहीं देगा, चाहे वह कितना ही योग्य क्यों न हो। इसका दुष्परिणाम सर वम्फील्ड फूलर के शब्दों में यह हुआ है कि 'हिन्दुओं की जितनी जातियाँ और उपजातियाँ हैं, भारत में उतने ही भिन्न-भिन्न राष्ट्र हैं। खान-पान और ब्याह-शादी की दृष्टि से इनका आपस में उतना भी सम्बन्ध नहीं, जितना चिड़ियाघर के पशु-पक्षियों का होता है।' राष्ट्रीय एकता और संगठन का आधार बन्धुता और स्वतंत्रता होता है। जाति-पाँति की भावना इन तीनों को नष्ट कर देती है। एक ब्राह्मण को जितना दूसरा ब्राह्मण प्रिय और अपना लगता है उतना कोई कायस्थ या कहार नहीं क्योंकि वह उनके साथ रोटी-बेटी व्यवहार नहीं कर सकता।

इसलिए जाति-पाँति को बनाए रखकर एक सुदृढ़ भारतीय राष्ट्र का स्वप्न देखना मूर्खों के स्वर्ग में विचरने के समान है। जाति-पाँति की महाव्याधि से हिन्दुओं को जितने शीघ्र छुटकारा मिले, उतना ही भारतभूमि के लिए अच्छा है।

तथाकथित उच्च वर्ण के कुछ दूरदर्शी और जन्माभिमानी लोग यूरोप और अमेरिका आदि संसार के दूसरे देशों को न देखकर कहा करते हैं कि हिन्दुओं के ब्राह्मण, क्षत्रिय, वैश्य और शूद्र वर्ण गाय, भैंस, सिंह और गीदड़ जैसी भिन्न-भिन्न जातियाँ हैं और विद्वान, शूरवीर, वीर व ऊँचे चरित्र वाले व्यक्ति केवल ऊँचे वर्ण कहलानेवालों में ही पैदा हो सकते हैं, और कि शूद्र जाति कोई महापुरुष उत्पन्न कर ही नहीं सकता। उनकी इस भाँति को दूर करने के लिए कुंकोली [गोवा प्रदेश] के प्रोफेसर श्री रामप्रसाद सैनी के 'हिन्दू देश' के मई, 1967 ई. के अंक में प्रकाशित लेख से लेकर कुछ ऐतिहासिक घटनाएँ उद्धृत की जाती है। वे लिखते हैं—

'इसमें कोई सन्देह नहीं कि आज की कोइरी, काछी, पासी, चमार, कुम्हार, नाई, तेली, कहार, सुनार, बढ़ई, लोहार, अहीर, कुर्मी, सैनी, माली, कलवार, दुसाध, नट, भंगी व बंजारा जातियाँ भले ही आज कितनी ही बिगड़ गई हों, परन्तु भारतीय संस्कृति, कला, वास्तुकला, दर्शन व भाषा लिपि के आदिम निर्माता ये ही लोग हैं।'

भारत के आदि कवि कौन थे? रामायण के निर्माता वाल्मीकि निषाद या चांडाल और महाभारत के निर्माता व्यास मल्लाहिन के पेट से पैदा हुए थे। कालिदास जाति के अहीर थे, जिनको ब्राह्मणों ने बाद में ब्राह्मण घोषित कर दिया। संस्कृत के व्याकरण के रचयिता पाणिनी जाति के बनिए थे। ऋग्वेद में पाणि नाम की अनार्य बनिया जाति का वर्णन मिलता है। उसी जाति से वे सम्बन्धित थे।

अचार्य चाणक्य, जिनका नाम विष्णुगुप्त कौटिल्य था, जाति के हलवाई या भड़भूजा थे। चणा [चना] सम्बन्धी कार्य करने के कारण उनका नाम चाणक्य पड़ गया। ब्राह्मणों ने द्वेष से उनका नाम कौटिल्य [टेढ़ा या वक्र] रख दिया। यही कारण था, जो चन्द्रगुप्त जैसे शूद्र का मंत्रित्व स्वीकार किया। वे स्वयं बहुत काले, कुरूप और क्रोधी थे। शाकाहारी होने के कारण उनका नन्द से झगड़ा हो गया था, शायद चाणक्य ने अपनी विद्वत्ता को ध्यान में रखकर अपने को ब्राह्मण कहलाना चाहा इसलिए उनको नन्द के दरबारियों के हाथों अपमानित होना पड़ा हो।

रामायण के निर्माता वाल्मीकि को ब्राह्मणों ने डाकू घोषित किया, आज पूरे देश में भंगी समाज अपने नाम के साथ वाल्मीकि लगाना गौरव समझता है और वाल्मीकि जयन्ती प्रतिवर्ष शान के संग उनकी स्मृति को बनाए रखने के लिए मनाई जाती है।

जब सिकन्दर ने भारत पर आक्रमण किया, तो आम्भी और चन्द्रगुप्त जैसे लोग राज्य सत्ता के लालच में अपनी मातृभूमि के साथ द्रोह कर रहे थे और साधारण जनता स्वतंत्रता के नाम पर मर रही थी। क्षत्रिय राणा अपने स्वार्थ के लिए सिकन्दर से मिल गए। किन्तु हिन्दू धर्म द्वारा अपमानित शूद्रों, जिन्होंने हथियार-बन्द होना शुरू कर दिया था और अन्य निकृष्ट धर्म संघों ने सिकन्दर का सामना किया। अश्वकों दहूकों, मालवा, कड़ो, शिति, अर्जुनायन और आयुधजीवी जातियों ने, जिनको हीन समझा जाता था, पग-पग पर सिकन्दर का प्रतिरोध किया। तारीफ यह कि ये गणराज्य भी जनसाधारण की सहमति पर चलते थे। उनको कट्टरपन्थी लोग नष्टकर्म और वर्जनीय कहते थे।

सिकन्दर को भारत में भ्रष्ट धर्म और वर्जनीय समझे जानेवाले गणों से तो सामना करना ही पड़ा, इसके अतिरिक्त नन्द की सेनाएँ उसका सामना करने को तैयार खड़ी थीं। यह नन्द कौन था? शूद्र था। सच पूछा जाए तो भारत को एकता और भारतीय इतिहास का पहला सम्राट 'नन्द' ही था, जिसने भारत की शक्ति को बढ़ाया और सिकन्दर को लौटने पर विवश किया। पुराणों में 'नन्द' को द्वितीय परशुराम भार्गव कहा गया है जो पृथ्वी पर सब क्षत्रियों का अन्त करनेवाला होगा और समस्त भूमि को एक क्षेत्र के अधिकार में करेगा। नन्द जाति के नाई थे। नन्द की जाति ही सम्भवत: उनके जैन धर्म के प्रति झुकाव का कारण थी। नन्द राजाओं के सब मंत्री भी जैन थे। क्योंकि ब्राह्मण धर्म में शूद्रों के लिए कोई स्थान नहीं। यदि नन्द न होता, तो सिकन्दर की सेनाएँ पटना तक रौंदती चली जातीं। ब्राह्मणों के ग्रंथों ने इस अच्छाई का तो वर्णन किया ही नहीं, वरन् शूद्र होने के नाते उसकी बड़ी निन्दा की। उसके राज्य में विद्रोह को भड़काया। महापद्म नन्द कितनी भी छोटी जाति का क्यों न हो, इससे इनकार नहीं किया जा सकता कि वह योग्य मनुष्य था। उसने एक विशाल साम्राज्य की स्थापना की। वह कोई साधारण योग्यता का मनुष्य नहीं था।

चन्द्रगुप्त मौर्य और उसके वंशराज सब नन्द-वंश की देन हैं, परन्तु द्विज गज इतिहासकार उन्हें क्षत्रिय बनाने की धुन में मस्त हैं। कहीं यदि यह सिद्ध हो गया कि वे शूद्र थे, तो शूद्रों में जो युगों-युगों तक की प्रचारित हीनता भरी हुई है, वह समाप्त हो जाएगी और वे ऊँची जातियों के एकाधिकार के विरुद्ध उठ खड़े होंगे।

चन्द्रगुप्त से लेकर अशोक तक सब ब्राह्मणी धर्म के विरोधी हैं, क्योंकि यदि क्षत्रिय होते, तो ब्राह्मणी धर्म के अनुयायी होते, परन्तु ऐसा नहीं है। चन्द्रगुप्त जैन बने और महान सम्राट अशोक बौद्ध बने।

ब्राह्मण की वह विशेषता रही है कि पहले तो विरोध करते हैं। बाद में जब विरोधी के प्रभाव की वृद्धि देखते हैं तब उसे भगवान या क्षत्रिय घोषित कर देते हैं...।

बुद्ध और श्रमणों की ब्राह्मणों ने बड़ी निन्दा की है। बाद में बुद्ध को भगवान का अवतार मान लिया। हमारा विश्वास है कि महावीर जैन और गौतम बुद्ध, दोनों ही ब्राह्मण धर्म द्वारा प्रतिपादित क्षत्रिय नहीं थे, क्षत्रिय तो वे बाद में घोषित हुए, जब उनके प्रभाव में वृद्धि हुई और राजे-महाराजे सब उनको पूज्य मानने लगे। हो सकता है कि उनके अनुयायियों ने उनकी श्रेष्ठता सिद्ध करने के लिए उन्हें क्षत्रिय घोषित कर दिया हो!

व्यवसायों की बराबरी

कुछ लोग कहा करते हैं कि चूँकि चमार, कुम्हार, लोहर, बढ़ई व जुलाहा आदि का व्यवसाय घटिया है, इसलिए उनके करनेवाले भी घटिया या नीच हैं। ऐसा समझना भारी भूल है। समाज के लिए सब व्यवसाय समान रूप से आवश्यक हैं। यदि लोहार शस्त्र न बनाए, तो रण क्षेत्र में सिपाही कैसे लड़ सकें? कोई मनुष्य अपने लिए आप ही जूता, कपड़ा, अनाज व बर्तन आदि नहीं बना सकता। शिल्प कला को नीच समझने पर दुष्परिणाम यह हुआ है कि हमारा उद्योग-धन्धा विदेशों की तुलना में बहुत घटिया है। जिस काम के कारण किसी व्यक्ति को नीच समझा जाता हो, उसे करनेवाला उस काम को उन्नत क्यों करेगा? फिर आज जूते बेचनेवाला ब्राह्मण ऊँचा समझा जाता है, परन्तु चमार जाति का सेशन जज नीच है। यह कहाँ तक न्याय है?

कुछ लोग कहते हैं कि अपने ही रक्त विवाह होने को रोकने के लिए जाति-पाँति बनाई गई है, परन्तु मैं कहता हूँ कि अपने ही रक्त में विवाह करना अच्छा नहीं। विवाह जितना ही दूर कुल में हो, उतना ही सन्तान की दृष्टि से अच्छा है। मनु कहता है कि अपनी सात पीढ़ियाँ कुल छोड़कर बेटी देनी चाहिए सो ठीक ही है। इन सात का ज्ञान रखना कुछ भी कठिन नहीं, परन्तु एक पंजाब निवासी टंडन जाति का खत्री और दूसरा कोई दो सौ वर्ष से बम्बई में बसा हुआ टंडन है। वे यदि आपस में विवाह कर लें, तो इसे एक ही रक्त में विवाह कैसे कहा जा सकता है? फिर अनेक गोत्र ऐसे भी हैं जो विभिन्न जातियों में पाए जाते हैं। उदाहरणार्थ मोहिल राजपूत भी हैं, कुम्हार भी हैं और बनिए भी हैं। मल्ही खत्री भी हैं और जाट भी हैं। वे सब आपस में विवाह कर लें तो प्रजनन-शास्त्र की दृष्टि से कुछ भी हानि नहीं।

अच्छा यह है कि ब्राह्मण, क्षत्रिय व वैश्य आदि के लेबिल मिटा दिए जाएँ। पहचान के लिए यदि रखना आवश्यक ही हो, तो परमार, पवार, तालवाड़, रत्न व गोहिल आदि पारिवारिक नाम रख लिए जाएँ जो सभी जातियों में पाए जाते हैं। इनमें शर्मा, वर्मा व दास जैसे नामों से टपकने वाली ऊँच-नीच की दुर्गन्ध नहीं।

—सन्तराम बी.ए.

सामाजिक विषमता कैसे समाप्त हो?

सामाजिक विषमता समाप्त होने से मेरा तात्पर्य है कि ब्राह्मण और भंगी के बीच का मौजूदा मानसिक और सामाजिक अन्तर समाप्त होकर आपस में समानता युक्त भाईचारे का जीवन व्यतीत करते हुए प्राप्त स्वतंत्रता का सम्मिलित लाभ उठाने से है।

—**पेरियार ललई सिंह** (कानपुर)

जाति-पाँति मिटाने व अछूतों की तरक्की के उपाय

लेखक
पेरियार ललई सिंह

जाति-पाँति मुर्दाबाद!
राष्ट्रीय एकता जिन्दाबाद!!

जाति-पाँति मिटाने व अछूतों की तरक्की के उपाय

लेखक
पेरियार ललई सिंह
अध्यक्ष : डॉ. अम्बेडकर साहित्य रक्षक परिषद् (रजि.)
झींझक, जिला—कानपुर, उ.प्र., भारत-209302

अशोक पुस्तकालय (रजि.)
झींझक, जिला—कानपुर,
उत्तर प्रदेश, भारत-209302

प्रथम बार 1 फरवरी, 1973 ई.
प्रथम बार 7,000 प्रतियाँ प्रकाशित
दूसरी बार सन् 1977 ई.
तीसरी बार सन् 1980 ई.
चौथी बार सन् 1982 ई.
पाँचवीं बार सन् 1983 ई.
छठी बार सन् 1984 ई.
सातवीं बार सन् 1986 ई.
आठवीं बार सन् 1987 ई.
नौवीं बार सन् 1988 ई.
दसवीं बार सन् 1989 ई.
ग्यारहवीं बार सन् 1991 ई.
बारहवीं बार सन् 1992 ई.

मुद्रक
सस्ता प्रेस
झींझक, जिला—कानपुर,
उत्तर प्रदेश, भारत-209302

मूल्य : 10 पैसे

वास्तविक व्याधि क्या है?

जब तक रोग के मूल कारण का ठीक-ठीक पता न लग जाए, तब तक उसका सही उपचार सम्भव नहीं होता। गलत उपचार से व्याधि घटने के बजाय बढ़ती जाती है। भारतीय समाज में वास्तविक व्याधि है—वर्ण-जाति-पाँति, अछूतपन। इसी पर टिका हुआ है—पुरोहितवाद और ब्राह्मणवाद। इसलिए इस वास्तविक व्याधि से समाज की मुक्ति के लिए सुव्यवस्थित उपचार जरूरी है। सही इंजेक्शन सही जगह लगना जरूरी है, तभी वर्ण-जाति-पाँति, अछूतपन की व्याधि का समाज से आमूल-चूल उन्मूलन होगा। इसको मिटाने के निम्नलिखित उपाय हैं—

जाति-पाँति मिटाने व अछूतों की तरक्की के उपाय

1. कोई महानतम शक्तिशाली व्यक्ति डिक्टेटर बन कर अपनी राजसत्ता के बल से बलपूर्वक इसे नष्ट कर दे।

या

1. जाति-पाँति तोड़कर विवाह करनेवाले जोड़ों और उनकी सन्तान को सरकारी नौकरियों में प्राथमिकता दी जाए। ऐसे विवाहों में एक वर्ग (अर्थात् पुरुष या स्त्री) अछूत जरूर हो।
2. स्कूलों और कॉलेजों की पाठ्य-पुस्तकों में जाति-पाँति के विरुद्ध पाठ दिए जाएँ।
3. लोग अपने को ब्राह्मण, क्षत्रिय, वैश्य, सछूत-अछूत व सवर्ण-अवर्ण समझना छोड़कर केवल भारतीय समझने लगें। मनुष्य समझें। नामों के साथ शुक्ला, शर्मा, तिवारी, वर्मा, गुप्ता, ठाकुर, चौधरी, लाला व पंडित, अहीर, गड़ेरी, कुर्मी, मौर्या, भर, गोंड, प्रजापति, जाटव, पासवान, दुसाद, माझी आदि जातिसूचक शब्दों का प्रयोग बन्द कर दिया जाए। और जाट कॉलेज, कायस्थ पाठशाला व कान्यकुन्ज विद्यालय, राजपूत रेजीमेंट, जाट रेजीमेंट का नाम बदल दिया जाए। ऐसा न करने पर ऐसी जाति-

पाँति की संस्थाओं को न तो सरकारी अनुदान दिया जाए और न इनको शिक्षा-विभाग, सेना आदि द्वारा स्वीकृति ही दी जाए।

4. भारत सरकार और राज्य सरकारें जाति-पाँति के विरुद्ध छोटी-छोटी पुस्तिकाएँ विभिन्न भाषाओं में लिखवा और छपवा कर बहुत बड़ी संख्या में मुफ्त बाँटें।
5. जाति-पाँति के विरुद्ध लिखी गई अच्छी-अच्छी पुस्तकों पर सरकार पारितोषिक दिया करे।
6. आकाशवाणी और जन-सम्पर्क विभाग द्वारा जाति-पाँति के विरुद्ध प्रचार किया जाए।
7. अदालती कागजों, स्कूलों तथा कॉलेजों के रजिस्टरों से जाति का खाना निकाल दिया जाए और किसी से उसकी जात पूछना, उसकी आमदनी पूछने की तरह खराब या अपराध समझा जाए।
8. कथित उच्च वर्ण की बहुत-सी युवतियों और युवक ऐसे निकलें, जो राष्ट्र-सेवा के भाव से अछूतों व पिछड़ी जातियों के लड़के व लड़कियों के साथ विवाह करें।
9. अछूतों और पिछड़ी जातियों को आर्थिक और शैक्षणिक दृष्टि से ऊँचा उठाने के लिए सरकार उनको विशेष सहायता और सुविधा प्रदान करे, जिससे उनके और कथित ऊँची जातियों के बीच विषमता समाप्त होकर आपस में शादी-विवाह का होना आसान हो जाए।
10. स्थान-स्थान पर ऐसे पारिवारिक सम्मेलन किए जाएँ, जिनमें जाति-पाँति तोड़कर नर-नारी, विवाह करने के इच्छुक युवक और युवतियाँ इकट्ठे हुआ करें। इससे एक-दूसरे को देखकर उनका जाति-पाँति तोड़ने का उत्साह बढ़ेगा और लोगों में जाति-पाँति तोड़ने का जो भय बैठा हुआ है, वह दूर हो जाएगा।
11. ब्राह्मणवादी ऊँच-नीच की भावना अछूतों में भी है—चमार, भंगी को नीच और अपने को ऊँच समझते हैं। अहीर चमार से अपने आपको ऊँचा समझते हैं। अत: अछूतों को चाहिए कि वे किसी को भी नीच-ऊँच न समझें।
12. ब्राह्मणवादी पुनर्जन्म व भाग्यवादी झूठे विश्वास से अछूत अपने आपको खुद मुक्त करें, सम्पूर्ण संसार पदार्थ व शक्ति के बल पर चल रहा है। इस सिद्धान्त को भली प्रकार समझकर पुनर्जन्म व भाग्यवाद से शीघ्र छुटकारा प्राप्त करें।
13. अछूतों को अपनी कु-प्रथाओं, दहेज-प्रथा, शराबखोरी, निठल्लापन, ज्यादा मेहमानी खाना, जाति-पाँति के विचार में चिपके रहना, अपने को नीच

समझना, जातीय-पंचायतों के बन्धनों में स्वयं को बाँधकर अपना शोषण जातीय चौधरियों से करवाना, बाल-विवाह व चमत्कार (झाड़ा-फूँकी, जादू-टोना, नाऊते, भगतों व पुजारियों) पर विश्वास करना आदि को त्याग दें।

14. अछूतों में जो यह विश्वास है कि भगवान ने मुझे नीच व गरीब बनाया है। भगवान कल्कि अवतार से लेकर जातीय-छुटपन को नष्ट कर देंगे व मुझे मालदार बना देंगे। इस विश्वास को त्याग कर अपनी अक्ल व अपनी सामर्थ्य के अनुसार, अपनी दशा सुधारने में खुद लग जाना चाहिए।
15. कर्मकांडों में पिछड़े, अछूत लोग सादगी बरतें। बरात में मेहमानों की ज्यादा भीड़-भाड़ न हो। तेरहीं आदि कतई नहीं कराई जाए। जो भी त्योहार करें, वो बुद्धिवादी हों। हर प्रकार की फिजूलखर्ची बन्द करें।
16. सरकार की मौजूदा शिक्षा प्रणाली संविधान विरोधी है। ऊँच-नीच, भाग्यवाद व पुनर्जन्म का प्रचार स्कूली किताबों द्वारा करती है जिसका बुरा असर अल्हड़ बच्चों पर पड़ता है। सरकार को चाहिए कि सम्पूर्ण भारत की स्कूली किताबें एक समान रखे, जिससे राष्ट्रीय एकता व राष्ट्रीय सम्मान की शिक्षा के साथ-साथ राष्ट्रीयता नागरिकता, भूगोल, अर्थमेटिक व वर्तमान वैज्ञानिक उपलब्धियों की शिक्षा दी जाए, एकस्वरूप भाषा-भाषी प्रान्तों की माँग खुद ही समाप्त हो जाएगी।
17. भारत के संविधान में संशोधन करके शिक्षा को केन्द्रीय विषय बना कर सम्पूर्ण देश की एकता के लिए एक-सी राष्ट्रीय शिक्षा नीति के अनुसार सबको समान शिक्षा दी जाए। हर स्तर की शिक्षा में मानव-मानव की बराबरी का मानवीय सिद्धान्त अपनाया जाए, इसके विपरीत झूठी मान्यताओं, परम्पराओं को निन्दनीय समझा जाए।
18. वर्तमान शिक्षा प्रणाली समाप्त की जाए।
19. अछूतों के लिए कक्षा दस तक नि:शुल्क और अनिवार्य शिक्षा की करार दी जाए।
20. छुआछूत फैलानेवाले अध्यापक व विद्यार्थी दंडित किए जाएँ।
21. इसके विपरीत आलसी, निठल्ले व हरामखोर अध्यापकों को खराब निगाह से देखा जाए। ऐसे पाठ पढ़ाए जाएँ।
22. बिना मकान वाले अछूतों के लिए सरकार खुद क्वार्टरनुमा मकान बनवाए। उनसे तीस वर्ष में किराए के जरिये कुल खर्च धीरे-धीरे वसूल कर ले जिससे औरों का भी निर्माण हो।

23. अछूतों के मुहल्लों में चौथाई हार्स पॉवर से लेकर 20 हार्स पॉवर तक के मोटर सरकार द्वारा लगाकर लघु उद्योगों को बढ़ावा दिया जाए और इनका सब माल सरकार खरीदकर खुद बेचने की व्यवस्था करे।
24. टट्टी-पाखाना उठानेवाले व नाली साफ करनेवाले तथा ऐसे ही गन्दे काम करनेवालों की तनख्वाहें डिप्टी कलेक्टर के बराबर रखी जाएँ, ताकि ऐसे काम करनेवालों को कोई नीच न समझे या ऐसे काम मशीनों द्वारा कराए जाएँ। ऐसे काम जातिगत—वाल्मीकि, भंगी आदि से कतई न कराए जाएँ।
25. अछूतों के लिए इंटरव्यू में कॉलेज व यूनिवर्सिटी की डिग्री पर्याप्त समझी जाए। साक्षात्कार से 'सुटेबुल और नाट-सुटेबुल' शब्द सरकार द्वारा हटा दिया जाए।

अत्त दीपो भवः

अर्थ : अछूत, पिछड़े, अल्पसंख्यक लोगों अपना दीपक खुद बनें अर्थात् अपने दिमाग से जो काम कर सकते हैं, करके अपनी तरक्की करें। जैसे बने, तैसे ऊँची से ऊँची शिक्षा प्राप्त करें।

दिनांक—1 जनवरी, 1973 ई. **—पेरियार ललई सिंह**

॥ विविध सम्मतियाँ ॥

सामाजिक एवं आर्थिक विषमता, कुरीतियाँ, बाल-विवाह, जाति-पाँति, ऊँच-नीच, अन्धविश्वास, कूपमंडूकता व मूढ़ता आदि बुराइयों को समाप्त करने के लिए सबसे पहले जरूरी है कि जाति और वर्ण-व्यवस्था समाप्त की जाए। संविधान तथा अन्य कानूनों का सख्ती के साथ पालन करने से वर्णविहीन समाज कायम हो जाएगा। अछूतों को शिक्षा द्वारा अपनी प्रगति स्वत: करनी चाहिए।

दिनांक—4 जनवरी, 1973 ई. **—डॉ. बी.आर. जाटव**

एम.ए., पी-एच.डी.
राजकीय महाविद्यालय,
श्रीगंगानगर, राजस्थान

जब तक जाति-पाँति का नामोनिशान मिटा नहीं दिया जाता, तब तक भारतवर्ष संसार के अन्य राष्ट्रों में अपना उचित स्थान नहीं ले सकता।

—पं. मोतीलाल नेहरू

भारतवर्ष में जाति-पाँति प्राचीन काल में चाहे कितनी उपयोगी क्यों न रही हो, परन्तु इस समय सब प्रकार की उन्नति के मार्ग में यह बड़ी भारी बाधा और रुकावट बन रही है। हमें इसको जड़ से उखाड़ कर अपनी सामाजिक रचना एक दूसरे ढंग से करनी होगी।

—पं. जवाहरलाल नेहरू

सामाजिक, आर्थिक विषमता को समाप्त करने के लिए इसकी जननी ब्राह्मणवाद को समूल नष्ट करके अर्जन-अर्जक संस्कृति अर्थात् कमेरे लोगों की संस्कृति अपनाई जाए। परिश्रम की श्रेष्ठता का प्रचार किया जाए।

अछूतों व शिक्षा के प्रति विशेष उदासीनता है, उन्हें इस उदासीनता को त्याग कर ऊँची से ऊँची शिक्षा प्राप्त करके अपनी स्वत: तरक्की करना चाहिए।

दिनांक—13 जनवरी, 1973 ई.

—रामस्वरूप वर्मा

सम्पादक—'अर्जक', बंगला नं. 3,
दारुलशफा, लखनऊ (उत्तर प्रदेश)

आधिकार माँगे नहीं, छीने जाते हैं।

सामाजिक अपमान गरीबी से अधिक खटकता है।

—पेरियार ललई सिंह

विनीत

डॉक्टर अम्बेडकर साहित्य रक्षक परिषद् (रजि.)
झींझक, जिला—कानपुर, उत्तर प्रदेश, भारत-209302

* नमो बुद्धाय *

बौद्ध-धर्म दीक्षा

लेखक व संकलनकर्ता

पेरियार ललई सिंह

* नमो बुद्धाय *

बौद्ध-धर्म दीक्षा

लेखक व संकलनकर्ता

पेरियार ललई सिंह

अध्यक्ष : डॉ. अम्बेडकर साहित्य रक्षक परिषद् (रजि.)

झींझक, जिला—कानपुर, उ.प्र., भारत-209302

अशोक पुस्तकालय (रजि.)

झींझक, जिला—कानपुर,

उत्तर प्रदेश, भारत-209302

प्रथम बार 1 जनवरी, 1960 ई.

प्रथम बार 1,000 प्रतियाँ प्रकाशित

दूसरी बार सन् 1961 ई.

तीसरी बार सन् 1962 ई.

चौथी बार सन् 1964 ई.

पाँचवीं बार सन् 1966 ई.

छठी बार सन् 1967 ई.

सातवीं बार सन् 1968 ई.

आठवीं बार सन् 1970 ई.

नौवीं बार सन् 1973 ई.

दसवीं बार सन् 1975 ई.

ग्यारहवीं बार सन् 1977 ई.

बारहवीं बार सन् 1980 ई.

तेरहवीं बार सन् 1982 ई.

चौदहवीं बार सन् 1986 ई.

पन्द्रहवीं बार सन् 1987 ई.

सोलहवीं बार सन् 1988 ई.

मुद्रक

सस्ता प्रेस

झींझक, जिला—कानपुर,

उत्तर प्रदेश, भारत-209302

मूल्य : 15 पैसे

बुद्ध-नमस्कार

नमो तस्त भगवतो अरहतो सम्मासम्बुद्धस्य!

अर्थ : उन भगवान तथागत को, जो जीवन मुक्त या अरहते, सम्पूर्ण और जाग्रत हैं, उन्हें नमस्कार हो। इस नमस्कार को तीन बार उच्चारण करें।

त्रिशरण-ग्रहण

बुद्धम् शरणम् गच्छामि।
धम्मम् सरणम् गच्छामि।
संघम् शरणम् गच्छामि।
दुतियम्पि, बुद्धम् शरणम् गच्छामि।
दुतियम्पि, धम्मम् शरणम् गच्छामि।
दुतियम्पि, संघम् शरणम् गच्छामि।
ततियम्पि, बुद्धम् शरणम् गच्छामि।
ततियम्पि, धम्मम् शरणम् गच्छामि।
ततियम्पि, संघम् शरणम् गच्छामि।

अर्थ : मैं बुद्ध की शरण में जाता हूँ। मैं धम्म की शरण में जाता हूँ। मैं संघ की शरण में जाता हूँ

दूसरी बार मैं बुद्ध की शरण में जाता हूँ। दूसरी बार मैं धम्म की शरण में जाता हूँ। दूसरी बार मैं संघ की शरण में जाता हूँ।

तीसरी बार मैं बुद्ध की शरण में जाता हूँ। तीसरी बार मैं धम्म की शरण में जाता हूँ। तीसरी बार मैं संघ की शरण में जाता हूँ।

पंचशील-ग्रहण

1. पाणातिपाता वेरमणि-सिक्खादम् समादियामि।
2. अदिन्नादाना वेरमणि-सिक्खादम् समादियामि।
3. कामेसु मिच्छाचारा वेरमणि-सिक्खापादम् समादियामि।

4. मूसावादा वेरमणि-सिक्खापदम् समादियामि।
5. सुरामेरय-मज्ज-पमादट्ठाना वेरमणि-सिक्खापदम् समादियामि।

अर्थ :

1. मैं प्राणी-हत्या न करने की शिक्षा ग्रहण करता हूँ।
2. मैं चोरी न करने की शिक्षा ग्रहण करता हूँ।
3. मैं व्यभिचार न करने की शिक्षा ग्रहण करता हूँ।
4. मैं झूठ न बोलने की शिक्षा ग्रहण करता हूँ।
5. मैं शराब आदि नशा न करने की शिक्षा ग्रहण करता हूँ।

परम् पूज्य डॉ. अम्बेडकर द्वारा बौद्धों की प्रतिज्ञाएँ

1. मैं ब्रह्मा, विष्णु और महेश को कभी ईश्वर नहीं मानूँगा तथा मैं उनकी पूजा नहीं करूँगा।
2. मैं राम और कृष्ण को कभी ईश्वर नहीं मानूँगा तथा मैं उनकी पूजा नहीं करूँगा।
3. मैं गौरी, गणपति इत्यादि हिन्दू धर्म के किसी भी देवी-देवता को नहीं मानूँगा तथा मैं उनकी पूजा नहीं करूँगा।
4. मैं इस बात पर विश्वास नहीं करूँगा कि ईश्वर ने कभी अवतार लिया है।
5. मैं इस बात को कभी भी नहीं मानूँगा कि भगवान बुद्ध विष्णु के अवतार हैं। ऐसे प्रचार को मैं पागलपन तथा झूठा प्रचार समझता हूँ।
6. मैं श्राद्ध और पिंडदान कभी नहीं करूँगा।
7. मैं बौद्ध धर्म के विरुद्ध किसी भी बात को नहीं करूँगा।
8. मैं कोई भी क्रिया-कर्म ब्राह्मणों के हाथों से नहीं कराऊँगा।
9. मैं इस सिद्धान्त को मानूँगा कि सभी मनुष्य एक समान हैं।
10. मैं समानता की स्थापना के लिए प्रयत्न करूँगा।
11. मैं बुद्ध के अष्टांग-मार्ग का पूर्ण पालन करूँगा।
12. मैं बुद्ध की दस पारमिताओं का पूर्ण पालन करूँगा।
13. मैं प्राणी-मात्र पर दया रखकर उनका पालन-पोषण करूँगा।
14. मैं चोरी नहीं करूँगा।
15. मैं झूठ नहीं बोलूँगा।
16. मैं व्यभिचार नहीं करूँगा।
17. मैं शराब आदि नशा नहीं करूँगा।

18. मैं अपने जीवन को बौद्ध धर्म के तीन तत्त्वों अर्थात् ज्ञान, शील और करुणा पर ढालने का प्रयत्न करूँगा।
19. मैं मनुष्य-मात्र की तरक्की के लिए हानिकारक व मनुष्य-मात्र को असमान तथा नीच माननेवाले अपने पुराने हिन्दू धर्म का पूरी तरह से त्याग करता हूँ और बौद्ध-धर्म को स्वीकार करता हूँ।
20. मेरा यह पूर्ण विश्वास है कि बौद्ध-धर्म ही सद्धर्म है।
21. मैं यह मानता हूँ कि मेरा अब पुन: जन्म हो रहा है।
22. मैं यह पवित्र प्रतिज्ञा करता हूँ कि आज से मैं बौद्ध-धर्म के अनुसार आचरण करूँगा।

ईश्वर को किसी ने आज तक आमने-सामने नहीं देखा। वह अनुमान तर्क की कसौटी पर खरा नहीं उतरता।

ईश्वर सर्वशक्तिमान है—तो मन को विचारशील तथा क्रियाशील नहीं होना चाहिए।

ईश्वर कल्याण-स्वरूप है—तो आदमी हत्या, चोर, व्यभिचारी, झूठ, चुगलखोर, बकवादी, लोभी तथा द्वेषी नहीं होना चाहिए।

ईश्वर न्यायी और दयालु है—तो संसार में अन्याय, अत्याचार, पाप, दु:ख, ठगी, झूठ तथा अज्ञानता नहीं होनी चाहिए।

ईश्वर की कल्पना—पुरोहित, पादरी और मौलबी जैसे धूर्त, चालाक और मक्कार लोगों के क्रूर दिमाग का सामाजिक, राजनीतिक और आर्थिक षड्यंत्र मात्र है। इसलिए मैं नास्तिक हूँ! वास्तव में सृष्टि का निर्माण नहीं, विकास हुआ है।

आत्मा को किसी ने आज तक व्यक्ति के मरने के बाद फुर्र से उड़ते नहीं देखा। अनुमान तर्क की कसौटी पर खरा नहीं उतरता है। वास्तव में मन ही सब कुछ है।

तथागत बुद्ध ने ईश्वर और आत्मा को नहीं माना।

: प्रार्थना :

बौद्ध-धर्म की पुस्तकें नीचे लिखे पते से मँगाइए।
जवाब के लिए जवाबी पोस्टकार्ड डालिए।

—अशोक पुस्तकालय, झींझक, कानपुर, उत्तर प्रदेश, भारत, सन् 1960 ई.

!! नमो बुद्धाय !!

मेरे बौद्ध धर्म पर विभिन्न लेख

लेखक

पेरियार ललई सिंह

!! नमो बुद्धाय !!

मेरे बौद्ध धर्म पर विभिन्न लेख

लेखक
पेरियार ललई सिंह

अध्यक्ष
डॉ. अम्बेडकर साहित्य रक्षक परिषद् (रजि.)
झींझक, जिला—कानपुर, उत्तर प्रदेश, भारत-209302

अशोक पुस्तकालय (रजि.)
झींझक, जिला—कानपुर, उत्तर प्रदेश, भारत-209302

प्रथम बार बुद्ध पूर्णिमा वैशाख को तैयार 1969 ई.
प्रथम बार 1 जनवरी, 1971 ई.
दूसरी बार फरवरी, 1975 ई.
तीसरी बार मार्च, 1978 ई.
चौथी बार दिसम्बर, 1981 ई.
पाँचवीं बार सितम्बर, 1983 ई.
छठी बार अगस्त, 1986 ई.
सातवीं बार जनवरी, 1988 ई.

मुद्रक
सस्ता प्रेस
झींझक, जिला—कानपुर, उत्तर प्रदेश,
भारत में छपी!

मूल्य : 75 पैसा

!! समर्पण !!

निर्वाणप्राप्त परम् पूज्य,
महास्थविर ऊँ चन्द्रमणि जी
की
पुण्य स्मृति में
जन्म दिनांक 6 जून, सन् 1876 ई.
मृत्यु दिनांक 8 मई, सन् 1973 ई.
जिनसे परम पूज्य बाबा साहब
डॉक्टर भीमराव रामजीराव अम्बेडकर ने
दिनांक 14 अक्टूबर, सन् 1956 ई. को नागपुर में
और प्रकाशक पेरियार ललई सिंह ने
दिनांक 21 जुलाई, सन् 1967 ई. को
कुशीनगर, जिला—देवरिया, उत्तर प्रदेश, में
विधिवत बौद्ध धर्म की दीक्षा ली थी,
उनकी सेवा में सादर समर्पित।

—पेरियार ललई सिंह

समर्पण

निर्वाण प्राप्त परम पूज्य, महास्थविर, चन्द्रमणि जी

की यादगार में

जन्म दि० ६ जून सन १८७६ ई० (बर्मा)

मृत्यु दि० ९ मई सन १९७२ ई० (भारत)

जिनसे परम पूज्य बाबा साहेब डाक्टर भीमराव रामजीराव अम्बेडकर ने दिनांक १४ अक्टूबर सन १९५६ ई० को नागपुर (महाराष्ट्र) में और प्रकाशक पेरियर ललईसिंह ने दिनांक २१ जौलाई सन १९६७ ई० को कुशीनगर, जिला देवरिया (उत्तर प्रदेश) में विधिवत बौद्ध धर्म की दीक्षा ली थी।

सादर समर्पित।

पेरियार ललईसिंह

पेरियार ललई सिंह द्वारा 21 जुलाई, 1967 ई. को

बौद्ध धर्म ग्रहण के बाद व्यक्तित्वान्तरण की एक सार्वजनिक घोषणा

'आज से मैं मनुष्य हूँ। अब न मेरी कोई जाति है और न मेरा कोई वर्ण। अब मैं एक सम्पूर्ण मनुष्य हूँ। मानवतावादी हूँ। सनातनी-वर्णाश्रमी विधान के अनुसार मेरा जन्म एक अहीर, यादव जाति में हुआ है लेकिन आज के बाद मैं—कुँवर, चौधरी, अहीर, यादव आदि जातिवादी-वर्णवादी-सनातनवादी कथित मूल्यों और मान्यताओं से पूर्णत: मुक्त हुआ हूँ। आज से मैं सिर्फ और सिर्फ 'ललई सिंह' हूँ। बौद्ध धर्म दुनिया का पहला ऐसा धर्म है जो मानसिक परिवर्तन करता है। जो सदा स्थायी और आमूल-चूल परिवर्तनकारी होता है। 'दीक्षा दिवस' 14 अक्टूबर, 1968 ईस्वी को नाना राव पार्क, कानपुर में धम्म दीक्षा अवसर पर आचार्य भिक्षु निर्गुणानन्द ने कहा—आप लोगों ने कुछ दिन पहले पेरियार ई.वी. रामास्वामी को सुना है। मिथक-धर्म-संस्कृति पर उन्हीं की तरह उत्तर भारत में ललई सिंह तथ्य-तर्क के साथ कड़ा प्रहार करते हुए उसकी धज्जियाँ उड़ाते हैं। इसलिए हमारे 'उत्तर भारत के पेरियार' तो ललई सिंह ही हैं।—तब से मैं अपने नाम के साथ 'पेरियार' उपनाम लगाने लगा तथा अपना नाम 'पेरियार ललई सिंह' के रूप में लिखने लगा। इस व्यक्तित्वान्तरण की एक और प्रेरणा रही है कि मेरे गुरु पेरियार इरोड वेंकट रामास्वामी ने सन् 1929 ईस्वी में अपने नाम के साथ जुड़े जातिसूचक पद 'नायकर' को सदा के लिए हटा दिया था। इस कारण मैंने भी अपने नाम के साथ जुड़ी जाति को सदा के लिए हटा दिया।'

उनके साथ 'इरोड' गए उपासक माखन लाल ने आगे बताया कि 'पेरियार इरोड वेंकट रामास्वामी का 24 दिसम्बर, 1973 ई. को निर्वाण हो गया। उसके बाद 27 दिसम्बर, 1973 ईस्वी को उनके गाँव 'इरोड' चेन्नई में उनकी स्मृति में 'महान स्मृति सभा' हुई, जिसमें इन्होंने पेरियार ई.वी. रामास्वामी के ही जैसे—व्यवहार, विचार, भाषण और मिथकों की धज्जियाँ उड़ाईं। इस कारण ललई सिंह को वहाँ उपस्थित

हजारों-लाखों की जनसभा ने कहा, 'आज हमें नए पेरियार मिल गए, अब हमारे नए पेरियार होंगे—पेरियार ललई सिंह, पेरियार ललई सिंह, पेरियार ललई सिंह।' 'पेरियार' अर्थात् 'महान व्यक्ति', 'आत्मसम्मानित व्यक्ति'। तब से उन्हें सभी लोग व्यवस्थित रूप से 'पेरियार ललई सिंह' के रूप में जानने लगे। उसके बाद उनके नाम के साथ 'पेरियार' उपमा स्थायी रूप से जुड़ गई। यह उपमा ऐतिहासिक सिद्ध हुई।

पेरियार ललई सिंह कहा करते थे कि 'किसी भी व्यक्ति को अपने नाम के साथ जाति का पुछल्ला नहीं लगाना चाहिए। वह अपने नाम के बाद अपने पिता, पितामह, प्रपितामह, माता, प्रमाता आदि किसी का भी नाम रख ले लेकिन जाति को अपने नाम के पीछे न रखे। आप जब तक जातीय आधार पर व्यवहार करते रहेंगे तब तक आप जातिवादी-वर्णवादी-सनातनी हिन्दू हैं। यहाँ के आदिनिवासी दिमागी तौर पर जाति के जाल से बाहर नहीं निकल पा रहे हैं। अहीर, तेली के साथ रोटी-बेटी का सम्बन्ध नहीं बनाता। चमार मुसहर के साथ रोटी-बेटी का सम्बन्ध नहीं बनाता। ऐसे ही माला-मादिगा के साथ या महाड़-माँग के साथ रोटी-बेटी का सम्बन्ध नहीं बनता। इस तरह की बहुत सारी शोषित-दमित जातियाँ हैं, जो स्वयं जातिवाद और छुआछूत की शिकार हैं लेकिन वे भी दूसरों के साथ छुआछूत, ऊँच-नीच और जातिवादी आधार पर गहराई से भेदभाव करती हैं। जाति-व्यवस्था और वर्ण-व्यवस्था से मुक्त होने की आधारभूत शर्त है, जाति से बाहर शादी-विवाह करना अर्थात् जाति से बाहर रोटी-बेटी के अनिवार्य सम्बध का होना। व्यक्ति को व्यक्ति मानना। उसके साथ समता का व्यवहार करना। आप ऊपर से शरीर पर तो चीवर डाल लेते हैं, डॉ. अम्बेडकर का फोटो तो घरों में टाँग लेते हैं लेकिन जातिवादी-वर्णवादी मन को चीवर से कभी चीरते ही नहीं, अम्बेडकरवादी मत को जीवन और दिल में कभी उतारते ही नहीं। सबसे बड़ा सवाल इनके मत को, विचार को जीवन और व्यवहार में उतारने का है। जब तक आप व्यवहार और जीवन में बुद्ध और डॉ. अम्बेडकर के विचारों को नहीं उतारेंगे तब तक आप अम्बेडकराइट नहीं—रिजर्वेशनाइस्ट हैं, वजीफायिस्ट हैं, अपर्चुनिस्ट हैं। बुद्धिस्ट नहीं—सुविधायिस्ट हैं, सहायतायिस्ट हैं।"

[बौद्ध उपासक माखन लाल को पेरियार ललई सिंह द्वारा कहे अनुसार उद्धृत विहंगम अंश। अर्थ स्पष्ट हो, इस कारण बातचीत के क्रम को थोड़े व्यवस्थित रूप में प्रस्तुत किया गया है—सम्पादक।]

सम्पूर्ण संसार बौद्धमय है

भारत में जिस समय पुरोहितवाद, अन्धविश्वास एवं कल्पित मत-मतान्तर फैला हुआ था, हिंसामय यज्ञों की भरमार थी, यज्ञ के नाम पर जीवों का मांस खा-खा कर लोग तामसी प्रकृति वाले निर्दयी बन गए थे। (इसकी विशेष जानकारी के लिए डॉ. भीमराव अम्बेडकर द्वारा लिखी अंग्रेजी पुस्तक, 'दी अनटचेबुल' का हिन्दी अनुवाद 'अछूत कौन और कैसे' पढ़िए।)

उस समय तथागत गौतम बुद्ध का ईसा पूर्व 563 वर्ष 'लुम्बिनी' के जंगल में जन्म हुआ। इनके पिता का नाम राजा 'शुद्धोधन' था। ये 'कपिलवस्तु' के राजा थे। आजकल नेपाल राज्य में कपिलवस्तु है। माता का नाम 'महामाया' था। ('गौतम बुद्ध का सम्पूर्ण जीवन-चरित्र' नामक पुस्तक पढ़िए।)

गौतम बुद्ध का पंचशील अति सरल और सीधा है। धर्म सम्बन्धी हठ के कारण संसार के लोग अपने आपको ईसाई, मुस्लिम, हिन्दू और यहूदी आदि नामों से पुकारते हैं। वास्तव में, सम्पूर्ण संसार बौद्धमय है, क्योंकि उनका पहला शील 'प्राणी हिंसा मत करो!', दूसरा शील 'चोरी मत करो!' तीसरा शील 'पर-स्त्री-गमन मत करो!' चौथा शील 'झूठ मत बोलो!' और पाँचवाँ शील 'शराब आदि नशा मत करो!' को सभी धर्मावलम्बी धर्म के नाम पर यदि मानें, तो बौद्धधर्मी हुए, और यदि धर्म के नाम पर न मानकर पुलिस के डंडे के बल पर मानते हैं तो भी बौद्धधर्मी हुए।

सम्पूर्ण संसार अनेक धर्म वाला है, यह कहना गलत है। वास्तव में सम्पूर्ण संसार में दो धर्म हैं। एक—नकद धर्म, दूसरा—उधार धर्म। बौद्ध धर्म, नकद धर्म है। इसमें नैतिकता पर सबसे अधिक बल दिया गया है। नैतिकता का फल (लाभ) इसी जन्म में प्रतिष्ठा, मान, बड़ाई के नाम से मिलता है। हिन्दू, ईसाई, इस्लाम और यहूदी आदि उधार धर्म हैं। इस जन्म में अच्छा या खराब काम कीजिए, उसका लाभ या हानि अगले जन्म में अमीर या गरीब, स्वर्ग या नर्क के नाम से मिलेगा।

बौद्ध धर्म वाले ईश्वर, आत्मा, स्वर्ग, नर्क, पुनर्जन्म, भाग्य और भगवान को नहीं मानते। अन्य धर्म वाले मानते हैं। ('ईश्वर, आत्मा एवं वेदों आदि में विश्वास अ-धर्म है।' नामक पुस्तक पढ़िए।)

गौतम बुद्ध का धर्म मध्यम मार्ग है, इसलिए अन्य धर्मों की अपेक्षा सबसे अधिक सीधा और सरल है।

अत: इसे जीवन में उतारें।

बुद्ध की मानसिक परिवर्तन की अवधारणा

परम पूज्य बाबा साहब डॉक्टर भीमराव रामजीराव अम्बेडकर द्वारा लिखित बौद्ध धर्म के आवश्यक विषय सम्पन्न महान ग्रंथ 'भगवान बुद्ध और उनका धर्म' के दो अध्याय 'धर्म क्या है?' और 'सद्धर्म क्या है'—इसे प्रिय पाठकों की विशेष माँग पर अलग से छापकर प्रस्तुत किया जा रहा है। बौद्ध धर्म से सम्पूर्ण विषय को भली प्रकार समझने के लिए बाबा साहब डॉ. अम्बेडकर के ग्रंथ 'भगवान बुद्ध और उनका धर्म' को पढ़ना बहुत जरूरी है। (प्रकाशक—अशोक पुस्तकालय से मनी आर्डर द्वारा भेजकर मँगावें। धन्यवाद!)

1. संसार में एक आदमी दूसरे आदमी के साथ अच्छा व्यवहार करे। सभी मेल-जोल से प्रेम-पूर्वक जीवन व्यतीत करें। इसके लिए तजुर्बेकार महापुरुषों ने कुछ आवश्यक नियम बनाए हैं। इन्हीं नियमों का नाम धर्म है। बस! इससे अधिक की बात करना व्यर्थ की बकवास है।
2. इस प्रकार संसार में प्रमुख चार धर्म हैं—बौद्ध, ईसाई, इस्लाम व हिन्दू। इनमें केवल बौद्ध धर्म ही नकद धर्म है। शेष तीन धर्म उधार धर्म हैं।
3. बौद्ध धर्म सिखाता है, आदमी आदमी के साथ अच्छा व्यवहार करे, तो उसका फल यश और यदि खराब व्यवहार करे, तो उसका फल अपयश इसी जन्म में प्राप्त होता है। इस प्रकार बौद्ध धर्म नकद धर्म है।
4. शेष तीन धर्म स्वयं कुछ न होकर सभी आदमियों को न दिखाई देनेवाली शक्ति ईश्वर (खुदा या गॉड), भाग्य (मुकद्दर), पुनर्जन्म, स्वर्ग (बहिश्त), नर्क (दोजख), तीर्थ, कथा (मौलूद), भागवत, कीर्तन (आज पढ़ना), भोज, भंडारा एवं 'सन्तोषम् परमम् सुखम्' सन्तोष में बड़ा भारी सुख है। इस जन्म में भूखे रहकर व अनेक कष्ट सहकर भी पुण्य करो! इसका फल अगले जन्म में मिलेगा! आदि, जाल में मछली की भाँति फाँस कर जबरन रखे हुए हैं। इस प्रकार यह तीनों धर्म उधार धर्म हैं।
5. आजकल के मालदारों का धर्म सांसारिक सुख-भोग है परन्तु सबसे बड़ी धार्मिक परेशानी है—गरीबी, अ-सहाय और निरादरिद्र जनता को, जिनकी

जनसंख्या संसार में 90% है, ये तीनों धर्म मनुष्य को निश्चिन्ततापूर्वक अपनी रोटी, रोजी, कपड़ा, मकान और सम्मानपूर्वक जीने की समस्या ढूँढ़ने की साँस तक नहीं लेने देते हैं। ये तीनों धर्म आदमी को तोता और तीतर की भाँति दिमागी गुलामी का पाठ दिन-रात पढ़ाते हैं, जबकि बौद्ध धर्म, बुद्धि और तर्क से दिमागी-आजादी का संवादधर्मी पाठ पढ़ाता है।

6. बौद्ध दर्शन वैज्ञानिक दर्शन है।
7. गौतम बुद्ध ने स्वत: अनेक बार अनुभव किया कि संसार में दु:ख है। वे संसार को सुखमय बनाने के लिए एक वैज्ञानिक की भाँति अपने सत्य की प्राप्ति की खोज में निकल पड़े।
8. बुद्ध ने पहले पुराने दार्शनिकों कपिल, चार्वाक, भृगु, आलार कालाम, असंग तथा मक्खली गोसाल आदि के दर्शनों (मतों) का अध्ययन किया, व्यावहारिक प्रयोगस्वरूप समाधि लगाई। उन्होंने भारी तपस्या की, सत्य नहीं मिला। शारीरिक कमजोरी के कारण कामेन्द्रियों व ज्ञानेन्द्रियों की शक्ति में बड़ी कमी आ गई। इस प्रकार जो भी ज्ञान था, वह भी कम होने लगा।
9. बुद्ध ने सुना, कुछ स्त्रियाँ गीत गा रही हैं कि 'वीणा के तारों को इतना मत खींचो कि वे टूट जाएँ और इतना ढीला भी मत करो कि ध्वनि ही न निकले।' अर्थात् वीणा के तारों को खींचो, मगर मध्यम खींचो।
10. बुद्ध ने गीत की गम्भीरता पर विचार किया। अपने चिन्तन में इस बिन्दु पर विशेष ध्यान दिया, जिससे उन्हें ज्ञान प्राप्ति का अनुभव हुआ। इसके बाद उन्होंने मनुष्यों का जीवन सुखमय बनाने के लिए मध्यम मार्ग अर्थात् आष्टांगिक मार्ग (1. सम्यक् दृष्टि, 2. सम्यक् संकल्प, 3. सम्यक् वचन, 4. सम्यक् कर्मान्त, 5. सम्यक् आजीविका, 6. सम्यक् व्यायाम, 7. सम्यक् स्मृति व 8. सम्यक् समाधि) अपनाया। बुद्ध की यह सत्य ज्ञान की खोज वैज्ञानिकता है।
11. जिस प्रकार वैज्ञानिक चिकित्सक रोगी को देखकर कहता है कि इसे रोग है। रोग का कारण है, रोग की औषधि है और औषधि रोग का निवारण करती है। इस प्रक्रिया से रोग दूर चला जाएगा।
12. इसी प्रकार बौद्ध दर्शन कहता है—संसार में दु:ख है, दु:ख का कारण है, दु:ख दूर करने की औषधि है—आष्टांगिक मार्ग। इस वैज्ञानिक आष्टांगिक मार्ग पर चलने से दु:ख दूर होगा (अर्थात् दुखी व्यक्ति को स्वत: आष्टांगिक मार्ग पर चलना पड़ेगा, तभी दु:ख दूर होगा।)
13. गौतम बुद्ध मार्गदाता हैं। दु:ख दूर करने के लिए आदमी को स्वत: गौतम बुद्ध के बताए मार्ग पर चलना चाहिए, तभी दु:ख दूर होगा।

14. बौद्ध दर्शन के इसी सिद्धान्त के अनुसार गौतम बुद्ध की भाँति महान वैज्ञानिक 'आर्कमिडीज' ने तालाब में स्नान करते समय आपेक्षित घनत्व, 'सर आइजक न्यूटन' ने पेड़ से गिरते हुए सेब को देखकर पृथ्वी की आकर्षक शक्ति, और 'जार्ज स्टीफेन' ने गर्म चूल्हे पर पानी से भरी डेगची (बटलोई) के ऊपर वाले ढक्कन को गर्म पानी की भाप के धक्कों से उछलता देखकर भाप इंजन (स्टीम इंजन) की खोजें कीं।
15. बौद्ध दर्शन का अनित्यवाद या क्षणिकवाद भी वैज्ञानिक है। इस सिद्धान्त के अनुसार संसार की सब वस्तुएँ परिवर्तनशील हैं। बुद्ध ने स्वयं कहा है 'सब्बबम् अनिच्चचम् लब्बबम् अनत्ता'। पुनः बुद्ध ने अपने निर्वाण के पहले शोकातुर आनन्द को उपदेश दिया कि 'आनन्द, मैंने पहले ही कह दिया था कि संसार की प्रत्येक वस्तु अनित्य है, नाशवान है।'
16. एक साधारण आदमी अपने सामने खड़े पेड़ को देखकर कहता है कि यह वही कल वाला पेड़ है, इसमें कल से आज तक कोई परिवर्तन नहीं हुआ है, परन्तु रसायन विज्ञान का विद्यार्थी कहता है कि इस आदमी का कहना झूठ है, क्योंकि वृक्ष के पत्ते, जड़ें, तने व आकार में प्रत्येक क्षण में रासायनिक परिवर्तन हो रहे हैं।
17. बौद्ध दर्शन का प्रतीत्य समुत्पाद भी वैज्ञानिक है। इसके अनुसार प्रत्येक कार्य दूसरे कार्य के कारण में बदल जाता है। प्रत्येक कारण से कोई कार्य उत्पन्न होता है। आकाश में घने बादलों को देखकर प्रतीत्य समुत्पाद ज्ञाता पानी बरसनेवाला है, ऐसा अनुमान लगाता है।
18. इसी प्रकार वैज्ञानिक भी 'दबाव मापक-यंत्र' में कम दबाव जानने पर आँधी-तूफान आनेवाला है। ऐसा अनुमान लगाता है। इससे सिद्ध है कि बौद्ध दर्शन का प्रतीत्य समुत्पाद कार्य-कारण ही विज्ञान की जननी है।
19. बौद्ध दर्शन प्रत्यक्ष को भी प्रमाण नहीं मानता। यह परीक्षण को सत्य मानता है। यही तो असली विज्ञान है।
20. गौतम बुद्ध ने स्वतंत्र चिन्तन की घोषणा 'कालाम-सुत्त' में की है। कहा है—'हे कालामो! किसी बात को इसलिए मत मानो कि परम्परा से चली आ रही है। किसी बात को इसलिए मत मानो कि धर्म ग्रंथों में लिखी है। किसी बात को इसलिए मत मानो कि वह बड़े आचार्यों व महापुरुषों द्वारा कही गई है। किसी बात को इसलिए मत मानो कि यह प्रत्यक्ष दिखाई दे रही है। किसी बात को इसलिए मत मानो कि मैंने कहा है। ...हे कालामो! किसी बात को केवल तभी मानो, जब तुम्हारे परीक्षण तर्क पर सिद्ध होती हो।'

21. इसी आधार पर विज्ञान ने प्रत्यक्ष में चलते हुए, सूर्य को गतिशील नहीं माना और परीक्षण करके यह सिद्ध कर दिया कि सूर्य गतिशील नहीं है।
22. गौतम बुद्ध ने परीक्षणों के आधार पर ईश्वर व उसके अस्तित्व को नहीं माना। वेदों व वर्ण-व्यवस्था को ईश्वर कृत नहीं माना। उन्होंने कहा कि प्रत्येक का परीक्षण एवं पुनर्परीक्षण करने से जो प्रामाणिक सिद्ध होता हो, वही सत्य है, उसे ही मानो।
23. परीक्षण के आधार पर किसी बात की प्रामाणिकता स्वीकार करना ही वैज्ञानिकता है। इसे कोई व्यक्ति अस्वीकार नहीं कर सकता।
24. बुद्ध स्वयं एक वैज्ञानिक तुल्य थे। वे तंत्र-मंत्र, जादू-टोना आदि में विश्वास नहीं करते थे। वे औषधियों द्वारा प्रत्येक बीमारी का इलाज भी करते थे। उन्हें अनेक बौद्ध देशों में भैषज्य गुरु (औषधियों का गुरु) माना जाता था।
25. 'विनम्र भैषज्य स्कन्ध' में औषधियों का विवरण अच्छी प्रकार से किया गया है। इस प्रकार बौद्ध दर्शन चिकित्सा विज्ञान से भी परिपूर्ण है। बुद्ध ने महान शल्य चिकित्सक 'जीवक' को भिक्षु की दीक्षा देने से इसलिए मना कर दिया था क्योंकि वह चिकित्सा द्वारा ही लोक कल्याण कर रहा था।
26. गौतम बुद्ध महान वैज्ञानिक के साथ ही साथ महान मनोवैज्ञानिक भी थे। 'कृषा गौतमी' अपने मरे हुए पुत्र के शव को लेकर गौतम बुद्ध के पास संजीवनी औषधि लेने गई। बुद्ध ने उससे एक मुट्ठी सरसों ऐसे घर से लाने के लिए कहा, जिसके घर में कभी कोई मरा न हो। वह सब कहीं घूम आई। उसे ऐसा एक भी घर न मिला, जहाँ कभी कोई मरा न हो। उसे एकदम चेतना (सद्बुद्धि) आ गई कि जब सभी मरते हैं, तो मेरा भी पुत्र मर गया, इसमें आश्चर्य की कोई बात नहीं। इस प्रकार 'कृषा गौतमी' का गौतम बुद्ध ने मनोवैज्ञानिक ढंग से उपचार किया।
27. गौतम बुद्ध ने अंगुलिमाल से कहा कि इस वृक्ष की एक डाल में से एक पत्ता तोड़ो! उसने तोड़ा। बुद्ध ने उससे फिर कहा—इसे ज्यों का त्यों उसी डाल में जोड़ दो! ऐसा न करने पर बुद्ध ने अंगुलिमाल से कहा कि जब तुम स्वयं का तोड़ा हुआ पत्ता ज्यों का त्यों उसी डाल में जोड़ नहीं सकते, तो तोड़ते क्यों हो? यदि तुम किसी को जीवन दे नहीं सकते, तो किसी का जीवन लेने का क्या अधिकार है? इस मनोवैज्ञानिक उपचार से अंगुलिमाल हिंसक से अ-हिंसक बन गया।
28. बुद्ध एवं उनके अनुयायी वैज्ञानिकों की भाँति—'ईश्वर है अथवा नहीं?' के निरर्थक पचड़े में नहीं पड़े। वे इस विषय में वैज्ञानिक की भाँति सदा मौन ही रहे।

29. विज्ञान का अध्यापक कक्षा में वैज्ञानिक सिद्धान्त विद्यार्थी को पढ़ाता है। कहता है कि 'आओ! प्रयोगशाला में स्वयं परीक्षण करके देख लो!' ठीक उसी प्रकार उपरोक्त उदाहरण हैं।

इस प्रकार बौद्ध दर्शन पूर्णतया वैज्ञानिक है, जो तर्क की कसौटी पर कसे जाने पर 'सत्य धर्म' है।

30. बुद्ध एक महान वैज्ञानिक एवं मनोवैज्ञानिक थे। इसी कारण बौद्ध दर्शन जीव विज्ञान, रसायन विज्ञान, भौतिक विज्ञान, चिकित्सा विज्ञान, औषधि विज्ञान तथा मनोविज्ञान आदि सभी दर्शनों से परिपूर्ण है।

31. इस प्रकार बौद्ध दर्शन शुद्ध वैज्ञानिक दर्शन है। हम सब बुद्ध के बताए मार्ग पर चलकर सुखमय जीवन बिताएँ। अन्य अ-वैज्ञानिक मिथ्या दर्शन जो केवल झूठी कल्पनाओं पर आधारित हैं, धीरे-धीरे स्वत: नष्ट हो जाएँगे और बौद्ध दर्शन अपनी वास्तविक वैज्ञानिकता के कारण अपने अस्तित्व को बनाए रखने में सदा सफल सिद्ध होगा।

अत: अन्त में प्रिय पाठकों तथा प्रचारकों से विनम्र निवेदन है कि परम् पूज्य बाबा साहब के नागपुर के ऐतिहासिक भाषण दिनांक 14 अक्टूबर, सन् 1956 ई. की आज्ञानुसार धर्म प्रचार में अपनी आमदनी में से पाँच प्रतिशत खर्च करें। जहाँ रिश्तेदारी व मेला आदि में जाएँ, बौद्ध दर्शन की अच्छाइयाँ लोगों को समझाएँ।

मंगल कामना के साथ अनन्त धन्यवाद!

तथागत गौतम बुद्ध का धर्म-दर्शन

अंगुलिमाल सूत्र (महायान) का तिब्बती से हिन्दी अनुवाद पूज्य भिक्षु रिंगचिन लुनडुब लामा, अध्यापक, तिब्बती विभाग, नव नालन्दा महाविहार, नालन्दा (बिहार प्रदेश) ने किया, जिसे पूज्य भिक्षु गालगेदर प्रज्ञानन्द, अध्यक्ष, बुद्ध विहार, रिसालदार पार्क, लखनऊ ने सन् 1959 ई. में श्री चन्द्रिका प्रसाद 'जिज्ञासु', समाज सेवा प्रेस, सआदतगंज, लखनऊ से छपवाया।

किसी को हीन (छोटा) या किसी को महा (बड़ा) कहना कभी भी ठीक नहीं था, न है। पता नहीं—हीनयान व महायान शब्द कब और कैसे बने? ज्ञान मार्ग के प्रारम्भिक जानकार को श्रावक (यान) और अधिक जानकार को महा (यान) कहा गया होगा। यान शब्द का मतलब 'नाव' है। अपने-अपने ज्ञान की नाव पर बैठकर संसार रूपी समुद्र से पार होना। बस! यान शब्द का यही तात्पर्य है।

मैंने 'अंगुलिमाल' नाटक सन् 1964 ई. में लिखा। छापा। तब से लगातार इस अंगुलिमाल सूत्र की माँग थी। किन्हीं परिस्थितिवश बीच में न छपवा सका। अत: अब पाठकों के सामने प्रस्तुत है।

खूनी अंगुलिमाल ने तथागत गौतम बुद्ध से जंगल में भेंट होने पर कुछ वार्तालाप के क्रम में गौतम बुद्ध द्वारा—'भिक्षु-आ' कहने के बाद मारे हुए पुरुषों की अँगुलियों की माला, जो उसने अपने गले में पहन रखी थी, उसे और खून से सनी तलवार फेंक दी। बुद्ध ने उसका मानसिक परिवर्तन कर दिया।

तत्पश्चात् विद्वान अंगुलिमाल ने इन्द्र, ब्रह्मा, चारों लोकपाल, मार, देवपुत्र (ईश्वर), वृक्ष की देवी, मौदगल्यायन, सारिपुत्र तथा तथागत बुद्ध के प्रश्नों के जो विद्वत्तापूर्ण उत्तर दिए हैं, वे सराहनीय हैं।

ध्यान रहे—इन्द्र व ब्रह्मा आदि अ-दृश्य देवता कल्पित स्वर्ग में निवास करनेवाले नहीं हैं। बौद्ध धम्म में स्वर्ग, नर्क, ईश्वर व आत्मा नहीं हैं। यह इन्द्र व ब्रह्मा आदि इसी पृथ्वी पर हमारी और आपकी तरह निवास करनेवाले उपाधिधारी पुरुष-मात्र हैं।

किताब में 'लिखि मिथ्या निश्चित् महाराग' का प्रसंग प्रकाशक की समझ में नहीं आया। अस्तु, दिनांक 8 व 9 मार्च, सन् 1980 ई. को 'आल इंडिया भिक्षु संघ'

की सभा आगरा के सामने अपनी शंका रखी। पूज्य भदन्त आनन्द कौसल्यायन ने कहा—यह सूत्र तिब्बती का हिन्दी अनुवाद है। पता नहीं, तिब्बती लोगों ने कैसी कल्पना की? बौद्ध धम्म किसी भी अ-दृश्य बात को मानने के लिए तैयार नहीं है।

आयुष्यमान महाकात्यायनी के शिष्य 'कुटि कण सोण' थे। अवन्तिका (उज्जैन) से श्रावस्ती (वर्तमान महेड़ सदेड़, जिला—गोंडा, उत्तर प्रदेश) पहुँचे। तथागत का उपदेश सुन कर घर वापस आए। सोण ने प्रवज्या के बाद घर त्याग दिया था। अत: कात्यायनी अपने पुत्र सोण का उपदेश सुनने ग्रामवासियों सहित ग्राम के बाहर, जहाँ सोण ठहरे थे, गई। उपदेश सुनने लगी। चोरों ने उसके घर में सेंध लगा दी। माल चुरा-चुरा कर ले जाने लगे। तब नौकरानी ने दौड़कर कात्यायनी से माल के चोरी हो जाने का समाचार कहा। फिर कहा। बार-बार कहा। कात्यायनी ने शान्त भाव से उत्तर दिया। चोरों को धन ले जाने दो। मुझे धर्म का उपदेश सुनने दो। जो तेरे मन में आए तो तू भी उपदेश सुन!

चोरों का सरदार, जो कात्यायनी की देख-रेख कर रहा था, कात्यायनी की ओर से थोड़ी-सी भी बाधा की यदि आशंका चोरी करने में चोरों को होती, तो वह सरदार तुरन्त अपने चोर दल को सावधान कर देता। चोरों के सरदार पर कात्यायनी की बात का बड़ा ही प्रभाव पड़ा। उसने जाकर तुरन्त चोरों से कहा—कात्यायनी के घर की चोरी का सब माल वापस कर दो। कात्यायनी उपासिका है। ऐसे पवित्र शान्त हृदय के घर चोरी करना उचित नहीं। चोरों ने अपने सरदार की बात मान ली। चोरी का सब माल वापस कर दिया। फिर चोरों के सरदार व चोरों ने कात्यायनी से इस चोरी के कुकृत्य के लिए क्षमा माँगी। कात्यायनी ने क्षमा प्रदान कर दी। चोरों का सरदार व सभी चोर बौद्धधर्मी बन कर सुखमय जीवन व्यतीत करने लगे।

यह है, तथागत गौतम बुद्ध का धर्म-दर्शना।

कलिंग (उड़ीसा) प्रदेश की लड़ाई में दोनों ओर की अपार धन-जन की हानि हुई। सम्राट अशोक का मन करुणा व मैत्री से भर गया। परम पूज्य मोग्गलायन पुत्ततिस्य महास्थविर की प्रेरणा से सम्राट अशोक ने बौद्ध धर्म ग्रहण कर लिया। उसने युद्ध के बजाय प्रेम द्वारा सम्पूर्ण संसार पर विजय पाई। पुत्र महेन्द्र व पुत्री संघमित्र को प्रचारार्थ लंका (सीलोन) भेजा। बौद्ध धर्म को राज्य-धर्म घोषित करके इसका प्रचार-प्रसार किया।

धन्यवाद!

नमो बुद्धाय!

कालाम-सूत्र स्वतंत्र चिन्तन का घोषण-पत्र

वर्तमान चुनार (जिला—मिर्जापुर, उ.प्र.) भर्ग गोत्रिय क्षत्रिय राजवंश को जो उपदेश गौतम बुद्ध ने दिया था—यह वही उपदेश है। लोक कल्याण भावना से साभार प्रकाशित। धन्यवाद!

कालाम-सूत्र प्रथम एडीशन भिक्षु प्रज्ञानन्द, अध्यक्ष, बुद्ध विहार, रिसालदार पार्क, लखनऊ से सन् 1960 ई. में श्री हरिश्चन्द्र अग्रवाल, रोहिताश्व प्रिन्टर्स, यदुराव सान्याल रोड, लखनऊ से छपवाया था। बहुत दिनों से अ-प्राप्त था।

अत: अब पाठकों के सामने प्रस्तुत है।

इस देश का नाम भारतवर्ष है, जन-मन में वाणी गूँज रही है, 'बाल वचन हूँ मानिये—होम नीति अनुसार।' के विरुद्ध यह कालाम-सूत्र स्वतंत्र चिन्तन का घोषणा-पत्र है, जिसे तथागत गौतम बुद्ध ने घोषित किया था, का सारांश सूक्ष्म में इस प्रकार है—

एक समय तथागत गौतम बुद्ध कौशल जनपद में महा भिक्षु संघ के साथ चारिका करते हुए, जहाँ देशपुत्र नामक कालामों का कस्बा (निगम) था, वहाँ पहुँचे। जब केशपुत्रीय कालामों ने सुना, कि श्रमण गौतम केशपुत्र में आए हुए हैं और उनकी बड़ी कीर्ति फैली हुई है, तब वे भगवान बुद्ध के पास गए। उन्होंने तथागत को प्रणाम कर कहा—'भन्ते! कुछ श्रमण-ब्राह्मण देशपुत्र में आते हैं, वे अपने संत की प्रशंसा करते हैं और दूसरे की निन्दा करते हैं। हम लोग इस प्रकार सुनते-सुनते सन्देह में पड़ जाते हैं, कि किस की बात सत्य है और किसकी झूठ है?' तथागत गौतम बुद्ध ने उनसे कहा—'हे कालामो! आओ! तुम लोग किसी भी मत (बात) को श्रुति (वेद-शास्त्र) के अनुकूल होने के कारण मत ग्रहण करो, परम्परागत होने से मत ग्रहण करो, पुराने समय से सब लोग ऐसा ही करते आए हैं, से मत ग्रहण करो, वह धर्म ग्रंथों से मेल खाता है, से मत ग्रहण करो, तर्क-सम्मत होने से भी मत ग्रहण करो, न्याय सम्मत होने से भी मत ग्रहण करो, आकार-प्रकार से सुन्दर होने से भी मत ग्रहण करो, पसन्द आने से भी मत ग्रहण करो। कहनेवाले का आकर्षक

व्यक्तित्व होने के कारण मत ग्रहण करो और इस बात के कहनेवाले श्रमण हमारे पूज्य हैं—की बात को भी मत ग्रहण करो।'

आगे तथागत ने कहा—'हे कालामो! जब तुम लोग स्वयं यह जानो, कि ये बातें बुरी हैं, इन पर चलने से अहित होगा, तो उन्हें छोड़ दो और जब यह जानो, कि ये बातें अच्छी हैं, इन पर चलने से हित होगा, तो उन्हें ग्रहण कर लो।'

तथागत का यह उपदेश बुद्धि-स्वतंत्र अथवा मानवीय विवेक की स्वतंत्रता का सर्वोत्तम घोषणा-पत्र है। यह बौद्धिक दासता से मुक्ति पाने का सन्देश है। व्यक्ति चिन्तन का स्रोत एवं मानसिक गुलामी से मुक्त होने का प्रशस्त मार्ग भी है।

तथागत के विस्तारपूर्वक कहे गए, इस उपदेश को सुन कर कालामों ने तथागत बुद्ध की शरण ग्रहण की और बौद्धोपासक हो गए।

धन्यवाद!

नमो बुद्धाय!

तथागत गौतम बुद्ध को क्या नापसन्द था और क्या पसन्द था?

1. उन्हें दरिद्रता नापसन्द थी

1. एक बार भगवान बुद्ध श्रावस्ती में अनाथ पिंडिक के जेतवनाराम में विहार कर रहे थे। उस समय अनाथ पिंडिक गृहपति तथागत के दर्शनार्थ आया। आकर, अभिवादन कर एक ओर बैठ गया। बैठकर उसने तथागत से प्रश्न किया—आदमी को धनार्जन क्यों करना चाहिए?
2. तुम पूछ रहे हो, तो मैं तुम्हें बताता हूँ।
3. किसी एक आर्य श्रावक को लो, जिसने मेहनत करके धन कमाया है, जिसने हाथों से परिश्रम करके धन कमाया है, जिसने पसीना बहाकर धन कमाया है तथा जिसने न्यायत: धन कमाया है, वह उस धन से अपने आप को प्रसन्न बनाता है, आनन्दित बनाता है, उस प्रसन्नता तथा आनन्द को बनाए रखता है, वह अपने माता-पिता को सुख और आनन्द देता है तथा उन्हें सुखी और आनन्दित बनाए रखता है, इसी प्रकार अपने स्त्री-बच्चों को, अपने दासों को तथा अपने कामकरों को धनार्जन करने का पहला उद्‌देश्य यही है।
4. जब इस प्रकार धन प्राप्त होता है, वह अपने मित्रों, अपने साथियों को सुख और आनन्द देता है तथा उन्हें सुखी और आनन्दित बनाए रखता है। यह दूसरा उद्‌देश्य है।
5. जब इस प्रकार धन प्राप्त हो जाता है, तो वह अग्नि या पानी से अपनी हानि नहीं होने देता, राजाओं या चोरों से अपनी हानि नहीं होने देता, शत्रुओं या उत्तराधिकारियों से अपनी हानि नहीं होने देता। वह अपनी वस्तु को सुरक्षित रखता है। यह तीसरा उद्‌देश्य है।

6. जब इस प्रकार धन प्राप्त होता है, तो वह अतिथि-यज्ञ कर सकता है, पितृ-यज्ञ कर सकता है, राज-यज्ञ कर सकता है तथा देव-यज्ञ कर सकता है, यह चौथा उद्देश्य है।
7. जब इस प्रकार धन प्राप्त होता है, तो गृहपति उन सब श्रमणों तथा सन्त-पुरुषों को दान देता है जो अहंकार तथा प्रसाद से बचते हैं, जो सभी बातों को विनम्रतापूर्वक सहन कर लेते हैं, जो संयत हैं, जो शान्त हैं तथा जो आत्मविकास में लगे हैं। उसका वह दान ऊँचे सोद्देश्य सहित होता है, सुख देनेवाला और स्वकल्याण की ओर ले जानेवाला। यह धनार्जन का पाँचवाँ उद्देश्य है।
8. अनाथ पिंडिक समझ गया कि भगवान बुद्ध दरिद्रों की दरिद्रता की प्रशंसा करके उन्हें सान्त्वना नहीं देते। वे 'दरिद्रता' को ऊँचा उठाकर उसके बारे में यह भी नहीं कहते कि दरिद्रता का जीवन सुखी जीवन होता है।

2. उन्हें संग्रह-वृत्ति नापसन्द थी

1. भगवान बुद्ध एक बार कुरु जनपद के कम्मासदम्भ नामक नगर में ठहरे हुए थे।
2. आनन्द स्थविर, जहाँ भगवान बुद्ध थे, वहाँ पहुँचे और अभिवादन कर एक ओर बैठ गए।
3. इस प्रकार बैठे हुए आनन्द स्थविर ने कहा—तथागत द्वारा उपदिष्ट प्रतीत्य समुत्पाद का नियम अद्भुत है। यह अत्यन्त गम्भीर है। किन्तु मुझे यह स्पष्ट दिखाई देता है।
4. आनन्द! ऐसा मत कहो। आनन्द! ऐसा मत कहो। यह प्रतीत्य समुत्पाद का नियम बहुत गम्भीर है। इसी प्रतीत्य-समुत्पाद के नियम को ही न समझ सकने के कारण, इसी प्रतीत्य-समुत्पाद के नियम के भीतर ही प्रवेश न कर सकने के कारण व्यक्ति सांसारिक उलझन में पड़ गया है, यह दुःख का अन्त नहीं कर सकता है।
5. मैंने कहा है कि तृष्णा होने से उपादान होता है। जहाँ किसी के मन में किसी भी चीज के लिए कोई तृष्णा न हो, क्या किसी प्रकार का भी उपादान होगा?
6. भगवान! नहीं होगा।
7. तृष्णा होने से ही आदमी लाभ के पीछे जाता है।
8. लाभ के पीछे भागने से काम और राग उत्पन्न होते हैं।
9. और राग होने से वस्तुओं के लिए आग्रह हो जाता है।
10. आग्रह होने से अधिकार (मिल्कियत) हो जाता है।

11. मिल्कियत होने से लोभ और भी अधिक सम्पत्ति का स्वामित्व-भाव पैदा होता है।
12. मिल्कियत होने से सम्पत्ति की देख-भाल करनी होती है।
13. सम्पत्ति की देख-भाल में से ही बहुत से अकुशल-धर्म पैदा हो जाते हैं, जैसे—मुक्के तथा जख्म, झगड़े, कलह, बदनामी और झूठ।
14. आनन्द! यह प्रतीत्य-समुत्पाद का नियम है। आनन्द! यदि तृष्णा न हो तो क्या लाभ के पीछे भागना होगा? यदि लाभ के पीछे भागना न हो तो क्या कामना उत्पन्न होगी? यदि कामना न हो तो क्या आग्रह होगा? यदि सम्पत्ति के लिए आग्रह न हो तो क्या व्यक्तिगत सम्पत्ति के लिए प्रेम होगा? यदि सम्पत्ति ही न हो तो क्या अधिक सम्पत्ति के लिए लोभ होगा?
15. भगवान! नहीं होगा।
16. यदि निजी सम्पत्ति के लिए आशक्ति न हो तो क्या संसार में शान्ति नहीं होगी।
17. भगवान! होगी।
18. तब तथागत ने कहा—मैं पृथ्वी को पृथ्वी मानता हूँ। लेकिन मेरे मन में इसके लिए तृष्णा नहीं है।
19. इसीलिए मैं कहता हूँ कि तमाम तृष्णाओं का मूलोच्छेद कर देने से उनके पीछे न भागने से, बल्कि उनका नाश कर देने से, उनका त्याग कर देने से, उनका परित्याग कर देने से ही मैंने 'बुद्धत्व' लाभ किया है।
20. भिक्षुओ! भौतिक वस्तुओं के नहीं, तुम मेरे धर्म के उत्तराधिकारी बनो क्योंकि तृष्णा से आसक्ति पैदा होती है और आसक्ति से मानसिक दासता।
21. इन शब्दों में भगवान बुद्ध ने आनन्द स्थविर तथा अन्य भिक्षुओ को संग्रह करने की प्रवृत्ति के दुष्परिणाम समझाए।

3. उन्हें सुसंगति पसन्द थी

1. भगवान बुद्ध को सुसंगति इतनी अधिक प्रिय थी कि उनको सुसंगति-प्रिय बुद्ध का नाम ही दिया जा सकता है।
2. इसलिए उन्होंने अपने अनुयायियों को कहा, 'कल्याण मित्रों की संगति करो।'
3. भिक्षुओ को सम्बोधित करते हुए उन्होंने कहा :
4. भिक्षुओ! मैं कोई दूसरी ऐसी बात नहीं जानता जो अनुत्पन्न कुशल धर्मों में वृद्धि कर दे अथवा उत्पन्न अकुशल धर्मों में ह्रास पैदा कर दे, जैसी कि यह कल्याण मित्रता।

5. जो सुसंगति में रहता है, उसमें अनुत्पन्न कुशल धर्म उत्पन्न हो जाते हैं और उत्पन्न अकुशल धर्मों का ह्रास हो जाता है। अकुशल धर्म तथा अकुशल प्रवृत्ति का ह्रास हो जाता है, कुशल-धर्मों के प्रति प्रवृत्ति की कमी का ह्रास हो जाता है, कुशल धर्म तथा कुशल धर्मों के प्रति प्रवृत्ति बढ़ जाती है तथा अकुशल धर्मों के प्रति प्रवृत्ति की कमी में वृद्धि होती है।
6. भिक्षुओ! मैं दूसरी कोई ऐसी बात नहीं जानता जो अनुत्पन्न बोधि अंगों को उत्पन्न न होने दे अथवा उत्पन्न बोधि अंगों की पूर्णता तक न पहुँचने दे, जैसे कि बे-ढंगा विचार।
7. भिक्षुओ! जो बेढंगे ढंग से विचार करता है, उसमें अनुत्पन्न बोधि-अंग उत्पन्न नहीं होते और उत्पन्न बोधि अंग परिपूर्णता को प्राप्त नहीं होते।
8. भिक्षुओ! सगे सम्बन्धियों की हानि कोई बड़ी हानि नहीं है। प्रज्ञा की हानि बड़ी हानि है।
9. भिक्षुओ! सगे सम्बन्धियों की वृद्धि कोई बड़ी अभिवृद्धि नहीं है। प्रज्ञा की वृद्धि बड़ी अभिवृद्धि है।
10. इसलिए भिक्षुओ! तुम्हें यही अभ्यास करना चाहिए कि हम प्रज्ञा का लाभ करेंगे। तुम्हें प्रज्ञावान बनना चाहिए।
11. भिक्षुओ! धन की वृद्धि कोई बड़ी अभिवृद्धि नहीं है। सभी अभिवृद्धियों में श्रेष्ठ है प्रज्ञा की अभिवृद्धि। इसलिए भिक्षुओ! तुम्हें यही अभ्यास करना चाहिए कि हम प्रज्ञा का लाभ करेंगे। तुम्हें प्रज्ञावान बनना चाहिए।
12. भिक्षुओ! यश की हानि कोई बड़ी हानि नहीं है, प्रज्ञा की हानि बड़ी हानि है।

4. वे सुसंगति से प्रेम करते थे

1. एक बार तथागत शाक्य जनपद में शाक्यों के एक नगर सक्कर में ठहरे हुए थे।
2. तब स्थविर आनन्द तथागत के पास आए, अभिवादन किया और एक ओर बैठ गए। इस प्रकार बैठे हुए आनन्द स्थविर ने कहा—
3. भगवान! सत्संगति आधा श्रेष्ठ जीवन है, कल्याण-मित्रता आधा श्रेष्ठ जीवन है, भलों की संगति आधा श्रेष्ठ जीवन है।
4. आनन्द! ऐसा मत कहो। सत्संगति आधा नहीं पूरा श्रेष्ठ जीवन है। कल्याण-मित्रता आधा नहीं पूरा श्रेष्ठ जीवन है। भलों की संगति आधा नहीं पूरा श्रेष्ठ जीवन है।
5. भिक्षुओं! जो भिक्षु सत्संगति में रहता है, जिसके कल्याण-मित्र हैं और जो भलों की संगति में रहता है—उससे हम यह आशा कर सकते हैं कि वह आर्य अष्टांगिक-मार्ग पर अधिक से अधिक प्रगति करेगा।

6. आनन्द! ऐसा भिक्षु-आर्य अष्टांगिक-मार्ग पर अधिक से अधिक प्रगति कैसे करता है?
7. आनन्द! वह सम्यक् दृष्टि का अभ्यास करता है, जो त्यागाश्रित है। जो विरागाश्रित है, जो निरोधाश्रित है, वह सम्यक् संकल्प का अभ्यास करता है। वह सम्यक्-वाणी का अभ्यास करता है। वह सम्यक्-कर्मान्त का अभ्यास करता है। वह सम्यक् आजीविका का अभ्यास करता है। वह सम्यक्-व्यायाम का अभ्यास करता है। यह सम्यक्-स्मृति का अभ्यास करता है तथा यह सम्यक्-समाधि का अभ्यास करता है—ये सब त्यागाश्रित है, विरागाश्रित है तथा निरोगाश्रित है।
8. आनन्द! जो भिक्षु सत्संगति में रहता है, जिसके कल्याण-मित्र हैं और जो भलों की संगति में रहता है, वह आर्य अष्टांगिक मार्ग पर अधिक से अधिक प्रगति करता है।
9. इस तरह से आनन्द! तुम्हें यह समझना चाहिए कि यह जो सत्संगति में रहना है, यह जो कल्याण मित्रता है, यह जो भलों की संगति में रहना है, यह पूरा श्रेष्ठ जीवन है।
10. निश्चय से आनन्द! जो जरा-धर्म प्राणी है, जो मरण-धर्म प्राणी है, जो दुःख, शोक, रोने-पीटनेवाले हैं, वे कल्याण-मित्रता के परिणामस्वरूप इन सबसे मुक्त हो जाते हैं।
11. इस तरह से आनन्द! तुम्हें यह समझना चाहिए कि यह जो सत्संगति में रहना है, यह जो कल्याण मित्रता है, यह जो भलों की संगति में रहना है—यह पूरा श्रेष्ठ जीवन है।

नोट : उपरोक्त गाथाएँ नीचे लिखे ग्रंथों में विस्तारपूर्वक लिखी हुई हैं।

1. अंगुत्तर निकाय (पंचक निपात)
2. आनन्द-सप्पाय सुत्तन्त (मझिम निकाय 106)
3. अंगुत्तर-निकाय (एकक निपात)

—पेरियार ललई सिंह

['भगवान बुद्ध और उनका धर्म' से उद्धृत
लेखक—डॉक्टर भीमराव रामजीराव अम्बेडकर]

सम्मान के लिए धर्म परिवर्तन

दिनांक—1 फरवरी, सन् 1972 ई.

1. इस पुस्तक के प्रथम संस्करण का नाम था—'सम्मान के लिए धर्म परिवर्तन करें'। यह नाम कुछ लम्बा था। अत: पाठकों की विशेष माँग पर उन्हीं के सुझाव के अनुसार नया नाम 'धर्म परिवर्तन' रखा गया।
2. हिन्दू ब्राह्मणी वर्ण-व्यवस्था के कारण बैकवर्ड व अछूतों सबकी धार्मिक, सामाजिक, आर्थिक और राजनीतिक दशा खराब है। अन्तर केवल इतना है कि बैकवर्ड की कुछ कम खराब है, अछूतों की अधिक खराब है। यह सब कठिनाइयाँ बौद्ध धर्म स्वीकार करने पर दूर हो जाएँगी।
3. हिन्दू, ईसाई व इस्लाम धर्मों के मनुष्य के ऊपर ईश्वर तथा आत्मा की मनगढ़न्त, कल्पित एवं झूठी शक्ति को लाद कर दिमागी गुलाम बना रखा है। इससे छुटकारा पाने के लिए अनीश्वरवादी, अनात्मवादी व विज्ञानवादी बौद्ध धर्म स्वीकार करें।
4. जिन सज्जनों ने 'सच्ची रामायण' व 'धर्म परिवर्तन' की जब्ती और 'जाति-भेद का उच्छेद' की खतरनाक सरकारी आज्ञाओं के विरुद्ध मुकदमा लड़ने में तन-मन-धन से मदद की है, उन्हें व्यक्तिगत, संस्थागत एवं पाठकों की ओर से अनन्त धन्यवाद।

हम लोग आशा करते हैं कि आप लोग भविष्य में भी ऐसी ही सहायता करते रहेंगे, ताकि हम लोग अपने परम पूज्य बाबा साहब के शेष कार्यों को पूरा करने में इसी प्रकार सफलता प्राप्त करते रहें।

पुन: सबको और गुणग्राही पाठकों को धन्यवाद!

निर्णय

हाईकोर्ट ऑफ जुडीकेचर, इलाहाबाद (उत्तर प्रदेश)

दिनांक—14 मई, सन् 1971 ई.

उपस्थित फुल बेंच

(1) माननीय जस्टिस श्री विलियम ब्रूम

(2) माननीय जस्टिस श्री यशोदानन्दन

(3) माननीय जस्टिस श्री सुधी मलिक

मुकदमा नं. 3221/1970 ई. क्रिमिनल मिसलेनियम एप्लीकेशन

अंडर सेक्शन 99बी क्रिमिनल प्रोसीजर कोड

शीर्षक

ललई सिंह यादव उम्र 60 वर्ष (पिता का नाम श्री गज्जू सिंह यादव)

अध्यक्ष—डॉ. अम्बेडकर साहित्य रक्षक परिषद् (रजिस्टर्ड)

झींझक—209302 (कानपुर)

अपीलांट

विरुद्ध

गवर्नमेंट ऑफ उत्तर प्रदेश

रिस्पोंडेंट

विरुद्ध

पुस्तक 'सम्मान के लिए धर्म-परिवर्तन करें' गवर्नमेंट ऑफ उत्तर प्रदेश की आज्ञा दिनांक 25 अगस्त, सन् 1970 ई. नोटीफिकेशन नम्बर 4431-आर/8-बी. 2-1963/70 तथा गवर्नमेंट ऑफ उत्तर प्रदेश गजेट दिनांक 12 सितम्बर, सन् 1970 ई. में प्रकाशित विज्ञप्ति के अनुसार जब्त कर ली गई थी क्योंकि इस पुस्तक से धर्म जाति या सम्प्रदाय के आधार पर विभिन्न धर्मों, जातियों या सम्प्रदायों के बीच वैमनस्यता की भावनाएँ, घृणा या दुर्भावना बढ़ती है और यह पुस्तक एक वर्ग के धर्म या धार्मिक विश्वासों का अनादर करती है।

गवर्नमेंट ऑफ उत्तर प्रदेश की इस आज्ञा के विरुद्ध हाईकोर्ट ऑफ जुडीकेचर इलाहाबाद में ललई सिंह ने क्रिमिनल मिसलेनियस एप्लीकेशन उपरोक्त शीर्षक की प्रस्तुत की।

हाईकोर्ट ऑफ जुडीकेचर इलाहाबाद ने उपरोक्त माननीय तीन जजों की स्पेशल फुल बेंच इस केस के सुनने के लिए बनाई। उन्होंने अपीलांट की ओर से योग्य एडवोकेट श्री बनवारी लाल यादव और रिस्पाडेंट की ओर से गवर्नमेंट एडवोकेट की बहस दिनांक 3 मई व 10 मई, सन् 1971 ईस्वी की माननीय जस्टिस श्री विलियम ब्रूम ने सर्व सम्मति का दिनांक 14 मई, सन् 1971 ई. को निर्णय किया कि—

(1) गवर्नमेंट ऑफ उत्तर प्रदेश की पुस्तक 'सम्मान के लिए धर्म परिवर्तन करें' की जब्ती की आज्ञा निरस्त की जाती है।

(2) जब्तशुदा पुस्तकें अपीलांट ललई सिंह यादव को वापस दी जाएँ।

(3) गवर्नमेंट ऑफ उत्तर प्रदेश की ओर से अपीलांट ललई सिंह यादव को तीन सौ रुपये खर्चे के दिलाए जाएँ।

अपीलांट के पैरोकार सर्वश्री बनवारीलाल यादव, जयपाल सिंह कश्यप, चौधरी चुन्नीलाल, गुलाबचन्द, सखाराम यादव, श्यामलाल यादव, गया प्रसाद यादव आदि एडवोकेट्स को संस्था व पाठकों की ओर से अनन्त धन्यवाद।

निर्णय : तिथि—14 मई, सन् 1971 ई.

—अध्यक्ष

—पेरियार ललई सिंह

डॉ. अम्बेडकर साहित्य रक्षक परिषद्

(रजिस्टर्ड) झींझक-201302

!! नमो बुद्धाय !!

मेरे विभिन्न सामाजिक लेख

लेखक
पेरियार ललई सिंह

!! नमो बुद्धाय !!

मेरे विभिन्न सामाजिक लेख

लेखक

पेरियार ललई सिंह

अध्यक्ष

डॉ. अम्बेडकर साहित्य रक्षक परिषद् (रजि.)

झींझक, जिला—कानपुर, उत्तर प्रदेश, भारत-209302

अशोक पुस्तकालय (रजि.)

झींझक, जिला—कानपुर, उत्तर प्रदेश, भारत-209302

प्रथम बार 17 सितम्बर गुरु पेरियार की जयन्ती 17 सितम्बर सन् 1972 ई.

प्रथम बार 17 सितम्बर, 1972 ई.

दूसरी बार जनवरी, 1975 ई.

तीसरी बार मार्च, 1978 ई.

चौथी बार जनवरी, 1981 ई.

पाँचवीं बार सितम्बर, 1983 ई.

छठी बार अगस्त, 1986 ई.

सातवीं बार सितम्बर, 1988 ई.

मुद्रक

सस्ता प्रेस

झींझक, जिला—कानपुर, उत्तर प्रदेश,

भारत में छपी!

मूल्य : 80 पैसा

सामाजिक अपमान गरीबी से अधिक खटकता है

जिनका सामाजिक अपमान होता है, उन्हें चाहिए कि वे इस सामाजिक अपमान को आमूल-चूल समाप्त करने में हर प्रकार से जुट जाएँ। क्योंकि सामाजिक अपमान गरीबी से अधिक खटकता है।

वर्ण-जाति के आधार पर सम्मान पानेवाले रूढ़िवादी, स्वार्थी तथा अभिमानी लोग सामाजिक समानता का शक्तिपूर्वक विरोध कर रहे हैं। इसीलिए मैं कहता हूँ—अधिकार माँगा नहीं छीना जाता है। मेरी समझ में छब्बीस वर्षीय स्वतंत्रता सामाजिक समानता दिलाने में असमर्थ सिद्ध हुई है।

अत: अब इसे धर्म परिवर्तन द्वारा ही प्राप्त किया जा सकता है। सामाजिक समानता के इच्छुक व्यक्तियों को परम पूज्य बाबा साहेब डॉक्टर अम्बेडकर के बताए हुए मार्ग के अनुसार अति शीघ्र समता-बन्धुता-स्वतंत्रता युक्त बौद्ध-धर्म स्वीकार कर लेना चाहिए।

पाठकों को धन्यवाद!

दिनांक—15 अगस्त, सन् 1973 ई. **—पेरियार ललई सिंह**

राष्ट्र निर्माण के नाम पर दस फीसदी लुटेरे नब्बे फीसदी लोगों का शोषण कर रहे हैं

हमारी यह समतामूलक अधिकारों की बातें, सम्भव हैं, कुछ लोगों को बुरी लगें, पर यह कोई नई बात नहीं है। सच्ची बात तो कड़वी लगती ही है। असाध्य रोग बिना कड़वी दवा के पिलाए ठीक नहीं होता है। हजारों साल से चले आए वर्ण, जाति व धर्मगत शोषण को इस छोटे से लेख में लिखना मुझ जैसे साधारण व्यक्ति के लिए असम्भव है।

मैंने तो सरकार, उसके साहित्य व अपनी खोज के आधार पर जो आँकड़े पाए, उन्हीं को एक जगह इकट्ठा करके दिखने की कोशिश मात्र की है जो कि राष्ट्र निर्माण व समाज कल्याण के नाम पर आजादी के इस दौर में भी दस फीसदी चालाक लोग सदियों से किस तरह यहाँ के नब्बे फीसदी शोषित सर्वहारा वर्ग की सिधाई का बेजा फायदा उठा कर अपना उल्लू सीधा कर रहे हैं।

मेरा अपना विचार है कि जनता की मौजूदा तमाम परेशानियों की जड़ भी यही है—मुल्क की सत्ता जनता राज में भी दस फीसदी लोगों के हाथ में है। अगर शासन की बागडोर मुल्क के नब्बे फीसदी कमेरे व शोषित वर्ग के योग्य लोगों के हाथ में आ जाए तो देश की प्रगति व लाभ का अधिकांश हिस्सा भी देश के बहुसंख्यक वर्ग को ही मिले। इसलिए राष्ट्र व जनकल्याण की भावना से ओत-प्रोत हो हमने इस लेख के द्वारा आँकड़ों के अकाट्य प्रमाण देकर शोषित व शोषक, दोनों ही वर्ग के लोगों में विवेक, नैतिकता व जागरूकता पैदा करने का प्रयत्न किया है ताकि हर वर्ग अपनी-अपनी जगह पर खुद सोचे और देश व उसकी जनता का भविष्य किस तरह बने—इस पर ठंडे दिमाग से विचार करे। उसका कोई सही हल निकाले।

हमारी मंशा किसी भी रूप में देश के किसी भी व्यक्ति या वर्ग के खिलाफ कटुता पैदा करना हरगिज नहीं है। पाठकगण इस पुस्तक को शुद्ध हृदय और खुले दिमाग से पढ़ने और समझने की कोशिश करें। तभी वह इस लेख से कुछ पा सकेंगे और तभी लेखक भी अपने इरादे में सफल हो सकेगा।

दिनांक—1-9-61

—ललई सिंह

भारत का संविधान समता का समाज बनाता है

संविधान निर्माता बाबा साहब डॉ. अम्बेडकर को उनके समय के तथा आजकल के समय के विद्वान 'मनु-स्मृति' के स्मृतिकार 'मनु' की उपमा दिया करते थे, दिया करते हैं—उनका ऐसा कहना बाबा साहब डॉ. अम्बेडकर के साथ सरासर अन्याय है। मनु द्वारा रचित 'मनु-स्मृति' शोषणयुक्त असमानता के सिद्धान्त पर आधारित है। मगर डॉ. अम्बेडकर द्वारा निर्मित भारतीय संविधान शोषणमुक्त समानता पर आधारित है। यह मनुष्य को मनुष्य समझने की प्रेरणा तथा आज्ञा देती है। मनु-स्मृति शूद्रों व महाशूद्रों (अछूतों) के जन्म-सिद्ध मानवीय अधिकारों पर डाका डालती है। [अधिक जानकारी के लिए 'शोषितों पर धार्मिक डकैती' पुस्तक, लेखक—पेरियार ललई सिंह, पढ़िए।]

स्वतंत्र भारत का संविधान बनाने के लिए सर तेजबहादुर सप्रू व डॉ. जयकर से कहा गया था। इन दोनों सज्जनों ने विभिन्न धर्म-सम्प्रदाय व जाति वाले इतने बड़े देश हेतु सब सुविधा सम्पन्न संविधान बनाने के लिए अपने को अयोग्य बता कर इनकार कर दिया। तब डॉ. अम्बेडकर ने स्वतंत्र भारत का सर्वांगीण विकासयुक्त संविधान बनाया। इस कारण संसार के सभी देशों ने इस संविधान की भूरि-भूरि प्रशंसा की। अत: असल राष्ट्र निर्माता हमारे बाबा साहब डॉ. अम्बेडकर हैं।

प्रथम स्वतंत्रता संग्राम सन् 1857 ई. में यदि सफल हो जाता, तो भी दलितों के पल्ले कुछ भी नहीं पड़ता, क्योंकि उस समय बहादुरशाह अन्तिम मुगल सम्राट को भारत का सम्राट मान लिया गया था। मुगलिया शासन काल में दलितों की दुर्दशा वैसी ही रही, जैसी हिन्दू राजशाही में थी।

द्वितीय स्वतंत्रता आन्दोलन के समय पंडित बालगंगाधर तिलक ने ऐलान कर रखा था कि स्वतंत्र भारत में जब पढ़ा-लिखा व्यक्ति वोट देगा, तब सरकार बनेगी। तिलक के समय पढ़े-लिखे की परिभाषा प्राइमरी थी, आज कक्षा बारह है। शीघ्र कक्षा 14 (ग्रेजुएट) होनेवाली है। ऐसी दशा में अछूतों की दुर्दशा ज्यों-की-त्यों खराब ही बनी रहती, क्योंकि कम पढ़े-लिखे होने के कारण इनके बहुत ही कम

वोट होते, जिससे आधुनिक स्वतंत्र भारत में एक बार पुन: उनके अधिकारों का हनन हो जाता।

भारत की स्वतंत्रता हेतु कार्य करती हुई अमेरिका में भारतीयों की गदर पार्टी ने निश्चय किया था कि जब भारत में स्वराज्य आएगा, तब लाला हरदयाल स्वतंत्र भारत के राजा बनाए जाएँगे। यदि ऐसा स्वराज्य आता, तो वही मनुस्मृति वाला मनुवादी कानून अछूतों पर जबरन लादा जाता।

अच्छा हुआ, स्वतंत्र भारत का संविधान सप्रू व डॉ. जयकर ने नहीं बनाया, अन्यथा वे भी पंडित जवाहरलाल नेहरू तथा पंडित गोविन्द वल्लभ पन्त आदि जातिवादियों के इशारे पर मनुस्मृति एवं रामायण आदि हिन्दू काले कानूनों पर आधारित संविधान बनाते। 'पूजहिं विप्र सील गुन हीना। शूद्र न पूजहिं गुन ग्यान प्रवीना॥' अर्थात् शूद्र-महाशूद्र (बैकवर्ड व अछूत) फिर भी धार्मिक, सामाजिक, आर्थिक व राजनीतिक शोषण से मुक्त न होते।

धन्य हैं, हमारे बाबा साहेब डॉ. अम्बेडकर, आपने संविधान द्वारा पहला बालिग मताधिकार, दूसरा महिला मताधिकार और तीसरा गुप्त (चुपचाप) मताधिकार देकर बहुसंख्यक शूद्र-महाशूद्र समुदाय (बैकवर्ड तथा अछूतों) को सम्पूर्ण भारत का साम्राज्य ही सौंप दिया, क्योंकि बैकवर्ड, अछूतों, मुसलमानों तथा ईसाइयों आदि अल्पसंख्यकों की जनसंख्या करीब-करीब पच्चासी या नब्बे प्रतिशत स्पष्ट बहुमत से है।

माता तीन प्रकार के पुत्र पैदा करती है—पूत, सपूत और कपूत। माताश्री भीमा बाई ने डॉ. अम्बेडकर जैसा सपूत पैदा किया, जिन्होंने रामायण तथा महाभारत काल से दबे-पीसे, दलित, पिछड़ी, शोषित, पीड़ित आदि मनुष्यों को समुद्री तूफान के भँवरों से उलझी नाव को निकालकर लहलहाती सरजमीं स्वतंत्र भारत की राजधानी नई दिल्ली के मालिक बहुसंख्यक वोट द्वारा बना दिया। दु:ख है, हम लोग आज तक उस तख्त के पूत कहलाने की परिभाषा में नहीं आ सके।

चातुर्वर्णी हिन्दू वर्ण-व्यवस्था द्वारा हमें सदा-सदा नीच बनाए रखने के लिए चारों मठों के मठाधीश शंकराचार्य एक जगह बैठकर उपरोक्त वर्ण-व्यवस्था को पूर्ववत् कायम रखने के लिए नए-नए प्रयत्न सोच सकते हैं, परन्तु हमारे राजनीतिक नेता खोब्रागड़े, कुम्मारे, जगजीवन राम, भोला पासवान, रामविलास पासवान, रामधन व बी.पी. मौर्य आदि एक जगह बैठकर इस अछूत समुदाय की भलाई की बात नहीं सोच सकते।

कुछ अछूत आसूदा व्यक्ति वजीफा, रिजर्वेशन तथा सरकारी सहायता के बल पर सरकारी नौकरियों में हैं या अन्य धन्धा करते हैं। इन्होंने अपनी पढ़ी-लिखी दुनिया अलग बसाना प्रारम्भ कर दिया है। जिस पीड़ित समाज से निकलकर आए हैं, कभी मुड़ कर उधर नहीं देखते।

हमारे परम पूज्य बोधिसत्व बाबा साहब डॉ. अम्बेडकर के तीन महावाक्य हैं—1. शिक्षित बनो—आप शिक्षित क्यों नहीं बनते?, 2. संगठित रहो—आप संगठित क्यों नहीं रहते?, 3. अधिकारों के लिए संघर्ष करो। आप जब शिक्षित नहीं व संगठित नहीं, तब संघर्ष करना असम्भव। इन्हीं महावाक्यों के पालन न करने के कारण यह दयनीय दुर्दशा है।

अन्त में, मेरा सुझाव है कि उपरोक्त महावाक्यों का पालन करते हुए जो व्यक्ति जिस स्थान पर है, उसी स्थान पर रहकर अपना धर्म 'बौद्ध धर्म' तथा राजनीतिक पार्टी 'रिपब्लिकन पार्टी' या मानववादी 'शोषित समाज दल' का संगठन तन-मन-धन से करने में जुट जाए। बाबा साहब के मार्ग के सच्चे सपूत कहलाएँ। भविष्य उज्ज्वल है। अन्यथा—। कटु सत्य की क्षमा!

धन्यवाद!

दिनांक—14 अप्रैल, सन् 1975 ई.

मानव प्रगति और ऐतिहासिक सभ्यता का विकास

आज से अरबों वर्ष पहले हमारी पृथ्वी गर्भ में लावा-मात्र थी। कहीं भूकम्प आते, कहीं गड़गड़ाहट होती। भयानक दृश्य था। इस उथल-पुथल में समुद्र मिट कर मिट्टी बन गए। पहाड़ बन गए। पृथ्वी धीरे-धीरे ठंडी हुई। समुद्र के आस-पास की भूमि घास-पात से तथा मैदानी भूमि वनों से घिर गई।

सबसे पहले समुद्र में 'सेल' पैदा हुआ। उसमें प्राण आए। बाद में इसका नाम 'सरीसृप' हुआ, तत्पश्चात् इसका नाम 'शार्क' (मछली) हुआ, जिसमें रीढ़ नहीं थी। आकार मगर या छिपकली जैसा था।

इसी समय शनै:-शनै: अनेक पशु व पक्षी पैदा हुए। इनमें हमारा 'आदि मानव' बन्दर भी था। चार पैर थे। केवल पेड़ों पर चढ़ कर ही अपना जीवन बसर करता था। इसको पेड़ों पर मांसखोर पक्षियों का भारी डर था। इस भय के कारण पेड़ों के सघन पत्तों में डाल से चिपका रहता था। फल खाता। फलों की कमी के कारण चिड़ियों के अंडे तथा गिलहरी आदि मार कर खाने लगा। बुद्धि नहीं थी। आहार की कमी के कारण सोचा-विचारा। कुछ बुद्धि आई। पेड़ों से उतर कर जमीन पर आया। पेड़ों से जमीन पर उतरने में उस 'आदि मानव' बन्दर को पौने-दो करोड़ वर्ष से अधिक लगे। अभी उसका शरीर, चार पैर, जबड़ा व दाढ़ी बन्दर जैसी ही थी। नुकीले दाँतों से शिकार का काम लेता था।

इस 'आदि मानव' की खोपड़ी अफ्रीका के टांगानिका क्षेत्र में मिली है—जो सत्रह लाख पचास हजार वर्ष पुरानी है।

पृथ्वी पर रहने के कारण कुछ समय बाद ही दो पैरों के बल चलने लगा यही है—आज का 'आदि मानव'। संख्या बढ़ी। नुकीले हथियारों द्वारा हिरन आदि सीधे-साधे जानवर मारता खाता। खूँखार जंगली जानवर के भय के कारण घर बना कर स-परिवार रहने लगा। बुद्धि और बढ़ी। जानवरों को पालना, शिकार न मिलने पर उन्हें ही मार कर खा जाना। गुफा में रहना प्रारम्भ कर दिया।

उस समय किसी आदमी को साँप ने डस लिया। मर गया। बस। जानेवाले की खैरियत के लिए 'नाग' देवता की कल्पना की। पूजा प्रारम्भ कर दी। पानी

अधिक बरसा या नहीं बरसा। जान-माल की भारी क्षति पहुँची। बस। रक्षा के लिए 'इन्द्र' तथा 'वरुण' देवता की कल्पना की। पूजा प्रारम्भ कर दी। इसी प्रकार अनेक विपत्तियाँ आईं। अनेक देवी-देवताओं की कल्पना की। पूजा-प्रारम्भ कर दी। अन्त में एक ही शक्ति 'ईश्वर' की कल्पना की। पूजा की। बस। यही सबका कर्ता-धर्ता है। भला-बुरा सब काम इसी की आज्ञा से होता है।

सोचिए! हिन्दू-फिलॉसिफी के अनुसार भले-बुरे कर्मों के तीन गोदाम हैं—पहला—'संचित', दूसरा—'प्रारब्ध', तीसरा—'क्रियमाणा'। 'संचित' अर्थात् पूर्व जन्म के भले-बुरे कर्मों के संग्रह में से, इस जन्म में भोगने के लिए 'प्रारब्ध' भोग का चेक काट दिया जाता है—जिसे मनुष्य इस जन्म में भोगता है।

'संचित' में से 'प्रारब्ध' भोग को घटा कर जो 'शेष-संचित' रहा, वह और इस जन्म में जो भले-बुरे कर्म किए, जिन्हें 'क्रियमाणा' कहते हैं। इस जन्म के मरने पर अगले जन्म के लिए दोनों अर्थात् 'शेष-संचित' व 'क्रियमाणा' मिला कर 'संचित' कहे जाते हैं।

प्रारब्ध भोग का चेक ईश्वर काटता है, प्रारब्ध भोग नामक चेक के अनुसार ईश्वर की आज्ञा से 'अ' ने 'ब' को, जिसके पिछले जन्म के कर्म खराब थे—बन्दूक द्वारा जान से मार डाला। फिर सोचिए, जब ईश्वर स्वयं न्याय कर चुका है तब आज की पुलिस 'अ' को क्यों गिरफ्तार करती है? न्यायालय क्यों आ-जन्म कारावास या फाँसी का दंड देता है?

इस तर्क का उत्तर किसी ईश्वरवादी के पास नहीं है। बौद्ध-धर्म में प्रत्येक घटना का कारण होता है। बिना कारण कोई घटना नहीं घटती। घटना का कारण स्वयं मनुष्य या दूसरा मनुष्य या प्रकृति हो सकती है। इसके अतिरिक्त घटना का कारण अ-दृश्य शक्ति ईश्वर आदि नहीं।

वास्तविकता यह है कि 'अ' की 'ब' से कोई पुरानी रंजिश थी। मौका पाकर 'अ' ने 'ब' की गोली मारकर हत्या कर डाली अथवा आमने-सामने कोई खराब गाली 'अ' को 'ब' ने दी। 'अ' सहन नहीं कर सका—उसने तुरन्त 'ब' की गोली मारकर हत्या कर डाली। रंजिश की दशा में 'अ' को सरकारी कानून के अनुसार बन्दूक मार कर जान से मार डालने का कोई अधिकार नहीं। अत: 'अ' को दंड मिलना चाहिए।

'ब' ने 'अ' को ऐसी खराब गाली दी, जिसे 'अ' सहन नहीं कर सका। उसने 'ब' को बन्दूक मारकर मार डाला। ऐसी दशा में 'अ' को सरकारी कानून के अनुसार 'ब' को बन्दूक द्वारा मारने का अधिकार नहीं है। शासनादेश के अनुसार 'अ' को दंड मिलना चाहिए। यदि 'अ' ने क्रोध की दशा में जान से 'ब' को मार डाला है—तो कम दंड मिलना चाहिए। बहरहाल, दंड अवश्य ही मिलना चाहिए। यही गौतम बुद्ध का सरकारी कानून है, जो उन्हें राजा बिम्बसार को उपदेश रूप में

'विश्व-शान्ति-स्तूप' राजगिरि पहाड़ की चोटी पर दिया था, कि राजा का कर्तव्य है, वह आततायियों को दंड दे। यदि राजा दंड नहीं देता—तो आततायियों की संख्या बढ़ जाएगी। देश में अराजकता छा जाएगी। सम्पूर्ण राज्य का जन-जीवन खतरे में पड़ जाएगा।

धीरे-धीरे जनसंख्या बढ़ी। प्रत्येक परिवार समुदाय (गोल) बना कर अलग-अलग रहने लगे। जिन-जिन समुदायों को खाने-पीने की कमी हुई, वे हथियारों से लैस हो कर किसी मालदार समुदाय (झुंड) पर रात में या सूना जानकर दिन में चढ़ाई कर देते। मारते, पीटते, लूट लेते, जान से मार डालते। इस रोज-रोज के लड़ाई-झगड़े के कारण ईश्वर को पूजा द्वारा प्रसन्न रखने का समय न मिलने पर पूजा करने के लिए स्थान-स्थान पर प्रत्येक समुदाय (दल) ने अलग-अलग पुजारी मुकर्रर किए। यह पुजारी अपने-अपने समुदाय (गिरोह) के सभी लोगों के जान-माल की रक्षा के लिए ईश्वर तथा अन्य देवी-देवताओं की पूजा करते। प्रार्थना करते। मंत्र जपते।

धीरे-धीरे इन पुजारियों की सन्तानों की एक जाति बन गई, जो ब्राह्मण नाम से पुकारी जाने लगी। जो लड़ाइयाँ लड़ते—वे क्षत्रिय, जो खेती-व्यापार करते—वे वैश्य और जो खुशी से या जोर-जबरदस्ती द्वारा तीनों वर्णों की सेवा करते—, वे शूद्र कहलाए—जिससे इतिहास के विद्यार्थी भली-भाँति परिचित हैं।

इन पुजारियों-पुरोहितों का ध्यान ईश्वर की पूजा के समय पारिवारिक चिन्ताओं व पारिवारिक शोर-गुल के कारण नहीं लगता था, अत: प्रत्येक समुदाय (दल) ने अलग-अलग मन्दिर बनाए, जो ईश्वर का स्थान हुआ।

इसी ईश्वर को ईसाई 'गॉड' नाम से, इस्लाम वाले 'खुदा' नाम से पुकारने लगे। यही पुजारी, पादरी व मुल्ला नाम से पुकारे जाने लगे। यही मन्दिर, गिरजाघर व मस्जिद नाम से पुकारे जाने लगे।

बौद्ध धर्म के पुजारी का नाम है—'भिक्षु'। भिक्षु जन्म से पैदा नहीं होता है। बौद्ध धर्म के विशेष नियमों का पालन करनेवाला भिक्षु होता है। मगर हिन्दू धर्म में पुजारी का लड़का बे-पढ़ा होने पर भी पुजारी तथा ब्राह्मण होता है।

सोचिए! क्या ब्रह्मा ने अपने मुख से ब्राह्मण को, बाहु से क्षत्रिय को, पेट से वैश्य को और पैर से शूद्र को कैसे जन्म दिया? विचारिए! पुरुष ब्रह्मा के शरीर में कहाँ सहवास क्रिया हुई? किस अंग में गर्भ ठहरा? किस अंग से पैदा किया? किस स्थान पर पैदा किया? क्या मनु-सतरूपा द्वारा काकेशिया पर्वत पर या तिब्बत में मानव पैदा हुआ? क्या आदम-हौवा द्वारा आदम पर्वत (लंका अर्थात सीलोन) में मानव पैदा हुआ? इन चार थ्योरियों में कौन थ्योरी सही है? स्पष्ट है कि 'आदि मानव' बन्दर के विकास वाली थ्योरी सत्य और सही है।

अब आती है धर्म की बात। धर्म केवल दो हैं। पहला नकद धर्म। दूसरा उधार धर्म। गौतम बुद्ध का धर्म, नकद धर्म है। मानव मानव के साथ मानवीय व्यवहार

करे। यही बुद्ध का धर्मोपदेश है। इसे नैतिकता कहते हैं। जो अमल में लाए—उसे इसी जन्म में यश मिले। जीवन में कभी कष्ट नहीं मिले। कष्ट के समय सम्पूर्ण विश्व की सहानुभूति उसकी नैतिकता के कारण उसके साथ हो न कि किसी के जोर, दबाव, डर व धौंस के कारण हो। यही है बुद्ध का नकद धर्म।

शेष अन्य धर्म, उधार धर्म हैं। ईसाई, मुस्लिम व हिन्दू धर्मानुसार इस जन्म में स्वयं भूखे रह कर भी दान-पुण्य करो, देवता पर चढ़ाओ, यज्ञ-होम करो, मरने के बाद बैकुण्ठ मिलेगा। वहाँ सब सुख के साधन सुरा-सुन्दरी आदि भी मिलेगी। फिर अगला जन्म राजा-महाराजा, मालदार व ब्राह्मण के घर में होगा।

यदि दान-पुण्य नहीं करोगे, देवता पर कुछ नहीं चढ़ाओगे, यज्ञ-होम नहीं करोगे—तो नर्क मिलेगा, जहाँ पीव (मवाद) की नदी में डुबकी लगाओगे! पेड़ों के पत्तों की धार, तलवार की धार से भी बारीक है, उस पर चलना पड़ेगा। आग के गर्म खम्भे में लोहे की जंजीर से कस दिए जाओगे। मानव को भय द्वारा ऐसा मनवाने के लिए मजबूर किया जाता है। यह है उस जन्म में सुख या दुःख देनेवाला, उधार-धर्म।

बाबा साहेब डॉ. भीमराव अम्बेडकर ने नागपुर के भाषण में कहा है कि 'मैं हिन्दू नरक से छुटकारा पा गया हूँ।' ठीक है। बौद्ध-धर्म में स्वर्ग-नर्क नहीं होता है। फिर बाबा साहब ने इक्कीसवीं प्रतिज्ञा में कहा है कि 'मेरा पुनर्जन्म हो रहा है।'

इसी प्रकार गौतम-बुद्ध के लिए कहा जाता है कि उन्होंने कई जन्म बाद निर्वाण प्राप्त किया।

इस विज्ञान-युग में पुनर्जन्म किसका? मरने पर शरीर के सभी अवयव अर्थात् सभी महाभूत, चार महाभूतों में विलीन हो जाते हैं। बस!

जब आत्मा है—नहीं। तब पुनर्जन्म किसका? [विस्तृत जानकारी के लिए मेरे द्वारा प्रकाशित पुस्तक 'ईश्वर, आत्मा एवं वेदों आदि में विश्वास अ-धर्म है'। मँगाकर पढ़िए।]

इस प्रकार सुयोग लेखकों ने विश्व के सच्चे धर्म (बौद्ध-धर्म) पर थोड़े वाक्यों में अधिक भाव लिखकर गागर में सागर को समा दिया है।

परम पूज्य धम्मालोक महास्थविर की सम्पूर्ण किताबें छापने की अनुमति सबके लिए उनके सुपुत्र 'अनिरुद्ध भन्ते' ने दिनांक 23 अप्रैल, सन् 1962 ईस्वी को लुम्बिनी (नैपाल) में प्रदान की।

उन्हें तथा पाठकों को अनन्त धन्यवाद।

बुद्ध पूर्णिमा—सन् 1963 ई.

ईश्वर, आत्मा एवं वेदों आदि में विश्वास अधर्म

1. 'डेविड ह्यूम' ने 'मानवीय बुद्धि सम्बन्धी एक शोध' नामक ग्रंथ में लिखा है कि 'पुरोहितों के कट्टर सिद्धान्त मनुष्य की विद्रोही बुद्धि को दबाने तथा पालतू बनाने के लिए प्रस्तुत किए गए हैं।'
2. 'कवि लुक्रेसियस' ने लिखा है कि 'जनता को पुरोहितों की भयानक वाणियों द्वारा दबाया जाता है।'
3. 'कार्ल मार्क्स' ने लिखा है कि 'धर्म जनता के लिए अफीम' है।
4. इन पुरोहितों ने ईश्वर, आत्मा, स्वर्ग-नरक, पाप-पुण्य, पुनर्जन्म तथा धर्म-अधर्म की कल्पना अपने स्वार्थ की सिद्धि के लिए की है। प्राचीन समय से लेकर आज तक सभी धर्मों के पुरोहित, मन्दिरों के पुजारी एवं तीर्थ स्थानों के पंडा लोग गरीब तथा अनपढ़ जनता का शोषण करके चैन की बाँसुरी बजाते रहे हैं। इनके पास बड़ी-बड़ी जायदादें थीं। अब भी हैं।
5. पुरोहित, धनवान तथा शासक इन तीनों वर्गों में आपस में घनिष्ठ मित्रता तथा समझौता था। अब भी है। यह तीनों वर्ग मिलकर गरीब व अनपढ़ जनता को धर्म की भूल-भुलैया में डालकर उनका हर प्रकार से धार्मिक, सामाजिक, आर्थिक एवं राजनीतिक दोहन-शोषण करते थे। अब भी करते हैं। यदि इन गरीबों में चेतना न आई और इन्होंने अपनी स्वच्छ बुद्धि से अपने हित-अनहित पर विचार न किया तो भविष्य में भी हर प्रकार का दोहन-शोषण करते रहेंगे।
6. पुरोहितवादी कहते हैं कि ईश्वर सर्वशक्तिमान और सर्वज्ञ है।
7. तर्क उठता है कि क्या ईश्वर शीशा की इतनी बड़ी गेंद बना सकता है, जिसे वह खुद भी न उठा सके?
8. उत्तर यदि 'हाँ' में मिलता है—तो सिद्ध हुआ, कि ईश्वर सर्वशक्तिमान और सर्वज्ञ नहीं है।
9. उत्तर यदि 'नहीं' में मिलता है—तो सिद्ध हुआ, कि ईश्वर सर्वज्ञ नहीं है।
10. तर्क उठता है कि क्या ईश्वर नरक में भी रहता है?

11. उत्तर यदि 'हाँ' में मिलता है, तो वह सर्वशक्तिमान ईश्वर नरक की तकलीफों को स्वर्ग के सुखों में क्यों नहीं बदलता? और स्वर्ग के सुखों का उपयोग क्यों नहीं करता? व्यर्थ में नरक की तकलीफों को क्यों भोगता है? इससे सिद्ध हुआ कि प्रथम तो ईश्वर है नहीं, और यदि है—तो सर्वशक्तिमान नहीं—क्योंकि यदि ईश्वर सर्वशक्तिमान होता—तो नरक की तकलीफों को स्वर्ग के सुखों में अवश्य ही बदल देता—स्वयं नरक की तकलीफों को कदापि सहन नहीं करता।
12. उत्तर यदि 'नहीं' में मिलता है तो सिद्ध हुआ कि प्रथम तो ईश्वर 'है' नहीं और यदि 'है' तो सर्वज्ञ नहीं—क्योंकि यदि ईश्वर सर्वज्ञ होता—तो फिर नरक में क्यों नहीं होता?
13. अब ईश्वर है 'नहीं'—तब अवतार लेने की कल्पना झूठ है, राम व कृष्ण आदि के ईश्वर का अवतार होने की बात भी झूठ है—ये लोग भी साधारण पुरुष थे। कवियों की लेखनी ने इन्हें महापुरुष तथा कल्पित अवतार बना दिया है। कहावत है कि 'जहाँ न जावे रवि, वहाँ जावे कवि'। बस, फिर क्या था, थोड़ी-सी बात को इतना बढ़ा-चढ़ाकर लिखा कि गरीब अनपढ़ व भोली-भाली जनता उन्हें महापुरुष या कल्पित अवतार ही मानने लगी।
14. पुरोहितवादी कहते हैं कि इस जन्म के पुण्य कर्म अर्थात् अच्छे काम से स्वर्ग और पाप कर्म अर्थात् खराब काम से नरक मिलता है।
15. आज तक कोई आदमी स्वर्ग या नरक में जाकर वहाँ से इस पृथ्वी पर वापस लौटा नहीं है—जो आँखों देखा हाल वर्णन करता। इससे सिद्ध है कि स्वर्ग व नरक की कल्पना झूठी है।
16. एक आदमी इस जन्म में पुण्य कर्म अर्थात् अच्छा काम करता है—परन्तु जब उसका नौजवान लड़का बीमारी या दुर्घटना में अकस्मात मर जाता है—तब कुछ आदमी कहते हैं कि यह आदमी पुण्य कर्म अर्थात् अच्छा काम करता है, फिर भी इसका नौजवान लड़का कैसे मर गया? उत्तर में शीघ्र ही पुरोहितवादी पालतू कुछ आदमी कहने लगते हैं कि इस आदमी ने पिछले जन्म में पाप कर्म अर्थात् खराब काम किया है।
17. दूसरा आदमी इस जन्म में पाप कर्म अर्थात् खराब काम करता है। जब उसका लड़का मोटा-ताजा, तन्दुरुस्त दिखाई पड़ता है—तब कुछ आदमी कहते हैं कि यह आदमी पाप कर्म अर्थात् खराब काम करता है—फिर भी इसका लड़का मोटा ताजा तन्दरुस्त क्यों है? उत्तर में शीघ्र ही पुरोहितवादी पालतू कुछ आदमी कहने लगते हैं, कि इस आदमी ने पिछले जन्म में पुण्य कर्म अर्थात् अच्छा काम किया है।

18. वास्तव में, किसी आदमी के पिछले जन्मों के पुण्य कर्म अर्थात् अच्छे काम या पाप कर्म अर्थात् खराब काम का सम्बन्ध इस जन्म की उपरोक्त घटनाओं से कदापि नहीं है। संसार की सब घटनाएँ अपनी या दूसरों की असावधानी या सावधानी या प्राकृतिक-प्रकोप (अर्थात् आँधी, पानी या बिजली) आदि के कारण घटती हैं।
19. अत: सिद्ध हुआ कि इस जन्म की किसी भी घटना का सम्बन्ध पिछले जन्म के पुण्य कर्म अर्थात् अच्छे काम या पाप कर्म अर्थात् खराब काम से नहीं है।
20. पिछले जन्म के पुण्य कर्म अर्थात् अच्छे काम या पाप कर्म अर्थात् खराब काम के कारण इस जन्म में अमुख घटना घटी। ऐसी कल्पना झूठ है।
21. पुरोहितवादी कहते हैं कि पिछले जन्म के पुण्य कर्म अर्थात् अच्छे काम के कारण इस जन्म में ब्राह्मण के घर में जन्म होता है और पिछले जन्म के पाप कर्म अर्थात् खराब काम के कारण इस जन्म में भंगी के घर में जन्म होता है।
22. उपरोक्त कल्पना बिलकुल निराधार है। जातियाँ मनुष्य ने बनाई हैं। यदि उपरोक्त कल्पना सही है—तो 'जावा' तथा 'सुमात्रा' आदि में भंगी नाम की जाति क्यों नहीं है? अमेरिका व रूस आदि में ब्राह्मण क्यों नहीं हैं? सम्पूर्ण संसार में जाति सम्बन्धी एक ही नियम क्यों नहीं है?
23. पुरोहितवादी कहते हैं कि पिछले जन्म के पुण्य कर्म अर्थात् अच्छे काम के कारण धनवान के घर में जन्म मिलता है और पाप कर्म अर्थात् खराब काम करने के कारण गरीब के घर में जन्म मिलता है।
24. उपरोक्त घटना के उपरोक्त कारण गलत हैं।
25. उपरोक्त घटना के दो सही कारण हैं।
26. पहला कारण पुरोहितवादी धार्मिक विचारधारा है। यह विचारधारा गरीब आदमी को सिखाती है कि पिछले जन्म के पाप कर्म अर्थात् खराब काम के कारण तुम गरीब हो। जब इस जन्म में पुण्य कर्म अर्थात् अच्छे काम करोगे—तब अगले जन्म में भगवान के घर में जन्म मिलेगा। इस जन्म में चाहे कितनी मेहनत करो—कभी भी धनवान नहीं बन सकते? पुरोहितवादी विचारधारा उसे भी सिखाती है कि 'सन्तोषम् परम् सुखम्' अर्थात् सन्तोष में परम सुख है। मौजूदा गरीबी में ही सन्तोष रखकर अपने को सुखी समझो।
27. बेचारा असहाय, दीन-हीन, गरीब उपरोक्त पुरोहितवादी झूठी कल्पित मान्यताओं को सच मान कर अपनी गरीबी को दूर करने का कारण नहीं ढूँढ़ता—जन्म-भर गरीबी की चक्की में पिसता रहता है। घुट-घुटकर मरता रहता है।

28. दूसरा कारण राजनीतिक है। पुरोहितों, धनवानों एवं शासकों का आपस में घनिष्ठ समझौता है। पुरोहित लोग धनवानों व शासकों को मजबूत बनाने की अपने कल्पित ईश्वर से प्रार्थना करके उन्हें प्रसन्न रखता है के साथ-साथ पुरोहित गरीबों को श्रम का भय दिखाकर कहता है कि अपने धार्मिक अधिकारों के लिए मुझ पुरोहित के विरुद्ध सामाजिक अधिकारों के लिए सम्बन्धित जनता के विरुद्ध, आर्थिक अधिकारों के लिए धनवानों के विरुद्ध और राजनीतिक अधिकारों के लिए शासक के विरुद्ध कितना सघर्ष क्यों न करो—कभी भी सफल नहीं होगे—क्योंकि पिछले जन्मों के पाप कर्म अर्थात् खराब काम का फल इस जन्म में जन्म भर गरीबी आदि की परेशानी प्रत्येक दशा में भुगतनी ही पड़ेगी।

29. कहावत है कि बुद्धिमान खाता है—मूर्ख खिलाता है, के अनुसार चूँकि गरीब अनपढ़ तथा मूर्ख भी है—इसलिए पुरोहित उस गरीब का कर्म-कांड (ईश्वर, आत्मा, धार्मिक ग्रंथ, जन्म-मृत्यु, शादी, कथा-भागवत, तीर्थ, भोज-भंडारा, स्वर्ग-नरक, पाप-पुण्य एवं पुनर्जन्म के चक्कर) द्वारा विशेष दोहन-शोषण करता है।

30. यदि गरीब उपरोक्त कल्पित कर्म-कांड का विरोध बुद्धिवादी वैज्ञानिक ढंग पर करता है—तो उसे राज-सत्ता के सहयोग से कुचल दिया जाता है।

31. धनवान कम मजबूरी द्वारा गरीब का दोहन-शोषण करता है। यदि गरीब मजदूर बाजार की महँगी वस्तुओं की खरीद के हिसाब से अधिक मजदूरी माँगता है—तो उसे धनवानों के पालतू गुंडों एवं राजसत्ता द्वारा कुचल दिया जाता है। दबा दिया जाता है। कभी-कभी धनवान मजदूरों में फूट डाल कर उन्हें आपस में लड़ा देता है।

32. राजसत्ता कम वेतन द्वारा तीसरी एवं चौथी श्रेणी के सरकारी नौकरों का दोहन-शोषण करती है और अन्य गरीब जनता का नाना प्रकार से शोषण करती है। यदि यह कम वेतन वाले सरकारी नौकर बाजार की महँगी वस्तुओं की खरीद के हिसाब से अधिक वेतन की माँग करते हैं और अन्य गरीब जनता विभिन्न सहूलियतों की माँग करती है—तो उन सब को राजसत्ता अपनी पुलिस तथा सेना की शक्ति द्वारा कुचल देती है। दबा देती है। राजसत्ता कभी-कभी नौकरों और अन्य गरीब जनता के बीच फूट डालकर उन्हें आपस में लड़ा देती है।

33. पुराने समय में कल्पित पुण्य और पाप की परिभाषा कुछ भी रही हो—परन्तु आजकल पुण्य की परिभाषा है समाज द्वारा इज्जत पाना तथा सरकार द्वारा किसी जुर्म में दंडित न होना और पाप की परिभाषा है—समाज द्वारा बेइज्जत होना तथा सरकार द्वारा किसी जुर्म में दंड पाना।

34. बस! इससे अधिक पुण्य व पाप की कोई परिभाषा नहीं है। पिछले जन्म के पुण्य पाप को मौजूदा जन्म से और मौजूदा जन्म के पुण्य पाप का अगले जन्म से कोई सम्बन्ध नहीं है। पुरोहितवादी उपरोक्त कल्पित विचारधारा बिलकुल झूठ है।
35. मरने के बाद यह शरीर चार महाभूतों (पृथ्वी, जल, अग्नि तथा हवा) में बदल जाता है। पिछले जन्म और अगले जन्म की बात झूठी है।
36. स्त्री-पुरुष के सन्सर्ग से जब स्त्री की बच्चेदानी में स्त्री का रज तथा पुरुष का वीर्य पहुँचता है—तब चार या पाँच माह के उस मांस के लोथड़े में स्वयमेव शक्ति या चेतना उत्पन्न हो जाती है। नवें महीने बालक या बालिका का जन्म हो जाता है। इसी शक्ति या चेतना को कुछ लोग 'आत्मा' के नाम से पुकारते हैं—परन्तु पुरोहितवादी विचारधारा वाले इसे शक्ति या चेतना से 'आत्मा' को अलग मानते हैं।
37. इतनी-सी सीधी-सीधी घटना द्वारा पुरोहितों ने मनुष्य को नाना प्रकार के झंझटों कर्म-कांड में स्वार्थ (दोहन-शोषण) हेतु फाँस रखा है।
38. अत: नतीजा निकला कि कल्पित ईश्वर, आत्मा, स्वर्ग-नरक, पाप-पुण्य, पुनर्जन्म, तेरहीं, कथा-भागवत, तीर्थ व मोक्ष, भंडारा आदि में विश्वास मत करिए—क्योंकि इनसे लाभ कुछ भी नहीं है—बल्कि इनसे धन व समय दोनों की बरबादी है।
39. वेदों आदि ग्रंथों में विश्वास मत कीजिए। ये ग्रंथ उन व्यक्तियों द्वारा नहीं लिखे गए हैं जो सब कुछ जानते हों। उनके लेखकगण विकास की प्रारम्भिक अवस्था में केवल गुफाएँ या झोंपड़ियाँ बनाना ही जानते थे। वे आजकल की सवा सौ मंजिल ऊँची बिल्डिंग बनाना नहीं जानते थे। वे नंगे पैर या खड़ाऊँ द्वारा ही पैदल यात्रा करते थे। आज का सभ्य आदमी रॉकेट द्वारा चन्द्रलोक की सैर करता है।
40. मेरा सुझाव है कि एक आदमी का दूसरे आदमी के साथ जो अच्छा सम्बन्ध है, उसे स्थापित करें। नई वैज्ञानिक खोज से लाभ उठाएँ तथा नई वैज्ञानिक खोज और अधिक करें। बस!
41. प्रबुद्ध पाठकों से प्रार्थना है कि अपने-अपने तर्क एवं सुझाव भेजें—ताकि अगले संस्करण में उन पर गम्भीरतापूर्वक विचार किया जाए।
    —प्रिय पाठकों को अनन्त धन्यवाद!

दिनांक—14 अप्रैल, 1974 ई.

ईश्वर से प्रार्थनाएँ और याचनाएँ करना बेकार है

गौतम बुद्ध ने वासेट्ठ से कहा कि एक आदमी बहती हुई गहरी नदी से उस पार जाना चाहता है। यदि वह आदमी इस ओर के किनारे पर खड़ा होकर जोर-जोर से पुकारे—'हे उधर के किनारे! इधर आओ! उधर के किनारे! इधर आओ'—तो हे वासेट्ठ! अब यह सोचो, क्या प्रार्थना या याचना या आशा या स्तुति करने से दूसरा किनारा उधर से इधर चला आएगा? स्पष्ट उत्तर है कि 'नहीं आएगा'।

हे वासेट्ठ! ठीक इसी तरह ब्राह्मण लोग तीन वेदों के दुर्गुणों का स्वयं अभ्यास करते हैं और दूसरों से भी अभ्यास करवाते हैं। वे कहते हैं कि हे इन्द्र! हम तेरा आह्वान करते हैं। हे ब्रह्मा! हम तेरा आह्वान करते हैं। हे ईशान! हम तेरा आह्वान करते हैं। हे प्रजापति! हम तेरा आह्वान करते हैं।

हे वासेटठ्! यह निश्चित है कि ऐसा नहीं हो सकता है। यह सब बेकार की बकवास और समय की बरबादी है।

—**तेविज्ज सुत्तंत**

दीघनिकाय 1/13
दिनांक—1 फरवरी, 1972 ई.

ब्राह्मणी समाज रचना

ब्राह्मणी धार्मिक ग्रंथों से जुड़ा हुआ यह चतुर्वर्णी समाज ब्राह्मण, क्षत्रिय, वैश्य और शूद्र चार भागों में बँटा हुआ है।

यह चारों वर्ण—सामाजिक असमानता में बँधे हैं।

उसमें ब्राह्मण सबसे ऊपर, ब्राह्मण के नीचे क्षत्रिय—मगर वैश्य और शूद्र से ऊपर, क्षत्रिय से नीचे वैश्य—मगर शूद्र से ऊपर और सबसे नीचे शूद्र।

चारों वर्णों के अधिकार व सुविधाएँ भी क्रमवार असमानता के कानून के अनुसार ही हैं।

ब्राह्मणी समाज में एक ऐसा उप-समाज शूद्र समाज है—जो सभी जन्म-सिद्ध मानवीय अधिकारों व सुविधाओं से वंचित है।

धन्यवाद!

दिनांक—14 अप्रैल, सन् 1972 ई.

ब्राह्मणी समाज में शिक्षा क्या है?

किसी व्यक्ति का शिक्षा का स्तर इस बात से नहीं बताया जा सकता कि उसने कितनी डिग्री प्राप्त की हैं। या किसी व्यक्ति की शिक्षा का स्तर इस बात से नहीं पता चलता है कि उसने कितनी किताबें पढ़ी हैं बल्कि किसी व्यक्ति की शिक्षा का स्तर इस बात से पता चलता है कि उसने कितनी स्वतंत्र सोच विकसित की है।

कोई व्यक्ति चाहे कितनी भी डिग्रियाँ प्राप्त कर ले अगर वह अपनी बुद्धि, चेतना, सोच को विकसित नहीं कर पाया तो इसका कोई मतलब नहीं है कि वह कितना पढ़ा-लिख है। अगर आपने स्कूल में पढ़ा—रावण के दस सिर थे या किसी औरत के आठ हाथ होते हैं और आपने मान लिया तो आपकी शिक्षा का कोई मूल्य या मतलब नहीं है। आपकी शिक्षा का मतलब तो तब है जब आपने सोच-विचार की दृष्टि से उस पर सवाल उठा दिया कि ऐसा कैसे सम्भव है?

आपकी शिक्षा का पता तब चलता है जब आपके यहाँ किसी बच्चे ने जन्म लिया और आप उसके नामकरण के लिए पोथी पढ़नेवाले किसी ब्राह्मण के पास भागते हुए चल दिए। इससे पता चलता है कि आपने केवल किताबें पढ़ी हैं लेकिन आपने शिक्षित चेतना, बुद्धि और तार्किकता का विकास नहीं किया है।

आपकी शिक्षा का पता तब चलता है, जब आप स्वर्ग का टिकट लेने के लिए अनपढ़, अज्ञानी ब्राह्मण का पाँव छूते हैं और एक प्रबुद्ध अछूत को अपमानित करते हैं। अज्ञानी ब्राह्मण से पूजा, पाठ, यज्ञ, हवन करवाते हैं और ज्ञानी दलित का अपमान करते हैं। उसे अपने बराबर बैठने नहीं देते हैं और अपने गिलास में पानी पीने नहीं देते। सच तो यह है कि मानवीय होना, अपनी स्वतंत्र सोच का विकास करना ही शिक्षा का मूल उद्‌देश्य और लक्ष्य होना चाहिए।

शिक्षा यह नहीं है कि आपको बता दिया गया कि हरिश्चन्द्र एक सत्यवादी राजा थे। आपने उसे चुपचाप मान लिया बल्कि शिक्षा यह है कि आपने यह सवाल खड़ा कर दिया कि वह राजा सत्यवादी कैसे हो सकता है जिसने सिर्फ एक सपने के आधार पर अपना सब कुछ एक अज्ञानी ब्राह्मण को दान दे दिया? यह

सत्यवादिता नहीं बल्कि मूर्खता है। सोचिए! अपनी पत्नी और बच्चे को बेचनेवाला कोई भी व्यक्ति सत्यवादी कैसे हो सकता है? यह सत्यवादी का कैसा प्रतिमान है?

सोचिए! भारत में कन्यादान की एक प्रथा है। दुनिया में कहीं भी ऐसा होता कि अपनी बेटी कोई दान कर दे? वह भी पुरोहित के मंत्र अनुसार पहला कन्यादान पुरोहित को, फिर पति रूप में आए लड़के को? क्या बेटियाँ कोई वस्तु हैं जो कोई पिता उन्हें उठाकर दान कर दे? बेटियाँ न्याय की प्रतिमूर्ति होती हैं। उन्हें उपेक्षितों में भी उपेक्षित रखा गया। अपमानितों में भी अपमानित किया गया है। अत: उन्हें सबसे अधिक सम्मान और समानता का अधिकार चाहिए।

शिक्षा यह है कि आपकी बुद्धि पुरोहितों/पंडों द्वारा गुलाम बनाए जाने की हिन्दू मिथकीय धारणा पर खटकने लगे। चिन्तन करने लगे। उस पर सवाल करने लगे।

मानसिक गुलामी वाली शिक्षा और पाठ्यक्रम का इससे बड़ा प्रमाण और क्या हो सकता है कि अपनी बुद्धि और प्रतिभा के विकास के लिए पन्द्रह-बीस साल पढ़ाई में खत्म करने के बाद लोग 5वीं फेल ब्राह्मण से अपने बच्चे का नामकरण करवाते हैं? आपको क्या करना चाहिए और क्या नहीं करना चाहिए, इतना भी सोच विकसित नहीं कर पाए। बस, जो पंडित कह देंगे, वही करेंगे। अपनी बुद्धि से कुछ भी क्यों नहीं कर सकते? मतलब आप इंजीनियर, डॉक्टर, वकील, आईएएस, आईपीएस, पीसीएस, नेता, अभिनेता आदि बन गए। यह सब प्रतिभा होकर भी इस लायक नहीं हुए कि अपना निर्णय स्वयं कर सकें। आप में आज भी इतनी बुद्धि विकसित नहीं हुई जितनी एक पाँचवीं फेल ब्राह्मण में। इसी कारण वह आपको मूर्ख बनाता रहा है, ऐसी स्थिति ही रही तो बनाता रहेगा।

आप लाखों रुपये खर्च करके अपना घर बनाना शुरू करने से पहले पंडित से मुहूर्त पूछने जाते हैं कि घर कब बनाना है? नींव कब रखनी है? कौन-सा दिन और कौन समय सही रहेगा? किस दिशा में दरवाजा रहेगा? कब नींव की ईंट रखने का पूजन करवाना है? क्या आप दिमाग से पैदल हैं जो अपने घर का निर्णय करने में इतना पढ़ने-लिखने के बाद भी समर्थ नहीं हो पा रहे हैं? ये पैसा आपके पसीने का है और जब घर में प्रवेश करने की बात आती है तो आपको अज्ञानी, अशिक्षित या पाँचवीं फेल ब्राह्मण सब कुछ बताएगा और शुरुआत करेगा!!

आप आम का पेड़ लगाएँ या फसल उगाएँ और पहला फल पुरोहित/पंडित खाएगा। यह कैसी शिक्षा है? यही मनुवाद की मानसिक गुलामी है। पुरोहित/पंडे/पंडित इसी सांस्कृतिक वर्चस्व की रोटी खा रहे हैं। सोचें! समझें! इसके विरुद्ध लड़ें।

धन्यवाद!

दिनांक—17 सितम्बर, सन् 1968 ई.

पुरोहित से मूल नक्षत्र मत पूछिए!

मैंने अनागारिक धर्मपाल के जीवन चरित्र पर विशेष प्रकाश डालने के लिए उनके साथियों को कई पत्र लिखे। उन्होंने कोई जानकारी नहीं दी।

अन्ततः दस माह बाद उनका जीवन चरित्र जिस रूप में है, उसी रूप में पाठकों के सामने प्रस्तुत करना पड़ रहा है।

पाठकों ने अपने जीवन में अनेक महापुरुषों, महात्माओं, राजा-महाराजाओं तथा समाज-सुधारकों के जीवन चरित्र पढ़े होंगे। उनकी तुलना में अनागारिक धर्मपाल मेरी दृष्टि में अति लगनशील प्रतीत होते हैं। गुणग्राही पाठकगण उनके जीवन को अपने जीवन में ढालने की कोशिश करें, तभी लाभ होगा। अन्यथा अपना पैसा व समय व्यर्थ नष्ट करेंगे। लाभ-शून्य होगा।

1. रूढ़ि के तौर पर लंकावासी अपने सिर पर कंघी बाँधते थे। इन्होंने बन्द करा दिया। हम लोगों में जन्म से मरने तक तमाम ढोंग, व्यर्थ-संस्कार तथा अन्धविश्वास भरे पड़े हैं। आप विरोध कीजिए। मेरे पिताश्री ने मेरे पैदा होने पर पुरोहित से यह नहीं पूछा कि 'मूल' नक्षत्र में मेरे लड़के का जन्म हुआ है या नहीं। इस पर से मेरे गाँव के अनेक परिवारों ने पुरोहित से 'मूल' पूछना बन्द कर दिया। 'मूल' नक्षत्र में बालक के पैदा होने पर माता-पिता के दुर्दिन आनेवाले हैं—ऐसी पुरोहित की भविष्यवाणी हुआ करती थी। माता-पिता अपने बच्चे का मुँह सत्ताईस दिन तक नहीं देख सकते। सिर के बाल सत्ताईस दिन तक नहीं बनवा सकते। कड़ा जाड़ा या भारी गर्मी में भी पैरों में जूते सत्ताईस दिन नहीं पहन सकते, आदि आदि। सत्ताईस दिन पुरोहित 'मूल' शान्ति हेतु यज्ञ-होम करता। मंत्र पढ़ता-जपता। फिर ब्राह्मण-भोज, जातीय व व्यौहारी-भोज भी उसी दिन होता। 'मूल' न पूछने से इस सम्पूर्ण आडम्बर से छुटकारा पाया गया। वास्तव में 'मूल' कोई वस्तु नहीं। आकाश स्थित 'मूल' नक्षत्र का लाखों किलोमीटर दूर बच्चे से कोई सम्बन्ध नहीं। इसी तरह निरर्थक समझकर मैंने जनेऊ उतार दिया। मेरी देखा-देखी सैकड़ों जनेऊधारी अहीर, गड़रिया, लोधी, काछी

व कुर्मियों आदि ने जनेऊ उतार दिये। मैंने 'सत्यनारायण' की कथा बन्द कर दी। बाद में अन्य लोगों ने भी कथा बन्द करना प्रारम्भ कर दिया।

2. इन्होंने अंग्रेजी शासन व ईसाइयत के विरुद्ध 'जेहाद' बोल दिया। इस्लामी भाषा का शुद्ध शब्द 'जिहाद' है। जब इस्लाम-धर्म पर किसी अन्य धर्म द्वारा भारी खतरा पैदा हो जाए, तब सभी इस्लामधर्मी बूढ़े, जवान, लड़के, माता, मस्तूरात, बहिनें तथा लड़कियाँ अपने हाथों में नंगी तलवार लेकर विरोधियों पर टूट पड़ते हैं। इस धर्म-युद्ध में मरने-जीनेवाले की किसी को कोई परवाह नहीं रहती। यह है—'जिहाद'। आप कम-से-कम अ-समानता, छुआछूत, ऊँच-नीच, गरीबी, भुखमरी, भाई-भतीजावाद एवं भ्रष्टाचार के विरुद्ध जेहाद बोल दीजिए। मैंने अ-समानता के विरुद्ध जेहाद बोली। भारी प्रचार के बाद जब देखा कि हमें सवर्ण हिन्दू किसी भी कीमत में समानता नहीं देंगे। वे सुनाया करते कि व्यास स्मृति के अनुसार 'बढ़ई, नाई व गोप (ग्वाला, ग्वाल, गौली, अहीर या यादव) आदि सबके सब अन्त्यज (नीच) हैं।' तुलसीदास कृत रामचरितमानस के अनुसार 'जे वर्णाधम तेलि, कुम्हार, श्वपच, किरात, कोल, कलवारा।', 'आभीर, यवन, किरात, खस, श्वपचादि अति अधरुप जे।' अर्थात् तेली आदि अधम (नीच) हैं। आभीर (अहीर) आदि बहुत बड़े पापी हैं। वाल्मीकि रामायण के अनुसार अहीर के शरीर का स्पर्श अ-सहनीय है। अर्थात् अहीर अछूत है, आदि। अत: मैंने समतावादी बौद्ध धर्म की शरण लेकर समानता प्राप्त की।

3. इन्होंने शराब पीने का विरोध किया। आप भी शराब आदि कोई भी नशा मत करें। रिश्तेदारों व मित्रों आदि को नशा द्वारा होनेवाली तन-मन-धन की हानियाँ समझावें। नशा बन्द करावें। मैं युवावस्था में कसरत करता। बादाम व दूध मिश्रित भंग (नशा) थोड़ी मात्रा में, ठंडई के रूप में पीता। मौलाना अबुल कलाम आजाद, शिक्षामंत्री भारत सरकार ने लश्कर (ग्वालियर) में भाषण दिया। कहा—आप उपस्थित जन-समूह अपना-अपना एक-एक व्यसन चुपचाप छोड़ दीजिए। मैंने चिल्लाकर कहा, 'मैंने आज से भंग छोड़ दी। चरस, गाँजा, अफीम, बीड़ी, सिगरेट, पान व तम्बाकू मैं पहले भी नहीं खाता-पीता था। अब भी कोई नशा नहीं करता।'

4. इन्होंने अंग्रेजी शासन तथा ईसाइयत के विरुद्ध प्रचार के यम लंका में 'केला' नामक पेड़ के अंग्रेज बनवाए। उन्हें लाठी से पीटते, अपमानित करते। इससे अंग्रेजों का मनोबल गिरता। लंकावासियों का मनोबल बढ़ता। भय दूर होता। आप, आपके रिश्तेदार व मित्रगण अपनी तथा सन्तानों की तरक्की में बाधक लोगों, जातियों तथा सम्प्रदायों के साथ ऐसा ही बर्ताव करके अपना व अपनी सन्तान का मनोबल ऊँचा कीजिए। भय भगाइए।

उनका मनोबल गिराइए। मुझे व मेरे साथी पंडित नाथूराम शर्मा को रंगरूटी दशा में प्यारे लाल हेड-कॉन्स्टेबल बहुत परेशान करता था, कारण कि सब रंगरूटों में हम दोनों पढ़े-लिखे होने के कारण उसके गैर-कानूनी हुक्म को मानने से इनकार कर देते थे। शिकायतें बड़े ऑफिसरों से की। कोई सुनवाई नहीं हुई। अन्त में कवि एवं कलाकार पं. नाथूराम शर्मा (मिहोना-भिंड, मध्य प्रदेश) ने उस हेड-कॉन्स्टेबल का कागज पर चित्र बनाया। उसे हम दोनों सुबह-शाम जूतों से पीटने लगे। शर्म की ध्वनि गूँजी। उसने हम दोनों को परेशान करना बन्द कर दिया।

5. इन्होंने जलेबी बनानेवाले को इसलिए डाँटा-फटकारा, 'मूर्ख है' कहा क्योंकि वह जलेबी बनाने की कला अन्य लंकावासियों को नहीं सिखाता था। अगर सिखा देता तो बेचारे गरीब लोग भी जलेबी बना कर देश-परदेश में अपना स-परिवार पेट भर लेते। आप, आपके रिश्तेदार व मित्र किसी-न-किसी कारीगरी को जरूर ही जानते हैं। सब को सिखाइए। एक दिन ऐसा आएगा, जब भारत की सम्पूर्ण कारीगरी आप लोगों के पास इकट्ठी हो जाएगी। मेरे पास प्रिंटिंग प्रेस है। मैंने कई कम पढ़े गरीबों को प्रिंटिंग प्रेस का काम सिखाया। उनमें से किसी ने सरकार से कर्ज लेकर अपना खुद का प्रिंटिंग प्रेस खोल लिया। कोई अन्य प्रिंटिंग प्रेसों में नौकरी करने लगा।
6. लंकावासियों के रोकने पर भी इन्होंने कहा—मैं नहीं कहूँगा कि पादरी उल्लू हैं। गधे हैं। मूर्ख हैं। यह सुनकर सब पादरी उठकर चले गए। आप धार्मिक, सामाजिक, आर्थिक तथा राजनीतिक शोषकों से कहिए—बिना मेहनत के हराम की कमाई खानेवाले, हमें कम मजदूरी देनेवाले तथा हमारा हर प्रकार का दोहन-शोषण करनेवाले हरामी हैं। जालिम हैं। हत्यारे हैं। लुटेरे हैं। इनसे सदा सावधान रहें।

मैंने उत्तर प्रदेश का एक राजनीतिक नक्शा तैयार किया। नाम रखा—'शोषितों पर राजनीतिक डकैती'—जिसमें लिखा था कि कुल कितने एम.एल.ए. तथा गजेटेड ऑफिसर हैं। उनमें से किस जाति की कितनी संख्या है। इसका प्रचार करके लौटते समय विरोधियों ने दिनांक 4 फरवरी, 1974 ई. को शाम के साढ़े आठ बजे ग्राम 'खटघर' (पुलिस थाना—सिकन्दरा, जिला—कानपुर) के उत्तर में मुझे जान से मारने के लिए दाईं ओर से गोली चला दी। मैं ट्रैक्टर पर हमेशा दाईं ओर बैठता हूँ। बैठा था। ट्रैक्टर की चाल अधिक तेज थी, बन्दूक की गोली पीछे से साँय-साँय करती हुई निकल गई, आदि। मुझे मारने के लिए। हत्या करने के लिए कई बार घेरा गया। मैं बार-बार बच निकला। मेरी हत्या करने का बस एक ही कारण है कि मैं बराबर नवजागरण करता हूँ।

जन चेतना का निर्माण करता हूँ। जातिवादी-वर्णवादी-मनुवादी शोषण के विरुद्ध लिखता-बोलता-लड़ता रहता हूँ।

7. गौतम बुद्ध ने जहाँ बुद्धत्व प्राप्त किया, उस बुद्ध तीर्थ 'गया' (बिहार प्रान्त) में हिन्दू लोग तथागत गौतम बुद्ध की प्रतिमा को देखने के बाद प्रायश्चित्त के लिए आँख बन्द करके उसे पत्थर, कंकड़ मारते थे। जिन देवी-देवताओं की जीवनी से आप सबका शोषण होता है, आप नीच कहे जाते हैं, उनको पूजना बन्द कर दीजिए। मैंने उन्हें पूजना बन्द कर दिया है।
8. हिन्दू महन्तों ने 'गया' में बौद्ध भिक्षुओं को मारा-पीटा। भारी प्रयत्न के बाद 'गया' बौद्ध धर्म का केन्द्र बन ही गया। अपना मतलब पूरा करने के लिए आप पर ऐसी मुसीबत आती है—सहन करें। मैं ऐसी घटनाओं का न जाने कितनी बार भुक्तभोगी रहा हूँ।
9. इनकी सुधारवादिता के कारण इनके परिवार को परेशान किया गया। इन्हें लंका से निष्कासित किया गया। पाँच वर्ष कलकत्ता में नजरबन्द रहे। मगर सुधार कार्य करते ही रहे। सफलता मिली। आप लोग भी ऐसी मुसीबतें झेलने के लिए तैयार रहें। अन्यों द्वारा लिखी गई, मेरे द्वारा छापी गई, मेरे द्वारा लिखी गई तथा मेरे द्वारा छापी गई कई पुस्तकें जब्त हुईं। मैं हवालात में रहा। कुछ जीती गईं। कुछ हारी गईं। भारतीय दंड विधान की धारा 153-ए व 295-ए के अनुसार कई पुस्तकों की चार्ज शीटें लगी रखी हैं। जमानतें दाखिल करके समाज सेवा लेखन—भाषण—भ्रमण द्वारा कर रहा हूँ।
10. अनागारिक धर्मपाल ने काशी में ब्राह्मण के घर अनेक जन्म लेकर सदा बौद्ध धर्म के प्रचार करने की बात मरते समय की है, जो समझ में नहीं आती। यों तो बौद्ध साहित्य में पुनर्जन्म की अनेक घटनाओं का वर्णन है। मैं समझता हूँ, उस प्राचीन बौद्ध काल में ब्राह्मणी पुनर्जन्म की छाप बौद्धों पर भी पड़ी होगी जिसका असर अनागारिक धर्मपाल पर भी पड़ा होगा। बौद्ध धर्म अनीश्वरवाद व अनात्मवाद है। जब आत्मा नहीं, तब पुनर्जन्म किसका? अर्थात् पुनर्जन्म नहीं है।

[विस्तृत ज्ञान के लिए प्रकाशक द्वारा प्रकाशित पुस्तक—
'ईश्वर, आत्मा एवं वेदों आदि में विश्वास अ-धर्म है' मँगाकर पढ़िए।]

अन्त में, पाठकों से एक बार पुन: प्रार्थना है कि मेरी मंशा भारत में गृह-युद्ध कराना नहीं, बल्कि सही बात को सही मानने व मनवाने के लिए शान्ति अथवा क्रान्ति, प्रेम अथवा टक्कर के अतिरिक्त अन्य कोई मार्ग है ही नहीं। मजबूरी है। आपको अधिक उलझन में डाल दिया। क्षमा!

धन्यवाद!

दिनांक—14 अप्रैल, सन् 1964 ई.

हम ब्राह्मणवाद में कैसे जियें?

जिस समाज में शूद्र की मनुष्यता सम्बन्धी कोई कीमत नहीं, केवल शूद्र के छूने मात्र से धर्म बिगड़ जाता है—वह समाज नहीं, पागलपन है।

जिस समाज ने शूद्र विद्या न पढ़े, शस्त्र धारण न करे व धन इकट्ठा न करे—वह समाज नहीं, मनुष्य जीवन की विडम्बना है।

जिस समाज में शूद्र अ-शिक्षित बना रहे व गरीब गरीब ही बना रहे—वह समाज नहीं, दंड है।

जिस समाज में नारा लगाया जाता है कि संसार के सभी मनुष्यों का एक ही कुटुम्ब है, मगर शूद्र के साथ जानवर से भी अधकि खराब व्यवहार रोजाना किया जाता है—वह समाज नहीं, पाखंड है।

जिस समाज में चींटियों को शक्कर खिलाई जाती हो, मगर शूद्र को पीने के लिए पानी न देकर प्यासा ही तड़प-तड़प कर मरने के लिए मजबूर किया जाता है—वह समाज नहीं, बेवकूफी है।

ब्राह्मणी समाज केवल अ-समानता के कारण ही जीवित है।

अ-समानता वाला ब्राह्मणी समाज समता, बन्धुता, स्वतंत्रता, संगमन, न्याय, सामथर्य, सम्पादन, स्वाभिमान एवं राष्ट्रीय-एकता का सबसे बड़ा शत्रु है।

ब्राह्मणवादी समाज में न गुण की पूजा है, न कर्म की।

ब्राह्मण खराब से खराब कर्म करे—तो भी समाज में उसका दर्जा कभी नहीं घटता और शूद्र अच्छे से अच्छा काम करे—तो भी वह समाज में बड़ाई नहीं पा सकता। शूद्र, अपमानित शूद्र ही रहेगा।

ब्राह्मणी समाज के व्यक्ति की सामाजिक प्रतिष्ठा जाति से है, हुनर से नहीं। वह श्रम और विकास का सबसे बड़ा शत्रु है।

ब्राह्मणी समाज में मनुष्य भला हो या बुरा—कैसा ही हो, यहाँ तो केवल क्रमवार उच्च वर्ग (सबसे पहले ब्राह्मण, इसके बाद क्षत्रिय व इसके बाद वैश्य) और उच्च जाति की पूजा होती है।

ब्राह्मण समाज में बड़े और छोटे वर्णों के बीच क्रमवार बड़ाई-छुटाई की भावना पैदा होकर प्रतिदिन की स्थायी लड़ाई-झगड़ा तथा भारी से भारी संघर्ष बना रहकर राष्ट्र की रीढ़ कमजोर करता है।

ब्राह्मणी समाज में कुछ लोगों की स्वार्थ पूर्ति होती है, शेष बहुसंख्यक (शूद्र) समाज का दोहन, शोषण और उत्पीड़न प्रतिदिन होता है।

ब्राह्मणी समाज का मुख्य मतलब है—शूद्रों तथा कमजोरी को दबाना, उन्हें सदा गुलाम बनाए रखना।

ब्राह्मणी समाज में एक ऐसा उप-समाज (शूद्र समाज) है—जो सभी मानवीय जन्मसिद्ध अधिकारों व सुविधाओं से वंचित है।

ब्राह्मणी कर्मवाद ने शूद्रों के अपनत्व और अत्याचार की भावनाओं को सोख लिया है, साथ ही साथ ज्ञान प्राप्ति का हक न होने के कारण बेचारे शूद्र सोच न पाए, कि हमें इस खराब हालत में पहुँचानेवाला ब्राह्मणी समाज रचना ही है।

अ-ज्ञानी होने के कारण शूद्र अपने जन्मसिद्ध अधिकारों को प्राप्त करने के वास्ते ब्राह्मणी समाज के खिलाफ विद्रोह करने के बजाय उल्टे इस मानवता विरोधी ब्राह्मणी समाज के अनन्य भक्त बन गए।

स्वतत्रन्ता प्राप्ति के लिए अन्तिम अस्त्र है—शस्त्र उठाना, सो ब्राह्मणी समाज में इन गरीबों से शस्त्र धारण करने का अधिकार पहले से ही छीन लिया है।

इस प्रकार दीन-हीन शूद्र समुदाय स्वार्थी ब्राह्मणों, बलशाली क्षत्रियों तथा धनी वैश्यों के भयानक जाल में फँसकर उनके शिकार मात्र बन कर रह गए।

['भगवान बुद्ध और उनका धर्म' से]

भारतीय संविधान द्वारा दिए गए अधिकारों के अनुसार अब आपकी तरक्की में कोई बाधक नहीं है। व्यर्थ में हाय मरे, हाय मरे, मत बकें। पुरानी ब्राह्मणवादी मान्यताएँ धीरे-धीरे समाप्त होंगी। उपरोक्त असमान्यतावादी मान्यताएँ भी आपको ही जैसे बने, तैसे समाप्त करनी हैं।

अत: 'आप अपना दीपक स्वयं बनें।' **—गौतम बुद्ध!**

धन्यवाद!

दिनांक—14 अप्रैल, सन् 1972 ई.

ईश्वर है ही नहीं!—तब?

लेखक

पेरियार ललई सिंह

ईश्वर है ही नहीं!—तब?

(ईश्वर, वेद, पुराण, पुरोहित, स्मृति आदि में विश्वास करना मूर्खता है!)

1. राम व कृष्ण आदि अवतार किसके?

2. ईसा मसीह पुत्र किसके?

3. मुहम्मद अन्तिम दूत (पैगम्बर) किसके?

लेखक
पेरियार ललई सिंह
अशोक पुस्तकालय
झींझक, कानपुर, उत्तर प्रदेश, भारत, 209302

साहित्य मिलने का पता
पेरियार ललई सिंह चेरिटेबल ट्रस्ट
84/172 झकरकटी, जीटी रोड, कानपुर, उ.प्र.-208003, भारत
पहली बार सन् 1963 ई.
प्रथम बार चार हजार प्रतियाँ
दूसरी बार सन् 1965 ई.
तीसरी बार सन् 1966 ई.
तीसरी बार आठ हजार प्रतियाँ
चौथी बार सन् 1968 ई.
पाँचवीं बार सन् 1970 ई.
पाँचवीं बार दस हजार प्रतियाँ
छठी बार सन् 1971 ई.
सातवीं बार सन् 1972 ई.
आठवीं बार सन् 1973 ई.
आठवीं बार ग्यारह हजार प्रतियाँ
नौवीं बार सन् 1975 ई.
दसवीं बार सन् 1978 ई.
दसवीं बार बारह हजार प्रतियाँ
बारहवीं बार सन् 1981 ई.
तेरहवीं बार सन् 1984 ई.
तेरहवीं बार बारह हजार प्रतियाँ
पन्द्रहवीं बार सन् 1986 ई.
सोलहवीं बार सन् 1987 ई.
सोलहवीं बार बारह हजार प्रतियाँ
सत्रहवीं बार सन् 1990 ई.
मुद्रक
पेरियार प्रेस
84/172 झकरकटी, जी.टी. रोड, कानपुर, उ.प्र. 208003
मूल्य : 5 पैसा

ईश्वर है ही नहीं!—तब?

अधिक से अधिक घर, परिवार, चट्टि-चौराहों और समाज में बाँटें! सभी अनपढ़ और पढ़े-लिखे लोगों को एकत्रित करके एक व्यक्ति पढ़कर सुनाए—

1. संसार को किसने पैदा किया? उत्तर मिला—ईश्वर ने! ईश्वर कौन है? कब पैदा हुआ? कोई उत्तर नहीं!!
2. जो ईश्वर में विश्वास करते हैं, उनका कहना है—ईश्वर सर्व-व्यापी और सर्व-शक्तिमान है। उसने ही संसार की पैदाइश की है। वह शिव (भला), न्यायी और दयालु है।
3. संसार की पैदाइश नहीं—बल्कि धीरे-धीरे विकास हुआ है।
4. किसी ने ईश्वर को आज तक आमने-सामने देखा है? उत्तर मिला—नहीं!
5. यह तो ऐसी बात है, जैसे—तीन अन्धे व्यक्ति एक लाइन में जा रहे हों—आगे वाले अन्धे से पूछा जाए—तेरे पीछे कितने व्यक्ति चल रहे हैं। तो वह उत्तर देगा—मालूम नहीं! बीच वाले अन्धे से पूछा जाए—तेरे आगे और पीछे कितने व्यक्ति चल रहे हैं। उत्तर देगा—मालूम नहीं! पीछे वाले अन्धे से पूछा जाए—तेरे आगे कितने व्यक्ति चल रहे हैं। उत्तर देगा—मालूम नहीं! इसी प्रकार 'ईश्वर है' की कल्पना झूठी है, क्योंकि ईश्वर को किसी ने आमने-सामने देखा नहीं है।
6. जो व्यक्ति पहले पैदा हुआ, स्वत: वेदवादी-पुरोहितवादी ग्रंथों ने उसे ब्रह्मा कहा और बाद में पैदा होनेवाले व्यक्ति का पिता कहलाया, ठीक है, परन्तु इसी सिद्धान्त के अनुसार उसके बाद पैदा हुआ—तीसरा व्यक्ति का ब्रह्मा दूसरा व्यक्ति हुआ। दूसरा व्यक्ति तीसरे का पिता भी हुआ, फिर चौथा व पाँचवाँ आदि इसी क्रम से करोड़ों ब्रह्मा हुए। 'ब्रह्मा एक ही है', का सिद्धान्त झूठा है, ब्रह्मा की सभी सन्तानें मरण-धर्मी, अनित्य, अ-स्थिर, अल्पजीवी और परिवर्तनशील क्यों हैं? उत्तर—नदारद! नदारद क्या—उत्तर कुछ है ही नहीं!

7. प्रथम पुरुष/व्यक्ति को ब्रह्मा समझने की कल्पना पूर्णत: झूठी है। साथ ही सोचने की बात है कि स्त्री की योनि से मानव का जन्म हुआ—होता है। स्त्री के इस प्राकृतिक अधिकार को पुरुष ब्रह्मा को दे दिया गया। वेद में कहा गया—ब्रह्मा ने मुख से, भुजा से, पेट से और पैर से सृष्टि को पैदा किया। क्या आज भी कोई पुरुष अपने मुख से बच्चा पैदा कर सकता है? उत्तर है नहीं! ब्रह्मा का गप्प वेदों में आर्य वेदवादियों ने गढ़ा। कारण कि आर्यों के पहले की असुर सिन्धु सभ्यता मातृ-प्रधान थी जिसका विध्वंस/संहार कर आर्यों ने पुरुष प्रधान समाज बनाया। इसी कारण कहता हूँ—ईश्वर है ही नहीं। ईश्वर, वेद, पुराण, पुरोहित, स्मृति आदि में विश्वास करना मूर्खता है।
8. ईश्वर यदि सर्व-शक्तिमान है तो व्यक्ति के मन में किसी काम के करने या न करने की इच्छा क्यों पैदा होती है? व्यक्ति भले या बुरे हर काम को अपनी बुद्धि के अनुसार सोच-समझकर करता है। ईश्वर के सर्व-शक्तिमान होने की उपयोगिता व्यक्ति के किसी काम में न आनेवाली सर्व-शक्तिमान की कल्पना झूठी है।
9. ईश्वर शिव—कल्याण स्वरूप है, तो व्यक्ति हत्यारा, चोर, व्यभिचारी, झूठा, चुगलखोर, बकवादी, लोभ, द्वेषी और कुकर्मी क्यों होता है? क्या शिव—कल्याण स्वरूप के होते हुए, ऐसे खराब काम सम्भव हैं? ईश्वर की ऐसी शिव—कल्याण स्वरूप होने की उपयोगिता व्यक्ति के किसी काम में न आनेवाली।

   अत: शिव—कल्याण स्वरूप की कल्पना पूर्णत: झूठी है।
10. ईश्वर न्यायी और दयालु है तो संसार के व्यक्ति अन्याय क्यों कर रहे हैं? चोरी, डकैती, ठगी, झूठ व अज्ञानता क्यों फैला हुआ है? झूठे मुकदमे गढ़-गढ़ कर न्यायालय में व्यक्ति ले जाता—जीत जाता है। इस प्रकार ईश्वर ही नहीं प्रत्येक वस्तु स्थिति पर बुद्धिवादी-भौतिकतावादी दृष्टि से सोचने-समझने, चिन्तन करने की जरूरत है। इस चिन्तन दृष्टि से आप पाएँगे कि ईश्वर है ही नहीं! ईश्वर, वेद, पुराण, पुरोहित, स्मृति आदि में विश्वास करना मूर्खता है। अधर्म है। यह नास्तिक संसार ही सत्य है।

परिशिष्ट

अल्प-संख्यक एवं पिछड़ा वर्ग सम्मेलन

दिनांक 12 अक्टूबर, 1968 ई.
बारहदरी, कैसरबाग, लखनऊ (उत्तर प्रदेश), भारत

पेरियार ई.वी. रामास्वामी का लखनऊ का भाषण

सार प्रस्तुति
पेरियार ललई सिंह स्टेनो (आई.एस.सी., बम्बई)

पोस्टर में—

1. छुआछूत व जाति-पाँति खत्म कीजिए।
2. आप जिस महान् उद्‍देश्य को लेकर यहाँ आए हैं उसको सामने रखें।
3. उठिए और अपना इतिहास खुद बदलिए।
4. अधिकार माँगे नहीं, छीने जाते हैं।

हमारा नारा

1. जिओ और जीने दो!
2. बहुजन हिताय-बहुजन सुखाय!

जय पेरियार!

जय शोषित!!

जय मानव!!! जय भारत!!!

अल्प-संख्यक एवं पिछड़ा वर्ग सम्मेलन

दिनांक 12 अक्टूबर, 1968 ई.

बारहदरी, कैसरबाग, लखनऊ (उत्तर प्रदेश), भारत

पेरियार ई.वी. रामास्वामी का लखनऊ का भाषण

सार प्रस्तुति

पेरियार ललई सिंह स्टेनो (आई.एस.सी., बम्बई)

अंग्रेजी से हिन्दी अनुवाद—रामअधार, पुखरायाँ, कानपुर, उत्तर प्रदेश, भारत

अशोक पुस्तकालय (रजि.)

झींझक, जिला—कानपुर, उत्तर प्रदेश, भारत-209302

पेरियार

का यह अभिवचन

समतामूलक समाज निर्माण

के लिए कहीं भी कार्यक्रम समाप्ति के बाद मुफ्त बाँटें।

इसे पढ़े-लिखे लोग हर समय जेब में रखें।

अपने घर-परिवार, चट्टी-चौराहों पर बे-पढ़े-लिखे लोगों के बीच

पढ़कर सुनाएँ फिर पेरियार के कहे का अर्थ बताएँ,

ऐसे ही धीरे-धीरे उत्तर भारत में पेरियार की सोच वाले समाज का निर्माण होगा!

हिन्दी प्रथम बार 8,000 प्रतियाँ सन् 1969 ई.

अंग्रेजी प्रथम बार 7,000 प्रतियाँ सन् 1969 ई.

उर्दू प्रथम बार 7,000 प्रतियाँ सन् 1969 ई.

दूसरी बार सन् 1971 ई.

तीसरी बार सन् 1973 ई.

चौथी बार सन् 1975 ई.

पाँचवीं बार सन् 1977 ई.

छठी बार सन् 1980 ई.

सातवीं बार सन् 1982 ई.

आठवीं बार सन् 1985 ई.

नौवीं बार सन् 1988 ई.

दसवीं बार सन् 1990 ई.

ग्यारहवीं बार सन् 1992 ई.

मुद्रक

हुब्बलाल आजाद

आदर्श प्रिंटिंग प्रेस

झींझक, जिला—कानपुर

मूल्य : 25 पैसा

साथियो!

आपने मुझे उद्घाटन भाषण के लिए चुना। इसके लिए आप सबका आभारी हूँ।

यह सम्मेलन केवल अछूतों का नहीं है। यहाँ हम सभी शोषितों के नाम पर इकट्ठे हुए हैं।

हम सब बीस साल से नेहरू के नेतृत्व में रह रहे हैं परन्तु इसे लोकतंत्र नहीं कह सकते। हमने आजादी के बाद क्या आजादी पाई? जैसे आजादी के पहले अल्प-संख्यक, बैकवर्ड व अछूत बरबाद थे, वैसे अब भी पामाल व बरबाद हैं, इससे स्पष्ट सिद्ध है कि कोई विशेष परिवर्तन नहीं हुआ।

क्या ऐसे अनुशासन से हम कोई सामाजिक परिवर्तन ला सकते हैं? आज चाहे जितना आन्दोलन हो, कोई सुननेवाला नहीं है।

हमारे कर्णधार वैसी ही पुरानी धार्मिक व सामाजिक व्यवस्था रखना चाहते हैं, जैसी धार्मिक व सामाजिक व्यवस्था पहले थी। वही अब भी जबरन लादी जा रही है। मानवता इससे बहुत दूर है। समतामूलक समाज की स्थापना असम्भव है।

हमें स्वतंत्रता जरूर मिल गई परन्तु सरकार पुरानी पुरोहितवादी, वर्णवादी और जातिवादी मानसिकता की समाज व्यवस्था लागू किए हुए है।

साथियो!

इस सम्मेलन से हम कितनी उथल-पुथल ला सकेंगे, हम लोग अपने आप में कितना परिवर्तन ला सकेंगे—हमें शक है। मगर इस सम्मेलन से यह शिक्षा अवश्य मिलेगी, कि हम लोग आज की भाँति बार-बार इकट्ठे हों और ईश्वर, वर्ण-व्यवस्था, ब्राह्मणवाद-जातिवाद और अछूत भावना को दूर करने का कोई आमूल-चूल उपाय ढूँढ़ें। आपस में एकता की भावना और सोच का निर्माण करें।

राजनीति प्रवीण राजनीतिक नेता राजनीतिक लाभ के लिए राजनीतिक आन्दोलन के साथ-साथ समाज-सुधार का दिखावटी ढिंढोरा पीटते हुए, सामाजिक आन्दोलन भी चाहते हैं। बैकवर्ड व अछूतों को ऐसे नकली राजनीतिक नेताओं से सावधान रहना चाहिए अर्थात् उनका साथ नहीं देना चाहिए। अन्यथा उनकी शक्ति और अधिक मजबूत हो जाएगी और फिर वे हम लोगों का अत्यधिक शोषण करेंगे।

द्रविड़ कजगम के समाज-परिवर्तन आन्दोलन को मैं स्वाभिमानी रूप में नेतृत्व करते हुए, पिछले 30-40 सालों से चला रहा हूँ।

मेरा सम्बन्ध राजनीति से नहीं रहा है। मैंने कभी कोई चुनाव नहीं लड़ा।

मुझे तमिलनाडु में इसलिए विशेष सम्मान मिला क्योंकि हमारे सामाजिक आन्दोलन का केवल एक ही ध्येय रहा है कि इस समाज में समता कैसे ला सकते हैं?

हमें अपने सामाजिक आन्दोलन में लाभ इसलिए पहुँचा क्योंकि हम लोग ईश्वर, वेद, धर्म, शास्त्र, आत्मा, स्वर्ग, नर्क, पाप, पुण्य, भाग्य, पुनर्जन्म, देवी-देवता के

चक्कर में नहीं पड़े और न उनसे प्रेम किया। यदि हम लोग उनके चक्कर में पड़ जाते व उनसे प्रेम करते तो जनता के सामने सत्यता को नहीं रख पाते।

हम लोग अगर समाज को उठाना चाहते हैं तो हमें ईश्वर, वेद, धर्म, शास्त्र, आत्मा, स्वर्ग, नर्क, पाप, पुण्य, भाग्य, पुनर्जन्म, देवी व देवता आदि सभी अन्धविश्वासी बातों के लोभ और उनके प्रपंच को त्याग देना पड़ेगा। ईश्वर को जिसने गढ़ा वह मूर्ख था! जो ईश्वर का प्रचार करता है, वह महाधूर्त्त है!! जो ईश्वर की पूजा करता है, वह असभ्य है!!! ईश्वर नहीं है! ईश्वर नहीं है!! ईश्वर नहीं है!!!

हम बड़ी-बड़ी नौकरियों द्वारा समाज को नहीं बदल सकते। हम लोग जब बड़े ऑफिसर बन कर समाज-सुधार की बात आम जनता से कहेंगे तो पुराने कूप-मंडूक धर्मध्वजी ढाल बन कर उसका डटकर तीव्र विरोध करेंगे। तब हमारी एक भी नहीं चलेगी क्योंकि जिस प्रकार हँसना तथा गाल फुलाना, दोनों काम एक ही साथ नहीं हो सकता है, उसी प्रकार सरकारी ऑफिसरी के पद का कार्यभार सच्चाई व ईमानदारी के साथ करना और सामाजिक परिवर्तन की नेतागीरी भी करना, दोनों काम एक ही साथ नहीं हो सकते।

संविधान के अनुसार सभी धर्म सुरक्षित हैं परन्तु धर्म पर चलने की आज्ञा हमें धर्म ने नहीं दी।

धर्म शास्त्रों की रक्षा करना धर्म है—परन्तु हम यदि कूप-मंडूकता, अन्ध-विश्वास, ऊँच-नीच की भावनाओं और कुरीतियों को दूर करना चाहें तो धर्म बाधक है।

हम लोगों का सामाजिक शोषण वर्षों से होता चला आ रहा है। पचास करोड़ व्यक्ति सामाजिक कूप-मंडूकता, अन्ध-विश्वास, ऊँच-नीच की भावनाओं और कुरीतियों को अच्छा एवं मान्य समझकर उसमें विश्वास करते हैं। हम सरकार द्वारा इससे छुटकारा नहीं पा सकते।

सरकस का मालिक जिस प्रकार शेर का खेल दिखाकर अपनी रोजी कमाता है, उसी प्रकार सरकार भी समाज-सुधार का खेल-मात्र दिखाकर शासनारूढ़ हो रही है परन्तु वह तिल-मात्र भी सुधार नहीं कर पाई।

भलाई करने का वायदा करनेवाली सरकार हम लोगों का कोई भला नहीं कर पाई बल्कि हमारे ऊपर ऐसी अनेक नई-नई पाबन्दियाँ लगा दी हैं जिसकी वजह से हम लोग इकट्ठे होकर अपने उत्थान की जो भी माँग कानूनी ढंग पर करते हैं, सरकार द्वारा उस माँग को गैर कानूनी करार दिया जाता है। ऐसी भीषण परिस्थिति में हम लोगों ने वह सम्मेलन बुलाया है।

मद्रास प्रदेश में हमने बड़ी मेहनत से समाज-सुधार का काम किया है इसलिए वहाँ हमारी सरकार है। मद्रास प्रदेश की सरकार को कोई उतार नहीं सकता।

शादी-विवाह या अन्य त्योहारों के अवसर पर मद्रास प्रदेश में ईश्वर या देवता के नाम पर पहले अन्न जलाया जाता था परन्तु अब वहाँ नहीं जलाया जाता है।

मद्रास सरकार के आदेशानुसार किसी भी सरकारी दफ्तर में किसी भी देवी-देवता का चित्र या मूर्ति नहीं रहेगी।

हमने किसी भी देवी-देवता के सामने कसम नहीं खाई कि हम अच्छा प्रबन्ध करेंगे मगर हम अच्छा प्रबन्ध करते हैं।

मद्रास प्रदेश में केवल थोड़े से मुसलमान खुदा अर्थात् ईश्वर में विश्वास रखते हैं बाकी नहीं परन्तु सबका समर्थन द्रविड़ मुन्नेत्र कजगम (डी.एम.के.) को प्राप्त है। केवल कांग्रेस ही उसकी मुखालिफत कर रही है। ब्राह्मण अखबार खिलाफत करते हैं। मगर खुलकर नहीं। सभी विरोधी सरकारों में डी.एम.के. को सबसे अधिक सफलता मिली है।

मद्रास प्रदेश की तरह यदि आप लोग उत्तर प्रदेश आदि में भी सामाजिक परिवर्तन कर लें तो सभी स्थानों पर आपकी सरकारें बन सकती हैं।

हम अपने सुधार के लिए चाहे कितना अच्छा प्रस्ताव पास करें, चाहे आन्दोलन चलाएँ परन्तु कांग्रेसी नेता केन्द्रीय सरकार के सहयोग से उसे छिन्न-भिन्न करा देते हैं। फेल करा देते हैं।

कांग्रेस सामाजिक समता लाने का दिखावटी ढोंग मात्र करती है मगर वह दिल से समता नहीं लाना चाहती है।

मैं अपने यहाँ कांग्रेस अध्यक्ष व गांधी का चेला भी रहा हूँ।

स्वतंत्रता प्राप्ति के समय 15 अगस्त, 1947 ई. को अंग्रेजों ने बड़ी-बड़ी नौकरियों के जो स्थान खाली किए, वे स्थान बड़ी (ऊँची) जाति वाले हिन्दुओं को मिले। इसी प्रकार उस समय जो मुसलमान ऑफिसर पाकिस्तान चले गए, उनके रिक्त स्थान भी उन्हीं हिन्दुओं को मिले।

हमने स्वतंत्रता के पहले जो आन्दोलन किए, उनमें भी हिंसा हुई और आजादी के बाद अब भी हिंसात्मक आन्दोलन चल रहे हैं। अगर ऐसे ही हिंसात्मक आन्दोलन देश में चलते रहे तो हमें यकीन है कि विरोधी लाभ पाएँगे।

विद्यार्थी भी हिंसा की ओर जा रहे हैं।

जब केन्द्रीय सरकार की राजनीति हम लोगों का समाज-सुधार नहीं कर सकती तब उसके पीछे हम कैसे चलें?

यदि ऐसी सामाजिक असमानता वाली ईर्ष्या चलती रही तो लोकतंत्र मिट जाएगा।

ईश्वर, वेद, धर्म, शास्त्र, देवी-देवता के समीप हिन्दू धर्मानुसार हम मनुष्यों की कोई इज्जत नहीं है।

केन्द्रीय शासक ईश्वर, वेद, धर्म, शास्त्र, आत्मा, स्वर्ग, नर्क, पाप, पुण्य, भाग्य, पुनर्जन्म, देवी-देवता व यज्ञ आदि में विश्वास रखते हैं। इसीलिए उन्हें हिन्दू नामक व्यक्ति-मात्र से प्रेम नहीं है।

विभिन्न विद्वानों ने कहा है कि धर्म के देवताओं में धर्म जैसी कोई बू नहीं है। देवताओं का बर्ताव व उनका निर्देशन आम जनता के लिए ठीक नहीं रहा। देवता भी मनुष्य की तरह संस्कार करते हैं। वे अपनी माता को भी स्त्री बनाते हैं।

ईश्वर, वेद, धर्म, शास्त्र, आत्मा, स्वर्ग, नर्क, पाप, पुण्य, भाग्य, पुनर्जन्म, देवी व देवताओं के नाम पर ऊँची जाति के हिन्दुओं ने लाभ उठाया है। ईश्वर को जिसने गढ़ा, वह मूर्ख था! जो ईश्वर का प्रचार करता है, वह महाधूर्त है!! जो ईश्वर की पूजा करता है, वह असभ्य है!!! ईश्वर नहीं है! ईश्वर नहीं है!! ईश्वर नहीं है!!!

मुसलमानों व ईसाइयों ने हमें हिन्दू-धर्म के देवताओं से ज्यादा अच्छाइयाँ दिखाई हैं।

जाति-पाँति के आधार पर बड़ी (ऊँची) जाति वालों के फायदे के लिए अर्थात् उनकी गुलामी (सेवकाई) करने के लिए जिस हिन्दू-धर्म ने छोटी (नीची) जातियाँ बनाई हैं। ऐसा असमान धर्म हिन्दू-धर्म कदापि अच्छा नहीं है।

जब तक हिन्दू धर्म रहेगा तब तक वर्ण और जातियाँ रहेंगी।

छोटी (नीची) जातियों वाले व्यक्ति धर्म की वजह से क्या विधान के अनुसार बराबरी पा सकते हैं? ईश्वर, वेद, धर्म, शास्त्र, आत्मा, स्वर्ग, नर्क, पाप, पुण्य, भाग्य, पुनर्जन्म, देवी व देवताओं के रहते हुए क्या जाति-पाँति खत्म हो सकती है? उत्तर स्पष्ट है कि कदापि नहीं।

केन्द्रीय सरकार पर कब्जा करने के बावजूद जाति-पाँति नहीं मिटेगी। राजनीति और जाति-पाँति एक साथ नहीं रह सकती।

हमने मद्रास प्रदेश में कानूनी सामाजिक-समता के अधिकारों की प्राप्ति हेतु सामाजिक आन्दोलन किया। हाईकोर्ट द्वारा यह सामाजिक समता प्राप्ति वाला आन्दोलन गैर-कानूनी करार दिया गया।

हम अगर केन्द्रीय सरकार को संसद में जाति-पाँति के नष्ट होने का कानून पास करा भी लें तो भी गैर-कानूनी करार दे दिया जाएगा।

इसीलिए हमें जाति-पाँति के भेद-भाव रहित जमात (सामाजिक संस्था) बनानी है।

कुछ लोग नाजायज फायदा (अनुचित-लाभ) उठाने के लिए जाति-पाँति बनाए रखना चाहते हैं। मगर ज्यादा लोग जाति-पाँति खत्म करना चाहते हैं क्योंकि इनकी बेइज्जती जाति-पाँति के आधार पर ही हो रही है। जो लोग अछूतों और बैकवर्ड का भला चाहते हैं वे कम-से-कम इनके साथ अच्छा बर्ताव करना प्रारम्भ करें।

हम लोग नीच गिने जाते हैं। विदेशी हमें जंगली कहते हैं।

जब तक हिन्दू-धर्म रहेगा तब तक अछूत मानसिकता और भेदभाव का समाज रहेगा।

यही बातें हमने उत्तर प्रदेशीय बैकवर्ड व अछूतों के सम्मेलन के इसी मैदान में सन् 1944 ई. और सन् 1959 ई. में भी कही थीं।

अछूत-बैकवर्ड का सम्मेलन

दिनांक 13 अक्टूबर, 1968 ई.

परेड मैदान, कानपुर, उत्तर प्रदेश, भारत

पेरियार ई.वी. रामास्वामी का कानपुर का भाषण

सार प्रस्तुति

पेरियार ललई सिंह स्टेनो (आई.एस.सी. बम्बई)

जय पेरियार!

जय शोषित!!

जय मानव!!! जय भारत!!!

अछूत-बैकवर्ड का सम्मेलन

दिनांक—13 अक्टूबर, 1968 ई.

परेड मैदान, कानपुर, उत्तर प्रदेश, भारत

पेरियार ई.वी. रामास्वामी का कानपुर का भाषण

सार प्रस्तुति

पेरियार ललई सिंह स्टेनो (आई.एस.सी., बम्बई)

अंग्रेजी से हिन्दी अनुवाद—रामअधार, पुखरायाँ, कानपुर, उत्तर प्रदेश

अशोक पुस्तकालय (रजि.)

झींझक, जिला—कानपुर, उत्तर प्रदेश, भारत-209302

पेरियार

का यह अभिवचन

समतामूलक समाज निर्माण

के लिए कहीं भी कार्यक्रम समाप्ति के बाद मुफ्त बाँटें।

इसे पढ़े-लिखे लोग हर समय जेब में रखें।

अपने घर-परिवार, चट्टी-चौराहों पर बे-पढ़े-लिखे लोगों के बीच

पढ़कर सुनाएँ फिर **पेरियार** के कहे का अर्थ बताएँ,

ऐसे ही धीरे-धीरे उत्तर भारत में पेरियार की सोच वाले समाज का निर्माण होगा!

हिन्दी प्रथम बार 8,000 प्रतियाँ सन् 1969

अंग्रेजी प्रथम बार 7,000 प्रतियाँ सन् 1969

उर्दू प्रथम बार 8,000 प्रतियाँ सन् 1969

दूसरी बार सन् 1971 ई.

तीसरी बार सन् 1973 ई.

चौथी बार सन् 1975 ई.

पाँचवीं बार सन् 1977 ई.

छठी बार सन् 1980 ई.

सातवीं बार सन् 1982 ई.

आठवीं बार सन् 1985 ई.

नौवीं बार सन् 1988 ई.

दसवीं बार सन् 1990 ई.

ग्यारहवीं बार सन् 1992 ई.

मुद्रक

हुब्बलाल आजाद

आदर्श प्रिंटिंग प्रेस

झींझक, जिला—कानपुर

मूल्य : 25 पैसा

साथियो!

आपने मुझे उद्घाटन भाषण के लिए चुना, इसके लिए आप सबका आभारी हूँ।

मैं जो बात कहता हूँ, शायद आपके मजे की न हो। समाज को ईश्वरीय प्रकाश से संचालित करने की बीमारी बड़ी खतरनाक है। इसमें सत्तानवे प्रतिशत लोगों का तीन प्रतिशत लोग शोषण करते हैं। इस बीमारी में से कुछ निकालना पड़ेगा व कुछ रखना पड़ेगा अर्थात् कुछ अच्छाइयाँ मिलानी पड़ेंगी।

अब इस बीमारी का पता लगाया जाए, कि सामाजिक बहिष्कार की मानसिक बीमारी का कारण क्या है? इसको कैसे दूर किया जाए?

सामाजिक असमानता व जाति-पाँति की बीमारी का पहला कारण ईश्वर व धर्म है तथा दूसरा कारण सरकार है जो उसे पुस्तकों, अखबारों, रेडियो व भाषणों आदि द्वारा प्रोत्साहन देती है।

ईश्वर, वेद, शास्त्र, आत्मा, स्वर्ग, नर्क, पाप, पुण्य, भाग्य, पुनर्जन्म, कर्मकांड, अन्धविश्वास वाले हिन्दू-धर्म व उनके देवी, देवताओं की बेवकूफी के कारण हम सामाजिक बीमारी में फँसे हैं। हमारी इस कमजोरी के कारण केन्द्रीय सरकार चल रही है।

अगर हम ईश्वर, वेद, शास्त्र, हिन्दू-धर्म व उनके देवी, देवताओं में इतना विश्वास न करते तो हमारा इतना सामाजिक अपमान व धार्मिक शोषण नहीं होता।

ईश्वर को माननेवाले व्यक्ति, साधु व महन्त आदि जाति-पाँति को पनपा रहे हैं। हम ऐसे लोगों की पूजा करते हैं फिर भी ये सब हम से नफरत करते हैं।

पुराने व नए जमाने की सरकार इस हिन्दू-धर्म को प्रोत्साहित करती है। हमारा सामाजिक ढाँचा धार्मिक जीवन का अंग बन गया है।

हमें ईश्वर, वेद, शास्त्र, हिन्दू-धर्म व उनके देवी-देवताओं के विश्वास को समाप्त करना पड़ेगा। कोई व्यक्ति कहे कि सामाजिक ढाँचा बदल जाए और ईश्वर, वेद, शास्त्र, आत्मा, स्वर्ग, नर्क, पाप, पुण्य, भाग्य, पुनर्जन्म वाले हिन्दू धर्म व उनके देवी-देवता भी बने रहें। यह बात असम्भव है।

प्राचीन समय में जब मनुष्य जंगली जानवरों की भाँति जिन्दगी बिताता था तब उसने ईश्वर व देवी-देवता की कल्पना की थी परन्तु अब वह समय बहुत ही पीछे रह गया है।

केन्द्र में एक ही सरकार बनने का लक्ष्य यह था, कि सरकार में सबका विश्वास रहे। इस तरह की केन्द्रीय सरकारें अन्य देशों में नहीं हैं।

तमिलनाडु के ब्राह्मणों का लक्ष्य था कि केन्द्रीय सरकार ऐसी बनाई जाए, जिससे कभी भी उच्च जातियों के हितों पर आँच न आ सके। इसीलिए भारतीय संविधान बनानेवाली प्रारूप समिति में 20 प्रभावशाली सदस्यों में 13 ब्राह्मण,

1 कायस्थ, 1 बनिया, 1 राजपूत, 1 अछूत अम्बेडकर, 2 मुसलमान और 1 ईसाई थे। इसमें भी सर्वाधिक प्रभावशाली छह सदस्यों में से तीन सदस्य तमिलनाडी ब्राह्मण, एक सदस्य अन्य प्रान्तीय ब्राह्मण, एक सदस्य मुसलमान व एक सदस्य अछूत नेता डॉक्टर भीमराव अम्बेडकर थे।

संविधान निर्मात्री समिति में दो तिहाई ब्राह्मण थे। अत: उन्होंने यह संविधान उच्च जातियों को अधिकाधिक फायदा पहुँचाने के लिए लिखा है।

हम लोगों ने तमिलनाडु में इस संविधान को अपनी मूल प्रगति में हानिप्रद समझा, क्योंकि यह संविधान झुकने और समझौते के सिद्धान्त पर आधारित है। ईश्वर, वर्ण-जाति, धर्म और धर्मशास्त्र का भारतीय संविधान उन्मूलन नहीं कर सकता। ऐसी बातें संविधान के मौलिक अधिकारों के विपरीत हैं। संविधान वर्ग-घृणा की बात करता है लेकिन हमें पहले वर्ण और जाति घृणा की बात करना है, उसके बाद वर्ग घृणा की। ईश्वर, वर्ण, जाति, धर्म और धर्मशास्त्र के उन्मूलन की सोच का संविधान, समाज और राष्ट्र बनाना है। हम भारत का संविधान सामाजिक परिवर्तन का चाहते हैं। इसी कारण विरोध करने के लिए 27 नवम्बर, 1957 ई. में हम ने तमिलनाडु में भारतीय संविधान को जलाया। इस काम में मेरे साथ दस-ग्यारह आन्दोलनकारी द्रविड़ बन्दी हुए। चार हजार को सजाएँ मिलीं। किसी-किसी को तीन-तीन साल तक की सजाएँ मिलीं।

डॉक्टर अम्बेडकर ने भी संविधान बन जाने के बाद यह कहा था कि यह संविधान बैकवर्ड व अछूतों की मौलिक प्रगति में बाधक है। फिर भी जो कुछ है, उस पर ही यदि सच्चाई व प्रतिबद्धता के साथ अमल किया जाए तो मैं इस संविधान को बहुत बड़े काम का समझता हूँ। मगर यह जरूरी नहीं, कि मैं इसकी आलोचना न करूँ।

अगर हमें सामाजिक ढाँचा मौलिक रूप से परिवर्तित करना है तो या तो हम केन्द्रीय सरकार बदलें या उससे सम्बन्ध विच्छेद कर दें।

हम मुल्क से मुहब्बत रखते हैं।...

हुकूमत जनता के लिए होती है न कि जनता हुकूमत के लिए।

जनता को चाहिए, कि उस सरकार की हुकूमत में रहे जो उनकी मददगार हो। उनकी रक्षा करे।

राष्ट्र किसी कौम अर्थात् वर्ण-जाति विशेष का नहीं है।

इस राष्ट्र की यह सबसे बड़ी विडम्बना है कि सत्तानवे प्रतिशत व्यक्ति परेशान हैं और तीन प्रतिशत व्यक्ति शासन कर रहे हैं।

शासनारूढ़ व्यक्ति अपनी शक्ति बनाए रखने के लिए ईश्वर, वेद, धर्म, शास्त्र, आत्मा, स्वर्ग, नर्क, पाप, पुण्य, भाग्य, पुनर्जन्म, देवी व देवताओं की सेना बनाए हुए हैं। वे इसी सेना के बलबूते पर हमारे ऊपर राज कर रहे हैं।

ब्राह्मण अपनी कौम (जाति) को बचाने के लिए राजा को मार सकता है, अपने ब्राह्मणी धर्म को बचाने के लिए हाथ में तलवार ले सकता है या और भी बुरे से बुरा काम कर सकता है। इसलिए उसके द्वारा मुद्दत से जाति-पाँति की रक्षा की जाती रही है।

जहाँ तक मेरा मानना है, मैं इस राष्ट्र से ब्राह्मणों के शासन को जड़ से हटाने के लिए अन्य देशों की मदद भी ले सकता हूँ।

मेरा एकमात्र उद्देश्य यही है कि सामाजिक-शोषण बन्द हो जाए। हमें इस बात की चिन्ता नहीं करनी चाहिए, चाहे हम जर्मनी, रूस या पाकिस्तान से मदद लें।

अगर देशभक्ति की कोई मिसाल है तो केन्द्रीय सरकार को सामाजिक ढाँचा आमूल-चूल बदलना चाहिए। देश के लिए यही सबसे बड़ी अच्छाई है।

मैं ऐसे असमान सामाजिक ढाँचे में नहीं रहना चाहता। हमें उसके समूल बदलने के लिए औरों अर्थात् अन्य देशों की मदद लेना अनुचित नहीं है।

एक ब्राह्मण की थाली में कुत्ता खाना खा सकता है। मगर मनुष्य थाली के पास भी नहीं फटक सकता थाली में खाना खाने की बात तो बहुत दूर है। मैं स्पष्ट शब्दों में कहना चाहता हूँ कि मनुष्य जानवर से नि:सन्देह गरिमापूर्ण है।

दुनिया के लोगों ने बहुत से साइंटिस्ट व फिलॉसफर पैदा किए हैं परन्तु भारत ने इसके बजाय ऋषि व मुनि पैदा किए हैं जो वेद, पुराण, स्मृतियों की रचना किए, जो हिन्दू धर्म की असमानता के मूल स्रोत हैं। इसी असमानता के स्रोत से ईश्वर, वर्ण-व्यवस्था, पुरोहितवाद, जाति-व्यवस्था, अस्पृश्यता आदि जन्मी हैं। पुरोहित पुराने जमाने से असमानता बरतते रहे हैं। असमानता का उपदेश देते रहे हैं। असमानता की भावना का प्रचार-प्रसार करते रहे हैं। अब भी उसी प्रकार असमानता बरतते हैं और वही असमानता वाला प्रवचन देते हैं।

ईश्वर की मौजूदगी को साबित करने के लिए कोई सही तर्क इस संसार में किसी भी व्यक्ति के पास कतई नहीं है।

जिन लोगों ने ईश्वर के अस्तित्व की वकालत की है। उन्होंने अपने स्वार्थ के लिए तथा दूसरों का शोषण करने के अपने ढंग पर स्वत: कहानियाँ गढ़ी हैं जो सरासर झूठ हैं।

मैं चिल्ला-चिल्ला कर कहता हूँ कि 'ईश्वर नहीं है!', 'ईश्वर नहीं है!!', 'ईश्वर नहीं है!!!' ईश्वर को जिसने गढ़ा वह मूर्ख था! जो ईश्वर का प्रचार करता है, वह महाधूर्त है!! जो ईश्वर की पूजा करता है, वह असभ्य है!!!

जो व्यक्ति इस प्रकार के विचार मानता है कि जिसने पैदा किया है, वह ईश्वर है तो मैं कहता हूँ कि वह व्यक्ति मूर्ख है और जो व्यक्ति ईश्वर को मानता है, वह व्यक्ति असभ्य है! जंगली है!

भाषण समाप्त करता हूँ। सबको धन्यवाद!

स्पष्टीकरण

—पेरियार ललई सिंह

संविधान की प्रारूप समिति के चेयरमैन डॉ. अम्बेडकर ने भारतीय संविधान में व्यवस्था की कि सामाजिक समानता सबको दी जाती है।

अत: अ-समानता वाले धार्मिक ग्रंथ वेद, पुराण, मनु-स्मृति आदि अमान्य समझे जाएँ। उसके विरुद्ध महाराष्ट्र के ब्राह्मणों द्वारा आपत्ति प्रस्तुत किए जाने पर हाईकोर्ट बम्बई (मुम्बई) ने संविधान की उपरोक्त व्यवस्था अ-समानता वाले कानून पर निर्णय दिया कि जो व्यक्ति व्यक्तिगत रूप से अ-समानता वाले धार्मिक ग्रंथों में आस्था रखना चाहता है, रख सकता है। सुप्रीम कोर्ट ने भी हाईकोर्ट बम्बई के निर्णय का समर्थन किया। इसके पश्चात् संविधान में ऐसा ही संशोधन हुआ।

डॉ. अम्बेडकर का भाषण

प्रस्तुति
अनुवाद एवं टिप्पणी
पेरियार ललई सिंह

जय भीम!
जय शोषित!
जय मानव!!
जय भारत!!!
नमो बुद्धाय!!!!

डॉ. अम्बेडकर का भाषण

प्रस्तुति
अनुवाद एवं टिप्पणी

पेरियार ललई सिंह

अशोक पुस्तकालय
झींझक, जिला—कानपुर,
उत्तर प्रदेश, भारत-209302

डॉ. अम्बेडकर
का यह अभिवचन
समतामूलक समाज निर्माण
के लिए कहीं भी कार्यक्रम समाप्ति के बाद मुफ्त बाँटें।
इसे पढ़े-लिखे लोग हर समय जेब में रखें।
अपने घर-परिवार, चट्टी-चौराहों पर बे-पढ़े-लिखे लोगों के बीच
पढ़कर सुनाएँ फिर डॉ. अम्बेडकर के कहे का अर्थ बताएँ,
ऐसे ही धीरे-धीरे उत्तर भारत में डॉ. अम्बेडकर की सोच वाले समाज का निर्माण होगा!

हिन्दी प्रथम बार 10,000 प्रतियाँ सन् 1969
अंग्रेजी प्रथम बार 7,000 प्रतियाँ सन् 1969
उर्दू प्रथम बार 7,000 प्रतियाँ सन् 1969
दूसरी बार 1971 ई.
तीसरी बार 1973 ई.
चौथी बार 1975 ई.
पाँचवीं बार 1977 ई.
छठी बार 1980 ई.
सातवीं बार 1982 ई.
आठवीं बार 1985 ई.
नौवीं बार 1988 ई.
दसवीं बार 1990 ई.
ग्यारहवीं बार 1992 ई.

मुद्रक
हुब्बलाल आजाद
आदर्श प्रिंटिंग प्रेस
झींझक, जिला—कानपुर।

मूल्य : 25 पैसा

बाबा साहब डॉ. अम्बेडकर

ने गोलमेज कॉन्फ्रेंस सन् 1930-31 में ज्ञान दिया

सन् 1857 ई. के बाद ब्राह्मणों ने अंग्रेजों से मिलकर अछूतों के नौकरी के रास्ते बन्द कराए।

टिप्पणी—पेरियार ललई सिंह—वही दशा कांग्रेस सरकार की है। हमने स्वतंत्रता का युद्ध लड़ा, हमें मिली केवल स्कीम बैकवर्ड क्लास कमीशन की। लेना-देना कुछ नहीं, कोरी योजना ही योजना है।

हम किसी अनुकूल समय के आगमन की प्रतीक्षा कर रहे हैं।

सरकारी स्वार्थी मशीनरी हमें अँधेरे में रोपना चाहती है।

टिप्पणी—हमारे स्वार्थी भाई भी अपने निजी स्वार्थों के सामने हमारे बहुमत के सुधार का गला घोटते हैं। गला घोटने में सवर्णों की सहायता करते हैं।

सरकार डरती है—बुद्धिजीवियों व पूँजीपतियों के विरुद्ध थोड़ा-सा भी समतामूलक कदम उठाना कठिन समझती है।

टिप्पणी—हमें ऐसी सरकार चाहिए जो गरीबों के हित में हो, कुर्सियों से चिपकनेवाली न हो।

औपनिवेशिक स्वराज्य नहीं अपितु पूर्ण स्वराज्य से दलित वर्ग का उद्धार होगा।

हम सीढ़ी दर सीढ़ी असमान हैं।

टिप्पणी—अब भी हैं।

हमें राजनीतिक सत्ता चाहिए तभी धार्मिक, सामाजिक, आर्थिक लाभ हो।

मैं चाहता हूँ भूतकाल की भाँति भविष्य में भी जुल्म न हो।

अंग्रेज पहले सवर्णों को अधिकार दें फिर हम सवर्णों से लड़ें। हम ये नहीं चाहते। हमें अधिकार अभी मिलना चाहिए। वर्ना सवर्णों को हमें अधिकार देने में दु:ख होगा।

टिप्पणी—वही हुआ जो सोचा था। अब हम सवर्णों से लड़ रहे हैं। सवर्ण इसे अपना घाटा समझ रहे हैं। अब हमें भारी क्रान्ति करनी है।

अधिकार हड़पने के लिए हमें हिन्दू-हिन्दू कहते हैं। (वास्तव में, हमसे घृणा करते हैं। दुराभाव रखते हैं।)

अमरीकन राजनीति दर्शन के महानतम आचार्य एडमंड बर्क ने अंग्रेजों से अमरीकी उपनिवेशों की समस्या हल करते समय कहा था कि बल प्रयोग से थोड़े समय के लिए समस्या हल हो सकती है। हमेशा-हमेशा बलपूर्वक किसी जाति को दबाने, बार-बार जीत से शासन समस्या ठीक-ठीक हल नहीं होती। अंग्रेजों ने माना, अमरीकनों से सुलह की।

बाद में ज्यों का त्यों अर्थात् राष्ट्र भक्त या देश भक्त को दलितों-पीड़ितों की परेशानी की चुभन नहीं।

सरकारी नौकरी का एकाधिकार होने से शोषित-दलितों-पीड़ितों को खतरा है। जिनका अधिकार है नौकरियों पर, वे अहंकारी बन जाएँगे।

टिप्पणी— बन गए हैं।

चिन्ता है, क्या हिन्दू जाति पूना पैक्ट के अनुसार पालन करेगी?

हिन्दू कॉन्फ्रेंस 25-09-1932 ई., बम्बई, ध्वनि मत से (हम करेंगे, हम करेंगे) मगर मुझे विश्वास नहीं। अवश्य ही हिन्दू अपनी बात में बहाना लगाएँगे।

टिप्पणी— जब समाज शिक्षित नहीं था, उसमें शूद्रता स्वीकार की मगर मौजूदा व भावी शिक्षित समाज समानता के अधिकार प्राप्त किए बिना चैन न लेगा।

बाबा साहब ने 09-04-1943 ई. में कहा था— अमेरिका व इंग्लैंड में इटली-जर्मनी की रूस की अपेक्षा अधिक आर्थिक व सामाजिक लोकतंत्रवाद है।

टिप्पणी— भारतीय स्वतंत्रता ने हमारी रही-सही समानता को भी निगल लिया है?

शासन वर्ग शासक और शोषित वर्ग शोषित ही बना रहा है।

टिप्पणी— राजा, पालदार, रइसों और ऑफिसरों के लड़के ही चुनाव में जीतने, अच्छा पढ़-लिखकर शासक ही रहते हैं। शोषित शोषित ही रह रहा है। इस प्रकार हमें लोकतंत्र ने निकम्मा बना दिया है।

बाबा साहब का 28-10-1951 ई. का भाषण

विद्यार्थी समझदार वर्ग है। (आदत को मोड़ सकता है)

भारत में संघीय शासन का दीघ निकाय में कुशीनगर के हमलों का जिक्र है।

(1) पार्लियामेंटरी शासन में पैतृक शासनाधिकार की गुंजाइश नहीं।

(2) पार्लियामेंटरी शासन में अध्यक्ष व प्रधानमंत्री नाममात्र के शासक होते हैं। काम सभा की लोकतांत्रिक सहमतिनुसार होता है।

(3) प्रति 5 वर्ष बाद जनता का विश्वास प्राप्त करना होता है।

वेदों और स्मृतियों पर जिस प्रकार भाष्य जरूरी है, उसी प्रकार विरोधी दल की लोकतंत्र में जरूरत है। विरोधी दल प्रजातंत्र की चाभी है। इसीलिए ब्रिटेन व कनाडा विरोधी दल को बनने देता है।

कांग्रेस को धनी वर्ग चुनाव में रुपये देकर वर्तमान कानून में अपने अधिक परिवर्तन व नए कायदे वाले कानून बनवाता है।

महाभारत में भीष्म पितामह ने कहा कि नमक हलाल होने के नाते कौरवों के पक्ष में रहूँगा। वह पक्ष भले ही अन्याय का हो।

टिप्पणी—इसीलिए कांग्रेस पूँजीपतियों का नमक हलाल कर रही है। श्यामा प्रसाद मुखर्जी ने जनसंघ के दिल्ली अधिवेशन में कहा था कि सरकारी ऑफिसर चुनाव में कांग्रेस की मदद करते हैं।

टिप्पणी—इसीलिए लोकतंत्र की सफलता की आशा नहीं।

सत्तारूढ़ों का पैत्रिक अधिकार जनता बर्दाश्त नहीं कर सकती। चूँकि कम्यूनिज़्म का भीषण अभाव है।

टिप्पणी—लोकतंत्र की सही-सही रक्षा करें।

विरोधी पक्ष के पास समाचार पत्रों के लिए अपने-आपका साधन नहीं। कैनेडा के विरोधी नेता को वेतन, सेक्रेटरी, स्टेनोग्राफर, क्लर्क आदि सरकार की ओर से दिए जाते हैं।

ऑफिसर सफेद वर्दी को परमिट देता है। कसूरवार को सजा न देने की सिफारिश करता है। बात न मानने पर मिनिस्टर द्वारा बदली कर देने या अन्य हानि पहुँचाने की धौंस देता है।

अमेरिका में पहले नई सरकार क्लर्क, चपरासी आदि को बदल देती थी। बाद में ठीक व्यवस्था की।

सरकार का काम केवल नीति निर्धारित करना है। शासन व्यवस्था में पक्षपात या हस्तक्षेप करना नहीं होता है।

अमेरिका में वाशिंगटन ने दुबारा लोगों के बहुत-बहुत कहने से प्रेसीडेंट बने मगर तीसरी बार बात नहीं मानी।

इंग्लैंड के लोग विधान के प्रति गलत बात को लेकर और विरोधी दल को कमजोर कर सफल थे। लोकतंत्र को मानवता का दर्पण समझकर ऐसा नहीं किया।

बहुमत को चाहिए, भला मत के विरोध का मौका न दे। 65 में 50 विरोधी सन् 1831 में थे मगर कभी भी ऐसा मौका नहीं आया। जैसा आज के विरोधी बका करें, कोई प्रस्ताव पेश नहीं, ध्यान नहीं देते। वह व्यवहार निरंकुश है।

इंग्लैंड में यहूदियों को पैतृक सम्पत्ति में हक लेने के लिए स्वयं लड़ना पड़ा, किसी भी ईसाई ने मदद नहीं की। केवल राजा ने मदद की।

अफ्रीकी भारतीयों की सुविधाओं को दूर करने के लिए यूरोपियनों ने मदद की। रेवरेंट स्काट ने मदद की। भारत का हर गाँव दक्षिण अफ्रीकी गाँव है।

अनुसूचित समस्या—भविष्य में तीन हिस्सेदार होंगे राजनीति में—हिन्दू, मुसलमान, अनुसूचित जातियाँ, जो दो हजार वर्ष से दबाई गई हैं।

संसार के किसी भी धर्म में इतनी जाति-पाँति, छुआछूत नहीं है—जैसी हिन्दू धर्म में। इसी के बहाने वह अनुसूचित जाति पर अत्याचार करता है।

टिप्पणी—अनुसुचित जाति को अत्याचार सहन नहीं करना चाहिए। आत्मनिर्भर होना चाहिए। अपना सैनिक दल बनाना चाहिए जो गाँव में खबरें दे। और बताएँ, हमें क्या और कैसे करना है। वीरता की भावना पैदा करें।

दूसरी जातियों का भी सहयोग करो। सहयोग लो। आप अपने हितों का ध्यान रखिए।

कांग्रेसी समुद्र की हम एक बूँद है। कांग्रेस में शामिल होना शत्रुओं की शक्ति बढ़ाना है।

सताए हुओं की अर्जियाँ अत्याचारियों के सगे-सम्बन्धी ऑफिसरों के पास जाती हैं। वे कोई कार्रवाई नहीं होने देते। यदि हम लोग भी सिविल सर्विस ऑफिसर होते तो न्याय मिलता।

बाबा साहब का सन् 1948 ई. में लखनऊ का भाषण

मुसलमानों व सिखों की तुलना में हम दुर्बल हैं।

मैं अभी नहीं चाहता अछूतों और पिछड़ी जातियों की रोटी-बेटी साथ हो बल्कि मैं चाहता हूँ कि राजनीतिक समझौता हो। एक राजनीतिक पार्टी हो। आबादी के हिसाब से नौकरी मिले। यू.पी. में अछूत 22 प्रतिशत हैं।

बाबा साहब का 29-04-1944 ई. में मद्रास का भाषण

अब्राह्मण पार्टी मद्रास में इसलिए हार खा गई कि उनमें भी कुछ ब्राह्मणवाद आ गया था।

टिप्पणी—नेताओं की आलोचना करो!

भारत की यथार्थ समस्या—वर्ण, जाति, अछूतपन, साम्प्रदायिकता की है।

टिप्पणी—इस भावना को मन से पूरी तरह त्याग दें।

इंग्लैंड सरीखा राजनीतिक बहुमत भारत में कम नहीं। वहाँ साम्प्रदायिक बहुमत काम देगा। अल्पमत की भी संख्या रहे। विधान सभा में किसी बात को बहुमत से न मानकर अल्पमत के मतों को भी समर्थन मिलने पर मानी जाए।

प्रतिनिधित्व की सूची सम्पूर्ण भारत में

प्रतिनिधित्व के आधारभूत सिद्धान्त, हिन्दू कहते हैं—बहुमत का शासन होना चाहिए, वे भूल करते हैं। जज व जूरी जब तक एकमत नहीं होते, निर्णय अमान्य रहता है। हिन्दू बहुमत के शासन का हठ छोड़ दें तो भी उन्हें कोई हानि नहीं क्योंकि समाज, पूँजी, व्यापार, कारोबार पर उन्हीं का अधिकार है।

आयरलैंड के नेता रैडमांड ने एलस्टर के नेता कारसन को कहा कि संयुक्त आयरलैंड की बात स्वीकार कर लो तब सभी संरक्षण दिए जाएँगे। उसने कहा, 'भाड़ में जाए तुम्हारे संरक्षण की नीति, हम तुम्हारे द्वारा शासित नहीं होना चाहते।'

भारत का सर्वोच्च न्यायालय

उत्तर प्रदेश राज्य बनाम ललई सिंह यादव—16 सितम्बर, 1976

सच्ची रामायण पर विस्तृत निर्णय

समतुल्य प्रोद्धरण 1977 एआईआर 202, 1977 एससीआर (1) 616
लेखक : वी. कृष्ण अय्यर
पीठ : कृष्ण अय्यर, वी.आर. भगवती
याचिकाकर्ता : उत्तर प्रदेश राज्य
बनाम
प्रत्यर्थी : ललई सिंह यादव, निर्णय दिनांक 16/09/1976
पूर्णपीठ : कृष्ण अय्यर, वी.आर. भागवती, पी.एन. फजल अली, सय्यद मुर्तजा
प्रोद्धरण : 1977 एआईआर 202 1977 एससीआर (1) 616, 1976 एससीसी (4) 213
अधिनियम : दंड प्रक्रिया संहिता, धारा 99-ए. 'स्टेटमेंट ऑफ ग्राउंड्स' (तथ्यों के विवरण) की अनिवार्यता का प्रश्न

मुकदमे की संक्षिप्त भूमिका

अपीलकर्ता सरकार ने सी.आर.पी.सी. की धारा 99-ए के तहत तमिलनाडु के पेरियार ई.वी. रामास्वामी द्वारा अंग्रेजी में लिखित 'रामायना : ए टू रीडिंग' नामक पुस्तक तथा उसके हिन्दी अनुवाद की जब्ती के लिए इस आधार पर एक आदेश जारी किया है कि इस पुस्तक के जरिये भारत के नागरिकों के एक वर्ग—हिन्दुओं की धार्मिक भावनाओं को आहत करने की मंशा रही है। इस पर प्रत्यर्थी प्रकाशक की ओर से उच्च न्यायालय में संहिता की धारा 99-सी के तहत प्रार्थना-पत्र भेजा गया, जिसे उच्च न्यायालय की विशिष्ट बेंच ने स्वीकृति देते हुए राज्य सरकार की अधिसूचना को इस आधार पर खारिज किया कि वह संहिता की धारा 99-ए के आदेशानुसार, वे कारण बताने में असफल रही है जिनके आधार पर उसने अपना मत व्यक्त किया। अपीलकर्ता ने प्रत्युत्तर में कहा कि सरकार की ओर से सी.आर. पी.सी. की धारा 99-ए के तहत तथ्यों का विशिष्ट विवरण देना अनिवार्य नहीं है तथा इसके निहितार्थ को समझा जा सकता है। अपील को खारिज करते हुए न्यायालय ने कहा : राज्य को जब्ती के कारणों का विवरण देने के दायित्व से मुक्त करने का मतलब जनता की निश्चित स्वतंत्रता पर बलपूर्वक रोक लगाने का हिंसक अवसर देना है। धारा 99-ए के अनुसार तथ्यों का विवरण देना जरूरी है और प्रत्युत्तर में यह कहना कि उनके निहितार्थों को समझते हुए उनका विवरण आवश्यक नहीं, अमान्य है। एक आदेश संक्षिप्त हो सकता है लेकिन तथ्य-विहीन नहीं। तथ्यों का एक औपचारिक अधिकारिक विवरण संवैधानिक रूप से अनिवार्य है। धारा 99-सी व्यथित पक्ष को प्रतिषेधात्मक आदेश को खारिज करने हेतु उच्च न्यायालय में अपील दायर करने का अधिकार देती है और न्यायालय सरकार के आदेश में दिए गए तथ्यों या आधारों की जाँच करता है। न्यायालय आदेश में दिए गए कारणों से परे जाकर, घूम-फिरकर पूछताछ नहीं कर सकता और यदि तथ्यों को पूर्णतया नजरअन्दाज कर दिया जाए तो न्यायालय में अपील करने का बहुमूल्य अधिकार ही निरर्थक हो जाता है। (610 जी-एच, 620 बी-सी, जी-एच)

हरनाम दास बनाम यू.पी. ए.आई.आर. 1961 एस.सी. 1962, 1966—निर्देश लागू।

शेनेक बनाम यू.एस. (1918), 249 यू.एस. 47, 527; -63 एल.एड. 470, 473-474 : अब्राम्स बनाम यू.एस. (1919), 250 यू.एस. 616, 629 = 63 एल.एड.

1173, 1180; बोमेन बनाम सेकुलर सोसाइटी लिमिटेड (1917), ए.सी. 406, 466-7, अरुण रंजन घोष बनाम पश्चिम बंगाल राज्य (आई.एल.आर. 1957, 2 कैल., 396), ज्वालामुखी बनाम स्टेट ऑफ ए.पी. (आई. एल.आर. 1973 ए.पी. 114) को निर्दिष्ट।

मोहम्मद खालिद बनाम मुख्य आयुक्त (ए.आई.आर. 1968 दिल्ली) 18 एफबी) चिन्ना अन्नामलाई बनाम राज्य (ए.आई.आर. 1971 मद्रास 448 एफ.बी.), बेनेट कोलमैन एंड कम्पनी बनाम जम्मू-कश्मीर राज्य (1974 जे. एंड के.एल.आर. 591) अनुमोदित।

निर्णय : आपराधिक अपीली अधिकारिता : आपराधिक अपील संख्या 291, 1971
[इलाहाबाद उच्च न्यायालय द्वारा दिनांक 19-1-1971 के निर्णय और आदेश से विशेष अनुमति की अपील। विविध आपराधिक केस संख्या 412/70]
अपीलकर्ता की ओर से डी.पी. उनियाल तथा ओ.पी. राणा।
प्रत्यर्थी की ओर से एस.एन. सिंह।

न्यायालय का निर्णय कृष्ण अय्यर, जे. द्वारा सुनाया गया था। कुछ मामले ऊपर से अहानिकर तो लगते हैं, किन्तु वास्तविक रूप में ये लोगों की स्वतंत्रता को लेकर चिन्ताजनक समस्याओं को बढ़ावा दे सकते हैं। प्रस्तुत अपील उन्हीं का एक उदाहरण है। इससे मुक्त होकर ही लोकतंत्र की नींव डाली जा सकती है जो आगे चलकर फल-फूल सके।

प्रस्तुत अपील विशेष अनुमति से उत्तर प्रदेश की राज्य सरकार द्वारा जारी, तमिलनाडु के दिवंगत राजनीतिक आन्दोलनकर्ता तथा तर्कवादी आन्दोलन के नेता पेरियार ई.वी. रामास्वामी द्वारा अंग्रेजी में लिखित 'रामायना : ए ट्रू रीडिंग' नामक पुस्तक और उसके हिन्दी अनुवाद की जब्ती के आदेश से सम्बन्धित है, जिसे दंड प्रक्रिया संहिता की धारा 99-ए के तहत पारित करने की मीटिंग की गई है।

अपीलकर्ता सरकार के अनुसार, यह पुस्तक पवित्रता-दूषक तथा अपमानजनक होने के कारण आपत्तिजनक थी, जिसके पीछे 'भारत के नागरिकों के एक वर्ग—हिन्दुओं के धर्म और उनकी धार्मिक भावनाओं को अपमानित करते हुए जान-बूझकर और दुर्भावनापूर्ण तरीके से उनकी धार्मिक भावनाओं को आहत करने की मंशा थी। अत: इसका प्रकाशन धारा 295 एआईपीसी के तहत दंडनीय है।' इस अधिसूचना में सारणीबद्ध रूप में एक परिशिष्ट प्रस्तुत किया गया जिसमें पुस्तक के अंग्रेजी और हिन्दी संस्करणों में निहित उन प्रासंगिक पृष्ठों तथा वाक्यों का सन्दर्भ दिया गया है जिन्हें सम्भवत: अपमानजनक सामग्री के रूप में देखा गया। तत्पश्चात्, प्रत्यर्थी प्रकाशक ने धारा 99-सी के तहत उच्च न्यायालय को एक आवेदन भेजा। उच्च न्यायालय ने अपनी विशिष्ट पीठ द्वारा आवेदन को स्वीकार किया तथा अधिसूचना को खारिज कर दिया।

व्यथित राज्य सरकार ने विशेष अनुमति से इस न्यायालय में अपील दायर की है तथा अपीलकर्ता के अधिवक्ता ने हमारे समक्ष आग्रहपूर्वक कहा है कि सरकार की अधिसूचना में ऐसा कोई दोष नहीं है जिसके कारण उच्च न्यायालय ने उसे अमान्य घोषित किया है। चूँकि इस विवादित पुस्तक के लेखक ने खरे शब्दों में श्री राम जैसे महान अवतारों का प्रतिकार किया है और सीता तथा जनक की छवि को तिरस्कारपूर्वक मलिन किया है, इसीलिए यह पुस्तक विशाल हिन्दू समुदाय की धार्मिक भावनाओं पर अनुचित प्रहार करती है जो इन समस्त दैवीय महाकाव्यात्मक चरित्रों की आराधना या पूजा करता है, जोकि निन्दनीय है। इस मुद्दे की उपेक्षा करते हुए उच्च न्यायालय ने बहुमत से इस आदेश को इस आधार पर निष्फल बताया कि 'राज्य सरकार ने धारा 99-ए के अनुसार उन तथ्यों का विवरण नहीं दिया है जिनके आधार पर उसकी यह राय बनी। इसी एकमात्र कारण से याचिका की अनुमति दी जानी चाहिए और न्यायालय में जब्ती के आदेश को खारिज किया जाना चाहिए।'

धारा 99-ए का गहन विश्लेषण प्रारम्भिक बिन्दु से किया जाना चाहिए ताकि विवादित आदेश में किसी विकृति का पता लगाया जा सके। वाक्य-रचना सम्बन्धी अतिरेकता से मुक्त (इस केस में उठाए गए मसले से), प्रावधान के तीन अंश, जो नागरिकों द्वारा कृत रचनाओं को जब्त करने का अधिकार देते हैं, प्रासंगिक भागों को उद्धृत करने से प्रतिबिम्बित होते हैं : '99-ए (1) जहाँ—

(क) कोई समाचार पत्र या पुस्तक...अथवा

(ख) कहीं से भी मुद्रित दस्तावेज, जिसमें निहित सामग्री या कोई अंश राज्य सरकार को भारत के नागरिकों के विभिन्न वर्गों के बीच दुश्मनी या घृणा की भावनाओं को बढ़ावा देता हुआ या देने की मंशा रखता हुआ प्रतीत हो, या जिसका उद्देश्य जान-बूझकर और दुर्भावनापूर्ण रूप से किसी भी ऐसे वर्ग के धार्मिक विश्वासों का अपमान कर उसकी धार्मिक भावनाओं को आहत करना हो, अर्थात, कोई भी सामग्री जिसका प्रकाशन भारतीय दंड संहिता की धारा 124-ए, धारा 153-ए या धारा 295-ए के तहत दंडनीय है, राज्य सरकार, अपने मत का आधार बताते हुए, अधिकारिक राजपत्र में अधिसूचना द्वारा ऐसी सामग्री का प्रसार करनेवाले समाचार पत्र, पुस्तक या अन्य दस्तावेज की हर प्रति को जब्त करने का आदेश दे सकती है...।'

अत: एक प्रामाणिक आदेश के त्रिपक्षीय पहलू इस प्रकार हैं—

(i) कि पुस्तक या दस्तावेज में कोई सामग्री हो।

(ii) ऐसी सामग्री या तो भारत के नागरिकों के विभिन्न वर्गों के बीच शत्रुता या घृणा की भावनाओं को बढ़ावा देती हो या देने का इरादा रखती हो।

(iii) सरकार की राय के पीछे तथ्यों का विवरण दिया जाए।

उसके पश्चात् राज्य सरकार अधिसूचना के माध्यम से ऐसी सामग्री का प्रचार करनेवाली पुस्तक या दस्तावेज की प्रतियों को जब्त करने का आदेश दे सकती है।

क्या प्रस्तुत अधिसूचना कानूनी व्यवहार्यता की तीसरी माँग को पूरा करती है या फिर कारणों के विवरण के अभाव में यह निष्फल हो गया है? इस महत्त्वपूर्ण तत्त्व की कमी को ध्यान में रखते हुए उच्च न्यायालय ने आदेश को खारिज कर दिया है, परन्तु सरकार का प्रतिनिधित्व कर रहे वकील, श्री उनियाल ने कहा कि यद्यपि सरकार की राय के आधार का कोई स्पष्ट उल्लेख नहीं है, तथापि परिशिष्ट द्वारा इसकी पूर्ति हो जाती है। उनका तर्क है कि आपत्तिजनक पुस्तक के पृष्ठों तथा पंक्तियों की संख्या मामले की 'विषयवस्तु' तथा 'आधार' दोनों पर प्रकाश डालती है, खास कर 'आधार' तो इतना प्रत्यक्ष है कि इसकी उपेक्षा करना असंगत है। अधिक स्पष्ट रूप से कहें तो ऐसा मामला, जिसका पर्याप्त रूप से विस्तृत विवरण दिया जा चुका हो, कार्यात्मक रूप से, चाहे अन्तर्निहित अर्थ के माध्यम से अथवा आवश्यक निहितार्थ द्वारा, कारणों के विवरण की कानूनी आवश्यकता को पूरा करता है। सरकारी निष्कर्ष के आधार अथवा कारण प्रस्तुत करने की आवश्यकता काफी हद तक पूरी हो जाती है, हालाँकि औपचारिक तौर पर न सही, लेकिन परिशिष्ट, जो आदेश का एक अभिन्न अंग है, स्वत: स्पष्ट सामग्री प्रस्तुत कर देता है।

जब कारण स्वत: स्पष्ट हों, तो चुप्पी बहुत कुछ कह जाती है और कानून महज औपचारिकता की पूर्ति के लिए उनकी अलग से व्याख्या करने की माँग नहीं करता है। प्रतिवाद यह है कि संहिता द्वारा अभिव्यक्ति की मौलिक स्वतंत्रता पर रोक लगाने की विचारपूर्वक अभिव्यक्त शर्तों को निहितार्थ के सुविधाजनक सिद्धान्त द्वारा कमजोर नहीं किया जा सकता है। इस अधिकार की मूल प्रकृति के मद्देनजर विशिष्ट प्रावधानों के सख्त और प्रकट अनुपालन के बिना इसे बाधित नहीं किया जाना चाहिए। आखिरकार एक मुक्त गणराज्य में सभी मौलिक अधिकार, राष्ट्रीय आपातकाल के समय को छोड़कर, मौलिक होते हैं क्योंकि वहाँ संवैधानिक रूप से स्वीकृत कठोर प्रतिबन्धों को सीमित कर दिया जाता है। हमारे विचार के केन्द्र में दंड प्रक्रिया संहिता और दंड संहिताएँ हैं और ये कानून हर समय लागू रहते हैं। इसलिए हमें कानून की व्याख्या इस तरह से करनी होगी कि संविधान और कानूनों में निर्धारित देश की सुरक्षा-आवश्यकताओं को पूरा करते हुए भी स्वतंत्रता को पूर्ण रूप से संरक्षित रखा जाए।

फिर भी, अपीलकर्ता के वकील का तर्क है कि जब्त किताब में दिए गए सन्दर्भ, जैसा कि आदेश के परिशिष्ट में दर्शाया गया है, श्री राम, सीता और

जनक के इतने प्रबल प्रतिकारक और निन्दात्मक हैं कि न्यायालय को उत्तर प्रदेश के हिन्दुओं की अपमानित भावनाओं की कल्पना स्पष्ट रूप से करनी चाहिए तथा यह मान लेना चाहिए कि आदेश में कारणों को अदृश्य स्याही से लिखा गया है। इस तर्क की महत्ता का आकलन करते हुए, हमें दो बिन्दुओं पर ध्यान देना होगा (अ) संवैधानिक परिप्रेक्ष्य, अर्थात् क्या मूल स्वतंत्रता को कानूनी रूप से बाधित करने की कोशिश की जा रही है और (ब) नियत प्रकाशन की लोक-सम्मत वैकल्पिक संभावनाओं का अस्तित्व जो कि उन परिस्थितियों तथा कारणों के विवरण की अनिवार्यता को दर्शाता है जो सरकार को लोकाचार की शर्तों के अनुरूप या फिर अन्यथा दर्ज की गई राय तक पहुँचने के लिए प्रेरित करते हैं।

भारत में सरकार धर्मनिरपेक्ष है और उसका हमारे बहुलवादी समाज में प्रचलित किसी एक या अन्य धर्म की आस्थाओं से कोई सीधा सरोकार नहीं है, लेकिन वह मात्र शान्ति और लोक-व्यवस्था के उल्लंघन के विरुद्ध समाज का संरक्षण और सुरक्षा सुनिश्चित करने के लिए ही बाध्य नहीं है, बल्कि वह ऐसी स्थिति बनाए रखने के लिए भी बाध्य है जिसमें अशिष्ट भाषा में लिखित लेख या आपत्तिजनक प्रकाशन भिन्न या विरोधी मान्यताओं के लोगों की भावनाओं को इस तरह आहत न करें, जिससे ये जनसमूह हिंसक कृत्यों की ओर प्रवृत्त हों। योग्य सरकार को अनिवार्य रूप से शान्ति और सुरक्षा की दरकार होती है और जो कोई भी बम अथवा पुस्तकों के माध्यम से सामाजिक शान्ति भंग करता है, वह सरकार की कानूनी कार्यवाही के निशाने पर होता है।

हम यह प्रस्तावित करते हैं कि हम अपने समक्ष मसले को पाठ्य-कोण तथा व्यापक परिप्रेक्ष्य, दोनों में देखें और इन दोनों के समागम से इस निष्कर्ष पर पहुँचें कि उच्च न्यायालय गलत नहीं था और अपील नामंजूर होनी चाहिए। भारत में विभिन्न उच्च न्यायालयों को इस प्रश्न पर विचार करने का अवसर प्राप्त हुआ लेकिन वे अलग-अलग निष्कर्ष पर पहुँचे हैं, जैसा कि वर्तमान केस में दिखाई देगा।

जब कानून द्वारा एक नागरिक के अधिकार पर कठोर प्रतिबन्ध लगाया जाता है, तो उसके पीछे एक ठोस कारण की आवश्यकता होती है, खासकर तब, जब इसके अर्ध-दंड (क्वासि पीनल) परिणाम भी होते हैं। दंड प्रक्रिया संहिता के राजसी रचयिताओं ने धारा 99-ए को नागरिकों की चिन्ता तथा सरकार द्वारा इसके प्रयोग पर सावधानी बरतने के आदेश को केन्द्र में रखते हुए तैयार किया है। इसके प्रावधानों का प्रयोग विधि द्वारा निर्धारित प्रक्रिया के अनुसार ही किया जा सकता है। स्पष्ट रूप से यह धारा सरकार को ऐसे मामले में हस्तक्षेप करने के लिए बाध्य करती है, जहाँ सरकार को नागरिकों के विभिन्न वर्गों के

बीच दुश्मनी और घृणा की भावना को बढ़ावा देने के स्पष्ट और वर्तमान खतरे पर विचार करना हो अथवा इसकी प्रवृत्ति या मंशा ऐसे नागरिकों की धार्मिक भावनाओं को आहत करने की हो (धारा में अन्य प्रवृत्तियाँ भी व्यक्त हैं जिनका सरोकार वर्तमान मामले से नहीं है)। ऐसे मामले में सरकार आवश्यक रूप से अपनी राय के आधार को वर्णित करने के लिए बाध्य है। हमारा सरोकार अन्तिम भाग से है। जब धारा स्पष्टत: कहती है कि आपको यह आधार बताना होगा तो यह कोई जवाब नहीं है कि उन्हें वर्णित करने की आवश्यकता नहीं है क्योंकि वे अन्तर्निहित हैं। आप प्रत्यक्ष रूप से शान्त रहकर किसी भी चीज का वर्णन नहीं करते। वर्णन करने से तात्पर्य है 'घोषणा करना या विशेष रूप से सटीक, औपचारिक या अधिकारिक तरीके से निर्धारित करना या कुछ कहना, विशेष रूप से जोर देते हुए कहना' (रेंडम हाउस शब्दकोश)। इस निष्कर्ष से—8—1234sci/76 कि आधार का एक औपचारिक अधिकारिक निर्धारण वैधानिक रूप से अनिवार्य है, बचा नहीं जा सकता। यदि आप टालमटोल करते हैं और इसे हटा देते हैं, तो कानून आदेश को शून्य करार देता है और यह राज्य सरकार को विशेष रूप से समझना चाहिए क्योंकि किसी पुस्तक की दंडनीय अपराध के अन्तर्गत जब्ती एक गम्भीर मामला है, न कि उदासीनता के साथ निष्पादित किया जानेवाला एक नियमित कार्य। संहिता के अनुसार, उपेक्षा का परिणाम अविधिमान्यता है। ये विचार और भी महत्त्वपूर्ण हो जाते हैं जब हम राज से गणतंत्र में बदलाव को स्वीकारते हैं और लोगों को सौंपे गए महान अधिकारों के उच्च स्थान का सम्मान करते हैं। जहाँ बोलना एक सांविधिक कर्तव्य है, वहाँ मौन रहना एक घातक अपराध, जोकि विभिन्न धाराओं के समन्वय से स्पष्ट होता है। मसलन, धारा 99-सी व्यथित पक्ष को निषेधात्मक आदेश को खारिज करने के लिए उच्च न्यायालय में आवेदन करने का अधिकार देती है और न्यायालय आदेश में सरकार द्वारा दिए गए कारणों की जाँच कर उसकी पुष्टि करता है या उसे खारिज करता है। न्यायालय आदेश में निर्धारित कारणों से परे जाँच नहीं कर सकता है और यदि इन कारणों को पूरी तरह से निकाल दिया जाता है तो न्यायालय किसकी जाँच करेगा? और, इस चूक से, चाहे वह लापरवाही से हो या सुनियोजित रूप से, न्यायालय में अपील करने का महत्त्वपूर्ण अधिकार अर्थहीन हो जाता है। अगर प्रकाशन की स्वतंत्रता को कानून द्वारा प्रदत्त दायरे तक अनुमति देना है तो न्यायालय द्वारा धारा के उस भाग से असहमति जाहिर की जानी चाहिए जो ऐसे खतरनाक परिणाम की सम्भावना पैदा करता हो तथा सांविधिक उपचार की मूल संरचना के साथ छेड़छाड़ करता हो। इस तर्क की पुष्टि हरनाम दास बनाम यू.पी. राज्य (1) मामले द्वारा होती है जिसमें इस न्यायालय ने रेखांकित किया है—

'जब सरकार अपने मत का आधार नहीं बताती है तो क्या होता है? ऐसे में यदि उच्च न्यायालय ने आदेश को बरकरार रखा, तो हो सकता है कि ऐसा उन कारणों से किया गया हो, जिन पर सरकार ने बिलकुल चिन्तन नहीं किया था। यदि उच्च न्यायालय ने ऐसा किया होता तो वास्तव में उसने खुद जब्ती का आदेश दिया होता, न कि सरकार द्वारा इस तरह के आदेश को बरकरार रखता। जैसा कि पहले ही कहा गया है, यह धारा 99-डी के अन्तर्गत उच्च न्यायालय के अधिकार क्षेत्र से बाहर है। इसलिए हमारे लिए यह स्पष्ट है कि इस तरह के मामले में उच्च न्यायालय को धारा 99-डी के तहत आदेश को रद्द करना चाहिए क्योंकि इससे यह निश्चित नहीं किया जा सकता कि सरकार द्वारा प्रस्तुत कारण आदेश को सही ठहराते हैं। आप एक ऐसी चीज के बारे में सन्तुष्ट नहीं हो सकते जिसे आप नहीं जानते।' हमारे कहने का तात्पर्य यह नहीं है कि जब्त करनेवाले पक्ष से प्राथमिक तथ्यों को जोड़नेवाले आधार या कारण विस्तार से बताए जाने चाहिए। यह यथास्थिति पर निर्भर करता है। कुछ मामलों में एक संक्षिप्त विवरण पर्याप्त हो सकता है, दूसरों में एक विस्तृत विचार उचित हो सकता है लेकिन कभी भी मौन की हद तक उपेक्षित नहीं हो सकता है। एक आदेश संक्षिप्त हो सकता है लेकिन आधार-विहीन नहीं हो सकता। यह निष्कर्ष दंड प्रक्रिया संहिता की धारा 99-ए और मौलिक अधिकार के अनुच्छेद 19 के मध्य एक संवैधानिक तालमेल स्थापित करता है।

धारा 99-ए में दिए गए निर्देश के बावजूद राज्य को जब्ती के कारणों का विवरण देने के दायित्व से मुक्त करना लोगों की निश्चित स्वतंत्रता पर ऐसी शक्ति के उपयोग का हिंसक अवसर देना है। हम ऐसा क्यों कहते हैं? निश्चित रूप से राष्ट्र की सुरक्षा और समाज की शान्ति व्यक्तिगत अधिकारों पर प्रतिबन्ध की माँग तो करती है और चाहे हम स्वतंत्र क्यों न हों, हम फिर भी कानून के अधीन हैं।

(1) ए.आई.आर. 1961 एस.सी. 1662, 1666

विरोधी मत रखनेवाले हमारे प्रणेताओं की आस्था मिल्स के प्रसिद्ध कथन और वोल्टेयर के प्रेरित दावे का सम्मान करती थी। यथा—

'यदि एक व्यक्ति को छोड़कर सम्पूर्ण मानव जाति का एकमत हो और केवल उस एक व्यक्ति का विरोधी मत हो तो मानवजाति द्वारा उसको चुप करा देना न्यायसंगत नहीं रह जाएगा, लेकिन यदि उस अकेले व्यक्ति में मानव जाति को मौन करने की शक्ति हो तो यह न्यायसंगत होता।' (अपने निबन्ध 'ऑन लिबर्टी' में मिल्स, पृ. 19-20 : थिंकर लाइब्रेरी, सं., वाट्स)

'तुम जो कहते हो, मैं उसे अस्वीकार करता हूँ, परन्तु तुम्हारे यह कहने के अधिकार की रक्षा मैं अन्तिम साँस तक करूँगा।' (वोल्टेयर, एस.जी. टालंटयर, द फ्रेंड्स ऑफ वोल्टेयर, 1907)

अधिकार और उत्तरदायित्व 'एक जटिल प्रणाली' है और हमारे संविधान के रचयिताओं ने, जो अराजकता के स्वरूप से भली-भाँति अवगत थे, स्वतंत्रता के उदारवादी प्रयोग पर तर्कसंगत प्रतिबन्ध निर्धारित किए। संविधान सभा में डॉ. अम्बेडकर ने तर्क दिया कि यह कहना गलत है कि मौलिक अधिकारों पर कोई प्रतिबन्ध लगाना वर्जित है और उन्होंने गितलो बनाम न्यूयॉर्क के दो स्वत: स्पष्ट अनुच्छेदों को उद्धृत किया—

'यह एक लम्बे अरसे से प्रतिष्ठित बुनियादी सिद्धान्त है कि बोलने की स्वतंत्रता और प्रेस की स्वतंत्रता, जो संविधान द्वारा सुरक्षित अधिकार हैं, वस्तुत: गैर-जिम्मेदाराना तरीके से बोलने या प्रकाशित करने की पूरी छूट नहीं देते हैं। हमें चुनना होगा, या तो हमें अपने भावों को व्यक्त करने का उचित अधिकार मिले, या फिर एक अप्रतिबन्धित और अनियंत्रित अधिकार, जो भाषा के हर सम्भव प्रयोग को उन्मुक्तता प्रदान करे और उन लोगों को दंडित होने से बचाए जो इस स्वतंत्रता का दुरुपयोग करते हैं।'

×××× 'सरकार पुलिस के माध्यम से अपनी शक्ति का उपयोग करते हुए उन लोगों को दंडित कर सकती है जो लोक कल्याण के प्रतिकूल बातें करके अपनी इस स्वतंत्रता का दुरुपयोग करते हैं, जो आम जनता की नैतिकता को भ्रष्ट करने में प्रवृत्त होते हैं, अपराध करने के लिए उकसाते हैं और जन-शान्ति को भंग करते हैं। इस पर विवाद या सन्देह नहीं किया जा सकता।'

इस संवैधानिक सारांश में सुस्पष्ट रूप से व्याख्यायित, संहिता की धारा 99-ए हमारा स्पष्टीकरण सिद्ध करता है। लोक व्यवस्था तथा शान्ति के हित में जन-शक्ति की भूमिका इसलिए नहीं होती कि बहुसंख्यक रूढ़िवादियों को सन्तुष्ट करने के लिए चन्द रूढ़ि-विरोधियों का दमन किया जाए, बल्कि उसकी उपस्थिति प्रत्येक व्यक्ति के मस्तिष्क में उत्पात मचाने के खयालों के पोषण को रोकने के लिए होती है। विशाल जनसमूह के बीच घृणा, उपद्रव जैसी भावनाएँ गुप्त रूप से हिंसा भड़का सकती हैं और सरकार समाज की सुरक्षा और शान्ति बनाए रखने के लिए अपने सुविचारित आधारों पर लिए गए निर्णय के जरिये पुस्तक के प्रसार पर रोक को वरीयता दे सकती है।

कोई भी प्रबुद्ध सरकार इस शक्ति का उपयोग उन्नत आर्थिक विचारों, विवेकशील तथा तर्कसंगत आलोचनाओं या पुरातन रूढ़िवाद के खुलासे के साहसी प्रयास को कुचलने के लिए नहीं करेगी बल्कि सुव्यवस्थित सुरक्षा एक संवैधानिक मूल्य है। यदि प्रगतिशील तथा प्रतिगामी लोगों का शान्तिपूर्वक सहअस्तित्व सुनिश्चित करना है तो इसका संरक्षण समझदारी से किया जाना चाहिए। संहिता की धारा 99-ए का यही सार है।

वास्तविक प्रयोग सैद्धान्तिक तर्क पर नहीं बल्कि व्यावहारिक ज्ञान पर निर्भर करेगा। जहाँ मौलिक अधिकारों के प्रतिबन्ध पर आधारित 'क्लियर एंड प्रेजेंट डेंजर'

का अमेरिकी सिद्धान्त भारत में अनिवार्य रूप से लागू नहीं भी हो सकता है, वहीं होम्स जे. के ज्ञानवर्धक विचार प्रशासक और न्यायाधीश को सीख देने में सहायक हैं। शेनेक बनाम यू.एस. (1) मामले में होम्स जे. ने इस असली परीक्षण को स्वीकार करने के लिए बाध्य किया—

'हम यह मानते हैं कि कई जगहों पर और सामान्य परिस्थितियों में प्रतिवादी अपने द्वारा प्रसारित परिपत्र में जो कुछ भी कहता है, वह अपने संवैधानिक अधिकारों के दायरे में रहकर ही कहता है। लेकिन प्रत्येक व्यवहार का स्वरूप उन परिस्थितियों पर निर्भर करता है जिनमें वैसा व्यवहार किया जाता है...कानून द्वारा बोलने की स्वतंत्रता की कड़ी सुरक्षा ऐसे व्यक्ति का बचाव नहीं करेगी जो थिएटर में 'आग-आग' चिल्लाकर भगदड़ मचाएगा। यह ऐसे व्यक्ति को दी गई निषेधाज्ञा से भी नहीं बचाती है जो अपने शब्दों के बल से समाज पर अनुचित प्रभाव डालता हो। हर केस में उठनेवाला सवाल यह होता है कि क्या प्रयुक्त शब्द ऐसी ही परिस्थितियों में प्रयोग किए गए थे और क्या वे इस प्रकार प्रत्यक्ष और तात्कालिक खतरा पैदा करनेवाले थे कि वे ऐसे निरंकुश दोष फैलाएँ, जिसे रोकने का अधिकार कांग्रेस को है? यह सीमा और परिमाण का सवाल है।'

एब्राइन्स बनाम यू.एस. (2) मामले में एक प्रसिद्ध परिच्छेद में उन्होंने इस सिद्धान्त को विकसित करते हुए कहा था—

'विचारों की अभिव्यक्ति पर दंड देना मुझे पूरी तरह से तर्कसंगत लगता है। यदि आपको अपने प्रत्युत्तर या अपनी शक्ति पर कोई सन्देह नहीं है और तह-ए-दिल से कोई परिणाम चाहते हैं, तो आप स्वाभाविक रूप से कानून के दायरे में रहकर अपनी इच्छाएँ व्यक्त करते हैं और विपक्ष को परास्त कर देते हैं।' बोल द्वारा विरोध को स्वीकार करने से यह इंगित होता है कि आप बोल को अशक्त मानते हैं, जैसे कि जब कोई व्यक्ति कहता है कि उसने कोई असम्भव कार्य को सम्भव कर दिया हो, या यह कि आप परिणाम के लिए पूरे मन से परवाह नहीं करते हैं, या यह कि आपको या तो अपनी शक्ति पर या फिर अपने प्रत्युत्तर पर सन्देह है।

लेकिन जब मनुष्य को यह महसूस होगा कि समय ने कई विरोधी विचारधाराओं को औंधा किया है, तो उन्हें अपने आचरण के आधारों से भी ज्यादा विश्वास इस विचार पर हो सकेगा कि वे जिस सर्वोत्तम स्थिति की इच्छा करते हैं, वह विचारों के मुक्त आदान-प्रदान के बेहतर तरीके से हासिल की जा सकती है कि सत्य की उत्तम परीक्षा तब होती है जब मनुष्य की विचार-शक्ति को दूसरों के समक्ष रखा जा सके और उनके विचारों की अभिव्यक्ति स्वीकार की जा सके और जब उन्हें यह एहसास हो कि सत्य ही वह एकमात्र आधार है, जिस पर वे अपनी इच्छाओं को निरापद रूप से पूरा कर सकते हैं। हर हाल में वही हमारे

संविधान का सिद्धान्त है। यह एक प्रयोग है, क्योंकि हमारा सम्पूर्ण जीवन ही एक प्रयोग है।'

बोमेन बनाम सेकुलर सोसाइटी लिमिटेड (2) मामले में लार्ड समर ने एक बार फिर अलंकारिक भाषा में लिखित एक परिच्छेद में स्वतंत्रता तथा सुरक्षा की गतिशीलता को रेखांकित किया था, जोकि एक साथ सुबोधगम्य भी है और सुरुचिपूर्ण भी—

(1) (1918) 249 यू.एस. 47-52 = 63 एल.ई.डी. 470-473-474

(2) (1919) 250 यू.एस. 616, 629 = 63 एल.ई.डी. 1173, 1180

(3) (1917) ए.सी. 406, 466-7

'समाज को खतरे में डालनेवाले शब्द तथा कृत्य समय-समय पर अनुपात में भिन्न होते हैं क्योंकि वास्तव में समाज स्थिर या असुरक्षित होता है, या उसके विवेकशील सदस्य यह मानते हैं कि उस पर हमला हो सकता है। वर्तमान समय में ऐसी सभाओं तथा जुलूसों को कानूनी तौर पर वैध माना जाता है जिन्हें डेढ़ सौ साल पहले राजद्रोही माना जाता और ऐसा इसलिए नहीं है कि कानून कमजोर पड़ गया है या बदल गया है, बल्कि इसलिए कि समय के बदलने से समाज पहले से ज्यादा सशक्त हुआ है।'

वर्तमान समय में विवेकशील मनुष्यों को समाज के विघटन या पतन का डर नहीं होता क्योंकि धर्म पर सार्वजनिक तौर पर जिन युक्तियों से चोट की जाती है, वे अपमानपूर्ण नहीं होतीं। भविष्य में हमारे समाज की महत्त्वपूर्ण संस्थाओं को क्षीण करने के लिए अभिकल्पित धर्म-विरोधी हमले जनसाधारण के लिए खतरा पैदा करने के दोष से अपने आप में अपराध सिद्ध होंगे, इसकी कोई सम्भावना उत्पन्न नहीं होती। कानून की नजर में एक दिशा में आगे बढ़नेवाला विचार खुद को नए अनुभवों के आधार पर दूसरी दिशा में मुड़ने से नहीं रोकता, ना ही परिस्थितियों के फिर से बदलने पर वह अपनी उत्तरवर्ती पीढ़ियों को बाँधे रखता है।

आखिर, किसी भी मत का समाज के लिए खतरा होना, समय तथा वास्तविकता पर निर्भर है। मैं ऐसा कुछ नहीं कहना चाहूँगा जिससे समाज का खुद को आवश्यकतानुसार खतरों से बचाव करने का कानूनी अधिकार सीमित हो जाए। लेकिन इतना कहना चाहूँगा कि जो अनुभव कभी खतरे को वास्तविक सिद्ध करते थे, अब नगण्य हो चुके हैं, और जो खतरे कभी बहुत निकट महसूस होते थे, अब टल गए हैं। सामान्य नियमों के अनुसार ईश्वर-निन्दा और अधर्म जैसा कुछ भी नहीं होता—जो हमें अपने समय में उस अनुभव के अनुसार विशेष परिस्थितियों में उन्हें लागू करने के अलग-अलग तरीकों को अपनाने से रोक सके।

ऐसी है हमारी संवैधानिक योजना। ऐसी विधिशास्त्र-सम्बन्धी गतिशीलता और स्वतंत्रता तथा संयम के तात्विक आधार, कानून एवं राजनीति के सूक्ष्म संगम की संवेदनशीलता, जिसे न्यायाधीशों को कर्तव्यनिष्ठा से सँभालना पड़ता है। अब पूरी बहस अपने समापन पर पहुँच गई है। सरकार को सामाजिक शान्ति को बनाए रखने और इसे खतरे में डालनेवाले प्रकाशनों को जब्त करने का प्राधिकार है और यह उसकी जिम्मेदारी भी है। लेकिन इस मामले में जिस अधिकार पर रोक लगाई गई है, वह है अभिव्यक्ति की स्वतंत्रता का अधिकार, जो मनुष्य की प्रगति के नित्य हितों को बढ़ावा देता है। इसलिए, कानून (धारा 99-ए) प्रशासन को प्रतिबन्ध लगाने और अपने इस निर्णय के पीछे आधारों का ब्यौरा देने के दायित्व पर विचार करने का स्मरण कराता है। इस स्तर पर की गई गलती कानून के आदेश का उल्लंघन करने के बराबर है। इस मामले में इतना कहना पर्याप्त है।

समापन से पहले, हम यह स्पष्ट करते हैं कि हम पुस्तक की गुणवत्ता या उसकी भड़काऊ और अपमानसूचक शब्दावली पर कोई विचार व्यक्त नहीं करते हैं। यह कई कारक तत्त्वों की पेचीदगी पर निर्भर करता है। जो विचार रूढ़िवादियों को ठेस पहुँचा सकता है, वह प्रगतिशील समुदायों के लिए हास्यास्पद हो सकता है। जनश्रुति के आधार पर किसी एक धर्म, सम्प्रदाय, देश या समय के लिए जो विचार या शब्द अपमानजनक हो सकता है, वह दूसरों के लिए उतना ही पवित्र हो सकता है। रूढ़िवादियों को स्वामी विवेकानन्द की इस फटकार पर अब भी रोष हो सकता है—

'हमारा धर्म रसोई में है, हमारा ईश्वर वह बर्तन है जिसमें हम खाना पकाते हैं' और हमारा धर्म कहता है—'मुझे मत छूना, मैं पवित्र हूँ' (जवाहरलाल नेहरू द्वारा उनकी 'डिस्कवरी ऑफ इंडिया' के पृ. 339 से उद्धृत)।

मानव उन्नति का सूत्र है—स्वतंत्र विचार और उनकी अभिव्यक्ति। लेकिन जहाँ जनहित का प्रश्न हो, वहाँ सामाजिक अस्तित्व यथोचित नियंत्रणों का भी विधान करता है। न्यायिक समीक्षा की देखरेख में शासकीय विवेक सन्तुलन बनाए रखता है। हम न तो आपातकालीन स्थितियों की बात करते हैं और ना ही संवैधानिक रूप से पवित्र माने गए विशेष निर्देशों की, बल्कि हम तो सामान्य समय और व्यावहारिक कानूनों का समर्थन करते हैं जो सबके काम आए।

जाते-जाते हम अपीलकर्ता के अधिवक्ता से यह कहना चाहेंगे कि यदि राज्य सरकार वर्तमान परिस्थितियों को देखते हुए विवादित पुस्तक के विरुद्ध धारा 99-ए लागू करने के लिए खुद को विवश महसूस करे तो वह ऐसा करने के लिए स्वतंत्र है, लेकिन निश्चित रूप से उसे अपने मत के आधारों के विवरण और धारा 99-सी के तहत कार्यवाही करने के कारणों की न्यायालयीय माँग को पूरा करना होगा। हमारा विस्तृत विचार-विमर्श कानूनी प्रश्नों को हल करता है और एक-दूसरे के

विरुद्ध तने विभिन्न उच्च न्यायालयों के निर्णयों में अन्त:स्थ या प्रत्यक्ष द्वंद्वों का समाधान प्रस्तुत करता है।

वे हैं—अरुण रंजन घोष बनाम पश्चिम बंगाल राज्य (1); और ज्वालामुखी बनाम ए.पी. राज्य (2) जो अपीलकर्ता द्वारा प्रस्तावित विचार का समर्थन करते हैं, और मोहम्मद खालिद बनाम मुख्य आयुक्त (3); चिन्ना अन्नामलाई बनाम राज्य (4) और बेनेट कोलमैन एंड कम्पनी लिमिटेड बनाम जम्मू-कश्मीर राज्य (5) जो अपील के तहत इलाहाबाद के निर्णय से सहमत थे। सम्भवत: उपरोक्त मामलों में से प्रत्येक में अनुपात पर चर्चा करने की कोई आवश्यकता नहीं है क्योंकि इस निर्णय के पहले हिस्से में प्रत्यर्थियों के विचारों पर अमल किया जा चुका है।

विभिन्न राज्य सरकारों द्वारा कई मौकों पर दंड प्रक्रिया संहिता की धारा 99-ए के तहत शक्तियों के प्रयोग की माँग की संभाव्यता हमें विरोध की स्थिति में ला देती है। विविधता में एकता के अलावा, भारत सांस्कृतिक विपर्ययों, कई धर्मों तथा विधर्मों, तर्कवाद और धार्मिक कट्टरता तथा आदिम पंथों और भौतिकवादी सिद्धान्तों के सह-अस्तित्व का देश है। इतिहास और भूगोल की बाध्यताएँ और मध्ययुगीन संस्कृति के शिथिल पड़ते प्रभावों पर आधुनिक विज्ञान का प्रहार, प्रिय-अप्रिय लड़ियों से बने एक मोजाइकनुमा चित्रपट प्रस्तुत करते हैं, जिसने उनकी आपसी आलोचना की उदारचेता सहिष्णुता को व्यापक रूप से जीवन का एक आवश्यक अंग बना दिया है, भले ही उनकी अभिव्यक्ति अनर्गल ढंग से क्यों न होती हो। हमें विश्वास है कि जब्ती के कठोर निर्देशों की कार्यवाही में सरकारें अपने अभिमान को हावी नहीं होने देंगी, बल्कि हमारे समाज की इन अटल सच्चाइयों पर गौर करेंगी।

यदि कुछ क्षण के लिए हम भारत के महान विचारकों—मनु से लेकर नेहरू तक को छोड़ भी दें तो पाएँगे कि गैलीलियो और डार्विन, थॉरो और रस्किन से लेकर कार्ल मार्क्स, एच.जी. वेल्स, बर्नार्ड शॉ तथा बर्ट्रेंड रसेल तक कई मनीषियों के विचारों एवं कथनों पर आपत्ति जताई गई है। आज भी हमारे देश में, कहीं न कहीं ऐसे कट्टर लोग मिल जाते हैं जो उनके लेखन से आहत होते हैं, लेकिन कोई भी सरकार इतनी रूढ़िवादी नहीं होगी कि उनके बारे में चन्द कट्टरपंथियों के दुराग्रही विचारों के मद्देनजर, उनके महान लेखन को जब्त करने के अधिकार की माँग करे—

(1) आई.एल.आर. (1957) 2 कैल 396
(2) आई.एल.आर. (1973), ए.पी. 114
(3) ए.आई.आर. 1968 दिल्ली 18 (एफ.बी.)
(4) ए.आई.आर. 1971 मद्रास 44 (एफ.बी.)
(5) 1964 जे. एंड के.एल.आर. 591। 1974

विभिन्न दार्शनिक विचारधाराओं के प्रति एक प्रसिद्ध माओवादी विचार उदार दृष्टिकोण को स्पष्ट रूप से इस प्रकार व्यक्त करता है—

'कला और विज्ञान की उन्नति को बढ़ावा देने के लिए सौ फूलों को खिलने तथा सौ विचारधाराओं के बीच वाद-विवाद का अवसर देने की नीति उपयोगी होती है।'

हैरोल लास्की, जिन्होंने अपनी 'ए ग्रामर ऑफ पॉलिटिक्स' के जरिये भारत के कई प्रगतिशील विचारकों को प्रभावित किया है, के प्रस्तुत कथन में एक चिरकालिक सच्चाई दृष्टिगत है—

'कोई भी सरकार सामाजिक मुद्दों को लेकर कभी भी इतनी दृढ़मत नहीं होती कि वह राष्ट्र के नाम पर उन्हें दंडनीय घोषित कर दे। पिछले कुछ वर्षों के अमेरिकी अनुभवों से यह दुखद रूप से स्पष्ट हो गया है कि सरकारी तंत्र में कभी भी सूक्ष्म भेद करने की पर्याप्त क्षमता नहीं होती। जिससे वह यह तय कर सके कि आक्षेपित विचार समुचित रूप से वर्तमान अव्यवस्था को जन्म दे सकता है।'

×××× 'इससे यह तात्पर्य नहीं है कि अव्यवस्था का महिमामंडन किया जा रहा है। यदि हिंसात्मक विचारों का सरकार पर इतना नियंत्रण हो कि उसकी बुनियाद ही हिल जाए, तो उसकी शासन-प्रणालियों में कोई घोर गड़बड़ी है।

×××× 'लगभग हमेशा ही, ऐसे मामले कम देखने को मिलते हैं जिनमें दमन करनेवाला पक्ष जीतता है—चूँकि स्वतंत्र अभिव्यक्ति से तनावग्रस्त स्थिति में शान्ति बहाल की जा सकती है, इसलिए, लगभग हमेशा ही, उसका प्रयोग न्यायसंगत सिद्ध होता है। इसके साथ ही, बोलने की स्वतंत्रता पर रोक लगाने का अर्थ है किसी आन्दोलन को भूमिगत रूप से चालित होने के लिए बाध्य करना जो अवैधानिक है। वोल्टेयर से फ्रांस को खतरा उनके अकादमी में चुनाव से नहीं था, बल्कि उनकी इंग्लैंड यात्रा से था।'

'लेनिन ड्यूम में उतना ज्यादा खतरनाक नहीं रहा होगा जितना कि स्विट्जरलैंड में रूसी जारशाही व्यवस्था के लिए था। वस्तुत: बोलने की स्वतंत्रता, जिसमें वैधानिक स्वीकृति अन्तर्निहित होती है, एक साथ असंतोष का भाव-विरेचन तथा यथास्थिति में सुधार लाने की आवश्यकता का आह्वान है। एक सरकार अपने समर्थकों द्वारा अपने प्रशस्ति-गान की तुलना में अपने विरोधियों की आलोचना से अधिक सीख सकती है। उस आलोचना का दम घोंटना अन्तत: कम-से-कम स्वयं के विनाश की ही तैयारी है।'

सावधानी के रूप में एक टिप्पणी। संवैधानिक रूप से घोषित आपातकाल के वर्तमान सन्दर्भ में, कानून को आपातकाल सम्बन्धी प्रावधानों में अंकित परिमित

दायरों में रहकर ही कार्यवाही करनी पड़ेगी और यह निर्णय पूर्व-आपातकालीन कानूनी आदेश से सम्बन्धित है।

अत: हम अपील को खारिज करते हैं।

एम.आर. अपील

अनुवाद— डॉ. देविना अक्षयवर

[इस मूल निर्णय को सुप्रीम कोर्ट की वेबसाइट पर अंग्रेजी में पढ़ सकते हैं। यह हिन्दी अनुवाद फॉरवर्ड प्रेस से साभार है। इस हिन्दी अनुवाद के लिए डॉ. देविना अक्षयवर के प्रति आभार।—सम्पादक]

डॉ. अम्बेडकर के भाषणों की किताब

'धर्म परिवर्तन'

पर हाईकोर्ट का विस्तृत निर्णय

इलाहाबाद हाईकोर्ट की तीन सदस्यीय खंडपीठ
याचिकाकर्ता : ललई सिंह यादव बनाम उत्तर प्रदेश सरकार
निर्णय—1977 सीआरआईएलजे 1773
निर्णय की तारीख—14 मई, 1971
पूर्ण पीठ—डब्ल्यू. ब्रूम, वाई. नन्दन, एस. मलिक
निर्णय—डब्ल्यू. ब्रूम जे. द्वारा

निर्णय

1. यह दंड प्रक्रिया संहिता, धारा 99-बी के तहत एक प्रार्थना-पत्र है, जिसमें 26-8-1970 को राज्य सरकार द्वारा 'सम्मान के लिए धर्म परिवर्तन करें' नामक पुस्तक को जब्त करने के आदेश '12-9-1970 के उत्तर प्रदेश सरकार के राजपत्र में प्रकाशित' को रद्द करने के लिए 'याचिकाकर्ता द्वारा' भेजा गया है। यह [सम्मान के लिए धर्म परिवर्तन करें], पुस्तक दिवंगत डॉ. अम्बेडकर द्वारा दिए गए भाषणों का हिन्दी संकलन है, जिनमें उन्होंने अनुसूचित जातियों से हिन्दू धर्म को त्यागकर बौद्ध धर्म को अपनाकर जातिगत उत्पीड़न की बेड़ियों को उतार फेंकने का आग्रह किया था। यह प्रार्थना-पत्र जब्त की गई पुस्तक के प्रकाशक, श्री आर.एन. शास्त्री तथा डॉ. अम्बेडकर साहित्य रक्षक परिषद् के अध्यक्ष, श्री ललई सिंह यादव द्वारा भेजा गया है। विवाद में आई इस अधिसूचना में पुस्तक के 24 वाक्यांशों का हवाला दिया गया है और इनके आधार पर कहा गया है कि—

   'यह किताब धर्म, जाति या समुदाय के आधार पर सामाजिक अशान्ति या विद्वेष की भावना फैलाती है, विभिन्न धार्मिक और जातीय समुदायों के बीच नफरत की भावना को बढ़ावा देती है या फिर देने की कोशिश करती है। इस आरोप में यह भी कहा गया है कि ये अंश वर्ग-विशेष के धर्म या उसकी धार्मिक मान्यताओं को भी ठेस पहुँचाते हैं या पहुँचाने की कोशिश करते हैं।'

   अत: इस पुस्तक के प्रकाशन को भारतीय दंड संहिता की धारा 153-ए और 295-ए के तहत दंडनीय माना जाए।

2. यह प्रार्थना-पत्र धारा 99-बी के तहत जारी विवादित अधिसूचना के दो महीने के अन्तराल की समाप्ति के बाद, दिनांक 04-12-1970 को दायर किया गया था। अत: इसको लेकर आपत्ति जताई गई है कि यह प्रार्थना-पत्र निर्धारित समय के अन्तर्गत दायर नहीं हुआ है। फिर भी, इस

सम्बन्ध में दायर, परिसीमा अधिनियम की धारा 5 के तहत प्रार्थना-पत्र में किए गए दावों पर विचार करने के बाद, हम इस विलम्ब के लिए दिए गए कारणों से सन्तुष्ट हैं और इसलिए इसे माफ करना उचित समझते हैं। ललई सिंह यादव 'आवेदक संख्या-1' को पुस्तक की जब्ती की जानकारी दिनांक 22-10-1970 को 'नॉर्दर्न इंडिया' पत्रिका में छपी एक खबर से मिली, जिसमें दिनांक 21-10-1970 के एक अधिकारिक प्रेस नोट का हवाला देते हुए रिपोर्ट किया गया था कि उत्तर प्रदेश सरकार ने 'सम्मान के लिए धर्म परिवर्तन करें' नामक पुस्तक को जब्त कर लिया है। इससे आवेदक ने निष्कर्ष निकाला कि जब्ती के आदेश से सम्बन्धित अधिसूचना दिनांक 21-10-1970 या उससे कुछ समय पहले अधिकारिक गजट में प्रकाशित हुई होगी। लेकिन काफी खोज-बीन करने के बाद भी वे अधिसूचना का पता लगाने में असमर्थ रहे 'जो वास्तव में दिनांक 12-9-1970 को प्रकाशित की गई थी।'

उनके पास जब्त की गई पुस्तक की कोई प्रति नहीं थी और चूँकि पुस्तक के प्रकाशक 'दूसरे प्रार्थी, आर.एन. शास्त्री' दक्षिण भारत के एक दौरे पर थे, इसीलिए वे उनसे 15-11-1970 से पहले सम्पर्क नहीं कर पाए। इसके बाद उन्होंने लखनऊ जाकर सचिवालय में छान-बीन की और अन्ततः, 2-12-1970 को अधिसूचना के बारे में सही जानकारी प्राप्त की। दो दिन बाद, इस प्रार्थना-पत्र को न्यायालय में दायर किया गया। राज्य की ओर से उपस्थित वकील यह स्वीकार करते हैं कि परिसीमा अधिनियम की धारा 29(2) के प्रावधानों के मद्देनजर, इस अधिनियम की धारा 5 दंड प्रक्रिया संहिता की धारा 99-बी के तहत दायर प्रार्थना-पत्रों पर लागू होता है। अतः हमें इस बात की सन्तुष्टि है कि चूँकि प्रार्थियों के पास निर्धारित समय के अन्तर्गत अपना प्रार्थना-पत्र दायर न कर पाने के पर्याप्त कारण हैं, इसीलिए वे धारा 5 का लाभ उठा पाएँगे।

3. इस केस की विशेषता पर ध्यान देते हुए, हम सबसे पहले धारा 99-ए के प्रावधानों पर एक नजर डाल सकते हैं, जिसके तहत राज्य सरकार ने पुस्तक को जब्त करने का आदेश दिया है। यह धारा राज्य सरकार को किसी ऐसी पुस्तक के सम्बन्ध में इस तरह का आदेश पारित करने का अधिकार देती है, जिसमें निम्न तत्त्व शामिल हों—

ऐसी कोई भी सामग्री, जो राजद्रोह के लिए उकसाती हो, या फिर भारत के नागरिकों के विभिन्न वर्गों के बीच शत्रुता या नफरत की भावना को बढ़ावा देने या देने की मंशा से लिखी गई हो, या जो जान-बूझकर और दुर्भावनापूर्ण तरीके से किसी वर्ग-विशेष के धर्म या धार्मिक मान्यताओं

को अपमानित करते हुए उस वर्ग की धार्मिक भावनाओं को आहत करने के इरादे से लिखी गई हो। अर्थात, किसी भी ऐसी पाठ्य सामग्री का प्रकाशन, जो भारतीय दंड संहिता की धारा 124-ए या धारा 153-ए, या फिर धारा 295-ए के तहत दंडनीय हो।

प्रस्तुत केस में हमारा राजद्रोह से कोई सरोकार नहीं है। 'धारा 124-ए, आईपीजी' यहाँ केवल उन आपराधिक मामलों के साथ इस केस की तुलना की जाएगी जो धारा 153-ए और 295-ए आईपीसी के तहत दंडनीय हैं। इन धाराओं के प्रासंगिक अंश निम्नांकित हैं—

'153-ए (1)—जो कोई भी उक्त या लिखित शब्दों के द्वारा, या संकेतों या फिर प्रत्यक्ष निरूपण या अन्य किसी माध्यम से, धर्म, जाति, जन्म-स्थान, निवास-स्थान भाषा, वर्ण या समुदाय या किसी भी अन्य आधार पर, विभिन्न धार्मिक, जातिगत, भाषागत, क्षेत्रीय समूहों, जातियों या फिर समुदायों के बीच सामाजिक अशान्ति या विद्वेष की भावना या वैमनस्य को बढ़ावा देगा या देने का प्रयास करेगा, उसे जेल की सजा दी जाएगी, जो पाँच साल तक की हो सकती है और उसे जुर्माना भी देना होगा।

295-ए. जो कोई भी उक्त या लिखित शब्दों, संकेतों या फिर प्रत्यक्ष निरूपण अथवा अन्य किसी भी माध्यम के द्वारा भारत के नागरिकों के किसी भी वर्ग की धार्मिक भावनाओं को जान-बूझकर ठेस पहुँचाने की दुर्भावनापूर्ण मंशा से उस वर्ग के धर्म या धार्मिक मान्यता का अपमान करता है या करने का प्रयास करता है, उसे या तो तीन साल तक की जेल की सजा दी जाएगी, या फिर उसे जुर्माना देना होगा, या फिर उसे दोनों दंड दिए जा सकते हैं।

4. जिस पुस्तक पर हम चर्चा कर रहे हैं, उसकी जब्ती के आदेश को न्यायसंगत ठहराने के लिए, इस बात की जाँच करनी जरूरी है कि क्या यह पुस्तक शूद्रों तथा हरिजनों एवं उच्च जाति के हिन्दुओं के बीच अशान्ति, शत्रुता, घृणा या वैमनस्य का प्रचार करती है? क्या यह जान-बूझकर दुर्भावनापूर्ण तरीके से हिन्दुओं की धार्मिक भावनाओं को ठेस पहुँचाती है और उनके धर्म का अपमान करती है? इस पुस्तक को आँकते हुए, हमें उसके मूल उद्देश्य को ध्यान में रखना होगा। इस पुस्तक का प्रयोजन अनुसूचित जातियों का ध्यान हिन्दू धर्म की उन ब्राह्मणवादी प्रथाओं और रीति-रिवाजों की तरफ आकृष्ट करना है, जो उनके ऊपर अन्यायपूर्ण तरीके से थोपकर उन्हें अक्षम तथा अयोग्य बताया गया था। लिहाजा, इस पुस्तक के जरिये उनसे हिन्दू धर्म को त्यागकर बौद्ध धर्म को अपनाने का आग्रह किया

गया है। धार्मिक सिद्धान्तों की तर्कसंगत आलोचना, जो संयमित भाषा में लिखी गई हो, दंड प्रक्रिया संहिता की धारा 153-ए या धारा 195-ए के तहत अपराध की श्रेणी में नहीं आएगी। साथ ही, अस्पृश्यता को स्थापित करने और निचली जातियों के प्रति निन्दनीय व्यवहार की स्वीकृति देने के लिए हिन्दू धर्म की आलोचना को हाल के वर्षों में पूरी तरह से वैध माना गया है। यहाँ तक कि महात्मा गांधी ने भी इसको अपना समर्थन दिया था।

5. अब हम जब्त पुस्तक के उन विशिष्ट अंशों पर ध्यान केन्द्रित कर सकते हैं जिनके आधार पर यह दावा किया गया है कि यह अशान्ति को बढ़ावा देती है और उच्च एवं निम्न जातियों के बीच नफरत और वैमनस्य को बढ़ावा देने के साथ-साथ हिन्दू धर्म का अपमान भी करती है। यदि पुस्तक पर एक सरसरी नजर भी डाली जाए तो यह पता चल जाता है कि इसमें से कई अंश तर्कसंगत आलोचना की कसौटी पर खरे उतरते हैं और जिस रूप में इन्हें प्रस्तुत किया गया है, उसके प्रति कोई भी सामान्य भावनाओं से लैस, विवेकी व्यक्ति इन पर आपत्ति नहीं जता सकता। वे महज उन कठोर नियमों की ओर इंगित करते हैं जो जाति-व्यवस्था के आधार पर निर्मित, एक अपरिवर्तनीय सामाजिक पदानुक्रम में निचली मानी जानेवाली जातियों पर थोपे गए थे और उन्हें अक्षम तथा अयोग्य बताया गया था। आलोचना के ये अंश उच्च जातियों का उनसे निचली जातियों के प्रति अहंकार और उपेक्षा भाव को भी दर्शाते हैं। इस सन्दर्भ में, हम पुस्तक के उन अंशों में ऐसा कोई भी आपत्तिजनक उल्लेख नहीं पाते हैं जिसमें यह बताया गया हो कि हिन्दू धर्म विकृत है, हिन्दुओं में सहानुभूति, समानता और स्वतंत्रता का अभाव है, हिन्दू धर्म में मानवता के लिए कोई जगह नहीं है और हिन्दू धर्म में व्यक्ति की प्रगति असम्भव है। तर्क प्रस्तुत करने के इस क्रम में इन बयानों को लेकर भी कोई घोर आपत्ति नहीं जताई जा सकती कि अस्पृश्यता हिन्दू धर्म का आधार है, ब्राह्मणवाद 'जन्म से हमारा दुश्मन है' और उसका उन्मूलन हमारी मूलभूत जरूरत है। ये कथन भी आपत्तिजनक नहीं कि उच्च जाति के हिन्दू अभिमानी, स्वार्थी, पाखंडी और झूठे होते हैं तथा वे दूसरों का शोषण करते हैं, उनका मानसिक उत्पीड़न करते हैं और उनका तिरस्कार करते हैं। इस वाक्य को लेकर विरोध किया गया है कि 'वेदांत के सिद्धान्त' 'मानवता का उपहास' करते हैं। लेकिन इस सन्दर्भ में इसे एक प्रगतिशील टिप्पणी के रूप में देखा जाना चाहिए क्योंकि हिन्दू धर्म अनुसूचित जाति जैसे उत्पीड़ित तथा

अभावग्रस्त लोगों को यह सिखाता है कि वे अपने वर्तमान को सुधारने की बजाय अपने अगले जन्म में सौभाग्य की उम्मीद के साथ खुद को आश्वासन दें। अस्पृश्यता और जातिगत उत्पीड़न जैसी अवधारणाओं पर अपने विचार व्यक्त करते हुए, लेखक ने टिप्पणी की है—'उनके साथ मत रहो, उनकी छाया हानिकारक है।' इस प्रकार वे उच्च जाति के हिन्दुओं द्वारा अनुसूचित जातियों के प्रति अपनाए गए दृष्टिकोण का विपर्यय पेश करते हैं।

उन्होंने कहा है कि जो धर्म किसी अशुद्ध जानवर के स्पर्श को पवित्र और मनुष्य के स्पर्श को अपवित्र मानता हो, वह असली मायनों में धर्म हो ही नहीं सकता, बल्कि वह तो व्यर्थ का प्रपंच है। एक स्थान पर अपनी कल्पना के अनुसार, उन्होंने 'हिन्दू' शब्द की उत्पत्ति के बारे में यह बताया है कि यह 'हिंसा' शब्द के 'हिन्दू' और 'दुष्यति' शब्द के 'दु' को मिलाकर बना है। लेकिन यदि इन उद्धरणों को, विशेषकर अस्पृश्यता के सन्दर्भ में, देखा जाए तो ये अहितकर नहीं जान पड़ते हैं और उनसे किसी भी विवेकशील व्यक्ति को हानि पहुँचने की संभावना नहीं है। लिहाजा, जाति-व्यवस्था तथा अस्पृश्यता की बुराइयों को ध्यान में रखते हुए, विवादित अधिसूचना के परिशिष्ट में उद्धृत 1 से 12 और 20 से 24 तक के अंशों को रूढ़िवादी हिन्दू धर्म के सिद्धान्तों की तर्कसंगत आलोचना को विवाद का विषय नहीं मान सकते।

6. अब हम 13 से 19 तक के अंशों पर विचार करेंगे, जिन पर यह आपत्ति व्यक्त की गई है कि वे हिन्दू धर्मग्रंथों, यथा 'वेदों' और 'भगवद्गीता' पर प्रतिकूल टिप्पणी करते हैं। वेदों के बारे में लेखक का कहना है कि ये मंत्र 'सैकड़ों ऐसे लोगों द्वारा रचे गए हैं, जो अविकसित तथा असभ्य थे।' लेकिन इस वाक्यांश को उसी सन्दर्भ में पढ़ा जाना चाहिए, जहाँ तार्किक रूप से इस रूढ़िवादी दृष्टिकोण का खंडन किया गया है कि वेदों की उत्पत्ति दिव्य स्रोतों से हुई है। इसी क्रम में, एक अन्य कथन में लेखक ने किसी 'शाबर स्वामी' का हवाला देते हुए यह कहा है कि वेदों की रचना करनेवाले 'मूर्ख' या 'बुद्धिहीन' थे। पुस्तक में इस तथ्य का भी जिक्र है कि वेदों में अश्वमेध (घोड़े की बलि) या अजमेध (बकरे की बलि) के अवसर पर घोड़े के साथ सम्भोग का उल्लेख किया गया है, लेकिन यहाँ लेखक केवल यह बताते हैं कि इस विषय की चर्चा वेदों में की गई है। कथित अनुष्ठान की न तो निन्दा की गई है और ना ही उसका समर्थन। इसलिए यहाँ इस कथन से भावनाओं के आहत होने का प्रश्न ही नहीं उठता।

7. 'गीता' पर की गई विवादित टिप्पणियों के सम्बन्ध में हमें ज्ञात होता है कि कुछ वाक्यांश, जो उसे 'धर्मगुरुओं का राग' या एक 'राजनीतिक ग्रंथ' बताते हैं, उनसे समाज को किसी भी प्रकार की हानि की आशंका नहीं है। बाकी सभी वाक्यांश यह उजागर करते हुए रूढ़िवादी हिन्दू विचारों की तर्कसंगत आलोचना करते हैं कि 'गीता' में शूद्रों के प्रति उपेक्षा भाव रखने की सीख दी गई है तथा यह उन्हें कई प्रकार के दोषों से युक्त बताती है, ताकि उन्हें हमेशा दमित रखा जा सके। 'गीता' को इसी सन्दर्भ में एक 'अधार्मिक पुस्तक' के रूप में वर्णित किया गया है। हमें इस बात की सन्तुष्टि है कि उचित सन्दर्भ में पढ़े जाने पर इनमें से कोई भी वाक्यांश धर्मग्रंथों के सम्बन्ध में ऐसी कोई टिप्पणी नहीं करते जान पड़ता जिससे हिन्दू धर्म का अपमान होता हो या जो विभिन्न जातियों के बीच अशान्ति या नफरत को बढ़ावा देता हो।
8. अन्त में, हम अंश 21 से 23 पर आते हैं, जिनके आपत्तिजनक होने का दावा इस आधार पर किया गया है कि वे हिन्दू देवताओं, विशेषकर राम और हनुमान की आलोचना करते हैं। लेखक लिखता है कि हिन्दू लोग जाति के अहंकार में दूसरों का अपमान करना उचित समझते हैं और इसी आधार पर मोक्ष-प्राप्ति की कामना करते हैं। आलोचना के अनुसार, हिन्दू देवी-देवता इन्हीं भेदभावपूर्ण आदर्शों के प्रतिरूप हैं। इसके बाद लेखक शम्बूक की कथा का हवाला देते हुए लिखते हैं कि चूँकि उसने एक शूद्र होकर तपस्वी बनने का दुस्साहस किया था, इसीलिए राम ने उसका वध कर दिया। वे पूछते हैं कि कोई ऐसे राम की पूजा कैसे कर सकता है, जिसने एक तपस्वी की इस प्रकार हत्या करके अपनी कर्तव्यपरायणता सिद्ध की हो। इसी प्रकार, वे पूछते हैं कि शूद्र तथा हरिजन हनुमान की पूजा क्यों करते हैं, जबकि वह एक व्यभिचारी था। अपने दावों को पुख्ता करने के लिए वे 'वाल्मीकि रामायण' का एक अंश उद्धृत करते हैं जिसके अनुसार, राम और सीता के बारे में सूचना लाने के बदले भरत ने हनुमान को 16 कन्याएँ भेंट की थीं। ऐसी स्थिति में इन कथाओं की पुनरावृत्ति को हिन्दू धर्म का अपमान करते हुए तथा अशान्ति और नफरत फैलाते हुए कैसे माना जा सकता है? रूढ़िवादी हिन्दुओं की दृष्टि में 'वाल्मीकि रामायण' को एक पवित्र ग्रंथ या शास्त्र का दर्जा प्राप्त है। इसी के चलते इसमें उल्लिखित किसी भी प्रसंग को हिन्दू धर्म का अपमान करते हुए नहीं व्याख्यायित किया जा सकता, चाहे वह आधुनिक नैतिक विचारों से कितना भी भिन्न क्यों न हो।

9. विवादित पुस्तक का समग्र अध्ययन करने के बाद और इसके उद्देश्य को ध्यान में रखते हुए, हमें इस बात की सन्तुष्टि है कि जिन वाक्यांशों पर धार्मिक भावनाओं को आहत करने का आरोप है, उनमें से किसी को भी दंड संहिता की धारा 153-ए या 295-ए के तहत दंडनीय नहीं माना जा सकता। पुस्तक की जब्ती का विवादित आदेश पूरी तरह से अनुचित है और इसे लागू नहीं किया जा सकता।

10. प्रार्थियों के वकील ने आगे तर्क दिया है कि विवादित आदेश अनुचित है क्योंकि यह सीआरपीसी की धारा 99-ए के प्रावधानों के अनुरूप नहीं है। इसके अनुसार राज्य सरकार उन कारणों का उल्लेख करने के लिए बाध्य है जिनके आधार पर वह इस निष्कर्ष पर पहुँची कि विवादित पुस्तक में ऐसे प्रसंग हैं जो नागरिक वर्गों के बीच दुश्मनी या घृणा को बढ़ावा देते हैं या धार्मिक भावनाओं को आहत करने के उद्देश्य से लिखे गए हैं। इस सन्दर्भ में उन्होंने इस न्यायालय की फुल बेंच के दिनांक 19-1-1971 के सीआर. एमआईएससी. केस 412, 1970 (ललई सिंह यादव बनाम उत्तर प्रदेश सरकार) के फैसले का हवाला दिया है (ब्तप स्थ्र 1519। सस, जो 1971 में रिपोर्ट किया गया था)। लेकिन, चूँकि हम इस निष्कर्ष पर पहुँचे हैं कि 'विचाराधीन पुस्तक की जब्ती किसी भी आधार पर नहीं हो सकती, इसलिए केस के इस पहलू पर राय देना हम अनावश्यक समझते हैं।

11. तदनुसार, इस प्रार्थना-पत्र को रु. 300/—की अनुमानित जमा राशि के साथ स्वीकार किया जाता है और जब्ती के विवादित आदेश को निरस्त किया जाता है। 'सम्मान के लिए धर्म परिवर्तन करें' नामक पुस्तक की सभी जब्त प्रतियाँ तत्काल प्रार्थियों को वापस की जाएँ।

अनुवाद— डॉ. देविना अक्षयवर

[इस मूल निर्णय को सुप्रीम कोर्ट की वेबसाइट पर अंग्रेजी में पढ़ सकते हैं। यह हिन्दी अनुवाद फॉरवर्ड प्रेस से साभार है। इस हिन्दी अनुवाद के लिए डॉ. देविना अक्षयवर के प्रति आभार। —सम्पादक]

'धर्म परिवर्तन' की बहाली पर सार्वजनिक प्रेस-विज्ञप्ति

प्रकाशनार्थ—

प्रेषक : बनवारी लाल यादव, एडवोकेट, हाईकोर्ट
578, मम्फोर्टगंज (निगम 2चौराहा के पास), इलाहाबाद
सम्पादक 'बहुजन', 48, कन्धारी बाजार, लखनऊ, उ.प्र.

सेवा में,

नमस्कार!

डॉ. भीमराव अम्बेडकर द्वारा लिखित 'सम्मान के लिए धर्म परिवर्तन करें' नामक पुस्तक, जिसे उत्तर प्रदेश सरकार ने (यू.पी. गवर्नमेंट) दिनांक 12 सितम्बर, 1970 ई. भाग, पृष्ठ संख्या 49 के उद्धरण द्वारा जब्त फौजदारी की धारा 99 के अन्तर्गत इस कारण से जब्त कर दिया है कि इस पुस्तक से धार्मिक विश्वास पर घृणा की भावना फैलती है।

इसको आज दिनांक 14 मई, सन् 1971 ई. को हाईकोर्ट इलाहाबाद के माननीय न्यायमूर्ति सर्वश्री विलियम ब्रूम, यशोदानन्दन तथा सुधो भूषण मलिक की फुल बैंच ने क्रिमिनल मिसलेनियस एप्लीकेशन नम्बर 3221 सन् 1970 ई. को श्री ललई सिंह यादव बनाम स्टेट उत्तर प्रदेश में यह निर्णय लिया है कि इस पुस्तक से कोई भी धार्मिक विश्वास पर आघात नहीं पहुँचता है और न तो किसी धार्मिक भावना को चोट ही पहुँचती है।

अत: उत्तर प्रदेश गवर्नमेंट का उपरोक्त आदेश रद्द किया जाता है।

धन्यवाद!

दिनांक—14 मई, 1971 ई.

भवदीय

—बनवारी लाल यादव

एडवोकेट, इलाहाबाद हाईकोर्ट, इलाहाबाद

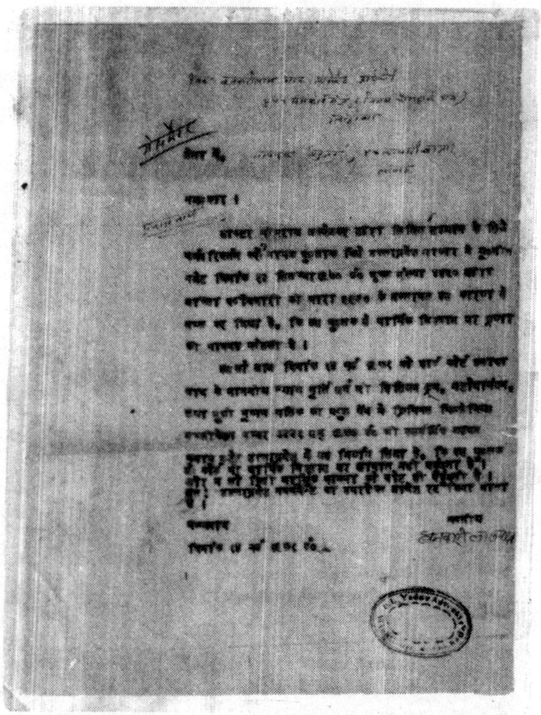

स्रोत—न्यायमूर्ति बनवारी लाल यादव, उच्च न्यायालय, इलाहाबाद, जो पेरियार ललई सिंह के वकील थे। उनके परिजन से प्राप्त।